清風文華

王杰与乾嘉两朝政治

QINGFENG ZHIHUA

卜键 著

TopBook 鑒书客

陕西新华出版传媒集团
陕西人民出版社

图书在版编目（CIP）数据

清风之华：王杰与乾嘉两朝政治 / 卜键著 . —西安：陕西人民出版社，2023.2
ISBN 978-7-224-14759-9

Ⅰ . ①清… Ⅱ . ①卜… Ⅲ . ①王杰（1725-1805）—生平事迹 Ⅳ . ① K827=49

中国版本图书馆 CIP 数据核字（2022）第 220778 号

出 品 人： 赵小峰
总 策 划： 关　宁
出版统筹： 韩　琳　王　凌
策划编辑： 晏　藜　张启阳
责任编辑： 王　倩　武晓雨
整体设计： 哲　峰　杨亚强

书中部分图片由故宫博物院提供。

清风之华——王杰与乾嘉两朝政治

作　　者 卜　键
出版发行 陕西新华出版传媒集团　陕西人民出版社
（西安市北大街 147 号　邮编：710003）
印　　刷 陕西隆昌印刷有限公司
开　　本 787mm × 1092mm　1/16
印　　张 36
插　　页 14
字　　数 502 千字
版　　次 2023 年 2 月第 1 版
印　　次 2023 年 2 月第 1 次印刷
书　　号 ISBN 978-7-224-14759-9
定　　价 128.00 元

如有印装质量问题，请与本社联系调换。电话：029-87205094

1

2

1. 王杰便服像
2. 王杰朝服像

1

2

3

4

1. 韩城芝川镇的司马迁墓祠，祠前石板古道乃王杰当年去关中书院求学的必由之路。

2. 韩城文庙与县学一角，王杰十八岁考中县学生员，在此读书。

3. 韩城王氏的老宅所在地，尚可据以想象当年的规模。

4. 乾隆石经，王杰与和珅同任石经馆总裁，彭元瑞为副总裁。

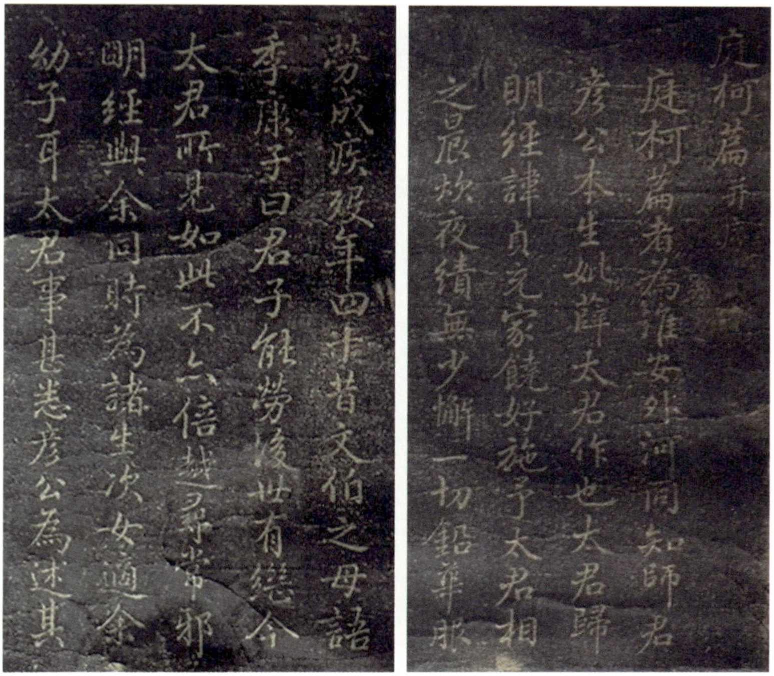

王杰为县学同学师贞充之妻薛氏所作长诗（局部），二人结为姻亲，其子堉时娶贞充次女；贞充长子彦公仕至淮徐道，与王杰关系亲切。

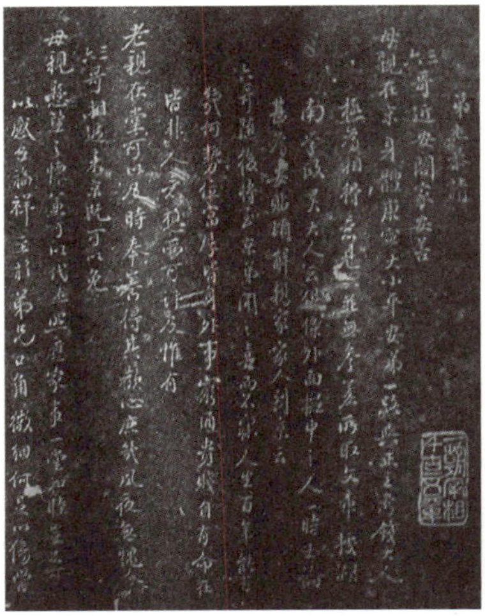
1

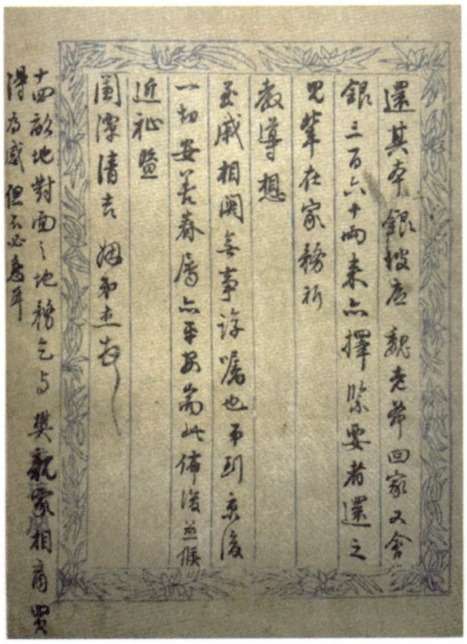
2

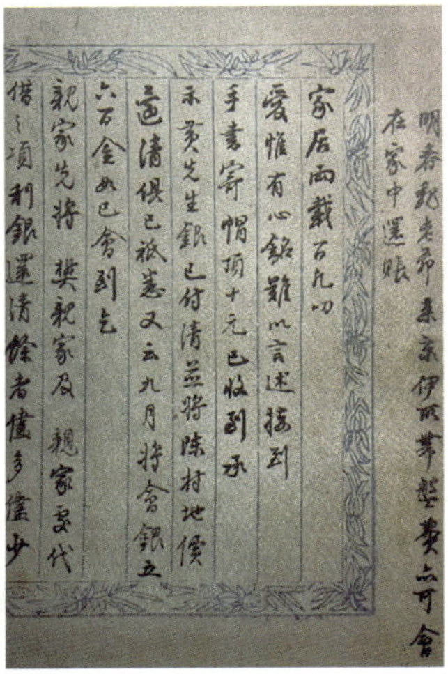
3

4

1. 王杰考中状元的次年秋写给两个哥哥的信（局部），石刻拓片。

2. 3. 王杰服满还京后写给姻亲师贞充的信，主要内容为在家乡借贷购买了十余亩土地，可知已预做归计。

4. 王杰所书《御制题画诗》扇面。

1

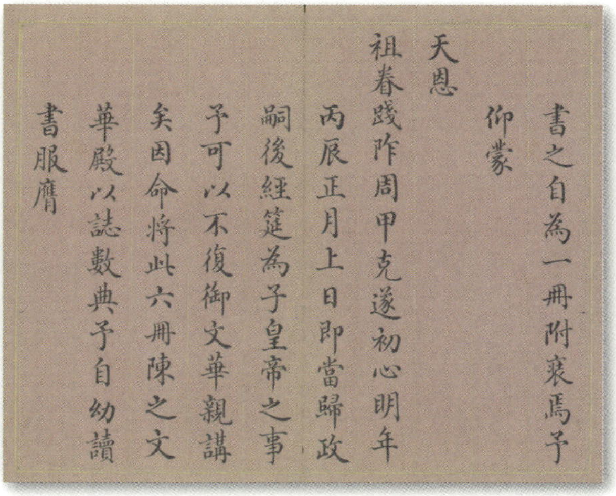

2

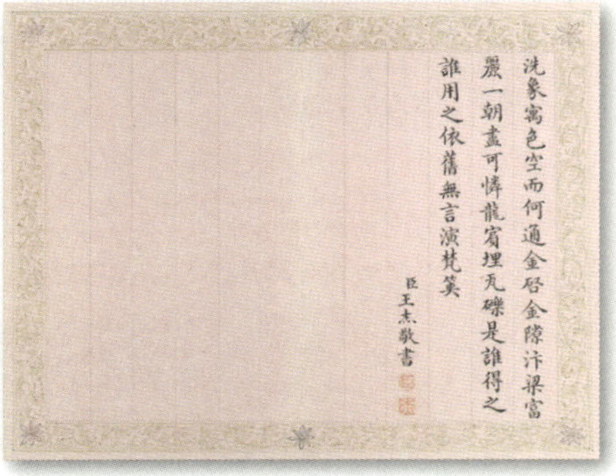

3

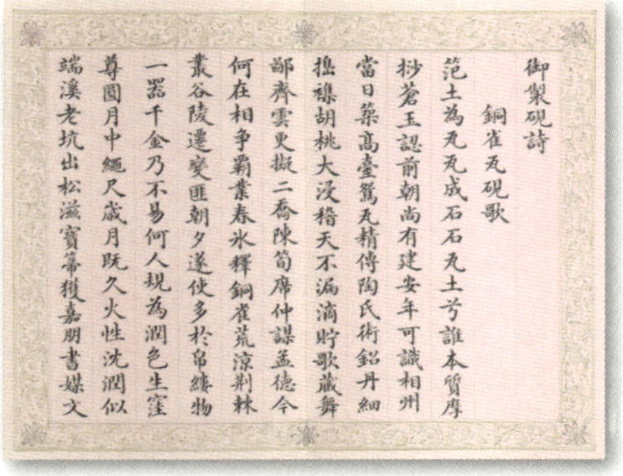

4

5

1. 2. 王杰恭笔抄录的乾隆帝《御制经筵诗》木匣与内页。
3. 4.《御制砚诗》之一首，将乾隆帝御制诗分类辑成专册，为王杰在南书房的一项成果。
5. 王杰手录御制诗颇多写于避暑山庄，钤有此印。

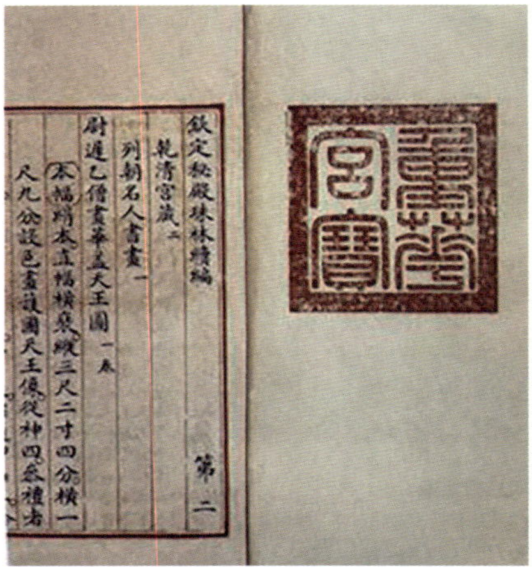

1

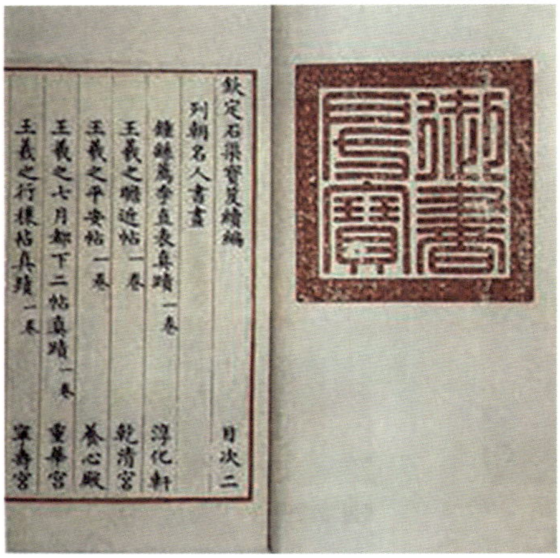

2

1. 2. 王杰领衔编纂的《钦定秘殿珠林石渠宝笈续编》，参与者有董诰、彭元瑞、金士松、沈初等，卷首有“癸丑季春御笔”之序。

3.《钦定秘殿珠林石渠宝笈三编》，由王杰领衔编纂，参与者有董诰、彭元瑞、阮元等。

3

标序盛德，
必见清风之华。

——刘勰

《文心雕龙·诔碑》

直道一身立廊庙，
清风两袖返韩城。

——爱新觉罗·颙琰

《送原任大学士王杰归里》

目　录

引子：一封书　1

第一章　读书生涯　5

第一节　父辈的奋斗　7
第二节　早年的读书岁月　15
第三节　终生之师孙景烈　21
第四节　根基在关学　29

第二章　名臣的幕僚　35

第一节　身如雨点，心似玲球　37
第二节　关中书院的那场雅集　49
第三节　何时进入尹公幕府　54
第四节　京师行　62
第五节　人生的榜样——陈宏谋　70

第三章　“西人魁榜西平后”　79

第一节　底定西域　82
第二节　皇太后七旬恩科　95

第三节　科举的幸运　103
第四节　第三次南巡　113

第四章　提学福建　123
第一节　庶常馆　125
第二节　臣节与士习　133
第三节　首任学政　139
第四节　在福建的四年　144

第五章　皇上的栽培　153
第一节　翰林院的“快车道”　155
第二节　文学侍从　160
第三节　恩公相随而逝　164
第四节　从南昌到杭州　170

第六章　官场上的读书人　175
第一节　初任浙江　177
第二节　人生的小插曲　183
第三节　会试与秋审　190
第四节　二任浙江学政　196
第五节　刻诗与题序　200

第七章　乾隆朝的“文治”　205
第一节　四库开馆　208
第二节　“熙朝右文古未有”　215
第三节　总裁官的职责　221
第四节　吏部天曹　229
第五节　武英殿总裁　238

第八章 枢机大员 247
第一节 又是提学浙江 249
第二节 执掌都察院 260
第三节 在故乡守制 265
第四节 进入军机处 273

第九章 东阁大学士 289
第一节 意外入阁 291
第二节 平定台湾变乱 301
第三节 尚书房事件 308
第四节 弘历的八旬万寿 316

第十章 有形无形之象 329
第一节 西藏事务 331
第二节 乾隆帝的反省 340
第三节 浸润之谮 349
第四节 大风起兮 359

第十一章 “归政仍训政” 377
第一节 禅而不让 379
第二节 微妙的盛典 386
第三节 苗疆之殇 391
第四节 白莲教狂潮 398

第十二章 嗣皇帝与二皇帝 407
第一节 储君的姿态 409
第二节 和相的身段 418
第三节 “和记”枢阁 428

第四节　正月的剧变　　436

第十三章　内阁首辅　　447

第一节　嘉庆新政　　449
第二节　乾嘉学术　　462
第三节　绞杀之痛　　470
第四节　辅政的分寸　　476

第十四章　归去来兮　　487

第一节　在籍食俸　　489
第二节　辞　阙　　499
第三节　故乡的亲情　　508
第四节　返京与长逝　　515

注　释　　523

附　录　　545

韩城王氏世系简图　　545
王杰年表　　546

主要参考文献　　557

跋：典范的缺憾　　563

鸣　谢　　566

引子：一封书

在我国数千年的史页上，在王朝平和持续与剧烈更替的长过程中，常可看到一些辅弼大臣的身影：有的忠正清廉，有的贪纵骄妄，或勇于担当，或遇事模棱……世人习惯于用清官、贪官、昏官，正臣、能臣、庸臣作为概括，虽不免笼统粗放，不免遮蔽庙堂人物之多棱性，倒也简明传神，别有一种指代的精准。而清官与贪官，又因在朝廷的并存互搏和对比映衬愈益彰显，可若说到留给后世的印象，则往往以后者更为深刻。“身后是非谁管得，满村听唱蔡中郎”，乃大诗人陆游的千古兴慨与叹息，起因正在于此。

以本书传主王杰与同时在朝的和珅为例，也可见出差异：当今之人谁不知道和珅，又有几人知道王杰？

第一次去韩城踏访，是在 2015 年 5 月。那时《国之大臣——王鼎与嘉道两朝政治》刚出版，在陕西师范大学举办的研讨会上，为王杰作传之事再一次提起。第二天，陕西人民出版社的诸位便陪同赶往韩城。大家一起拜谒太史公祠，溯大河而上抵近瞻仰龙门阙，也参观古柏森列的韩城文庙和重修中的王氏宗祠……为写作本书，后来我又两上韩城，踏访遗迹，访求轶墨，寻觅旧事，夜晚酒后行走在石板老街上，见明清坊巷与人间烟火打混成一片，真有点儿恍兮惚兮。

王杰和王鼎是陕人在清朝的两颗亮星，皆以忠清正直立世，品节英挺，吏事练达，也都有几分老陕的执拗。二人前后衔接，又因皆从山西移陕而称本家：王杰在乡时与王鼎的祖父王梦祖为好友，梦祖曾写信以孙子的前程托付，以大学士管理礼部的他虽未出面帮忙（不符合其做人做事的原则，《钦定科场条例》也有严格规定），却对老友之后颇为关心，也为王鼎在嘉庆元年考中进士由衷高兴。王杰在朝的最后几年任内阁首辅，深受皇上敬重，作为翰林院小编修的王鼎则较少来府上，也未见王杰运用自己的权威为这个家乡晚辈铺垫谋划。非不能也，是不为也。四十年前的王杰亦如此，留任翰林后，恩公尹继善、陈宏谋适为当朝重臣，却极少去两府走动。

在这里，应能看到“清”的微光。

清，从来都不仅仅是一种为官风格，不仅仅体现在拒绝贪贿上，而出于对华夏道统的持守，出于人格上的自尊自重，也浸润于生活细微之中，是一个人道德精神的完整呈现。

清，又有深浅久暂之别。浅暂者爱惜名声，有意作秀，吟诗作赋时不忘自我标榜，日记信札亦留作后日之证；深久之士则我行我素，视若平常，不事张扬，也不太在意当世与身后之评价。王杰属于后者，除了一些宫中奏折和官方文献对任职管事的记载，几乎找不到什么生活细节，其文集也基本不涉及个人之事，不记述人际交往，不渲染内心感受。如此固然令人钦敬，真也难煞为其作传的人。可话又说回来，从来做大吏者，贪贿甚易，清廉极难，深入掘发清正之臣的大节与细节，剔理追摹其生命轨迹与生活情态，从而认知典范的意义，不也是治文治史者的责任吗？

有意思的是，在我第二次前往韩城时，市里邀集几位当地文史专家座谈，提供了一些文献资料，其中就有王杰写给两个哥哥的一封家书。这封信写于乾隆二十七年初冬，那是一个乡试年，尚在庶常馆读书的王杰被钦点为湖南副考官，返京后见到二哥来信，即行回复。他在信中简述了长沙贡院的考录情况，说与正考官钱大昕意见相合，所取考生的前几名皆大得时望；也向两个哥哥吐露心声，写到初居京师之大不易。那时的他薪俸微薄，妻子儿女一大家子，又将母亲从家乡接来，“诸事艰难”，“又不肯坏品行向人告助”。王杰于信末写道：

> 惟每日强为欢笑，以宽慰母亲之心，不令知一毫艰难之状，但未知将来作何完竟耳？

一个新科状元的拮据困窘，所面临的巨大生活压力，以及细腻丰沛的孝思，随着一封书信，鲜活地浮现于面前。

一封书，乃古典戏曲的一个曲牌名，南戏《张协状元》《琵琶记》中皆有使用，而来源应出于游子对故乡的怀念，以及人们对书信的珍重。杜甫《述怀》“自寄一封书，今已十月后”，王昌龄《别李浦之京》“小弟邻庄尚渔猎，一封书寄数行啼”，写来都很动情。一般说来，家书是一种实话实说、真情流露的文体。由王杰的这封家书，引发我追索寻觅其信札的兴趣，数年来所获渐多。他是一个爱写信的人，与家人朋友、同事同年、门生幕僚多有书信往来，又以书法名世而被珍藏，流传至今的虽属少数，亦颇为可观。著名学者汪辉祖临终前追忆生平，将座师王杰的历次来信一一录入；另一个门生李赓芸则把老师所寄手札装裱成册，“装成留作书绅训”[1]，以期后辈拜读得益。而前面提到的这封王杰家书，系道光间一位私塾先生在韩城见到，激赏之下竟募资镌刻。一封书被刻在石头上，一段不便与外人道的家庭细事得以曝光，应是王杰生前所想象不到的。

为了写作本书，我尽可能地搜辑查阅档案文献，充分利用清史纂修与研究中心的藏书和数据库，也借重于中国第一历史档案馆、故宫博物院、国家图书馆等处的收藏，对王杰的在朝大端逐渐清晰；而他写于不同时期的书信，则能提供正史所忽略的细节，提供可信可贵的补充。从其入仕之初写给老师孙景烈的信，那恭谨工整的黄笺小楷，到其衰病之年请汤金钊代拟辞呈的短札，笔画仍不减秀劲，四十年间草蛇灰线，隐约可见一个清正大臣的心路历程。

王杰性格内敛，不喜欢热闹，不屑于“标榜声气”，但坦诚真纯，心地洁净。乾隆帝很喜欢其清素品性，曾以他为例，说君臣之间就应该这样亲如家人；也正因看重这一点，深信王杰的诚笃端正，和珅的屡次进谗才失去作用。嘉庆帝对王杰更是如此，那份敬重信赖，甚至可以说超过了父皇。“直道一身立廊庙，清风两袖返韩城”，是嘉庆帝在王杰离京前所赠诗句，满含褒奖，却也是字字属实。当时一个流行语叫“特达知”或“特达之知”，乃指皇上对某臣的特殊信任和赏识，王杰则属于两朝天子的特达知。王褒《四子讲德论》："夫特达而相知者，千载之一遇也。"被皇上如此称呼，应是一种极高的评价，是做臣子的殊荣。

这会引发和珅之流的倾陷，同僚间自也不无"羡慕嫉妒恨"，却不知王杰从不刻意迎合，不攀藤附葛，也不贪权恋栈。在朝日久，最容易变得虚伪苍滑，王杰的书生本色并无改变，不假也不装，感觉到身体难以履职即坚决求退。而朝中大佬如刘墉、纪昀、彭元瑞等年龄仿佛，一个个老态龙钟，却依然在官位上硬撑。元瑞的赠别诗也说到去留，曰"去亦不得为勇退，留亦不得为匪躬。适留未是恋秣马，适去未是避弋鸿"〔2〕，自辩亦复自嘲，只能付之呵呵了。

王杰的品德性情，也决定了他是一个没有太多色彩、没有太多故事、没有圈子也没有亲信的人。而在这位老臣返乡后，仍有不少人想念他，嘉庆帝也是时常念及，问候和赏赐不断。王杰也多次密折上疏，反馈陕地民风政情，也对时局发表看法和提出建议，皇上则每折必复。所谓密折，指的是保密，而非告密。当一个大臣退休以后，密折与批谕便成为君臣之间的书信往来，文字间也可见真情络绎，不是吗?

【第一章】

读书生涯

提到王杰，几乎所有的记载都会提及他的科举奇遇：这位来自陕西韩城的读书人，乾隆二十六年（1761）得中会试第十名，殿试被阅卷大臣排在第三名，由皇帝钦定为第一，成为清朝立国以来大西部的第一个，也是唯一一个状元。

读书科举，先乡试后会试，几乎是那个时代贫家子弟改变命运的唯一通道，也常是一条充满挫折、耗费青春与心智的人生迷途。以金圣叹的学养才情，竟也屡战屡败，到死只是一个秀才，可知考中举人已属大不易。而侥幸通过会试，列名春闱之榜，也多在三甲，二甲已少，状元更非所敢想象。清代共产生了一百一十四名状元，大多数出于江南富庶之乡，或为书香门第，或为官宦子弟，或曾在军机处“打工”，出身寒门者甚少。王杰的成功，看似一个奇迹，实则来自他的天赋和奋勉，来自师长的教导关爱，寄寓着家族几代人的梦想，更与上一辈的艰辛付出相牵结。

第一节　父辈的奋斗

雍正三年（1725）十月二十七日，王杰出生于陕西韩城庙后村的一个普通农家。这是一个移民家族。明清之交，其七世祖王进顺携家由山西迁居韩城，至王杰出生之际，族人已在这块土地上扎下根来，枝叶繁茂。仅就他的祖父王家檀一支，父亲王廷诏排行老三，是最小的儿子；王杰的情况与乃父相同，前面也有两个哥哥；而大伯有四个儿子，二伯有两个儿子，济济一堂。所以说他的降生，不可能为父母和宗族带来太多欣喜。而对于一个世代以务农为生的大家庭，一个由山西逃难而来的外来户，土里刨食，光是让子女吃饱肚子就大不易，长大后还要娶亲、分灶，真是步步维艰，难以备述。

这样的家庭，与当时众多的农家几乎没什么两样，所不同的，在于王杰的大伯做出了一个决定：设法为三弟廷诏捐一个小官，再让他把儿子们带出去读书……

一、从洪洞到韩城

作为中华最古老的姓氏之一，王姓来源多且分布广，几乎在任何汉族聚集区都存在，并不一定同宗，韩城也是如此。王杰的家族出于太原王氏，至其七世祖王进顺居住于洪洞县地方，明末时带领家人迁徙入陕，谱称“法天公”，是为韩城本支之始。

明朝洪武、永乐年间，曾多次从洪洞县向外移民，充实中原那些因战乱或自然灾害变得人口空疏的州县。民国《洪洞县志》有一篇《重修古大槐树处记》，写道：

> 明太祖洪武间，屡徙山西民于滁、和、北平、山东、河南等处。成祖永乐元年，徙山西民万户实北平，复核太原、平阳、泽、潞丁多田少及无田之家，分丁口以实北平；十四年徙山西民于保安州。自是以后，移徙于四方者不一而足。盖尔时洪地殷繁，每有迁移，其民必与，而实以大树处为荟萃之所。[1]

这株古槐在县城北二里许的汾河畔，古代为水陆交通要道，成为移民记忆中家乡的标志。“问我祖先来何处？山西洪洞大槐树。”一批批乡民扶老携幼，从那株象征根本之地的大槐树下出发，散向各地。这是由官府组织的大迁徙，政府统一安排，也提供一些路途补贴和安置费用。清道光间大学士祁寯藻的祖籍也是洪洞，其弟宿藻应邀主持该县玉峰书院，写下“吾家迁居旧槐里，五百年来还过此”“相逢父老话因缘，故里重寻竟失传”[2]等诗句，祁家的迁徙，应是在明朝前期。

王杰家族自洪洞的外迁要晚许多。

据其家族迁韩只有四五代推算，本支始祖王进顺的生活年代应在明崇祯间。其时山西战乱频发，村墟残破，百姓非死即逃，所谓“播迁”是也。

王进顺没有留下什么文字记载，今日已很难推想他是怎样带着一大家子人渡过的黄河，又为何选中在韩城落籍？根据《韩城王氏宗谱》记述：

进顺公，字法天，号道夫，以明季不事功名，托处士以终老，桑间十亩，勤俭传家，积数世而大发其光者，殆公之潜德焉。〔3〕

由此可知，该支王氏的始祖是个读书明理之人，且略有家资，大约见局势不妙即携带家人躲避，至韩城后购置田产，安顿下来，并无在战火中枵腹逃难之狼狈。

清道光间，王杰的孙子王笃出任广东粮道，职事不重，较有闲暇，前面提到的《王氏统宗世谱》（一名《韩城王氏宗谱》）就是他在此际编纂，并在卷首小序中细说始祖恩德：

我王氏肇于太原，族大人众，先世居山西洪洞县，旧谱久湮其详，不可得闻矣。明季法天公避乱于秦之韩城，遂家焉。法天公性嗜学，绝外缘，兢兢以道自守，不事功名，故见机而作，卒能携家远徙，潜德幽光，于兹可见。后之人所以迁地为良而绵延世绪、光大门闾者，自公始。〔4〕

洪洞至韩城约计三百里，并不太远，但要乘船越过水阔流急的黄河，也是多有凶险。王进顺显然计议周详，与家人很快在韩城的人和寨定居。王笃文中特别说明法天公生性嗜学，恪守道德原则，拒绝各种不良风习的引诱，淡泊名利，不知其何所依据，总觉得有点像照着祖父王杰的样子刻画的。果然他在后面话头一转，便写到祖父——

洎乎生齿日繁，支派日远，而先祖先公尚未有家庙以妥在天之灵。我大父文端公有忧之，嗣于癸卯年九月由京旋里终制，乃出俸金倡建祠宇，惟我先人始有凭依；又捐置祀田三十余亩，以供粢盛，俾无阙乏。

此“癸卯年”为乾隆四十八年(1783),该年五月,王杰之母吴太夫人逝于京师,秋九月扶母亲灵柩还乡守丧。就在这期间,经济上并不富裕的王杰带头出钱修建了宗祠,并捐资置办了三十余亩祀田,族人才有了一个祭祀先人的地方。他还想要编纂一部族谱,由于朝廷事务繁忙,加上族人支派已多,需花大力气方能一一理清端绪,仅写了一份草稿,存放箧中。

王杰的子孙中,唯有次子埈时的次子王笃考取进士,再入庶常馆深造,散馆后为翰林院编修、监察御史,出任福建汀州知府,广东督粮道。嘉道间官场的显宦之后越来越多,似乎总能借得一点先辈余荫,譬如林则徐就对王笃很倚重,在虎门销烟时,委以现场监理的重任。正是在广东任上,王笃最后完成家谱的定稿,名曰《王氏统宗世谱》,撰写序言,并刊刻成册。检核谱文,可知王笃是以第四世起的本支为主,其他支派皆付阙如。

二、走出大山

韩城多山,又濒临黄河,土地贫瘠,历来生民多艰。

王进顺迁韩之后,子孙世代务农,然而不废诗书。其孙汝龙,字乾若,谱称“学富三冬,名场屡蹶,躬耕乐道,赍志以终”;汝龙之孙家檀,也就是王杰的祖父,“字栋宇,号习儒,又号象峰”,隐约传递出对读书的喜爱。家檀公去世甚早,留下三个未成年的儿子,家庭陷入困境。王杰之父廷诏排在第三,少年进学,却因家贫中辍。孙景烈曾细述其心中不甘以及对命运的抗争,曰:

> 君(廷诏)少就外傅,贫不能卒业,而所诵“四子书”终身实得力焉。尝释耒而叹曰:“吾不能以文字起家,奈何令子侄仍为农夫乎?”遂由营田例,得任浙之杭州府中务税课司大使,尽子侄八人以行,至则延师教授。而君于公务之余,亦理及旧业,与其师相质辨……[5]

此一段文字真切，满含温情，叙写的是一个农家的兄弟情谊与奋斗精神，读来很受感染。

营田，古与屯田相同（北魏、唐、宋皆设营田使），至清代则多指屯垦中的一项，主要是北方尤其是京畿地区营造水田，以大幅提升土地利用面积和农作物的收成。康熙年间，天津有万余亩低湿荒地被开垦为水田，收效甚好。雍正帝继位后，命于滦州、蓟州、天津等地创设营田机构，以怡亲王允祥总理其事，大规模展开营田事宜。必须说明：营田是与兴修水利工程统筹实施的，事关国计民生，很快就大见成效。雍正五年八月，怡亲王领衔奏报：所营京东滦州、丰润、蓟州、平谷等六州县垦有稻田三百三十五顷，京西庆都、唐县、新安等八州县有稻田七百六十顷七十二亩，天津等三州县共得稻田六百二十三顷八十七亩，京南正定、平山等十州县开垦稻田一千五百六十七顷七十八亩，加上民间自行改为水田者五六千顷，“俱禾稻茂密，高可四五尺，每亩可收谷五六七石不等”，多处“呈送新开水田所产瑞稻，或一茎三穗，或一茎双穗”[6]。雍正帝闻知大为喜悦，命宣示臣下。

营田得见成效，在于朝廷的高度重视，也在于早早出台了一套激励措施。内阁大学士朱轼奉旨参与此事，长期奔走于各处工地，不辞辛苦，并于雍正四年十二月奏上《营田事例》，共四款：

> 一、自营己田者，照田亩多寡，给与九品以上、五品以下顶带，以示优旌；
>
> 一、效力营田者，应酌量工程难易，顷亩多寡，分别录用；
>
> 一、罣误降调革职之员效力营田者，准开复；
>
> 一、流徒以上人犯效力营田者，准减等。[7]

这就是孙文中所说的“营田例”。因记载欠详，不能肯定廷诏是将自家的地亩改造成水田，是捐银资助营田事业，还是效力于官方的营田工程，但可肯定此乃他与两个哥哥的共同举措，尤其是大哥廷访起了主导作用。

乾隆《韩城县志·孝友传》记录了王廷访的事迹：

> 王廷诉，字可道，号行一。早失怙，兄弟三人贫无资。诉极力经营，不辞劳瘁，渐至丰裕，诸子侄皆令读书游泮，登科者济济一门，都宪公杰其尤著者。妹氏家贫，为之输租已给耕。邻有欠债不能举还者，即毁其约。有族人举丧无葬地，以己地给之无德色也。邑令刘延为乡宾。[8]

王杰幸运！不仅有一个好父亲，更有一个能干的好大伯。廷诉比二弟大三岁，比小弟大十三岁，在父逝后奋力支撑门户，辛苦劳作，努力让两个弟弟读书。而由二弟读到国学生，三弟不得已辍学务农，也能见出其间的惨淡经营，一个普通农家从贫困走到丰裕，真不知要经受几多艰辛。

文中提到的“邑令刘”，为韩城知县刘永基，雍正二年至六年在任，给予行善乐施的王廷诉较大荣誉，由此也知其家已略有家资。三兄弟合资合力，应也得益于刘知县的帮助，为老三廷诏谋得一个税课司大使。这是一个从九品的小官，职务虽低微，事务虽繁杂，毕竟是家族中第一个踏上仕途的。廷诏走出了大山，带着妻子儿女，以及兄长的儿子，到南方的杭州城任职。

据其宗谱，三兄弟共有九个儿子，老大门下有四个，第四子王煜不足两岁，不可能随行。推想此乃三兄弟的约定，即为下一代创造一个较好的读书环境，用心良苦，令人感慨系之。

三、从税课司大使到石门主簿

税课司大使，简称税课大使，是一个有些特殊的职务，整个清代府一级设置此职的不多，稀缺而不高贵，说得直白点也就是个收税的，对象则是那些小商小贩。这是个辛苦活，不光白天，晚上也要在街市上巡查；当然也是个良心活，能做到不贪不占，不欺凌小买卖人，也不容易。据王杰回忆，父亲是在雍正七年抵任的。[9]王廷诏有陕人的倔劲儿，不会逢迎上官，也不愿做表面文章，但心地忠厚，办事结实，时间一长也就获得上上下下的认可。在孙景烈为其撰写的墓志铭中，提到浙江前后两任布政使程元章、张元怀都对他很信任[10]，尤其程元章，两年后重回浙江任总督，而廷诏并未夤缘求进，只是踏踏实实做好应分的事情，进入乾隆朝还是一介税课大使。孙景烈举了他的两条政绩：

一是乾隆元年贵州苗民起事，前往平变的官军粮饷不足，皇上命浙江调运军饷二十万两银子，路途遥远且充满危险，一时找不到合适的押运之员，有人推荐了廷诏。“同行者堕泪别家人，君毅然前往，无惧色”，终于如期送达，前后十个月始得归家。总督嵇曾筠呈报朝廷，进京引见，“准回原任候升”。

二是在他刚返回杭州之际，温州爆发大饥荒，尤以平阳县受灾深重，饥民流离失所。嵇曾筠又想到了王廷诏，认为“非王大使莫济”，廷诏行李未解，即急急赶赴平阳。廷诏受命代理知县，遍设粥棚，招抚逃亡回乡，禁止卖儿卖女，努力赈灾济困，更重要的是想尽一切办法恢复经济。他走访受灾村户，话语恳切，如对家人，当地民众有《十政歌》赞之。平阳之风俗：官员有德于地方，制斗（类似灯笼）悬挂厅堂，并以长幡书写歌颂之辞。廷诏离开时，“平阳人不远千里，争载斗持幡以送”。

乾隆七年（1742），王廷诏升任石门县主簿，成为正九品的地方官。明清时期的主簿，通常由贡监及吏员擢升，为知县的副手，列于县丞之后，别称“书记”“三尹”等，主管户籍、缉捕、文书等，事务繁杂，士人视之为杂职。石门县原名崇德，始建于后晋天福三年（938），因与清太宗所用年号相同，康熙间改名石门，同时分出六个乡新立桐乡县。廷诏抵任时，石门知县为成都举人倪琯，廉洁宽和，“在任政简刑清”，对王廷诏很信任。二人在当地皆有爱民之誉，联袂进入“名宦传”。光绪《石门县志》卷六：

> 王廷诏，陕西韩城人，乾隆七年由杭州税库大使主邑簿。县有疑狱，令辄与商办。尝出资甃仓后河步，粮民称便。子相国文端公杰时尚幼，从邑孝廉曹屺瞻学，旦暮以课子为务，雅无簿尉气。[11]

短短文字先写了廷诏的两件事：一是遇到疑难案件，知县倪琯常与他商量，以证其正直坦诚与做事认真；二是作为主管粮务之官，他自己出资买砖石，修砌了仓库后临河通向码头的路，为百姓登岸装卸粮食带来方便。要知道主簿薪俸甚低，而他家中人口众多，能做到这一点实在不易。王廷诏有关中人的豪爽义气，勇于任事，不惧艰危，所到之处都享有较高的民望。

王廷诏在石门主簿任上共九年，乾隆十五年（1750）离任回乡，是被罢职的，原因不详。此时倪琯已离任，以陕人的执拗性格，廷诏有可能与新任知县不太对付，加上年事已高，找个理由免了他并不难。县中百姓知道他宦囊空空，凑了些钱送给他，而他坚决谢绝，于是大家便用这些钱置酒送行，一路跟随，依依不舍，走出县境很远才挥泪作别。

与很多地方志重视前贤名流、搜罗贤达轶闻趣事相似，石门作为王杰曾经生活过的地方，县志中也收录了他的一些轶事。该志“王廷诏传”中写王杰年龄尚幼，其实大不准确。父亲出任石门主簿那年，王杰已虚龄18岁，可在石门人的传说中只是个小孩子，卷十一有这样一段文字：

> 王廷诏，陕西韩城人，相国文端公之父也。……时相国尚幼，从曹启瞻孝廉受业，早出暮归，令役肩驼往南门。月城向有半月庵，庵侧供奉金都总管，及相国赴塾未匝月，城外居民罗圣章夜梦神谕曰：“日来有文曲星早晚经由，使我迎送不遑，可筑墙遮掩。”圣章如神命，为筑照屏。〔12〕

描写生动，却只能说是一个美丽的传说。由于王杰后来中状元，担任内阁大学士，便被染写成天上的文曲星。文中所说的举人曹启瞻，又作曹屺瞻，说是王杰的老师，在该书卷七“科举”中也未查到其名字。

还有另一个故事，见于《石门县志》卷十一：

> 韩城王文端相国杰，其奉翁廷诏乾隆初官石门少尉，艰于嗣，乞养民家同姓子，带归。后公以状元视学浙江，遣访其家，止有

> 一兄为圬工度日，劝之往，曰：“彼自为学政，我自为泥水耳。”人咸叹其高为不可及。[13]

扯得更远了，而且纯属编造。从皇室到民间都有收养与过继等做法，但王廷诏不需要，韩城王氏更不需要。前面写到廷诏三兄弟有九个儿子，他自己有三个儿子，最小的儿子王杰也已长大成人，怎么会“艰于嗣”，再从同姓民家要一个儿子呢？这是个编捏的故事，也牵连着一桩关乎王杰出身的诈骗案件，详见后文。

至于说王杰任浙江学政时访查故人，思图报恩，虽属子虚乌有，却是善意满满，从正面描写王杰，也说明王廷诏与王杰父子均在当地留下美谈。只不知王杰看到此类记载，看到父亲任职的地方仍将自己记为领养，该是如何感慨？

第二节　早年的读书岁月

阅读和引用古代史料，要花一番考订功夫，否则就会被随处存在的错讹所误导。比如王廷诏至杭州任职的时间，因为牵及王杰的早岁之事，应尽量搞清楚，可王杰本人说是在雍正七年，《王文端公年谱》却说是雍正六年。年谱作者阮元为王杰门生，乾隆五十四年中进士后仕途顺畅，先后任学政、侍郎、巡抚、总督，直至内阁大学士；也是乾嘉间的名儒，以提倡学术、振兴文教为己任，而为恩师所撰年谱仍多有疏误。如其在“雍正六年戊申”记载：

> 随赠公赴浙江石门县主簿任，是年始读书。[14]

短短一句话，应有一个疑惑、一个错误。令人疑惑的，是王廷诏携带妻女子侄的赴任时间，王杰在给皇上的密奏中说在雍正七年，语意似是抵任；

而路途遥远，携家带口行走缓慢，也有可能在前一年就离乡就道。明显错记的，是廷诏的第一任为税课司大使，十三年后始升为石门主簿。

随父抵达杭州，王杰的读书生涯也就随之开始，时年五岁。

一、自幼在浙江

雍正七年，王廷诏带着一大家子人抵达杭州任职：有他自己的三个儿子，依次是十二岁、九岁、五岁；大哥家三个儿子，十六岁、十岁，另一不详；二哥家两个儿子，十二岁、十一岁。足足的一个光头班哦！

从九品税课司大使的年俸，为三十一两半，另有俸米三十一斛半，可确定养不起这么多家人。两个哥哥，尤其是老大当然会提供一些费用，以保障孩子们的学费和日常开销。可照顾其穿衣吃饭的任务，就落在廷诏妻子吴氏肩头。多年后王杰受命提督浙江学政，因为牵扯进身世纠葛，曾在奏折中深情回忆母亲当年之操劳，说她一人支撑着极其繁重的家务，早晨一睁开眼，就是没完没了的洗衣做饭……

来到杭城后稍做安顿，王廷诏即延聘老师，指导子侄读书。具体细节已付之烟尘，只知学堂设在家中，廷诏也重新捡起书本，在公务之余与塾师探讨文义，督策子侄学习。这样的教学方式，对大孩子不一定有利，却带给王杰一个较好的学习环境。不到五岁的他在兄弟中年龄最小，跟着老师听课，也跟着一众哥哥问东问西，自幼养成了爱读书和思考的习惯。

从家乡带来这么多的子侄，除却吃喝拉撒，更大的压力是管理问题：这些男孩从陕西山村来到风物繁盛的杭州城，在浙江渐渐长大，如何度过青春叛逆期，怎样帮助他们抵御大千世界的诱惑，也是一件操心事。由族谱可知：八个男孩虽只有王杰考中举人和进士，多数也成为受人尊敬的士绅，其中有国学生、附贡生、庠生，二人为武举，三人担任乡饮大宾，诚可谓书香门第，彬彬济济，自然有廷诏夫妇付出的心血。而老大家的第三子王桂早卒，很可能就是因病卒于杭州，详情不知，必也是一件伤感劳神之事。

望子成龙是旧中国多数家庭的梦想，而成材与否则要看个人造化与努力。王杰的聪明颖悟显然超过所有的哥哥，在书法上的才能也早早开始显露，八岁就能将匾额大字写得像模像样。他谈不上有良好的家学渊源，却有良好的家教，有父亲的重视和殷切希望。阮元写道：

> 赠公（王廷诏）性方严，不苟言笑，见之辄爱喜，谓吴夫人曰："此儿其大吾门乎？观其作字与为人端正，能自立者。"益勤教公，不少宽假。迨去官归乡里，囊空渐不给，而公自刻苦读书，学与年进。〔15〕

最后一句说的是王廷诏被免职还乡后的情况。而在杭州期间，则是王杰读书启蒙的幸福岁月，陶铸了其沉静嗜读的性情，也为其一生学业奠定了基础。

二、韩城县学

乾隆七年，十八岁的王杰返回故乡，通过童子试，成为韩城县学的一名生员，也就是通常所说的秀才。在漫漫无尽的科举苦旅中，童子试是第一道关口，要经过府县学官和提督学政主持的考试，而每个县学又仅仅二三十个名额，竞争激烈，多数读书人终其一生闯不过这道关，年逾六七十岁还被称作"童生"。不知道这是他第几次回乡应试，总之是幸运通过，给父母带来很大安慰。王杰的起步不能算早，与后来的同僚朱珪相比，人家可是十八岁就高中进士，并被选为庶吉士。

韩城是一个人文传统悠久、积淀富厚的地方。

《诗经·大雅》有"韩奕篇"，记载了周武王幼子分封于韩，辞庙赴任与迎亲娶妻，以及韩城的营造，对一个城市来说可谓极大荣宠，最后两首曰：

> 蹶父孔武，靡国不到。为韩姞相攸，莫如韩乐。孔乐韩土，

川泽讦讦。鲂鱮甫甫，麀鹿噳噳。有熊有罴，有猫有虎。庆既令居，韩姞燕誉。

溥彼韩城，燕师所完。以先祖受命，因时百蛮。王锡韩侯，其追其貊。奄受北国，因以其伯。实墉实壑，实亩实藉。献其貔皮，赤豹黄罴。

先写韩地之物产丰饶，写周室的卿士蹶父将爱女嫁与韩侯，得名韩姞，并很快喜欢上这个地方。然后写韩城的营建，既有高大坚实的城墙，再挖掘护城的壕堑，以保障百姓安居乐业。

对于诗中的韩城究竟在哪里，学术界有着不同说法，而建城的“燕师”是指燕国军队还是指太平之师也存在歧义。本人则相信“韩奕”所吟唱的就是西河大地上的韩城，因为周武王已经将弟弟召公奭封到燕蓟之地，找不到史料证明周成王将幼弟再安置到那里；至于古韩国就在韩原，则不光《史记·韩世家》记述此事，也有大量文献记载可资参证。

明清间城南门的匾额，即“溥彼韩城”四字。这里是司马迁的家乡，城南二十里濒临黄河的韩奕坡上，有太史公陵墓和祠堂在焉；这里也有着号称全国第三的文庙，在一代代地方贤达的增修和维护下，庞大的建筑群至今规制完整。黄河龙门有半边在韩城境内，那可是传说中“鲤鱼跳龙门”的地方，而翻开乾隆间所修县志，卷首“星野图”引《隋书》《春秋文曜钩》等称其地属魁星，所列第一帧便是“北斗魁入龙门图”，预兆着好学之风与文化的繁兴。

韩城的县学，开始时规模较小，与民居相错杂，邑中贤人先后捐资捐地，置换扩拓，历代知县又不断重修，增建尊经阁，购置学田与分院，才形成后来的庙学一体的宏大格局。据《韩城县志·学校》记述，为：

明伦堂五间，东西为斋，斋亦各五间；明伦堂北为敬一亭，南为先师庙，东西为庑，庑各一十三间，前为庙门，又前为棂星门；庙之堧，东有牲舍神厨，俱兑向，厨舍之南为名宦祠，则离向。环庙为路，东曰“由仁”，西曰“行义”，皆师儒日所允蹈，门皆扁曰“儒学”。行义路之西为乡贤祠，北为启圣宫；由仁路之东为射圃亭，北为文昌祠。教谕宅一，在明伦堂左；训导宅二，一在文昌祠东少南，一在启圣宫西。庙学之前，东有圣域坊，西有贤关坊，南有屏壁三。[16]

完整转录这段文字，乃因其规制的确为国内“县学”所罕见，也因其是王杰曾经读书的地方。从乾隆七年至十二年，王杰有五年时间在县学就读，学校的管理体制虽较为松散，仍会有许多时光是在这里度过的。

除却县城的官学之外，韩城人还兴办了好几个书院，以便农家子弟就近读书。王杰入仕后写过一篇《韩城古柏书院碑记》，叙及韩城的读书风习：

吾韩故非沃土，然人有读书之慕，而好义者又较他邑为多，乐善翘材，虽巨费无所吝惜。故在城则有龙门书院，在郭则有萝石书院，南乡则有少梁书院，栋宇相望，弦诵相闻，自明迄今名流辈出，亦可谓盛矣……

文中提到龙门等三个书院，其实还有汪平书院、芝阳书院等，虽不能说造就了多少知名人士，但对提升当地的文化素质，移风易俗，显然有不可忽视的作用。由于城北地域缺少书院，曾任道员的师彦公设法筹资，在西庄兴建了古柏书院，王杰欣然为之撰写碑记：

夫人过一乡一邑，见其长老皆敦厚而尚义，其子弟皆醇谨而能文，未尝不为之流连不去，而况余生于斯长于斯，一旦贤士大夫其成就人材之意有如此之“鼗乎鼓、轩乎舞”者，虽言之犹津津有余味，而况使濡毫而染翰也，其又奚辞！方今教泽涵濡，儒风丕振，吾乡乘时飙举者正不乏人。且西庄之北禹门在焉，古所称“龙门”也。《三秦记》谓“鱼跃龙门”即指其地，世之登第者多比之以为荣。吾知斯院既成，肄业之士咫尺天衢，莫不鼓鬣扬鳍，以奋起于其际，是余之所厚望也夫！[17]

彦公为乾嘉间一位治河专家，颇有政绩，乃父贞充为王杰在韩城县学的同窗好友，后结为儿女亲家，是以恳请王杰题序。此文当作于乾隆晚期，王杰已成为枢阁大员，得知彦公返乡后兴建了一所新书院，仍为之欣喜。他引用了“鱼跃龙门”的传说，以激励故乡学子，应也会追忆当年在韩城县学的苦读岁月，那个清贫但拥有梦想的时代。

三、哥哥们

清代科举实施较为严格的籍贯管理体制，即便是京师大员之子，按规定也要回原籍参加考试。正因如此，王杰在长大后选择入韩城县学读书。记载缺略，难以确定王杰是否一考即中，所能知道的是他在十八岁时“补韩城县学生员”[18]。

这也说明，王杰的哥哥们在成年后也会陆续返回故乡，参加相关考试。廷诏三兄弟对下一代寄望甚高，倾其所能给他们创造较好的学习条件，但也明白个人禀赋资质有差异，为之设计出不同的人生路径。其中有三人被送进西安的关中书院，除王杰外，还有其二哥王澈与大伯家的老四王煜。孙景烈为王廷诏所写祭文中，特别提到其教育下一代的成效：“迄今子侄八人，皆彬彬然功名方盛，不可量，君之教家已有成效矣。”[19]

在王杰的一辈，除他之外，虽无人考中进士，也都各有所成，称名乡里。汇录乾隆《韩城县志》与《韩城王氏宗谱》的零星记载，略为：

王楷，国学生，乡饮大宾；

王熉，廪生；

王煜，武举；

王鉴，国学生；

王瀚，庠生；

王浚，武举，乡饮大宾；

王澈，附贡生，乡饮大宾。

由上可知，至少有三人曾进入韩城县学，两人进入国子监，两人得中武举人。满人以骑射崛起于关东，对武科历来重视，各省皆设武科乡试，次年在京师举行会试。王煜和王浚应参加过会试，但没有通过，后来也没有获得军职。至于国学生，应是出于捐纳，不一定长期在国子监就读。不管怎样说，韩城王氏自此成为真正的书香门第，以后数代皆如此。

第三节　终生之师孙景烈

在清代，一个读书人从小长大，入学，应试，做官，老师可谓多矣！而大略分为两类：一是真正教过他的老师，从启蒙到入州、县学，或府学、书院，包括进士后教育的庶常馆教习；另一类则是各级教官与考官，包括县教谕、训导，府学教授，省里的学政，更重要的是乡会试正副主考与本房考官。而王杰真正视为授业恩师的，只有孙景烈一人，敬称为"吾师武功西峰先生"。

酉峰，是孙景烈的别号。

一、商州学正

孙景烈出身于陕西武功县一个耕读之家，自幼读书刻苦，又精于沉思默想，追寻其间哲理，从不爱夸夸其谈。雍正十三年秋，景烈在西安参加乡试，同考官阅其答卷欣喜异常，找到主考官于辰，认为应定为本科第一。于辰边看边赞叹："真名解元！真名解元！"一旁的副主考郭石渠见状有些不快，拿过文卷阅读，因其文笔的确精彩老到，便说可能是个六七十岁老书生，勉强排在第二名。[20]发榜后谒见，方知景烈年未三十，"体貌魁伟，局度端凝，进止安详”[21]。次年赴春闱，科场不利，后经过巡抚崔纪保奏，以六品冠带任商州学正。查《清高宗实录》卷三十九，崔纪于乾隆二年三月以仓场侍郎署陕西巡抚，十月始得实授，推测其保荐孙景烈的时间应在该年末。而报送至吏部，走一遍程序，至少也要三个月，可知景烈出任商州学正约在乾隆三年春夏间。

孙景烈家境贫寒，父亲孙镇曾试图做个小生意，因性格忠厚，根本赚不到什么钱，买不起衣料，全靠其母刘氏辛勤纺织，六个子女才有衣服穿。可家中还是咬牙送长子景烈去读书，想尽办法为其筹措笔墨纸砚。就在景烈赴任学正之前，母亲对他说了一番话：

> 汝家自上世来未有仕者，先人积德之庆，发于汝身。今膺简命为学博，官虽小，自汝白屋家得之，乃特恩殊荣也，急图报焉。且仕途发轫于兹，读书人学守亦验于兹，可弗慎哉？此去勤课士，勿俸外收一钱，勿责诸生束脩，勿以非道悦上官，庶解吾忧。[22]

这段话经景烈以文言转记，有些难懂，译成白话即是：你家自来没有当官的，一个学正虽不算大，也是难得的恩荣，是你仕途的开端，也是对你学问人品的检验，要慎重。到了任上好好教书，除薪俸外不得再收一钱，不得向学生索取束脩，也不要讨好巴结上级官员。乃母在乾隆三十一年八月去世，时王杰正在福建学政任上，受师命撰《孙母刘太孺人墓志铭》，对以上这段话也是敬佩有加，择要录入文中。[23]

孙景烈是一个怀抱理想主义的理学家，一生以传扬儒家道统为己任。担任学正期间，他制订教学大纲，强调学校纪律，亲自编选课本与登台授课，处处一丝不苟，将学术理念化为教书育人的实践，商州学风随之蔚然而兴。景烈认为教官一向受人轻视，固然来自官商市井的人情势利，而本身不能振作与自尊则是主因。文庙的春秋二祭，知州本应敬谨献呈祭品，却让几个家丁代替，在台阶上跑来跑去。孙景烈厉声喝止，说大成殿是什么地方，怎可让无知下人胡行乱走？州官王某虽不得已听从，却是衔恨在心，总想借机倾陷。因景烈素来端正清廉，找不到茬子，便常常对提督学政说些坏话，贬低他的文章是“牛鬼蛇神之文”，带坏了当地文风。但不光商州人交口称赞，孙景烈的名声已远扬省内外，州官大人也是无可奈何。

在商州学正一职上仅半年，孙景烈就离任再赴春闱。

二、翰詹大考的惨败

乾隆四年春，孙景烈顺利通过礼部会试以及殿试、朝考，得中进士，虽名列三甲第一百二十一名，仍得以入选庶吉士。国家设立庶常馆，从每科进士中选择约三十名年轻俊秀之士入馆深造，分别研习清书（即满文）与汉书，期望很高。清代枢阁部院大臣，有许多出自这里，故人们以庶常馆为“储相之地”。景烈入馆后为丰富的藏书所震惊，发奋苦读，思想日见深邃，学术日益精进，而将诗赋与时文丢在脑后。

庶常馆通常有一满一汉两位总教习，由皇上亲自选任，时任总教习为刑部尚书尹继善和刑部左侍郎刘统勋，皆饱学名臣，节操清劲。[24]据景烈多年后追忆，尹继善常与他们聊天，“首举范文正先忧后乐为法，而又以谢上蔡之去矜为要功，尝曰：宇宙内事皆儒者分内事，一涉于矜，则此心为功名所系，封闭如蜗，所学安在也”[25]。去矜，是对儒家旨要的深切体悟，与平日督策庶吉士作八股文章的小教习不同，在景烈听来十分入耳。

忽忽三载，孙景烈于乾隆七年四月二十四日通过散馆考试，正式授职翰林院检讨。尹继善已在两年前调任川陕总督去也，满教习换了刑部左侍郎阿克敦，汉教习为兵部尚书史贻直，待众庶常都很亲切。检讨乃三甲出身庶吉士留翰林的常规职衔，从七品，薪俸还不如以前那个学正多，从前程上看可就大不一样了。

也是赶巧了，仅仅三天之后，孙景烈就遇上了“翰詹大考”，竟然考得一败涂地。翰詹大考，是清廷对翰林院与詹事府三品以下官员专设的考试，六年左右一次，乾隆帝喜欢亲自命题，复以监考阅卷严格、处置严厉，被戏称为“翰林出痘”，意思是众翰林的一道鬼门关也。乾隆帝很喜欢考考那些自视清高的翰林人士，改元第二年的五月考过一次，刚过五年又要开考。而这次阅卷更为严苛，竟有七十一人考在第四等，孙景烈为其一。根据规定，列在三等者通常会被降职或外任，四等者更是在劫难逃。朝廷有旨，景烈等二十名编修检讨被免职，其余者罚俸一年。

一下子罢免这么多老少编检，对翰林院固然震动极大，皇上也觉不忍：过了几天，传谕称编修吴绂通晓“三礼”，改为罚俸留职；再过两天，又要剩下的十九人五月初十到圆明园，再做一次复试。通过复试又留下了六人，里面没有孙景烈，其仕宦行旅就此戛然而止。如果不计三年的庶常馆读书，孙景烈任翰林检讨一职总共四天，算上等待复试也不过半个月，即被免职。这对心高气傲的他，自是一种刻骨铭心的耻辱。多年后作《祭母文》，景烈忆及当时情形：孝心很重的他已将母亲接至京师，千辛万苦才算安顿下来，以为授官后日子会慢慢好起来，孰知一道晴天霹雳。孙母得知后却很坦然和平静，说：自去年你接我来京后，我见你整天操劳家中生计，荒废馆里的功课，就有些担心。现在皇上命你回乡，读书务实，也是一种福分。至于功名富贵更应知足，当初我只指望你能成个秀才，这几年先中举人，再做进士，得列翰林清华，实出望外，还要希求什么呢？

三、关中书院

孙景烈举家返回原籍，受尽势利眼的讥笑，加上家计艰辛，竟至于一天只能吃一顿饭，也就不去多说了。而他的心灵创伤渐趋平复，读书治学如故。老师尹继善的总督衙门就在西安，可自尊心使得他不去求见。按说老尹会听说此事，设法帮助一下这个落魄弟子，因政务繁忙，加上几个月后就因丁忧解任，离开了陕西。

乾隆八年（1743）秋，孙景烈应邀至省城西安主持关中书院讲席，号称“山长”。关中书院的创办人冯从吾为晚明大儒，号少墟，天启间任左副都御史、工部尚书，因不满阉党擅政弃官还乡，读书著述，也常在西安城南门内的宝庆寺讲学，一时追随者众多，也不乏当地高官。万历三十七年，因宝庆寺地方狭窄，陕西布政使汪可受、按察使李天麟等在寺东小悉园拨地一区，陆续建成三重院落的书院。其主体建筑为讲学集会之所“允执堂”，面阔六间，高大宽敞，青瓦红柱，取名来自《中庸》的“允执厥中”，也彰显了一种敦厚务实的传统；堂前为泮池，池中有亭，小小石桥相连；堂后两进院落是教室和宿舍，复于院中垒石为假山，遍栽松柏槐梅；最后为藏书楼。占地虽不甚广，然环境清幽，“焕然成一大观”。

冯从吾后来曾短暂任职，不久即返回西安，大多数时光是在关中书院度过的。他提倡实学，将关中之学与程朱理学、阳明心学融会贯通，而对王学末流“废修言悟，课虚妨实”的浮嚣风习嗤之以鼻。其所书《允执堂屏》曰：

> 纲常伦理要尽道，天地万物要一体，仕止久速要当可，喜怒哀乐要中节，辞受取与要不苟，视听言动要合礼。存此谓之道心，悖此谓之人心。惟精，精此者也；惟一，一此者也。此之谓允执厥中，此之谓尽性至命之实学。〔26〕

此段文字，实可视为关中书院的校训，凝集着冯氏对儒学精义的体悟，对“惟精惟一”“允执厥中”的阐解，而肯綮则在一个“实”字。天启六年，魏忠贤的党羽派人捣毁了关中书院，冯从吾绝食抗议，不久即悲愤辞世。崇祯改元后诛除阉党，重修和扩建书院，这段训词则一直悬挂于允执堂中。王杰等学生入学，首先要记诵的就是屏上的题词。

西安历来人文荟萃，清代有三学街，官办学校西安府学与长安、咸宁二县学距离很近，书声相闻，而以关中书院为陕西一省的最高学府。冯从吾奠定了良好的教学传统，康熙间则有关学传人李颙主讲，“关中三李”之一的李柏亦曾来院讲学。李颙制订了《关中书院学程》，对学生的作息时间做出规定：

> 一　每日须黎明即起，整襟危坐少顷，以定夜气，屏缘息虑，以心观心，令昭昭灵灵之体，湛寂清明，了无一物，养未发之中，作应事之本。
>
> 一　坐而起也，有事则治事，无事则读经数章，注取其明白、正大、简易、直截，其支离缠绕、穿空凿巧者，断勿寓目。
>
> 一　饭后看《四书》数章，须看白文，勿先观注；白文不契，然后阅注及大全。凡阅一章，即思此一章与自己身心有无交涉，务要体之于心，验之于行，苟一言一行不规诸此，是谓侮圣，言空自弃。
>
> 一　中午焚香默坐，屏缘息虑，以续夜气。饭后读《大学衍义》及《衍义补》，此穷理致知之要也。深研细玩，务令精熟，熟则道德经济胥此焉出，夫是之谓大人之学。
>
> 一　申酉之交，遇精神懒散，择诗文之痛快醒发者，如汉魏古风、《出师表》《归去来辞》《正气歌》《却聘书》从容朗诵，以鼓昏惰。
>
> 一　每晚初更，灯下阅《资治通鉴纲目》，或濂洛关闽及河会姚泾语录。阅讫仍静坐，默检此日意念之邪正、言行之得失，苟一念稍差、一言一行之稍失，即焚香长跽，痛自责罚。如是日消月汰，久自成德。即意念无差、言行无失，亦必每晚思我今日曾行几善，有则便是日新，日新之谓盛德；无则便是虚度，虚度之谓自画。……[27]

这是一份学生守则，也是一份读书涵养的指南。关学提倡的“变化气质”，其实很难，必须经过日复一日的揣摩自省。王杰在这样的氛围中经历了多年陶铸，德行与习性上都留下深深烙印，终身受益。

四、与陈宏谋的“会讲”

孙景烈出任关中书院山长，记载多称是陈宏谋在陕任职时发现了他，其实不然，两人的早期交往并不愉快，邀请景烈出山的为前任巡抚塞楞额。

乾隆九年三月，陈宏谋自江西转任陕西巡抚，孙景烈以翰林晚辈之礼谒见，聆听其论学，“知字字皆从体验中来”，没有通常的官场空话。作为一个究心关闽之学的宦场大儒，陈宏谋对关中书院自然很关注，对书卷气十足的孙景烈也很欣赏，赠送给他《近思录》《大学衍义》等书，并说：“关中书院为明季少墟冯氏讲学地，今日讲学之事，吾当与君共之。”〔28〕后来的确如此，陈宏谋政务之暇，时常来书院“会讲”。会讲，即就某一专题同台讲论与互相辩驳，在我国学术史与教育史上来源悠久，据说自老子就有了这一形式。宋代著名的“朱张会讲”，朱熹与张栻在岳麓书院当众论辩《中庸》之义，竟至于连续三昼夜，讲者不知疲倦，听者云集而至。后来朱熹在鹅湖寺与陆九渊会讲，也是连续三天，老师在台上，弟子在台下，捉对辩难，那是怎样开放和自由的学术氛围！学者的会讲是平等平和的，也是激烈坦率的，而巡抚亲临治下的书院，情形便不太一样。孙景烈与陈宏谋虽说都出自农家，都是乡试高中，都在成进士后入庶常馆深造、散馆授检讨一职，而景烈仅数日即被罢归，宏谋则在仕途一路飞升，早已是封疆大吏。面对既是本省最高长官，又是翰林前辈的陈宏谋，孤傲执拗的孙景烈不免有些敏感，终于有一天与之发生冲突，断然辞职而去。

事情发生在乾隆十年春月，王杰尚未投入孙景烈门下，当日的具体情形已付之烟尘。孙景烈在给恩公崔纪的信中略略提及：“因陈榕门抚军会讲，语涉嫌疑，即日辞归。”〔29〕什么叫“语涉嫌疑”？陈宏谋断不会在会讲时以势压人，也不会有意伤害对方面子，但会择善固执，也会直指景烈的拘泥褊狭之处，令他难以接受。实际上，崔纪任巡抚时也经常对他点拨教诲，后来在京师重逢，见新科庶吉士孙景烈踌躇满志，也曾予以批评，但那不一样。

次年秋，陈宏谋调往江西，孙景烈重掌关中书院，讲程朱之学，激励学生讲求实行，兼授以古文辞。乾隆十二年，王杰奉父命入该院读书，很快以学业与操守，受到老师的器重。《年谱》说他入学前就“以文受知”，大约是指进入书院的考录程序。孙景烈对其文章很喜欢，而入学后见其人品气度，更是视为得意弟子。王杰是与二哥王澈、堂兄王熉一起入院的。此时的他已有了儿子，不免有时要回家看看，却也并未影响到学业的精进。

当年岁末，陈宏谋再次调任陕西巡抚，孙景烈闻讯即辞去山长，返回故乡，可见误会之深。可他很快收到陈宏谋写来的亲笔信，诚恳挽留，“旧日嫌疑，彼此冰释”。孙景烈性情单纯，读后知宏谋实乃仁厚长者，便尔倾心服膺，复信承认自己生性迂腐，也承认从陈宏谋那里收益甚多，“先生学醇养粹，允属程朱宗风”，“每当会讲，闻所未闻，极为钦佩”，并说：

> 至辞馆一事，羊叔子本无可疑，但缘语涉微嫌，景烈自处不得不然，莫逆之心，原可共谅耳。……兹者节钺再临，秦中士庶皆欣欣重向阳春，而先生入关伊始，他务未遑惠德音。湛甘泉云：“翰林前辈轻视后辈，旧矣。”今以荒陋之学，谬荷先施，觉当日心迹，愈可共信无他。景烈虽迂，岂不近人情者哉！俗冗稍就理，即起程躬诣讲堂，面受教言也。〔30〕

一场风波过去，孙景烈再掌教席，陈宏谋也常来会讲，切磋琢磨，王杰等学生真是有福气。

在孙景烈指导下，在浓厚的学习氛围中，王杰很快脱颖而出，成为公认的佼佼者。孙景烈甚为推崇，曾写道：

> 余再掌关中书院时，同郡之来学者不乏才，而其文俊逸不群、为诸生交推者，韩城王杰也。余因其有进取之志，导以正学，杰即信而从之……〔31〕

这是他为王杰之父王廷诏所作墓志铭中的文字，笔意所至，欣赏关爱之情络绎文句间。从乾隆十二年到十八年，王杰在关中书院待了差不多七年，幸运地遇到了一个好老师，也在精神境界和学业上留下孙景烈的烙印。

第四节　根基在关学

王杰入仕的乾隆二十六年（1761），“康乾盛世”抵达鼎盛之巅，随之而来的就是逐渐下滑，后来又出了个聚敛之臣和珅，朝政之浮靡、官场之倾轧渐趋严重。而王杰在漫长的仕宦生涯中能够始终屹立不倒，主要在于人品的清严端谨。解析王杰道德精神的风范，梳理其处事方式，能发现关学的影响，那是来自关学的陶冶，是一种植入心髓的潜移默化。

关学，又作“关中之学”，是宋代理学的一个分支，又自成体系和统绪。三秦思想家一以贯之的家国情怀，其所倡导的“务实不务名，真修实践，不尚标榜浮华”的治学路径，其弃绝攀结勾连，一空依傍的独立人格，在王杰身上得以集中呈现。完整和深入地认识这位一代贤相，无法绕过他对关学（扩大地说为关闽之学）的体悟传扬，是其一生思想和行为的根基。

一、张载的“四句教”

谈关学，不能不提到这一学派的开创者张载，一个颇具个性和传奇色彩的关中大儒；而若说起这位前贤对王杰的影响，似应从其晚年的一段语录谈起，曰：

为天地立心，为生民立命，为往圣继绝学，为万世开太平。〔32〕

这是今日的通行版本，出自清初大儒黄宗羲的《宋元学案》，又被称作“四为”“横渠四句”“四句教”，流传至今。

张载出生于宋真宗天禧四年（1020），为开创理学体系的“北宋五子”之一。他祖籍河南开封，也出生在那里，父亲张迪在宋仁宗天圣元年（1023）卒于涪州知州任所，时年十六岁的张载与幼弟跟随母亲扶柩还乡，行至陕西郿县横渠一带闻知前方突发兵变，加以盘缠匮乏，万般无奈之际就地安葬亡父，一家人也就在横渠镇守丧和落户，所以冯从吾《关学编》称他为“郿人”。播迁异地，孤儿寡母，苦况自可想象，而他在横渠发奋读书，“无所不学”，很快融入当地社会。时西夏崛起，频频入侵陕甘边地，青年张载“喜谈兵”，曾前往陕西招讨副使范仲淹的大营，献上收复洮西之策。范仲淹对这个热血青年很欣赏，交谈中发现其儒学根基较优，意欲为国家保存读书种子，善言诱导，打消了他的参军念头。张载返回横渠，继续研习儒家经典，三十八岁考中进士，与程颐、苏轼兄弟同榜。此后的十年有余，张载奔波宦途，历任数地后调至京师，而因对王安石变法之简单操切有所保留，辞职还乡，潜心治学。他精于思辨，也善于讲解阐发，曾受文彦博之邀讲学长安学宫，居乡未久即声名大起，四方来学者甚多，敬称“横渠先生”，从而催生了一个重要的理学支脉——关学。

熙宁九年（1076）秋，张载写成《正蒙》一书，收录了其多年来的哲学思考和言论，颁示门人，关中弟子奉之如《论语》。次年春，张载受召带病入京，任太常礼院同知，自感与众官格格不入，数月后即坚辞告归。此时的他在学术上已臻于成熟，扶病行至临潼道上，觉得病势沉重，于旅店沐浴更衣，次日晨安详离世。其身侧仅有外甥一人，行囊空空，景况惨凄。在西安的弟子闻讯奔丧，始得以成殓和归葬横渠。

张载是北宋重要的思想家，是理学大厦早期的几位搭建者之一，也是关学的创始人，著作甚丰。他终身致力于接续孔孟之道统，抉发和传扬儒学精义，将治学心得和学术理念总结成朗朗上口的语录体，为的就是弟子后学便于记诵。值得注意的是，他的“四句教”并未收入其最为重视的《正蒙》，而见于《张子语录》中，原句为“为天地立志，为生民立道，为去圣继绝学，为万世开太平”[33]。这本语录分上、中、下三编，当为门人所记录汇编，较为接近乃师的原句。而一经刊出，即引发学界的关注，后人在引用的同时，也对字句加以调整：《近思录拾遗》中，将“立志”改为“立心”，其他同前[34]；至真德秀《西山读书记》所引，又将“立道”改为“立极”，“去圣”改为“前圣”[35]；进入清代，再被修改，成为今日最流行的版本。

历史上的名著名言多矣，其传播过程大都存在着增删改易，毫不奇怪。后世对“横渠四句”的改订较小，并不背离其宗旨；而比较所有的改动，仍觉不如原句更为朴实准确，更符合张载的口角风神。不管是在边境告危的战时，还是和平环境，张载都有一种紧迫感或曰危机感，有着舍我其谁的使命担当。在他看来，传承儒家道统，从来都不仅仅是读书人寂处书斋的个人旨趣，而是与世道民心、文明存废相关联，因此必须具有一种献身精神。作为关学后人的王杰，虽不见其在文集中敬谨抄录和赞美——那不是他的个性，而观察其一生行履，无论说话还是做事，皆不离张载的四句教言。

二、终生读《易》

书写王杰的传记，常会有一个问号掠过笔者的脑际：他是一个幸运者吗？否则，何以在入仕后如此顺遂，如此深得两朝天子的倚赖信重。这当然不是说他没有遇到过坎坷和风险，而是说以乾隆帝驭下之严，加上一个掩袖工谗的和珅，王杰居然能够始终圣眷不衰；至嗣皇帝颙琰亲政，高扬着“守成”的大旗，而较为敏感苛细，曾将大胆建言的洪亮吉逮治流放，对王杰则一直敬为师长、倚为干城。经过阅读与思考，又觉得可能与他的终生治学，尤其是读《易》解《易》相关，与关学的陶冶熔铸有关。

《易经》是许多学者的毕生功课，也可以说是张载之学的根基。《宋史·张载传》记述他在中进士之前于京师讲解《易经》，坐虎皮交椅，听者云集，而一旦发现“二程”在这方面的见解更高深，即撤座辍讲，建议听讲者师从程氏。此事体现了张载做人与治学的坦荡磊落，而他自此以后，对易学的研求更为殷切。冯从吾曾在《关学编》中概括张载思想体系的特点，“以

《易》为宗，以《中庸》为体，以《礼》为的，以孔孟为法，穷神化，一天人，立大本，斥异学”，很精练，却也并非其个人的认知，吕大临《横渠先生行状》与《宋史·张载传》已有了近同的评价。

《正蒙》一书，为张载哲学思想的精华所聚，得名于《易·蒙》，该卦彖辞有“蒙以养正”四字，蒙指蒙昧未开，正谓教正，意即从蒙童开始就应加以培养诲引。张载写作此书的目的，就是要以《易经》为依据，论证气乃天地万物之本原，批驳老子的“有生于无”，以及佛教的“诬天地日月为幻妄”。其最受理学家关注和称赞的，为“乾称篇第十七”中的两段文字，一在开头，曰：

> 乾称父而坤母，予兹藐焉，乃混然中处。故天地之塞吾其体，天地之帅吾其性，民吾同胞，物吾与也。[36]

这就是“民胞物与”的出处，揭示万物平等，提倡仁孝与兼爱，后经程颐提议改名《西铭》，受到二程和朱熹的推崇，也成为宋明理学的理论支柱之一。

被称作《东铭》的文字，见于“乾称篇”末尾，强调的是做人要志诚。在他看来，个人的每一句话、每一个举动，都是有着心理依据的，都不应假托为儿戏，不应文过饰非。张载写下此两段铭文，首先是为了自警自励，悬挂于书房双牖之上，称为《砭愚》和《订顽》，以锤炼意志，陶冶性情，增强个人的修养。“性格就是命运”，乃当今的一句流行语，而性格的形成在于教育和学习。张载讲学授徒，“多告以知礼成性、变化气质之道”，这也成为关中书院的一个教学准则。张载的学说，极大地影响了王杰的性格生成，也影响了其日常所行和居官所为。王杰留下的唯一一部专著，就是《惺园易说》。

三、为己之学

清朝初年，顾炎武、王夫之等思想家在扼腕痛愤之余，反思明廷沦亡之因，批判王学末流的“游谈无根”，一变而讲求经世致用，提倡实学。至乾嘉年间，考据之风盛行，汉学、宋学争持不已，吴派、皖派、浙东学派赓相兴起，学术繁荣，同时也不免流于琐屑和边缘化。而始终有一批读书种子，不管在朝还是在野，均能默默负载着儒学的务实传统，砥砺前行。关中书院的山长孙景烈如此，封疆大吏尹继善、陈宏谋如此，读书士子王杰亦是如此。

《河南程氏粹言·论学》记录了二程与表舅张载的一段对话。二程说：关中人士谈学问时往往涉及政治，谈论时政也不免扯到礼乐等学问上，应该说是善于学习了。话虽如此，或也含有嫌其不够纯粹之义。张载说：

> 如其人诚然，则志大不为名，亦知学贵于有用也。学古道以待今，则后世之谬不必削削而难之，举而措之可也。[37]

这是对二程的回应，有意厘清关学与洛学的差异：志向远大而不图名利，只在于经世济民，在于古为今用，而非仅仅专注于青灯黄卷，或借古讽今，徒逞口舌之快。

春秋时代，学术的功利色彩已然浓重，故孔子论学，感叹：“古之学者为己，今之学者为人。”[38]为己，指在德操学养上自我完善，在事功上自我实现；而为人，则意在迎合世人以博取名声。自此以往，儒家代表人物皆推崇“为己之学”，以“为己”否定“为人”，提倡理想人格的养成，摒弃功利主义与浮靡学风。这是儒家道统一以贯之的原则，是一个闪烁着人性光辉的哲学亮点，而一旦涉及具体的人和事，又不免复杂缠结和难以把握。《颜氏家训·勉学》曾对此做了进一步辨析：“古之学者为己，以补不足也；今之学者为人，但能说之也。古之学者为人，行道以利世也；今之学者为己，修身以求进也。”[39]在颜之推看来，为己与为人既有古今之别，亦因人因事而异，要在能够学以致用，有利于世道人心。

张载是“为己之学”的践行者，而重在经世致用，重在为国家民族效力。他曾说，通过学习懂得了道理，如果不去付诸实践，就像站在半空中，始终不能脚踏实地。对于《易·乾》“天行健，君子以自强不息”，张载认为“所行即是道”，“天行健”即天道，进而提倡“刚健笃实，日新其德”，“不成名，不求闻也，养实而已”〔40〕。这种至诚笃实、踏实做事的人生态度，深刻影响到一代代关学传人。文人最容易拉帮结派，诗酒唱和，互相标榜。孙景烈深恶此习，主持关中书院时曾对众弟子谆谆告诫：

> 古之学者为己而已，标榜声气则为人矣。此君子小人儒所由分，而可为乎？〔41〕

终其一生，王杰都谨遵老师的训导，沉静读书，尤其是读《易》，从中体悟天地造化与人生哲理。著名学者江藩称他为理学大臣，亦在于此。

【第二章】

名臣的幕僚

王杰的命运改变，主要在于他的个人禀赋和读书进取，应也与所遇到的两位理学名臣相关。

我国历史上向来有“名臣”之说，通常指那些品德高尚、学养深厚、行为端谨、作风清廉的高官，在其当世与青史上皆有典范意义。而历来做名臣之难，应不在于自身修养与竭诚奉献，而难于不为君主、上司及同僚理解，及至一向爱才、识才的乾隆帝在位时，其难尤甚。或是鉴于其威望、影响力尾大不掉，或是洞察其中多有沽名钓誉、居心叵测之辈，或是认为名臣抢了自个的风头，弘历对此颇为反感嫌忌，屡次指斥“名臣说”之非。就连皇父留下的顾命大臣鄂尔泰和张廷玉，在乾隆朝也渐受冷落，固然有“一朝天子一朝臣”之铁律，更重要的应是二人名气太大，又各有一班子门生故吏，必须加以抑制。

本章写到的尹继善与陈宏谋，皆从前朝一路走来，多次在陕西主政，是王杰在困顿贫寒时期的恩公，也是其人生和学术之路的导师。二人勤劳职事，享有能员与名臣的盛誉，所到之处深得士民拥戴，数十年间历任督抚尚书，多有交集，相处亲切，晚岁又相继入阁。他们的最终“拜相”，自然离不开乾隆帝的信任欣赏，却也都曾三番五次被降谕责斥，尤以老尹被骂得最惨。

第一节　身如雨点，心似玲球

尹继善任职南京时，与列名“江右三大家”的袁枚为文友，过从密切。袁子才曾以两句诗为他画像，道是：“身如雨点村村到，心似玲球面面通。”[1]前句写尹继善勤政爱民，浓墨点染，有几分像是今天的深入基层；后句虽不乏调侃戏谑，却也描摹出其通脱圆融的为官风格。可话又说回来，八面玲珑但不失做人做事的原则立场，未出现重大失误，未陷入各种复杂的人事纠葛，也很不容易。有记载说即使面对极不喜欢的人，尹继善也是和颜悦色，可有谁能知道其心中那份烦累？

一、两朝大员

尹继善，字吉甫，满洲镶黄旗人，大学士尹泰第五子。他出生于康熙三十四年（1695），自幼书读得好，人也生得体面，是满人中为数极少的探花郎，为此深受雍正帝器重。袁枚曾在文章中描绘其形象："公白皙，少须麋，丰颐大口，声清扬远闻，著体红瘢如朱砂鲜，目秀而慈，长寸许。"[2]换成今天的话，就是白净挺拔，慈眉秀目，鼻直口方，下巴丰满，声音洪亮。至于他身上的鲜亮红痣，那也只能是亲近者所可见，透露出两人的情谊。

可不要小瞧"体面"二字。

清廷定鼎北京后，作为战斗民族的满洲人迅速分化：很多人附龙尾而上，建牙开府，仪卫煊赫，家族也变得豪富；也有相当一部分人（包括一些远支宗室）混得不咋样，蜕变为市井无赖，终日闲逛，混迹于歌楼赌馆，坑蒙拐骗无所不为。如何保持清政权的统治地位，保留本民族的骑射传统和语言文字，入关后前六朝清帝都十分关切，而将"体面"作为选人用人的一项标准。乾隆后期和珅的快速蹿升，有很多稀奇古怪的传闻，实则一开始能够进入皇上法眼，与其形象俊伟、知书达礼相关。这就是体面，包括学识、形象、谈吐和举手投足、待人接物，既有天生禀赋的因素，更多的应在于个人修为。尹继善堪称满人的典范。乾隆二十年八月，弘历决定在避暑山庄宴请蒙古准噶尔诸部首领，特谕河道总督尹继善直接赶赴热河，"朕自木兰回銮，约计九月二十日前可抵热河。彼时正当筵宴准噶尔诸台吉之际，尹继善值此嘉会，不可不躬逢其盛，且便于商略事宜。着传谕该督，令其径赴热河，同入筵宴。尹继善厚重有体，在满洲大臣中可壮观瞻，使外藩见之亦足增色也"[3]。小尹已成老尹，在天子眼中仍以"有体（面）"为先。

尹继善于雍正元年考中进士，选入庶常馆，是满人中不多见的儒者。人们多说国子监为皇家最高学府，那是对普通生员而言，准确说来，唯有庶常馆才称得起。继善在翰林院仅待了五年，即由编修、侍讲升为内阁学士，一年后为江苏巡抚，再一年署河道总督，接着便是两江总督。那是尹继善勇于任事、大胆兴革、清除积弊的意气风发的岁月，皇上倚为干城，频繁调他去解决难题，所到之处深受百姓爱戴。苗疆动荡，尹继善驰赴昆明，接任云贵广西总督，不仅平定了变乱，更重要的是规划和设立镇城营汛，形成了一套较为完整的军政体系。他善于处置繁难事务，待人温润周到，绝无骄矜躁急之色。曾有一段时间，尹继善兼署将军、提督、巡抚、河漕、盐政、学政等职，“九印彪列，簿书填委”，仍能一件件处理得妥妥帖帖，还可以抽空去书院与诸生讨论诗文。他把读书看成一生的志业，“每公余，一卷一灯，如老诸生，寒暑勿辍”。南京为前朝陪都，人文传统丰厚，曹雪芹的祖父曹寅任织造时就曾广交文友。尹继善素来喜欢与文人交流，也喜欢写诗，“清词丽句，虽专门名家自愧不如”〔4〕。他是名臣，但首先是忠臣和能臣，明练清廉，有很强的行政管理能力，关键时刻也很有担当。雍正帝素以严苛著称，可尹继善在他跟前敢于讲些真话，有所坚持，当然也基于一种特殊的知遇和倚信。

乾隆帝继位时，四十岁的尹继善为云贵总督，仍深受信任。一时方面大员皆飞奏恭请节哀，新帝唯独在尹继善奏折上两次御批，“昨见卿所缴朱批，朕不禁涕泣沾襟”，“敬念我皇考十三年之苦心，未尝一日享有天下之乐。朕之沉痛，又何能自已耶！”〔5〕情感真挚，如晤家人。当时苗疆变乱，钦差大臣张照因督办无方被撤，弘历简用湖广总督张广泗为经略，尹继善也非常尽心。后将云贵拆分，以张广泗兼贵州总督，尹继善管云南，却是不遗余力地支持大军的进剿。事成之后，尹继善本应得到奖赏，已改任刑部尚书的他对皇上说：苗疆起事之时自己任总督，能免于处分，已属格外之恩，怎敢承接奖誉？乾隆帝很高兴，历数了他的功绩，盛赞其有逊让之美。

不久后，君臣有过一次单独的深入谈话，尹继善说了什么已不得而知，实录里记载了弘历的长篇谕旨，都是些掏心窝子的话，大意是：自古清平之世，君臣皆知戒惧，却难以达到致治之境界。现在虽政治清明，国家安宁，人民安居乐业，而各方面问题还很多，不敢稍有宴逸荒怠。做皇帝的本应“上法尧舜，远接汤武”，可实际上能达到汉文帝、唐太宗那样的成就也很难，“可见天下事责人甚易，而自处则难；局外旁观甚易，而以身阅历则又难也”〔6〕。弘历表示决心效法古代圣君，不自足，不畏难，时时反躬自省，与诸臣互相激励和提醒，也希望尹继善能效法古代贤臣，成为自己的股肱耳目，像房玄龄、魏徵那样尽忠诤谏，启沃圣聪。一番话饱含着对尹继善的信任期待，令他极为感动。

在弘历眼中，尹继善的品德才能都是一流的。当时的准噶尔部虽经康雍两朝多次打击，仍是西域最大的不安定因素，而西南各土司也常闹出事端，不服朝廷管束。尹继善于乾隆五年春出任川陕总督，处事审慎而周密，对准噶尔借进藏熬茶勾结串联、刺探军情十分警惕，采取一系列限制措施，加强对西南各土司的管控，同时整治军务和认真备战。他在处理时有理有节，“近理之事，示以宽仁；非分之欲，即加裁抑”，受到皇上肯定，御批：“所见甚正，即如此办理可也。”〔7〕

清廷在哈密设安西提督，除满营外，另调甘肃绿营兵驻防。这时的军政长官为原古北口提督永常，奏报准噶尔贡使吹纳木喀由宁夏返回时接待情形：留牧的马匹骆驼有的已倒毙，均照原数赏给，并允许他们以马匹及葡萄、硇砂等物，与客商和官兵交易，现已离境。乾隆帝认为失之于宽纵，指示他多向尹继善学习。永常为满洲正白旗人，出身内廷侍卫，升迁甚速，抵达哈密不久，即弹劾甘肃提督李绳武滥报屯田数冒功。尹继善受命调查，奏称二人均属边疆有用之才，虽因公事产生争执，但同在一城，不能平心静气地商量，均有不是。至于屯田一案，李绳武不得不因地制宜，并无营私之弊，而永常未能仔细了解情况，遽然参奏，实在有些过当。他说已于去年秋天奏请将李绳武撤回甘州，此事已解决，但请皇上密颁谕旨，加以训诫，使之今后能知同僚间互相尊重和协作，于边疆的安定大有裨益。得旨：“此公论也。知道了。”〔8〕

乾隆七年秋，尹继善因母亲去世，丁忧离职。丁忧又称守制，起源甚早，至清代又对汉族和满蒙官员做出区别：汉员须守丧满二十七个月，满蒙官员则为一百天。此时江南水患频发，朝廷先派直隶总督高斌统筹黄淮水利工程，再派大学士陈士倌为钦差大臣前往，加上两江总督德沛与南河河道总督白钟山，意见纷纭，彼此抵牾。江宁布政使安宁密奏，提出当今督抚中只有尹继善深孚人望，熟悉河务，今丁忧很快期满，可否令他前来办理。弘历说："朕早有此意，岂待汝奏？然汝见到此，好！但尹继善尚未到京，是以迟迟耳。"〔9〕安宁原系弘历做皇子时的旧仆，后任侍卫，朱批中透着亲切。

就这样，尹继善又从西北到了江南，先是署任，两年后实授两江总督，兼管南河河务。南河是江南河道的简称，实际上包括黄河、淮河与京杭大运河，河道总督衙门设于淮安。当时水患连连，河督在发生大堤决口后往往被惩处，是个风险极大的岗位，乾隆帝却要尹继善作为第一责任人。此后五年间，继善会同两任河督小心翼翼，虽也被责备过几次，总算没出大的纰漏，而与推荐他的皇帝亲信安宁相处时，却出现了一些问题。

二、苏州事件

乾隆十一年九月，安宁升署江苏巡抚。

此人颇有几分像后来的和珅：也是宫中侍卫出身，也以能说会道、精明强干被弘历看中，也擅长向皇上打小报告，揭发别人以抬高自己……而安宁与乾隆帝的关系又非和珅可比，他可是弘历做皇子时的奴仆，是朝夕相随的贴身书童，也是弘历称帝后的御前侍卫。尹继善是个明白人，深知此次由陕西重回金陵繁盛地，出于安宁的举荐，对之也很是客气。江苏巡抚陈大受奉召进京时，建议由尹兼掌巡抚印信，继善以事务繁多，距离又远，提出由同在苏州的安宁护理抚印。陈大受与安宁显然不太和谐，一年后调往福建，安宁署巡抚，虽没有一步到位，大权已是在握。

不清楚此时安宁有多大岁数，应是较为年轻，急于出政绩，不久便参劾常州知府董怡曾与革职居乡的原直隶布政使张适勾结为恶。皇上对他的大刀阔斧、勇于任事很欣赏，即令严加审办。半年后，安宁又题参布政使王师居心诈伪，沽名邀誉，并提出要清查各府县的积欠，说是初步估算也有二百多万两。乾隆帝素知王师做官清谨，不免犹疑，命正在江南巡查河工的钦差大臣高斌暗中调查。尹继善有些被动，虽在奏请清理积欠的折子上署了名，心中实不赞同采用这种激烈的措施，但也不便多说。安宁自以为奉有尚方宝剑，调集很多人到各地查办，一时搞得鸡飞狗跳。

高斌为慧贤皇贵妃之父，历任苏州织造、苏州布政使、南河总督、吏部尚书，当年三月晋升文渊阁大学士。他很熟悉江苏官场的情形，也承认存在书役侵蚀等弊端，却不认可安宁的做法，“诚恐察弊既滋扰累，而察出一弊，将更转增十弊，不惟无益，而且有损”[10]，建议将那些奉命查账追赃的人撤回。读毕此折，弘历立即想到是安宁搞砸了，没去责斥其办事孟浪，却把一股火撒向尹继善：江苏清查积欠始于安宁的屡次陈奏，而办理不妥当，尹继善作为总督岂可置身事外？为何从未奏报？责令其据实奏闻。

这一年江苏洪涝灾害严重，加上巡抚安宁的胡折腾，境内米价不断升高，怨声载道。次年春，正当乾隆帝奉皇太后、率皇后等东巡谒孔之际，苏州爆发了群体性事件。不满者先是聚众喧闹，阻拦贩米商船外运，接着就围攻府县官吏。苏州知府姜顺蛟前往安抚，也被辱骂追打，见势不好，急往江苏巡抚衙门躲避，愤怒的乱民紧追不舍，乃至掀翻抚衙前的栅栏。安宁下令弹压，抓捕了三十九人，关入监牢。民怨沸腾，街巷里张贴了许多无头揭帖，内有“吉甫如来天有眼，禄山不去地无皮”之语。苏州历来为人文荟萃之地，此联反巡抚而不反朝廷，目标只指向安宁一人。因为名字中有一个“安”字，加上行事操切暴虐，便被喻为“当代安禄山”；而吉甫是尹继善的字，二十年前曾任江苏巡抚，留下政声，祈求他能兼署苏抚。

所有的民谣都是有原创的，而其流行，在一定程度上也反映了民心向背。继而苏州人痛恨安宁，希望将之驱逐，欢迎尹继善回任，则无疑是把他放在火上烤。果然，乾隆帝接到安宁奏报后大为恼怒，下令严厉镇压，对民谣赞颂尹继善也极为反感，命他前往办理，并警告“毋得沽名邀誉，违国家之宪典，博刁徒之感诵”，“痛改积习”，话说得很重，甚至要他小心脑袋。[11]尹继善倒是不失镇静，赶赴苏州，到达时安宁已大肆抓捕，并将带头闹事的三人当众杖毙。老尹身处高压和嫌忌之下，仍能坦诚奏报，讲明闹事的根源在于施政不当，在于官府在米粮紧缺时与民争购，从而刺激了价格的飙升；也敢于澄清一些不实传闻，尽管有的已被谕旨引用，也不隐瞒和回避。

大清皇帝，以胤禛、弘历父子为代表，包括后来的嘉庆帝颙琰，都喜欢与臣下斗心眼儿，也毫不掩饰在用人行政上的偏袒和情绪化，而一旦明白过来，大都会秉公处理。乾隆帝读了尹继善的奏折，也通过其他途径调查，很快弄清楚安宁的行政之失，对其假借圣谕残酷镇压、一次杖毙三命更是不满，即命解职回京。谕旨指责安宁“罔顾官箴，置办本处女子为妾”，要求尹继善对其任职情况包括是否染指关税进行调查。一番话看似很严厉，而待安宁回到京师，不知道说了些什么，皇上又改变了主意，让他担任侍卫。清宫侍卫分好几等，“自幼随侍内廷”的安宁，做的是御前一等侍卫。弘历对此也做了解释：安宁原来就是侍卫，见其平日积极向上，可堪造就，用为江苏布政使，又因巡抚出缺一时无人令其署理，孰知其器小易盈，办理一切事务都不妥当，那就回来再当侍卫吧。

皇上把话说到这个份上，对安宁的处分就算了，而调查并未停止。当年十一月，安宁侵占浒墅关杂项余银一案审结，安宁供认不讳，内务府总管王大臣拟斩候。弘历发布长谕，说安宁署任巡抚后“不能称职，民怨沸腾，实出朕意料之外，即明正典刑亦所应得”，但使用税关的杂项余银则是惯例，“历任关差均经支用，甚有自行取用者”。此时因金川攻剿失利，钦命将督战的大学士讷亲斩于军前，乾隆帝以二人相比较，曰：

> 且伊（安宁）之受恩，较讷亲孰深；伊之获罪，较讷亲孰重。从前未有讷亲之案，朕意本欲严治其罪，以示惩戒。但安宁本一苛刻之人，又遇吴中民风浇薄，怨谤易腾，是以声名决裂。传闻

> 之言，未必尽实。视讷亲之受恩至深，而于军旅重务乖张退缩，以致老师糜饷者，实大相径庭。讷亲之罪，浮于安宁；则安宁之罪，自可末减。若一例治罪，转不足以明赏罚之至公。〔12〕

这些话，既可见出弘历待安宁之亲厚，也明说此事不足以定为死罪。处分也是严厉的，安宁被抄家监禁，父亲与哥哥都被革职，这个野心勃勃的少壮派，无疑是挨了一记闷棍。

三、皇后大丧的冲击波

与处分安宁同时，乾隆帝几次提到皇后大丧期间一些大臣违制剃发，为之震怒，惩处极为严厉。

十三年（1748）三月，乾隆帝奉母东巡祭孔，刚至济南，皇后富察氏突然患病。弘历见其病势沉重，当即决定由运河返京，孰料在十一日逝于德州舟次。富察氏于雍正五年成为弘历的嫡福晋，伉俪情深，岂知做了皇后以后二子连夭，身心受创，竟遽尔撒手尘寰。弘历痛彻心扉，写作了多篇情真意切的悼亡诗，“嗟予命之不辰兮，痛元嫡之连弃。致黯然以内伤兮，遂邈尔以长逝”〔13〕，命以超高规格办理丧事，谥为“孝贤纯皇后”。

皇家三宫六院，自难以“专一”“不专一”来评说，却也会有持久深挚的爱情，而一旦失去，皇帝在大悲痛之下，或也造成巨大的政治冲击波。弘历先失嫡子，再失元后，心中郁结难以排遣，变得敏感易怒：

见皇长子永璜、皇三子永璋在迎丧时表情不够悲伤，弘历当众痛责，他们的师傅谙达也跟着受罚；

翰林院撰写的谥文出现满语翻译错误，负责翻译的侍讲学士塞尔登、审稿的吏部侍郎德通被革职；

刑部尚书阿克敦在值班时早退，更是激怒皇上，以“大不敬”判处斩监候，连带刑部所有堂官（满汉尚书、满汉左右侍郎）都受到责处；

接下来，光禄寺、工部、礼部皆因办事不到位被挑剔责骂，也是一处分一大片。

皇上被悲伤控制了情绪，一缕痴情演化为臣子的灾难，朝中人人自危，岂不知这才是开始。皇后去世，外地大员通常不许至京吊唁，乾隆帝也未做要求。但天下从不缺善于窥测逢迎之辈，督、抚、将军及织造、盐政都有人上疏请求赴京，只有尹继善等老成持重者未表态。在一史馆现存档案中未见到老尹致皇上的慰折，大约不是疏忽，而是以常例无须如此。岂知弘历痛令智昏，将臣下在孝贤皇后大丧期间的表现视为对自己的态度，凡没有奏请赴京送葬的，皆予以降两级的处分。全国有五十多人被降级，尹继善排在前列。

六月十三日，山东沂州营都司姜兴汉、奉天锦州府知府金文淳因在大丧百日内剃头，被人举报，命拿交刑部问罪。就这两起违制剃头案，乾隆帝发布了措辞严厉的谕旨：

> 本朝定制：遇有国恤，百日以内皆不剃头，倘违例私犯祖制，立即处斩。亦如进关时令汉人薙发，彼不薙发者无不处斩之理。此百余年人所共遵，不待传谕而后晓，是以会典律例皆无明文，盖以修《会典》时不过增损明季之旧章，明朝原无此制也。又以其事本理法所必当然，不必载之简册。……至谓汉人遂可不遵百日之制，苟有此心，即与不肯薙发者同，尤不容诛也！〔14〕

清廷入关后颁剃发令，逼迫汉人悉遵新朝服制，“留发不留头”，杀戮惨重，实乃一桩血淋淋的历史罪案，竟被弘历拿来作为堂皇正大的依据。而所谓“国丧百日内不剃头”的本朝制度，既不见于《大清会典》，雍正帝驾崩时也未认真执行。孝贤皇后丧仪中虽有“百日剃头”者，但毕竟知道的人不多。大约是考虑到这些因素，弘历虽加痛斥，还是决定格外施恩，传谕除已经查出的，各省督抚等官于接旨后不必再追究。但又特别声明：旗人本应知道这一祖制，如果有人剃头，不在宽免之列。

对姜、金二人的审讯拟罪由三法司（刑部、都察院、大理寺）办理，过了差不多一个月，乾隆帝见迟迟未提交处分预案，将刑部尚书盛安召来询问。这是一位正直诚笃的老臣，虽不免仰承旨意，仍有良知和尊重法律的职业底线在焉。都察院对金文淳初拟为斩立决，盛安先为左都御史，七月十六日升任刑部尚书，召见时曾对皇上当面表示量刑过重。弘历叫他按照律例定罪，自己会加恩酌减。可盛安仍旧感到为难，拖延不奏，并在皇上诘问时举康熙朝李斯琦的例子，认为如此重判会损害皇上声誉。乾隆帝勃然大怒，说李斯琦仅是一个私自剃头的免职官员，金文淳乃翰林出身，官至知府，属下曾以“满官皆未剃头”规劝，依然不管不顾，即使斩决也是罪有应得，何况已有从宽之旨。他声称此举意在维护祖制和明正国法，绝非迁怒（谕旨说：如果要迁怒，只能惩处御医，何必处置那些百日内剃头之人），谕令将盛安革职治罪，并警告汉尚书汪由敦不得以与金文淳同乡庇护。天子的雷霆之怒，令一帮司法大员魂飞魄散，很快将盛安从重拟为斩决；吏部也奉旨拟出处分意见，除原来持不同意见的侍郎兆惠外，所有刑部堂官均革职。得旨：盛安从宽改为斩监候，汪由敦等“从宽免其革任”〔15〕。看到这里，也为尹继善捏一把汗——他也担任过刑部尚书，若仍在位，真不知会怎么样？

到了闰七月，孝贤皇后逝世已过百日，乾隆皇帝的悲恸似乎在与日俱增，脾气也更加暴烈。一连串的官员剃发案件相继被揭出，从官员到普通兵丁都有，几乎遍及全国。弘历也知法不责众，但已骑虎难下，只能针对那些在职大员。首先撞到枪口上的，是江南河道总督周学健。他是一位出身翰林的学者型高官，由卿贰升任方面大员，历任福建巡抚、闽浙总督，又调任南河总督，同时兼漕运总督，一直较受器重。大概觉得过了二十七日的丧期即可，不光周学健自己剃了头，属下也纷纷跟着剪发。后来得知有百日之禁，剪掉的头发却是接不上了，只得躲着不敢见人。福州将军新柱进京，对皇上报告路过淮安时，周学健以查河为由避开，听说是剃头了，弘历未做追究。岂知安宁专折奏报此事，不便再佯装不知，令督办河工的内阁大学士高斌拿解来京，交刑部审讯。乾隆帝又发出一份长篇谕旨，谴责周学健“丧心悖逆”，“目无上下之分”，说他本应该自首，却是设法蒙混掩饰，进而批评内阁、军机处等举朝大臣合起来为之遮掩，曰：

> 此事传闻已久，举朝大臣官员岂概无闻见？乃无一人举发。外廷九卿召对尚稀，至军机大臣等时常召见，亦未经奏闻，其意不过欲为之蒙蔽，以救伊重谴，试思朕果可蒙蔽之主乎！今朕降此旨，伊等能封驳执奏乎？现在交部治罪，部臣即汉人同年相好，尚敢以己之身家首领为伊保全乎？又都察院御史给事中等平时采听风闻，即细微未甚确实之事，动辄陈奏，今以周学健之悖谬，朕已屡有所闻，乃未见伊等片牍入告，明系伊等师生朋党之谊，固结弥缝，牢不可破，是以代为容隐，缄默不言。朝廷设耳目之官以司纠劾，可如是之徇隐袒庇乎？即非尽出于党护周学健，亦必以为举发此事，将恐招致物议，人心至此，尚可问乎？[16]

一连串的问号，一连串的警告，早忘记自己起初也是不愿追究的。行文风格强悍霸蛮，是乾隆帝惯用的思维与语言逻辑，由剃头上升为辜负圣恩，上升为故意蒙骗，再扩大至朝中大臣与科道官结成朋党，或遇事只知顾惜自己的名声。最后一点的确是存在，也不宜全说成私心。有的学者说孝贤皇后的遽尔辞世使弘历性情大变，一改早期对大臣的温煦敬重，那倒不全是，几年前的朱批已时见峻厉刻薄，只不过大丧期间表现得更为激烈而已。

周学健人缘甚好，在朝中根基也深厚，大学士高斌奉旨拿解，江西巡抚开泰奉旨抄家，刑部尚书钱陈群奉旨审办，都预先受到皇上警示，要他们不得庇护，否则会受到严惩。而弘历对着并不相干的尹继善，也指名道姓地发了一通火，措辞极为严厉。他说：满洲人中科举出身的尹继善，实乃好名无耻之徒，身任江南总督，对周学健剃头之事明知不奏。如果不是顾及同年之情，有心欺君隐瞒，就必然是担心奏报此事会影响声誉，其心可诛！此事按说与老尹并无瓜葛，周学健的衙门远在淮安，尹继善管事又多，不可能与周经常见面，但二人系同年进士，素来交往亲切，便被皇上盯上，命吏部严察议奏。吏部堂官早被皇上的暴怒吓破了胆，哪里还敢为老尹解释，提议依照溺职之例将其革职。乾隆帝倒还留有余地，从宽给了个革职留任。仅一天之后，又命撤掉安宁，由他兼任江苏巡抚。

今天所谓的“躺枪”，对尹继善来说真是太贴切了。就在六月间从苏州返回金陵途中，尹继善病倒了，由感冒中暑发展成疟疾，病势凶猛，一直以躺着为主。这在那时可是要命的病。曹雪芹的祖父曹寅就是染上疟疾，向皇上求赐金鸡纳霜（为传教士带入中国，曾治好玄烨的病，皇宫中常年保存，极为珍贵），康熙帝派飞骑驰送，虽未及挽回曹寅性命，却留下一段佳话，令红学家津津乐道。尹继善岂能不知道这个故事，也派人进京请求乾隆帝赐药，可闻知皇上对自个已生严重不满，赶紧再让人飞速追回。此事迅速传到无所不知的弘历那里，包括他与安宁、吉庆等商量奏请南巡，犹犹豫豫迟不上奏等情，都被皇上知晓，降谕斥责，指责他行为诡秘，不够光明磊落，“自食其言”，“居心毫无诚实”。尹继善不敢求药，更不敢请假，卧病处置各项政务，也是福大命大，到了九月间，已可扶着拐杖在房内行走了。不知是否从周学健事件中受到震慑，湖广总督塞楞额（就是那位邀请孙景烈主持关中书院的原陕抚）、湖北巡抚彭树葵、湖南巡抚杨锡绂均上疏请罪，坦白在百日内剃了头。终于抓到一个满洲大员示众，乾隆帝赐令塞楞额自尽，给予周学健绞监候处分，后因亏空等事被赐死。

那场突兀的大病算是救了老尹。他扶病上疏，对未能举劾周学健向皇上请罪，反复检讨，说是病得昏了头，除坚持办理公务外，已顾不上其他，显得较为真实可信；也说起当初奉有“未发觉者不必查参”之谕，内心糊涂，没有区别一般官吏与满汉大员。尹继善在奏折中做出紧跟姿态，提出还有一些汉军旗佐杂人员剃头，表示会一一查实，从严处理。乾隆帝又是一通斥责，认为此举意在迎合，涉嫌扩大化，宣称：“朕处分此事，一秉虚公。周学健之罪，并不因尹继善欲为之宽而宽；河员之罪，亦不因尹继善欲加之严而严。因物付物，初不存丝毫成见。”〔17〕并将尹继善奏折与朱批公之于众，看上去一点也不给面子，可老尹心下明白——已然得到了圣上的宽恕。

第二节 关中书院的那场雅集

大丧期间的剃发风波，如狂飙骤起，也快速平复。乾隆帝急怒时将尹继善骂得狗血喷头，稍微冷静下来又觉过分，再加重用。而绕了一个弯，又把他派到西安。

这样一来，也就有了关中书院的一次雅集。那是在乾隆十五年春，记载缺略，已难重现当日之场景，连时任巡抚陈宏谋是否到现场也不清楚，却可以看到他有作品流传。主要参与者有再任陕甘总督的尹继善，有关中书院山长孙景烈，而以老尹的《不系舟图册》为主题，王杰等学生理应随侍在侧，静听师长们意兴遄飞的讲论。

一、转任陕西

乾隆前期的麻烦甚多，大金川久攻不下，两广地面也不安宁，在在需要忠直明练的大臣前往镇抚。皇上深知尹继善的办事能力，先命他南下任两广总督，又命进京担任户部尚书。其时傅恒要往川藏地区经略军务，朝中缺少枢机重臣，乾隆帝有意以尹继善接替，命他担任协办大学士，很快又授以正蓝旗满洲都统、军机大臣。尹继善提出不宜将傅恒派往大金川，以为前线已有一位首席军机大臣兼内阁大学士讷亲，再派军机大臣兼协办大学士傅恒（更重要的是他是孝贤皇后的亲侄），万一出了问题，会损害朝廷颜面。乾隆帝未加采纳。弘历一向自视雄才大略的英主，讷亲督师不力，心中已想杀之立威，只是还不能告知刚入阁的老尹。

不管是这次大西南用兵，还是不久后的大西北用兵，粮食军械的输送都是大问题，必须设立粮台兵站，陕西则是后勤保障的重要基地。既要大批抽调本省各营官兵驰援前线，也要接待经行的京师和东北等满洲兵，提供吃住和更换车辆马匹。傅恒路经之际，见沿途台站管理较差，物资与人员严重不足，紧急奏报皇上。乾隆帝即命尹继善为钦差大臣，“轻骑减从，驰驿前往西安，暂署总督事务”〔18〕。这种远程征调的作战模式几乎贯穿整个清朝，用时甚久，花费巨大，征调之兵沿途需索也多，有时还会打架滋事，令地方苦不堪言。

尹继善星夜驰赴西安，途中奏报在保定等地见闻，称赞经略军务的大学士傅恒布置周密妥帖，赴前线将士军纪严明，金川之战必定奏凯，显然是想讨皇上高兴。而弘历很快就收回钦差大臣关防，将之改任陕甘总督。哈，清朝的高官最是能上能下，老尹本来已是阁部大员，一转眼又成了地方官，且将原川陕总督衙门一分为二，只管陕西甘肃。尹继善没有流露出一丝的不快，照例具折谢恩，写得极为诚恳（反省检讨为主），对待路过官兵物质、金川前线的后勤保障极为用心。

这次调兵遣将，要经过秦岭与入川栈道，不光出征官兵鞍马劳顿，也带给经停之地繁重负担。陕西临近四川，先是抽调各营兵丁上前线，接下来运送军马支援川蜀兵站，还要接送一批批过路官军，苦不堪言。好在地方上有陈宏谋精心安排，既不误军情大事，又尽量减少对百姓的滋扰，办理得停停妥妥。

这是尹继善与陈宏谋二人第一次同城任职，当月即奏报出征官兵在驿站斗殴、打伤宁羌州知州等人之事，请旨正法。就在同一天，尹继善还上奏赶赴前线的满兵在西安鼓楼被砍伤案件，也是提请捕获后即行斩决。此事后来查明为督标（总督标下各营）士兵马某酒后所为，原因是对连日执马曝立于道旁强烈不满，喝酒后寻隙滋事。王杰正在关中书院读书，距离鼓楼很近，对这次恶性案件以及陈宏谋的担当，同学间应会有所议论。

第一次金川之役，列入乾隆帝的“十全武功”，实则打得混乱窝囊，花费巨大，旷日持久，数万大军对三千土司兵据守的碉楼，长期束手无策。国家有事，方显出大臣的境界与能力：讷亲与张广泗文武不和，互相掣肘，闹到皇上那里，先后被赐死；而尹继善与陈宏谋精诚合作，既全力支援前线，又不忘抚绥安定地方，及时处置各种突发事件，尽量不影响百姓的正常生活。得知四川各兵站缺少马匹，他们迅速从陕西抽调数千匹送去。乾隆帝很满意，因新任四川总督策楞路远尚未抵任，命尹继善赴川督办驿传，兼管四川事务，很快又命他参赞军务。此役草草了结，傅恒回京，老尹又留任两年有余，经营陕甘，也协助处理川藏各项事宜。

二、不系舟

这个时期，尹继善再次遇到频繁的职务调动：乾隆十三年九月调两广总督，十月又改任协办大学士兼户部尚书，十一月入军机处并兼正蓝旗满洲都统，再出京署川陕总督，接着实任陕甘总督；十四年正月奉旨参赞金川军务，主要是负责栈道一带的军需转输；十五年十月西藏发生暴乱，受命参赞军务，携带陕甘总督印信赶往成都，负责“军机钱粮及一切事宜”。《西厢记》有一句唱词，“脚跟无线，如蓬转”[19]，恰可借以形容尹继善此时境况；而他对自己的历宦人生，有一个更形象也更准确的譬喻——不系舟。

尹继善的确是一位经世之才，戎马倥偬之际，仍不忘抽空到关中书院，与师生讲论学术。袁枚曾描绘其诗癖：“诗成喜人吟听，至顿挫处，手为拍张。或半字未安，必严改乃已。以故清词丽句，虽专门名家自愧不如。”[20]实则这种癖好来自学养与才识，也是摆脱宦途跋涉烦累的一剂良方。孙景烈与尹继善有师生之谊，将得意弟子王杰引荐给他，也是自然而然的事。

景烈忆写当时情形：十三年冬天，金川战事吃紧，大批官军赶赴前线，经过陕西，事务繁杂紧急，时任总督能力不够，尹继善方任内阁协办大学士，奉命入关主持局面。他得悉老师到达西安，前往谒见，匆匆一会，根本来不及聊天，老师即昼夜兼程赶赴军营。金川变乱平定之后，时局渐趋安定，尹继善从川藏返西安约在十四年春，心态放松，便开始分心于办学兴教，培育人才。关中书院为当时四大书院之一，陕甘的最高学府，昔日弟子孙景烈在那里掌教，成为他得空就去的地方，常也忍不住亲执教鞭，为诸生讲解经义。

十五年春的一天，尹继善在书院讲学后，与景烈等闲坐叙话，拿出所藏《不系舟图册》以及自己四年前写的组诗《题不系舟》展示。诗前有短序，说第二次出任两江总督时，见督府西侧池塘边有状如画舫的三间房屋，遂将之修葺一新，匾额题“不系舟”三字，“取南华之义，亦以见宦辙东西，飘蓬无定，如舟之放乎中流，听其所止云尔”。题诗共九首，今录其一：

> 宦海茫茫岂自由，达观身世复何求？
> 虽云传舍如匏系，却哂尘寰似芥浮。
> 葺得数椽摹画舫，移来半榻点虚舟。
> 公余小憩凭栏望，好寄闲情付水鸥。[21]

世上多数读书人，追求的不就是科举做官吗？以不系之舟形容仕宦生涯，也只有尹继善这种久经宦海浮沉者所能体悟，无限感慨俱在其中。

孙景烈赏鉴揣摩，敬意油然而生，挥笔写道：

> 读公所自为记与诗，先忧后乐之思溢于行间，此人所易窥，而其寓意盖深远矣。谓公之心不系于世俗所好，故能系苍生之望，而有济世之猷，是也，而未尽也；谓公济世之心一视同仁，不系于地，如舟之利涉，攸往咸宜，不系于川，是也，而未尽也；谓公之心惟知有生民社稷，不系于夷险得失，如舟之在水，不系于缆，泛泛然任其漂泊无定，亦似也，而仍未尽也。景烈于金川之役，见公敌忾而往，无怖色；奏捷而归，无喜色。以今日所见，证昔日馆中所闻，而知公所谓不系舟者，不有其舟也。抱作舟之才，弗以才自居；建济川之功，弗以功为累。故勤劳中外二十余年，勋弥著，德弥谦……[22]

作者由“不系”说到“系”，层层叠叠，再说到尹继善的无怖无喜、不骄不躁，一个理学名臣的形象跃然纸上。这是一篇题跋，是弟子对恩师充满敬爱之心的点评，也是一篇美文和范文，由此让一众弟子体悟人生哲理，学习作文之法，亦题中应有之义。

陈宏谋也在现场吗？不敢十分肯定。通过其文集，可知宏谋看到过《不系舟图册》与尹诗，读了孙景烈的跋文，也兴致勃勃地写了一篇题跋，大谈“系”与“不系”之道理：

> 吾以为公惟有此不系，所以能与斯世斯民重相维系也……人心一有所系，则轻重不得其平，而权衡未必尽当。予追随公最久，见公于下寮贤否、士绅清浊无不洞悉，先后改迁之间成见不留，去取悉当，则于人不系；公与同寅宾佐相商公事，开怀坦衷，设身处地，务得其情，求其当可，不是己而非人，不矜功而炫能，则于事不系；虚己以游，是非审其在己，毁誉听之当世，升沉付之自然，则于富贵功名不系。〔23〕

宏谋的仕宦轨迹多次与尹继善相交，做过其下属，后来则是同僚，情感甚笃，堪为督抚密切配合的典范。这次在陕甘共事，一晃又复两年多，“于兹宦海萍踪，杳难计料，与公同为不系舟中人”，他的引申发抒，又是一重境界。

抛开一切世俗的势利的念头，这样的雅集和唱和，这样的义理和文章，这样豁达、从容且不失积极严正之为人为官的态度，必为王杰等学生反复吟诵，揣摩体味。此时王杰已至关中书院三四年，在众多生员中脱颖而出，景烈自会兴奋地说起，督抚大人当会记下这个沉稳刻苦的年轻书生。

三、得名与失实

乾隆十五年秋，孙景烈的同年，也是老尹的亲炙弟子吴嗣富由翰林院编修出任陕西学政，常与景烈同陪恩师讲论学术，也喜欢上聪敏刻苦的王杰。理清这些关系，对于了解尹继善、陈宏谋对王杰的识拔，梳理王杰生平机遇，实在大有干系。

此年的干支为庚午，是一个常规的乡试年，距离关中书院不远的西安贡院必又是一番热闹。王杰时年二十六岁，据阮元《王文端公年谱》，知其尚在关中书院读书，未提应试与否。参加乡试，需要通过学政主持的科试，没有看到王杰的相关信息。传说中的黄河龙门就在韩城境内，世人以“鲤鱼跳龙门”比喻科举过关，也形象地说明此事实在是难上加难。不要说中进士，即便考中一个举人、秀才也大不易。王杰一生秉持关中之学的原则，做人低调，从不扬己炫才，也不愿述说过往的艰难，从而造成了记述的缺略。

尹继善与陈宏谋两位贤能大臣同时在任，政通人和，这一年的陕西堪称五谷丰登，一派祥和景象。二人联名奏请皇上西巡，乾隆帝愉快地表示同意，并将时间大致定在乙亥，即五年之后。学界多讥刺皇帝巡幸为劳民伤财，应属浅薄之见，尹、陈二人则知实乃地方发展的重大机会，尤其对于西部欠发达地区。依照惯例，皇帝抵达后会在西安召试，也是王杰等读书士子的福音。

十六年闰五月，尹继善尚在四川，又接奉谕旨，要他再任两江总督，曰：“此一代理，尚属奋勉尽职，可嘉也！今又命卿为两江总督。但此处系向来得名之地，亦即失实之地，应如何奋勉，卿其自筹。余俟面谕。”〔24〕代理，指的是他兼摄四川督篆，此时已交回策楞。大西北渐次安静下来，而两江财赋重地，又常常发生水患，乾隆帝思来想去还是觉得尹继善最合适。

得名，指尹继善为官施政之誉，所到之处无论在职长短，皆获得好名声；失实，意思是虚饰和夸大，出自个别诋毁者之口，皇上也受到影响。弘历的上述谕旨以表彰为主，也寓有敲打之意，语气中却透着一种亲切意味。

第三节　何时进入尹公幕府

乾隆十八年（1753）二月，王杰仍在关中书院读书，尹继善再次署任陕甘总督。弘历将封疆大吏调来调去，看似随意，实则大多都经过仔细斟量。此次又是一连串改任：四川总督策楞丁忧离职，陕甘总督黄廷桂前往署理川蜀事务；尹继善恰好进京陛见，本来打算让他南下两广的，盘算一下还是陕甘为重，命他前去接替黄廷桂；两广总督一职，改由原驻藏大臣、正红旗都统班第署理。所有职务的调动只是署任（即代理），不予实授，说明皇上还有后续部署，当下为一种临时性任用；而行使的权力以及所负责任，则与实任是一样的。

一、督学的老翰林

王杰禀赋极高，沉静认真，进入关中书院，得孙景烈亲炙，又时可听到尹继善、陈宏谋等人讲授，经数年关闽之学的熔铸陶冶，学问与见识已非昔日可比，也引起学政吴嗣富的关注与欣赏。其中应有老师孙景烈的荐引，他与督学大人同年进士，同入庶常馆学习，交情自非一般人可比。

吴嗣富为浙江钱塘人，运气比孙景烈要好不少，散馆后顺利通过翰詹大考，授为编修。任职翰林，做皇帝的文学侍从，历来为天下读书士子所艳羡，也是通向官僚体系高层的一条捷径。嗣富学问甚佳，为人本分，居官清廉谨慎，可不知什么原因，就是难入皇上的法眼。今天能看到一份写于乾隆九年冬的朱批奏折，编修吴嗣富被派往广西主持乡试，返京后与副考官罗源汉联名谢恩，姓名侧朱批“中平”二字，又有：“人妥当，小省学差尚可试用。”〔25〕这是乾隆帝的御笔。页面上两处贴黄值得注意：一条是“罗源汉已用广西学政”，另一条为“吴嗣富已用广韶学政”，当是吏部选配官员时所留，与朱批的任用思路相吻合。弘历喜欢在奏折上品评人物，随笔留下一些看法，对于吴嗣富并无反感，但一直评价不甚高。十一年十一月，嗣富赴任湖南学政前请求召见，朱批“妥当”，又批曰：“非大器也。只可如此等差而已，不及吴嗣爵远矣。”〔26〕嗣爵为嗣富同族远房之弟，雍正八年三甲进士，吏事练达，仕至河道总督、吏部侍郎。后来罗源汉一路走高，做过左都御史、工部尚书等职，而嗣富曾担任三届学政，先后八年，返回京师后仍是一介编修。

乾隆朝学术繁荣，大学者一时并出，而不少学问家为皇上所不喜，处分责斥，更多的是边缘化。以“史学三大家”为例：与王杰同榜屈居第三的赵翼，早早就离开翰林院，任边远地区的知府道员，自求退养而去；享誉“一代儒宗”的钱大昕，在南巡时钦赏举人，再得中进士，后来则斥为迂儒，官至学政而止；王鸣盛在仕途也是磕磕绊绊，勉强做了个光禄寺卿，也属于冷衙闲曹。举世推重的翰林院中，风光者永远属于少数，有很多像吴嗣富这般又老又穷的编修，过的也是虫蚁般的日子。

扯远了。

吴嗣富是在十五年八月由广东调陕甘学政的，抵任后即到各地进行岁考。陕甘幅员辽阔，道路遥远，冲风冒雪到各府州按试，不啻一项苦差，而嗣富做得很认真，考试时公正无欺，得到陕西巡抚钟音与甘肃巡抚鄂乐舜的好评。关中书院在孙景烈主持下声名远播，总督巡抚等大吏还要前往视学会讲，吴嗣富作为学政当会有更多关注，王杰作为孙景烈的得意弟子，顺理成章引起他的注意和好感。

二、初次入幕

现存文献多将王杰进入尹继善幕府列于乾隆二十一年，可总觉得有些理不顺，觉得应更早一些。新近见到王杰的一封信，其中提到自己最初担任幕友的时间，极应予以注意：

> 愚虽未曾外任，然自二十一二岁即佐幕，多年于外任之情形，知之最悉。[27]

王杰早期经历记载甚少，今知其十八岁考入韩城县学，二十二岁进入关中书院。此函提到“自二十一二岁即佐幕”的情况，却没有说是在哪个衙门，为谁做幕僚？王杰应该不会记忆失误，在此一时期应该有一次入幕经历，但可以肯定的是，那次做幕友的时间不会太长，即进入关中书院读书。

至于王杰进入尹继善的帐下，应在其三任陕甘总督的乾隆十八年。这年二月，尹继善调任西安，而甫一到达就陷入一个大麻烦。即便他这个解决麻烦的高手，也为之战战兢兢，费了不少心力。这次遇上的是延安协绿营兵闹事，准确讲是一次小型兵变，事件虽已平息，而怎样处置却是一个大问题。由于陕甘所属地域甚广，且要行使控驭西域和青藏之责，各镇皆屯驻重兵，素称彪悍。就在上年冬月，延安协绿营士兵因对扣留饷银等不满，群起至守备衙门请愿喧闹，见守备赵廷辅躲着不出来，遂将大门用砖石堵住，然后呼啸出城。参将高时农得知后急忙赶往城外，苦劝乱兵回营，竟至于下跪恳求，允诺把扣的钱补发给大家，事态总算没有进一步扩大。延绥镇总兵马乾闻讯赶往，查清原委：乃因陕西提督要来巡视，为显得军容整齐，负责营务的赵廷辅决定扣发部分饷银制办军装，高时农并不同意这样做，事发后也照旧补回。乾隆帝阅知后极为不满，认为高、赵二人皆庸懦无能，命总督黄廷桂查明据实题参，交刑部治罪；而以闹事官兵“聚众垒门，鸣号出城，不法已极”，“若仍以为首二三人置之于法，其余递从末减，不足以昭炯戒。自当多处数人，从严办理，即其罪不至死者，或发往乌拉等处，充当苦差，以示惩创”。[28]弘历敏锐地意识到军纪的废弛，决意大加整顿。总兵马乾闻讯赶往，住了一宿即返回，对带头闹事者未加严究，也使皇上生气，即予革职。

前任总督黄廷桂很受皇上倚信，因川藏不宁，奉旨前往镇抚。尹继善抵达后接手此事，仅依常例处理，提议将带头二人斩决，其余从犯分别杖责流遣。他对高时农提出参劾，也以其老母卧病为由解释了几句。弘历览奏大怒，斥之为“好名市恩”。尹继善赶紧上疏请罪，自称“限于才识，遇事每多错误”，朱批：“汝非无才识，正以才识为累耳。”[29]语气中透着不满与刻薄，好在老尹已习惯了。

要说尹继善对此事的处理，还是比较稳健的，若真的激起大的兵变，麻烦可就大了。可他不敢对皇上直言，只能是主动揽责，自请革职，交部严加治罪。弘历朱笔侧批："拿交刑部，想亦非汝所惧，汝另行议来。"而还未等到尹继善回奏，便于次日做出处分，决定罚银一万两，曰：

> 此次仍照前令伊出银一万两，以赎其罪。俟其将先前应交之银交完后，再令交纳此项银两。[30]

由此也知老尹不久前刚被罚过一次，而且尚未交完罚款。总督虽有较丰厚的养廉银，但开销亦大，光是每年的三大贡就所费不赀，只要不贪，日子过得都不太富裕。皇上也知老尹素来清廉，一下子拿不出那么多，从宽让他慢慢交纳。

准噶尔历来是清廷的心腹之患，调尹继善总督陕甘，遥控青海宁夏与哈密，也有防备准部之意，赴任前弘历当会有一番叮嘱。尹继善不负嘱托，抵任后即大力整顿营伍，筹集军械粮饷，要求各营战马、骆驼膘壮驯熟，并派员详细勘察赴疆道路的水草情形。他对陕甘两省很熟悉，也善于与同僚及属下沟通，很快就掌握了大量边境实情。当年五月六日，尹继善奏报边备事宜，指出哈密城与附属卡伦皆兵力不足，应尽快给以添派。

那时的各地大员，如将军、总督、巡抚，以及各省布政使、按察使，各地学政、盐政、织造等，都要特聘几名幕僚，在衙门中协助料理日常事务，称为幕友或幕宾。其中须有一两位精擅书法，专管文案，拟写和誊录奏折。因为这些高官皆有向皇帝密折奏事之责，标准字体是蝇头小楷，字面要工整雅洁，行文也不容出半点儿差错，非一般村秀才所能承担。清廷入关后提倡文教，注重学习儒家经典，汲取治国经验，尤重皇子皇孙的教育，为他们选择最好的老师，制订严格的课程表，以故康雍乾三朝，皇帝都写得一笔好字，深通鉴赏之道，也努力收罗最优秀的文士。上行下效，即便是满大臣与武将，多数也下力气读书习字，并留心礼聘文笔和书法上佳者。王杰自幼善书，结体谨严疏朗，字幅秀洁流美，尹继善与孙景烈、吴嗣富谊属师生，过往密切，两人向他举荐王杰的可能性较大。

王杰于何时何地加入尹继善的幕府，历来说法不甚清晰，较权威者为朱珪所撰《东阁大学士文端王公墓志铭》：

> （王杰）癸酉拔贡，引见，以教职用，丁父忧。尹文端公总制两江，聘入幕，司书记。文端内召，荐之苏抚桂林陈文恭公，闻性命躬行之说，益自信。[31]

尹文端公即尹继善，二十一年十月又一次实授两江总督，此前以南河总督兼署；陈文恭公，即陈宏谋，卒后谥文恭，二十二年六月调任江苏巡抚。这段文字涉及王杰的两次入幕，主要意思是：王杰结束丁忧后，由尹继善聘为幕僚，负责文秘之事；尹继善被召回京师任职，又将他推荐给陈宏谋，受到了较大影响。明清文臣谥号有三四十字之多，含义有别，顺序也就成了等级，“文端”列在第六，赞誉逝者品德正直，办事公平。王杰与尹继善的谥号都是文端，前后映照，注意不要搞混了。

按照通例，遗属在求人写墓志时要提供一份“行状”，即逝者生平事迹，以供撰写者（多为逝者相知中地位声名较高者）依据。王杰与朱珪相交深笃，但说到早年的事情，朱珪也不可能清楚，只是依据王家提供的材料叙述。而王杰之子对父亲当年之事也不得其详，只是了解个大概。

这段文字简括数年之事，跳跃性较大，也存在明显漏洞。尹继善最后一次出任两江总督，若算上兼署，持续任职超过十年；二十九年四月擢升内阁大学士，仍摄督篆，至三十年九月才解任，回朝入阁办事。其间尹继善曾三次赴京师觐见皇上，通例由巡抚接署督务，但前两次的巡抚都不是陈宏谋，离开的时间也很短暂。第三次朝觐在二十四年九月，由时任江苏巡抚陈宏谋署理，尹继善约两个月便回任，有必要将一个信任欣赏的幕友转让吗？而且还有确切记载，可证王杰已在宏谋幕中。

在阮元所作《王文端公年谱》中，也将王杰进入尹继善幕府列于乾隆二十一年，叙述之间却透出很值得注意的消息：

> 时陕甘总督尹文端公以记室聘居幕府，公初本以书法见知，久乃知公品谊，深重之。文端内迁，荐公于巡抚桂林陈文恭公……[32]

说的是尹继善在陕甘总督的任上聘了王杰，离开时又将他推荐给陈宏谋。合理的说法应是：尹继善第二次入陕，即于关中书院面课诸生时喜欢上王杰的书法；十八年三任陕甘总督，即将之邀入幕府。

果然如此，王杰这次入幕时间也较短。当年十月初十日，有旨命尹继善内迁为南河总督兼署两江总督，他即把王杰荐与次年五月来任陕西巡抚的陈宏谋。

三、优等拔贡

乾隆十五年庚午、十六年辛未，曾连续两年举行乡试，作为关中书院杰出学生的王杰，不知是否通过科考，参加在西安贡院举行的乡试。可以确知的是，他即使入闱也未能考中。因王杰从不追述此类往事，我们无法得悉具体过程，只可推测他的赴试和落榜。落榜，是古代读书人必须承受的一种挫折，除极少数少年得意者，大家都是这样过来的。一旦日后发达，此类打击磨难便成为美谈；而如果始终不得一第，也就只能个人咀嚼苦果了。

十八年癸酉，是常规的乡试年。王杰时年二十九岁，结婚整十年，儿子已有了两个，仍是一介穷儒。这次乡试对学政吴嗣富也是一种政绩检验。当年恰遇十二年一届的选拔优秀贡生，照例要在乡试考生入场之前完成。与乡试会试的单纯考试、密集考试不同，拔贡，是一种以学校与提学推荐为主，再加复试的人才选拔体制，显得更为合理。此一制度沿袭自明朝，原为十二年考选一次，定于逢酉之年举行，雍正帝改为六年一届。至弘历登基，官场上已是僧多粥少，包括学官都人满为患，又改回十二年为期。即便如此，很快也就要到癸酉年了，乾隆帝命大学士九卿议定《拔贡朝考选用例》，提前以谕旨的形式公之于世：

> 各省选拔贡生，经朕降旨以十二年举行一次，计至癸酉年即届选拔之期。惟是来京朝考，拣选引见，札监读书，或以知县等官试用，或以教职即用，或以教职归班序选，条例屡经更定。朕思选拔，于每学数十百人中，拔取一二人，且不糊名易书，可以验其人才，核其素行，自当精择以充其选。应令该学政于试列前茅之士，举其文行兼优、才品出众者，会同该督抚秉公抡采，以杜滥冒。[33]

谕旨明确考选拔贡生主要是为了补充教职，并指出：学校乃教育人才的根本，但现任教职颇有老态龙钟、滥竽恋栈者；虽有六年甄别淘汰之类规定，而上级官员不重视、尽量从宽的做法，不符合国家重教兴学的本意。皇上要求分别年限，对各地教官做一次严格清理，空出来的位置，即以拔贡中择优补充。

弘历五岁入上书房读书，颇有书生情怀，登基后颇为重视学校教育，注意通过不同渠道选拔人才。正是他修订了拔贡制度，一改拔贡生多入国子监读书的模式，直接对考试优秀者任用，带给全国读书人一个福音。该条例规定府学有两个名额，州学、县学各一名，难度不亚于乡试。录取后的任用方向主要是教职，分派到各府县的官学，但还是为像王杰这样的寒素学子，增加了一条新出路。

选拔贡生，诸生皆可自行报名，需经过两场严格考试，科目为经解、词章、制艺、试帖。通常在学政按临时初试，再集中至省城复试。各省学政对此拥有较大的权力，巡考时亲自主持选拔，同时也承担不小的风险。此时尹继善署理陕甘总督，钟音为陕西巡抚，也要参与在省里的拔贡生考试，与学政一起甄别核定。一旦拔贡生进京朝考的成绩太差，就会受到追究和处分，是以主管者不敢不慎重。对于王杰之类优秀生员，他们自会留下深刻印象。而由此一考，尹继善、钟音与王杰也有了师生之谊。王杰为人持重，从不攀附显贵，而对吴嗣富终生感激惦念，执弟子之礼。

拔贡的主要出路是教职，明清教职虽也属于官员系列，但清苦贫匮，晋升无门，历来为人轻视，甚至有宁可重考也不赴任者。乾隆十八年九月，各地考录拔贡生甫一结束，朝廷就出台了《甄别教谕训导条例》，为优秀教官开通上升之门。规定凡执教满六年的教谕与训导，由督抚与学政共同甄别，优秀者保举，送吏部量才使用；对那些年迈力衰者，也报吏部办理退休。过去对教职进入官场主系列有很多限制，比如训导最多只能担任县丞，此次则一并取消。

吴嗣富在陕甘学政任上待了三年，至十八年秋闱结束后回京。提前考选拔贡生，正是为了让他们从容参加乡试。西安贡院不光接纳陕西甘肃两省考生，青海宁夏地方也会有人赶来应试，是以常达万人之多，热闹非凡。乡试监临通常为该省巡抚，正副主考官照例由京师派来，学政例行回避，待揭榜后才出席相关仪式。而古今中外所有考试，都无法保证优秀者必中——深为吴学政器重的王杰落榜了，再一次名落孙山。

第四节　京师行

乾隆十九年（1754）一开始，蒙古准噶尔部就露出不臣之态，不遣使来京师贺节，纵兵越界，接着又发生内斗和暴乱，并快速蔓延全境。清廷派驻边地大员所领常备军数量较少，关内军队赴援不及，猝遇事变，伤亡惨重。乾隆帝积极布置，命两广总督策楞速赴北路军营，为大举用兵做准备，陕西又成了重要的抽调兵员和转运辎重之地。王杰仍在关中书院读书，朝廷对诸生、贡举有优惠政策，可免除徭役，也无须上前线。

这是王杰一段难忘的日子，一是苦读而小成，经过严格考选成为拔贡生，进京朝考名在前茅，授职蓝田县学教谕；二是不幸遇到父亲病亡，不可去履任教职，只得游食四方，生活颇为困窘。

一、午门内的朝考

十九年三月，王杰与各省拔贡生依照规定时间抵京，参加在紫禁城内举行的考试——朝考。

为鼓励士子读书科举，清廷对外地赴京会试的举子，按路途远近给以补贴。顺治元年也曾谕令各地官府发给拔贡生赴试补贴〔34〕，却不知后来是否实施。至于乘驿进京的优惠，因当年要举行会试，官方驿站接待能力有限，既然皇上未加明确，那就是没有。荣誉感往往体现在各种待遇差异中。清朝皇帝深谙此道，常要表达对读书人的重视，也很喜欢弄出三六九等的差别来，比如乡试中举后会有牌匾币帛一应物事，而拔贡生似乎没有此类荣誉。

王杰第一次长途跋涉到达京师，举目无亲，首先想到的是看望老师吴嗣富。今已不知具体情形，不知他是一个人去的，还是与陕西拔贡生一起前往，也不知道吴嗣富住在什么地方。作为一个穷书生，他不可能带给老师什么重礼，但感情是真挚亲切的，并保持终生。

乾隆朝特重办学兴教，各省提督学政大多出自翰林院和詹事府。虽说是各带原衔，然在职时有独立的学政衙门，“享受副部级待遇”，有一笔较丰厚的养廉银，有一班幕友吏役，巡考各地时更是备受尊敬，而一旦任满回京，除部分晋升者，多数复归旧日清寒状态。升与不升，关键在于皇上的评价。数月前吴嗣富离陕时，陕甘总督永常提交一份评语，说自己虽刚到任，但经过多方了解，都称学臣“关防严密，约束教官、振兴士习均颇留心”，晤面后也觉得朴实无华。〔35〕吴嗣富回京后上了一份谢恩折，其中写道：

> 窃臣一介庸愚，荷蒙圣恩，于乾隆十一年闰三月初五日奉旨提督湖南学政，又于乾隆十二年十月十九日奉旨调补广韶学政，又于乾隆十五年八月十六日奉旨调补陕西学政。今事竣回京，为此谨缮折恭谢天恩，伏乞皇上睿鉴。

一般说来，奉旨赴任要谢恩，任满回京就不必了，嗣富却要再谢，列举自己历任三省学政的经历，详细到具体的月日，或隐隐有所期待。乾隆帝读了大约又气又好笑，朱批："竟是杭州河呆，不过司文尚可，无甚用处。"[36]河呆，河上的傻子，以形容嗣富出生于水乡，性格迂腐。皇上有关人事的评价一般转吏部存留，有此一道朱谕，吴嗣富上升之路基本堵死。尹继善入仕八年即成封疆大吏，而吴学政在中进士十五年后仍是一介编修，连个侍读学士也不给。

正当吴嗣富沮丧之时，昔日弟子来京参加朝考，心情会好不少，也会给予一些指点和鼓励。

清代科举沿承明朝制度，但朝考是一项创举，既体现皇上的注重，也确定了朝廷的无上权威。朝考有两种，主要指对于殿试录取的新科进士再进行一次御试，地点在保和殿，皇帝亲自命题，当日交卷，分一二三等，成绩优秀者选为庶吉士，此乃通常所称的朝考。而另一种朝考，即考试各省拔贡生，也是由皇上命题，亲王大臣主持。这是对各省学政的一种考察检验，"朕思选拔于数十百人之中，拔取一二人，且不糊名易书，可以验其人材，考其素行，自当精择以充其选。应令该学政于试列前茅之士，举其文行兼优、才品出众者，会同督抚抡采，以杜滥冒"[37]。学政有选拔推荐之权，但要承担相应责任，也要会同督抚进行考试，才可向上推送。在乾隆帝重申每逢酉年拔贡以补充教职后，大学士九卿即对考选提出具体实施办法，包括各地拔贡生根据路途远近，分三批赴部参加考试的时间，考试的内容和方式，以及录取和任用，并提前公之于世，曰：

朝考之法，除前项选拔补考人少，仍照向例在礼部考试外，其新选拔应照拟定限期，分为三次，由礼部奏请，钦点大臣，于午门内考试，拟定等第进呈。卷分三等，不入等者本生斥革，发回原学，该学政及督抚、府尹一并议处。再向例朝考后。礼部会同九卿拣选引见，有奉旨以知县及知县以下等官试用者，余劄监

肄业，三年期满，以教职选用……[38]

在此之前，拔贡生的考试由皇帝钦点大臣，在国子监举行。乾隆帝特命升格为朝考，钦派大臣主考监临，王杰参加的便是第一次拔贡生朝考。由于各地考生远近悬殊，考试分三批进行，从一二等试卷中择优选用，称为“拣选”。这种考选模式看似很人性化，实则颇易滋生弊端，后考者可以推测命题思路，监试和阅卷环节也容易作弊，不久即奉旨改为统一考试。

帝制时代的等级制无所不在。拔贡的朝考虽也设在紫禁城中，却非太和殿、保和殿等处，而是在午门内举行。平生第一次进入紫禁城，宫阙巍峨，王杰等生员怕也来不及细看。据记载王杰考列一等第一名，而因为拔贡生朝考乃分批进行，大约只是所在考场的第一。

这次朝考还有一个小插曲：御史欧阳正焕上疏，奏称各省教职严重缺人，而拔贡生通过拣选者“每省不过十余名，少者数名”，还有的要去做知县等官，剩余的寥寥无几，请求“将考列一二等之选拔贡生，一体带领引见”。正焕建议皇上接见一下，意思无非是将好事办好，对激励士子读书起些作用。未想到却惹得乾隆帝不高兴，说各省教职已是“缺少人多”，拣选是必要的；又说欧阳想要取悦众人，不惜圣上之烦累……总之是一通训斥，“原折掷还”[39]。

四月二十四日，礼部带领浙江、江西、陕西等省拔贡引见。有杨兴邦、谈恕行等十一名以知县试用，是第一等次的安排；金学超、吴条等四十一名可以做县一级的副职，也可以做教职。引见名单一般以考试名次排列，王杰在第二档较后面的位置，也证明所谓“朝考一等第一名”的说法不太靠谱。皇上很是宽仁，命吏部经办官员细加询问，尽量尊重各人的意愿。

这是王杰首次亲睹天颜，心情不得而知。此类引见通常时间短促，拔贡士子分排远远跪着，自也是俯首帖耳，不敢对着圣上直眉瞪眼。除非皇上点名问询，谁也不敢抬头。从宝座上望去一排排脑袋，乾隆帝也不可能对他留下什么印象。

二、未就任的蓝田教谕

这次朝考选得中者约有五分之一用为知县，人数实在不算少，对王杰的分配是蓝田县教谕。根据《清高宗实录》记载，应是他本人经过斟量，表示愿担任这一教职。

蓝田位于秦岭北麓，古代有秦楚大道穿越而过，距西安仅数十里，以出产玉石著称，“玉之美者为蓝”，由是得名，公元前379年置县。唐戴叔伦有“蓝田日暖，良玉生烟”之句，大诗人王维曾在此隐居，实在是一个不错的地方。受老师孙景烈影响，王杰对成为高官并无太多热望，倒是喜爱教书职业，加上该县离家乡韩城不远，能够兼顾父母和家庭。

谁知喜讯还未报知家乡，他的父亲王廷诏就于四月二十六日一病长辞。这个时间在王杰等接受召见的两日后，在他是无法随侍病榻之侧，对老父来说则至死仍牵挂儿子的考试结果，真是一种双重的遗憾！王杰返乡后痛哭治丧，赶往关中书院求老师撰写墓志铭。孙景烈在祭文中也写到王杰的拔贡与授职，“杰以选贡授蓝田教谕，余方谓君志未竟者，乐观其子之克继也”[40]，表达了对廷诏之死的叹惋，也透漏出对得意门生授职的欣慰。王廷诏逝年五十九岁，与免职归乡的心情不好应有联系。值此大丧，王杰作为儿子在三年内不能任职，他的大哥王浚去年考中武举人，也暂时失去了参加武科会试的资格。

依照礼制中关于丁忧的规定，已选任蓝田教谕的王杰不可以再去任职，而等待补缺的人有的是，这一页就算翻过去了。母亲吴氏虽然健在，三兄弟还是要分灶另过。他们还记得父亲以一介小吏，带领八个子侄在杭州读书的情形吗？应该不会忘的。但缺少了父亲的督催，两个哥哥虽为武举或附贡生，已将人生目标转向踏踏实实过日子，只有王杰仍立志于读书科举。兄弟三人很快分家另过，王杰失去慈父的庇护，顿感生计窘迫。《王文端公年谱》中写道：

（王杰）朝考一等第一名，引见，以教职用，选授蓝田县教谕。未赴任，赠公弃养，公哀踊哭泣不绝声，待吴夫人益依恋，弗忍离。与两兄竭蹶营丧葬尽礼，众议析处，两兄勤生计，俯仰足自给，公专力读书，不善治家人产，日窘蹙，顾不以口食累兄。时当屡空极困，不向人乞怜。公文名日著，为饥驱谋养，奔走四方……[41]

阮元写得较为含蓄，可仍能见出乃师当年之贫困。倒也不是整个大家庭都如此，三兄弟分家后各炊各爨，两个哥哥勤俭持家，小日子过得并不差。而王杰不甘老于田亩，将发妻与两个儿子留在家中，自己外出谋事，越发感受到生存之艰难。两个哥哥援之以手否？据以上文字揣想，即便有，也不会太多。很多至亲之家，不都是这样的吗？

奔波谋食，王杰的一技之长在于书法。他曾经过福建霞浦某孙姓家，为其题写门联："鲲鹏自有摩天翼，霄汉常悬捧日心。"[42]此乃集句，却也能映照其胸襟和气象。而对一个乡间读书人来说，最有可能的还是处馆，即教书。民国二十四年《临汾县志》卷四有一则记载：说他曾在该县东乡翟村一位郭姓家做塾师，"下帷攻苦"，即下课后刻苦攻书，为应乡试做准备；又说东乡人有不少收藏了王杰的墨宝。临汾距韩城不远，又接近韩城王氏祖籍洪洞县，是可信的。

这是王杰生命中一段穷饿困乏的日子，必也是他对理想、志业、亲情、友情反复思考的日子。阮元写那时的王杰，看似喜欢交友，聚众豪饮，倜傥不羁，"而其实棱棱持守，立足坚定，不一毫左右移"。他说王杰当年为数不多的几位挚友，都知道这一点。此后王杰经历了差不多六年的游学与游幕生涯，为一些高官做幕僚，挣钱养家，也借以开阔视野，增加阅历。这是他的特殊人生际遇与历练，却又有着常人所难以遇到的幸运——两次入幕，一为尹继善，一为陈宏谋，皆德行高洁的饱学名臣，后来都做到了内阁大学士，即世人所说的相国。

三、在密折中寻觅王杰书法

人的生命过程常常会遇到意外，几乎没谁能一直顺遂，而贵在能够在逆境中持守。父亲猝然辞世，挺好的一个县学教谕没做成，妻子儿女难免饥寒，王杰陷入人生的低谷。

虽然已认识尹继善、陈宏谋等大员，干谒非王杰所长，热孝中也不便前去。对他较为器重的原学政吴嗣富，回京次年即辞官还乡。作为读书人的王杰挣扎在底层，而封疆大吏尹继善的状况也不甚好：已做到协办大学士和军机大臣，兼着至关重要的户部尚书，一转眼就改为陕甘总督；在西北辛苦奔波两年多，仗打完了，反而降为低一格的河道总督；二十五年前已是两江总督，因踏实任事不断受到先帝夸奖，而今已是第四任，却时常被苛责。

前面写到尹继善任陕甘总督时曾备受责斥，一年前他以南河总督兼摄两江时，乾隆帝也有长谕警示训诫：

> 鄂容安现往西路军营参赞军务，一时未得即回两江之任，尹继善现署督篆。伊前任两江时一味沽名邀誉，以致该省吏治日渐废弛，经鄂容安大加整顿，各属知所儆畏，诸事认真办理，始克挽回颓风。今该署督继整顿之后，若能遵守成规，不徇情面，不好名誉，诸事以实，乃为不负任使。倘其务名旧习牢不可破，仍蹈前辙，致该省吏治仍复废弛，恐尹继善亦未能任此咎也！在属员中果有婪赃败检之人，尹继善亦未敢遽为容隐。惟是上和下睦之习，渐不可长。[43]

弘历并不是第一次提到“上和下睦”，也不是第一次以此斥责尹继善。官场中上和下睦不好吗？但皇上认为不好，认定会造成包庇容隐等腐败状况。谕旨中提到的鄂容安，为雍乾间大学士鄂尔泰之子，曾任军机章京，也有乃父的明敏干练，然不久便因事革职，已在官场上翻过跟头。老尹首任两江总督时，小鄂还没有成为进士，现在反过来要尹继善向鄂容安学习，可他除了诚恳表态改正，又能怎么样呢?

二十一年六月，尹继善参劾所属道府孙廷钺、熊会玢等营私侵帑，有旨令会同巡抚等严审。谕旨中特别指出："尹继善素有和事老人习气。前此审拟鄂乐舜一案，已深负委任。若于此案仍不逐一审出实情，但各与以罪名，将就朦胧，希图苟且了事，朕必另降谕旨，将该犯等提解京师，特派大臣审究，则该督更何颜见朕耶？"[44]类似的警告敲打还有不少，每次继善都是赶紧上折检讨，深谙在强势君主下的生存之道。

这时王杰已在尹继善幕府，专管办理文翰等事，而重中之重，即拟写与誊录给皇上的密折。两江总督管辖江苏、江西、安徽三省，事务繁多，而漕运和南河河道总督衙门都在境内，一旦有事必须赶往协助料理，是以文牍堆积，应有谨厚明练之人料理。且负责书写密折，也就掌握许多内部机密，又必须能做到守口如瓶。书吏多出自浙江绍兴，所谓"绍兴师爷"是也，彼此结识联络，互通信息，团结就是力量，已成为官场一大势力。王杰入幕以后，做完职责应分之事，即静处读书，从不与其他幕友打成一伙。尹继善一一瞧在眼里，选中王杰本为看重他的书法，没想到其人品醇正，读书刻苦，心下更为喜欢。

尹继善想不到的是，远在京师的乾隆皇帝虽不识王杰此人，却已喜欢上奏折的书法。密折奏事是大臣向皇上汇报工作的重要渠道，既有常规事项如晴雨粮价等，也有重大事项与突发事件，有奉旨办案等进展；皇帝由此了解和掌控全国军政大端，也由此察看每个大臣的忠诚度和执行力。无事乱奏、奏本啰唆者会挨骂，而长期不奏报更要被训斥。老尹搞了一辈子政治，老江湖了，对此拿捏得很好。笔者查了一下第一历史档案馆所存，从乾隆二十一年开始统计，尹继善每年都会有六十件左右的密折，该独奏时自己署名，该合奏时与他人联署。乾隆帝也是有心人，不光细心批阅这些奏章，也记下尹继善幕府中有一位善书的幕友。

一史馆现存二十一年尹继善密折，只有军机处录副，不见朱批，不详是何缘故。而自二十二年起，就有了大量朱批存在，可持与今存王杰奏章相比对。此类奏章例用正楷，皆工整端严，一笔不苟，笔者试着做些对比，搞得头晕脑涨，最终也是不得要领。野史说乾隆从海量密奏中记下王杰书风，一见其试卷即忆起，显然有演义的成分。

第五节　人生的榜样——陈宏谋

能进入当世名臣尹继善、陈宏谋的幕府，受到他们的信任欣赏，对那时的文人不啻一种殊荣，多会反复渲染叙说。而作为关学传人的王杰，深受孙景烈反对“标榜声气”的影响，加上尹、陈二人后来皆入内阁，为朝中重臣，一个翰林晚辈扯这些难免攀附之讥，因此几乎不在文章中提及。他何日成为尹继善幕僚，又何时由老尹荐于陈宏谋，今天已难以考索了。

史籍记载王杰的这一段经历，多将重点落在跟从陈宏谋时期，写他走近一个躬行实践的理学大吏，耳濡目染，砥砺品格志节；亦写陈宏谋对之既欣赏有加，又从不横加干涉，不引为私人，有师生之情，无主仆之分。

一、理学名臣

将王杰与陈宏谋相比较，真的会发现很多相似之处：都出身于贫素农家，父祖以上数代无科举做官之人；都有一个力图改变的父亲，引领儿子们读书，一门苦学，满圃青葱，仅培育成一棵大树；都生性安静严谨、淳厚温煦，而内心坚毅，不妄交，不苟合；都曾进入家乡的著名书院苦读，注重实学；也都是终生不离书卷，爱与人讨论学术话题，又着眼于经世救世，不甚喜辞赋华美……

看多了官场上的尔虞我诈、虚与委蛇，就能知道陈宏谋与尹继善的精诚合作多么稀有，其倾心相交和终生不渝的友谊，更为难得。二人同年进士，同朝为官逾四十载，宏谋曾作为老尹属下，也曾几次与之相配合，一督一抚，精诚合作，甚至一起挨皇上的骂。在对待王杰一事上，两人也是联手玉成：如果说尹继善是一个重教爱才的封疆大吏，发现和保护了王杰，陈宏谋则不仅仅庇护照顾和鼓励推助，还是他在读书治学和从政方面的精神导师，影响其一生志业。

陈宏谋，广西临桂人，出身农家，以门前有一株大榕树，号榕门。袁枚记其少年时即有远大志向："家本寒素，幼好读书，持一卷，蔽门坐，惟闻京师《邸报》，必向亲友处借观之，识者皆知其有大志也。"〔45〕有点儿像今天所说的关心国家大事，而作为一个僻远农村的孩子，可见出志向不凡。哥哥陈宏诚本为父亲的培养重点，一直通不过科试，却是他最好的启蒙老师。与那时的许多寒儒一样，宏诚做了一名乡村教书先生，深知民间疾苦，自幼指导弟弟读书，也教育他不忘根本，凡事力求对百姓生存有益。陈宏谋很难说有多么过人的禀赋，但勤奋、刻苦、坚忍不拔。他在举业上也有过几番蹉跎，也无奈去村塾教书，甚至求神问卜，幸运的是接连遇上贵人，命运出现了大转折。首先是家乡宣成书院的山长朱元理（惕庵），康熙五十九年父亲领他前往拜见，惕庵经当面测试，一下子就喜欢得不得了，赠以笔砚，为他取字"汝咨"。次年，陈宏谋通过了严格的考试，进入宣成书院读书。

宣成书院肇始于宋景定年间，为纪念两位理学大家张栻（谥曰"宣"）、吕祖谦（谥曰"成"）而建，学术传统可谓悠久。张栻曾长期主持岳麓书院、城南书院，反对科举利禄之学，致力于培养传道济民之才。吕祖谦提倡读史，主张明理躬行、学以致用，厌弃空谈心性，开浙东学派之先声。二人皆是大教育家，力主培育真正对社会有益的人，在后世越来越盛行的应试教育风气下，不免有些格格不入。后来宣成书院屡遭废弃，明朝改为县学，不仅地址变来变去，名称也有变化，已与普通的州县学校毫无差别。惕庵回乡后，受邀重振宣成书院，在设置课程时既重浙东学派的理学体系，又告知学生力戒空谈积习，强调"实践"与"功夫"，强调必须通读历史名著，继承了张、吕的办学理念。书院长年订阅朝廷《邸报》，以便学生及时了解皇帝谕旨、部院事宜及各省消息。袁枚所说陈宏谋少年时即爱看《邸报》，居乡村时要到处寻觅，在这里则可以定期阅读，心胸视野随之大为开阔。

正是在宣成书院，陈宏谋遇上生命中的第二个贵人——广西学政徐树屏。徐学政可是大有来历，乃“昆山三徐”中徐乾学（康熙九年探花，官至刑部尚书，深受康熙帝倚信）第三子，却没有沾上老爹啥子光，倒是因此吃了不少挂落。本来已得中举人，因被人弹劾而废，过了二十多年始通过会试。世道险恶，科举蹉跎，徐树屏转而潜心研究学术，所著《东莱先生古文关键考异》流布甚广。桂林为广西大郡，树屏巡考时必至宣成书院，与朱元理切磋学术，亲自登坛给生员讲课，对勤奋颖悟的陈宏谋见而欣喜，当年府考即定为第一名。与府学县学以应试教育为主不同，书院尚保存着学以修身的传统。陕西与广西相距遥远，儒学传承则息息相通，关中书院和宣成书院的课程设置颇为相像。宏谋如饥似渴地阅读经典，为科举做准备，更重要的是接受了实学的经世思想，终于在雍正元年得中进士。他是家族本支的第一个进士，并由此引导出一个科第世家——临桂陈氏。

为庆贺继位改元，雍正帝胤禛决定特开恩科，原来跨年的秋闱春闱在一年之内举行，“四月乡试，九月会试，十月殿试”[46]。命运之门向这个农家子弟敞开，陈宏谋乡试第一，荣获解元，接下来连过会试与廷试，选庶吉士，可称人生得意马蹄疾。理学以诚敬为根基，影响到一代代读书入仕者，而在各种诱惑之前坚持操守的并不甚多。陈宏谋堪称道德典范，一生倡导实学，说实话，做实事，为此曾吃过大亏，而志节不改。升至高位后，宏谋每到一地都要视察学校与书院，延聘名师，资助贫苦生员，并亲自登台讲述学以致用的道理。任陕西巡抚时，陈宏谋于政事之暇常到关中书院，也与在宣成书院的经历相关。

二、临桂学案

陈宏谋入仕后多在地方任职，“历省十有二，历任二十有一”，前后四次担任陕西巡抚，实心实政，深受官民爱戴。

什么叫实政？

举一个例子：陈宏谋第二次飞调西安，适值金川之役，主要职责在于保障赴前线大军的供应和驿路畅通。经略大臣傅恒奉旨驰赴军营，沿途要巡察各路征调部队的开进情形，以及各地驿站车辆马匹是否备足。为了不耽误赶路，他先期传令所过州县派人牵马驾车立于道旁，以便在驰过时能一望而知。陈宏谋认为如此折腾，不仅消耗人力物力，还容易引起民情骚动，在与之会面时力加劝阻，承诺陕西境内一切后勤保障由自己负责。傅恒素来信服陈宏谋，当即撤回前令。

每一次任职陕西，无论久暂，陈宏谋都对关中书院给以特别关注，深得师生敬重。孙景烈素来不喜夸赞上官，独独对宏谋称许有加，在一篇送别文中写道：

> 人徒知先生惠政及人，人以是戴之，而不知先生所以因时因地养之教之者，皆从实学中得其教养之术而善用之；人徒知先生能行其所学，而不知先生无时无地而不学，非徒昔学之，今行之，而遂毕其学之事。平日所行皆本于学，所学即见之行，而先生尤一视之，曰：“吾政即吾学，吾学即吾政。”以故所学日益切，日益勤，而行其学者日益熟。[47]

既是对陈宏谋理想人格与济世救世目标的准确概括，亦是对关学精义的精彩阐释。从古至今，都有人将读书视为博取功名利禄的途径，一旦目的达到，即将学习丢在脑后，陈宏谋则将治学与施政合二为一，也就是王阳明所说的“知行合一”。

孙景烈平日也是如此教育王杰等弟子的，但毕竟没担任过重要职务，视野与历练均显得不足，只能言传而无以身教。陈宏谋身居高位，公务再忙也不废读书，甚至在巡边途中也是手不释卷，成为王杰等幕僚的榜样。而那些以儒家经典为敲门砖，一旦入仕就抛去一边之辈，则被他厌弃。陈宏谋提倡实学，就是将治学与做事结合在一起，学以致用。对于官员来说，要求以所学用之于行政管理，给治下黎民百姓带来实实在在的福祉；即使对于读书士子，也要求以自身为表率，为乡梓做些有益之事。

今人常会引用一些经典名言，常又仅仅引用半句，解析亦不免偏颇。如“学而优则仕”，通常的解释是学习成绩优秀便能够做官，其实并非原意。这句话出于孔子高足卜子夏之口，全句为：

仕而优则学，学而优则仕。〔48〕

优，通“悠”，意为闲暇余裕；而仕，也与事相通。杨伯峻先生的译解为：做官了，有余力便去学习；学习了，有余力便去做官。而朱熹《四书章句集注》则说出仕与治学的道理是一样的，都要当事者先尽力去做好，才可以再去做别的，然后解析仕与学的辩证关系：“仕而学，则所以资其仕者益深；学而仕，则所以验其所学者益广。”意即为官者继续读书学习，是为了有益于行政管理；读书后出来做官理事，则是为了验证其所学是否有用。

这并非一个深奥的道理，却难以做到毕生践行。一个官员所承受的压力、面对的诱惑，长期主政带来的自信与膨胀，加上必然产生的疲惫懈怠，在在使人陷入事务与应酬之中，无暇再拿起书本。但陈宏谋做到了，尝曰：“与人言政，辄引之于学，以为仕即学也，尽吾心焉而已。”〔49〕一次往宁夏巡边，终日在沙碛中奔波，而宏谋将书卷置于肩舆（一种简易轿子）之中，得空就阅读批改，返回西安后与孙景烈观看，孙深为叹服。的确就是这样，陈宏谋终生不废书卷，受益无穷，乐在其中，也以此要求儿子。他在一封家书中叮嘱嗣子钟珂：“到家之后，行止坐卧总不离书本方好。纵有往来酬应，稍可抽身即亲书籍。丢荒半日，必要补足，方可谓之好学。吾向年觉得外务皆可缓可缺，而每日读书功夫不可缓，亦不肯缺者，非不近人情也，心乎好之，乐此不疲耳。”[50]对身边人与幕友，陈宏谋也在留心观察，从中发现了安静好学的王杰。

王杰被选入督抚衙门做幕友，首先在于写得一手好字，可那时大小衙门都不乏书法人才，并非独传之秘。幕友是一个特殊群体，必然存在人情势利，存在着拉帮结伙与欺生。根据现存不多的记载，可知王杰在尹继善幕中就受过挤兑，进入陈宏谋幕府的情形要好一些，仍不免被人议论。王杰做人低调，洁身自好，督抚衙门中奏章题本、文移书札繁多，总是一丝不苟地做好。他也尽量与同事及其他衙门的幕友相处，忍痛拿出时间来接待，但一有空闲就捧起书本，并不像一般幕友那样热衷于打探和攀结。陈宏谋明于识人，当年在关中书院就对其多有了解，经过一段时间的使用和观察，更为赏识，认为绝非凡庸之辈可比。他堪称王杰的又一个恩师，有很多关怀照顾，但更多是在道德学问上的潜移默化。后人编纂《清儒学案》，将王杰列入陈宏谋一系，也是自有道理。

三、“官场人鬼关头”

陈宏谋是王杰的前辈、恩公，更是榜样。这位恩公在进入官场后不废书卷，为的还是做人和做事，是一秉大公，奋力做对社会有益之事。他以此自励，也以此察人。今天能看到他在乾隆八年写给内阁大学士鄂文端的一封信，其中写道：

> 人之聪明才力不相上下，业事诗书，亦无不明白义理。辨别路径，及至临事，稍涉利害，则每每止图目前，不顾久远，止顾一己，不顾天下，良由看得一身之富贵太重，故看得君民之事较轻耳。年来尝以此观人，即以此自责。[51]

今天所说的“精致的利己主义者”，哪个时代都会有，且不在少数。

他们并非愚钝，并非不知义理，谈吐风雅，举止得体，很像个谦谦君子的样子，而一旦涉及个人利害，便尔露出本相。

在同一年所写的《寄葛其恕书》中，宏谋表达得更为激烈：

以官场为利薮，惟计出息多寡，不问民生休戚，惟求上司刮目看顾，不问自己能否尽职，此官场人鬼关头。[52]

久历官场之人，谁不曾遇到过这些？又有几个会以为其是做人与做鬼的关头呢？数年前，陈宏谋就曾身处这样的一个“人鬼关头”：时任广西巡抚金铁大肆借垦报捐，“自开捐报垦不下二十余万亩，实未垦成一亩”，为了掩盖欺瞒之罪，派人下乡丈量，逼迫农民捏报凑数，搞得怨声载道。陈宏谋正在家乡临桂丁忧，很忌讳介入地方公务，而他毅然上疏，弹劾金铁欺公累民，请求派员核查处理。其时金铁已升为刑部侍郎，闻知后加以辩驳，而宏谋接连两次密奏，列举广西之积弊，也使乾隆帝大为光火，以“启乡绅挟制之渐”，予以谴责和降级。后经查清捐垦田亩多有不实，才得到纠正和豁免，金铁及属下私派加征的官员被分别惩处。

依照官场惯例，丁忧官员在乡守丧，读读书，会会亲友，也可以做些修桥铺路的善举、吟诗题序的雅事，至于家乡政务则三缄其口，经过二十七个月复职去也。陈宏谋则认为自己到了“人鬼关头”，挺身而出，为乡亲扫除了一项弊政，也付出了很大的代价，直降三级，由布政使贬为道员。若非遇上真心欣赏他的乾隆帝，可能就一蹶不振了，而从未见其流露过后悔。

这就是陈宏谋。

进入陈宏谋的幕府，不能不说是王杰的幸运。阮元写道：

文恭（陈宏谋）理学大儒，精鉴别，于士类不轻许可。公（王杰）在署落落不附就，顾特深引重，谓人曰：“王生负气概，其志意矫然，非常人也！”公益自力，且时观文恭言行政事，敬慕心志，常自谓生平行己居官，获益多在此。又常谓人：“吾自见榕门，益笃信酉峰。”盖终身于二先生未尝忘云。[53]

二先生，即孙景烈与陈宏谋。虽未见王杰在文集中过多提及，此处可证，他对两位先生言行表率终生谨记。如果说孙景烈给他讲解了关学的道理，陈宏谋则是在官场运作中处处为他做出榜样，二位先生的教诲，关中书院和两次入幕的经历，皆使王杰受益无穷。

【第三章】

“西人魁榜西平后”

有清一代，正科加上恩科，一共举行过一百一十四届会试，也就产生了一百一十四名状元。钦定王杰为状元后，乾隆帝兴奋莫名，挥笔写成《四月廿五日御殿传胪纪事》：

> 雅化作人祝寿慈，金阶胪唱丽晴曦。既求真学颁新制，亦体常情改近期。（去岁以磨勘需日，定于五月五日殿试，初十日传胪。兹念多士守候时久，命速行磨勘，于四月廿一日殿试，廿五日传胪。）公举不教存己见，明扬还预定其辞。（命读卷者毋得存己见，俟榜后别令大臣复勘去取同异；又新定引见之例。然先进其文，朕就其文定甲乙后，乃令按名引见，于是殿试之制简而益备矣。）西人魁榜西平后，（今岁状元，陕西韩城县人王杰，国朝百年以来乃轫见也。）可识天心偃武时。[1]

持续数年的平叛战争大获全胜，开疆两万里，清朝国力走向兴盛的巅峰，在乾隆帝看来，已到了偃武修文之时。西平，指整个西域的彻底平定；西人，此处特指王杰，以其出生于陕西而称之。这位酷爱写诗的大皇帝喜欢以诗纪事，笔意所至，常也自创一些新词，如诗中的“西平”“西人”。全句的意思是：在朝廷敉平西域变乱之后，来自西部的举子得中了状元，可知上天也要结束战乱、修明文教了。诗句中满怀喜悦，并不计及西安与西域相距甚远。

从长安到西安，这座城市经历了由皇都向省城的转变，原来的京畿变为偏远之地，汉唐皇民多流播四散，而文化余绪却始终弥漫于川原河谷间。清朝一直注重经略大西部，设川陕总督、陕甘总督等衙门，以西安控驭青藏和西域，成为无可替代的西部重镇，是以在乾隆皇帝看来，两个“西”也没有太多的概念差异。

第一节　底定西域

在古远的中国史页上，在周朝至两汉的传闻与记载中，“西域”常披着一层神秘面纱，显得旷远荒凉。唐朝用兵西部，设立碛西节度使，下辖安西、北庭两大都护府，一统西域诸城邦，而除了从征将士和燃烧激情的边塞诗人，多数中土人士仍觉得陌生。清廷入京后，西域各部虽保持着较大的自主权，但先后遣使进贡，尊奉清朝为宗主国。蒙古准噶尔部崛起，攻掠兼并，血雨腥风，全不遵从朝廷之命。康熙帝曾三次御驾亲征，噶尔丹兵败身亡，可接下来又有策妄阿拉布坦父子，有达瓦齐与辉特部的阿睦尔撒纳，回部的大小和卓也在南疆发起暴乱，一直是清廷的心腹大患，至乾隆二十五年才艰难平定。

一、内乱与叛乱

西域之乱由来久矣！

首先是那里的内乱，即地方政权或部族内部为争夺权力的血腥厮杀。不管是卫拉特蒙古四部，还是回疆的白山派与黑山派，乃至于同一部族的派别之间，都杀得天昏地暗。掌权者要杀掉潜在的对手，不得志者则时刻密谋一逞；亲情无疑是最重要的纽带，而往往也成为最不可靠的东西——诛子与弑父皆非罕见，兄弟阋墙更是时有发生。敌对双方都会分化拉拢，分化瓦解对方阵营，拉拢汇聚各路盟友，也会奏报清廷，宣誓效忠，以期借助官军的支持。而一旦得手，一朝壮大，便要称王称霸，也会悍然兴兵反叛。

准噶尔的汗位继承史充满着血腥：当年的首领僧格，被同父异母的哥哥车臣、卓特巴巴图尔谋杀篡位；胞弟噶尔丹自西藏返回后声称为兄报仇，联络叔叔楚琥尔乌巴什等杀死车臣，夺回部落大权；得势不久又发兵攻袭叔叔的领地，杀死堂弟巴噶班弟，以残暴手段扩大地盘。对哥哥僧格留下的几个儿子，噶尔丹也防范甚严，次子索诺木被用计毒死，长子策妄也遭到谋害，不得不率部逃脱，总算活了下来。待噶尔丹率兵攻掠喀尔喀领地，策妄则趁机攻袭其在科布多的大本营，“尽收噶尔丹之妻子人民而去”[2]。在清军支持下，策妄重回伊犁河流域，断绝了噶尔丹的西归之路。

康熙三十六年春，噶尔丹在穷蹙无路中病死他乡，残部三百人降清，策妄成为真正的准噶尔汗。据说他深受拥戴，为准噶尔部带来了三十年的发展繁荣，下场却是被人用毒酒鸩杀，谋主即两个儿子之一——究竟是谁？疑点多多。其长子噶尔丹策零率先发难，在恐怖氛围中登上汗位，指责弟弟罗卜藏索诺和继母毒死了父亲，罗卜藏索诺仓皇出逃，继母与其他子女被残酷处死。

噶尔丹策零号称学识渊博，所属二十八万帐，维吾尔等族皆质子归服，缴纳贡赋。他调整强化了本部的军事结构，制造火药、铅弹和大炮，组建了专门的炮兵部队，招降纳叛，拒不执行清朝的指令。雍正帝派出大军征讨，一度因主帅轻敌损兵折将，最后则于光显寺决战中大胜。准噶尔军队死伤惨重，不得不俯首请和，退回原来的游牧界。

进入乾隆初年，准噶尔部频繁派出贡使和贸易驼队，并多次请求“进藏熬茶”。所谓熬茶，乃藏传佛教的一种宗教活动，主要是信徒向寺院活佛及僧众敬献酥油茶与布施金钱布帛等物。蒙古诸部多信奉黄教，准噶尔部与西藏上层更是关系密切，提出进藏熬茶，有着很强的政治目的，以故清廷多加限制。总的说来，这一时期的西域大体稳定平静，直到乾隆十年噶尔丹策零去世，新一轮的夺权争位开始，又复进入剧烈动荡。

噶尔丹策零死于一场大瘟疫，身后有三子一女，遗命尚未成年的次子那木札勒继位，其姊乌兰巴雅尔辅政。那木札勒年少妄为，任意杀戮下属宰桑（即领主），乌兰巴雅尔与夫婿加以劝阻，竟被羁押囚禁。一个双重阴谋在大草原秘密运作：那木札勒要借行围杀害哥哥喇嘛达尔札，几个大宰桑则想趁机生擒他，拥立达尔札。率先兴兵的那木札勒反被对手活捉，押往阿克苏监禁。达尔札成为新的准噶尔汗，迅即展开新一轮清洗，那木札勒及其亲信人等被杀死，其部众分赏他人，准噶尔又陷入大动荡。

噶尔丹策零曾有两员名将，即战败傅尔丹所率清军的大、小策零敦多布。达尔札对大策零之子达瓦齐不放心，而达瓦齐也频频与和硕特台吉班珠尔、辉特台吉阿睦尔撒纳秘密联络，意图推翻达尔札。事情泄露，达瓦齐等人打算率部投清，达尔札发觉后派兵追杀，达瓦齐与阿睦尔撒纳等难以抵敌，仅带少数亲从逃出，不得已转投哈萨克阿布赉汗。达尔札耀兵于界上，逼迫阿布赉汗交出达瓦齐等人，达瓦齐与阿睦尔撒纳只得连夜出奔，再次亡命天涯。

事态的大翻转，在于有一个阿睦尔撒纳。他在逃亡中劝达瓦齐与其束手就擒，不如铤而走险。二人绕过准噶尔大军，潜回故地召集旧部，率一千五百精骑突袭伊犁，达尔札猝不及防，死于乱军之中。达瓦齐成为新的准噶尔汗，首先把领地塔尔巴哈台送给阿睦尔撒纳，以答谢其大功。不久后达瓦齐又遇到兵变，小策零之孙纳默库济尔噶尔率一万铁骑打上门来，达瓦齐再次出逃，又是阿睦尔撒纳施以援手，诱杀纳默库济尔噶尔，平定乱局。可没过多久，达瓦齐与阿睦尔撒纳又生嫌隙……

乾隆帝一直关注着西域的政治局势，从北路左副将军、喀尔喀和硕亲王成衮扎布处闻知准噶尔的最新内乱，命驻扎各营加紧防范。署陕甘总督尹继善及时做出部署，以准部“近来新换台吉，夷情未定，防范之法更宜加倍谨严”，建议朝廷尽快采取一系列应对措施：慎选安西将军，挑选精兵备战，加意喂养驼马，勘明口外路径与水草，为哈密官兵配备鸟枪，多预备铅弹火药，预筹哈密兵粮，将库银分别贮存，加固哈密等城垣，就近种地和放牧。〔3〕这就是有名的边备十条，未雨绸缪，既防范准噶尔突然来袭，也为出师平定准噶尔做好前期铺垫。

二、身死异域的阿睦尔撒纳

乾隆十九年三月，达瓦齐与阿睦尔撒纳这一对政治盟友终于撕破脸，兵戎相见。导火索是达瓦齐杀了阿睦尔撒纳的岳父（杜尔伯特部大宰桑），深层原因则是阿睦尔撒纳过分的领土要求，以及他那不加掩饰的政治野心。

胖胖的达瓦齐有几分憨厚，完全不是心机绵密、敢作敢为的阿睦尔撒纳之对手。但既然做了准噶尔大汗，身边自有出谋献策之人，发兵征讨阿睦尔撒纳，虽然前几次被挫败，毕竟军事实力在那儿，阿睦尔撒纳难以存身，只得率部众投顺清朝。这是一个很有能力的边地枭雄，就连窘促之际的归附都做得有声有色，联合杜尔伯特部台吉纳默库、和硕特部台吉班珠尔一起，以两万之众请求效忠大清。数百年来，蒙古卫拉特四部一直雄踞西域，而今杜尔伯特与和硕特二部归服，土尔扈特远在俄国伏尔加河流域，只剩下一个内乱不断、军力大减的准噶尔。乾隆帝敏锐地预见到彻底收复西域的时机已到，果断决定两路用兵。先后来归的卫拉特首领一一受到封赏，纳默库、班珠尔为郡王，阿睦尔撒纳则为亲王，外加一个定北左副将军的职务。阅读实录，可见乾隆帝给了阿睦尔撒纳极大的事权，将很多重要事务交与他处置，曾有旨：“阿睦尔撒纳自到军营，诸事尽心，办理井井，此次进兵惟伊是赖。”〔4〕二十年二月，定北将军班第受命率两万五千大军由乌里雅苏台出发，定西将军永常率同样多的人马出巴里坤，两路急进，合击伊犁。进军途中发生变故，新封贝子孟克特穆尔与贝勒车凌孟克之子巴朗率众逃走，使乾隆帝大为愤恨，而阿睦尔撒纳复仇心切，亲率所部为前锋。达瓦齐本来就缺少凝聚力，此际众叛亲离，慌忙率亲卫等兵万余撤离伊犁，退往格登山下扎营。此处居高临下，前有大块沼泽，易守难攻。阿睦尔撒纳跟踪而至，派出阿玉锡率二十余骑趁夜色逼近侦察，阿玉锡见准噶尔军毫无戒备，当即呼喊突入，敌人迅速溃散，达瓦齐与少数亲从辗转逃往南疆。他自以为有恩于乌什阿奇木伯克霍集斯，岂知饮酒间伏兵四起，当即被拿下捆缚，解送京师。

这次进军的顺利出乎意料，除去集结赶路的时间，只用了半个月，几乎是兵不血刃，横扫准噶尔全境，并将达瓦齐俘获，举朝欢腾。弘历亲撰碑文纪功，命立于格登山，曰："我师洸洸，其营若缀。师行如流，度伊犁川"，"三巴图鲁，二十二卒，夜斫贼营，万众股栗。人各一心，孰为汝守？汝顽不灵，尚窜以走。汝窜以走，谁其纳之？缚献军门，追悔其迟！"染写进军之速与取胜之易，以及达瓦齐的逃跑和在乌什被活捉，笔调轻松愉悦。[5]

以准噶尔诸部尽入大清版图，乾隆帝命左都御史何国宗带领测绘人员前往绘制地图，将西域各地的星辰分野、日月出入、昼夜节气时刻，一一载入《时宪书》。何国宗曾任钦天监正，二十一年二月，遵旨带领中外星象、舆地专家，在军队保护下，携带一应仪器前往实地测量，在《康熙皇舆全览图》的基础上大为扩充和精密化，并形成一幅很有价值的《西域全图》。

平准之役迅速告捷，轻松情绪弥漫朝野，带来的是轻视和轻敌，北路军大部陆续撤回，班第的伊犁将军衙门仅剩下五百官兵。清廷先期已拟定善后措施，"众建以分其势"[6]，即削弱准噶尔，将卫拉特分封四汗，以互相制约。阿睦尔撒纳胸有大志，意欲一统西部蒙古，也通过不同渠道试探朝廷的态度，得知分为四部的既定方针。乾隆帝没有亏待他，以阿氏在此次用兵中建立首功，特别赐予双亲王称号，享有亲王双俸。岂知阿睦尔撒纳要做的是卫拉特总汗，伪装忠诚，暗地里已在紧锣密鼓地谋划布置。

蒙古各部的权位传承，很看重出身血统。阿睦尔撒纳乃大名鼎鼎的和硕特部拉藏汗之孙，准噶尔大汗策妄阿拉布坦的外孙，父亲为辉特部台吉，自认为最有资格和能力统一卫拉特四部。投效清朝，引领清军攻灭达瓦齐，在他都是为实现目标的权宜之计。他在进军过程中勾结串联卫拉特各部，也频频联络南疆的回部首领，要他们大造舆论：如不让阿氏统治西域，宁可剖腹而死，决不贪生易主，呼吁封阿氏为总汗，带领哈萨克等部赴京晋见。

乾隆帝本来就对这个野心勃勃的家伙不放心，得到各路密报后，传旨要他赴热河朝觐，并命蒙古喀尔喀亲王额琳沁多尔济一路陪伴，实际是监视挟持。不久后弘历感觉到事态严峻，又密谕班第：如阿睦尔撒纳仍在伊犁，即行擒拿正法；如已在朝觐途中，则命鄂容安等带兵赶往拘捕，就地正法。总之是看出其反叛的苗头，决意早除祸患。班第因深入卫拉特腹地，将寡兵少，不敢动手。而已在朝觐途中的阿氏，见求封总汗的奏折迟迟得不到御批，满腹狐疑，也从喀尔喀郡王青滚杂卜那里闻知一些不利消息，立即率亲信叛逃。《啸亭杂录》中记载了这样一个场面：

> （阿睦尔撒纳）疑事已变，入境且得祸，遂阴召其众，张幕请额（额琳沁多尔济）宴，酒数行，起谓额曰：“阿某非不臣，但中国寡信。今入其境，如驱牛羊入市，大丈夫当自立事业，安肯延颈待戮？”遂命呼酒者再，伏兵四起，旌旗耀目，拥阿逆出营去。阿逆徐解副将军印组，掷与额曰：“汝持此交还大皇帝可也！”遂据鞍驰去。[7]

昭梿乃大清宗室，曾位至掌旗亲王，也不得不承认阿氏颇有几分英雄气概。

阿睦尔撒纳逃逸后，轻骑四出，传令卫拉特各部举旗造反，攻打伊犁将军府，抢掠焚毁西路军台，顿时变乱蜂起。定北将军班第等人不得已率部突围，上万叛军紧追不舍，终于在空格斯被打散，班第与参赞大臣鄂容安先后自尽。定西将军永常率六千大军驻守木垒，闻讯惊惶，不仅不火速救援，反是尽撤台站，退缩至巴里坤。陕甘总督刘统勋也上疏请求退守哈密，文中还特意论说内界外界之别，大意是变乱地域皆属藩部，不值得大动干戈。乾隆帝览奏大怒，斥责“永常恇怯于前，刘统勋附和于后”，“一将军、一总督无端自相恐怖”；斥责他们不知救援，“置班第等于不问”；亦严词批驳所谓内外之界的说法，指出伊犁等已入大清版图，“尚何内外之可分”？

刘统勋的说法，也代表了一些文武大臣的观点。用兵西域，朝中当时就有人强烈反对，眼下更是舆论纷纭，大多主张撤离。这里正见出弘历的强毅果决，没有丝毫犹豫，立刻部署再次进兵。

西域变乱令乾隆帝震怒，此乃天子之怒也，如飙风迅雷：失职的喀尔喀亲王额琳沁多尔济被赐死；固伦额驸、科尔沁亲王色布腾巴勒珠尔受阿氏蒙蔽，替他向皇上带信和说好话，本来也要将之处死，念在和敬公主份上，革去一应爵位职衔；永常、刘统勋被革职拿问、押解进京，永常死于途中，而刘统勋京邸被抄，长子刘墉被革职逮治，次子刘堪也被关进刑部大狱。使乾隆帝最为恼恨的，还是曾备受宠爱器重的阿睦尔撒纳，颁赏荷包银两，赐封双亲王，任命为定北左副将军，不断降谕奖赏激励，竟然转瞬忘恩，揭起叛旗。

当年九月，乾隆帝在避暑山庄的澹泊敬诚殿接受朝觐，分封卫拉特四汗，各赐予冠服币帛，以期分化消解反叛势力。由于阿睦尔撒纳反叛，改封巴雅尔为辉特汗。二十一年正月，再次命将发兵，分两路进剿叛军。策楞为新任定西将军，富德、玉保、达尔党阿为参赞大臣。玉保率前队为先锋，朝觐受封而返的卫拉特汗王也各率所部跟从。大军开至特克勒，探知距阿氏大营仅一日路程，正欲派出轻骑追杀，忽报阿睦尔撒纳已被诺尔布台吉擒住，正在押送前来。玉保大喜，即驻兵等待，并以红旗报捷飞告策楞。策楞接获后也是不胜欣喜，接着以红旗飞奏皇上。

红旗报捷，又作“红旌报捷”，乃重大战役得胜后，自前线派健卒快马，背插红旗，逢驿换马易人，日夜不停，八百里加急，向朝廷驰奏喜讯。至京师时当凌晨，乾隆帝正欲从圆明园起銮往山东祭孔，闻知擒获阿睦尔撒纳的消息，当即先去祭告父亲雍正帝的泰陵。同时，弘历还决定从曲阜回来后，恭谒顺治帝之孝陵和康熙帝之景陵，兴奋之情，于此可见。

殊不知这是一个假消息，是阿睦尔撒纳设下的一个骗局。见清军兴兵以来，一路势不可当，各部落纷纷归附，试图阻击者一触即溃，阿氏情知难以抗衡，又开始准备逃跑，先玩了一个小计谋：派人前往玉保军中，谎报自己已被台吉诺尔布抓获，正在押解前来。阿氏反叛后，乾隆帝开始反思当初征讨达瓦齐之事，在京居住的达瓦齐也表示愿意效力，并主动写信给几个旧部，要他们协助官军捉拿阿逆，其中就有诺尔布，故玉保等人一听便信，坐营等待，并匆匆奏捷。这一耽搁就是一天时间，待醒悟过来，极擅长逃亡的阿睦尔撒纳早已轻装远扬。

草率轻信的策楞、玉保为此被革职，达尔党阿成为定西将军，受命率军直入哈萨克，向收留阿逆的汗王阿布赉要人。哈萨克兵试图抵挡，损失惨重，只得派人送来马匹示好，并委婉替阿氏说情。达尔党阿不许，可就这样来来往往，几个月过去了，粮草匮乏，只好撤回。而青滚杂卜因额琳沁多尔济被赐死怀恨，煽动喀尔喀人擅撤北路军台，致使军报中断。卫拉特首领也对改为盟旗制不满，以为有机可乘，群起叛乱，其中就有刚在热河受封的噶勒臧多尔济和巴雅尔。这是新的叛军，看似驯良友善，装作跟随官军一道去讨伐叛逆，突然间暴起发难，宁夏将军和起死于乱箭之下，策楞和玉保也在解送途中被杀害。定边右副将军兆惠率部由伊犁边战边退，被新叛的噶勒臧多尔济纠众拼死截击，好不容易才突出重围。兆惠目击卫拉特上层的叛服不定和手段残暴，衔恨入骨，奏称“必应尽行剿灭”。皇上深以为然，传谕仅可酌量存留老人儿童，对叛乱者“断不宜稍事姑息”。尽管乾隆帝后来的说法有所调整，也导致了清军在多地滥杀无辜。

二十二年三月，清军第三次大举进剿，兵锋再指伊犁。与第一次由部族武装打头阵、第二次部族首领带兵跟随作战不同，这次是不仅对之失去信任，而且将士皆怀有强烈的复仇心，清一色的官军，枪械优良，猛将如云，遇见成年卫拉特人，不管是否抵抗，一律格杀勿论。将军成衮扎布所部活捉杀害和起的尼玛父子，参赞大臣富德率兵追剿叛军，前队骁将海兰察活捉巴雅尔。哈萨克阿布赉汗慑于大清军威，献马归顺，表示愿为藩属，世代效力。而阿睦尔撒纳一直在东躲西藏，无奈再次投奔哈萨克，身边只有二十几号人马。阿布赉答应次日早会面，派人收缴了他们的马匹，阿氏警觉异常，连夜仓皇出奔，只带八名亲随徒步逃入俄罗斯边界。在军中的大内侍卫顺德讷跟踪而至，向俄国边卡索要阿逆，俄方以为奇货可居，岂肯归还？他们搞了不少欺骗，一会儿说未见人，一会儿说是过河时被淹死，没想到仅过了两个月，阿睦尔撒纳就因出痘死于托博尔斯克的军营中，时年三十五岁。

三、黑水营

清代的西域，除了辽阔的卫拉特蒙古游牧区，还包括以维吾尔族为主的天山南部地域，又称回疆、南疆，百姓多信奉伊斯兰教。噶尔丹崛起后，攻灭黑山派主政的叶尔羌汗国，扶持白山派的阿帕克和卓上台，使其家族成为南疆的统治者。阿帕克自称“圣裔”，既有着成吉思汗的血统，又是穆罕默德女儿的后裔，加上精通法术和医道，赢得当地民众的狂热迷信。阿帕克上台后政教合一，诱捕杀害黑山派和卓一系，而死后其子嗣为争权互相厮杀，也是丧亡相继。只有一个年幼孙辈阿哈玛特，被人藏在山洞里得以幸存，在喀什即位，不久后成为准噶尔军队的俘虏，被押往伊犁。他在那里有了两个儿子，布拉尼敦和霍集占，即后来所称的“大小和卓”。第一次平准之役，阿哈玛特已死，二子来军营投效，定北将军班第奏请皇上批准，派侍卫托伦泰带兵护送布拉尼敦回去招抚旧部，恢复旧日政权，南疆八城尽归白山派掌握。

就在阿睦尔撒纳兴兵作乱、将军班第与参赞鄂容安先后自尽之时，小和卓霍集占潜回南疆。这是一个不安分的狂热分子，很快就纠集一批死党，劝哥哥扯旗造反。布拉尼敦心知朝廷有再造之恩，开始时并不同意，架不住弟弟煽惑逼迫，又见卫拉特全境变乱，西路将军派人前来征调兵马，催促缴纳贡赋，遂决定脱离清朝。他还不想过分决裂，将在喀什的侍卫托伦泰放回。

兆惠已是户部尚书、领侍卫内大臣，见托伦泰久不回归，担心回疆生变，派副都统阿敏道带领一百名官兵前往库车城驻扎。二十二年三月，阿敏道得库车伯克密报，告以大小和卓欲行叛乱，急速整军撤离，而战马已被悉数牵走。清军步行杀出，霍集占命数百属下追杀而至，将阿敏道与官兵尽行杀害。外界一向视此地民风懦弱，大小和卓以这一血腥杀戮为标志，竖起了叛旗，霍集占自立为“巴图尔汗”。

二十三年正月，乾隆帝以收复伊犁，在恰克图验明俄方出示的阿睦尔撒纳尸身，宣布第三次平准之役结束，开始筹划征讨回部。五月，以雅尔哈善为靖逆将军，亲率大军由哈喇沙尔进抵库车。库车城乃回疆门户，依托山岗而建，以沙石柳枝层叠密筑，堪称坚固。正当清军将库车围住，准备云梯、盾牌等攻城器具之时，霍集占带兵三千由戈壁小路增援，两军在城郊激战。叛军死伤两千多人，霍集占见难以抵敌，逃入库车城中。小和卓生性悍勇，稍事休整即率队出城再战，左肩中箭，随从二百余名战死，逃跑中落水淹死者更多，只得又缩回城中。清军由缴获的旗纛得知来的是霍集占，却没有采取措施堵截其后路，致使他乘夜从戈壁逃脱。弘历闻知后将雅尔哈善与参赞哈宁阿革职，次年在京师正法。

兆惠被委以平叛重任，率军由伊犁进剿南疆，阿克苏、乌什接连而降，遂直扑叶尔羌。该城曾是叶尔羌汗国的都城，四周十二个城门，比库车更大更坚固。小和卓霍集占把守此处，将四周村庄的人马粮草尽迁入城，除所属回兵，也有大批准噶尔、布鲁特人参战，共得马军五千余，步兵更多。而兆惠所部马步兵只有四千多，穿越一千五百里大戈壁赶来，可谓人困马乏。清军渡过叶尔羌河，本欲先去夺取敌人马群，孰料叛军四五千骑已严阵以待。兆惠即命五百精骑冲阵，叛军抵死缠斗，两翼夹击，愈杀愈多。清军被分割攻打，死伤甚多，但拼死血战，连续鏖战五昼夜，见无法突出重围，便选择退守大营。清军大营设在喀喇乌苏（意为“黑水”），防守严密，叛军攻不进去，只好四面围住，一围就是三个月，即著名的“黑水营之战”。这对大小和卓也是一场巨大的消耗战。霍集占本以为急切可得，命叛军轮番进攻，四面掘壕筑台，枪炮齐施，决河冲灌，晚上又来劫营。将军兆惠经历过与准部的恶战，临危镇定，见招拆招，还经常派小股精兵出击，焚烧敌人辎重。大和卓领兵五千赶来相助，也是无可奈何。

兆惠被围时，附近清军兵力严重不足。新任靖逆将军那木札勒与参赞三泰急率二百精兵连夜赴援，不料途中遭遇数千回兵，仓促迎战，二人先后战死，全军覆没；在阿克苏的原兵部尚书、参赞大臣舒赫德已被革职，见事态紧急，急忙奏报朝廷，但身边无兵，只能等待各路援军；定边副将军富德时在乌鲁木齐，闻讯后迅速带兵赶来。舒赫德又被授为参赞大臣，率内地先到的两千兵马驰援，在巴尔楚克与富德的千余官兵会合，杀向叶尔羌。他们被五千叛军马队拦截，兵少马少，厮杀四昼夜，打得难解难分。恰好巴里坤办事大臣阿里衮等率部赶到，虽也不过千余骑兵，但所带驼马甚多，从敌人背后两路冲杀，叛军大败溃散。兆惠所部闻得厮杀之声，知援军到达，从营中突出接应，叛军全线溃退。之后清军势如破竹，大小和卓节节败逃，富德与阿里衮在边界给了他们最后一击，被裹挟的回众纷纷投降，只有极少数死党随之流亡巴达克山。那是一个山地小邦国，信奉伊斯兰教，很想收留大小和卓，富德警告若不交出叛酋将开战，不得已才设法拘捕。具体情形已不得而知，总之大小和卓皆死于非命。布拉尼敦的尸体被其死党盗走，霍集占尸身则在，胸背与胯部三处重创，可证有过激烈搏斗。兆惠派员当场验明，割下首级函送京师，大军凯旋。

时在乾隆二十四年十月，距其公开叛乱已三年有余。

四、献俘礼·郊劳礼

整个大西域的平定，先后用了五年，其间军情和局势反反复复，民族因素、宗教因素、家族与血统因素等交织在一起，胜利的得来实属不易。很多年了，那块广袤神奇的辽阔大地，与中国腹地呈现脱离或半脱离状态，至此终于实现了完整回归。此一过程常是惨烈和残暴的，清廷与割据政权都曾采取了一些极端手段，读来令人痛殇悲悯，而对于国家的完整和统一，其也是血的代价。

不能不指出，收复西域的决策出于乾隆皇帝一人，而当全疆变乱、大局危殆之际，前线与朝中文武大臣多主张撤兵，也是弘历一人坚定不移，挽狂澜于既倒。五年中，乾隆帝坚定不移，时刻关注着西域战局，及时调兵遣将和重新部署，也曾发布过不少错误指令、误解或冤枉过一些前线大员，也曾被阿睦尔撒纳等人的伪忠诚欺骗……由是他也深知取胜之凶险艰辛，怀有加倍的喜悦，举办了一系列隆重的庆典。大国威仪，典礼至重，乾隆帝很喜欢搞一些大型盛典。

清军在西域打了三大战役，应说是一次比一次艰难。第一次平准之役，两路大军直指伊犁，准噶尔汗达瓦齐望风而逃，被乌什阿奇木伯克霍集斯缚献军前，押至京师后举行献俘礼。在此前数月也搞了一次类似的仪式，临阵脱逃的巴朗和孟克特穆尔很快被擒获，雍正间作乱潜逃的罗卜藏丹津也被活捉，解送京师，乾隆帝命将两名逃将正法，赦免了罗卜藏丹津。旧时的献俘是很讲究身份地位的，巴朗二人在卫拉特地位尚低，罗卜藏丹津之事已过了二十多年，属于“历史反革命”，都与现任的准噶尔大汗不同。乾隆帝对达瓦齐格外在意，特地推迟当年的木兰秋狝，见实在路途遥远，解送不及，又决定返京后举行。

那是三大战役中唯一的献俘礼，也是首次西域大捷后最为激动人心的仪式：金水桥南陈设驯象、辇辂；兵部官员率领铠甲鲜明的将士，押解达瓦齐等一长串俘虏，白组（白丝带拧成的绳索）系颈，走过京师长街，由长安右门、天安右门进至午门前，跪在御道中间；乾隆帝龙袍衮服，乘舆出内廷，礼部堂官于乾清门导驾，一路金鼓铙歌，由东磴道升午门城楼，在正中御座坐下，“前引大臣十员，立楼檐外阶上，东西面；后扈内大臣二员，在御座旁左右佥立；豹尾班侍卫、佩刀侍卫，在御座后左右翼立”[8]。只可惜俘虏们个个匍匐在地，哪敢东张西望？乾隆帝本来是要将达瓦齐明正国法的，却在高高城楼上一眼看出其并非奸恶之辈，传旨免去死罪，安置京师。不久后阿睦尔撒纳叛乱，达瓦齐积极请求随军平叛，未得到批准，便写信叮嘱旧部配合朝廷大军。乾隆帝也认为当年听信了阿逆的挑唆，晋升他为亲王。有一条记载，说达瓦齐随乾隆帝出猎，中间休息时见皇上无处坐，便去捧来一些树叶，惹得皇上哈哈大笑。

第二次平准之役，定北将军班第、参赞殁于军中，所领五百精兵全军覆灭，革职解京的两员大将策楞、玉保途中遇害，使弘历切齿痛恨，对阿睦尔撒纳必欲生擒正法而后快。当年九月，阿氏的妻子家小在乌里雅苏台被拿获，同时被抓捕的还有其胞兄、和硕特汗班珠尔，乾隆帝命侍卫“中途小心管解，速行来京”，“俟擒获阿逆时，一同献俘”[9]。他严旨督令对阿逆的追缉擒拿，并因其脱逃，分别将喀尔喀亲王赐死、额驸科尔沁亲王监禁，毫无疑问，如果阿逆被捕获解京，等待他的只能是“明正典刑”，凌迟处死。此人死在异国他乡后，俄方将尸首运到边界让清朝侍卫察看，却不允许带回，对他自是一桩幸事，在大清皇帝则是一个大遗憾，原来计划的献俘仪式只能取消。

同样幸运的还有大小和卓，尤其是小和卓霍集占。戕杀副都统阿敏道与所属官兵，围攻兆惠所领清军主力，都使得南疆之变更为惨烈，也使乾隆帝决意除之。大小和卓双双死于巴达克山，霍集占的头颅被送到京师，轮番在九门悬挂。西域至此全部平定，因元凶巨恶已死，献俘礼已有些意义不大了。

收到敉平南疆变乱的捷报，乾隆帝御太和殿受贺，亲自撰写了《平定回部告成太学碑文》，曰：“建非常之功者，以举非常之事。举非常之事者，以借非常之人。然亦有不借非常之人，而举非常之事，终建非常之功者，则赖昊苍笃贶，神运斡旋。事若祸而移福，机似逆而转顺……”[10]收复西域自然是非常之功，在他看来，却没有特别优秀的将帅。这是实情，大皇帝也是实话实说。对于最后率军平复南疆的兆惠，乾隆帝曾严厉责备，此时则命筹备一系列的大军奏凯仪式。直隶总督方观承在黄新庄行宫附近，“择宽展处所相度筑台，以便举行祭纛之典”，良乡县城也是张灯结彩，还为进京朝觐的回部各城伯克安排住处。“祭纛之典”即郊劳礼（皇帝在都城之郊劳军），乾隆帝先期谒告泰陵，提前一日就至行宫等候，足见郑重。

二十五年二月二十七日，郊劳礼正式举行，定边将军兆惠、副将军富德、参赞大臣明瑞等率军凯旋，军容严整，等待检阅。乾隆帝自行宫启銮，登坛列纛行礼，王公将军等跟随行礼。皇上御黄幄，与将军参赞等以次行抱见礼，赐座慰劳，礼成后在行宫赐宴。[11]两天后，乾隆帝御太和殿接受百官朝贺，“凯旋将军兆惠、富德率从征各官行庆贺礼”[12]，接着是王公百官行礼，将庆典推向高潮。

第二节　皇太后七旬恩科

二十五年正月初二日，乾隆帝发布谕旨，说明年为圣母皇太后七十大寿，本年又是自己的五十诞辰，适逢平定西域，决定特开恩科。当年八月各省举行恩科乡试，明年三月在京会试，史称“太后七旬万寿恩科”。各位请留意：王杰考中状元的就是这一科。

明清科举，定制于子、卯、午、酉年各省乡试，丑、辰、未、戌年京师会试，称为正科。而恩科，指由皇帝特旨加恩增开的科试，通常在新帝登基改元或皇室重大庆典时举行。进入清朝至此已有五次恩科，第一次在康熙五十二年玄烨六十大寿，第二次为雍正元年胤禛继位，第三次在乾隆二年因弘历登极，后来的两次都是弘历为母亲崇庆皇太后庆贺寿辰，分别是乾隆十七年太后六十大寿、二十六年太后七十大寿。就是因为生了弘历，崇庆皇太后曾被康熙帝称为有福之人，的确是享尽世间尊荣，也给天下读书人一次次带来福音。

一、乾隆帝的孝心

论清朝，一向有“康乾盛世”之说，时间跨度超过一百三十年，较为宽泛笼统。实则康熙帝即位时尚属儿童，鳌拜等顾命大臣说了算，亲政之初又是三藩作乱，国家风雨飘摇，远谈不上安定强盛；而乾隆帝晚期倚信权臣，既自外于世界发展潮流，国内又爆发了持续数年的内乱，迅速滑向衰退。窃以为应以雅克萨之战作为大清兴盛的起点，而收复和稳定西域，可称强盛之巅峰。二十四年冬，清军艰难平定大小和卓在南疆的叛乱，乾隆帝欣喜之余，将之作为献给母亲的生日礼物。此时距崇庆太后的七十寿诞还有两年，正好从容布置，而在宣布特开恩科的谕旨中，弘历强调了“大武告成，普天同庆”，将这次普惠士子的科试与王朝的开疆拓土相牵结。

孝，发自人之天性，也是中华文化的核心内容之一。康熙帝以下，清代诸帝无不注重表达孝心，不光尊养自己的嫡母、生母和祖母，也善待前朝妃嫔，而以乾隆帝显得格外突出。大人物多是有故事的。有关弘历的出生与身世颇有一些传说，说他诞生于避暑山庄的一个茅屋里，生母乃当地村姑，细心照料病中的雍亲王，顺便怀上龙种；还有的扯上浙江海宁陈家，什么以女易子，甚至说乾隆六下江南是为了寻找亲生母亲……皇宫中的确有无数秘密，宫闱秘辛也永远为文学和流言所追逐，创作与编造其实很接近，也都会抓取一点生活依据。乾隆帝南巡已为史家反复论辩，不去多说它了，其中确有孝敬生母的内容。前四次下江南，弘历都是奉皇太后而行，“必首奉慈舆，朝夕侍奉”[13]。他也同样奉母东巡和北巡，往曲阜祭孔和五台山拜佛，往清东陵和清西陵谒祭，以及一年一度的木兰秋狝。

几乎所有的帝王都是任性的，弘历尤如此。追求完美和极致应是其一大特点，使他时而失之偏激和抓狂。前面的剃发事件，写了弘历对孝贤皇后的爱情，可见出皇帝痛失爱侣、表达悲伤的灾难性后果；而他对母亲的无边孝心，所标称的“以天下奉养”，也不免大量耗费国库民财。

“冬温而夏清，昏定而晨省”，载于《礼记·曲礼上》，实际上做到很难，对于政务烦累的帝王尤难，弘历则终身努力奉行。拣读《清高宗实录》，出现频率最高的是皇帝去看望母亲，不时出现“上诣皇太后宫问安”“上诣畅春园问皇太后安”“上诣皇太后行宫问安”“上诣皇太后行幄问安”。每年元旦，乾隆帝往奉先殿和堂子行礼之后，先要率诸王文武大臣至寿康宫向太后庆贺新年，然后才是御太和殿接受百官朝贺。崇庆皇太后出身于满洲镶黄旗，钮祜禄氏，为满洲八大姓之一，历代名将显宦甚多，其本支则较为清贫。她的祖父没有任何官职，父亲凌柱为四品典仪，也是个毫无实权的闲曹。崇庆皇太后十三岁进入雍邸，被称作格格，生了弘历多年后仍是格格。有人说乾隆帝认为母亲早年吃苦，才加倍的孝敬，或也有一定道理。崇庆太后身板硬实，性格开朗，喜欢热闹，弘历都有所继承。母子皆可称有福之人，洪福齐天，也都较少得病。有一处记载：十二年十月初八，乾隆帝在郊外的静宜园驻跸，闻知母亲身体不适，急忙赶回宫内问安，亲自过问药方，当晚就留在慈宁宫，守候病榻前，每天三次亲手端药，连续七天都是如此。这年太后五十六岁，应是进入老年的调整期，不断出现一些症候，每次弘历都要亲侍汤药，直至母亲痊愈。

雍正帝驾崩时，正牌皇后乌喇那拉氏已辞世数年，弘历顺理成章将母亲奉为后宫第一人，册封皇后以及皇贵妃、妃嫔，皆称奉皇太后懿旨。当时还有一位皇祖玄烨的定嫔，活到九十五岁，随儿子履亲王在宫外居住，每逢年节迎入宫中上寿，崇庆太后执晚辈礼甚恭。她恪守祖制，从未见有过干政之举。内阁首辅兼首席军机大臣讷亲与之近在同宗，经略金川军务不力，被弘历下旨斩于军前，崇庆太后未为说情。讷亲精强明练，立朝清正，自雍正帝起就深得倚信，在前线的失误由于不懂军事，未犯必死之罪，设若皇太后出面，乾隆帝应会从宽处分的。

崇庆皇太后的生日在十一月二十五日。前一天，弘历就会到寿康宫侍皇太后宴；当日则率皇后、皇贵妃、嫔妃、皇子皇孙等前往行庆贺礼，诸王大臣于慈宁门、众官于午门行礼，接下来簇拥着皇太后到重华宫开宴。十年前为母亲庆贺六十大寿，弘历特地兴建寿安宫，王公宗戚、六部八旗、直省督抚等争相搭建彩棚，从高梁桥直至西华门。皇太后从畅春园乘大安辇进宫，皇帝儿子亲自骑马前导，王公大臣、满汉命妇各在自家祝寿彩棚前夹道跪迎，老太后缓行而过，命各加赏赐，那份尊荣愉悦自是无人能及。安乐的岁月总嫌匆匆，崇庆太后的七十寿辰即将到来，又值国家收复西域，母子俩都憋足了劲儿要大大庆贺一番。

旧时的科举也有些像搭车，正科是班车，恩科则像过路车，王杰有幸搭上了这次过路车。

二、潦倒时练成的真功夫

不喜欢追述过去的王杰，也曾讲过自己的游幕经历，没有细节，简括为潦倒之时。阮元记曰：

公在幕府时，笔札既多，又因幕中友往来晋接不得谢，烛烬扃户篝灯，发书庄诵，或寻究经书义理，发为文章，往往达曙不寐。后尝为知己道之，曰："此吾昔年潦倒时真功夫也。"〔14〕

与孟尝君收养宾客不同，清代官员聘请幕友，各有一摊经管事务，不可能养闲人。王杰迫于一家人的生计，不得不出来游幕，又不甘于终生当一个师爷，只有挤出时间来读书，只有牺牲睡眠而发奋苦读。所谓真功夫，即读书治学的功夫。

应该说，进入尹、陈的幕府，对王杰来说经济压力已大为缓解了。真正的潦倒应是父亲逝后的三年，"不善治家人产，日窘蹙"，"时当屡空极困，不向人乞怜"，"为饥驱谋养，奔走四方"（见年谱），那样的日子，真不知是怎样过来的。王杰生性不喜结交，那时也要故意做出豪爽的样子，纵酒狂歌，以排解胸中郁积。他有几个挚交，如蒲城的王梦祖，但数量不多。那才是他真正潦倒的岁月，即使如此，也能"稜稜持守，立足坚定，不一毫左右移"。这是指他的品节信念，而对读书治学更是从未放松。

三、应试的故事

同许多身为幕僚、心系科举的读书人一样，王杰也是一面为大吏充当书记，一面准备参加乡试。而按照科场条例规定，具有相应资格的考生，必须回户籍所在的省会贡院，验明身份入场。乾隆二十四年秋，王杰请假返回西安参试，陈宏谋欣然应允，行前对他多有鼓励。《清稗类钞》有一个故事：在王杰回乡应试的前一天晚上，精通易学的陈宏谋特意为之卜了一卦，次日早晨对他说，你这次必然得中，昨晚已为你卜得佳兆，且已悉知名次之高下。王杰再三请求告知，宏谋却笑而不应，只说已写在一张便笺上，封好交某幕客保存，待考试发榜后再做验证。这无疑是一种莫大的鼓舞，王杰信心满满进入考场，三场下来感觉亦不错，而待秋闱发榜，中是中了，却是中的副榜。[15]

明清科场的故事多多，编捏故事诋毁害人者亦不少。这应该是一个编造的故事，却并无恶意。那一年的王杰，中的正是副榜。清代科举制度，乡试于正榜取中的举人之外，另选一定比例的试子为副榜，又名备榜、副车，不能参加会试，但可以入国子监读书。对于家庭负担很重的王杰来说，并不是一个好的选择，只好仍回陈宏谋幕府。故事还说他在回馆后表示占卜不准，宏谋唤过收存字条的幕客，开封观看，是“中式副榜第八名”七字，众人啧啧叹服。至于为什么不预先告知，不加以劝阻，那也很容易解释：科场需要历练，又不愿意影响王杰的自信心。

徐珂辑录的这个故事还有续篇：次年恩科，王杰又赴乡试，请求陈宏谋再为卜算。宏谋占卜后颇有些疑惑，说一定会被正榜录取，像是中了解元（即乡试第一名），可又不太像。等到发榜，王杰列在第七，而解元为雷尔杰，姓名中也有一个“杰”字，以故混淆了老陈的通天神眼。呵呵，以差错演绎神奇，历史上的名人逸事，大都似这般生动好玩。

咸丰间张培仁《静娱亭笔记》卷六，则将王杰的乡试会试一起说：

> 王文端公杰未第时，馆于山西某中丞幕中，同事有王先生者，绍兴人，精于占课，幕中人敬信之，公独未之信也。秋间将归陕应试，请先生定行止，先生占毕起贺，手书一纸封固藏之，曰：“他日请验。”公必欲得之，不许，正相持间，主人至，问何事，告之故。主人曰：“如此我当代为收之。”及归，就试榜发中副车，乃至馆责先生曰：“何以诳我？”先生曰：“息壤在彼，可验也。”因向主人索观，

折封有“中式副榜第八名”七字，公益奇之。庚辰秋试，又问卜于先生曰：“今科正榜无疑，但似元非元，得魁为妙。”榜发，中式第七名，是科解元则雷尔杰也。辛巳春，至京会试，甫下车，先生亦至，令占会试若何，曰：“断不可得会元，如中第十名，则大魁可必，从此前程远大，福寿无量。”公曰：“我已四十岁矣，敢妄想耶！”是年公会试，固中第十名，廷试第一，官至东阁大学士。王省厓鼎为余言之。[16]

作者张培仁乃道光二十七年二甲进士，为王鼎的门生，而王鼎乃王杰的同乡好友之孙，所说似有些依据。实则开头便错，隐去陈宏谋的名字，将陕西改为山西，又把王杰的年龄增加好几岁，占卜的神通也放在另一位幕友身上。如果真的出于王鼎，应不是王鼎说错，而是张氏记忆有误。

以上故事为好事者所附会，另一则记载显得较为可信，见于阎湘蕙《国朝鼎甲征信录》卷三。这是一部专门记述清朝历届三鼎甲事迹的书，介绍王杰时，说他的乡试卷答题优秀，主考官拟为解元，本房考官为宝鸡知县郭元灏，也以为极好，却提出将之改为第七。众人问他的理由，乃说出科举史上有一个小秘密：在乡试得第七名者，比解元更有可能在会试时入三鼎甲，此生文笔皆优，不妨一试。主考官同意，王杰后来也果真高中状元。

乾隆二十四年、二十五年的陕西乡试，监临西安贡院的都是巡抚钟音——出身满洲镶蓝旗，乃后金五大臣费扬古之裔，一门贵显，本人也得皇上倚信。钟音为乾隆元年进士，选庶吉士，曾任国子监司业和祭酒，对兴学育才很关心，也很务实和节俭。每逢三年一届的乡试，照例要提前对贡院号舍等进行修缮，布政使会提交一份费用清单，而钟音以为本届系恩科，去年刚刚修葺一新，应减少花费。乾隆帝批复“所见甚是”，晓谕各省参照办理。乡试为地方上的大事，巡抚要监临考场，对于最后的确定录取名次，也会参与意见。

本届陕西乡试主考官为御史胡绍南，乾隆十三年进士，曾任刑部郎中，改御史；副主考为翰林编修朱佩莲，乾隆七年进士，曾担任过广西学政。王杰的排名若真像《国朝鼎甲征信录》所言，两位主考大人也都有些真性情。而值得质疑的是：阮元所作《王文端公年谱》写他于本年“乡试中式第六名举人”。如果以阮元记载为准，前面的“改为第七”又成编造之词。

是耶？非耶？实在不太重要。传播中所呈现的陈宏谋对王杰的关心，社会上对王杰的认可，那种众考官一致好评、实至名归的记述，才是更应关注的。

四、“生平好名习气”

就在王杰赴京参加会试的时候，弘历对陈宏谋给出这六个字的评语，皇上的原话是军机大臣转达的，曰：

> 据陈宏谋奏请陛见，已于本月十一日起程一折，殊属不必，折内已批谕矣。现在高晋回南查勘下河诸事，朕令其会同陈宏谋一体商办，是该抚现有应办之事。且开岁即届南巡，相见不远，正何必于此时汲汲赴京？朕从前所谓言非出于诚，亦即为此。伊在督抚中尚属能办事，而生平好名习气始终未除。若从此自知湔改，虽远任封疆，不啻日侍左右。其遵朕训诲已多。不然，即一岁数见，亦何益耶！伊即来京请训，朕亦别无可训示之处。着传谕该抚，于何处奉到谕旨，即回。[17]

作为出身汉族的理学名臣，宏谋比尹继善更注重名节，而皇上要求的是“公而忘身”，是驯顺和奋勉，是豁出去一切地报效朝廷。六个字包含着大量信息，有知遇肯定，更多的是训诫，堪称诛心之论。

颇有些像对尹继善的敲打，一段时间以来，乾隆帝也不断责斥陈宏谋沽名钓誉，措辞严厉。从道理上讲，弘历的说法堂堂正正，而实际上把许多东西夹杂在内，让臣下非常为难。略举几例：

二十三年四月，新任两广总督的陈宏谋为缓解盐商的经营压力，奏请增拨经费，收买场盐。户部参奏他破坏成规，结果得了个革职留任的处分。乾隆帝指责他“市惠好名痼习，不但未知改，而因升用益甚”〔18〕，将之调离广州，回任江苏巡抚。

当年十月，陈宏谋奏请勘察疏浚运河江阴段以利漕运，乾隆帝大为认可，再次批谕：“陈宏谋在督抚中，颇能勇往，其病不在畏难，但恐遇事过锐，且不免市惠得名之意。”〔19〕表彰中夹着警示。

二十四年正月，陈宏谋奏请将南通、崇明等滨海滩地可垦种者，适量拨给苏州的一些慈善机构，作为收养鳏寡孤独与弃婴的经费。弘历认为“不但一举而数善备，而汝亦因此得名也”。可不久之后，又发现其出错，将他的总督衔撸掉。

二十五年七月，陈宏谋奏报高宝、甘泉等地房屋、田禾被淹，乾隆帝不太相信，说“陈宏谋为人向有沽名习气，且伊所亲勘之处，亦未必能悉周”〔20〕，令尹继善再查。

十二月，因刑部奏报江苏对一些案件拟罪过宽，乾隆帝批谕：“陈宏谋于刑名重案，并不照例定拟，以致叠干驳诘，是其平日好名之故智复萌。”他认为陈宏谋是有意宽减，尽量从轻，传谕特加申饬。〔21〕

尽管有这么多的申斥训诫，官场中人大都看得出，陈宏谋是皇上非常器重的封疆大吏。他的上一次进京是在二十二年七月，多次受到皇上召见，“垂询体恤，无所不至”，面奏通盘筹划东南治水、疏通下游的思路，得到弘历肯定，并恩赐御制诗一章。又是三年过去了，这位老臣很想再见到皇上，几次请求未准，干脆一边奏报，一边起程赶往京师。岂知乾隆帝毫不通融，命他不管在哪里接到军机处寄发的谕旨，都要立即折返。

这个时间段，也正当王杰赶赴春闱之际。参加乡试之后，他应该回到陈宏谋的幕府，假设如此，则陈宏谋于正月间的赴京之行，王杰应会跟随在侧，一路听恩公兼师长论说学问，必也是最好的备考方式。乾隆帝对陈宏谋“好名”的责备，不知二人会否谈起，但在幕府主办文案的他应能知悉，也会引以为戒。

第三节 科举的幸运

科举是古代读书人的幸运。

读过《儒林外史》，看过那些科场内外的悲喜剧，难免感慨唏嘘。古代的科举考试，明清间“八股取士”的选拔模式，无疑存在很多弊端，但也不可否认，科举制度使一些底层读书人改变了命运。有了这一制度，才能有一份公平，打破社会阶层的固化，为人才发展提供了向上的通道，成为文官体系的主流。科举从来都是朝政的组成部分，政治因素也存在于命题、监考、阅卷、录取的全过程中。由于清代少数族裔统治的特殊性，学校与科举也具有政治敏感性，而根本主旨则并无变化，仍是儒家经典、诗赋策问、乡试会试，仍是无数士子的追求与梦想。

一、会试前的小风波

乾隆帝对辛巳恩科的重视，必然牵引着朝野的注意力，也会发生一些大事小情。会试之前的二月间，陕西道御史睦朝栋奏上一本，专谈参试举子的回避规定，没有看到原折，实录中有其提要：

> 主考及内外帘官子弟亲族，向有回避之例。查乡试入闱之大臣官员，其子弟亲族，多有本籍可归，不难早为之地。惟会试四方云集，数千里外，翘首观光。本年恭遇皇太后万寿恩科会试，士子倍加踊跃。请将应行回避之卷一体收试，特派大臣秉公校阅，其确系可录者，酌拟进呈请旨。[22]

清廷为避免权力寻租，给贫寒士子一个相对公正的竞争环境，对官员子弟，尤其是朝中大员的子弟常加限制，正副主考和各房阅卷官的子侄亲属更是严格要求回避。因所有考官皆系皇上在试前临时指派，而举子备考通常一届三年，突然间失去考试资格，也是很大打击。朝栋所奏从道理上说得通，实则不免大开特殊化之门，易生弊端。乾隆帝览奏顿生警惕，朱批："此奏要誉，该部严察议奏。"意思是这份奏折图名邀誉，想要博取主试大臣与众考官的好感，命有关部门严行调查，提出处分意见。

睦朝栋为乾隆七年进士，列名三甲，未能入选庶吉士，经过二十年的仕途跋涉，至此还是一名御史。虽说职级不过五品，但由于负责"稽查军机处"，日常在军机大臣值房外转悠，能接近权要。可制度是靠人遵奉实施的，古今中外都不乏这样的例子，即在利益驱使下，监督反过来向被监督者套近乎。睦朝栋的职责是严防进京的地方大员走门子、搞关系，有此一折，却被皇帝认定是想与大员套磁。几日后礼部呈上会试同考官名册，"所列率多考乡试主考时列在三等未用，及向不知名、聊且充数之员"[23]，也就是说一些资质较差、连乡试考差都不用的人，竟成了会试同考官。这份名册中没有睦朝栋的名字，可以排除他有私人念头，可皇上想得较复杂，反说其平日自号读书人，竟如此精心设计，希图博取正直名声，全不考虑如何为国家选拔人才。

三月初六日，乃确定会试主考官的日子，尚在巡幸五台山途中的乾隆帝颁谕，命刑部右侍郎熊学鹏知贡举（总管会试场务，不负责阅卷），协办大学士刘统勋为正考官，户部侍郎于敏中、兵部侍郎观保为副考官。熊学鹏奉旨查明主考与同考等官员"应行回避之子弟亲族"，开列清单奏闻，其中就有刘统勋、于敏中的侄子。乾隆帝更觉得此奏心机深沉，说原以为睦朝栋不过博一时虚名，经熊学鹏查明应回避士子中有刘统勋两个亲侄儿、于敏中一个堂侄。刘统勋、于敏中系军机大臣，而睦朝栋则是在军机处行走之员。此次出巡前，已向刘统勋、于敏中等面谕典试之事，不令二人随驾，外间早有揣测，睦朝栋必然会知晓，所奏显然是在迎合上官，此风断不可长！乾隆帝说自己登基二十六年来，对科道官的章疏一向关注，若胆敢瞻顾徇私，

断断难逃洞鉴，“睦朝栋何人？而敢以此等伎俩，巧为尝试乎！”〔24〕

谕旨接着说：今岁因圣母皇太后七十大寿，特增加恩科会试，已属格外旷典；朝中大臣能得以主考阅卷，可谓分外荣宠。若还要为亲族子弟谋划前程，使他们侥幸得中进士，便是不知足，有愧于书生称号了。弘历表示不再深究刘统勋、于敏中是否授意，但属员如此献媚，也不能说毫无责任，对二人应行回避之侄辈，一概罚停乡会试一次，以示儆戒，并将睦朝栋拿交刑部治罪。可怜这位老兄，也不知究竟想的是什么，关了一年半大狱，既查不出与上官的勾连事实，也查不出纳贿营私之罪，蒙皇上“加恩准其赎罪”〔25〕，从此消失于历史烟尘中。

会试开考之前，主持考场事务的熊学鹏也上了一份奏章：“请自本年会试为始，所有主考拟中元魁十名，即将朱卷封固进呈。”〔26〕弘历欣然同意，命以后照此办理。

二、严苛的君主

科举体制一路走到清朝，早被打造成一个绵密且冷酷的系统工程。各省贡院的乡试，已让无数学子终生难以跨越，即便侥天之幸通过，更大的拦路虎是礼部会试——全国万余名考生竞争两三百个名额，激烈程度自可想象。在科场的胜出，主要不在于才情的恣意挥洒，而是积累丰厚与中规中矩，任何一点微小的瑕疵，都可以毁掉一个举子的前程；考试科目的设计也考虑到学识与文笔的兼擅，如果真的缺少才华，怕也过不了诗赋关。清廷不断做出调整，意在选拔有用之才，而考官多出自翰林院，阅卷认真，早练就一双识别佳卷的慧眼。在这条路上，王杰曾蹉跎多年，觅食游幕而益加发奋，终于考中举人，接下来赶赴京师，应试春闱。

正因是庆贺圣母皇太后七十整寿的恩科，乾隆帝特别希望能多取中几个杰出人才，是以关注较往届为多，掌控更为严苛，惩处睦朝栋便是做给典试官员看的。主管会试科场事务的熊学鹏，正考官刘统勋，两位副考官于敏中、观保，皆学识卓著并享有清誉。以下例设十八房同考官，因担任过试差与上届房考者俱不开列，加上严格的回避规定，可供选择的人并不甚多，礼部费了很大劲才拼凑出一份同考官备选名单。乾隆帝见缺少重量级的学者型官员，大为生气，指出一些人精于算计，热衷到地方主考，广收桃李，而以回避之名刻意不当房考，以便宗亲子弟参加会试。他传谕熊学鹏，命将有关官员应该回避的子弟亲族逐个查明，开具一个清单。皇帝的指责和举措是否有些过苛呢？不。科场历来是弊窦滋生之地，他是在保护考生，也保护考官。即便如此，也难以保障考录过程的完全公正。

这时，王杰已悄无声息地到了京师。

宫阙巍峨，对他来说并不算陌生。八年前的春天，王杰曾以优贡生身份赶来，参加在午门内举行的拔贡生朝考。这次王杰成为正牌的举子，经过尹继善、陈宏谋幕府数年熏陶，耳濡目染，视野开阔，也更为沉稳自信，所未变的是三十六岁的他仍是一介穷儒。王杰已有了三个儿子，幕宾酬金本来就有限，赴试与备考期间按理也会暂停发放，自不免捉襟见肘。今天已难知悉他一路与谁结伴，抵达京师后住在哪里，怎样应付吃穿用度，怎样赶赴礼部考场、候检入闱……所能知道的，是当年四月春闱揭榜，王杰赫然列于第十名。

礼部会试的中榜者尚不能叫作进士，有一个专称——贡士。科举走到这个阶段，已可说是大获成功，笃定能有官做，后面虽还有两道考试，只是确定排名与挑选庶吉士，一般不再黜落。

礼部会试之后，紧接着的是廷试，又称殿试、御试。当时在太和殿前阶举行，遇有风雨则移入东西两庑，至乾隆晚期才改在保和殿。举行殿试有一套煌煌然的程序：皇帝升殿，作乐鸣鞭，大学士从殿内黄案上捧出策题，授予礼部尚书，郑重放置于丹墀黄案上，主考执事等官员率新贡士行礼，然后才是分发试卷，贡士跪领……可怜贡士们大半夜就要起床，肩扛可折叠的考桌（因宫内预备的桌子太矮），手提盛着笔墨纸砚与食物的小篮，凌晨五时由东华门检验入宫，考试尚未开始，多数人已是疲惫不堪。

乾隆帝深知科举之弊防不胜防，为确保能选拔出优秀人才，很早就对科举取士做出改革。如殿试策问，一向多用四六骈体文，华而不实，满篇多是颂谀之词；且这一套路很容易预先分类拟好，届时略加改动，忆写下来即是。顺康间对此风曾力加抑制，然积习仍在。乾隆二年谕令廷试禁用一切肤泛套语，要求答卷者不拘一格，切实提出自己的看法和建议。这也是统治者觅求实才之意，曾较大地影响了应试文风的改变，而忽忽二十余年过去，又出现重书法轻文字、重文采轻内容的倾向。

上年廷试之后，弘历已有所发现，表达了不满，曰：

> 廷试士子，为抡才大典。向来读卷诸臣，率多偏重书法，而于策文则惟取其中无疵颣，不碍充选而已。敷奏以言，特为拜献先资。而就文与字较，则对策自重于书法。如果文义醇茂，字画端楷，自属文字兼优，固为及格之选；若其人缮录不能甚工，字在丙而文在甲者，以视文字均属乙等，可以调停入彀之人，自当使之出一头地。况此日字学稍疏，将来如与馆选，何难临池习之？倘专以字为进退，兼恐读卷官有素识贡士笔迹者，转以此借口滋弊，非射策决科本义也。现在定例拟选十卷进呈，须俟引见始定名次。衡文尚待观人，而阅卷时竟先抑文重字可乎？

同时，弘历还批评廷试阅卷程序存在漏洞：

> 又向来读卷官虽例不回寓，然皆各觅公所散住，地非锁院，人得自由。在监试王公大臣等既不能各分一员，同居纠察；而读卷诸臣，从容退息，亦何不可遣人回家，潜通消息者。此而置之不问，则凡乡会试之设法关防，又何取焉？且试策不过一二百卷，以十四人公阅，即一二日亦可竣事，乃迟达三五日始行进呈，晨集暮散，展转须时，于形迹尤为未协。着大学士、九卿将嗣后读卷官如何参核文字，务令取择适中，并作何住居、监察、刻期竣

事之处，一并详悉议奏，以协朕期于名实俱副、肃清衡校之至意。[27]

皇上发了话，自然是一言九鼎！内阁迅速做出改变，强调以“文义醇茂”为标准，如果策对不佳，即使书法可观，也不得入选。对于阅卷管理也做了严格限制：

所有殿试考卷，定于文华殿集中阅卷，届时由皇上钦定的读卷官判卷，另派亲王大臣现场监察；

读卷官统一于文华殿两廊、传心殿之前后房间居住，不得回家，负责监察的王公大臣与科道、收掌等一同住宿；

将读卷官由十四人减为八人，后又略有增加；

将阅卷时间限于两日。

就在两个月前，御史朱稽奏请在预拟名次后，先将前十卷贡士带领引见，由皇上亲自确定甲第，次日再举行传胪典礼。朱稽是一个经常因奏事挨批的御史，这一次却挠到皇上的痒处，弘历欣然表示接受。

会试放榜之后，还有磨勘试卷环节，要将朱、墨试卷解送礼部，另选一批人复核检查。为不把廷试拖到五月，弘历命翰詹科道全员参与，以加快进度，在四月二十一日举行殿试。提前一天，皇上钦点大学士来保，协办大学士鄂弥达、刘统勋，兵部尚书梁诗正、左侍郎观保，刑部尚书秦蕙田、左侍郎钱汝诚，都察院左都御史刘纶，两江总督尹继善为殿试读卷官，皆称一时之选。尹继善是奉旨来京的，他的女儿即将成为皇八子永璇的福晋，以四月十二日为“行聘吉期”，一不留神成了皇上的亲家，特命参加殿试的阅卷。后来考虑到西域大捷，又增加了一个兆惠。这位定边大将军一时风头无两，二月间被派往绥远城查办事件，回京即担任协办大学士兼户部尚书，又特命作为阅卷大臣。兆惠曾任军机处笔帖士，也做过刑部侍郎，但毕竟以军伍为主，连忙说自己的汉文水平较差，难以胜任。皇上干脆让他负责总协调，并教给他一个窍门：读卷官会在佳卷上画一个圈，圈多者就是最好的答卷。[28]

担任殿试读卷官很辛苦，却是一种很高的荣誉。阅卷大臣基本属于六七十岁的老臣，为皇上亲笔从阁部大员中圈定，然弘历仍觉不放心，这一年又采取两项新措施：一是加强命题阶段的保密措施，将原来的内阁预先出题，改为读卷官单独提出策问之题，由皇上裁定；二是为确保阅卷排序的公正无私，防止各存成见，谕令自本科起，实行复查制度，将所有试卷另派大臣再核查一遍，发现有品题“相去悬绝”者，即行请旨追究。

凡此种种，都说明乾隆帝力求科场的公平清正，力图在殿试阶段杜绝各种作弊关节。对于王杰之类出身农家、没有靠山和门路的穷书生，不啻是交好运的太阳。

三、试题与阅卷

殿试专考策问，分为四题，乃考试前一天由皇上本人从读卷官密拟八题中圈出印制。实录中完整收录了这份试卷，兹做一些摘录，请诸位略加留意：

> 夫学者载籍极博，必原本于“六经”。《易》有四尚，《诗》有六义，《书》有古今，《礼》有经曲，《春秋》有三传，能举其大义，详其条贯欤？注一也，而有曰传、曰笺、曰学、曰集解之别；疏一也，而有曰释、曰正义、曰兼义之殊；立博士者，或十四人，或十九人，先后何以不同？立石经者，或一字，或三字，纪载何以互异？多士亦能洞悉其源流，而略陈其梗概否也？朕崇尚经术，时与儒臣讲明理道，犹复广厉学官，蕲得经明行修之士而登之，其何以克副期望之意欤？
>
> 致治要在审官，考课之方代详其制。论者谓自汉以前，大率详于外吏而略于京朝。然观成周六计弊吏，而日要月会岁计，不遗六官之属，两京以六条察二千石丞相御史，杂考郡国计书而在

三府者，光禄勋岁行进退，至唐京官之考主之郎中。外官之考主之员外，其后先法制同异，可晰言之欤？迩者慎简长吏，既令督抚举堪任郡守之材、武途副将以上，甄择入告，其在京曹司复饬堂上官于会同察计外，各疏其贤否，用资校核。何道而使人扬其职、群僚敦行实、大臣禀虚公也？

进士一科，得人为盛，伊古然矣。卿尹大夫皆由此其选，始进能无慎乎？乃行之既久，而文体或犹未尽淳，士习或犹多浮尚，岂风会使然欤？抑法制有未尽善也？临轩策士，要以遴拔真才，是在司事诸臣之共襄公慎耳。然而以水济水，其何能益！和而不同，古大臣每矢励厥心，见诸言论事绩者，可举似一二端欤？今既更易旧制，宜积习肃清矣，又何以使崇实去华，科名称极盛欤？

服勤尚俭者，民生风俗之原也。比岁洊膺鸿贶，闿泽应时。西域新疆，屯收充美，食货可几渐裕矣。而年丰易滋游手，粜贱兼恐伤农，生谷止有此数，服食侈靡者耗之。法制禁防既难尽及，迨顿积居奇，而耗于商贾者半；采买翔涌，而耗于吏胥者又半。司民牧者，将开源节流，使生者不匮，而用者不奢，道果安在……[29]

阅读至此，不禁陡生敬畏之心。凡此诸问，涉及经史义理与注疏之学，更关乎官员考察制度、科举体制与遴选真才、开源节流，也包括城乡民间的移风易俗等。策问历来重视时政。如第四题，即联系刚刚收复西域新疆，屯田获得丰收，但也带来谷贱伤农与滋生奢靡之风等问题，要求新贡士提出对策。

这样的题目是指向明确和切近实用的，也是那些僻居乡野的儒生难以应对的，却给一个特殊群体带来极大优势，他们是来自军机处和内阁的中书。由于举人具有选任内阁中书之类小京官的资格，较优者被选入军机处办理文案，时常誊录密奏和上谕，切近机要，视野识见自然会开阔许多。所以说到了殿试阶段，出身内阁中书的贡士往往能占很大的便宜。以上届为例，三鼎甲中状元毕沅、榜眼诸桐屿都出于军机中书，一时士子议论纷纷，声称“历科鼎甲皆为军机所占”。本次殿试策问的前三名，又有两位是军机中书，原因无他，以其职司闻见之便，对军国大事了解得较多而已。

有一个流传甚广的故事，出自赵翼《檐曝杂记·辛巳殿试》，所记甚详：说是一班阅卷大臣在赵翼考中会试后有些担心，生怕他进入鼎甲，舆论上再生波澜。傅恒为首席军机大臣，平日待之亲切，善意地告诉他不要指望得状元。赵翼学问淹博，才情卓异，长期代汪由敦等显宦拟写诗文，却接连经历了五番落榜。这一次闯过春闱，赵翼心气极高，情知刘统勋等人为避嫌会有意压低其名次，答卷时故意变换字体，竟将阅卷官瞒过。该科有读卷大臣九人，按照规定的阅卷标识，以九圈为最优。当兆惠最后排序时，只有赵翼的卷子上面有九个圈，便列于首位。左都御史刘纶担心排在第一的为赵翼，请刘统勋复核。赵翼入京初期曾做过刘府门客，统勋熟悉其字体，看了卷子后哈哈一笑，断定非赵翼之卷。刘纶心细，说查遍所有试卷，没有发现赵翼的笔迹，估计是换了字体。统勋又详细阅读首卷，感觉与赵翼平日文风差异甚大，再次确认并非出自赵翼之手。

哈，这也是中国科举史上的有趣一幕，一帮阅卷大臣认真比对字迹，寻找他们所熟知且欣赏的一个晚辈，不是为了提携抬举，而是要将其名次适度往后面放。其中有清明公正之情怀，毕竟军机中书享有极大的信息优势，与来自偏远之地的贡士不同；也有对赵翼的了解与关爱之心，能排在二甲前列，对于他日后的发展或更有利。宦程跋涉，比拼的根本在于品格与实务，并不在是否鼎甲，清代状元真正有成就的实属寥寥。

他们的苦心，赵翼不是不理解，可在传胪之日打击极大，乃至于精神恍惚，唱名三遍仍伏地不起，“鸿胪官掖之出班”，有诗曰：

三唱依然伏地坚，缘知仕宦戒争先。无才名敢羞王后？有客书能炫赵前。蓬岛云霞曾到顶，洞霄班位总称仙。已惭鼎足犹非分，敢望巍科第一传！[30]

失落之情跃然纸上，乃至于隐含王杰仅以书法夺魁、羞列其后之意。这也成为他的毕生心结，一辈子耿耿于怀，至晚年还念叨什么“大魁佹失”[31]，什么“一桂枝高手已攀，胪传声里另排班”，“头衔已失冠山鳌”，[32]传递出难以化解的幽怨。

四、钦点状元

赵翼说的“另排班”，是这个科场故事的后半段。主人公换成了王杰，除了尹继善之外，一众大员谁也不认识的王杰；而另行安排名次的，乃乾隆皇帝自己。

老尹当然能认出王杰的字，会衷心为之高兴，却不会有任何关说和照顾。阅卷阶段结束，经过反复讨论斟酌的排名也出来了，不管傅恒等读卷官是怎样的处心积虑，进呈皇上的前十卷中，排在第一的仍是赵翼，王杰则在第三卷。这能算是桂枝已折吗？怕不能。皇帝还没有确认，传胪尚未举行，怎能说“手已攀”呢？通常说来，皇帝对拟定的殿试卷顺序圈阅批朱而已，不去改动呈上来的名次；而乾隆帝不同，有时会加以调整，本科也是他将原排第三的王杰拔为状元。《清史稿·王杰传》写道：

> （王杰）殿试进呈卷列第三，高宗熟视字体如素识，以昔为尹继善缮疏，曾邀辰赏，询知人品，即拔置第一。及引见，风度凝然，上益喜。又以陕人入本朝百余年无大魁者，时值西陲戡定，魁选适得西人，御制诗以纪其事。[33]

这一段记述其实略觉走偏，似乎受到坊间笔记杂录的影响。照此说来，皇上是由于素识王杰书法，又询问了王杰的品行而调整排序；而阅卷大臣中只有尹继善了解王杰的情况，无疑是他进了美言。岂知弘历在一年前特地强调不得以字取人，且答卷用楷体，区别起来甚难。实际上，乾隆帝对改动顺序颇为认真，不仅仅细读了前三卷，而是将所有十卷一一都读过，读了差不多五个小时。赵翼也说“上是日阅十卷，几二十刻”，可证弘历对此极为郑重和审慎。

几乎每个帝王都是信息汇集的中心，乾隆帝尤如此。社会上关于“廷试鼎甲大半出于军机中书”的议论，他当然会有所耳闻，也会提醒告诫诸位近侍大臣。而本科前三卷除了王杰之外，前两位都是军机中书，既可证明传闻之不虚，也说明赵翼等的确有“近水楼台先得月”之嫌，隐然有一种不公平在焉。对一个饱读史典与诗书、君临天下已然二十余年的皇帝而言，每科状元是谁并不重要，而借以与国家收复西域、平定叛乱相挽牵，激励偏远地区读书士子的进取心，才更有意义。弘历并非随意朱笔一勾，而是召来读卷官询问商讨，知清朝立国以来西部从未出过状元，方始做出决定。还有一个必不可少的前提，即王杰的答卷也很优秀。乾隆帝说：“今当西师大凯之后，王杰卷已至第三，即与一状元亦不为过。”〔34〕一番话合情合理。

对于赵翼，皇上似乎也略觉心存歉惜。传胪之日，新科三鼎甲照例出班跪拜，虽是遥遥一望，王杰的端庄凝重，已使皇上心中喜悦。而赵翼因身为军机中书，项挂珠串，也被弘历望在眼里。次日询问此事，傅恒做了解释，为他说了一些好话，还特意提及已故吏部尚书汪由敦的“应奉文字皆其所拟”，表彰其学识文才，这些都被赵翼写进书里。

就这样，王杰成了辛巳科的状元。旧时科举佳话，有所谓“连捷进士”一说，王杰即如此，中举第二年就考中进士，而且是皇上钦点的廷试第一名。历来有科举报捷、印制殿试题名录的惯例，由于系坊间所为，常会出现错讹。自本届起，礼部根据山东布政使崔应阶的提议和皇上的御批，在殿试后统一将全榜印发各省，再由省里分发各地。王杰的家乡韩城，闻讯应是一片欢腾。

第四节 第三次南巡

乾隆帝喜欢巡视天下，尤其喜爱下江南，一生中六次南巡，前四次皆为陪同皇太后而行。倡导孝悌的他一路奉母游览观光，一路督办重大工程与察看风土民情，也一路考录优秀人才、检阅马队与水师、接受督抚将军等进贡，不亦快哉！

从康熙帝开始，六朝古都南京（江宁）就是南巡的必经必停之地，且停驻较久，处处以皇祖为榜样的弘历亦然。这里是两江总督衙门所在地，数月之间，迎驾，接驾，陪驾，送驾，可谓职责重大。十六年正月的第一次南巡，江督黄廷桂精强干练，素来为乾隆帝倚信，自是分外用心。接下来的三次都是尹继善主政两江。有人做过一点比较，说廷桂为接驾搞得一境官民鸡飞狗跳，而老尹不动声色，把一切都料理得停停妥妥。这是夸赞者的话，尹继善必也会精心准备，甚至还有些挖空心思。

一、沈德潜的京师行

乾隆帝一生喜欢作诗，南巡途中触景生情，随时吟诵，也赠予接驾的官员人等，尹继善和陈宏谋都得到过皇上的赐诗，是为莫大的荣宠。

爱诗之人多以诗会友，如苏州士子最喜结社唱和，诗酒风流，也为此拉帮结派，争风吃醋。弘历没有这份自由，却也有此雅好，在翰林院发现了年过七旬的沈德潜，常召其谈论评说历代诗歌。德潜多年不第，数十年埋头治诗，著有《古诗源》《唐诗别裁集》《明诗别裁集》，召见时对答如流，赢得乾隆帝的激赏，誉为“江南老名士”。有了皇上的好评，六十七岁才中进士的沈德潜迎来了生命的春天，在南书房行走，晋升内阁学士兼礼部右侍郎，回籍省亲时赏给三代封典，担任会试副考官……他的突然爆红令人艳羡，乃至于引发一个进献诗赋的小高潮。弘历哭笑不得，发布长篇谕旨：

> 朕向曾留心诗赋，不过学问中之一事，时于几余遣兴。偶命近臣属和，亦前代翰林典故中所有，并非夸耀己长，与文人角胜。而治天下之大经大法，端不在此。词臣以文字为职业，自当雅赡

优娴，方不愧清华之选。其中才学充裕，如张鹏翀、沈德潜等间或一加超擢，而躁进之徒竞思进献，若借此可以为梯荣之捷径。不知沈德潜优升阁学，朕原因其为人诚实谨厚，且怜其晚遇，是以稠叠加恩，以励老成积学之士。……若谓朕进用人才沾沾于文艺之末，雕章琢句，专事浮华，此风一炽，必有藉手捉刀，希图侥幸者，岂不玷玉堂而贻羞文苑耶！〔35〕

谆谆告诫，却不知能让那些躁进之徒感愧否？

十四年二月，沈德潜以老病乞归，乾隆帝命以侍郎衔致仕，回到苏州后居于木渎，编纂著述，也常在紫阳书院讲学，大得清誉。他仍与弘历翰墨往来，每一次南巡都前来迎驾。注意：不是在苏州迎候皇上大驾，而是随着督抚等高官赶往与山东交界处恭候。这也是南巡中的一道风景线：沿途文士纷纷赶来，敬献诗赋策论，尤以沈德潜之类老臣最为醒目。乾隆帝很受用，奖赏亦丰，第一次南巡恩赐沈德潜享受原官全俸，第二次又加恩赏与礼部尚书衔，赐诗曰“我爱德潜德，淳风挹古福”。与沈德潜结伴前来的原刑部侍郎钱陈群在旁唱和：“帝爱沈德潜，我羡归愚归。”德潜号归愚，巧妙地嵌入句中，一时传扬于世。皇上开心之余，顺手也赏给钱陈群一个全俸。

二十六年十月，王杰等新一届庶吉士已在庶常馆读书，沈德潜与钱陈群结伴到京为皇太后祝寿，呈上选编的《国朝诗别裁集》求皇上题序。乾隆帝还真是读了，却指出有三大失误：列于卷首的钱谦益是贰臣，人格卑污；不应收录屈大均、龚鼎孳、吴伟业、钱名世等人的诗作；将皇叔慎郡王允禧直呼其名，且列于僧道妇人之前。弘历虽有不快，还是保全了这位老臣的面子，命南书房文臣对该集重新编纂，复命沈德潜回去后把原刻版片全部销毁，虽也亲自题序，话可就不太客气了：

沈德潜选国朝人诗，而求序以光其集。德潜老矣，且以诗文受特达之知，所请宜无不允。因进其书而粗观之，列前茅者则钱谦益诸人也。不求朕序，朕可以不问，既求朕序，则千秋之公论系焉，是不可以不辨。夫居本朝而妄思前明者，乱民也，有国法存焉。至身为明朝达官，而甘心复事本朝者，虽一时权宜，草昧缔构所不废，要知其人则非人类也。其诗自在听之可也，选以冠本朝诸人则不可，在德潜则尤不可。且诗者何？忠孝而已耳。离忠孝而言诗，吾不知其为诗也。谦益诸人为忠乎？为孝乎？德潜宜深知此义。今所选，非其素昔言诗之道也。岂其老而耄荒，子又不克家，门下士依草附木者流，无达大义具巨眼人捉刀所为，德潜不及细检乎？此书出，则德潜一生读书之名坏，朕方为德潜惜之，何能阿所好而为之序！又钱名世者，皇考所谓“名教罪人”，是更不宜入选；而慎郡王则朕之叔父也，虽诸王自奏及朝廷章疏署名，此乃国家典制，平时朕尚不忍名之，德潜本朝臣子，岂宜直书其名？至于世次前后倒置者，益不可枚举。因命内廷翰林为之精校去留，俾重锓版以行于世，所以栽培成就德潜也，所以终从德潜之请而为之序也。

乾隆二十有六年岁在仲冬月御笔〔36〕

《沈归愚自订年谱》中记载了此事，感慨“父师不过如此矣”。呵呵，若论诗歌鉴赏，弘历应比德潜差之甚远，但皇上高屋建瓴，词意磅礴，很多道理非沈等所能懂，很多道理也非他所敢辩驳。沈德潜在朝时属于御用文人，退仕后仍恋念魏阙，可怜一点名利与攀缘之心，适得其辱。完整记录下这篇御制序言，即为沈德潜死后被追责伏下一脉，亦意在说明：王杰生活在一个文网渐密、文人噤声的朝代，为其立传也不可忽视这一大背景。

乾隆帝还专门降谕军机大臣，再次一一指出沈氏选诗的种种谬误，并说：“沈德潜身既老愦，而其子弟及依草附木之人怂恿为此，断不可为学诗者训”“朕自来加恩于沈德潜者，特因其暮年晚遇，人亦谨愿无他，是以令其在家食俸，加晋头衔，以示优恤”。谕旨中还提到庄有恭任江苏巡抚时，曾奏称德潜的儿子不安分，时常加以规诫，以免惹事连累到父亲，也是保全沈德潜之道。现在此书已印行数年，陈宏谋就在苏州，尹继善虽驻江宁，也会得到赠书，“使能留心如庄有恭，据理规正，不但此集早知检点，即其子弟等群知所约束、安静居乡，其所裨于沈德潜者岂浅鲜耶”。皇上举一反三，痛责二人对此类文字不留心，甚至假装不知道，命军机处传谕尹继善、陈宏谋，令二人反省改过。[37]

二、接驾的压力

弘历为第三次南巡所定的主题词，首先是奉母观光，以之作为庆贺崇庆太后七十寿诞的一部分，并无掩饰；其次才说到要视察治黄、治淮等水利工程。百善孝为先，乾隆帝率先垂范，纵然是陪着母亲到各地游玩，也得到满朝称颂，谀辞如潮。还记得明朝那位正德皇帝吗？当年提出去一趟陪都南京，还打着统领大军平定宸濠之叛的名义，仍有许多官员跳出来反对，交章谏阻。在号称盛世的乾隆朝，全不见九卿科道有谁发表不同意见。

检读档案，又可看到另一种景象：几乎所有的南巡，都先有地方大员率士民工商反复吁请恳求，声称“江浙士庶望幸情殷”；而乾隆帝则不断推却或延期，严禁加重百姓负担，严禁途中扰民，不主张街市上张灯结彩，不许行宫陈设奢华……所有这些都于史有征。比如尹继善，不仅多次呈请皇上南巡，甚至表现得比他人更为急切。二十三年九月，第二次南巡仅过去一年多，老尹即以“河工告竣，年谷丰收，臣黎望幸情殷，请于庚辰之岁载举南巡令典”[38]。乾隆帝未马上接受，但心中愉悦，告诉他明年要北巡索约尔济，并说三年后为皇太后七旬大寿，最好在那一年“敬奉安舆，重临江浙”。君臣之间有了一个约定。孰料老天不肯从人愿，二十五年秋，高邮等五州县涝灾严重，民田庐舍漂没。尹继善等忧心如焚，也担心影响明年春天的南巡，皇上则要他奏报灾区实情，告诫不得因筹办接驾影响赈灾。不久皇上便做出调整，传谕将南巡推后一年，“所有南巡应办差务暂行停撤，改于壬午春恭奉慈辇，以慰舆情，仍可揽民风而昭盛典”[39]。次年秋，苏北又遇风暴，低洼处田禾被淹，皇上不无牵挂，频频询问。尹继善与巡抚陈宏谋联名上奏，称受灾面积比去年小，南巡一切事宜已预备妥当，殷切盼望皇太后和皇上的巡幸。

二十七年（1762）正月十二日，乾隆帝的车驾浩浩荡荡离京，第三次奉崇庆皇太后南巡。

这是一个浩大的系统工程，是一次御驾亲率的长途行军，也是大清最高权力机构的移动办公。去时先走陆路，经由直隶、山东、江苏北部，至黄河与大运河交汇的清河县换船，经宝应、扬州、常州、无锡、苏州至杭州；回程乘御舟北上，至镇江登岸往江宁（即南京），举行召试和阅兵，折回镇江后继续乘舟北上，在清河与皇太后分别，赶往徐州视察河工，再折回大运河，走水路回京。根据张勉治的研究，这次南巡的扈从队伍为三千四百五十一人、五千九百一十二匹马，往返约六千里，沿途设四十七处提供茶食的尖营、五十六处过夜的大营、十四处行宫。临时宿营地要依照皇宫的模式，搭建起以皇帝御幄为核心的“黄城”（由巨幅黄布围成边长十五丈的正方形幕帷，南面有门，二十名御前侍卫在内大臣带领下彻夜守卫），然后是“内城”“外城”，最外面是御林军的警跸营帐。总理行营处和向导处预备了两套搭建布城的设施，皇上抵达前要预先一切齐备，而起身后也要赶紧拆运，如此倒换着前进，忙而不乱，有条不紊。[40]

至于皇驾经过之地，督抚等官要提前修整御道，主路宽三丈，两侧各有七尺宽的辅路；要提供足够的民夫和马匹车辆；要修建码头、马厩和库房；要在御道旁挖井，树立栅栏、界桩；还要在沿途设立台站，以保障文报与批复的传递畅通。而南巡的重头戏，也包括渡过黄河和长江之地，都在江苏境内。以渡越黄河为例，当地在南北两岸修建了御码头，另有三十个木质码头；准备了九百艘渡船，其中三十艘供皇上专用，一百艘供扈从大臣和侍卫亲军使用；征集了约两万一千六百名民夫，还有数千名士兵作为御舟的纤夫……此次南巡还有一项特别安排，即在扬州天宁寺行宫接见和宴请哈萨克、维吾尔等部族首领，颁赐不同品级的冠服。这个行宫占地约一万二千平方米，位于著名的天宁寺西侧，临河有御码头，宫内有御花园和文汇阁御书楼，建成于乾隆帝第二次南巡之前，出资人乃众盐商。这些藩部王爷多数已跟了一路了，选择在扬州召见宴赏，也是看中了此间的景色秀美，街衢繁盛。

由于沈德潜等去年冬天曾专程赶往京师为皇太后祝寿，弘历特颁谕旨，让几位老臣不必再至苏鲁交界处迎驾，以示关怀。钱陈群偕沈德潜在常州迎接皇上，君臣仍然相见甚欢，赐宴赐诗，称赞二人为“大老”。

尹继善和陈宏谋久经宦场，早将沿途一切都料理得妥帖周详，也特别注意到适度。乾隆帝并不是个好侍候的主子，一路过来却未见挑剔，只是在回程中命军机大臣“传谕两江总督尹继善，凡各马头地方，只许铺棕毯，不许铺红黄等毡”[41]。弘历意在去除奢华，提倡节俭之风，老尹等连忙遵办。

三月二十五日，乾隆帝驻跸于江宁府行宫，连住三天。该行宫的前身是江宁织造署，曹寅在康熙中后期担任江宁织造，玄烨四次南巡至此，均住在织造府内。乾隆十六年尹继善为迎接皇上南巡，将江宁织造府扩建为行宫，建筑规制严整，中线由南往北共七进，依次是大宫门、二宫门、前殿、中殿、寝宫、照房等，又有茶膳房、戏台、便殿、箭亭、射圃、花园，规模宏阔，堪称各行宫之最。乾隆帝也很喜欢，与圣母皇太后都住在这里，顺便参观织造机房，观摩织工制造云锦、缂丝等工艺。次日起，弘历亲祭明太祖陵，举行大阅，临幸尹继善的总督署，并召见了当地官员。

在接见过程中，皇帝发现了官员排名次序的问题：通常说来江宁将军应列于总督前，而两江总督尹继善兼御前大臣（二月间刚刚赐予），南河河道总督高晋兼内大臣，其衔俱在将军之上，传旨以后有兼衔者，俱照此例。

这之后，乾隆帝由清河地方登岸，取道徐州，阅视河道工程，尹继善与高晋一路陪侍。淮安和徐州都是水患频发之地，弘历每次南巡都要巡察各处河工。上一年九月，他为淮安府龙王庙御书“灵佑清淮”，为徐州府龙王庙题写“彭城保障”，皆制成牌匾悬挂。此次亲至徐州城西的毛城铺石坝，察看水势，与臣子讨论预防决口之法，十分关切。这是皇祖康熙帝留下来的传统，仅从这个方面，也不宜完全否定南巡的意义。

四月中旬，乾隆帝离开苏北，进入山东地方，尹继善、陈宏谋等终于松了口气。

三、惦念恩师

科举时代，不管是书院还是府学、县学，都会以考取举人、进士的数量作为重要指标。在孙景烈主持关中书院期间，一些得意门生不断有所斩获，而王杰第一次参加会试和殿试就得中状元，应是整个书院的大欣喜。对于恩师孙景烈以及王杰本人，应会有登上大金榜的预期，可要说到三鼎甲甚至第一名，那就是意外之喜了。师生之间必有互动，可在相关信函被发现之前，我们无法知晓弟子如何向老师报告，老师又是如何回复的。

还好有一封王杰在乾隆二十七年春写给老师孙景烈的信，开篇即曰：

> 受业王杰谨启
>
> 老夫子大人钧座：
>
> 三月间高先生入都，接世兄手函，备悉老夫子以三世叔之惨感伤于怀，并稔今春幸复眠食如常，驰慰无极！尤可喜者，太师母遐龄康健，老夫子晨昏之间承其欢心，至乐存焉……[42]

阅后可知，是老师之子遵嘱写信来，讲了父亲的近况，王杰立即给老师写信，感情挚切，牵念甚多。

王杰在文章中很少谈及个人的生活，也从不刻意点染其中艰辛。而就在给恩师的信中，他顺便提及自己在京的情形，极为难得，照录如下：

> 杰母六十余，所幸视履无恙，得以迎养至京。虽三牲之奉不给，

然夙夜兢惕，庶几不贻亲忧，于愿足矣。惟是家口众多，有费经营。每念造物丰此绌彼之理，自顾凡庸，亦复畅然于怀也。

据以分析，王杰应是在上年底之前就把母亲与妻儿接至京师，其时必有一番忙乱，此际已安顿下来。新科状元例授翰林院修撰，从六品，每年正俸为六十两银子、禄米六十斛（每斛五斗），再加六十两恩俸，以及公费、饭食补助等，远高于普通庶吉士，然要在京师安顿好家中老小，必也会费尽心力。他要租赁房屋，购置一应用品，要养活一大家子人，捉襟见肘，不得不节俭度日。

孙景烈关心王杰的学业，托人捎来一些书籍，如《古部文选》《课解》《武功志》《对山集》，多为其本人编纂手订，令王杰至为感谢。他还问到弟子是否将登科的“试策”刻印（应称“状元卷”了，多数魁元都会刊刻，也是一条扬名获利之道），要求寄一份来。王杰老老实实地报告老师：“试策因浅率无足观，未付刊刻，是以未曾呈阅。”此乃真心话，后来也不见保留和收入文集。

该信末尾，有“对联三副、条幅二张附呈”，当是遵师命而作。该年秋王杰在给二哥的回信中，也应要求附寄了几幅书法作品，可知名气已经很大。书法历来都是可以换钱的，除去亲友索要者不计，应也会给王杰带来一些收入。

【第四章】

提学福建

清代于各省设提督学政，大致沿承明朝体制，职责是督理监察所属各地学校，主持岁试与科试，而重视程度又过之。自康熙朝开始，各省学政主要由翰林院和詹事府选派，以保证督学大员的资质水平。至乾隆帝，更是注意以这个岗位历练与甄选人才，不少汉族大员，都是经由翰林—学政—卿贰，再进入内阁与军机处的。王杰入仕后就沿着这前辈走过的路行进，又因得到当朝天子的青睐，比一般人要顺畅得多。

第一节　庶常馆

二十七年元旦子夜时分，乾隆帝照例早起，独自进入养心殿的东暖阁，举行一年一度的“元旦开笔”，书写对新一年的祈愿。此时以艰难平叛、收复大西域为标志，国家实力达到鼎盛的峰巅。这位大清君主自信心爆棚，先用朱笔居中写下“二十七年元旦良辰宜入新年万事如意”，再换墨笔，于左右各书八字：“三阳启泰万象更新”“和气致祥丰年为瑞”。邹爱莲先生曾写过一篇谈“元旦开笔”的文章，指出自此年始，弘历的元旦开笔在内容上再无变化，透露出他由积极进取走向傲骄与停滞。〔1〕

这并不意味着弘历陷入懈怠状态，说句公道话，乾隆帝的勤政几乎贯穿终生。在伊犁和回疆的善后措置正逐项实施，而重点已开始转向民生。从二十八年殿试的题目即可见出，桀粜与治水，皆切合时政，又是国计民生的永恒课题。解决所有问题的关键都在于用人行政，王杰在入仕之初就进入乾隆帝的视野。

一、状元再进学堂

得中状元后，王杰被授为翰林院修撰。这是一个专为状元设立的翰林职务，列于侍讲之下、编修之上。依照惯例，三鼎甲即行授职，但要与选录的庶吉士一起，再进学堂，即入庶常馆深造。当年五月，王杰便开始了为期两年的在馆读书生涯。

庶吉士，语出《尚书·立政》“庶常吉士”，意为祥和美善之才。明太祖朱元璋取其词义之美，命于举人中慎选青年才俊，进入紫禁城的文华堂读书，以学问醇厚者为教习，自己也常抽空去看看，兴致来了还会亲自讲评一番，待遇甚是优渥。当时虽未明确设馆，实为朝廷庶常制度之始。永乐中定于新科进士中挑选，入文渊阁学习三年，称之为翰林院庶吉士。自此，“翰林之盛前所未有”，而一旦入选庶吉士，即被世人高看一等，“群目为储相”。清朝科举沿承明制，但在选拔庶吉士方面更为严格，要经过朝考，就连三鼎甲的状元、榜眼、探花也一体参试，一体进馆读书，一起通过毕业考试。就这样一考接着一考，固然有些烦琐，却能提醒学子不忘读书，也能将那些走动公卿的侥幸之徒阻隔在外。

庶常馆学制通常三年，因本年为加试的恩科，缩短成两年。该馆本属翰林院内设机构，雍正十一年“特赐房一区，于正阳门内迤东，当翰林院之南”，全称“恩赐教习庶常馆”。馆门面向内城之南墙，左为高丽馆，右为怡亲王祠，向东不远即京师主要水系玉河（又称御河，与紫禁城相通，没准能漂出个题诗红叶呢），流水淙淙，杨柳吹拂；馆内室宇洁净，插架图书，是个潜心读书的好地方。庶常馆设满汉总教习各一，皆出于皇帝特简。时任满教习为礼部左侍郎兼翰林院掌院学士介福，也是经筵讲官；汉教习是兵部尚书刘纶，在乾隆元年以“博学宏词”第一名入仕，虽未经过科举正途，却是公认的饱学儒者，与刘统勋有“南刘北刘”之称。二人春间刚刚担任经筵直讲官，获得皇上赞赏，钦点为殿试阅卷大臣，接下来受命教习新科庶吉士。介福于次年夏病逝于扈从南巡途中，由吏部右侍郎翰林院掌院学士观保接替。观保乃满洲正白旗人，乾隆二年恩科二甲第五名进士，留翰林院编修，入南书房，曾多次担任乡试考官，后任经筵直讲官。可知乾隆帝选择庶常馆总教习，是很严格的。满汉总教习虽说是兼职，各有一摊子繁杂公务，但经常到馆，与庶吉士讨论经义。至于常年驻馆的专职教师，又称“小教习”，皆为资深翰林，师生相处更为亲切。

二、“此人有出息，竟好”

乾隆二十七年壬午，为常规的乡试年，各省乡试正副主考官照例要由朝廷选派。在顺康两朝，乡试考官先从翰林与科道官员中差遣，不够时再由各部院堂官保举，礼部拟出名单，呈送皇上批准。挑选委派以沉稳谨慎为首要标准，常会出现阅卷能力较差者。雍正帝登基后做出改变，命所有拟派考官一律在太和殿考试，翰林、科道与进士出身的部院官员都有资格报名参试，考卷名次报皇上钦定，以备派发，称为“试差”，即主持乡试的钦差。当年闰五月陆续公布各省正副主考名单，王杰被派往湖南任副考官。尚在庶常馆读书即担任乡试考官，王杰应是较早的一位，属于格外之恩遇。如赵翼原为军机中书，参与三年一度的京察，列在第一等，却未被选派试差。

在王杰离京之前，母亲吴太夫人对他说：“汝去年尚做举人，今皇上命汝为考官，汝勉之矣！”王杰也是感激自励，“入闱阅卷勤慎，搜剔不倦”。所谓搜剔，指阅卷的最后一道程序“搜落卷”，将那些落榜的试卷再读一遍，以免遗漏真才。他说：“离此一二年耳，敢自昧以负当世士乎！”[2]乃母所教导的也是这个意思，而王杰对阅卷认真细心，不辞辛苦，则贯穿一生。

该科湖南乡试的正考官为钱大昕，大名鼎鼎的史学家，早岁即以诗文闻名江南，在乾隆帝南巡时赶至御前献赋，钦赐举人。他虽比王杰小三岁，成进士却要早上七年，已升为日讲起居注官，算是翰林前辈，担纲主考。二人结伴南行，钱大昕一路赋诗，描述沿途景物和经历，其中有一首《与王惺园修撰对弈》：

瞢腾长困日如年，暂赌楸枰当昼眠。真讶触蛮分敌国，几曾虞芮让闲田？到头才悔全军覆，得手徒增一着先。白鹤观中成例在，从来胜败总欣然。[3]

应是在船中的闲暇时光，弈棋解困，继之以诗，可见二人相处融洽。王杰也有诗么？不得而知，他的集子中未见收录。睹景生情，感慨兴发，历来乃文人积习，王杰似乎不喜欢这个调调。

时任湖南学政吴鸿与王杰同岁，在翰林院的年辈却要早五科，为乾隆十六年辛未科状元。他的情形与王杰相似，也是由皇上打破原拟顺序后钦定的状元：读卷官呈送十卷中，排在第一的本是刘墉，其父刘统勋为内阁协办大学士，深得皇上倚信，乾隆帝阅后觉得并非特别优秀，为杜绝读卷大臣可能存在的关照，将刘墉与原拟二甲第二名的吴鸿对调，就这样吴鸿被拔为状元。不能不佩服弘历的眼光，吴鸿才学富赡，有守有为，连任广西、顺天、湖南乡试考官，仅四年就升为侍读学士，出任广东学政，再调任湖南学政，所到之处一片赞誉之声。

有了这样一位学政的三年辛勤栽培，又是文名素著的钱大昕与王杰来任主考，湖南试子寄望甚殷。袁枚尝记其事：

> 吾乡吴修撰鸿，督学湖南。壬午科，湖南主试者为嘉定钱公新楣、陕西王公伟人。诸生出闱后，各以闱卷呈吴。吴所最赏者为丁甡、丁正心、张德安、石鸿翥、陈圣清五人，曰："此五卷不售，吾此后不复论文矣！"榜发日，吴招客共饮，使人走探。俄而抄榜来，自第六名至末，只陈圣清一人，吴旁皇莫释。未几，五魁报至，则四生已各冠其经，如联珠然，吴大喜过望。一时省下传为佳话。先是，陈太常兆仑在都中，以书贺吴云："今科楚南得人必盛。"盖预知吴、钱、王三公之能知文，能拔士也。[4]

对于出身翰林者，"能知文"一般不是问题，问题在于能否阅卷认真，能否立心公正。一些地方出现科场风波，往往与主考官有心偏袒或舞弊相关。本科长沙考场堪称风清气正，取中的四十九人，得到社会上普遍认可，绝无物议。文中提到的陈兆仑乃雍正八年进士，乾隆改元后入翰林，善书法，有"文章宗匠"之誉，时为太常寺卿，对王杰显然有着良好印象。

读钱大昕所作《湖南乡试录序》，有一段话印象极深：

湖南应举士子四千余人，三场之卷，凡万二千有奇，合经书义论策诗计之，不下五万六千篇。臣等自阅卷之始，至于撤棘，计十八昼夜，文卷浩繁，而时日有限，谓所去取者皆允当而无一遗才，臣诚未敢自信也。然臣之心力，不敢不尽矣。宽其途以收之，平其心以衡之，词无繁简，范之以法；文无奇正，约之以理。不敢以小疵而弃大醇，不敢以细失而訾全美，每当去取之际，虚怀商榷，不惮再三。〔5〕

钱大昕一代醇儒，主试时不独绝无骄矜，反而是战战兢兢，唯恐去取不当。跟随他第一次出考差，对王杰实在是个极好的学习机会，受益匪浅。

各路考差试毕回京，照例要具折奏报谢恩。二人回京后“恭复恩命”的奏章保存至今，联署“日讲官侍读臣钱大昕，修撰臣王杰”。这类折子很简短，一般是见不到御批的，即使有，通常也就是一个“览”字。而在该折的署名之侧，则可看到乾隆帝朱批：钱大昕是“读书人，不晓事务者，最好不过学政，尚宜远省迟用”；王杰则是“此人有出息，竟好”。谁都能看得出当今圣上对王杰的关注，出仕仅一年，还在庶常馆读书，就得到如此高度的评价。

由于有了皇上御批，此件须转吏部留档，成为以后安排使用的重要依据。此件仍在，今见上面有贴黄多处，标示二人籍贯与拟任已任官职：“钱大昕，已放詹事府少詹，广东学政”；“王杰，已放内阁学士，署工部侍郎，浙江学政”。〔6〕此纸条应贴于三十九年冬月，王杰由浙江学政回京，署工部右侍郎，已俨然二品大员；而当年九月，钱大昕以四品少詹事第一次出任学政，而且是遥远的广东，不久又遇上丁忧返乡，从此坚不复出。

三、一封家书

出任考差，对王杰这样出身寒素的在读庶吉士，不仅是一种很大的荣誉，也有一份不菲的收入。根据乾隆三年所颁谕旨，赴湖南的正副主考官可领到六百两银子的路费，由湖南巡抚从官费中开销。后来又考虑到一些考官出京时“资斧艰难”，乾隆帝命“户部每人先给银二百两，该省于应给路费内扣除”〔7〕。对于那时的王杰来说，可是一笔大钱。

从长沙返回京师后，王杰接到二哥（在叔伯兄弟中排行老六，大哥则排第三）的信，立即给两个哥哥写了一封回信，很能传递出他在那时的境况和心态，兹全文引录：

> 弟杰恭请
>
> 三、六哥近安，阖家安吉。
>
> 母亲大人在京身体康宁，大小平安。弟一路与正主考钱大人极为相得，意见亦并无参差。所取文章，据湖南学政吴大人云俱系外面拟中之人，一时士论甚为安贴。顷解亲家家人到京，云六哥随后将至京，弟闻之喜而不寐！人生百年能有几何？势位富厚皆身外事，穷通贵贱自有命在，皆非人意想所可计及，惟有老亲在堂，可以及时奉养，得其欢心，庶几夙夜无愧。今三、六哥相递来京，既可以免母亲悬望之怀，兼可以代杰照应家事，一堂和睦，岂不可以感召福祥！

所记湖南乡试情形，正好与袁枚等人的记述相印证。由此信，可知王杰将母亲接至京师后，先是老大来京探望，此时老二又要赶来，作为老三的他表达了兄弟渴念之情，而也不难想象到存在一些压力。二哥的信中似乎写了点家中矛盾，推测应是与老大发生了不快，故王杰在回复时写道：

至于兄弟口角微细，何足以伤骨肉天伦之好？惟有妇人儿女子不知轻重，止图当下些小闲气，转至酿成仇恨，旁观耻笑，父母忧虑，若肯平心静想，岂不真成笑话！是以杰数年来亦间有在耳边告诉闲话者，杰总付之不理。三、六哥曾见数年来杰在家中有一言与三、六哥争论者乎？非故为含忍，诚又见于骨肉天伦所关至大，诸凡饮食、衣服、财贿自不足以乱其心也。但当我家拮据之后，诸事艰难，而杰又骤沐天恩，折桂词垣，一切部署皆于空中设办，又不肯坏品行向人告助，是以精神不能照应家事。惟每日强为欢笑，以宽慰母亲之心，不令知一毫艰难之状，但未知将来作何完竟耳。[8]

孝悌友爱之情，跃然纸上，读之真实感人。在写给两个哥哥的信中，王杰并未回避父亲病逝后的往事，说当时也听到不少议论（推测应是乃妻对哥嫂的不满），却以自己的感受为例，劝慰哥哥不要为日常琐事伤害感情。信中还透露出居住京师的大不易，真可谓压力山大，他不肯告贷于人，又要瞒着母亲，而自己对未来如何度日也是心中没有底。

其实日后的路，远比王杰所设想的要顺畅，应归于皇上的特别赏识。乾隆帝可谓阅人多矣，精于鉴别，对钱大昕的评价较差，并非从学术上立论，而是指其不适合做官。弘历对于王杰的好评，也是由观察了解中得来，本人不可能去做任何工作。莫说尹继善、陈宏谋两位恩公此时尚未入阁，即便在二人进京之后，王杰也极少走动。他只是本分做人，踏实做事，静心读书，不独入朝之初，一辈子都是这样。

四、散馆考试

作为清代真正的最高学府，庶常馆和国子监的区别在于学生的身份，也在于学生的数量。与国子监多达数千学生相比，该馆始终保持一个年级两个专业，新一届庶吉士入学之前，先要举行上届的散馆考试。馆舍极是清幽安静，也与熙熙攘攘的国子监不同。每届选拔庶吉士仅三十人左右，再加上往届因各种原因留级者，也不过四十人，分为清书（即满文）与汉书两个专业方向。庶吉士通常在馆学习三年，遇有恩科则随之缩短，王杰在庶常馆的时间为两年，而前一届仅在馆一年。

二十八年五月初，新科会试与廷试已过，新选出的庶吉士即将入馆读书，辛巳恩科举行散馆考试，王杰考列一等第三名，而赵翼为一等第二名。弘历通常会亲拟庶常馆的毕业试题，请留意，不是大臣拟出数题由他钦定，而是自拟。精力充盈的他也常要复核试卷，以故阅卷大臣极为审慎。考在第一的是丁丑科的彭元瑞，乾隆二十二年二甲第八名进士，文采素优，次年因丁母忧，二十六年服阕返京，与王杰等一起学习和参加散馆考试，列于汉书庶吉士的最前面。[9]胡高望也考在一等。

能考到这个名次，对王杰来说已很不容易。与赵翼、胡高望的久居京师不同，王杰初来乍到，要安家置业，手头没有多少银子，又不愿意求人，当会是处处作难。他还往湖南出了一趟试差，阅卷加上途中往返要用数月时间，赵、胡二人均未选任试差。作为皇上钦点的状元，王杰岂不知有几分侥幸？岂不知担任乡试考官也会引起同年的羡慕嫉妒恨？岂不知散馆考试时还要有一番比拼？而一旦自个儿考砸了，别人就会趁机议论，皇上也可能改变看法。其实对于王杰，这些都不是主要的，主要的是他秉承关学宗旨，一向将读书治学视为终生事业，在怎样的压力下都能静心向学，读书思考已成习惯。出试差途中为何较少吟诗作赋？抓紧读书是也。

散馆之后，真正的翰林生涯才算开始。此地素来清贵，堪称人才济济，平日当值，出巡时侍从，拟稿撰文，皆能进入皇上的视野，是以有些人升迁颇速；而一旦出现纰漏，或表现失常，或无意中给皇上留下不好印象，前程就大大打了折扣。翰林中有相当一部分与吴嗣富、钱大昕相像，书读得很好，学问文笔都好，人品也端正，但过得并不舒展。这也不能说是皇帝的错，自从唐代设立翰林院，目的都是征集一些有学问的人为朝廷服务，而不是为学者建一个研究院。王杰的仕宦生涯始终不离翰林，却又被切割为不同段落，呈现为不同状态。这是第一个阶段，身边有许多学富五车的前辈与同事，平日职事无多，应是他读书精进的时期。

第二节　臣节与士习

读了弘历为《国朝诗别裁集》所撰序言，你会感知这位大皇帝对儒学的浸润很深，会发现他善于择取对清廷统治有用的字句，运用纯熟，很多阐解不乏创见，偶尔也会强词夺理，理不直也气壮。透过那表面的诗文儒雅，弘历骨子里仍有乃父的诛戮任情，也喜爱将臣下玩弄于股掌之上，有时也会突然变脸、随口责斥，越是像尹继善、陈宏谋之类名臣能臣，越要经常受到责难。明乎于此，则王杰在后来数十年间始终得到倚信，恩遇不移，实可视为一种异数。

乾隆帝在该序中所言，重点在于臣节，也牵连到士习。他要求大臣必须讲求节操，忠诚纯一，以此将钱谦益、吴伟业之流打入品行不端的贰臣，因人废诗；也指责苏州地方读书士子多有“依草附木者流”，指责年逾耄耋的沈德潜为人愚弄，而尹、陈等封疆大吏不知端正士习，听之任之。

一、浒墅关贪腐案

对于王杰的两位恩公，乾隆帝敲打虽多，内心却是格外器重的。陈宏谋再任江苏巡抚时，与两江总督尹继善并非同城，倒是与江苏布政使安宁同驻苏州——还是那个十余年前署理过巡抚的皇帝旧仆安宁。此人免职后被查出侵占浒墅关杂项银两，几乎掉了脑袋，没想到乾隆帝念着旧情，几年后又派他做苏州织造，不久再次升任布政使。安宁本性难改，重新提出清理各地的积欠问题。作为上级，陈宏谋没有反驳他的意见，并代为转奏，得到皇上批准。可以想见，难免又是一番折腾。

乾隆帝奉皇太后南巡时，作为旧仆的安宁自然殷勤至极，却因“失察自雇水手生事于本省”，被罚俸六个月。安宁小受挫折，但也能感受到皇上的恩宠，很快提出新的改革措施——各州县修城费用二千两者方可申报经费，不足此数，均令自行设法筹办。乾隆帝命军机大臣会同尹继善、陈宏谋议奏，二人皆认为有名无实，且容易导致州县借端摊派，提议“城工在三百两以内，令地方官自办”，数额较大的则呈报评估，由省里拨款兴修。

再任布政使，安宁仍兼管苏州织造和浒墅关，两处都是大肥缺，皇上要交给自己人管才放心。浒墅关又称浒关，位于苏州城西北，濒临运河，号称“十四省通衢之地”，自明朝正德时就在此设关征税，也是清代最重要的税关之一。安宁掌管之后，手下人等卡拿逼索，很多商船宁可绕远到海关报税，不再走运河。见税收锐减，安宁奏请提高海关税额，未被批准。当年五月，御史赵佑奏称“商船舍浒墅关而远走海关，系规避该关需索”〔10〕，请求降旨督抚查禁。弘历即命有司询问，要他拿出某人某地勒索商船的证据，赵佑拿不出；又问以两关税额的差异，弄清商贾避重就轻的根源，赵也说不清楚。皇上有些生气，斥之为“市名恶习”，“摭拾浮诞不根之说”，但还是传谕尹继善和陈宏谋，命确实查明是各关吏役都有需索，还是单独浒关存在此弊。正在这个时候，安宁突然病故，接到陈宏谋之奏，乾隆帝颇为痛惜：“安宁年力未衰，正堪任用，遽尔身故，甚属可惜！”〔11〕命赏给其内务府总管大臣衔，以增哀荣。

安宁留下的职缺很快被填补，苏尔德接任江苏布政使，长芦盐政金辉调任苏州织造，兼管浒墅关税务。安宁的死因不明，推测应是一种暴疾，没来得及处理手头上的急务，便尔一命呜呼。金辉抵任后很快发现不少猫腻，如将浒墅关拨付的办差银两抽扣作为小金库，私自开销；对于安宁原来的得力助手舒文，金辉也说不必要，令其回京当差。乾隆帝怀疑金辉对舒文有成见，另派萨载接管苏州织造和浒墅关，并要他查明具奏。萨载有几分乖觉，奏称：金辉一向在造办处行走，熟悉织造事务，又不像安宁兼任布政使、必须有一个帮办，不留舒文并非另有别情；至于自己对这份差使尚未熟悉，如能得到舒文协办，则实属有益。皇上对这种说法很满意，当即允准。

但苏州织造与浒墅关的盖子已经捂不住了。金辉奏报苏州织造采买生丝，比部价多用银一万余两，安宁陆续补了三千三百余两，尚欠六千七百余两，应该追回。皇上阅后不解，认为生丝的市价与部中所定价格不可能完全一致，各地织造在采购时必有通融之法。如果像金辉所奏的按年赔补若干，该织造哪有这么多银子填补窟窿？传谕尹继善查明具奏。老尹调查后奏称：近年来的确存在市价过高的实情，倒也不仅安宁一个人如此办理。

相比于尹继善的圆融，陈宏谋就显得直截了当，奏报安宁家人李忠日常管理税关事务，在丈量货船时以罚代收，将应收税银变为罚金，从而可做手脚。浒墅关额定的正税短缺七万七千余两，而罚款接近五万两之多。他说已将李忠收押，限期补足税款。皇上闻知大为恼怒：一则没想到安宁如此不争气，下旨削去赏给的内务府大臣职衔，传谕刑部尚书舒赫德查抄其在京家产，以抵亏项；二则怪罪陈宏谋为安宁上司，近在同城，早就知道浒墅关的弊端，却是迟至今日才报告。皇上宣称：如果安宁在世时据实参劾，朕必加嘉奖，而陈宏谋平日一味瞻徇情面，至安宁死后觉得难以隐瞒，方才奏报，并将罪过都推到一个恶奴身上，实在不该。弘历传谕将陈宏谋严加议处，也没有放过尹继善，责其失职并加申饬，命他赶往苏州，会同陈宏谋“将恶奴李忠等确讯，尽法惩治；并将伊财产查明，尽数入官”[12]。

数日后，舒赫德查明安宁京宅中存有现银二万余两，李忠家也有二千余两之多。一旦确认其贪赃枉法，乾隆帝就不再袒护，说安宁即使能省下一些养廉银，也不可能存积这么多，明摆着就是侵占所得；又说金辉奏安宁任内有欠款，朕还以为其平日为人拘谨，担心是因办差垫支，传旨萨载等人设法代补，岂知安宁家有厚赀。他密谕尹继善彻查安宁还有没有别的亲信，也参与了税关营运之事，并命萨载会同办理。果然又查出几个安宁的家仆和亲戚，追出不少资财银两，仅李忠在江苏境内的各项资产，竟达三万两之多。

转眼到了十月，乾隆帝专发谕旨，谈的是安宁纵奴侵赃一案，斥责的矛头却指向陈宏谋：说他久在同城，安坐漠视，不主动劾奏；又说宏谋一向与安宁不和，人所共知，然不应在此等大事上避嫌，根子仍在于未改官场模棱之习；说着说着又扯上尹继善，指责二人交情深厚，因循怠玩，如此一搭一档，怎么能指望他们振刷江苏吏治呢？

就在这个月，陈宏谋被调任湖南巡抚，算是一种惩罚和警示。

二、陈宏谋晋京

通过安宁一案，可知乾隆帝深谙驾驭臣下之道，人才与奴才皆用，斥责打压与夸赞抬举并施。但他心里很清楚谁是贤正之士、国家栋梁，对尹继善、陈宏谋等不管一时一事多么不满，而始终存有很深的信任。另一个方面，尹、陈二人具有源自儒家经典的强烈的忠君思想，又在数十年宦海浮沉中历练出因应之道，驯顺，坚忍，及时认错（哪怕没错也绝不辩解），能上能下，同时保持一贯风格，继续认真做事。大约十年前，陈宏谋就在一封信中写道：

> 历一番烦难，增一番识力；受一番艰苦，见一番劳绩。此官场安身立命之实学，均须努力。[13]

这是一种在当时必备的“综合素质”，是他与老尹历宦生涯的写照，也是儒家经世济民之道的要义。王杰入仕后，无论做人做事，于有形无形中都能见出两位恩公的影子。

接奉谕旨后，陈宏谋没有分辩，没有延迟，即行赶往湖南任职。湖南政风浮靡，他在抵达后迅速出台了一系列整改措施：修理破敝的城墙，严查逃回原籍的流犯，禁止在洞庭湖滨私自围垦以杜绝水患，勘查各府州矿厂城工……可谓席不暇暖。妻子杨氏病卒于官署，稍加料理又赴各地巡察。得知这些，乾隆帝应是又喜又愧，传谕大加表彰，决意重用：二十八年五月，有旨命宏谋署湖广总督兼管巡抚事，授以兵部尚书衔；刚到湖北未及一月，再调吏部尚书，自武昌起程赴京；七月抵京，即赴热河觐见；十月，晋太子太保衔，稽查钦奉上谕处；十二月，担任经筵讲官。哈，真是命运难测，君威难测，数月前还是怒加贬责，一转瞬便成了天子近臣，位至极品，掌领六部之首的吏部天曹。

比起地方上的督抚，吏部尚书为九卿班首，号称太宰，自是显赫得多。至于经济上，由于没有地方大员的那份养廉银，一下子变得很拮据。请看陈宏谋写于二十九年春的一封家书：“太宰每年饭银约一千二三百两，今停扣之后，饭银减少，每年不及千两，入不敷出，又无来路，不得不事事省减。以俭养廉，今日之谓也。决不肯到处告穷，向旧属借索，有损晚年志操，重负‘宁仅苦节称’之圣训也。”两个月后又有一封，说：“此间官况如常。身体尚好。食口六十，用度艰难，已有债负不少矣。”[14]堂堂的吏部太宰会受穷么？会缺少巴结送礼的么？还需要借贷度日么？如果稍稍放低一点姿态，送钱赠物者自不乏其人，日子会过得很滋润，但那就不是陈宏谋了。

清朝内阁，通常有大学士五至七人，协办大学士一到三人，例由满洲人主持和居多数。该年七月，协办大学士刘纶因丁忧免职，乾隆帝命陈宏谋[illegible]事，为协办大学士。

三、留任的大学士

乾隆朝前期至于中期，大清政坛人才济济，尹继善与陈宏谋可谓双子星座，相互辉映数十年，交谊深笃。著名文人袁枚为二人都写了传记，也都写到二人的挚交。如《陈宏谋传》：“公与相国尹文端公虽同年同官，而风趣迥殊。尹高明宽和，了事多从容。公终日刻厉，无几微闲。然最相得，在上前，彼此荐引。”[15]他们会在皇上跟前彼此推荐吗？不担心引发猜疑、视为朋党吗？应不会的。长期的君臣相处，乾隆帝已深深了解他们，知道二人的性格缺陷如“好名”等，也知道二人的品德操行与能力；反过来亦然，尹、陈二人亦深知当今圣上的秉性，即便有委屈也不分辩，一切顺承圣意，静静等候圣意回转。

浒墅关的贪腐案就是一个例子。明明是皇上的亲信旧仆犯了事，却要严责陈宏谋缺少监管；已然将之从富庶的苏州调往湖南，以示惩罚，不到几个月又擢升吏部尚书，接下来荣宠不断，进入内阁。至于尹继善，开始时也跟着挨训，陈宏谋调离之后，此事也就画了个句号。而老尹实在并非因循怠玩之人，性格虽宽和，但总是在发现和拆解辖区内的繁难问题，兹略具几项：

二十八年二月，尹继善着手清理延续多年的“营运银”事项。所谓营运银，即官方拿出总额约十五万两银子投资，以所得利息，在年节之际犒赏各处官兵。乾隆帝早就指出“营运生息，本非政体所宜有”，但因地方拿不出这笔钱，一直拖延未决。尹继善提议裁军以省费用，从自身做起，裁减督标一百名，而将军标、漕标、提标、三省抚标、各地镇标均做省减。尹继善处理得从容周密，不是一举大规模裁军（那样可能激起兵变），而是等待自然减员，“遇缺出即裁扣，扣足日，前存银彻回司库”[16]。

同月，尹继善会同江宁将军容保“办理京口出旗汉军事宜”，又是一桩多年解决不了的“疑难杂症”。汉军曾为八旗的重要组成部分，入关后在平定中原的作战中起到巨大作用，也享受到清廷给予的特殊待遇。而随着日久繁衍，给地方财政带来多重压力，弘历在二十年前就提出汉军出旗政策，也因各种麻烦拖了下来。仅京口一地，就有汉军三千余名，此次安排一千余名脱离旗籍，有的告退为民，也有一部分转为绿营兵。由于处理妥当，政策上给以方便，经济上予以补助，整个过程非常顺畅。

六月，尹继善又着手解决清河与清江浦一带的衙门设置问题。这也是一个老大难问题：此地为京杭大运河的交通枢纽，南河河道总督衙门在焉；又是漕粮储运重地，漕运总督驻扎于相距很近的淮安。尹继善与户部等会商，提议将清河县治移驻清江浦，而将清河县旧衙划给中河通判，将通判旧署变价抵修县署，如此花费不多，就调整到位。

七月，尹继善等奏报各河工程已陆续竣工，并经受了汛期的考验，加上及时在上游多处开闸泄洪，黄河主流顺畅入海，毫无旁溢，“上下数州县两岸民田，二麦俱已丰收，秋禾现在畅茂”〔17〕。乾隆帝朱批：“欣慰览之！”

这样的忠贞老臣，这样千回百折不改其志的国家栋梁，怎能不受皇上倚信重用呢？二十九年四月，有旨擢尹继善为内阁大学士，仍兼两江总督。吏部请示尹继善是否“在议政处行走”，弘历传谕，命尹继善为文华殿大学士兼兵部尚书，“在议政处行走”。〔18〕

第三节　首任学政

世上任何一个官方职务，其责任和义务，似乎都只有底线，没有上线。清代《钦定学政全书》，对于学政的职责开载清晰，其中有实有虚：按临各州府、岁试科试、肃清考场纪律、选拔优秀生员，是学政必须完成的实务；而考核教官、约束生监、优恤士子、整饬士习、举报优劣等项，比较起来就有些虚。王杰在福建属于第一次督学，巡考和阅卷勤慎严明，一丝不苟，也在尊崇先哲、振兴文教、端正学风等方面，投注了很多心血。在任期间，王杰几乎走遍八闽大地。一任学政通例为三年，掐头去尾，刨去路途也就是两年多，而王杰在福建待了四年有余，故有“两任福建”之说。督课按试之余，他更用心的是如何激励学风、提振士习，也借便踏访宋代大儒程朱之遗迹，孜孜探求儒学精义。至于如何一步步走向高位，在王杰却从未曾去设想谋求。

一、恩公的生日

对于王杰，尹继善与陈宏谋都是终生难忘的恩公，可他凛遵孙景烈不依附、不攀缘、“不通声气”之教诲，只是默记心中。以其书法造诣，题写寿联贺幛最是适宜，而至今未见有流传。

岁月荏苒，两位恩公都渐渐老了。他们都是雍正元年进士，深得胤禛欣赏信赖，成为封疆大吏。乾隆帝继位，曾认为二人有好名之心，在继续重用时常加责斥，但最后还是认可了其品德才华，先后擢升内阁大学士，而二人皆已接近七十了。

皇上记得两位老臣的生日。

先是在二十九年二月，尹继善奏请陛见（即往京师面见皇上），折中说自己打算于四月初起身进京。弘历于一侧朱批："自当于生日前到。"[19]尹继善的生日为四月初八日，接旨后极为感动，连忙上疏谢恩：

> 兹臣年届七旬，方虑虚度韶光，夙夜滋惧，乃以微末贱辰，时荷九重垂念。因臣奏请陛见，令于生日之前到京。似此旷典隆恩，实为天高地厚。[20]

尹继善至京后，乾隆帝相待亲切，钦赐"韦平介祉"四字匾额，赐衮服，"赐宴于第"，诚为莫大之荣宠。而最重要的，是命他入阁，为文华殿大学士。这之后老尹很快赶回金陵，不尽感奋，一气写下十四首《纪恩诗》，"说与儿孙须努力，两朝父子领黄麻"，意指他与父亲尹泰都做到内阁大学士。王杰仍在京师，可这样高规格的宴集大约没有份，也不会跑去凑热闹，应以自己的方式表达对恩公的谢忱。

陈宏谋比尹继善小一岁多，三十年九月十五日，是他的七十寿诞。乾隆帝因届期不在京师，亲题"硕望延祺"匾额，于木兰秋狝启銮前派侍郎五福送往宏谋府第，赏赐甚多，提前为之贺寿。当今圣上开了头，内阁与吏部的同僚自也会立刻跟进，人人皆到，凑份子致贺。陈宏谋一向简朴低调，至此也无法推却，家中请戏设宴，一连搞了六天，"诸物甚贵，费至一千四五百两"[21]，好不心痛。外地的门生故吏也有诗函贺仪，王杰时在福建学政任上，无法前往恩公府上，但会遥为老师祝寿。

二、匆忙接了纪昀的棒

清代于内地各省设提督学政，任期通例为三年，要巡视各府州县学校，完成岁、科二试，待乡试揭晓之后，还要选拔优贡，然后才是换届。新旧学政移交印信及档案文书，惯例在乡试年的十一月前后进行。王杰的就职比通常的换届提前了近两年，属于朝廷的临时性调整。

他的前任是大名鼎鼎的纪昀。这位燕赵才子比王杰年长一岁多，乃乾隆十二年顺天乡试解元，再过七年成进士，会试早三科，应算是翰林前辈了。乾隆帝素来关注科举和文坛，对纪昀早已知名，一向也较为器重，两年前命他作为顺天乡试同考官，试事一结束，即派往福建提督学政。这是皇上打算重用的一个信号，纪昀在赴任途中心情极佳，不断地吟诗作赋。

流传至今的纪晓岚故事很多，总之是风流倜傥、才华横溢，在皇帝跟前也能巧言机变，挥洒自如。今天能见到纪昀较早的一份奏折，写于福建学政任上。他说：至福建后例行往所属各府巡考，阅卷时见到有不少生童不知避讳，遇到庙讳、御名皆不知缺笔，一一给以处分。而叫来这些学生询问，都说是所读经典中就是这样写的，不知道需要避讳。待把相关课本找来核对，见雍正朝之前该避讳之处已做订正，而进入乾隆朝则未改。纪昀说作为臣子实在心中不安，呈请通谕各地书坊，一律进行统改。此乃弘历登基的第二十九个年头，全国有数十名学政，一茬一茬地轮换了多届，各级教授教谕等学官更是不计其数，大家都没有发现这一问题吗？应不会，只是没当成大事，不说而已。试想，换一个皇帝，就要避御名之讳，把所有的经典挖改或重印一遍，成本岂非太高了点儿？是以《钦定科场条例》规定乡试、会试考卷必须避讳，并未对学政负责的岁试与科试做明确规定。而纪昀则请求“通饬各省书坊，凡四书五经之中字同庙讳御名者，皆令遵例阙笔，以昭敬谨”〔22〕，特别凸显对皇上的虔敬之心。此一百分之百的拍马屁之举，首先给福建各学校，也给朝廷带来很大的困扰：一帮枢阁重臣奉旨议奏，不敢否决纪昀的提议，只好拿出一个整改方案。倒是乾隆帝自己后来想明白了，“若将从前久经刊藏之书一概追改，未免事涉纷扰。至上中嵌写之字，与本字全无关涉，更可无庸回避”，传谕“所有武英殿颁行字样，及纪昀所请改刊经书之处，俱不必行”。[23]虽说是“无庸回避”，对纪昀的好印象却也留下了。

对于学校管理，纪昀持从严的态度：如严格要求各州县学教官，抓好月课管理，对生员优劣“密行开单”报府学备案；如强调廪生资格的循序渐进，“不准越补”；如考试时要求生员在卷子上自己注明涂改了多少字，以免本籍教官收卷后串通添改。乾隆帝认为有道理，命礼部写入章程[24]。

二十九年冬，雄心勃勃的纪昀因父亲去世，丁忧离职。这时三年一度的科试（即选拔参加乡试的生员）尚未进行，必须尽快补派学政。依照惯例由礼部提出备选名单，皇上朱笔圈定，乾隆帝钦定由王杰接任福建学政。

三、“人竟似可用者”

阅读乾隆朝实录与相关朱批，可知弘历对于培育人才的特殊重视，平日里随时随地注意发掘，而一旦看中，即予以大胆使用，予以全程关注与考察。这样的幸运者为数不算少，王杰即其一。尹继善、陈宏谋在其入仕早期也会有所帮助，而起决定作用的，还是皇上的看法。

庶吉士散馆后，在翰林院的悠闲日子过了约一年半，王杰即奉旨提督福建学政，属于一种超常规的任用。学政虽说各带原来职衔，但在任享受二品待遇，有独立的学署，有一批阅文幕僚，有一宗可观的养廉银，与督抚同样具有向皇上密折奏事的特权，历来被穷翰林视为美差。

二十九年十一月二十五日，王杰离京赴任。翰林前辈陈兆仑赋诗《送王伟人杰修撰视学闽中》：

崎岖路识刺桐城，荔瘴于今喜渐轻。亲在几挥游子泪，年衰频送贵人行。鳌头方丈山先占，海底盘丝网又成。想见绛帷勤接引，渊源能溯旧经生。[25]

作者中进士后曾以知县分发福建，主持鳌峰书院讲席，熟悉八闽实情，在诗中不回避督学福建将遇到的艰辛，也对王杰寄予厚望。通常说来王杰是一个不喜结交的人，其实也不尽然，他只是不愿意去凑热闹，去议论风生，情愿安静地独处读书，但却一直都有相知很深的朋友。陈兆仑正处于贬官后的抑郁时期，由此诗可推知王杰对之很敬重，结下忘年交。

在离京前十天，王杰有一份奏折“恭请圣训”。这是京官赴外任的例行做法，即所谓“陛辞”，请求皇上当面给以训示。就皇帝而言，对于出任督抚等地方大员、钦差办理某项事务的大臣，尤其是带兵出征的军队统帅，通常是要有所叮嘱交代的。如道光间林则徐钦差广东之前，由湖北专程来京听训，陛见竟达七八次之多。而类似一省学政这样的职务，得到召见的机会就很少。可见不见是皇上的事，作为臣子必须具折恳请。此类奏折一般很短，有些套路化，不少人写得很卑微，感激涕零，而王杰之折则在感恩的同时透出沉稳自爱，以及对主持一方教育的郑重承诺。

不能确知乾隆帝是否召见了王杰，推测大约是没有，但可见到皇上在王杰请训折上的朱批：

人竟似可用者。[26]

虽说有点儿不太肯定，仍是一个较高的评价，拂去数百年烟尘，似能感受到这位大皇帝书写时的愉悦心情。王杰是他发现的人才。在确定三鼎甲排名时，皇帝拥有最后的裁决权，弘历对于调整不可谓不审慎，而心中仍有些不踏实。三年过去了，皇上看到王杰的确很杰出，能不欣慰？可用，指的是日后可当大用，并非眼前的用作远省督学。当然，如果王杰在福建干砸了，就另当别论。

第四节　在福建的四年

从乾隆二十九年十一月离京赴任，到三十三年十二月任满还京，王杰在福建督学整整四年。此一去一返都在岁末，都是在路上过的春节，宦程奔趋，羁旅爆竹，不正如恩公尹继善所感慨的不系舟吗？纪晓岚在赴闽途中写了一百余首诗，结集为《南行杂咏》，却未见王杰述及途中景物，也没有留下一篇半篇诗文。也许在他看来，这是赶路，不是游览，途中要读关于福建的书籍和文牍，要思考与学政相关的问题，更要发函邀约幕友，组建自己的工作班子……可归程呢？心情应该轻松许多，为何仍无登临之豪兴？

王杰要把时间留给读书，一卷在手，带给他的愉悦远超过显己逞才。这里正见出王杰的性情，不爱张扬，不喜欢炫耀才学。他是一个严谨严肃的人，一个认真的人。如果对其在福建的四年予以评价，那就是：认真负责。

一、督课八闽

福建古为闽越地，又有七闽、八闽、九闽等说法，指的是所属州府的行政划分，应也有分隔间阻之意，历来山重水复，道路难行。王杰抵达已是乾隆三十年正月，由于纪昀是突然离任的，留下不少州府未能举行科试，是以无暇休整，迅即投入紧张的巡回科考之中。

科考又称科试，乃各地生员能否参加乡试的资格考试，也是一道严关，要考“四书”文一题、策问一道、五言八韵排律诗一首，还须默写“五经”和《圣谕广训》一段。考在三等以及因故未参加科考者，在乡试前一个月，还可以补考一次，称为“录遗”。每一府学的学额不同，在八十人左右，加上周边县学生员，应有数百之多，而考后就要阅卷和张榜公布，还要编造名册、抽选优等试卷上报礼部查核，来自各方面的压力还是较大的。

提督学政属于朝廷钦差，不仅不受各省督抚节制，还有监督他们的职能。乾隆朝基本上从翰林官员中选派，通常职衔较低，赴任后原衔不变——如王杰仍是修撰，地位和待遇则大为上升，并可以自主选择一批幕僚（幕友）。这些幕友的薪俸由学政养廉银中开支，因此有的学政就尽量少聘，阅卷时在当地临时找人帮忙，导致弊端丛生。为避免作弊，清廷规定阅卷必须由学政衙门的幕友承担，并要求即便是小省学政，也不得少于五六个幕友。首任学政的王杰在抵任前就会组建阅卷班底，邀请幕友分别赶往福州，甫一抵任，便可开始巡考。

有一份王杰在乾隆三十年所发折片，未见正折，故上面没有详明日期，推测发于三四月间。该片称二月初一日奏报，已经“考过福州、兴化、泉州、漳州四府，永春一州”，应是纪昀在任期间所考；而他抵任后，“又考过汀州、邵武二府，龙岩一州”[27]。这三个地方均位于福建西南山区，要赶路，抵达后先开棚考试生员，接着是阅卷，对考列一等者要复试，对二三等试卷也要予以点评提示，约两个月能够考完三个地方，也是拼了全力。

按临各地考场时，也难免会发现各种作弊现象。王杰在给友人的信中谈及：建宁有冒籍童生一人，“曾充门役，应武童试一人”，皆被斥革和追究；还发生了教官“将生员当堂掌嘴之事”。王杰认为教官是一个好人，而该生员应属不端之辈，但“不先行详革，遽然辱责，殊为可恨”，如果不能认错，将不得不参奏。而瓯宁县兵房书吏捏造批语，骗取武生钱财，王杰下令拿办，该县却拖延“不肯送出”，也使他窝火，“近来外面地方官竟如此荒唐，再不肯拿获，亦只得参奏也”。[28]

巡考过程中，王杰注意随时发现和解决问题。他发现建阳县学“栋宇剥蚀，墙垣漫漶，风雨飘摇，日就倾圮”，大殿居然“背阳就阴”，立即详加询问，并与当地官员士绅商量重修事宜。建阳乃朱熹故里，古称潭城，故其县学又称潭学。朱熹当年在此与知县及好友讲论学问，声名远播，孰知已破敝如此。经王杰提倡，潭学得以重修和扩建，面貌一新，“自大成殿及明伦堂而外，祠阁斋廨庖库之所无不更新，重门修廊、文阶画栋，巍焕改观”。当地学子终于有了一个潜心读书的场所，心存感激，请求王杰撰文以为纪念，遂欣然命笔，曰：

> 夫为学之道，修身为本，修词为末。昔真西山缮葺学舍，有言曰："忠信笃敬，学者立德之基；刚毅木讷，学者任重之器；而词章华缛，特藻饰之美耳。人之为学亦何异乎？基址固而后栋梁可施，栋梁安而后丹雘可设也。"旨哉斯言！使为士者徒勤占毕，工文艺以博取利禄，而廉隅不修、坊表不立，则是黝垩丹漆于外而中之朽蠹日深，亦何贵于缮修也哉？今诸生既修庙与学，因而各修其身，读书穷理，笃志力行，卑者日以高，阇者日以明，则趋向既正，规模自广。将见人材蔚起，出应圣天子升秀兴贤之典，而有宋理学之盛再见今日，岂徒巍焕其庙宇、瞻仰其宫墙已耶！[29]

文字间很能见出王杰的品格性情：既促成了学校的重修，为当地学生创造了一个好的学习环境；又反复强调重要的不在文庙与学宫，也不在辞藻的华丽，而在于修身养性，认真读书和做事。他自己是这样做的，也希望所属教官和生员能理解，是以谆谆告诫。

科举历来有文、武科之分。清朝以骑射立国，对武科比前朝更重视，武会试的一甲第一名授以一等侍卫。如此优宠，各地生童选择武科者甚多，王杰的长兄与堂兄就是武举人。各地县学都有武童，多数希望能到府学读书，彼此攀比竞争，成为学政管理中的难题。王杰曾就泉州所属武童进府学的名额专门上奏，对积累的矛盾毫不回避，订立章程，尽可能公平解决，得到上上下下的认可。[30]

抵任后不久，王杰即将母亲与家眷接至福州居住。他虽然要经常赴各地巡考，毕竟是考毕即回，有很多时光得以与家人团聚。此时的他已有了三个儿子，经济上由于有一笔自我掌控的养廉银，比在京做穷翰林宽松了不少，应是一举脱贫了。王杰为人诚恳低调，所至之处与同僚的关系甚好，与按察使余文仪也成为忘年交。文仪为官清正耿介，精刑名，善书法，两人颇为投缘。

二、南巡献赋

对于乾隆帝，王杰始终怀有一颗感恩之心，真醇诚笃。

翻开他的《葆淳阁集》，开卷第一篇即《圣驾四幸江浙赋》，写的就是乾隆帝的第四次南巡。其时王杰正在福建学政任上，故曰“微臣侍从夙叨，就瞻弥切，遥望豹尾以歌扬，敬进螭头而悚息”[31]。此类文章在当时是海量的，颂声盈耳，王杰之作也不出歌功颂德的套路，所传递的还有一份敬爱思念之情。

奏请南巡和主持接驾的仍是尹继善，皇上定了日子，也定了调子，即以视察河道工程和浙江海塘建设为主题，不得铺张浪费。皇上不只是说说，而是真心所想，其中也不无担忧和心理压力。就在当年四月，工部奏报第三次南巡的报销事宜，弘历即有谕旨：

> 朕巡省所至，凡行宫豫备等项，已屡经详谕该督抚等一切务从简朴。从前三次办理，已不免踵事增华。倘将来彼此效尤，日甚一日，何所底止！且如朕在京及圆明园每日视事之所，虽细如顶格糊饰之类，不过随时粘补，不求一律鲜华，此亦廷臣所共知。若以偶然驻顿之地，当上届已经整葺，即小有渗剥，不过略加补苴便已妥协，何必更增繁费？[32]

可事情往往就是这样，皇上说归说，臣子可丝毫马虎不得。第四次南巡仍然是兴师动众：除了所过之地要预备人夫车船马匹，还特地从河南的旗营调拨六百匹军马往江宁，从直隶调拨一百辆车给德州，沿途接递文报的台站要增调七百匹驿马……

南巡是一个系统工程，要求筹办人明练周密，踵事增华已被皇上多次严厉批评，可要真的处处省俭，那可能也会引来麻烦。尹继善举重若轻，一切安排得停停妥妥，往山东界恭迎大驾，安排皇太后和皇上驻跸江宁府行宫，陪同乾隆帝祭奠明太祖陵，陪同皇太后参观织造机房，也在总督署设家宴款待叙话，亲情络绎……

王杰不在随驾和迎驾的队伍中，他的《圣驾四幸江浙赋》只能做常规文章：如颂扬皇上的仁孝，“奉璇宫而安舆缓导，仁风与孝治同彰”；如赞美皇上的爱民与勤政，“皇心勤恤，总关民瘼。陈诗纳贾，舆情屡费咨诹；问俗省稼，农力几经筹度。训士则青衿缟带，弦诵以悠游；阅兵则贝胄朱绶，呈技能而踊跃。帷宫晨起，批白简以从容；宝帷夜深，染朱毫而络绎……”[33]这些文字写得费劲，读来也不轻松，但铺陈排比中不失谨严，堆砌辞藻时透着平实，乾隆帝应会翻一翻，也会与同类文字相比较，加深对王杰的好感。

第四次南巡顺利结束，尹继善在江苏的使命也就告一段落。就在南巡返回的路上，乾隆帝降旨由江南河道总督高晋接任两江总督，命尹继善交代完毕，再行入阁办事。就像连环套：东河河道总督李宏接掌高晋原职，淮徐河道李清时补授东河河道总督，淮扬道吴嗣爵调补淮徐河道，巴灵阿补授淮扬道。因汛期即到，河务责任重大，弘历命过了秋汛后再行调整。

如此一个圈转下来，待尹继善交接完进京，已到了九月。老尹受命以大学士管理兵部事务，兼尚书房总师傅，教习庶吉士。而王杰正奔走在八闽大地上，按临各州府学校，主持考试，可谓席不暇暖。

三、庄有恭的悲剧

王杰抵闽时，恩师吴嗣富正在福建，一则主持嵩山书院，二则应邀担任《福建续志》的主纂。该书院位于南少林所在的莆田，院名也与著名的嵩阳书院有些关联，王杰应会专程或顺道去看望叙谈，却未见在文章中记述。同样未做记述的，还有当年秋来闽的庄有恭。庄氏在八月间以戴罪之身被起用，九月二十四日莅任福建巡抚。

对于王杰，庄有恭是翰林前辈，也是不折不扣的师辈。有恭为孙景烈、吴嗣富同榜状元，同入庶常馆深造，散馆后同留翰林。孙景烈散馆没几天就因大考落败被逐，狼狈返乡；吴嗣富在翰林院蹉跎十六年，做过三任学政，升迁无望，以养亲和老病告归；庄有恭则因清正勤勉，精强明练，又写得一笔好字，深得乾隆帝欣赏，先入南书房行走，再数年即位至卿贰。他也做过两任学政，转身就成为封疆大吏，再升为刑部尚书、内阁协办大学士。正前程不可限量之际，忽有一个昔日下属贪赃案发，受到牵连，被革职抄家，定为斩监候。而皇上惜才，加之本人并未涉贪，在其系狱半年后，又传旨让他担任福建巡抚。这种过山车般的情形已不是第一次了，庄有恭感激涕零，在谢恩折中自称"实深负于帝天，恐出穴之无期，讵望施于帷盖。兹乃忽闻恩命，复任封圻，回芽蘖于既枯，屡蒙栽植；怜羽毛之已铩，曲解网罗……"〔34〕到底是状元文字，皇上阅后必大为受用，残存的不满也随之消散。

福建濒海多山，民风强悍，加上台湾、澎湖皆所隶属，经常会爆发各种变乱。庄有恭是一个能臣，到任后着手整顿，核查银库粮库，加强各地营汛，修造水师舰船，赈济受灾州县，兢兢业业，不遗余力。也许因为过于劳累，一日夜间突然中风，距任职刚过一个月。他仍坚持卧床处理公务，"每日令司道等至卧榻前议论地方公事，力疾支持"，可病情渐重，只得奏报请假，请闽浙总督苏昌兼管巡抚事务。乾隆帝收到后以为年迈的苏昌出了问题，拆阅方知是有恭重病，朱批：

> 安心静养，不必过虑。闻汝二人四百里之折，未视而先忧，忧在督臣也，彼年老之人，故时刻系念。至于汝尚年壮，偶尔之病，养好即得复元，何妨。〔35〕

关切宽慰之情溢于言表，并火速派人送来人参和宫中药品。庄有恭感激万分，奏报按察使余文仪精通医理，所配药剂很见效，吃了皇上赐的药丸更觉有用。休息一个多月后，虽左手左腿仍麻木不便，他还是支撑着到衙门料理公务，孰知次年六月间病情加重，只得奏请解任回籍调养。乾隆帝要他“且勉强一年半载再看”[36]，而御批未到，有恭已于七月二日撒手尘寰。其遗折现存，可谓悲情满纸：

> 讵意七月初二日复中风痰，延至下午，痰涌气逆，神情虽清，气息垂尽，从此永辞圣世，不克再觐天颜，瞻恋阙廷，神魂飞越……

遗折中还提到在江苏学政上欠了六万多两养廉银[37]，抵闽后已扣还三千余两，家产经抄检后荡然无存，仅一子尚在读书。此件上没有御批，但知皇上有旨，免除了他的债务。

庄有恭患病期间，王杰应会多次前往看望，我甚至觉得那份遗折即由王杰来执笔，并为之料理丧事。但其性格一向不会借事煽情，也从不记述和渲染自己的重情义，只能付之悬疑。一个有守有为的前辈状元化烟化灰了，深得乾隆帝器重的他为何两次被革职拿问？应与其施政宽厚和过分爱惜属下相关，尹继善与陈宏谋也都因此被皇上斥为好名市恩，屡遭处分。前车之鉴，王杰当会铭记在心。

四、致敬朱熹等先贤

朱熹是儒家学说的集大成者，其所倾注心智的《四书集注》，也成为后世学子的必读书，成为明清两朝科举的规定用书。王杰出身关学，而宋代以后闽学与关学相互激荡融会，又被称为“关闽之学”。他的恩公陈宏谋，就是闽学大家，所以《清儒学案》将王杰列入“临桂学案”。穷匮之际，王杰曾有过一段游学会友的日子，主要在山西河南，也到过福建。这次则大为不同，以督学身份踏访朱熹等先儒撰述与开办学校之地，对王杰实在是一种特殊际遇。

抵达福建之初，王杰就接到礼部的一份通知：“命各省学政于按试之余，将通志一书，不拘时日，悉心查阅。其有现在修辑之志，亦令考核行刊。”

其时《福建续志》刚刚成稿，尚在编次缮写阶段，曾任陕西学政的吴嗣富为主纂之一，王杰作为昔日门生，加以职责所在，认真阅读了这部通志，复将近三年之事增补入各门，并为之撰写了序言。序中说到入闽三年中的行迹："予自按郡以来，西涉龙岩、汀水之险，北历樵川、剑浦之奇，东揽太姥、霍童之盛，南望澎湖、厦岛之区，登三山而周四境，厥地广轮约二千里，惟学使者舟车所至，有以遍历其境。今得于涉览之余，辄以所见证之所闻，而事迹殆无缺略之憾，俾后之读是志者睹人文之炳蔚，乐风土之还淳……"〔38〕最后两句中，蕴含着对朱熹及诸位闽学前哲的敬意。

职责所在，王杰在闽期间写了不少序和记，宗旨皆不离表彰前贤的学术辉光，鼓励士子立志读书，学以致用。所作《顺昌县志序》说："歊欲精灵，笃生豪隽。槎溪、高峰两先生前后羽翼，龟山、紫阳并兴儒教。元明以来，代不乏人，至我朝而名贤鼎盛，盖圣化涵濡日久，崇山峻岭比屋弦歌，而地方大吏及良有司之培养作新，非一日矣。"〔39〕不忘接续道统，并立志对学习风气有所改进。他深知一个好的读书环境对学子的意义，所到之处，见到学校残破者，皆与当地官员和士绅商量，设法筹措资金，加以修缮。前面已写到建阳重修县学出于他的推动，对那些自行改造扩建者，王杰更觉欣慰。如泉州府重修文庙，系士绅百姓自主发起，集资陆续施工，"首完殿宇，次两庑、泮池，次大成、棂星诸门"，历时七年始得竣工。王杰闻知后撰写专文致贺，真诚赞扬那些出钱出力的富商和普通人。

朱熹中进士后的第一个职务，是泉州同安县主簿。此地滨海，民风彪悍，常与邻县发生大规模械斗。朱熹说服知县等官，着手整顿县学，修建"教思堂""经史阁"，鼓励年轻一辈读书，移风易俗。同安县重修文庙，王杰在文章开篇，提到朱夫子在担任主簿时建造藏书阁，收录经史九百多卷于其中，每天与士子探讨学问，形成了一种读书风习，数百年间人才辈出；接下来指出"自朱子迄今，流风已邈，庙学圮坏"，县学已破败得不成个样子。这样的情况不止一地，王杰望之痛心，竭诚推动重修扩展之举，并为之鼓与呼。他写道："余自奉命视学以来，念闽为理学名邦，四年中夙夜祇慎，惟恐言不足为多士则，况同（即同安）又朱子所尝教化之邑……今同之高士轩朱子遗记犹存，往迹可考，多士曷不因庙貌之新，而使朱子之流风余韵俱振而新乎！”念兹在兹，其情殷切。

在为新修《同安县志》所写序言中，王杰特别提到“同为文公过化之区，流风余泽，至今未艾”，但也没有仅停留在口头颂扬上，接下来话锋一转，讲到其在地理和军事上的重要性，曰：

> 邑介于泉、漳之间，三面距海，东南十一岛拱立于前，经制之道，防御之策，诚不可一日不讲也。至于海防则尤详焉：凡澳屿之属内港、属外洋者，朗若列眉；而水师之操练，营汛之防守，及风信、潮汐之时候，参稽博考，著之于编，以昭示后人，夫岂非安不忘危之意也耶！〔40〕

按说此事与学政无关，而王杰则有着很强的危机意识，处处留意，倍加关切。时任同安知县名叫吴镛，来自浙江钱塘，为吴嗣富的族人，莅任后热心兴办文化事业，然更重视海防建设，得到王杰的赞赏。数十年后，同安沦为海盗巢穴，巨魁蔡牵及其大批伙党皆出于此地，成为朝廷大患，也反衬出王杰的战略眼光。

王杰晚年，曾追忆在做福建学政时发生的一件事，曰：

> 吾督闽学，疾作，属人书折，奉至尊训诘，故不敢一日荒功。〔41〕

说的是一次他因患病较重，让一位幕友代为书写奏折，结果被皇上发现，受到责问，自此每天晨起先要练字，不敢有一日荒废。

1

2

1. 中年弘历的汉服写字画像，曾自称“书生”。

2.《十骏犬图》之二，乾隆帝很注重满洲的骑射传统，在位期间几乎年年举行木兰秋狝，行猎时携带欧洲纯种猎犬。

1

2

3

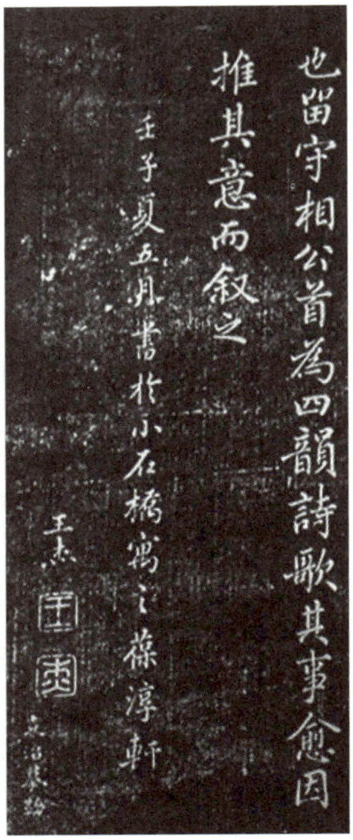

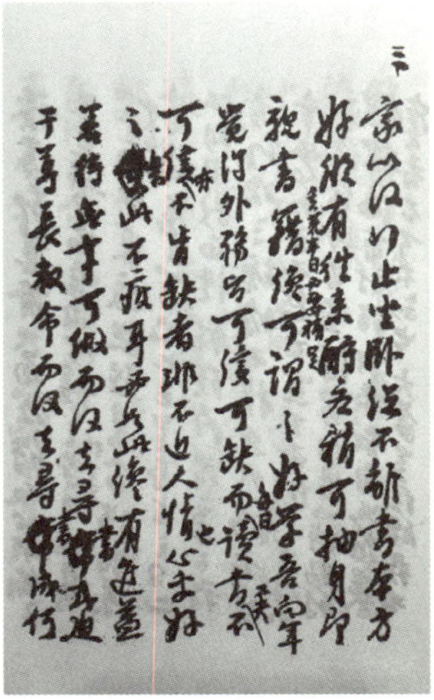

4

5

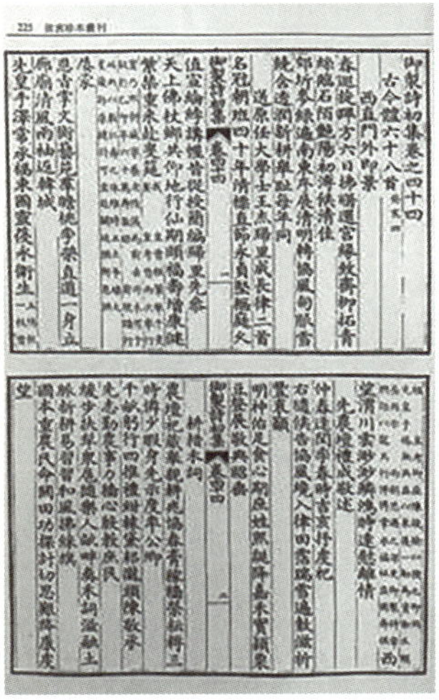

6

1. 尹继善，屡任陕甘、两江总督，仕至内阁大学士，曾邀王杰入幕。

2. 陈宏谋，曾任江苏、陕西等省巡抚，乃王杰恩公。

3. 乾隆五十七年五月，王杰所书《送温处士赴河阳军序》落款，由此可知其城中赐第在小石桥胡同。

4. 乾隆十九年夏，陈宏谋于福建巡抚任上写给儿子陈钟珂的信，叮嘱儿子“行止坐卧总不离书本方好”，他对幕友王杰最满意的正是抓紧学习的自律精神。

5. 6. 乾隆帝《四月廿五日御殿传胪纪事》，加注云：“今岁状元陕西韩城县人王杰，国朝百年以来乃轫见也。”

1

2

1. 原两江总督府院内尹继善所建不系舟石舫。
2. 避暑山庄内收贮《四库全书》的文津阁，乾隆帝翻阅时发现错讹，勒令纪昀等重加订补。

1

2

1.《慈宁燕喜图》，乾隆二十六年十一月二十五日为崇庆皇太后七旬圣寿，弘历在慈宁宫向太后敬酒祝寿。王杰本年得中状元，就是出于特设的贺寿恩科。

2.《宝吉骝图》，土尔扈特献给乾隆皇帝的骏马。时任浙江学政的王杰曾为该部东归上折称贺，乾隆帝在朱批中稍加点拨，谕知此类军政大事极为复杂。

1. 2. 3. 乾隆二十七年春，王杰写给恩师孙景烈的信。

4. 乾隆帝在钱大昕、王杰出考差返京后所呈奏折（乾隆二十七年十月十八日）上的朱批，以及吏部贴黄。

5. 乾隆帝在王杰请训折（乾隆二十九年十一月十五日）上的朱批。

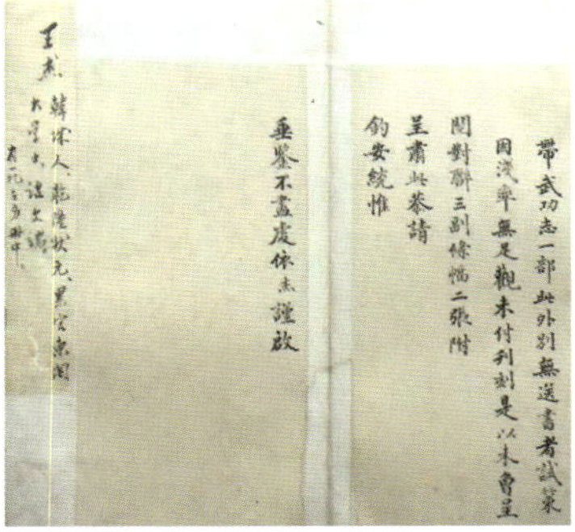

1

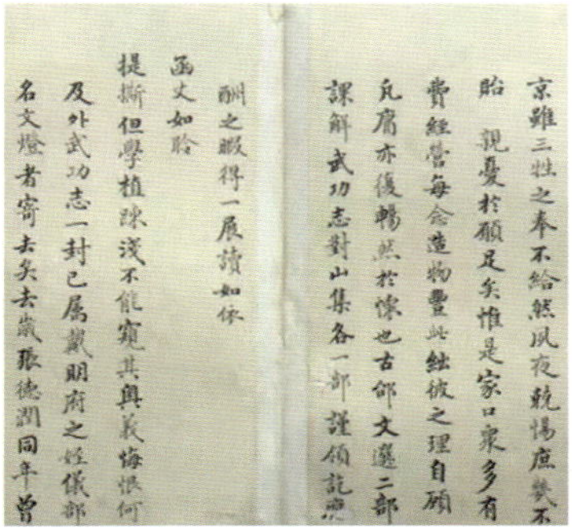

2

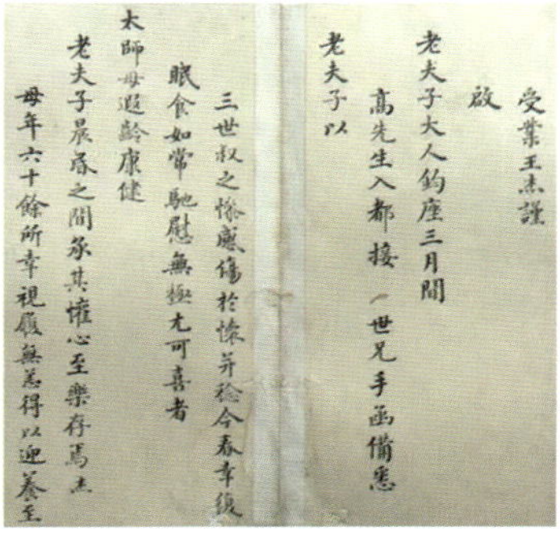

3

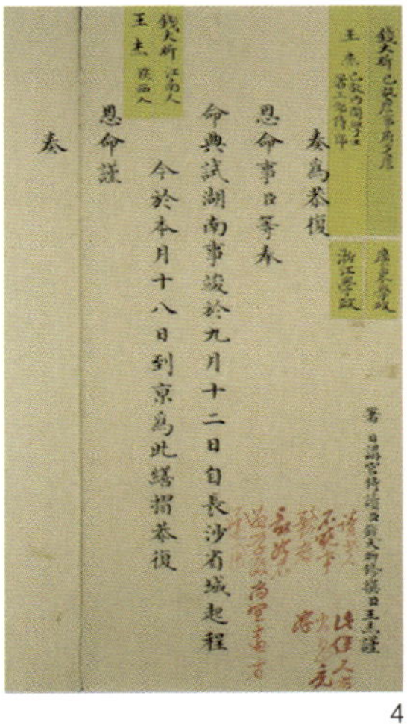

奏為恭復
恩命事臣等奉
命典試湖南事竣於九月十二日自長沙省城起程
今於本月十八日到京為此繕摺恭復
恩命謹
奏

4

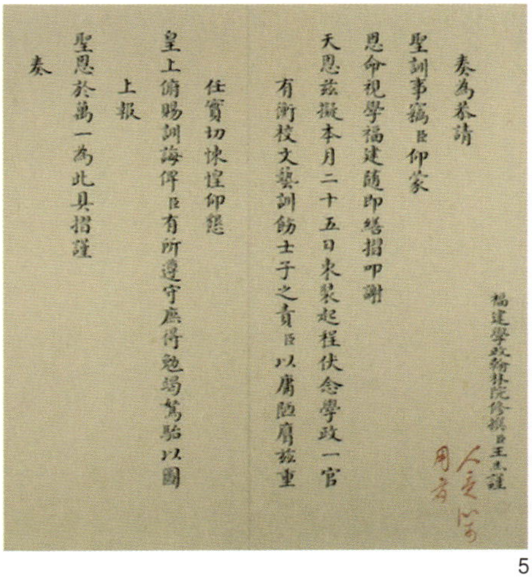

福建學政翰林院修撰臣王杰謹
奏為恭請
聖訓事竊臣仰蒙
恩命視學福建隨即繕摺叩謝
天恩茲擬本月二十五日束裝起程伏念學政一官
有衡校文藝訓飭士子之責臣以庸陋膺茲重
任實切悚惶仰懇
皇上俯賜訓誨俾臣有所遵守庶得勉竭駑駘以圖
上報
聖恩於萬一為此具摺謹
奏

5

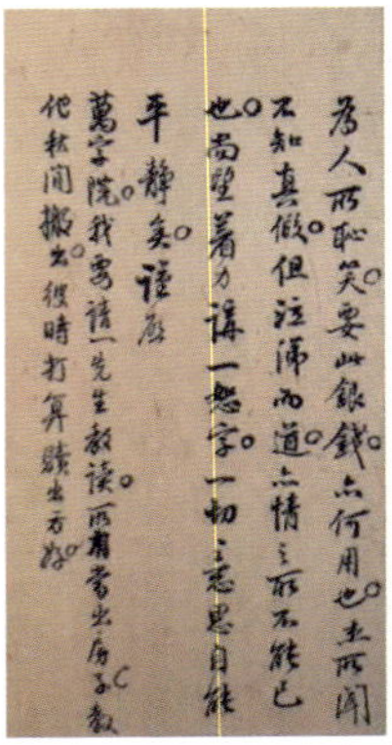

1

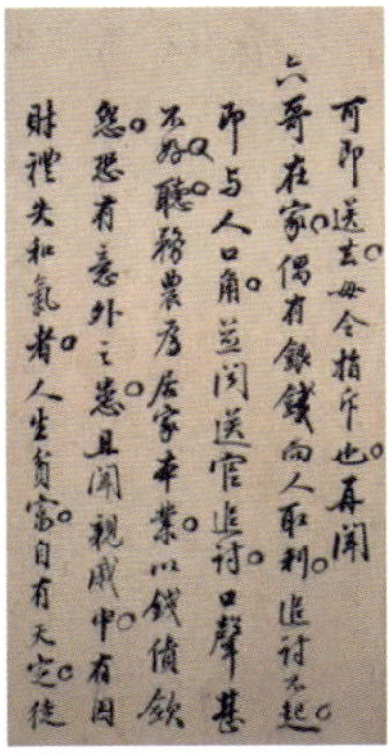

2

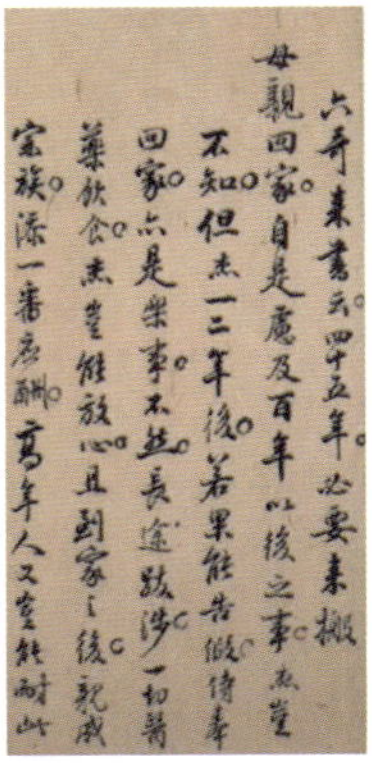

3

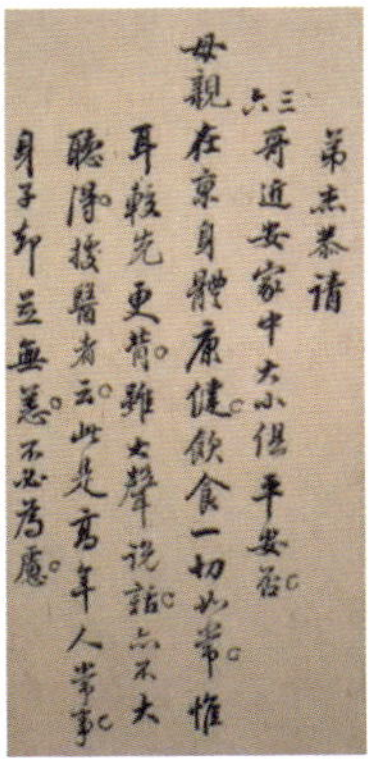

弟杰恭請
三六哥道安，家中大小俱平安。
母親在京身體康健，飲食一切如常，惟耳較先更背，雖大聲說話亦不大聽得，據醫者云此是高年人常事，身子卻並無恙，不必為慮。

4

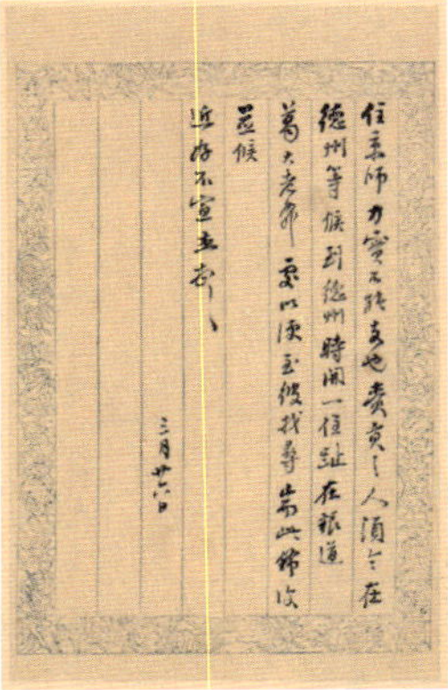

5

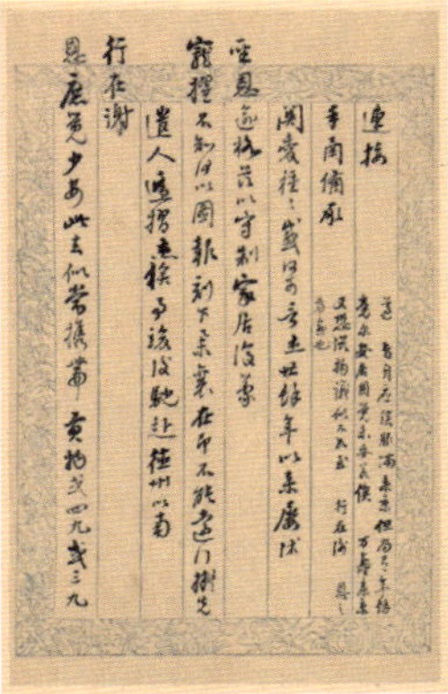

6

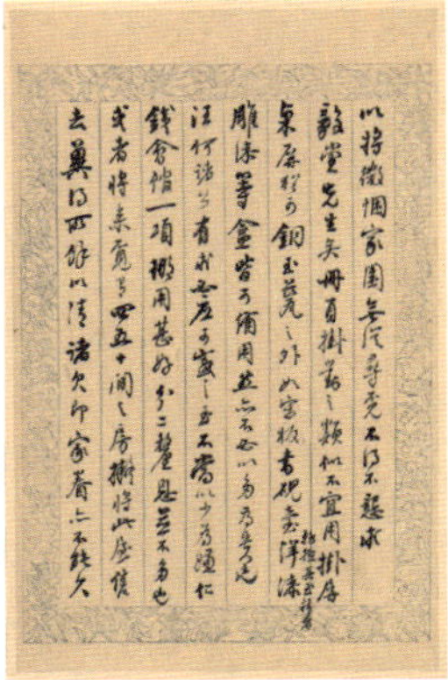

7

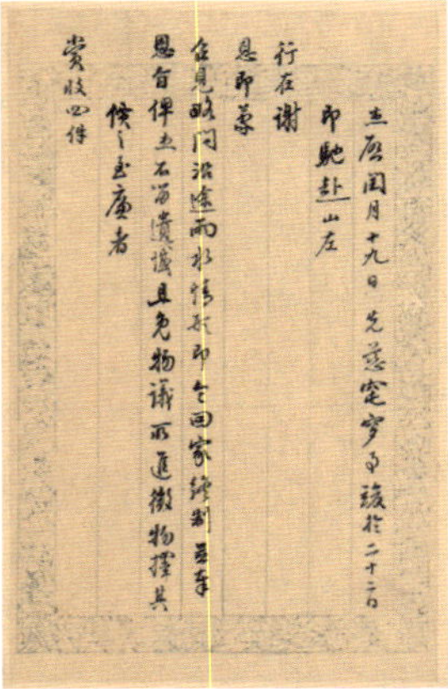

8

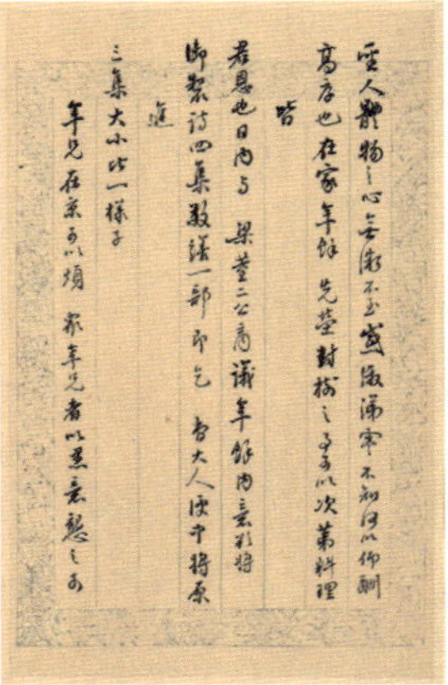

9

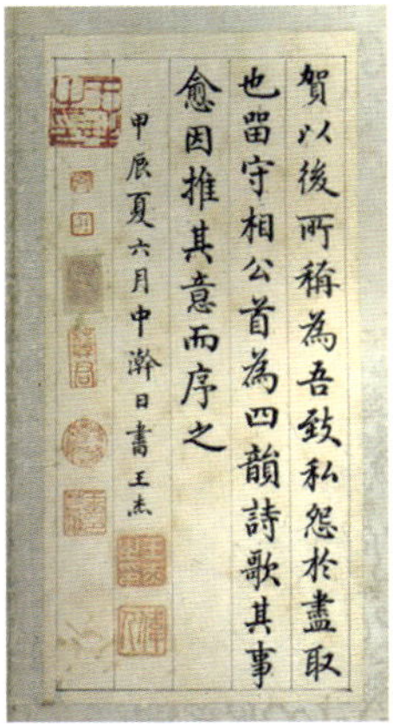

賀以後所稱為吾致私怨於盡取也。留守相公首為四韻詩歌其事，愈因推其意而序之。
甲辰夏六月中澣日書 王杰

10

1. 2. 3. 4. 乾隆四十四年王杰写给哥哥的信，共八页，记家事甚详，并劝告二哥不要放高利贷。

5. 6. 7. 乾隆四十九年三月，王杰在韩城丁忧期间获知升任兵部尚书后写给京宅管家的信，谈及至德州水次迎驾谢恩与购办贡件之事。

8. 9. 致京邸管家的函，写于乾隆四十九年四月中旬，即王杰于石屯汛大营迎驾谢恩的次日。

10. 乾隆四十九年王杰在乡丁忧时所书韩愈《送温处士赴河阳军序》，末页。

1

1.《钦定四库全书》文渊阁本，王杰任四库馆副总裁，较多参与了该本的审订进程。
2.《御制平定廓尔喀十五功臣图赞序》玉册，王杰名列第四，绘像已失。

2

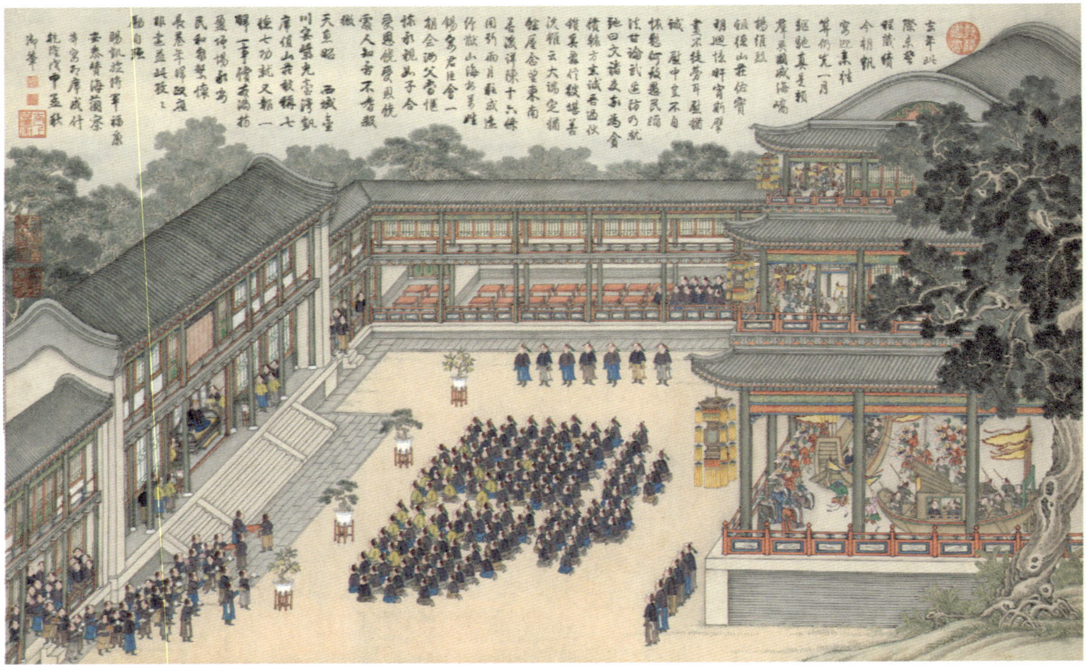

1.《平定台湾战图册 · 清音阁凯宴将士》，王杰因参预军机，列名紫光阁绘像十五功臣中。

2. 为庆祝乾隆帝八旬万寿，备办贺寿贡品，王杰也曾煞费苦心。

【第五章】

皇上的栽培

纵观王杰的仕宦生涯，显然比多数人要顺利，应是得益于乾隆帝的着意栽培。不管是由探花拔为状元、在馆读书期间出任考差，还是提督学政，皆出于皇上钦定，堪称一种特殊的际遇。

平实看待这个问题，你会发现：科举时代，很多状元都会得到皇帝的格外青睐。而今学风浮嚣，“状元”一词被严重滥用，每年高考都会出现无数状元：省状元、市状元，文科状元、理科状元……而在古代状元实在是太稀有了，除非增加恩科，三年才有一次会试，一次仅有一名状元，是以得到朝野尤其是皇帝的高度关注。在仕宦上，状元中仅有少数位极人臣，大多数并不顺畅，也正是因为总被人“盯着”，因为纸上功夫毕竟要经过实践检验。还记得乾隆帝对王杰的那句简评吧——“人竟似可用者”，欣慰中包含着一份庆幸。

第一节　翰林院的“快车道”

王杰在福建督学，差不多经历了一个半任期。为避免考场舞弊，各省学政依照《钦定科场条例》规定不得参与乡试事宜，却也会为考试结果牵肠挂肚。三十三年九月，待福州贡院乡试揭晓后，还有在十月举行的武乡试，以及考选贡生等事，哪一项都马虎不得。通常的交接在当年十一月进行，可不知哪里出了状况，王杰一直到十二月十六日才与新任学政阿肃办完交接，踏上归程。

有此一耽搁，本可回京过年，就变成一家子在路上迎接新岁。王杰的离职返京，应是与母亲、妻子儿女一道，而从时间上判断，也是一路匆匆赶行，没有游览名胜，也未能留下纪程的只言片语。我们不知道他与家人在何处过的春节，只知其回到京师的时间，是在次年的正月二十七日。

一、不在现场的升迁

写到这里，应对翰林院和詹事府的沿革略做介绍。

这两个机构本来各有职掌：翰林院“掌国史笔翰，备左右顾问”，事务繁杂，可称为天子的文学侍从和秘书班底；而詹事府本来是专为太子服务的，清代于康熙朝后不立太子，便失去了主要功能，曾被合并撤销，恢复后作为翰林官员的升转之地。如此独立与不独立也就没了差别，因而被合称“翰詹”。这个时期的王杰，就是忽翰忽詹，在两个机构之间跳来跳去，较快完成了从中低级向中高级官阶的过渡。

自明朝开始，一甲进士直接入翰林和庶常馆，“非进士不入翰林”“非翰林不入内阁”，内阁大学士也绝多出自翰林院，贵重尊崇无可比拟。清代分满缺汉缺、满员汉员，官制较为复杂，而对翰林院仍大体沿承明朝制度，推崇依旧，甚至门槛还有所提高。及乾隆帝继位，为杜绝翰林官员日久怠惰，每隔几年就会亲自命题，进行“翰詹大考”，将他们一锅烩，复将考砸了的逐出翰林，或直接撤职——王杰的恩师孙景烈就是一个不幸的例子。

比起一般部院的中下级官员，翰林有较多机会接近天颜，因而容易被皇上发现和快速擢升。可这也是一把双刃剑，一旦出现失误，或留下不佳的印象，就难有出头之日。以乾隆帝为例，其目光炯炯，善于识拔人才，果断予以升用，同时也极为挑剔，先入为主，且很难改变。吴嗣富便是个例子，从未见他出过差错，似乎到最后仍是一介编修，而同年状元庄有恭，早已位至江苏巡抚了。

王杰性格中有陕西人的耿介执拗，是以不如庄有恭升迁之速，但其步履更为稳健。外任学政期间，不在翰林院的他也没耽误升职：三十二年升为侍读，从五品，级别虽低，却是关键的一个台阶；三十三年六月升为詹事府右春坊右庶子——春坊又称春宫（即太子宫），明代常以内阁大学士掌领，此时仅为五品官——兼翰林院侍读衔；至当年十月，再升为侍讲学士。

这个职位为从四品，算是个司级官员了，而如果放外任，一般要做省里的按察使。

翰林院历来人才密集，位置较少，即便加上詹事府的内设机构，依照遇缺推升的原则，想上一个台阶都甚难。通常说来，担任学政者由于待遇较优，又属奉差在外，升迁之事就排不大上了，而王杰则一直在“小步快走”，其中有品德学识和办事认真等原因，有皇上的青睐，或也有尹继善与陈宏谋的推助。二人皆为当朝重臣，又了解王杰的为人和能力，为国选才，何乐而不为。

可以肯定的是，王杰绝没有走恩公的门子，甚至联系也不会太多。若是他那样做了，以二人的秉性，反而不会去推荐了。

二、武会试副总裁

回到京师后，王杰作为侍讲学士，“掌撰著记载”，定期在宫中值班，再次走近乾隆帝身边。其沉静庄重的品貌，严谨周详的处事风格，不趋奉、不抱团结伙、不事张扬的独立精神，都会使皇上欣赏有加。

乾隆三十四年，序在己丑，是一个科举的会试年，又分为文武两科。文科于四月间举行，以协办大学士吏部尚书刘纶为正考官，吏部左侍郎德保为副考官。岂知在礼部揭榜后、殿试前的磨勘试卷阶段，发现第二十名梁泉卷中存在较多讹误。磨勘，即另派大臣带一拨人对取中试卷进行复核。该科由兵部尚书陆宗楷主持，奏报经磨勘官王显曾核查梁泉朱、墨试卷，签出的瑕疵谬误之处“多至四十余签，请旨罚停殿试二科”[1]。乾隆帝亲加审读，认为“疵谬之处层见叠出，而文亦不佳，本不应中。此而滥中，则佳文致遗落者反多”，传谕将梁泉革去进士，并要求对正副考官和同考官分别做出处分。王显曾为二十五年进士，早王杰一科，时为御史，以“悉心磨勘，据实指出”得到皇上表彰，一年后派往台湾任巡台御史。

武科在秋九月举行。当月十三日，武会试之期临近，有旨：“命兵部右侍郎宋邦绥知武举；以刑部右侍郎张若溎为武会试正考官，翰林院侍讲学士王杰为副考官。”[2]此为王杰第一次参与主持全国性考试。武科虽然不如文科之重，亦国家抡才大典，所有典试之人皆出于皇上钦点。武会试于九月初五日举行，分为内外场：外场正副考官四人，钦派领侍卫内大臣、满洲大学士和都统担任；内场正副考官二人，钦派内阁、六部、都察院、翰林院、詹事府各堂官充任。“揭榜之日，由兵部堂官携印入场钤榜，张挂部前”[3]，很是郑重。

武会试外场先考骑射：首场马箭射毡球，即骑在马上射移动目标，二场步箭射布侯，为布制的靶子，“均发九矢，马射中二，步射中三为合式”。接下来考试技勇，有开弓，分八力、十力、十二力，看能否拉开引满；舞刀，分为八十斤、百斤、百二十斤之刀，验看能否舞动自如；掇石，则在测试臂力，石块有二百斤、二百五十斤、三百斤之别。合格者编入“好字号”，骑射、技勇皆优为“双好”，一项优秀为“单好”，可以进入下一轮即“内场”笔试。

作为武会试的副考官，王杰负责内场，有两道论题：“首题用《论语》《孟子》，次题用《孙子》《吴子》《司马法》。”[4]对参试武举，答卷要求与文科自有较大区别，而录取亦颇难把握。按照武科规则，应尽量先取“双好”，可达到骑射技勇皆优的往往不太通文墨，文理晓畅者又常在“单好”中，为此大费周章。张若溎为雍正八年进士，阅卷经验丰富，分寸把握得恰当，在他的带领下，王杰与同考官阅卷认真严谨，未出任何差错。该科共取中四十七名，时当对缅甸用兵之际，乾隆帝对新科武进士的关注愈于往常：十月初十日在太和殿举行策试，十二日于紫光阁“阅中式武举骑射”，十四日“阅中式武举技勇，并复阅骑射”，十五日御太和殿传胪，赐钱治平、金富宁、林天洛三人武进士及第，其余分别为武进士出身、同武进士出身。林天洛后来担任台湾镇北路协副将，为该岛中南部及北部的最高将领。

三、尹继善掌院

三十四年九月二十八日，尚在武会试的紧张阅卷期间，乾隆帝发了一道谕旨，命王杰“署日讲起居注官”[5]。在此之前，他已经升任詹事府少詹事[6]，具体时间不详，正四品，对于进入日讲起居注馆是一个必要台阶。

作为在皇帝身边“记言记行”的文学近侍，日讲起居注官不难知晓，乾隆帝此时的心事大半在征缅之役上。此役起于边界争端，由局部摩擦到大军对决，清军屡吃大亏，折损甚多，前任云贵总督刘藻以兵败自杀；继任的大学士衔云贵总督杨应琚以隐瞒败绩被诛杀；曾在新疆建立大功的悍将明瑞率侍卫和满洲兵赶到，小有斩获后冒险深入，被围负伤后自杀……弘历愤恨已极，整个春节期间都在思考和部署新的对缅作战，调兵遣将，发布了一道道谕旨。尽管清军几次受创，乾隆帝对缅军仍很轻蔑，只是觉得绿营兵不顶事，内地的驻防满营也不太行，决定从黑龙江、吉林征调索伦马队，跨越千山万水去云南打仗。

为取得第四次对缅作战的胜利，皇上钦派内阁首辅兼首席军机大臣傅恒前往经略军务，赐御用盔甲各一，并由火器营调拨四门冲天炮和炮手赶赴前线。本要举行隆重的出师典礼，傅恒婉拒，“迅速趱行，沿途到站换马，并不住宿”，直奔中缅边境。傅恒掌领军机已二十年，此一离去，次枢尹继善便排在最前面，昼夜值班，处理前线军报，转发皇上谕旨，尽心尽职。老尹老矣，而傅恒长子福隆安作为和硕额驸、兵部尚书，已于一年前进入军机处，排名虽靠后，却更为皇上倚信，负责处理日常事务。

傅恒时年四十九岁，英毅果决，精细勤慎，抵达不久即督率大军分三路杀入缅地，水陆相应，连连获胜。缅军固守老官屯，难以攻克，清军水土不服，患病而死者甚多，副将军阿里衮染瘴身亡，傅恒也身患重疾。而缅军压力更大，觉得难以与清朝为敌，遣使请和，傅恒斟酌战场大势，遂奏请罢兵。当年十二月，清军开始陆续撤退，军机处解除战时状态，尹继善被任为翰林院掌院学士。

昔日恩公成为新上司，对王杰当然是一件大好事，而一向爱才惜才的老尹主管翰林院，也是众翰林的福气。又过了十天，皇上命“以翰林院掌院学士尹继善充日讲起居注官”[7]。虽然都叫日讲起居注官，其间的差别可大了去了，老尹以内阁大学士掌领翰詹，兼领起居注馆，平日是不用轮值的。

第二节　文学侍从

一般说来，南书房行走、翰詹官员都可称皇帝的文学侍从，其范围还应扩大到内阁学士、侍读学士乃至中书，扩大到负责撰文的军机章京。至于内阁大学士和军机大臣，尽管辅弼国政，参赞机务，也要经常给皇上做点文秘之类事情，只是级别太高，不宜简单称为文学侍从了。

王杰也是这样，入翰林后由普通的文学侍从做起，渐而至皇帝身旁近侍，而至内阁学士、尚书和大学士，一步一个台阶，行稳而致远。

一、日讲起居注官

所谓“日讲起居注官”，实际上是两个职位：日讲官，职责为每日或隔日给皇帝讲解经史；起居注官，则是每日轮班在皇上身边记录其言行。二职为一班人马，又都出于翰林院，故通常连在一起称呼。

康熙帝的早期教育不系统，亲政后极为好学，重视经筵和日讲，在三藩叛乱、军报纷沓时也不间断。玄烨的日课至二十五年（1686）始停，积累了数百万字的讲义，传谕将所有讲稿整理出版，以作为未来皇帝和皇子等学习的教科书，如《日讲四书解义》《日讲易经解义》《日讲书经解义》《日讲春秋解义》《日讲礼记解义》等，因卷帙繁多，工程浩大，至乾隆十二年才全部完成，多数收入《四库全书》。

康熙中后期，不再举办日讲，而翰林院侍读、侍讲、侍读学士、侍讲学士的职务仍在，起居注官之前仍要加上“日讲”二字。清代的起居注，要随时接受皇帝检查审核，早已不敢像古代良史那样秉笔直书。而一些年轻翰林记述既不认真，有的又不懂保密，将见到听到的事情在宫外乱讲，玄烨晚年曾为此专发长谕：

> 起居注衙门自古未有久远设立者，亦有旋立旋止者，或因所记不实故耳。朕听政之日，记注官入侍，伊等局蹐无措，岂能备记谕旨！侍班汉官归寓后纂写数日，方携至署，与满官校看，又每争竞是非，则其遗漏舛讹可知。谕旨皆有关系，惟朕朱书谕旨及批本发科者始为的确，其起居注所记，难于凭信也。[8]

一年之后，起居注馆被撤销，雍正元年才得以恢复。翰林院也从此事上接受了教训，尽量选择资深且沉稳者推荐，严禁泄密，所记也是能简则简，如流水账簿一般。

与乃父不同，胤禛自幼受到严格的皇子教育，长成后也有多年在上书房继续读书，对儒家经典浸润很深，是以遵循礼教制度举行经筵，不再开设日讲。弘历在这方面更为自信，不光没有日讲，对经筵程序也做了一番改造。原来的日讲起居注官遂为专职记注，额设满员十人、汉员十二人，在皇帝御门听政或举行典礼、祭祀时轮班侍直，出巡时扈从，当值时默记，退值后赶紧补写。如此每月两册，每年二十四册，先成草本，由总办记注官审核、掌院学士阅定，标明记注官姓名，盖翰林院印封存。每年年底编成起居注册进呈御览，然后以正本交内阁存储，副本留翰林院。

起居注馆为翰林院内设机构，所做记注则容不得差错和懈怠。王杰署任日讲起居注官，自此进入宫中园中的值班表。就在这一年，他写了一篇《陕西韩城会馆碑记》，曰：“吾韩公车北上与谒选者向多僦居旅次，咸以为非便。乾隆三年戊午，有以乡大司寇张公旧邸倡为会馆，计者乃谋诸邑绅士，各输资有差，得五百有奇，遂成此举，韩之有会馆自此始矣。地西临宣武门外通衢。”韩城会馆位于南城，也是王杰赴京考试的居住之地，他对重修不光掏腰包资助，还受乡党委托，为之题写了碑文。

王杰初任日讲起居注官时，有一个“署”字，包含试用的意思。而他显然是称职的，不到半年，在三十五年的二月，就转正了。[9]

二、内阁学士

转眼进入乾隆三十六年（1771），又是一个“京察年”。所谓京察，指对京官的全面考核，三年一次，逢子、卯、午、酉年举行。这是王杰中进士后的第十个年头，前两次考核都在福建学政任上，由福建巡抚出具评语，现在已回京任职两年，自然要参加京察。

此类考核虽常流于形式，也是在任官员的一道关口。朝廷隆重其事，钦派王大臣领衔，由吏部具体负责实施。高官如部院尚书侍郎、都御史副都御史、内阁学士，包括各地总督巡抚等，要由吏部提交履历业绩清单，皇上最后定夺，称为“列题”。三品以下和翰詹正五品以上官员，也是由吏部提出清单，一体引见候旨，称为“引见”。拟写清单的前提，是各部院长官对下属的奉职情况依照“三等四格”出具的考语：一等为称职，二等为勤职，三等为供职；再以守、为、政、年为四格。一等者要求守清、才长、政勤、年青（或壮、健）。在这次京察中，王杰列于一等：

> 吏部带领王大臣京察验看之四五品京堂翰林院侍读学士哈靖阿等四十四员引见。得旨：哈靖阿、德昌、李中简、王杰、胡高望、曹文埴、奇臣、刘松龄、傅作霖俱准其一等；费元龙、玛兴阿、赫植俱年老，均着原品休致；余依议。[10]

仅这些已升侍读学士或开坊（即升为左右春坊）的资深翰林，已达四十四员之多。稍后的一拨是翰林院编修曹仁虎等五十一员，内阁侍读学士锦柱等三十五员，可知朝中文学侍从之人数众多，想从中脱颖而出，真是难之又难。

未见王杰的奔竞走动，关学所提倡的“不通声气”，在其一生中始终凛遵不逾。他只是踏实做事，在任何位置上都是如此，甚至有意疏远两位权柄显赫的恩公。这次引见在四月初九日，半个月后，王杰被擢升为内阁学士，兼礼部侍郎衔。

该年适逢崇庆皇太后八十寿辰，京城一派节庆气氛。弘历为母亲的“八旬万寿”特开恩科，天下举子又多了一次会试机会，聚集京师。历来科举中故事很多，本届会试居然有一个叫李炜的举子超过一百岁，而年过八十的有十八位，年过七十有十六位。乾隆帝大为欣悦，以为是国家祥瑞，颁布圣谕，赏给李炜国子监司业职衔，并赏给八十岁以上举子翰林院检讨职衔、七十岁以上者国子监学正职衔。

皇上发了话，礼部、吏部即会办理相关职衔文书，分发赏赐的银锭缎匹，以及庆贺宴会。王杰也要参与其间，跟着一通忙碌。他会忆起十年前的会试吗？应该会的，那也是一届恩科，是崇庆皇太后的七十大寿。

三、南书房行走

六月初三日，有旨命“兵部侍郎觉罗奉宽、内阁学士王杰教习庶吉士”[11]。庶常馆为“进士后”教育，精英荟萃，历来被视为培育国家栋梁的最高学府，由皇上钦定满汉大臣各一人为教习，即“大教习”是也。王杰自此馆毕业仅八年，就以内阁学士主持馆务，既有乾隆帝的赏识信任，也是莫大的荣誉。同在一甲的其他二人，榜眼胡高望为五品庶子，探花赵翼先是外任知府、道员，本年因事贬职，竟成为小小一个经历，而王杰已是从二品大员。

六月十二日，王杰又接奉新的兼职，与工部尚书裘曰修、少詹事彭元瑞、侍讲沈初“俱在南书房行走”[12]，又是一个众翰林企望艳羡的职位。

南书房，位于乾清门内西侧，对面就是乾清宫，而与皇帝在宫中处理政务的养心殿距离甚近，向为文学侍从的值班之所，创设于康熙十六年。

此处本为康熙帝读书之所，俗称南斋，张英、高士奇等受命入值，陪同玄烨读经论学，吟诗作画，是为翰林进入南书房轮值之始。后历朝相沿，选择一些学行兼优之士备垂询，论经史，兼以起草诏令谕旨，皇帝巡幸时随扈左右。雍正帝成立军机处后，一般由军机大臣撰拟谕旨，而将南书房作为翰林入值之所，故士人多视之为清要之地，以能入南书房为荣。至乾隆帝，亦将南书房作为“木天储才之要地”，称作“南书房翰林”，钦点进入者皆一时之选。王杰能被选中，再一次证明其在皇上心中的地位。

在不少方面，南书房行走与日讲起居注官的职责重合，如王杰即同时兼任二职，但与皇上的接触更为密切，地位上也要高一些，算是文学近侍吧。

第三节 恩公相随而逝

几乎每个人一生中，尤其是那些成功人士，都会遇到几位真诚关爱和提携推助者，即通常所说的“贵人”。王杰出身贫寒，一路走来也得到不少人帮助，最为重要的两位乃尹继善和陈宏谋。二位恩公先后入阁，成为当朝重臣，却没见王杰奔走其门的记载。

风度凝然，是史籍评价王杰的一个关键词。以“凝”字喻性情品德，如凝正、凝重、端凝、贞凝，词义甚美，真正做到又极不容易。在帝王专制体系中，在严格的等级制度下，在宠臣佞幸把持朝政的时候，在利益诱惑与权势胁迫之际，多数人（其中的多数是读书人）趋附逢迎，心涣神散，骨头是轻的，王杰却始终能自持自重。即便对昔日长官和恩公，像尹继善、陈宏谋这样亲近敬爱的前辈，正因为二人的位高权重，他反而不去走动，绝不去攀缘夸耀。

一、鸟入青云倦亦飞

王杰自福建返京时，尹继善和陈宏谋已回朝任职：尹以文华殿大学士管理兵部，军机大臣，国史馆、三通馆正总裁，尚书房总师傅；陈为东阁大学士，兼工部尚书。皇上对他们还会偶尔有所指责，绝多情况下则是温礼有加，尤其对已是儿女亲家的尹继善。而老尹更为谦谨，甚至有几分惴惴不安。袁枚记述继善在南京的一次雅集，彼此唱和，尹得句“鸟入青云倦亦飞”，接连念诵数遍，竟然止不住潸然泪下。〔13〕翱翔于青云之上，世人多以形容志向高远，又几人能解高官巨宦那倦翅难收的苍凉？

王杰的晋升应有两位恩公的提携推助，而今二人都老了。年纪略大的尹继善尚觉精神健旺，还要掌管翰林院，担任殿试读卷官，陈宏谋则不断患病，身体每况愈下。三十五年七月，陈宏谋再以老病兼至请求解任，皇上不准；至十月再次上疏，乞请回原籍，得旨“俟河开时乘船而归”；十二月“又恳请开缺”，谕令“工部事务暂停兼管”。〔14〕乾隆帝多次派遣大臣到其府第探视，命太医诊治，百般慰留。

三十六年二月初三日，乾隆帝由圆明园启銮，奉皇太后巡幸山东，命大学士尹继善等留京办事。尚在直隶境内，就接到陈宏谋的奏折，称衰病过甚，精神恍惚，已不能正常在内阁办事，若仍留在高位，内心实觉不安，恳请解任，以得在家安静养病；待病情少愈，即起程返回故乡。乾隆帝勉从所请，“加太子太傅，食俸如故，赐诗及冠服”，命其孙兰森护送归乡〔15〕。所赐冠服，是指皇上御用之物，诚为一种莫大荣宠。赐诗的最后两句是这样的：

> 岂弗惜离留未可，最怜言去恋尤真。〔16〕

说的是陈宏谋在奏折中所表达的那份依恋难舍之情。那时对大臣的任职并无年龄限制，因此老臣的辞归也是一门大学问，张廷玉就因请辞惹恼了乾隆帝，几乎获罪。笔者没找到陈宏谋的奏章，但从皇上的赠诗，可知他写得真切动人。这也是发自肺腑的，是真实的，君臣之间三十余年相处，越是到后来，就越加真挚和亲切。

应予补记的是：三十年后王杰因病求退，措辞、步骤，包括嘉庆帝的慰留相待之诚，均与恩公极为相似。

二、诀别之际

此时尹继善的身体状况也很不好，先是不良于行，后来发展到卧病在床。闻知陈宏谋告归，皇上准行且赠诗，他扶病和作一首，题为《陈榕门相国予告归里，蒙恩赐诗以宠其行，诚异数也，余在病中，闻之不胜欣感，因恭和御制元韵即以送别榕门》：

> 谁似悬车拜赐频，临行又复捧恩纶。春风鼓棹花迎客，白发归乡锦满身。眠食依然心自乐，（榕门虽亦在病中，而眠食却俱如旧。）荣华到此福才真。交情五十余年久，卧病何堪送故人！〔17〕

情谊深笃，而于那恩荣归乡的字面热闹中，蕴含着永诀老友的无尽悲凉，读之令人动容。

通常说来，乾隆帝很希望办事周详的尹继善扈从出巡，命他留守京师，实乃因其已然病倒。就在上一年的七月，傅恒病逝，尹继善成为首席军机大臣，料理缅战善后，主持全国军政事务，昼夜操劳，身体渐觉不支。乾隆帝看在眼里，特命在京察中对内阁大学士尹继善、刘统勋、阿尔泰、刘纶予以“优叙”。而在以往，因“内阁大学士以领袖班联，向不与列”，应该说其他几位沾了老尹的光。〔18〕此谕颁于三月十四日，弘历陪同崇庆皇太后登临泰山瞻拜曲阜先师庙、周公庙后，已踏上返程。陈宏谋仍然在京，因已经得旨解任，不在优叙之列。

就在东巡的归途中，乾隆帝还对尹继善的身体惦念不已，派御医罗衡前往诊视，并命军机大臣传谕：“本日报到，知大学士尹继善病体未痊，精神较前稍减，闻之殊为眷念，现派御医罗衡诊视。罗衡医理尚属去得，尹继善宜遵旨服药，不可执中医之说；并令尹继善安心调摄，俾得日就平复，用慰朕怀。”看到这里不免有些恍惚，那时的皇家太医院，已有西医了吗？

离京前，陈宏谋特地去向老友尹继善辞行。前面所录老尹的赠诗，以袁枚之见，即在这次告别时吟成。《随园诗话》卷八：

> 尹文端公，与陈文恭公同年交好，各任封疆四十余年，先后入相乾隆己丑，尹公卧病，陈以老乞归。尹在枕席间，力疾赠诗云：“闻公予告出都门，白发还乡锦满身。早岁《霓裳》分咏句，卅年玉节共班春。到家绿酒斟应满，回首黄粱梦岂真？我老颓唐难出饯，将诗和泪送行人。”〔19〕

从来“诗话”“词话”中多见擅改原作，袁枚尤如此。作为曾经的密切文友，他对尹诗多有修订，对仗更为工稳，却失去不少天然真切。至于此年被写成“己丑”，亦袁枚之误。

三、老臣之死

按照事先奏报皇上的时间表，陈宏谋“于三月望后起程，赴天津迎驾”〔20〕。这是他作为老臣的一片忠君之念，也是一种特别的辞行，即在返乡途中迎候乾隆帝归京的御舟，然后再由大运河乘舟南下，经过江浙返回广西。作为一个刚解任的内阁大学士，自也不难得悉皇上的行程，四月初二日御舟停靠武清县宝稼营，宏谋已在岸边迎驾。弘历很高兴，当即赐见。君臣亲切叙话，陈宏谋奏报此行路途遥远，带了一个叫徐璋的候补小官，此人略通医术，以便在路上随时诊视，希望能由吏部审核一下，再请皇上看看“可否准其发往广西，交抚臣酌量委用”。乾隆帝当即表态：将徐璋派发广西，交广西巡抚陈辉祖“酌量委用，不必带领引见”。宏谋又奏：这次返回原籍，其孙刑部主事陈兰森也跟随归乡，皇上此前赏给的所有官房，理合缴还。乾隆帝更干脆，说："不必缴还。"[21]这次召见持续良久，结束时，弘历命侍从搀扶陈宏谋离开，赏赐内缎及御制诗章，诗曰：

> 北来恰值返南舟，邂逅因之睹面诹。川楫已辞惜长往，风帆非利却难留。归乡自乐桑兮梓，释病当怡林与丘。雅意岳阳楼记语，行哉宁忘退时忧。[22]

如果说此前有过一些误解与责难，此情此景，此语此诗，都可见出乾隆帝对陈宏谋的那份敬重感念，十分真切。

对于尹继善的病情，乾隆帝也非常关心，返京后多次派侍卫前往府上看视。袁枚还说皇上曾打算亲自去尹府探望，搞得府中上下好一通忙乱，后来应是没有去。[23]老尹的病情似乎有所好转，四月二十日还在工作，以大学士、军机大臣身份向两江总督高晋发出廷寄，孰料第二天就与世长辞。此时陈宏谋行至天津，闻知噩耗，立刻就要回京祭拜，经家人极力劝阻，始作罢。

对于陈宏谋的告老还乡，乾隆帝为表达尊崇之意，传谕经行之处，"地方官在二十里以内者照料护行"。而其行甚缓，一则皇上有旨，沿途官员便要争相挽留宴请；更为主要的，应是陈宏谋的病已然沉重，不得不停下来治疗。就这样走走停停，"讵意至是月（六月）朔，渐觉躁急不宁，饮食罕进，因进清疏之剂。次日神气少清，自知不起，因命孝等至前，口授遗疏……初三日，卒于山东韩庄舟次"[24]。

对于尹继善和陈宏谋的接连辞世，乾隆帝很沉痛，传旨致哀，赐祭葬，予谥号，命入祀贤良祠，恤典隆盛。八年后，乾隆帝撰《怀旧诗》，分"三老""五阁臣""五功臣""五词臣"等，以尹继善列于"五督臣"之二，备极赞扬，"政事既明练，情性复温厚，所至皆妥帖，自是福星辏"，诗前小传曰："尹继善公正端厚，所至以爱民为先务，故甚得名誉，临事不动声色，而小大悉就理筹画，河工诸务并协机要"，"三次承办南巡，不涉华靡，不事科派，实能深体余意，尤足嘉焉"[25]。曾经的那些呵责一扫而光，全然是赞誉之词。

四、临桂弟子

乾隆帝此次东巡，作为南书房侍从的王杰是否随扈在侧？不清楚。《葆淳阁集》未见这方面内容，但因王杰很少写诗，尤其是很少记录那些随驾出行，或与巨宦名流在一起的事，所以也无法论定。

如果留在京师，以王杰的品行，在尹、陈二人患病期间，他会多次前往看望照顾；在陈宏谋离京还乡时，他一定会去送行，并且会送很远；在尹继善病逝时，他会去吊唁和帮助治丧；而在得到恩师陈宏谋卒于德州的噩耗，即便没有赶过去的可能，他也一定会做一些事情。笔者费了很大功夫，希望能找到一些史料，但是没有。

王杰淡泊名利，留下了不多的文字，由他的后人和门生编成一部文集，也有几篇应酬之作，当属无法推却所为。他在文中也偶尔涉及交谊，但一般不写自己，不记述曾为老师、恩公、翰林前辈做过些什么。尽管如此，人们仍清楚王杰的仁厚醇正，对陈宏谋对他的关切提携津津乐道，也将他视为陈宏谋的衣钵传人。《清儒学案·临桂学案》引录陈宏谋的代表性文章和语录，如：

> 学问须看胜似我者，境遇须看不及我者。昔年爱此二语，书诸座右。嗣是三十余年，益觉道理精当，无所不包，亦确乎不可移易。倘境遇看胜似我者，则怨尤忮求，无所不至；学问看不如我者，则骄傲怠惰，亦无所不至。学术，人品，事功，出乎此则入乎彼，以此为人鬼关头可也。

还有陈宏谋的《自箴十则》：

> 谨言语以寡过，节饮食以尊生，省嗜好以养心，耐烦劳以尽职，慎喜怒以平气，戒矜张以集事，绝戏谑以敦礼，崇退让以和众，

慎然诺以全信，减耗费以惜福。[26]

在王杰身上，可见出对陈宏谋这些箴规的认真遵从，从入仕之初到位极人臣，未见变化。或也正由于如此，王杰被视为唯一的临桂门人。他的一些文章和语录，也被列入学案之中，与恩师的言论相衔接。

第四节　从南昌到杭州

乾隆三十六年是一个乡试年。六月十六日，有旨命“内阁学士王杰为江西乡试正考官，编修曹仁虎为副考官”[27]。江西属两江总督管辖，读书之风颇盛，虽不能与江浙比肩，也可称科举大省，参试生员众多，有时会闹出点儿幺蛾子，是以历来选派考差都很慎重。

一、江西乡试正考官

这次选派的王杰与曹仁虎，为同年进士，同入庶常馆深造，散馆后也都留在翰林院。而不同的是：王杰已是内阁学士兼礼部侍郎、南书房行走，俨然卿贰大员；曹仁虎还是一介编修，秩在正七品，相差悬殊，心中自也会有几分不平衡。

可不要以为曹仁虎乃一介腐儒。能进入翰林院，真正迂腐者其实极少，即使那位曾任陕西学政、被王杰终生奉为恩师的吴嗣富，亦非愚钝之辈，只是难入皇上的法眼，便长期沉寂下僚。曹仁虎，嘉定人，“少称奇才”，二十二年乾隆帝南巡时献赋，召试列为一等，赐举人，授内阁中书，属于弘历亲自识拔的人才。《清史稿·文苑二》有传，写他“以文字受主知，声华冠都下，屡典文衡”，“每遇大礼，高文典册多出其手”[28]。仁虎与王杰不同，应是自幼家境优裕，所收宋元善本颇多，以文学名重京师，与王鸣盛、王昶、钱大昕等互相唱和，并称“吴中七子”。这是多数翰林的活法，花花轿子人抬人，彼此赞扬渲染，博取眼球，也有点儿像抱团取暖。而王杰则从一开始就不凑热闹，默默做职内之事，安静读书。

闻命不久，王杰与曹仁虎束装就道，于八月初二日赶到南昌。根据《钦定科场条例》：乡试之期在八月，由朝廷委派的正副考官主持考试，本省巡抚亲自监临，初六日举行入帘上马宴，内外帘官皆与宴，然后主考官率同考官进入公堂后的内龙门，由监试官封门，专注于批阅试卷，与帘外不相往来。考试分三场，每场考三日，在初八、初十、十四日进场。本届江西乡试有七千九百多名考生，阅卷量之大，自可以想象。九月初九日张榜揭晓，依照江西的名额，该科取中九十四名举人、十八名副贡。解元为陈元澄，后来未能通过会试，其贡卷却保留下来，上面有学政大人的批点，誉以“透辟精深，独开户牖”，大约类似于今日之高考范文吧。

王杰为这一届的《江西乡试录》写了序，也较为难得地吐露了一些真情，说到了自己：

> 伏念臣陕右末学，至微极陋，辛巳恩科蒙我皇上拔置一甲一名进士。通籍以来，仰荷天恩，屡持文炳，十年之间超列崇阶。今岁叠邀恩命，教习庶常，旋充内直，宠荣逾分，惶悚弥深。兹复膺抡才江右大邦，抚衷循省，祗惧交并。爰星驰就道，于八月初二日抵南昌，届期入闱……

此乃一篇序言，而非奏折，文中反复使用“臣”字，表达的是对皇上的无尽感戴之情。王杰从不缺少自信，也从无骄矜，在他看来当初由探花拔为状元，近年不断被擢升高位，包括这次到江西主考，都出于皇上的特达之知，不独没有丝毫扬扬自得，还为此深感惶恐不安。祗惧交并，即敬畏恐惧，小心谨慎。这不是一句敷衍的空话，而是王杰在主考阅卷过程中的态度，后此数十年间主试，皆如此。

在这篇序言中，王杰简述所秉持的阅卷和录取标准：

臣等入闱后交矢公慎，昕夕搜罗，别裁正伪，取精深则黜其骩骳，登华藻则去其浮靡。其在《易》曰“言有序”，又曰“言有物”，臣每执其二者以抉择而衡量之，而蕲有一合，诚不敢不殚竭愚忱，以仰副皇上兴贤吁俊之盛典，而要不能自信其悉当无遗者也。[29]

王杰主持阅卷时认真细致，又不敢把话说满。而他一直研读《易经》，所说“言有序”即章法结构和逻辑性，而“言有物”则在经世致用。此说与方苞的“义法”相合，王杰用之于科场之上，成为阅卷的重要标准。

二、一道新旨

每逢乡试正科，也是各省学政任满更换的年份。皇帝的旨意通常在九月初发出，届时会有一些被选中的翰林官员正在各地主持乡试，谕旨由监试的巡抚转达，于极为辛苦的阅卷过程中获得新恩命，不啻喜从天降。

该年九月初二日，乾隆帝传谕任命一批新学政，如彭元瑞为江苏学政、朱筠为安徽学政、曹文埴为江西学政、沈初为河南学政……都可称一时俊彦，日后在政坛多有作为。人们称翰林为天子侍从，是指其前程无量，而出任学政，几乎是走向阁部大臣的一个必要台阶。王杰也在新任学政的名单之内。江西巡抚海明于九月十八日接到吏部咨文，传达了内阁转发的上谕，以“王杰为浙江学政”。上谕还特地提到在外出试差者，说他们如果拘于成例返京请训（即接受皇上召见，听取训示），需要驰驿往返，未免过于折腾，指令他们在发榜后直接前赴任所。对于学政之职责，乾隆帝强调了十二个字：

公慎自矢，整饬士习，兴起文风。[30]

说白了，就是自身公正谨慎，整顿端正士习，大兴读书之风。

王杰与曹仁虎本应是参加过鹿鸣宴后就一起回京的，有此新任命，只好分作两路：王杰留下来为赴浙江督学做准备，仁虎则直接返京。同年同窗，如此不同的待遇，真让曹仁虎郁闷，可又能怎么样呢？到京后，仁虎单衔呈上一份奏折，报告自己“奉命典试江西，于九月九日揭晓，二十一日自江西省城起程，今已到京”。他显然有一肚皮的不服气，折中竟一字不提王杰，以副主考自称典试江西，也显得不妥当。这也提醒我们，对于王杰的跃升状元和扶摇直上，他的一些同年，也包括翰林院同事是少不了“羡慕嫉妒恨”的。乾隆帝目光如炬，岂能观察和感受不到，在折上批曰：

中材。小鬼头而呆，不可。[31]

不是有一句“性格就是命运”吗？其实德行、学养、胸怀也都与命运相关。弘历常在这种地方考验和观察臣子，本来对曹仁虎有些好感，至此为之改变。“小鬼头”应指其性格的活泛，爱耍小聪明，而“呆”则是说举动太着痕迹，仍不出书呆子的套路，真真是剖析入微。

从主试之地直接赴职，首先面临的问题是缺少准备，出考差时自会带一些换洗衣服和私人用品，但与常住大不同。巡抚海明在折片中说到王杰没带“冬间服用长衣”，要在南昌添置一些。其实更主要的是招聘阅文幕友：浙江历来为科举大省，按试时批阅试卷的工作量很大，至少需要六七名幕友，又要尽量找稳妥的和外省的，颇费心力。好在王杰数年前做过一任学政，胸有成竹，九月二十六日由水路起程，赶往杭州。

三、翰林生涯

抵达杭州学署后，王杰给曹仁虎写了一封信，虽未得见，推想不外通常的问候之意。有意思的是，曹仁虎在收到王杰函件后诗兴大发，连作七言排律二首。诗中提到了一些王杰在翰林院的生活和交游，颇为难得，录此并略做解析。其一：

去年煖寒倾竹叶，夜阁招邀赏初雪。当筵八咏创新题，（去岁与惺园同赋雪中八景。）刻烛争传句超绝。苔笺半幅手自书，腕力生稜钗股折。越燕两地忽分襟，妙迹弃藏未漫灭。萧斋清景故依然，独惜流光如电掣。君今拥传握文衡，老眼宁愁花眩缬。情怀映月湛冰壶，咳唾随风霏玉屑。吴山云树浙江潮，天末空劳远望瞥。冷吟闲醉定谁同？离绪茫茫不可说。梅花想象赋新成，漫道广平心似铁。

开篇追述二人去冬赏雪赋诗的情景，称赞王杰书法苍劲精妙，说已珍藏家中；接下来描述二人的差别，王杰提督学政，自己冷居萧斋，感叹光阴飞逝……

其二由南昌同主乡试扯开来，并忆及在庶常馆读书等情：

章江渡头船一叶，秋水涵天浪如雪。与君分手向江边，（今秋偕惺园典江西乡试，惺园即视学浙中，以九月二十一日别于南昌城外。）祖帐骊歌最凄绝。燕台南望路迢遥，惜别经时心欲折。朝来贻我双鱼函，怀袖摩挲字不灭。十年仙籍旧同登，瀛海灵鳌让先掣。宵归院烛照金莲，晓起宫袍拥紫缬。西窗暇日互招寻，四座从容听谈屑。竹林把臂忆风流，良会匆匆眼空瞥。相思命驾定何因，昔款还从书素说。莫嫌踪迹易睽离，结契终应比磁铁。〔32〕

诗中的王杰，并没有人们想象的那样呆板，暇日会与友人聚饮唱酬，会当众侃侃而谈，也很重同年之谊，南昌分别时将仁虎远送至郊外，抵浙后复致函问候。这些使曹仁虎觉得温暖，其实也令他愈加心结难平，而所说“让先掣”“结契”云云自是虚头巴脑，言不由衷。

王杰在收到赠诗后有何回应？不得而知。

【第六章】

官场上的读书人

如果将敉平大小和卓的叛乱、收复西域视为清朝鼎盛之巅峰，而仅仅过了十年光景，国家的内政和外交便出现了一些状况：与沙俄的关系持续紧张，贸易时断时续，由东到西的漫长边界线处处皆埋有火药桶，而清廷傲慢且不以为意，并不增兵设防；国内则不满情绪上升，接连发现清水教等秘密帮会，预示着巨大风暴的来临，清廷高调缉拿惩处，却剿除难尽。三十六年春，征缅之役还未结束，小金川再次发生变乱，乾隆帝命大学士温福率军讨伐，一场历时五年的内战、恶战、绞杀战自此拉开帷幕。

定鼎北京已百年有余，清军的总兵力和武器装备早已今非昔比，而作战思想、部队训练等几乎是一成不变，仍是皇帝命将出征，远程征调。黑龙江与吉林马队被抽调赴前线，从极东北到大西南，斜穿大半个中国，不仅旷日持久，花费巨大，而且本来的精兵也成了疲惫之师。弘历也将身边的侍卫派往金川前线，让他们在战场上厮拼，以历练将才。这些战事与翰林院无太大关联。譬如王杰，还是做他的太平臣子，出差主持乡试，然后赴浙江提督学政。王杰是官场上的读书人，所做多关乎人才的培养与选拔，关系到国家的未来，乾隆帝对此也看得很重。

第一节　初任浙江

做过官的人都知道，同样的职务，会因地域的不同存在很大差异，学政一职亦然。自康熙朝开始，清廷就做出规定：对江苏、浙江、直隶学政的选配标准，明确要高于其他省份，养廉银也较为优渥。比如前一任浙江学政周煌，乾隆二年进士，庶吉士散馆后由编修、侍讲至内阁学士，以兵部左侍郎职衔至浙督学。

浙江历来为人文荟萃之地，又是王杰曾长期生活过的地方，被派往这里任职，在他来说是愉快的，接旨后当即恭折谢恩：

此逾格之殊恩，迥非意想所敢及。伏念学政职责綦重，而浙江尤为大省，臣自顾凡庸，殊深祗惧，惟有凛遵圣训，益励微忱，矢慎矢公，力图奋勉，以冀上酬高厚鸿慈于万一。[1]

谢恩折往往是一些套话，王杰则能于老套中显露真情，那是一份发自内心的感激。

一、缺席的大庆

三十六年十月二十日，王杰抵达杭州，与前任学政周煌办理交接，接印视事。他向皇上简报了抵任情形，也报告一路经过各地平静安宁，“询之农民，收成俱属丰稔，粮价甚为平减”[2]。这份奏折到京时，距皇太后八十大寿的正日子（十一月二十五日）已经很近了。

乾隆皇帝孝心浓重，为此特开恩科，又在春节后陪同母亲去了一趟山东，登览泰山，瞻拜孔庙。而随着寿辰临近，庆贺活动更为密集，各省争相举办经坛，一些退仕老臣也纷纷赶到京师，同时赶来的还有各地盐商等，各显神通，一步步将京师推向喜庆的巅峰。乾隆帝是这次贺寿活动的总导演：命礼部拟定“皇太后万寿圣节庆贺礼仪”以及“进册宝典礼”，表彰赏赐那些赶来贺寿的耄耋老臣，并不断发布谕旨，恭上皇太后徽号。弘历还以自己的名义呈上一份“奏书”，“大学士由内阁奉奏书出，陈设彩亭上，华盖御仗前导，导迎乐作，内阁礼部官前引，大学士、学士、礼部堂官随引，至畅春园宫门外”，“大学士奉奏书入，至九经三事殿，置正中黄案上，内监总管恭奉奏书，诣皇太后宫陈设”[3]，然后才是身着礼服的乾隆帝出场，恭进奏书。至于文中那些秾艳华丽之词，不知出于谁的手笔，也就不费征引了。

皇上如此，臣子自然跟风而上，各种各样的献礼和表忠心蓬然而起，各地督抚等官也大肆进贡。乾隆帝专发谕旨，说诸臣表示一下心意，“自属礼所宜然”，但贡物太多，甚有一些金器，就有些过分了；像这样踵事增华，若到了皇太后九旬、百龄大庆，又该如何办理？他要求总督、巡抚、将军等官“各尽职守，实心宣力，共佐升平之治”，不必在此类事情上过分用心和花费。就在同日发出的另一道谕旨中，乾隆帝对福建布政使钱琦提出批评：

> 昨据钱琦折奏：伊母顾氏情殷效祝，恳展献芹蚁悃。朕以其情词肫切，颇为嘉悦，因准其呈览。及阅所进各件，金器竟居其大半，则不合理矣。因留其最轻之香锦二种，以遂伊母之请，余俱发还。伊母顾氏年登耄耋，受戴将忱，尚属分所应尔。然亦只宜香件及绣画佛轴，或少附瓷玉诸器，方为得体。即欲恭进佛像，亦止可古铜旧范，以备供奉。乃专以铸金为重，则不类伊母所为，直是钱琦托名自进矣！现在督抚中有列金器呈贡者，朕尚以其不知体朕恤下之恩，过于糜费，通行饬谕，况藩司乎？且铸金之事原属无谓，毋论外省匠工成造不精，难于适用。而朕尊奉皇太后，以天下养，宝贵之物何所不有，岂屑此外间金器乎！〔4〕

钱琦为浙江人，乾隆二年进士，出身翰林，时任福建布政使，袁枚称其“立朝有风节，外任多惠政”，应非贪臣。而此次挖空心思，以母亲之名进贡，却因过于追求贵重被斥责，搞得灰头土脸。

十一月二十日，乾隆帝奉皇太后由畅春园回宫，一路彩棚相连，鼓乐喧哗，在宫中天天设宴，“崇上徽号，恭进册宝”，种种盛况，也就不必去详述了。本以为王杰也会恭折称贺，可并未发现。而由钱琦以母亲之名进贡可知，称贺与进贡都是要论资格的，王杰似乎还够不上格，一向端严自重的他也就安安静静地待在外地任职，不来蹭这个热度。

为庆贺母亲的八十大寿，乾隆帝普降恩泽，王杰也被加一级，他的祖父母、父母、妻子都获得封赠。这是一种例行的恩典，王杰上疏谢恩，并恳求加恩于曾祖父和曾祖母，获得恩准。

二、朱批上的告诫

其实对于乾隆帝来说，这一年的忧患多于喜乐：征缅之役尚未结束，小金川又复变乱，也是一块极难啃的骨头。

阅读此一时期的史料，分明能感觉到这位大皇帝的焦灼烦乱。弘历的天朝意识和盛世感极强，对缅甸和小金川战事开始时都有些轻忽，虽也选择优秀将帅，调集大军和重炮，却都是要求尽快获胜，并于数千里外时加遥控。云南前线，在清缅之间签订和约之后，弘历仍命副将军阿桂以偏师袭扰敌军，见其并无动静，一怒之下将阿桂降为兵丁，接着又发往四川。而对川藏交界处的小金川，先是以为四川之兵就可拿下，遇到挫折后斥革川督阿尔泰，调湖南巡抚德福代理，再调军机大臣温福前往领军，见进展缓慢，又开始责骂温福……

本年也有一个大好消息，那就是蒙古土尔扈特部首领渥巴锡率领部众东归故国。土尔扈特部不堪忍受沙俄的残暴统治，毅然决定重返祖国和故乡，而其间的错综复杂和浴血抗争更是一部大书。尽管渥巴锡曾收留过一些准噶尔叛乱时潜逃之人——其中有杀害清朝官员的舍楞，乾隆帝还是敞开怀抱，接纳了这个几乎陷入绝境的部落。当然清廷也不无警惕戒备，特派御前大臣、蒙古亲王、固伦额驸色布腾巴勒珠尔率兵赶往伊犁，说是专程迎接，实则兼做防范。弘历传谕伊犁将军舒赫德接济土尔扈特部众，又下令“密为留意”。九月初八日，渥巴锡与众台吉至避暑山庄朝觐，乾隆帝亲自撰写了一篇《土尔扈特全部归顺记》，回忆康熙朝即派员至俄罗斯伏尔加河流域联络该部，今日终于举部来归；也说到朝中颇有人存在疑虑，甚至提出要坚壁清野，事实上土尔扈特部确实是决心回归，“自斯凡属蒙古之族，无不为我大清国之臣”[5]。在此文之后，还有《御制优恤土尔扈特部众记》，专记朝廷和伊犁将军衙门对归国同胞的周到安排；《御制土尔扈特部纪略》，简述该部的历史与汗王世系，颇为难得。

三篇御制文很快分发各地，王杰在抵任后读到，当即写了一份贺折，曰：

> 欣知土尔扈特台吉乌巴什等率众投诚，皇上于热河召见筵宴，中外臣民莫不踊跃欢忭。钦惟我皇上化洽寰区，恩敷遐徼，德威远播，咸梯山航海而来；惠恺覃周，悉就日瞻云以至。兹土尔扈特台吉等率众投诚，倾心向化，我皇上本天地好生之德，施中外一体之仁……所有微臣欢忭愚诚，谨恭折奏贺，伏乞皇上圣鉴。[6]

大约是由于阅读邸报不细，王杰的第一句便说错了——渥巴锡才是这次率众来归的土尔扈特首领；而乌巴什（通称策凌乌巴什）已在多年前率部离开土尔扈特，时为卫拉特杜尔伯特部台吉。至于说土尔扈特部倾心向化，皇上有好生之德，措辞上也都显得发飘打滑，遮蔽了这一事件的复杂性。

乾隆帝一向挑剔，对臣下犯错不假颜色，王杰的贺折使他觉得荒唐，但还是留了些面子，朱批：

> 汝学问颇好，此文孰欠根据也。

在皇上来说，措辞已经是够客气的了。而此事对于王杰，则是一个难忘的教训。

三、学政生涯

与上一任的匆忙至福州接棒、立马要到各州府巡回科试完全不同，王杰的第二个学政任期是从容开始的。此时的他已有了四年督学的经验，有了在皇上身边的历练，已是礼部侍郎衔的内阁学士，是令人艳羡的日讲起居注官和南书房翰林，对于朝廷和官场的运作，也较为熟悉了。

从雍正六年到乾隆七年，王杰与父母兄长在杭州城及郊县住过十五个年头，度过了整个幼年和少年时代，留下的记忆是亲切的。浙江学署历经前任经营，宽适洁雅，他在抵任后稍做安顿，就把母亲和家人接来，公务之暇，与母亲聊天叙话，批阅经史，也指导儿子读书。此时王杰的长子埰时二十七岁，老二塝时二十一岁，老三堉时十五岁，均为程夫人所生。两个年龄大的儿子皆已娶妻，堉时是国学生，不知是留在京师，还是随父任到杭州。

督学的主要工作是到所属各州府巡考，称作按临、按试。在职三年期间，第一年先进行岁考，属于学业检查，所有府、州、县学的诸生都必须填报姓名、年岁、籍贯、体格与三代履历，编成名册，参加考试。通过阅卷分别优劣，酌定赏罚，再由学政衙门将清册上报礼部存档。据商衍鎏《清代科举考试述录》，清代岁考生员有“六等黜陟法”：文理平通者列为一等，文理亦通者列为二等，文理略通者列为三等，文理有疵者列为四等，文理荒谬者列为五等，文理不通者列为六等。一、二等属于优良，可以享受经费补贴；考三、四等者就要分别处分；若是考在五、六等，不光不许科考，前程基本上就没了。有句俗谚“讨饭怕狗咬，秀才怕岁考”，指的就是这些。而正因为关系到考生命运，稍有不公不慎，也会酿成事端。

浙江下辖有十一个府，生员也比其他省份为多。王杰抵任不久就开始岁考，三月份先考宁波、绍兴二府，奏报“文风俱有可观，士习亦尚驯谨”〔7〕；下半年巡考杭州、嘉兴等五府，读书风气就差了一些。他事先叮嘱监考官员“密为访查一切招摇撞骗枪冒等弊”，在现场也处处留心，果然在杭州考场拿获两名作弊者，即予以惩处。〔8〕自此以严著称。其他考场也发现个别违纪之事，“随时即行斥革，发交府县讯究，以示惩儆”〔9〕。至三十八年四月底，历时一年有余，始得完成岁考。接下来马上就要开始科考，为参加乡试的资格考试——县学通常只有前三名获得参试权，竞争更为激烈。巡回考试还包括武生，每至一地连考试带阅卷，大约需要十天，再加上考核教官，加上赶路，差不多半年就过去了。

留在杭州的日子，料理完公务，王杰即在署中安静读书。学署很是宽大雅洁，有亭台水榭，花木繁盛，前任周煌颇有名士范，常在署中宴请同僚或文友，吟诗作赋；而王杰爱好独处，素不喜呼朋引类，也不注意打理园林，“在任三年未尝属意，园为之芜焉”[10]。今存一封王杰写给梁山舟的短札，是希望到梁府去拜望，又事先声明不在那里吃饭。山舟乃梁同书之号，钱塘人，乾隆十七年进士，翰林院侍读学士，以书法名世，行楷兼擅，为大学士梁诗正之子，父逝后坚不出仕。梁山舟平素端厚稳重，不喜结交，却与王杰十分相契。[11]

除了奏报按临各地考试的情况，王杰较少递送奏折，倒是皇上心细，常会让送折人捎回一些赏项，如貂皮、荷包、银锭、绸缎之类，令他极为感动。

第二节　人生的小插曲

一个人或长或短的一生，除少数至亲挚友长久陪伴，大多所遇之人都是匆匆过客。即便如此，也会留下一些难忘的记忆，成为生命中一段插曲。而记忆中的温暖往事，也可能在现实中变了味，令人烦恼叹息。前面写到杭州是王杰自幼年就居住，待过十余年的地方，这次来任学政，母亲也得以重来故地，心情愉悦，可未想到家庭的一位故人，就给他下了个套。

一、故交设下的骗局

王杰任浙江学政的第二年秋天，在衙门接到一份署名苏州民妇吴丁氏的呈状，写道：有一个儿子七岁时卖给韩城王客，多年不知音讯，恳求学政帮助查访。王客，通常指姓王的外地客商，这里又明确说是来自韩城。王杰不免寻思，但家中并无去过苏州之人，当即命门丁退还呈词，并向对方解释了几句，也没有太留意。

三十八年（1773）二月初，有一位江西庐陵人来访，名叫刘景铬，倒真的是家中旧交。雍正间，此人之兄刘景曾担任浙江海宁守备，与王杰之父廷诏交情很深，而景铬随哥哥在杭州居住，彼此间都很熟悉。故人来访，自然很亲切，更高兴的应是王杰的母亲，接谈絮话，不免回忆起当年艰辛，好一番感慨唏嘘。刘景辂的哥哥大约已经去世，临别时，王杰送了他十二两银子作为盘缠。对于经济上从来不宽裕，又有一大家子人要养活的王杰来说，这笔钱可不是个小数目。

几天后，王杰即离开杭州，出棚考试（即到各府巡考，因府州考点称作考棚，故名），到六月初二日才回省。刘景辂又来学署，请求一见。王杰为人谨慎，见此人长期待在杭州，担心会有什么招摇撞骗的事，命人暗中调查，也不再接见他。岂知刘景辂不光不离开，还送进一封信来，竟然还是去年那档子事，说是在苏州看见民妇吴丁氏，已是思子成疾，再翻阅《吴氏家谱》，“永龄官名下，注有‘七岁出继韩城王廷诏为子’”，又说吴丁氏急欲同大儿赶到浙江学署认亲，自己竭力劝阻，并答应当面转告此事。这封信写得很细，像是事实真切确凿，主要意思是说苏州吴丁氏卖给韩城王家的那个儿子，就是王杰本人。

王杰读后大为惊异，当即将刘景辂传唤至府中询问。景辂以为计谋得逞，没准儿还在心里琢磨，希望能讲得更加逼真可信，还要表达自己的复杂感受，可一入门便知大事不好。王杰对自己的身世没有丝毫怀疑，恼怒的是这种小儿科的骗局，居然是刚刚资助过的一位故交所为。他将信中的漏洞与支离破碎之处一一指出，逐条严厉质问，刘景辂张口结舌，无言应对，紧张得匍匐在地，汗如雨下；接着追问刘景辂怎样认识的苏州吴丁氏，“如何商量投书”，刘也只有磕头求饶，结结巴巴吐露了一些。

到了这个时候，磕头已是没用了，不管其出于一时贪念，还是本性恶劣，都必须加以惩处。假如因一念之慈饶过，事情将传播到社会上，弄得真假难辨。刘景辂年纪应该在六十岁左右，不停地哭求念在世交的分上相饶，却不知自个儿已突破做人的道德底线。王杰大致审明事情原委，对细节不再多问，即差人押着刘景辂，到其住处拿获吴丁氏之子吴虔益（呵呵，可能正在静等好消息呢），然后“一并发交仁和、钱塘二县究审”，所有涉案人员，也被迅速抓捕或传唤到案。

为此案，王杰专门奏报皇上，讲述了一段家史：

> 臣父于雍正七年携带臣胞兄弟三人、同堂兄弟五人随任读书，维时臣年已五岁，里邻亲族俱所周知。臣兄弟八人在浙，皆臣母一人缝纫浣濯，抚摩鞠养，臣母之劬劳历历如在目前。今臣母年已七十有五，恩勤顾复之私，皆臣自有知识以来所日习而莫能言喻者，岂有无端可以摇惑之理！今刘景辂、吴虔益等竟敢凭空污蔑，希图挟诈，实出意想之外。事属琐猥，本不敢上渎宸聪，缘臣既告知抚臣，发交地方官审办，理合据实缮折奏闻，伏乞皇上睿鉴。[12]

这是一段感人至深的文字，童年家境之艰辛，母亲勤苦持家之境况，以及整个大家庭为培育下一代读书上进所做的努力，均在其中。一个多年前的旧交，为了发财牟利，竟然想去离间人家的骨肉亲情，实属匪夷所思，却也由此牵出当事人对尘封往事的记忆，牵出他对慈母的无尽敬爱之情。王杰会将此事告知母亲么？应该会的，那也是一位饱阅世事、通情达理的老人。

自打十二年前亲自将王杰定为状元，乾隆帝对他的关注与好感从未改变，读此一折后，朱批："小人辈图利何所不为！抚臣从重入罪，亦所当得耳。"不仅不认为此系琐屑细事，且对王杰有了进一步了解，其所表露的浓重孝心，以及秉公处理此案的原则性，都会获得皇上的认可。

二、荒唐事中的市井心态

乾隆帝所说的小人，即市井中人，这是一个活力四射的群落，见利忘义，是此辈的通病。明代中晚期出了一部《金瓶梅词话》，先以抄本流传，借小县城清河之名写市井百态，帮闲捣子，三姑六婆，无不曲肖其唇吻口角。而曹雪芹此时已写成一代巨制《红楼梦》，尚处于辗转传抄时期，虽说以宁荣二府为重，但也少不了此类人物。这个刘景辂看来也是混迹市井，艺不高而人胆大，结果演砸了。

趋炎附势，实乃市井中人亘古不变的根本属性。王杰由京师前来督学，官位虽不算大，身上的光环却是那些督抚将军比不了的，顿时传说纷飞：第一个是他的状元身份，当朝天子不仅钦命将他的殿试卷由第三改为第一，还亲自写诗题赞，自然是一段佳话；第二个传说与本地相关，那就是学政大人儿时曾随父亲来杭州读书，如何聪明颖悟，如何八岁善书擘窠大字，谁谁是他的启蒙教师，谁谁每天背着他出城门去上课……《石门县志》即有类似记载，笔者花了不少工夫去考证，结果发现多数不靠谱。

正是第二个传说的不断扩散，引起了苏州一个吴姓家庭的极大关注，也就是本案中的吴虔益与母亲吴丁氏。雍正年间，吴丁氏有一个年幼的儿子，小名永龄官，卖给在江南做生意的韩城王姓客商，多年无有音信。听说新任浙江学政姓王，韩城人，年龄与小儿相仿佛，立刻联想到可能是咱家的永龄官。一家子越想越觉得不可迟疑，如果是这样，岂非天大好事！误了这样的好事，岂不是太可惜了！吴虔益随即由运河水路赶往杭州，在船上遇到杭州人杨文进，聊天时讲起此事，文进也很有兴趣，给他指点了一个寻亲的路径。到达之后，虔益前往学署投书，没想到王杰将呈文退回，根本不给他一个见面的机会。估计虔益也会从各种渠道做些了解，那位途中相遇的杨文进或也帮着分析，复觉可能性很小，也就悻悻然回家去了。

天下事常常是无巧不成书。三四个月后刘景辂来杭，与杨文进乃老相识，闲谈时扯出这段话头，景辂即告知两家世交，刚刚拜访过王学政，得到友好接待、赠送银两等情。刘景辂表示吴虔益访弟这件事如果能落实，使骨肉团聚，也是一件善举，要求文进写一封信给吴家，自己可顺便到苏州查问。杨文进不允，大约是知道此事不实，也了解刘景辂的为人，没有答应。

刘景辂好像发现了一座金矿，杨文进不给写信，就动手伪造了一封，赶到苏州，打问到吴家，询问永龄官出继的凭据。虔益母子没准还以为是学政派来的，热情款待，并拿出一份手抄家谱，谱内清晰记载着“永龄官出继韩城王客”。其子出继韩城王姓人家的证据有了，可“王客”只能是指姓王的客商，与做官的不搭界。刘景辂脑筋一转，要他们改为“出继韩城王廷诏”，虔益立刻照办，找来本家吴再安帮忙抄写。一份假证据编造完毕，二人即携带同往杭州。刘景辂倒也没有把话说满，告诉吴家：见面后如学政自认就是永龄，自是大家都有好处；如果不认，也可求他给一些资助。他们兴兴头头地赶到学署门外，报进去，没想到却是不许进入。景辂无法下台阶，于是便写了前面所说的那封信，被王杰送交地方官审讯。

此事闹到这步田地，王杰不光交官查办，也专门向巡抚衙门通报了案情。时任浙江巡抚为三宝，满洲正黄旗人，伊尔根觉罗氏，喜欢读书，曾历任多地，很有办案经验，即行传来仁和、钱塘两知县，命他们查明“如何起意，如何商谋”，“务须抉出真情，方不致稍留疑窦”。事涉学政，又有抚台大人严命，属下敢不用心办理。此案实在不复杂，很快就将一干涉案人等拘到，问了个清清楚楚。

永龄官的父亲名叫吴志道，于雍正十三年将次子出继与陕西韩城籍客商王斑嘴，即做帽缨生意的王客。那年永龄七岁，而王杰已十一岁，随父母在杭州读书。吴氏家谱中所谓出继，当是典卖的委婉说法。后来王斑嘴携永龄返乡，吴志道去世，便没了音信。吴虔益乃家中长子，赴学署投书前后应听到一些信息，包括学政的年龄，回去告知母亲，未想到来了一个刘景辂，把一潭静水再次搅动起来，才有了二次赴杭之举。

三宝也为此专折奏报皇上，写道：

> 臣亲提研鞫，具属确实：查吴氏抄谱王姓之下本无名字，刘景辂私自添注“王廷诏”以实其事；又永龄七岁出继，今止四十五岁，而学臣系五岁随任，今年四十九岁；且学臣之父历任出仕，并非客商。其种种虚捏固不待辨，惟诘其因何敢于凭空妄冒之处，则称学臣与伊世好，即使败露，或不致十分加罪。〔13〕

研鞫，意味着反复审讯和用刑。胆敢诈骗到二品大员头上，又如此辜恩负义，少不得要吃些皮肉之苦。抚台自会怀疑刘景辂惯行招摇撞骗，经过严讯与调查，还真的就干了这一件。

刘景辂是成心要设局诈骗吗？即便开始时不一定，后来也是成心。他早年曾与王杰家熟悉，不会不知道王廷诏乃税课大使，并非做生意的王客；不会不知道王家男孩众多，亲兄弟就三个，日子过得紧紧巴巴，怎会再过继他人之子；不会不知道王杰比那个永龄官大好几岁，年纪对不上。那又怎么样呢？景辂还知王杰与母亲皆心地善良，又很是念旧情，即便不成，也可以借口关心王杰身世，为之奔波操劳，得到一笔酬劳。这是一个无耻小人，为了钱财可以无所不为的小人，自以为算盘珠子拨拉得很精。岂知叙旧是温馨美好的，却不可去利用故人的善良，对成为高官的故人更不可以欺瞒蒙骗，待丑行败露，再磕头求饶已是迟了。

判决很快下来：刘景辂“发近边充军”，吴虔益“杖一百，徒三年”；吴再安“代为抄谱”，杨文进“多言滋事”，皆被杖责八十；吴丁氏免议。大致遵照皇上所说的从重，但仍留有余地，王杰替刘景辂等人说话了吗？不清楚。

三、王杰的幕友

乾隆三十八年岁末，遵照皇上的谕示，礼部开始核查各地学政的幕友。

幕友，又称作幕僚、幕宾、幕客，也就是俗话所说的师爷，各级衙门中都有，属于长官聘任的私人助理，帮助处理各项公务，其薪水从官员的养廉银中开支。清代有“无幕不成衙”之说，幕友在衙门中操办公务，也互相联络呼应，产生了不少弊端。历朝皆对此做出一些限制，如不许在辖区内和附近地域招聘，在幕五年必须更换等，其实也解决不了根本问题。而学政衙门又有特殊性，由于养廉银较少，有的就尽量少聘幕友，由此就造成阅卷水平不一，以及评卷迟缓，造成考生为等候发榜长时间聚集，有时还会起哄闹事……

学政按临各府考试，阅卷后分为六等，先将考一等者张榜公布，进行复试，然后再公布二、三等名单。而就在这一年的秋天，四川学政吴省钦为加快进度，奏请将一、二、三等同时公布，被礼部驳回，认为学臣不能早日完成阅卷之事，大多数是想节省费用，不肯多延聘幕友造成的，提议皇上发一份训示，饬令各省学政“实力妥办”。乾隆帝深以为然，立即专发谕旨，曰：

> 国家所给学政养廉本属丰厚，原以资其办公之用。若于延致幕友尚思靳惜廉金，不肯多延名幕，致以人少误公，已昧人臣敬事之义。且任学政者不思校士育材，而斤斤惟养廉是惜，其鄙陋尚可问乎！嗣后各省学政，务须通晓大体，多择工于阅文之幕友，即极小省份亦不得不及五六人。并着各督抚留心稽察，如有不肯多延幕友、办理周章者，即随时据实奏闻，毋得稍涉徇隐。将此通行饬谕知之。〔14〕

皇上的敕谕自是理直气壮，然学政也有实际难处：通常一年养廉银只有三千两左右，衙门办公、巡考各府、家丁吏役、养家糊口都在里面，其中幕友的薪水较高，是以尽量少请。

谕旨指令各地督抚留心察看，举劾那些不守规矩者，却并未要求他们必须上报。浙江巡抚三宝询问王杰，告以聘了八位幕友，不久后王杰去外地巡行科考，三宝也就把这档子事忘了。岂知到了三十九年五月，突然接到大学士于敏中的公函，催促他报送学政衙门幕友的名单，遂赶紧向王杰询问，得到了这样一份名单：

> 该学政延至幕友姓名籍贯：一系陕西西乡县举人、原任江西永宁县知县杨武，一系江苏溧阳县举人、原任福建永定县知县彭光斗，一系江西南城县举人谢其情，一系江西奉新县进士徐曰言，一系江西新城县进士杨元藻，一系湖南华容县举人周克遂，一系江苏嘉定县廪生汪炤，一系江苏金坛县附生于琛等八人，在杰署阅文，开送臣处。〔15〕

其中的谢其情、徐曰言、杨元藻应都是王杰主持江西乡试时发现的人才，有师生之谊。徐、杨在次年得中三甲进士，大约要有一个候任的时间，便一面等待，一面到座师的衙门中历练一番。

浙江巡抚与学政同驻杭州，在其三年任满后，应以密折提交一份全面评价。乾隆四十年二月，王杰已任满回京，三宝提交了一份评语：

> 遵查前任学臣王杰，臣自前岁三月调任浙江巡抚，到杭州时，该学政考试外郡公出，后回省接考科试，臣先后逐一留心体察，见其所办各府考试均皆迅速，考拔等第及取进生童，舆论咸称允洽。臣于上年钦奉谕旨，查奏学政幕友折内业经据实陈奏，仰蒙圣鉴。至其学问本优，足称师儒之席，而于吏治事件亦颇留心。臣每于公事会晤，察其为人心地坦白，才识优裕，操持亦复廉谨，但不无稍有偏急之处。若再加以历练，自可日冀开展。今王杰已钦蒙圣恩擢用刑部侍郎，该员自必益加奋勉力图上进，以供任使。[16]

三宝为乾隆四年翻译进士，由翰林外任道员、布政使、巡抚、总督，阅历甚广，后成为内阁大学士，兼礼部尚书，有古大臣风范。他对王杰的评价很高，也很中肯，值得留意。

第三节　会试与秋审

乾隆三十九年（1774）十一月中旬，王杰完成提督浙江学政的三年任期，离开杭州回京，接替他的是工部侍郎李友棠。友棠是雍乾间名臣李绂的孙子，乾隆十年二甲进士，选为庶吉士，散馆时考列第一名，曾任巡台御史、福建学政、《四库全书》副总裁。此也可证乾隆帝对于浙江学政的选择，历来标准都很高。

一、由工部到刑部

这次学政调整之初，对王杰的安排是接替李友棠的工部右侍郎。当年九月初二日，乾隆帝发布谕旨："谢墉、李友棠俱出学差，工部汉侍郎无人，王杰现在换回，即着署理工部右侍郎事务。"〔17〕工部虽列于六部之末，而掌管各类营建、制造、水陆交通、军装军火，事务丛杂；具体到右侍郎，主要是"兼掌宝源局鼓铸"，即皇家造币厂。可既然说是"署理"，应是没想让他在这个位置上长期待下去。

学政与考差不同，任满回京后似乎不需要专折奏报，是以不太清楚王杰何时回到京师。以常规推测，如果他奉母由水路返回，大约需要一个月，当在十二月中旬抵京。而未容喘息，便接到新的任命，让他接任刑部右侍郎。〔18〕

刑部掌管国家司法，职事甚重，以省份、部院、八旗等分为十七司，加上督捕司、赃罚库、律例馆、秋审处等，二级机构仅少于户部。此时胡季堂刚由江苏按察使晋升刑部右侍郎，三个月后兼顺天府尹，再两个月转为左侍郎（同级官员以左为上）。季堂精强明练，虽非科举出身，已在政坛混得风生水起，早被乾隆帝看在眼里。让王杰去接替他的位置，无疑也是一场考验。

一年一度的秋审，是刑部最重要的事务。秋审，一作"秋决"，即每年秋天由刑部会同大理寺等，对原判死刑的四类案件集中审核，提出意见，奏请皇帝裁决。从程序上说，秋审堪称严格审慎：先由各地督抚将本省待决人犯分为"情实、缓决、可矜、可疑、留养承嗣"五类，编制成册上报刑部；刑部各司再加审核，摘叙案由，分别归类，出具看语，汇送秋审处；秋审处会同律例馆再做核查，存疑处加贴墨签，再出看语，呈堂批阅；满汉尚书、侍郎开会讨论，统一意见，写出看语，刷印《秋审招册》，分送九卿、科道等审议。"看语"是一个司法名词，又称"勘语""谳语""审单”，包括判决书、复核意见等内涵。秋审的关键环节，是三法司与九卿等官员的共同审核定议，通常在天安门外金水桥西朝房，将各省案件分类逐一唱报议决。由于案件众多，往往要持续数日。之后，才是呈报御批，钦天监择定日子，届时皇上素服驾临懋勤殿，做出最后的裁决。

二、会试副考官

四十年（1775）三月初六日，照例是在临近春闱之前，有旨“以礼部左侍郎李宗文为会试知贡举，兵部尚书嵇璜为正考官，刑部右侍郎王杰、左副都御史阿肃为副考官”〔19〕。此前王杰担任过乡试的副主考和主考，也曾作为武会试的副考官，参与礼部会试还是第一次。

本届会试从一开始就不太平静。御史孟邵在二月底上奏，请求限制主考官的调拨试卷职权，并取消誊录试卷的“经头”之称。乾隆帝觉得有些道理，命军机大臣迅速议奏。舒赫德、于敏中等会同礼部堂官奏称：各房考官严格遵照《钦定科场条例》各阅各卷，互相不通信息，因此存在着标准不统一和多少不均等问题，一向由主考官将拟取试卷再发给他人阅看，以示慎重，并无不妥；至于孟邵所说经头历年混迹于科场，朋比为奸、易于作弊一事，他们同意去掉这一名称，但每十名抄手中仍要选一个负责的，就叫“总书”好了。后面的一条，也仅仅是改了个叫法而已，似乎是给皇上留些面子。〔20〕

孟邵中进士早于王杰一年，年龄则比他约小十岁，庶吉士散馆后任刑部主事，转入科道，是一个勇于任事和敢言之人。礼部对他的多事颇为恼火。几日后，不知是谁提醒乾隆帝曾发过谕旨，不许在乡会试之年议论《钦定科场条例》，以免引发考生心理波动，违者交部察议。满尚书素尔讷便领衔递上一本，以相关司员未能将此条录入条例予以追究，也请求给以孟邵相应惩处。皇上岂能看不出其间的报复心态，加上对孟邵向有好感，朱批：“礼部既奉有科场事宜谕旨，自应刊入条例遵行。前既遗漏未刊，今又疏忽不能查出，均难辞咎。所有礼部应议之堂司各官，俱着交部分别察议。至御史孟邵未能谙悉旧例，情尚可原；且其陈奏二条，已议复准行一款，所言尚非无当。着从宽免其交部。”[21]有皇上这段批语，孟邵不仅未受处分，还被选为稽察外场御史，进入内帘盯在阅卷现场。

还有一位御史穆隆阿也接连上奏，先是说考官在场阅卷时，经常向家中取送东西，传递时难保无弊，请求加以禁止，“并请交稽察外场御史，遇有考官家中送物者不准放进”。当即得旨批准。穆隆阿出身满洲，过了几天，见皇上申饬宗室宁僧额不会讲清语（即满语），命宗人府加强皇族的清语教学和考试，又奏请恢复考试翻译举人进士，皆被驳回。

会试放榜后，要对中式之卷进行磨勘，即复核。由考官将朱、墨试卷解送礼部，由另一批科甲出身的官员在天安门朝房仔细核查，先查考官有无阅卷失误，再查试卷是否合乎规范。本次磨勘查出许士煌一卷，即对房考做出处分。孟邵了解其间内情，奏称此卷原为“诗三房”考官李殿图推荐，经主考取中，拨入“诗四房”考官白麟名下，今白麟受到处分，原荐之房考却置身局外，似乎不合情理。皇上向军机大臣询问，大学士于敏中说所有调拨之卷，皆由受拨之房考复阅，同意后方提交内监试，重写荐条；如发现有瑕疵，“不愿受拨，主考官亦不能相强”，“至受拨以后，即认该房考为房师，与原荐之房无涉。则功过皆当任之，遇有处分，乃所应得，更不得谓之偏枯”。乾隆帝一开始觉得孟邵很有道理，至此恍然大悟，曰：“科场中委曲事例，朕实不知。”[22]哈，很少见到乾隆帝有认错的时候。而皇上接下来就说：朕办事从来都是这样，一秉大公，不存成见，孟邵之奏不予采纳。

当年十二月十二日，有旨“以御前侍卫和珅为正蓝旗满洲副都统”[23]，时人可能不太留意，却是一颗新星在政坛升起。此年和珅二十六岁，关于此人的崛起有很多传说，并不可信，关键还在于皇上发现了他的才华与办事能力。乾隆帝一生爱才惜才，常常破格使用，对王杰也是如此。

三、秋决之慎

乾隆皇帝对秋审极为慎重，几乎所有省份的待决人犯名册送到，刑部提出看语后，他都要细看一遍，并随时做出御批。

比如秋审一般针对上一年的待决案件，有时迟缓一年甚至更长时间。拖得太久的判决，难以起到震慑警示作用，是以乾隆帝常传谕将个别新发大案要案添入当年秋审名单。三月间，刑部呈报安郡王庄头庞荩臣“窝窃分赃”一案，部拟“销去旗档，刺字鞭责，发遣黑龙江兵丁为奴”，乾隆帝认为处理恰当。而他对正蓝旗满洲前锋锦麟组织丐帮“窝留张九等肆行窃盗”一案的处理大为不满，严责刑部堂官，原折发还，传谕“入于秋审情实”。虽不知此案的审办细节，但王杰位列刑部堂官，也在被申饬之属。至四月，又有旨将僧人悟明伤人致死案、两个被抓获的刨坟犯列入“情实”。前者持刀连捅两人，因死于保辜限之外，法司拟议杖流，御批此类凶残之辈应该处死；而后者挖坟被抓后定为绞刑，从狱中逃出，两三年才抓获，刑部拟将二人斩立决。皇上以为过重，谕曰：“朕办理庶狱，凡权衡轻重，一准情理之平，从不肯稍有过当。”〔24〕凡此种种，刑部等三法司只有照办的份儿，能不被训斥，已经是烧高香了。

每年五到九月，乃雷打不动的秋狝期，乾隆帝主要居住在避暑山庄，办理秋审的过程中虽不在京，刑部会将与九卿合议的各省人犯名册（称作“勾到册”）陆续飞送御前。九月初九日，皇上对四川勾到册做出批谕，指出三法司和九卿将五件凶杀案“从缓决改入情实”是正确的，同时斥责四川办理草率荒谬，曰：

> 秋审为臬司专责。该省臬司李世杰现在章谷办理军粮等事，臬司印务该督应委熟习刑名之杜玉林署理，而乃委顾光旭署理，以致所办舛谬若此。然未有学养子而后嫁者，不可不加惩儆，顾

光旭着交部严加议处。至文绶身为总督，于秋审事率行核转，本属非是，但念其现办军需诸务，经手事多，难以专心秋谳，是其误在顾光旭为重，而文绶较轻。文绶着从宽交部察议，至顾光旭由户部司员出身，刑名非其所习，本不应派令署理臬篆。此即文绶委人不当之处，并着饬行。[25]

平定金川之役连连获胜，乾隆帝心情大好，对以湖广总督代理川督的文绶从宽处理。几日后发现福建也有两处原拟不当，即对按察使余文仪提出批评，说他本系刑部出色司员，熟悉谳案的情节轻重，又不像文绶忙于承办军需，为何这样轻率错拟？

九月十三日，弘历因身边缺少协助办理勾到事务之人，点名要求刑部“派王杰前来，于本月十八日在两间房伺候办理，不必赶赴热河”[26]。两间房是京师至避暑山庄之间的一座行宫，坐落在滦平境内，距京师还有四站之地，二百余里。皇上因即将回銮，命王杰十八日赶到那里迎候。从时间上说已有些紧张，而王杰携带簿册星夜赶到，把一切都提前准备得停停妥妥。乾隆帝在当日驾临两间房行宫，即开始处理秋审勾到事宜——

御行殿，勾到秋审官犯、服制，及云南、贵州情实罪犯：停决官犯斩犯九人，绞犯六人；服制斩犯三十人，云南绞犯二人，贵州斩犯二人，绞犯二人；余四十人，予勾。[27]

很可能就是在两间房行宫，皇上为表达对王杰勤慎作风的认可，将御笔亲题的唐寅《高林慈乌图》赏赐于他。一向沉静的王杰也觉喜出望外，向翰林好友姚鼐展示，大获赞叹。[28]

回京之后，乾隆帝御懋勤殿继续办理勾到，一连多日。皇上素服登殿，捧本内阁学士奏勾到某省人犯姓名和案由，等皇上降旨后，大学士在汉字题本上加勾；然后是书写票签，送批本处，再呈皇上批复，封交监察御史审核；接下来由科道具题呈报，三复奏……王杰此时不再是内阁学士，但作为刑部大员，也是每次到场，并承担着大量台前幕后的工作。

对于刑部官员，秋审固然细密烦琐，但年年如此，属于常规性事务，早已历练出一副金刚不坏之身。王杰在刑部仅待了一年，由于生性仁厚谨慎，办理死刑案件更是加意小心，未出任何纰漏。

第四节　二任浙江学政

四十一年（1776）新岁的第一天，金川前线传来两份捷报：先是参赞大臣富德飞奏十二月十九日夜战大胜，所部进占战略要地马尔邦；接着收到定边右副将军明亮报告攻占独松、卡拉尔等处，正乘胜前进。主帅阿桂的捷报也在正月初二日送达，称连克碉卡，正在围剿叛军的最后巢穴噶喇依官寨。乾隆帝龙颜大悦，传谕嘉奖。

初入政坛的和珅已开始崭露头角，初七日得旨抬入正黄旗，十八日升任户部右侍郎，势头甚健。而就在同一天，王杰再次出任浙江学政。

一、仓促的接棒

王杰再至浙江，本不在乾隆帝规划之内，属于一种临时性应急安排，也再次证明浙江学政在皇上心目中分量之重。

先是在上年的闰十月下旬，接替王杰的浙江学政李友棠尚在严州府岁考，其母在学署患病去世，按照朝廷制度必须立刻离职丁忧。巡抚三宝得知后，一面火速派员通知友棠本人，一面奏报皇上，请求速为选派新学政。

选定的继任者为曹文埴，乾隆二十五年庚辰科传胪（二甲第一名），庶吉士散馆后授编修，时任侍读学士，书法清秀俊美，甚得皇上青睐，命在南书房行走，教习皇子。曹文埴接旨后于十二月初二日离京赴任，本年正月初四行至苏州一带，突然接到报丧家书，其父于十天前在徽州歙县原籍去世。文埴急派家人将敕书及兵牌勘合交苏州知府呈缴，径回老家奔丧去也。江苏巡抚萨载接报后即行奏闻：“浙江学政关系紧要，今学臣曹文埴中途闻讣丁忧，理合缮折由驿奏闻。”〔29〕在此之前，朝廷已得知此事，朱批“已有旨了”，选定接棒的是王杰。

正月二十六日，王杰离京赴任，二月二十二日即抵达杭州接印，途中行进甚速。由于李友棠留下金华、衢州尚未岁试，王杰抵任后立刻通知两府“以次调集各县生童依限赴府”，拟定“于三月初旬内即可前往开考”〔30〕。这次他也是匆促邀集阅文幕友，“毗陵七子”之一的洪亮吉也在聘请之列，已到宁波阅卷，却因丧母匆匆返回。

鉴于上一次的教训，王杰及时将幕友名单转给巡抚三宝，后者即行奏报：

> 兹准学臣王杰开具所延幕友人数姓名籍贯：一系安徽滁州进士张士凯，一系江西奉新县进士徐曰言，一系江西临川县举人陈步蟾，一系江西南城县举人谢其情，一系湖南华容县举人张德安，一系江苏松江府贡生王鼎，一系江苏嘉定县廪生汪炤，一系江苏金坛县附生于琛，共八人，在署阅卷，咨请查核。

与上一份名单相比较，会发现有四人属于再次礼聘。事隔数年，原聘的进士举人多数做官去也，仍有半数乐于再来，可见王杰待之甚好。在此之前的正月初六日，乾隆帝已谕令“停年终汇奏幕友例”，对此前所做各衙门幕友“定以五年更换，并不准延请本省之人及邻省五百里以内者”，“年终汇奏造报，以备稽考”等规定予以撤销〔31〕，而王杰仍未在浙江境内延聘幕友，严谨精细，是其一贯的作风。

二、为金川平定贺捷

四十一年二月初四日，清军攻克噶喇依官寨，大小金川全境平定，定边将军阿桂等派员持红旗飞奏京师。这就是“红旗报捷”，又称八百里加急，当日从军营驰发，二月十二日未刻即递至皇上面前。乾隆帝正在清东陵祭祖，驻跸桃花寺行宫，接报极为高兴，当即赐予“赍递红旗之兵部员外郎六十五”花翎，途经台站与兵部捷报章京等一并嘉奖，对于前线立功将士更是大加封赏。历时五年、耗资七千万两、死伤逾万人的第二次金川之役终于结束，弘历宣示中外，并决定立即去西陵祭告，接下来奉皇太后“巡幸山东，告成阙里”，四月二十六日回銮至黄新庄，命将军阿桂等率军如期凯旋，于二十七日举行郊劳大典，第二天御午门行献俘礼。

王杰巡考行至浙江嘉兴之时，接到三宝来札，获知“红旗报捷，金川全境荡平”，至为欣喜，遂奋笔疾书，专折贺捷：

> 我皇上命将出师，披图授略，山川阻隘，作勇气而似骋康庄；士马糗粮，厚军实而如过衽席。盖惟庙庭决胜在万里，所以疆场用命皆一心。密卡坚碉，轰地中之巨炮；悬崖复障，惊肉薄以佽飞。剑锋四指，土司争负弩而先驱；旗焰再麾，彼众且反戈而相向。前此勒乌围之剿灭，灾已切于剥肤；今之噶喇依之荡平，势更同乎拉朽。渠魁既得，妖氛永靖，边隅吉语遥传，喜气远腾寰寓。皇上功归前烈，展谒桥陵，厘迓慈宁，崇禋泰岱，告成功于阙里巨典，式昭纪殊绩于丰碑。宸章丕焕，懋赏则上爵先颁，隆礼则还师亲劳。雪岭桃关而外，凯泽同敷；吴山浙水之间，捷闻速达。臣方莅新任，即听喜音，欢声雷动于泮林，忭悃星驰于銮辂。理合恭折奏贺，皇上天喜！[32]

推想在阅读邸报后，王杰即开始酝酿这篇文字，是以刚一抵达，便誊清上奏。所写完全略去官军的多次败北和数年艰辛，自也谈不上对残酷杀戮的谴责，而满篇的骈四俪六，实在读不出有何新意。这里恰可见出王杰的另一面——对皇上的满腔赤诚与高度一致，身为近臣，岂不知攻剿之难及耗费之巨，岂不知官军屡经挫败而导致皇上震怒？可总算拿下了，战事彻底结束，皇上那颗焦虑悬挂的心放下了，他为之衷心喜悦，发自肺腑地奏贺“皇上天喜”。

三、按临与巡考

王杰做事的敬慎，从这次临时接任也可看出来：在他之前，曹文埴走了一个多月才到苏州，而王杰仅用二十几天就抵达杭州，显然是一路赶行。这样的情况下，王杰应不会携带眷属，后来才将母亲和妻小接来同住。

李友棠离任前已将多数地方岁试考过，“尚余金华、衢州二府”，王杰抵任后稍做安顿，即到两府巡考。补考岁试完竣，王杰即行文各府县，通知陆续举行科试的日期，自七月底出棚，从离省较远的宁波绍兴开始，至十一月中旬已考过六个府。王杰已对巡考程序了然于胸，所到之地与负责考场监督的提调官悉心防范，在场中随时留意稽查。作弊者总是难免，在绍兴府山阴县查出一名冒籍廪生，而在台州府太平县、处州府松阳县各拿获怀挟生员一名，当即命提调分别予以斥革和枷号，以示惩儆。正是由于场规森严，阅卷公平认真，王杰受到了士林的普遍敬重，那些靠舞弊谋财的骗子为之敛迹，按临巡考一切顺利。

四十二年六月下旬，王杰已完成全省的科试，奏明皇上，说当年陆续按临杭州、嘉兴、湖州等五府，绝多地方秩序井然，只有在湖州考棚出现两个考生王鸾声、王鸾轩“擅自出号，不守场规”。从名字看应是两兄弟，大约是想互通些信息啥的，结果被巡察者抓了个现行，“当即褫革示儆，其余各府生童尚属安静守法”。与此同时还要考选诸生，此事涉及面更大，也容易出现事端，王杰与各府提调、监试官员内外严加防范，没再发生作弊事件。

王杰对于督学一职已很熟悉，更因为善良仁厚、爱才惜才，获得浙江士林的爱戴。十余年前为福建学政时，曾有人从浙江来访，说萧山汪某在岭南一县尉任上早逝，两位遗孀艰辛抚育其子辉祖读书，辉祖成人后，感念两母抚育之恩，“遍求当世士大夫之诗歌铭赞，垂其两母王孺人、徐孺人之节于不朽”，王杰听后很感动，“遂作古诗一章贻之”。这次抵达杭州未久，已考中乾隆四十年进士的汪辉祖即来拜望，因王杰为该科会试副主考，谊属师生，叙谈十分亲切。汪辉祖字焕曾，携带所作《双节堂赠言》请老师题序。王杰欣然命笔，特别表彰了汪辉祖二母的贞节与坚忍，曰：

> 方焕曾考县尉君殁于岭南，两孺人茕茕相吊，上有老姑年七十余，焕曾止十一龄，其成立未可知，而蒿簪裙布静镇于飘摇倾覆之余，非守贞以恒其德欤？及焕曾发闻于时，两孺人安洁白之养，康强寿考以终，非所谓妇人吉乎？吾知两孺人之志只知恒其德以尽妇人之道而已，至于绰楔旌庐、赠章盈轴岂其志之所及哉！而焕曾愈怒然不敢安，以两孺人之苦节不彰，县尉君之清操亦不著，亟亟焉思藉赠言以光母范，则仁人君子之用心也。[33]

文字极平实，也极带感情，极尽赞美：在突然降临的灾难面前，妻妾二人同心协力，照顾婆母，抚育儿子，为的是要尽妇人之道，并未想到日后的旌表；而辉祖到处求人写诗题词，以为非此不能报答两位母亲的大恩，也传递出仁人君子的一片孝心。

第五节　刻诗与题序

第二次出任浙江学政，王杰游刃有余，巡考之暇，开始谋划搞一些文化建设，主要是编纂刊刻一些作品。浙江书坊众多，雕版印刷技术精良，正好具备有利条件。而他首先想到的，是刊刻乾隆帝的诗集。

一、请求重刻《御制诗三集》

四十一年十一月二十四日，王杰同时拜发两份密折，一是奏报巡考各府的情形，二是奏请在浙江翻刻弘历的《御制诗三集》，曰：

> 钦惟我皇上几余典学，建极敷言，皆敬天勤民、法祖孝慈之至诚流露，而出虽数十万言，不假晷刻而包含宇宙，囊括群言，一本萃精之蕴，以宣造化之奇，实为自古帝王“卿云复旦”以来未有之盛。而况一名一物悉赅，至道纵极，骚雅之后诸诗人所力为扬扢者，亦岂能仰企圣文于万一……[34]

乾隆性喜写诗，几乎无时无处不可吟诵，一生得诗四万余首，量多必然参差不齐，后世一些论者视为笑话，实则贬抑过甚。而在当时，身边大臣又哪个不使劲儿夸赞兼忽悠？王杰密折出于真纯和敬爱之情，也不乏溢美之词，皆与这种背景下相关。他在南书房期间，一件日常要务即为皇上整理抄录诗稿，深知其中的史料价值和人格力量，也包括皇上对儒家经典和历史人物的品题，刻印出来让各省士子诵读，对科试策论无疑有所裨益。

为什么王杰仅请求重刻第三集？

乃因前浙江学政钱维城已奏请重刻乾隆御制诗的“初集”“二集”，并得到批准。维城为乾隆十年状元，二十七年九月以刑部侍郎任浙江学政，三十年春奏请“敕发御制诗初集、二集，御制文初集各一部，交直省布政司照颁发经书例，一体刊行”。大学士尹继善认为应接受他的请求，并在全国推行，“广为刊布，以式士林”。乾隆帝予以批准：“准其刊布，着向武英殿请领。”[35]有了这一先例，王杰的请求也就合乎道理；或许可以说，曾作为文学近侍的他如果没有此请，才显得不正常。

在奏折中，王杰还特别提出：浙江的重刻由他自己承担费用，自行选择刻工，亲自校对，以报答皇上的厚恩。乾隆帝在折后批了一个“览”字，意思是可以吧，并无太多表示。但这样的臣子，这样发自内心的敬爱，必令大皇帝有些小感动，默记于心。

次年七月初六日，王杰奏报年初接到御批后，即于二月间选工雕版印刷，亲加校对，现将装订好的样书呈送御览；并说拟印二百套分发各府、州、县及各个学校，“俾多士传观诵习，咸窥倬汉之鸿篇，盖沐作人之雅化”[36]。折中还说明：印装完竣之后，会将所有版片交到布政使衙门的库房，与前次所刻初集、二集之版放置一处，以供日后需要时刷印颁发。

切不要以为他只做效忠皇上的事，王杰还资助刊刻了一些有价值的著作。据钱大昕《潜研堂文集》记述，就在此时，王杰打算刊刻清初陕西金石学家、隶书名家郭允伯的《金石史》一书，邀他作序，遂欣然命笔。[37]

二、来了一个王亶望

四十二年五月，有旨以甘肃布政使王亶望为浙江巡抚。对于王杰来说，此人既是老乡，也属于故人。

在乾隆帝的眼里，王亶望是一个聪明人，一个精强干练的能臣，也是一位已逝忠贞老臣的独子，颇有几分关怀之情。亶望之父王师为雍正八年进士，由知县做起，一步步升为江苏巡抚，为官清正廉洁，逝于任上，皇上很是惋惜。王亶望中举后连赴春闱失利，花钱捐了一个甘肃山丹知县，竟也做得像模像样，上峰喜欢，皇上关注，小步快走，三十四年四月以肃州道升山东按察使，三十五年十一月再升为浙江布政使。王杰初任浙江学政，自然少不了与布政使打交道，相处两年多，却也未见结下什么私谊。

这是有些奇怪的：王杰虽为陕西韩城人，但祖籍为山西临汾的洪洞县，自己也曾多次提及；而王亶望的家乡就是临汾，相去不远，又是同姓，说不定还是联上同宗。以王亶望的个性，很有可能要来套套近乎，续续宗谱啥的，王杰应是不大搭茬儿。社会上、官场上流行的关系学，如同年同乡、同姓同宗等等，于他大都是浮云。

王亶望在三十九年三月调任甘肃布政使，当年九月王杰离任回京。而官场的圈子很小，转着转着二人又碰面了：王杰于四十一年春二任浙江学政，王亶望则于次年五月升任浙江巡抚。这一次二人相处甚短，数月之后，王杰即应调回京。按说巡抚应对学政做一个工作鉴定，但没有查到，仅见王亶望在一份全省教职俸满晋升的奏报中提到“前任学政王杰”也参与了考察验看。

三、门生汪辉祖

王杰门生满天下，而因其习性恬淡，君子之交淡如水，关系密切的并不多。在今知过往较多的门生中，学问好、人品好，也会做官的，如阮元；学问好、人品好，但不太会做官的，有洪亮吉、孙星衍以及本节要谈到的汪辉祖。辉祖于乾隆四十年乙未科得中二甲第二十八名进士，王杰为会试副主考，由是建立起师生之谊。他是一个有故事也会讲故事的人：少年丧父，生母与嫡母历尽困苦而供其读书，以“双节”闻名于世；未仕之前长期佐幕，在县衙、府衙、道衙干了约三十年，被称为“一代名幕”；四十六岁中进士，长期未获得职位，仍以佐幕为生；五十八岁始任知县，以铁腕整顿地方，卓然有政声，却因性格倔强、违拗上司之意被免职。而辉祖晚年卧病追忆平生，有《病榻梦痕录》，书中多次提到“惺园师”（王杰），多处完整照录了老师的来信，也使我们了解到王杰对学生有着怎样的关爱。他当然不会只对汪辉祖如此，另一个门生李赓芸也曾把其来函汇为一册，惜尚未见流传。

王杰再任浙江学政的第二年，孙含中由陕西按察使调任浙江布政使，两人同年进士，曾为翰林同事[38]，为人处世较为投契。这一点也是《病榻梦痕录》透露的：

> （四十二年）四月，孙西林先生来为浙江布政使，专使相招，念仙圃旧谊，不敢就。时惺园师方督学浙江，孙公属王师转致诚悃，必欲相佐。余以义不当辞卑就尊，且孙公与大吏临汾公若冰炭，孙公刚正，以刚佐之必折，如劝其委蛇又非辅人之道。惺园师甚善余言。[39]

一段话包容甚多。西林为含中之号，与汪辉祖颇有渊源：十八年前，含中之父孙尔周曾指教辉祖如何作文，使之大为感佩，执弟子礼；不久尔周任秀水知县，辉祖被邀为幕友，结识了刚通过会试的含中——因年岁相同而稍大数月，敬为兄长；后辉祖进京参加会试，就住在孙含中的家中，备受照顾；再后来含中出任绍台兵备道，诚邀辉祖短暂入幕，因赴试才离开。以这样的交情，这样一种美意，还需要王杰出来说话吗？

文中提到的仙圃名刘雁题，任海宁知县时礼聘辉祖，数年间相待甚厚。三十九年八月刘调平湖，辉祖回家专心准备明年的春闱，会试得中而嫡母病逝，兜兜转转，又到了平湖佐幕。与主持一省财赋的故交孙含中相比，刘仙圃的职位要低许多，而正是考虑到这一点，汪辉祖对老师王杰讲了不愿意攀高枝的想法，得到理解和支持。当时各官衙已有不少浙江文人，所谓“绍兴师爷”是也，像他这样讲义气、讲道德、讲规矩的已不太多，可知“一代名幕”并非随便说说。

至于“大吏临汾公”，指的是新任浙江巡抚王亶望。正直耿介的孙含中对这个善于拉帮结派的上司并不买账，很快就闹得水火不容。辉祖也觉得含中应该选一个谨慎温和的幕友，而自己生性强硬，以刚辅刚，反倒会走极端。王杰有过佐幕的经历，深知其中微妙，认为辉祖说得有道理。次年夏天，孙含中猝然离世，大暑中职事繁重是主要原因，而与王亶望的施压找碴儿应也不无关系。此时王杰已返京，汪辉祖赶来帮助料理丧事，一直送到苏州。

【第七章】

乾隆朝的“文治”

若从兴办文教上论列，清朝不仅不输于前代各朝，甚至有以过之。入关之后，自摄政王多尔衮到顺治帝，再到康熙帝、雍正帝，皆尊崇儒学，重视学校和科举，也陆续编纂了一批大部头图书。乾隆帝抱负宏远，即便在收复西域、平定金川的战事期间，也仍然关注着一些大型的文化工程。

四十二年三月二十九日，军机大臣奏报正在编纂中的图书项目，全是奉旨办理的，列举了十六种，只有《通典》《通志》《日下旧闻考》派有总裁官，其余皆无专管之员。此时崇庆皇太后病逝已过去两个多月，弘历丧服未改，却也渐渐从巨大的悲痛中解脱出来。这件事就是他交办查核的，也迅速做出人员安排：

《蒙古源流》，派舒赫德、奎林；

《临清纪略》，派舒赫德、彭元瑞；

《金川方略》，派福隆安、丰昇额；

《一统志》，派袁守侗、和珅；

《西域图志》，派福康安、刘墉；

《元史》《辽史》，派金简、钱汝诚；

《明纪纲目》，派和珅、彭元瑞；

《明史》，派英廉、钱汝诚；

《通鉴辑览》《热河志》，派梁国治、和珅；

《通志》《通典》，派钱汝诚、彭元瑞；

《日下旧闻考》，派英廉、刘墉；

《音韵述微》《太学志》，派梁国治、金士松。

名单是军机处拟议提交的，除首枢于敏中和去云南办理军务的阿桂，大多数各有分工，年仅二十七岁的和珅竟也占得三席。项目中没有《四库全书》，前面提到的那些书固然重要，却也不宜与这个天字第一号文化工程并列。名单中没有王杰的名字，原因是他仍在浙江，而他的学养与严谨，在皇上心目中的分量远超过名单中的多数人，不久后便被派上用场。

第一节　四库开馆

其实，四库全书馆自三十八年春开设，至此已经历了五个年头。

“四库”，又称“四部”，古代宫廷的藏书之所，也体现为一种图书分类法。《新唐书·艺文志一》：“两都各聚书四部，以甲、乙、丙、丁为次，列经、史、子、集四库。其本有正有副，轴带帙签皆异色以别之。”[1]在不断下旨编纂一些专项书籍后，弘历越来越觉得应该有一部囊括万书、分类明晰、检阅方便的大书，于是就有了“四库”的设想，下旨付诸实施。

一、朱筠的建议

早在乾隆八年四月，弘历亲自为“翰詹大考”命题时，就提到了“四库”一词。谕旨称：近年来常听说翰林院、詹事府官员终日饮酒赋诗下棋，不知刻苦读书，“而四库五车，鲜有能究心者，将何以华馆阁而垂来叶哉！”[2]四库五车，指的是翰林院的丰富藏书，皇上对那些个编修检讨不能沉潜拜读，表示了严重不满。

四年后，遵照御旨重新校订的《十三经注疏》和“二十一史”刻成，弘历为两书写了序言，“七录之目，首列经史，四库因之”，再一次提到“四库”，可知在他心中分量之重。他对两部巨著的完成很开心，说“二十一史”可与《明史》“合之为二十二史”，“夫史以示劝惩，昭法戒，上下数千年治乱安危之故，忠贤奸佞之实，是非得失，俱可考见。居今而知古，鉴往以察来”。[3]这种见解，与他遍阅典籍和治国理政的双重经历相关联，一般的读书人较难悟出。

三十七年正月初四日，乾隆帝前往天坛举行祈谷礼，照例要在南郊斋宫住一夜（礼制上规定的“斋宿”），静中读书，忽有所思，发布谕旨“命中外搜辑古今群书”。弘历希望收集“逸在名山，未登柱史”的著作，而排除流行的举业时文、族谱、尺牍、屏幛、寿言之类。他传谕各地督抚会同学政等“加意购访”，开列目录，注明作者和编写提要，奏报给朝廷，经廷臣检核后，再开单通知将哪些呈送京师。弘历还特别指出：凡取之书店的要付钱，私家所藏孤本可借抄，抄完将原本归还，不得借此巧取豪夺，滋扰百姓。[4]而十个月过去了，各地未见动静，皇上有些生气，再次下旨督催，并对北五省和江苏、浙江点名批评：北五省因距离京师较近，理应及时反馈；江浙之地则因书坊书肆众多，藏书家也多，在弘历看来难度不大。

王杰时在浙江学政任上，所在省份被皇上点了名，很想知道他的反应，但没有找到相关奏折。原因也简单，搜辑遗书虽也要求学政参与，但主持者是总督巡抚。而浙江巡抚刚进行了调整，继任的熊学鹏赶紧回奏：搜辑遗书的旨意下达时，前任巡抚富勒浑立即与学政王杰“饬行各属，遍加晓谕，悉心咨访”，布政使王亶望在杭州设立公局，延请在乡丁忧的翰林院侍读沈初主持，并从教职内挑选了几位学问好的担任校阅，但还未正式开办，富勒浑就升任闽浙总督离去。他说自己抵任后即下令开局，目前已选出图书第一批五十六种，依照规定呈报。[5]熊学鹏为雍正八年进士，政坛老资格，此事本应与王杰联名上奏，却一人揽了下来。其奏折中多少有一点暗示，即学政不是太给力，皇上没有追问，王杰也没有单独密奏。

政坛上自来规矩甚多，不到位不行，越位也不行。搜罗古今图书之事虽与学政的职责密切相关，但皇上深知光靠督学很难推行，是以交各省督抚牵头，学署就成了协办单位。但也有一人敢于上言，他就是安徽学政朱筠，朱筠是乾隆十八年中进士，久任翰林，对朝廷搜寻遗书之举极为赞同。朱筠奏报，去冬抵任后即留心访求，按临各地也要求学官以及生员推荐，已得到方以智《通雅》、方中德《古事比》、江永《礼经纲目》《周礼疑义》、戴震《考工记图》《屈原赋注》等[6]。他还于另折提出四条建议：

（一）应先查旧刻本与抄本；

（二）要重视金石之刻和图谱之学；

（三）中秘书籍如《永乐大典》收录古书极多，世所罕见者往往能从中发现；

（四）著录校订应并重。

朱筠最后写道：

臣请皇上诏下儒臣分任校书之选，或依《七略》，或准四部，每一书上，必校其得失，撮举大旨，叙于本书首卷，并以进呈，恭俟乙夜之披览。臣伏查武英殿原设总裁、纂修、校对诸员，即择其尤专长者俾充斯选，则日有课、月有程，而著录集事矣。[7]

乾隆帝阅后，特别重视《永乐大典》内保存大量罕见古书的说法，立即派军机大臣为总裁官，再从翰林院挑选一批人，“将原书详细检阅，并将《图书集成》互为较核，择其未经采录而实在流传已少、尚可裒辑成编者，先行摘开目录奏闻，候朕裁定”[8]。弘历实乃读书知书之人，读了朱筠的奏折，立刻明白收藏于翰林院的《永乐大典》就是一个最大的典籍宝库，调集众人仔细翻阅，并与《古今图书集成》中收录者相比勘，初选后开列目录上报。朱筠奏折中举荐的戴震等人也被召来，一个载入史册的文化过程，就此拉开序幕。

二、彭元瑞接任

明清时代的翰林院，从来都是人才济济，藏龙卧虎。早于王杰成进士、与他同时从庶常馆毕业的彭元瑞，即堪称乾隆朝一颗耀眼的文星，较早进入皇上的视野，被誉为“异想逸才”。那是指其文章的精妙独到，也指其为人做事的精明灵巧。

元瑞早王杰两科，二十二年二甲前列，庶吉士散馆后历编修、侍讲等职，在官场却更像一个学弟，多数时间跟在王杰后面：三十六年六月二人同时入值南书房，而王杰已升内阁学士兼礼部侍郎，元瑞还是新晋的少詹事；三十八年十月彭元瑞成为内阁学士兼礼部侍郎，王杰已去浙江督学，翰林谁不知浙江学政之重；四十二年王杰回京署礼部侍郎，不久转任吏部右侍郎，元瑞接任浙江学政……

四十二年六月十二日，彭元瑞被钦定为浙江乡试正考官，副考官为编修茅元铭。而当月二十日，估计彭、茅二人尚未离京，乾隆帝对军机大臣发布一道上谕：

> 侍郎彭元瑞以所得明臣史可法画像及其札稿，合卷进呈。朕亲制诗一章，题于卷端，命廷臣和韵；并命大学士于敏中书御制书事一篇及《史可法复摄政王书》于卷。兹另为装潢箧贮，着发交寅著，令将此卷弆于扬州梅花岭史可法祠中，并将卷内所有诗文画像札稿勒石祠壁，以垂久远。至此卷如有愿求展阅者，亦听其便，但当加意护守，勿致稍有污损。〔9〕

此事大可玩味，尤应与清廷的禁书放在一起考量。史可法是南明弘光朝抵抗清军的统帅，是一位拒绝招降、视死如归的民族英雄，而其在危亡之际的孤忠与劲节，也令人唏嘘感叹。乾隆帝于卷首亲题“褒慰忠魂”四个大字，并赋《题史可法像》七律：

> 纪文已识一篇笃，予谥仍留两字芳。凡此无非励臣节，监兹可不慎君纲。像斯睹矣牍斯抚，月与霁而风与光。并命复书书卷内，千秋忠迹表维扬。〔10〕

他还命身边大臣各自和韵，于是于敏中、梁国治、董诰、彭元瑞、刘墉、沈初、金士松、陈孝泳等人皆有奉和之作，附于卷后。遵奉乾隆帝的谕示，这份卷轴被安放于扬州梅花岭“史忠正公祠”中，所有相关诗文，包括史可法的遗书、与多尔衮之往来信函，乾隆帝和众臣的题诗等，皆摹镌于祠壁间。谕旨中提到的寅著为扬州盐政，出身于内务府，自会办理得妥妥帖帖。

就在四十年十一月，乾隆帝曾下旨褒扬明末死节忠臣，特别举史可法为例：“至若史可法之支撑残局，力矢孤忠，终蹈一死以殉；又如刘宗周、黄道周等之立朝謇谔，抵触佥壬，及遭际时艰，临危授命，均足称一代完人，为褒扬所当及。”〔11〕史可法被追谥为“忠正”，世称“忠烈公”。议论晚明人物极为敏感，尤其像拒绝降清的史可法，基本上属于一个禁区。可有了皇上的表彰和追赠，彭元瑞就开始留心，碰巧在坊间发现了史可法画像和家书，立即购买下来。推测就在被钦定为浙江主考官前后，彭元瑞向皇上进呈了这批文物，引起了弘历的重视。

此事也让他大大得分，当年八月，有旨以彭元瑞任浙江学政。这样也给办理交接带来了方便，待乡试发榜和出席鹿鸣宴后，王杰即动身返京。

三、顶级配置的总裁阵容

历经明清易代之劫，《永乐大典》的副本竟得以比较完整地保留下来，堪称侥幸！清廷将此书交翰林院收藏，但潜心阅读者并不多。朱筠是个读书种子，曾对此书下过一番功夫，深知其史料价值，建议从中挑选和抄录一些有价值的佚本。可以说，《四库全书》的编纂就是从对《永乐大典》的检核辑佚开始的。皇上谕令军机大臣赶紧组织落实，首枢刘统勋即行派员到翰林院察看，十天后提出实施方案，先说此事的难度：

> 臣等伏查《永乐大典》一书，成自前明，但夸捃拾之繁，未协编摩之式，虽善本之流存不少，而遗编之丛杂尤多……今欲征完册以副秘书，则部分去取之间，不可不确加详核。〔12〕

然后提出在翰林院内选定一个独立院落，调集三十名翰林官员，再从军机处派两名司员任提调，认真审核校订。弘历批复：“依议。将来办理成编时，着名《四库全书》。”有了这条简短的御批，也就意味着四库全书馆的开办。

两个月后，乾隆帝正式公布编纂班底：“现在办理《四库全书》，卷册浩繁，必须多派大臣董司其事。刘统勋、刘纶、于敏中、福隆安、王际华、裘曰修俱着为正总裁，英廉、庆桂外，并添派张若溎、曹秀先、李友棠为副总裁。”[13]这个总裁班子堪称顶级配置，正总裁的前四人，是排在前四位的军机大臣；王际华为乾隆十年探花，时任礼部尚书；裘曰修亦出身翰林，做过军机大臣和刑部尚书。列名副总裁的张若淮为三朝元老张廷玉之子，学养醇厚，四年前王杰任武会试副考官，若淮即为正考官，时任左都御史；曹秀先为乾隆元年进士，时为吏部左侍郎；李友棠也是名臣之后，前面做过介绍，兹不重复。至于出身满洲的刑部尚书、内务府大臣英廉和军机大臣、理藩院侍郎庆桂，当重在负责监督保障等事务，不需要处理文稿。

三十八年五月，大小金川交战正酣，军书旁午，乾隆帝仍不忘编纂《四库全书》之事，为各地捐献和送缴的丰富图书倍感欣慰，并在谕旨中再次说到开局编书之事："翰林院署旧藏明代《永乐大典》，其中坠简逸篇往往而在，并敕开局编校，芟芜取腴，每多世不经见之本；而外省奏进书目，名山秘笈，亦颇裒括无遗。合之大内所储，朝绅所献，计不下万余种，自昔图书之富，于斯为盛。特诏词臣详为勘核，厘其应刊应钞应存者，系以提要，辑成总目。依经史子集，部分类聚，命为‘四库全书’，简皇子、大臣为总裁以董之。”[14]由于四库卷帙浩瀚，弘历指令同时编纂一个精华本，格式体例与全书相同，名为“四库荟要”，由于敏中、王际华专司其事。

谕旨中也提到“简皇子……为总裁”，尚未决定人选。弘历的儿子大多饱读诗书，兼擅书法绘画，是以一时没想好派谁出任四库全书馆总裁。此事在九月定下来了，传谕：“办理四库全书处，着添派皇六子质郡王及礼部尚书蔡新充正总裁。”[15]

永瑢工诗擅画，兼知天文和算学，酷爱藏书，校点过《老子》和《列子》，有《九思斋诗钞》传世。这位质郡王时年三十岁，十七岁那年过继给已逝的慎靖郡王允禧为嗣，谕旨仍以皇六子相称，列于正总裁之首。

四、总纂官纪昀

作为天字第一号的国家文化工程，四库全书馆的编纂管理架构很复杂，层次颇多：正总裁之下为副总裁、总阅官、总纂官、总校官、提调官、总目协勘官等，下面才是分管各项的纂修官，再往下则是誊录。纪昀是刘统勋推荐的总纂官，从开始启动到最后完稿，一直钉在这个位置上，兢兢业业，获得了皇上的好评，也获得了皇上的保护。

自从因丁忧解任福建学政，纪昀过得一直不太顺当，也一直有贵人相助：二十七个月后丧满回朝，吏部拟授贵州都匀知府，弘历认为其学问较优，到外省任职有些可惜，加四品衔留在翰林院，并升为侍读学士；仅过两个月，两淮盐运使卢见曾被查，纪昀与之系儿女亲家，暗中透露过一些消息，暴露后被革职流放；三年后自新疆释还，沦为“北漂”一族，成日价恓恓惶惶，又是皇上怜爱，先让他校点书籍，授翰林院编修。而当年接替他福建学政的王杰，已是内阁学士兼礼部侍郎、在南书房行走。

朝廷开设四库全书馆，刘统勋最先推荐的总纂就是纪昀，建议由他与陆锡熊作为总办，选调四十名翰林担任纂修，另调姚鼐、翁方纲等人参与，并请旨调取在外地的余集、邵晋涵、戴震、杨昌霖等来京，各负责一个板块。这些举措与乾隆帝思路相合，即予采纳，命纪昀、陆锡熊皆为四库全书馆总纂官，享受懋勤殿翰林的节赏年赏。与纪昀并列的陆锡熊与王杰同年进士，博闻强记，资禀绝佳，乾隆帝南巡时因献赋钦赐内阁中书，也属于皇上欣赏的人。

到了秋天，四库馆将《永乐大典》内检出的古本陆续进呈，乾隆帝亲加披阅，见考订编排条理清晰，尤其是提要写得好，知成于纪昀、陆锡熊之手，很高兴。他说“二人学问本优，校书亦极勤勉，甚属可嘉”，加恩均授为翰林院侍读，以示奖励。〔16〕

次年冬，巡城御史范宜宾审办一件借贷纠纷案，纪昀又被扯了进去，同案卷入的还有四库馆纂修励守谦，原因都是借钱。励守谦为乾隆十年二甲进士，留翰林院，至今仍是一介编修，要靠借贷度日。纪昀的家境也很糟糕，儿子在他流放期间向案犯借了些银两，一直还不上，结果出了事。案件审明后，皇上批谕：励守谦本属学问平常，也不是四库馆必不可少之人，可照议革职；至于纪昀不能约束儿子，以致借欠生事，的确应予惩处，“但其学问尚优，为四库全书处得力之人，着从宽改为降三级留任，仍令在馆办理总纂事务”[17]。

这一次的降三级处分，使得本来职务就低的纪昀暂时失去了升迁的机会。四十年闰十月，吏部开列拟任翰詹名单时将他排除在外，乾隆帝指出：吏部的做法固然有道理，但念在纪昀于总纂事务实属尽心尽力，应加恩一体开列。

次年七月，纪昀受命任文渊阁直阁事。

第二节　“熙朝右文古未有”

至乾隆中期，儒学研究再一次走向繁荣，在朝在野都出现了一些大学者。而朝廷在编纂各种图书时，也尽量收罗人才，给以较为优厚的生活补贴。四库全书馆开馆之后，成为乾隆帝提倡文治的重中之重，往日那些图书项目也被纳入其中，使得历来冷清的翰林院一派繁忙喜悦景象。韦谦恒《宝善亭校书呈同馆诸公》有句“熙朝右文古未有，四库卷轴连云霞”[18]，流露出发自内心的愉悦。

一、搜书与献书

四库全书馆的兴办，出于皇帝的重视督办，也与多数读书人的愿望深相契合，很快就由访书、购书、抄书，发展到献书。主动捐献善本图书的有大臣、学者，也有书商、盐商，影响更大的是江浙一些著名的藏书家。

对于朝廷的搜辑遗书，人们一开始心怀疑虑，担心遗编中存在“违背忌讳字面，惧涉干碍”，是以难以推行。乾隆帝明确宣谕：即使有一些字义抵触，也是前人偏见，与近时无涉，不必畏首畏尾，“朕断不肯因访求遗籍，于书中寻摘瑕疵，罪及收藏之人”；同时又警告，假若仍然怀疑畏惧，“不肯尽出所藏，将来或别露违碍之书，则是有意收存，其取戾转大”。[19]皇上把话说到这个份上，很少有人再敢隐藏了。而在另一方面，乾隆帝对呈缴书籍采取了一系列确保归还的措施，规定必须在用后发还原主。不光是要求翰林院收到各省解送图书后加盖印章，注明接受某家某书若干本，命纂修人员抓紧抄录完毕，将原书发还本人；闻知各省采书局还有一些版本重复或淘汰的，也要求及时归还原主。为防止经办人和胥吏杂役趁机窃取抵换，严令造册登记，逐一检查，一旦出现问题，先要追究督抚的失职。

据统计，各省共征集图书一万二千二百三十七种，其中江苏四千八百零八种，浙江四千六百种，占全国进书的前两位。朱筠应是较早捐献私人藏书的学政，嘱托自己的学生、四库馆纂修程晋芳将历来购买的家藏善本呈出。担任总纂官的纪昀更是姿态积极，献呈多年收藏的珍本。一些商人尤其是盐商也开始变被动为主动，表示愿将珍藏的孤本善本献给朝廷，被皇上点过名的一些大藏书家，大都表现踊跃。

乾隆帝还推出了一系列激励措施，对进书较多者，隆重给予奖赏，分为奖书、题咏、记名等形式：奖书，是对进书五百种以上者赏《古今图书集成》一部，进书一百种以上者赏《佩文韵府》一部；题咏，即对进书超过百种者，择一善本，由皇上在卷首御笔题诗；记名，即在提要中标注藏家姓名，《四库全书提要》中所称“浙江鲍士恭家藏本”“浙江范懋柱家天一阁藏本”“两淮马裕家藏本”“兵部侍郎纪昀家藏本”，均属记名之例。为达到宣传激励效应，乾隆帝常命馆臣在某批呈进图书中选出一种，加紧誊录，亲笔题咏，然后发还原主，如此一来，很快引发一个献书的热潮。如“知不足斋”主人鲍廷博遣子献书六百二十六种，其中多有宋元以来孤本，得到朝廷颁赐的一部《古今图书集成》，次年原进书籍悉数发还，在《唐阙史》《宋仁宗武经总要》卷首均有乾隆帝御题诗句。如《御题唐阙史》：

知不足斋奚不足，渴于书籍是贤乎？（鲍士恭家藏书处名知不足斋）长编大部都度阁，小说卮言亦入厨。《阙史》两篇传摭拾，（是书分上下两卷）晚唐遗迹见规模。彦休自号参寥子，参得寥天一也无？[20]

时隔数百年，仍能感觉到这位天之骄子在题咏时的那份愉悦，竟然跟一个民间藏书家开起了玩笑。而对于鲍氏父子，那可是莫大的荣宠。

浙江搜辑呈缴民间藏书的行动，王杰似乎没有参与，或者说没有积极参与，没在三宝、熊学鹏的奏折上列名，自己也没有单独上奏。他只是认真履行学政的职责，如上届一样做好巡考选拔各项，不主动去凑热闹、赶风头，所奏也是办理科试之事。皇上倒也未忘这位爱卿，赏赐“貂皮二张，手帕二方，荷包一对，内贮银锭二枚”[21]。

二、丢了六册《永乐大典》

编纂《四库全书》的主要目的，在于搜辑和保存稀见典籍，所以乾隆帝闻知《永乐大典》中有大量古本后，立即下旨进行检核，命写出提要，加以抄录。四库馆组建后，于翰林院和武英殿分设编纂处，而翰林院以辑录大典中遗书和片段为重，自一开始就配置了三十名纂修官，另有提调、收掌官员，订立了严格的工作流程。可就在三十九年六月二十五日，四库馆首席总裁永瑢奏报父皇，丢了六册《永乐大典》：

窃臣等遵旨纂办《永乐大典》内散篇各书，所有应行采录诸条，现在陆续摘抄将竣，因派令各纂修等将已经理清粘出副本，查封原书，逐一分头详细校勘，以便迅速编排成帙。正在上紧克日催办间，兹据纂修官·庶吉士黄寿龄告称：职蒙派纂辑散篇，所有现分之《考古质疑》《坦斋通编》二部，头绪较繁，均须查对原本。缘日间校对未毕，恐致迟误功课，因于十三日晚间将《永乐大典》原本六册，用袱包裹带回，拟欲乘夜趱办。讵行至米市胡同，偶

然腹泻下车，被贼连包窃去，追觅无踪，实属一时失于照料，不胜惶惧，理合报明查缉……[22]

六月十三日夜里发生的失窃案件，为何十二天后才奏报？乃因四库馆深知案情重大，动用各种手段，希望能找回被窃的书册。永瑢奏称已交步军统领衙门、五城司坊派员抓紧缉查，但还没有结果，同时说明黄寿龄属于私自将书带出，并未报告管理人员，提议将他交部议处。

犯事的黄寿龄为三十七年进士，选庶吉士，因学问较优，直接从庶常馆抽出来任纂修兼校对官。四库馆实行严格的分工和责任制，给每位纂修官一定的辑校指标，规定在期限内完成。黄寿龄为了赶工，就悄悄把书带回家中，准备开夜车做一些核对，岂知犯下一个惊天大案。真不知那个夜晚他是怎么度过的，次日一大早向上司报告，可推想他本人及车夫都会被反复审问。

乾隆帝得知此案后大动肝火，谕曰：

《永乐大典》为世间未有之书，本不应听纂修等携带外出。况每日备有桌饭，各员饱食办公，尽一日之长，在馆校勘，已可不误课程，原无借复事焚膏继晷。至馆中设有提调人员，稽查乃其专责。携书外出，若曾经告知提调，即当与之同科；或纂修私自携归，该提调亦难辞失察之咎。着舒赫德查询明确，据实复奏。其所失之书，仍着英廉等上紧严缉，毋致阙少。至在馆之总裁朝夕共事，亦不应漫无觉察若此，并着明白回奏。[23]

永瑢和舒赫德赶紧表态：一定要从严对书册的管理，同时也继续追查失窃图书。舒赫德还奏报初步调查结果，说黄寿龄私自携出《大典》书卷，应负主要责任；提调、收掌等事先不做查收，也要承担失察之责。金简也上奏，说是接报后曾派内务府番役头目盘问黄寿龄，并派兵丁对全城严加缉查，正在抓紧侦办中。四库馆总裁各掌重权，英廉为提督衙门步军巡捕五营统领，负责京师守备和治安；张若溎为左都御史，所属有北京五城的巡城御史、兵马司及各坊；金简则是内务府大臣，所属审刑司、采捕衙门均有办案职权。书册失窃案件发生后，这些强力部门一齐出动，公开搜检盘查，暗地里布设密探眼线，凡是能想到的地方都去折腾个底儿掉，仍未见踪迹。

如此的搜查强度，无疑会使盗窃者惊恐不安，不敢携带上街，不敢卖给书坊，也不敢久留手中……七月十六日，步军统领英廉奏报：所遗失的六册《永乐大典》于昨夜在“御河桥河沿被人拾得”。乾隆帝松了口气，下旨继续搜拿窃贼，命英廉“密派妥干番役等于书肆、纸铺、小市、荒滩等处留心体访……跟究贼踪”，哈，那也就是说说罢了。

被窃的书册失而复得，但有关人员的失职必须处分。吏部拟了一个处罚意见，最后由皇上决定，主要是追究领导责任：永瑢，罚职任俸三个月；舒赫德、王际华、蔡新、英廉、金简、张若溎，罚俸三个月；李友棠，罚俸一个月；具体负责的提调梦吉、王仲愚，罚俸一年。至于惹出事端的黄寿龄，吏部说本该“降一级留任再罚俸一年”，可他还是一名庶吉士，尚未散馆授职，无级可降，提议罚其在庶常馆再学习三年。乾隆帝倒是予以宽大，认为重要的是管理不严，带书回家的不会仅此一人，改为罚俸三年，免去了不准毕业的处分。

三、天一阁的模式

乾隆帝曾在上谕中提到一批私人藏书名家，有昆山徐氏之传是楼，常熟钱氏之述古堂，嘉兴项氏之天籁阁、朱氏之曝书亭，杭州赵氏之小山堂，宁波范氏之天一阁。其中以天一阁最受瞩目。创办这个闻名遐迩的藏书楼的范钦，为浙江鄞县人，明嘉靖十一年进士，历仕多地，官至兵部侍郎，一生喜爱图书，回乡后兴建此楼，取名“天一阁”。此时的继承人为其七世孙范懋柱，进呈图书六百四十一种，多数为前代善本，收入《四库全书》里的有九十六种，列入存目的有三百七十七种。

乾隆帝对范氏的义举很赞赏，钦赐《古今图书集成》一部，后又钦赐铜版画《平定回部得胜图》十六帧，并赋诗表彰。而皇上更为欣赏（或曰景慕）的，是天一阁的营建模式，也包括书架的设计，论为古代藏书楼的建筑典范。三十九年六月，弘历钦派干员前往察看绘图：

> 闻其家藏书处曰天一阁，纯用砖甃，不畏火烛。自前明相传至今，并无损坏，其法甚精。着传谕寅著亲往该处，看其房间制造之法若何，是否专用砖石不用木植？并其书架款式若何，详细询察，烫成准样，开明丈尺，呈览。寅著未至其家之前，可豫邀范懋柱与之相见，告以奉旨“因闻其家藏书房屋、书架造作甚佳，留传经久，今办《四库全书》，卷帙浩繁，欲仿其藏书之法，以垂久远，故令我亲自看明，具样呈览，尔可同我前往指说”，如此明白宣谕，使其晓然于心，勿稍惊疑，方为妥协。〔24〕

由编书想到藏书，想到学习最好的收藏保存方式，再想到钦差可能带来的惊扰，如此用心，如此细心，古来有几位皇帝能够做到？

寅著在任两淮盐政时，曾奉旨往梅花岭办理皇上为史可法祠题词和题诗之事，时任杭州织造，接到旨意的次日即赶往宁波。按照皇上的指示，他先将范懋柱约至府城相见，转达圣上对天一阁营造法式的赞赏，然后一起到鄞县范家，认真做了测量，奏报：

> 看得天一阁在范氏住宅之东，坐北南向，左右砖甃为垣，前后檐上下俱设窗门，取其透风；阁外周以围墙，其中梁柱及书橱即用松杉等木，形制坚朴；阁下顶格画有水纹，亦系制火之义；阁前凿池，中有泉水，色清味甘，后面围墙东北隅又为曲池，询称年久不知取意，即于阁东引前池之水灌注其内。阁共六间，西偏一间安设楼梯，东偏一间以近墙壁，恐受湿气，并不贮书；惟居中三间，排列大橱十口，内六橱前后有门，两面贮书，亦为可以透风；后列中橱二口、

> 小橱二口，又西一间排列中橱十二口，总计大小书橱共二十六口。每大橱之下置英石一块，据云可收潮湿。……传闻凿池之始，土中隐有字形如“天一”二字，因悟“天一生水”之义，即以名阁。阁用六间，取“地六成之”之义，是以高下深广及书橱数目尺寸，俱含六数，至今几三百年并未改造。[25]

寅著的确是精强干练，不光叙述甚详，还绘制了图样，甚至连大橱底下的英石都敲下来一小块，打包送至皇上那里。待《四库全书》竣事，乾隆帝命缮写七部，建造七阁以分贮之，均仿照天一阁的规格样式设计。后文渊阁等七处藏书楼陆续建成，经历战乱而命运各异，却未有失火之厄，应是得因于乾隆帝的远见。

第三节　总裁官的职责

对于决定重点培养的人才，乾隆帝有意让其在不同位置上历练，以期日后大用。王杰再任浙江学政时，为刑部右侍郎；决定由彭元瑞接任后，有旨命他返京后署理礼部侍郎；而在王杰刚刚返京，又将之调任吏部右侍郎。吏部掌管官员的升降考察，号称天曹，尚书称大冢宰，侍郎称少宰，是六部中最有实权的一部。

四十二年（1777）十月二十二日，即改调吏部半个月后，有旨“以吏部侍郎王杰充四库全书馆、三通馆副总裁”。此日乾隆帝御于乾清门听政，宣布了此一任命，算是对三月间分派图书项目的补充。

一、错讹问题

编纂《四库全书》这样一部旷世巨著，雇用如此之多的抄录人手，最怕的就是把关不严，粗制滥造，那可就成了大笑话。乾隆帝虑及于此，设置了繁复的选目和审稿环节，调集国内的知名学者参与其中，也为之配备了强大的总裁和总纂班底，一切都是为了保障图书质量。

《四库全书》的总裁官，大致可分为三类：

一是选派学识和书法俱优的皇子，先是皇六子永瑢，后来增派皇八子永璇、皇十一子永瑆；

二是命枢阁重臣参与其中，如刘统勋、舒赫德、于敏中、阿桂、英廉、和珅等，有的要审稿，有的负责协调管理和后勤保障；

三是侍郎一级的学者型官员，如张若溎、曹秀先、李友棠，以及后来加入的王杰，为审读把关的主力，以下才是纪昀等总纂官。

而最后一道关口，是弘历自己。他可真是一位精力无限、精光四射的君主，日理万机，仍能亲自审阅书稿，开始时几乎每篇都读，甚至觉得总裁审得太慢，督策尽快呈交。正是皇上本人，很快发现存在一些错讹，谕知枢阁大臣：

> 现在纂办四库全书，以广石渠金匮之藏，自应悉心校缮，俾免鲁鱼亥豕之讹。今呈进已经缮成之《荟要》各卷内，信手翻阅，即有错字二处，则其余书写舛误者，谅复不少。若不定以考成，难期善本。其如何妥立章程，俾各尽心校录无讹之处，着总裁大臣详议具奏。〔26〕

一班枢阁大臣赶紧研究，认为问题出在缺少考核和人员不够上，很快制订出严格的“功过处分条例”，并请求增添十六名《四库全书》缮本复校官，六名《四库荟要》缮本复校官，细加核勘。御批照议办理。

三十九年二月，四库馆呈进重录的《圣祖仁皇帝御制文集》。此类书籍为武英殿原刊，经过一遍遍校对，也不会有违碍之处，总裁等较为放心，于封面上写下“原本校刊精审，并无应签之处”。乾隆帝也以为其中断无错误，岂知随意抽出一本翻翻，竟发现原诗的“桃花”被写成“梅花”。

他说自己对于抄录呈览的各种书籍，并未尝有意苛求，也没有时间通篇细读，只是信手披翻，就遇上这种错字，可知其他舛误之处必然不少，各位总裁官岂可都这样掉以轻心的吗？

乾隆帝决定对总裁官严肃处理，以为儆诫，谕曰：

> 此内如皇六子质郡王永瑢、舒赫德、福隆安，虽派充总裁，并不责其翻阅书籍，乃令统理馆上事务者。英廉办理部旗及内务府各衙门，事件较繁，亦难悉心校阅。金简另有专司，此事本非其职。至于敏中，虽系应行阅书之人，但伊在军机处办理军务，兼有内廷笔墨之事，暇时实少，不能复令其分心兼顾。所有皇六子永瑢、舒赫德、于敏中、福隆安、英廉、金简，俱着从宽，免其交部。其余总裁，每日到馆，岂可于呈览之书，竟不寓目！且全书卷帙浩繁，朕并非责伊等挨篇细校，但能每本抽阅数处，时为驳正，则校对及誊录等皆知有所儆畏经心，何竟见不及此耶！王际华、蔡新、张若溎、曹秀先、李友棠，俱着交部察议，其复校、分校等员，并着一并交部议处。〔27〕

录下这段谕旨，便可知总裁阵容虽称强大，实际多属荣誉头衔，真正干活和起作用的，主要还靠几位副总裁。三十九年十月，乾隆帝从避暑山庄返京，翻阅四库馆呈进的由《永乐大典》内散篇辑成之书，又发现有的抄错，有的系原文旧讹或文义不顺，不止一两处，再次对纂修人员做出处分，并对相关总裁蔡新、张若溎、李友棠交部察议。

总裁官一大串，处分的总是这几位，而且以副总裁为多。弘历思虑细密，也会想到难以服众，且不利于把好质量关，便在四十二年三月，发布了一项新规。那是副总裁刘墉在签字进呈《少阳集》之后，又发现“誊写错字”，自请交部议处。乾隆帝宣布：

> 自今年正月起，所有进过书籍讹错之处，交军机大臣通行查

> 核。经朕看出错讹者，其分校复校名下错至两次，总裁名下所校错至三次者，均着查明，奏请交部议处。处分原轻，不过示以知愧，既已分阅，可不悉心乎！此后着交军机大臣照此，每三月一次，查办奏闻。其总纂官纪昀、陆锡熊，总校官陆费墀，所办书籍既多，竟应免其处分，而伊等应更详慎办理，期于无误。设或因此稍有懈弛，则非朕体恤伊等之意矣。[28]

这位大皇帝的举措总不免带有偏爱，因为欣赏纪昀和二陆的才学，也知三人在馆中兢兢业业，特意将三人画在圈外。

不久后，都察院和吏部呈上处分建议：校书出现错误，《四库全书》总裁罚俸半年，总校、分校、复校罚俸一年。皇上不同意，说编纂此书乃“嘉惠天下万世”之举，总裁等理应悉心办理，若是漫不经心，其过更重。弘历还说：担任总校、分校的不过是翰林、中书等员，薪俸较低，又无养廉银，若将一年之俸罚去，何以养家？而总裁为尚书、侍郎，平日所得廉俸优厚，即使罚俸一两年，也不至于过不下去，决定改为总裁罚俸半年，其他人罚俸三个月。为显示严格公正，乾隆帝也专发谕令：担任总裁的三位皇子所校之书如有错误，一体查核处分，从其应得分例内坐扣。

历来校书如扫落叶，编纂《四库全书》雇用了大批抄录者，水平不一，每日又有字数的限额，不免存在一些错讹，而审校核对量极大，也难以一一检出。到了总裁这一关，各有一摊子本管公务，且挂名的多，实际看稿的少，也是无法解决差错问题，使皇上很是头痛。

二、毁禁与改订

古代朝廷兴办的任何文化事项，即便是嘉惠后世的大型文献整理工程，也往往具有另外的一面。《四库全书》最让人诟病的，是其在搜辑编纂过程中的大规模禁焚和抽毁之举，这当然是奉了皇上的旨意，也包括前面提到的对个别字句的删改，直接导致了一些书的消失，或被改得面目全非。有人将之称为秦始皇“焚书坑儒”后的又一场浩劫，或有一定的道理；而若说乾隆帝在编纂《四库全书》之初就早有预谋，立意进行一次文化扫荡，倒也是求之过深。

在搜辑图书的过程中，对一些书籍加以禁毁，也有一个陆续形成，上下互动，愈燃愈烈，最终予以甄别管控的过程。

四十一年十一月十六日，正当各地督抚纷纷加大搜缴违碍图书的力度之际，乾隆帝颁布长谕，专谈一些明代文集的政治不正确，并要求进行区别对待：

> 第其中有明季诸人书集，词意抵触本朝者，自当在销毁之列。节经各督抚呈进，并饬馆臣详悉检阅，朕复于进到时，亲加披览，觉有不可不为区别甄核者。如钱谦益在明已居大位，又复身事本朝，而金堡、屈大均则又遁迹缁流，均以不能死节，觍颜苟活，乃托名胜国，妄肆狂狺，其人实不足齿，其书岂可复存？自应逐细查明，概行毁弃，以励臣节而正人心。若刘宗周、黄道周，立朝守正，风节凛然，其奏议慷慨极言，忠荩溢于简牍，卒之以身殉国，不愧一代完人。又如熊廷弼受任疆场，材优干济，所上封事，语多剀切，乃为朝议所挠，致使身陷大辟。尝阅其疏内，有“洒一腔之血于朝廷，付七尺之躯于边塞”二语，亲为批识云：“观至此为之动心欲泪，而彼之君若不闻，明欲不亡，得乎！”可见朕大公至正之心矣。又如王允成《南台奏稿》，弹劾权奸，指陈利弊，亦为无惭骨鲠。又如叶向高为当时正人，颇负重望，及再入内阁，值逆阉弄权，调停委曲，虽不能免责贤之备，然观其《纶扉奏草》，请补阁臣疏至七十七上，几于痛哭流涕，一概付之不答，则其朝纲丛脞，更可不问而知也。以上诸人所言，若当时能采而用之，败亡未必若彼其速。是其书为明季丧乱所关，足资考镜，惟当改

易违碍字句，无庸销毁。又彼时直臣如杨涟、左光斗、李应昇、周宗建、缪昌期、赵南星、倪元璐等，所有书集，并当以此类推。即有一二语伤触本朝，本属各为其主，亦止须酌改一二语，实不忍并从焚弃，致令湮没不彰。至黄道周另有《博物典汇》一书，不过当时经生家策料之类，然其中纪本朝事迹一篇，于李成梁设谋基害，具载本末，尤足征我朝祖宗行事正大光明，实大有造于明人，而彼转逞狡谋阴计，以怨报德。伏读《实录》，我太祖高皇帝以七大恨告天，师直为壮，神戈所指，肇造鸿基，实自古创业者所莫及。虽彼之臣子，亦不能变乱黑白，曲为隐讳，存其言并可补当年纪载所未备。因命馆臣酌加节改，附载《开国方略》后，以昭征信。

近复阅江苏所进应毁书籍内，有朱东观编辑《崇祯年间诸臣奏疏》一卷，其中多指言明季秕政，渐至瓦解而不可救，亦足取为殷鉴。虽诸疏中多有乖触字句，彼皆忠于所事，实不足罪，惟当酌改数字，存其原书，使天下万世，晓然于明之所以亡，与本朝之所以兴。俾我子孙，永念祖宗缔造之艰难，益思兢兢业业，以祈天而永命。其所裨益，岂不更大！又何必亟毁其书乎？

又若汇选各家诗文，内有钱谦益、屈大均辈所作，自当削去，其余原可留存，不必因一二匪人至累及众。或明人所刻类书，其边塞、兵防等门所有触碍字样，固不可存，然只须删去数卷，或删去数篇，或改定字句，亦不必因一二卷帙，遂废全部。他若南宋人书之斥金，明初人书之斥元，其悖于义理者自当从删，涉于诋詈者自当从改，其书均不必毁。使无碍之书，原听其照旧流行，而应禁之书自不致仍前藏匿，方为尽善。[29]

禁毁书籍，大多限于明代尤其是晚明时期，原因则不言自明。弘历从来都可算作一个读书人，这番话也可理解为他的读后感，不无偏颇，而仍能显露出大政治家的史识和襟怀，条分缕析，又复高屋建瓴。从中也可以推想，各省多在从严从重，而他及时将最终裁定权收回，若是下旨无差别扫荡清除，那就是另外一幅景象了。

贵为天子，弘历也不能摆脱逞能炫才之讥，这一点在编纂《四库全书》过程中显露无遗，不无极端之例。如宋人李廌《济南集·咏凤凰台》有“汉彻方秦政，何乃误至斯”，他在读后大发议论，认为秦始皇焚书坑儒，号为无道秦，而汉武帝兴贤使能，为振作有为之主，不宜相提并论，尤不应直呼其名；又说《北史·文苑传》“颉颃汉彻，跨蹑曹丕”，局限于地域之别，互相诋毁，也应订正。乾隆帝一心要“为万世严褒贬”，为订正一二字沾沾自喜，却不知已跨越汇编的界限，开了一个篡改前人作品的恶例。〔30〕

三、王杰的入馆与记过

如果不算乾隆帝自身，《四库全书》的顶层架构是总裁官，包括正总裁与副总裁。这是一个流动性较大的班子，人员不断增加，也不断减少。后来又增派八皇子永璇、十一皇子永瑆，以及于敏中、舒赫德、王际华、程景伊、英廉、阿桂为正总裁，董诰、沈初、钱汝诚、刘墉、梁国治、钟音为副总裁；而裘曰修、刘纶、刘统勋均在兼职数月后病逝，王、舒、钟、于、程也在随后的几年内去世；也有因职务调整离开的，如李友棠在次年秋接替王杰的浙江学政，曹秀先、蔡新被派往上书房，张若溎被免。相关调整意在加强审稿的力度，弘历犹觉不够，又在总裁下增加了一个“总阅”的层次，调派谢墉、周煌、达椿、汪廷玙、钱载、胡高望、窦光鼐、曹文埴、金士松、李汪度、朱珪、倪承宽、吉梦熊担任总阅官。

在王杰受命担任四库全书馆副总裁一个月后，程景伊应皇上召见询问时，对总裁如何抽看提出建议。他说在总校、总阅看过书稿后，如总裁也是全看，不仅耽延时间，也使总校等有所推诿，可是若不制定总裁审读的章程，则不便核实，提议总裁每十本抽阅两本，粘贴总裁名签，未经抽阅者则粘贴总校名衔，如有错误，各无可诿。乾隆帝当即准行。

王杰是一个精细认真的学者型官员，对审校极为审慎。他有一封写给提调官王仲愚的短札，曰：

> 送来全书目录“经部”一册内，由折角四张未曾用印，乞便中带去补印。再今日所看续送殿中钞录书目一小部(册)，如已用印，亦乞付下为祷。
>
> 映台大兄照弟杰顿首二月初六日[31]

对王杰来说，仲愚为翰林院晚辈，而函中措辞礼数周到。透过此一短札，也能见出其严谨周密，如每书用印是开馆时立的规矩，具体执行很不严格，王杰审读时见出未盖印者，即要求经办人补印。

而即便是王杰，仍难以做到审稿无差错。四十三年四月统计上一季度错讹，其中“八阿哥抽阅书内有错误一次，十一阿哥抽阅书内有错误三次，侍郎王杰有记过一次”[32]。没有看到是否做了处理，而下一次统计又来了，“程景伊记过二次，钱汝诚记过三次，董诰记过二次，王杰记过一次，朱珪记过二次，吉梦熊、倪承宽各记过一次”。奉旨：程景伊、钱汝诚、王杰、朱珪、倪承宽均罚俸六个月；董诰因编纂《四库荟要》出错记过三次，被罚俸一年。

通过这个处罚，还可知另有一批人专查总裁和总阅，是谁？领衔的是阿桂，而其中一个活跃分子就是和珅——只读过咸安宫学的他，爱看翰林出洋相，尤其是得过状元的那几位。

或是由于和珅等人的煽呼，四十三年五月，乾隆帝又否定了经自个儿批准的“每部抽看十之一二”的做法，斥之为意图卸责，曰：“身为大臣，即不宜如此存心。乃既经抽看，而仍听其鲁鱼亥豕，累牍连篇，其又何辞以自解饰耶！嗣后务宜痛加猛省，悉心校勘，其于去取誊录分校之际，更不宜左袒，屡乞恩准，以无负朕稽古右文之意，毋再因循干咎。将此再行严饬在馆诸臣知之。”[33]自此之后，军机处的复核就越发起劲，当年七至九月的统计发现错误更多：“臣等详加查核，所有总裁抽阅书内，程景伊记过八次、嵇璜记过一次、董诰记过三次、王杰记过三次、周煌记过四次、钱汝诚记过一次、吉梦熊记过四次、朱珪记过三次，应请旨交都察院、吏部分别察议。”〔34〕一般以三处错讹记过一次，而不管是记过几次，处罚大都是罚俸六个月。

我们看到，在下一轮的复核中，记过名单上仍有多人，未见王杰的名字。无差错要付出多大的艰辛，自也不难想象。接下来的几轮，档案不甚全，加以王杰赴浙江出考差，均无记过之事。

第四节　吏部天曹

从刑部右侍郎转为吏部右侍郎，在明清官场可谓关键一步，是一个要被大用的信号。吏部少宰，比刑部的少司寇，可显得威风多了。王杰不太在意这些，却也能感受到皇上的恩惠。

吏部满尚书为永贵，曾在西域多年，廉正奋勉，此时则因事调出调入，撤而复任，主管部务的为程景伊，其他三位侍郎乃瑚世泰、刘秉恬、庆桂。王杰对景伊很敬重，与同僚相处和谐，恪尽职守，也得到了上下的认可，一年后升为左侍郎。〔35〕

一、让天子放心的考官

四十三年(1778)三月，因礼部会试在即，有旨命大学士于敏中为正考官，吏部右侍郎王杰、内阁学士嵩贵为副考官。

与王杰一样，于敏中也是状元，乾隆二年丁巳恩科一甲第一名；而于敏中与王杰不一样的是，他出生于一个江南诗书簪缨之家，祖父、叔父都是进士，父亲曾任武英殿纂修，也做过知县。在人才济济、文星闪耀的乾隆中期，于敏中深得皇上器重倚信。这个二十三岁的状元明练敏捷，善于结交，二十五年进入军机处，三十八年擢升内阁大学士，三个月后刘统勋病逝，他又成为首席军机大臣。三十九年七月，内廷记事太监高云从泄密事发，拿交御前大臣审讯，招供于敏中曾打听皇上对观亮的看法，也交代自己买地受骗，曾恳求于敏中托人帮着打官司。乾隆帝得知大为恼怒，严厉责问于敏中，于连忙认罪，并说高云从确曾面求转托，自己虽没有答应，但不即行参奏也是大错。乾隆帝还是宽恕了他，特发谕旨："朕因其数十年以来小心行走，为此姑息，格外加恩免其重罪，朕先认过。于敏中务宜痛自湔洗，以盖前愆。倘此后再有过犯，朕不能复为曲贷也。"〔36〕之后于敏中继续掌领枢机五年，在汉大臣中实属少见。而王杰保持着做人做官的本分，从不与朝中大佬套近乎，二人未见有私人往来。

于敏中曾多次主试，王杰也已积累了不少阅卷经验，另一位副主考嵩贵虽出身蒙古，亦是翰林中人，历来做事谨慎，所以本科考试甚为平静。敏中奏称：礼部在数年前议准同考官评阅朱卷改用紫笔，颜色相近，容易滋生混淆，请仍用蓝笔。御批同意。

本科知贡举的为礼部左侍郎谢墉，工书擅画，有江南才子之誉，也是乾隆帝南巡时发现的人才。谢墉说以往填榜之日，知贡举、监试、提调等官都到聚奎堂，各项书吏杂役也一拥而入，奏请饬令副都统二员会同外帘御史，"将应入内帘人役查验确实，同入内龙门，仍分两翼弹压巡查；内龙门外，即责令所属将备二员巡逻；放榜时，并令将备等护送张挂"。对于严格的科场管控措施，皇上一向支持，朱批"所办好"〔37〕。

如往科一样，皇帝也特发谕旨，对各地参试举子中年龄超过九十、八十、七十者加恩赏给国子监司业、翰林院检讨等职衔，以慰其寒窗苦学之志，但那只是一种不领薪俸的荣衔。该科发生的一件大事，是皇上在四月十日传谕，命将吴省兰、张羲年二人直接列入参加殿试的名单，谕曰：

国子监助教吴省兰、助教衔张羲年，学问尚优，且在四库馆校刊群书，颇为得力，俱着加恩准其与本科中式举人一体殿试。钦此。[38]

此时礼部会试已经考过，很快就会发榜，突然来了这么一道谕旨，钦定吴、张二人直接参加殿试，堪称出奇料理，力度之大，几乎前所未有。是谁以何种方式向乾隆帝推荐了此二人？目前尚未见到记载，但理由很清楚，那就是学问优长，在四库馆纂修中出了大力。

吴省兰，江苏南汇人，自幼饱读诗书，与哥哥吴省钦曾任咸安宫学教习，对聪明上进的和珅兄弟颇为欣赏，多有关照。以国子监助教进入四库馆后，吴省兰担任纂修。不知道他是否参加了这一年的礼部会试，总觉得是搭了别人的便车，也觉得其中有和珅的推助。和珅时已崛起于政坛，擢升户部左侍郎、步军统领，兼军机大臣。虽然在军机处排名较后，也不是四库全书馆总裁，但在皇上眼中已是经国之才，这就足够了。和珅早将皇上的性情意趣揣摩得透透的，知道怎样撩拨老爷子的心弦。

至于张羲年，与王杰倒有点儿学术上的渊源：北宋沦亡，金兵南侵之际，关学创始人张载的后裔、礼部尚书张永随宋高宗南迁，致仕后落居余姚，羲年为其二十一世孙，乾隆三十年拔贡，曾任潜县训导，以卓异送部引见。三十九年十月，四库馆总裁永瑢领衔上奏，说张羲年学问淹博，曾在浙江承办采访遗书，此次来京例应升任知县，但他“情愿在四库全书处效力行走，少竭驽骀，冀得自效昌辰，实为至愿”[39]。四库馆开张不久，出了这种不愿做官愿编书的典型，于敏中、福隆安、王际华等所有时任总裁官都在此折列衔。乾隆帝龙颜大悦，当即赐予国子监助教衔，命任四库馆纂修。羲年非常感奋，不光尽心尽力校勘，还呈献了家藏典籍五种。他参加了四十三年的会试，未被录取，又是一班总裁大人为之鸣不平，乾隆帝本来就对其深有好印象，遂命直接进入殿试。孰料羲年命运不济，临近考期突患急症，无法应试，于传胪当夜病逝，年仅四十二岁。而吴省兰考列二甲第三名，从此进入皇上的视野，也与吴省钦一起跟定了和珅。

会试发榜后，乾隆帝与于敏中交谈，决心扭转近年来制策越写越长，肤词滥调，冗蔓浮华的风气，下旨以清真雅正为宗，不得超过七百字之限。而弘历在为殿试钦定试题中，不出所料地涉及编纂中的《四库全书》，曰：

> 前言往行，悉载于书。自周有柱下史，汉魏有石渠、东观，以至甲乙丙丁之部，《七略》《七录》之遗，代有藏书。孰轶孰传，孰优孰劣，可约略指数欤？乃者命儒臣辑《四库全书》，搜访校雠，亦云勤矣。而纲罗犹有放失，鲁鱼犹有讹舛，何欤？[40]

关于“四库”的两问，前题较虚，后题则实，也是萦绕弘历心头的难题，即怎样避免抄录编纂过程中的错讹，希望参试学子能提出办法来。

二、智天豹献书事件

弘历二十五岁登基，至乾隆四十四年已是六十九岁。朝廷开始热热闹闹地筹备皇上的七旬万寿，大员们动脑筋撰写颂赞之作，民间也颇有人动脑筋搭车沾光，出了一档子献书的闹剧。

这年的正月十八日，乾隆帝起銮谒泰陵。直隶高邑县有个叫智天豹的江湖术士，编造了一本《大清万年书》，打听到皇上要往西陵，便让徒弟张九霄跪于御道旁呼喊呈献，当即被护军拿下。该书“内按八卦名目，复于每卦后编设三项年号，以应三十三天之数，名为受天之命，见得本朝国运比周朝八百年更为长久”[41]。这当然是一部希图讨好讨赏的书，智天豹为此动了不少脑筋，在书中设定弘历在位五十七年，届时其已八十二岁，也算是旷古少有了。岂知谶纬推背历来为朝廷大忌，岂知当今圣上期盼能活过九十岁，结果落得个抄家砍头的下场，连带献书的徒儿张九霄也判了斩监候。乾隆帝还真翻了翻这本怪书，一眼便见出其真实意图，斥责智天豹“以乡曲小民，竟敢编造年号，妄称大清天定运数”，“谎称世祖章皇帝显圣于彼，希冀惑众动听”，却也否定了诅咒之说，否则哪里逃得过凌迟？

这样一个献书的闹剧，也引发了乾隆帝的久远追忆，想起在继位之初的一次祝祷：

> 忆乙卯九月朕践祚之初，即焚香告天，默祷云：“昔皇祖御极六十一年，予绍膺宝位，不敢仰希皇祖。若邀昊苍眷佑，至乾隆六十年即当传位皇子，归政退闲。”彼时朕春秋方二十五岁，初未计及在位六十年寿当几何，亦复不以为意。迨过五十岁，乃自计六十年则当八十五岁矣，始以此志奏闻圣母。蒙懿旨云：“皇帝受祖宗付托之重，代上天爱养亿兆，董治百官，六十年后岂宜遽释仔肩？即天下臣民，亦断不肯听皇帝归政。”慈谕谆切，因更计之：若果至八十五岁，蒙天恩，朕尚能侍奉慈颜，则《礼》所谓“恒言不称老，何敢遽云倦勤”。彼时亦既叩天致祷，今既不能复申朕爱日之诚，则引年之初愿，亦岂能期必遂？况今距乾隆乙卯尚十六年，为日正长，若朕精力始终不懈，自当日慎一日，兢兢业业，综理万几，克全朕之初志。设或七旬、八旬以后神志稍衰，不能似今之精勤求治，亦不肯贪天位以旷天工。朕非不知足者，又必定以六十年为期，致蹈从前人主贪恋大宝之讥乎？[42]

语调轻松，也是故作轻松。在他之前的大清皇帝，尚无一人活到七十岁，皇祖康熙帝冲龄继统，辞世时六十九岁，而自己若在位六十年，已是八十五岁高龄。弘历是一个高度自信的人，也是个审慎的人，大约还是觉得期冀过高，仍用了“若邀昊苍眷佑”之类假设词。

通过这段谕旨，还可以知道弘历曾将预设的禅让之事告知皇太后，而母亲的说法是：即便在位满六十年，也不应该放弃自己的责任，天下臣民也不会同意。

三、兄弟情深

乾隆四十四年（1779）二月，有旨命王杰转吏部左侍郎，以刘墉接替他为吏部右侍郎。差不多就在这时，二哥王澈自家乡写信来，他随即给两个哥哥回函，据二哥信中所言一一作复，也对听到的一些事情提出劝谏。此函内容较丰富，对我们了解王杰极有帮助，兹摘录如下，并加绎解。

信中首先写到母亲，王杰说：

> 母亲在京身体康健饮食一切如常，惟耳较先更背，虽大声说话，亦不大听得。据医者云：此是高年人常事，身子却并无恙，不必为虑。六哥来书云：四十五年必要来搬母亲回家，自是虑及百年以后之事，杰岂不知？但杰一二年后若果能告假侍奉回家，亦是乐事。不然长途跋涉，一切医药饮食，杰岂能放心！且到家之后，亲戚宗族添一番应酬，高年人又岂能耐此劳苦？此杰之所深虑也。

此年吴太夫人八十大寿，已由王杰独立奉养近二十年。这是一个心地善良、深明事理、早年吃了很多苦的老人家，小儿子恪尽孝道，到外省督学亦奉母而行。接到二哥表示明年要将母亲接回家乡之信，王杰有不少担心，也说了自己打算告假陪老母还乡终养的想法。

接下来王杰谈侄儿来京读书事，顺便也提到自己的儿子，一段话很有意思：

> 壒时到京读书亦好。杰因三、八等不肯用功，今岁立意不请先生，壒时既来，仍将俞年兄请在寓中教读。至“多一人吃饭”之说，更属无谓。杰之心事，可以对祖宗，可以质鬼神，何尝较量于此？若云“寓所有五六十人吃闲饭，必不多此一人”，此又不知何意？五六十人尚在不敷于用，果其无事，杰又何必东挪西借，以养此

数十人为荣耶？总之居官与居家原难并论，不知其苦者，亦不可以口舌争也。

墭时为二哥的长子，时年二十四岁。要儿子进京读书，应是王澈来信的主要目的，却又左说右说，也很可笑。那一句“寓所有五六十人吃闲饭”，像是调侃，也不无指责，惹得王杰颇有些生气。这也是居官与居家的差异，古今有许多地位悬殊的亲兄弟，情感上都有近似的复杂微妙之处。

在京担任高官，既是乡亲宗族的骄傲，必也是一些人妄图攀缘索求的对象，而索求得不到满足，便生怨怼。像王杰的清素拮据，不要说别人，其嫡亲的哥哥也不会相信。在给哥哥的回信中，王杰提到族中有人来信提到修盖祠堂之事，自然是要他出资，且出少了也不好看。他让哥哥斟酌一个数额，来信告知，再想办法筹措。信中还有一句“另有字与同族，即可送去，毋令指斥也”，亦知王杰对这类事情一直赔着小心。

或也正因为如此，王杰听说二哥在家乡放贷，非常忧急，也在回信中极力劝说：

再闻六哥在家偶有银钱向人取利，追讨不起，即与人口角，并闻送官追讨，口声甚不好听。务农为居家本业，以钱债敛怨，恐有意外之患，且闻亲戚中有因财礼失和气者。人生贫富自有天定，徒为人所耻笑，要此银钱亦何用也？杰所闻不知真假，但泣涕而道，亦情之所不能已也。尚望着力讲一“恕”字，一切意思自能平静矣。[43]

王杰恪守孝悌之道，敬事兄长，对二哥的放贷之举，对其倚恃官府逼债，深恶痛绝，却也只能是好言相劝。

四、小女儿的婚事

王杰有两个女儿，皆为正妻程氏所生。大女婿是同县的刘栋，后来考中举人。小女金儿待字闺中，甚得父母喜爱。二哥在家乡为金儿介绍了一门亲事，王杰在回信中写道：

所言金儿亲事定于家乡，此我之本意。然来书止详其家世及学生肯读书，亦不言相貌若何，家道若何，倘或家道甚难，杰亦不能兼顾，彼时转觉作难，亦不甚便。望即再加访问确实，并学生八字开来，以便斟酌。京中也有一两家商议做亲，人家颇合式，杰之意总不如在家中。惟金儿母亲此时又愿与直隶人对亲，姻缘自有一定，我亦不敢太拘。不过年纪长大，未免多一心事耳。[44]

显示了他对女儿的怜爱，以及在她婚事上的矛盾心理。而细读亦可看出，王杰虽让二哥提供家乡那位男孩的详细情况，而实际上还是倾向于妻子的意见的。

信中提及的“与直隶人对亲”，所指为朱珪之子朱锡经。朱珪出生于京师大兴县，少年时与哥哥朱筠以神童闻名，其年龄虽比王杰小六岁，中进士却要早十三年。这位公认的大才子仁厚温润，一生低调，却也曾几次为人倾陷。数年前他就以山西布政使署巡抚，此时则是侍讲学士，由从二品降为从四品，而王杰始终以翰林前辈相待。锡经为家中长子，时年二十六岁，有过两次婚姻，妻子皆患病去世。友人为两家牵线，王杰一听是朱珪之子，即生好感。他对二哥说是妻子的意愿，应是照顾到哥哥的面子，也留下一些余地。

而朱珪素来敬重王杰的品格，对这门亲事也很满意。多年后王杰辞世，朱珪为之撰写墓志铭，其中也写到两家的亲事，充满美好记忆，叙述也更细腻：

珪于公忝先进，而公洊九列，珪稍回翔，故往来踪迹颇疏。男锡经再丧偶未敛，曹慕堂宗丞适为公女相攸某氏，公不欲，曹曰：“有一人，迟则将为他姓得耳。”公问为谁，曹曰：“朱石君之子弦断矣。”公曰：“石君前辈，我重其人，必有后，君其为我谋之。”曹来吊，曰：“郎君必当续娶，作伐者可待我乎？”予怪之，已而予妻弟陈奉玺至，其言与曹同。予益咤问，乃知出韩城意。予曰：“姑待期年后再言可也。”予感公之相知，明年问名焉。呜呼，公以素心相质，重以婚姻，真直谅友也！[45]

热心作伐者为曹学闵，号慕堂，乾隆十九年进士，庶吉士，时任鸿胪寺少卿，为官清慎，与王杰、朱珪交善，也成就了一桩美满婚姻。

四十四年秋闱，锡经考中举人，不久即与金儿成亲。朱珪在妻子病逝后未再续娶，加上居官清廉，家中颇为清寒。金儿成为家中主妇，好在已从父母身上继承了节俭的家风，也不觉得吃苦。锡经曾写道：

除夕，锡经、锡纬，三侄锡田、锡召、锡珏，一婿秉鞬拜贺于膝前，府君顾而乐之，以为庭闱聚首，是年最盛。[46]

虽未细加描述，也能感觉到朱珪很喜欢新入门的长子媳妇，金儿也融入了这个新家庭，一家子其乐融融。朱珪有一首诗显然与之相关，曰：

樽酒兰言剪烛时，清香不隔绛纱帷。武功风雅官仍贵，沂国平生志自知。浙水三悬冰镜朗，南宫再总玉衡司。相思若有凌霞便，消息梅花寄一枝。[47]

应作于两家结亲之后，此时王杰再赴浙江督学，朱珪以诗代柬，表达了尊敬与思念之情。

第五节　武英殿总裁

查阅《纂修四库全书档案》，会发现王杰的阅稿差错算是较少的，皇上该罚就罚，却也没改变对他的信任。从浙江回到北京后，王杰也有过献书之举，只不过其收藏实在无法与朱筠、纪昀等相比，仅有两种算学方面的书入选。[48]乾隆四十四年秋，王杰又出了一趟考差，而在董诰擢为军机大臣后，有旨命王杰接任武英殿总裁，后又担任国史馆副总裁。

武英殿位于紫禁城外朝熙和门以西，有正殿、后殿、东西配殿和左右廊房，以及恒寿斋、浴德堂等，与东路的文华殿相对应，是明永乐年间兴建的一个规格很高的建筑群。康熙间在此设造办处，编印图书，雍正间改称“武英殿修书处”，至乾隆帝又将之分为两个摊子：监造处，由王大臣管理，负责制版、印刷、装潢等；校勘处，设总裁，负责编纂、校对以及刊刻后的复核。开办四库馆后有两处办公地点，一处是在翰林院，另一处即武英殿。王杰接任武英殿总裁，与仅仅分阅文稿的《四库全书》副总裁不同，责任更觉重大。

一、主试浙江

四十四年六月十日，有旨以王杰为浙江乡试正考官，吴省钦为副考官。这是王杰第三次出考差，但主持人文荟萃、历来取士名额在全国数一数二的浙江，又是他两任督学的地方，自与以往不同，意味着皇上的信任更进一步。

再来杭州，挚交孙含中已然病逝，巡抚王亶望则正得圣眷。这个胆大妄为的贪官，偏爱做出一副廉洁奉公的样子：因大举修造海塘，经费紧张，王亶望奏请减去巡抚所兼盐政的养廉银四千八百两，以及办公费五千两，拨充海塘经费；又奏称宁绍、嘉松两分司公务无多，各给公费银四千二百两实属过多，提议减为二千两，结余银两划归海塘经费项下。乾隆帝览奏大喜，甚至动了让他接任闽浙总督的念头。

各地学额设有商籍，以便那些外出行商者（多为盐商）的子弟能就近入学。上年十月间，王亶望与学政彭元瑞联名上奏，将商户区别为正商、乏商（已不再经营者），提请将乏商子弟开除，令归原籍入学，得到礼部议准。本年七月，王与彭再就浙江商籍生员之事上奏，说经过核查，真正的商籍为数寥寥，大多为假冒商籍的学生，建议将所有商籍名额取消；又说今年临近考期，应在乡试后清查处理，但考试时不再设“卤字号”一项。奏曰：

> 本年恭遇恩科，商籍各生自应即以改正籍贯应试，但人多时迫，恐有闱前不及呈改之人，应请于场后勒限半年，悉令遵例改归，倘有玩延观望，咨部斥革。所有原议另设卤字号乡试之处，并请停止，本年乡试商籍各卷，仍散入民卷校阅，其给文会试起程赴选等事，均归原籍办理。[49]

王亶望心思细密，行事机巧，彭元瑞也以精明见长，所议实为科举弊端之一，提出的办法也有可操作性。乾隆帝却颇为犹豫，说浙江人文积淀丰厚，应试的学生多，本地人借商籍考取者十居七八，其中人才辈出，有不少成长为朝廷大员。假若全行裁减，杭州学额不足，贫寒子弟不免失学。皇上说清理商籍的主要目的，是因地方官的亲属子弟冒名入籍，以冀幸进，不可不严查究治，而浙省商籍学额相沿已久，一向未闻有何弊端，仍应照旧办理。

批谕之后，乾隆帝又发现二人还有一折，大意是：请皇上在明年春天南巡时特降恩旨，将裁去的五十个商籍学额，加恩分给杭州府学和仁和、钱塘二县学。皇上大不以为然，批曰：“即或于明岁加恩广额，是旋裁旋复，几同朝三暮四之权术，朕所不屑为也。”他说距南巡尚有半载，“士子不知将来广额之恩，止知现在减额之事，能保无寒畯向隅、生心觖望乎？”[50]而且江浙之事应同等对待，不能厚此而薄彼，若因浙江再推广至江苏，更不成事体。谕令照旧办理，不要瞎折腾，对二人玩弄的小聪明直接否定。

此事发生在乡试之前，自也看不到王杰的反应。一路沿水路南行，他照旧一路安静读书，未见有只言片语留下来，副考官吴省钦可就静不下来了。其乃乾隆帝南巡时钦赐的举人，授内阁中书，二十八年二甲进士，庶吉士散馆授编修，翰詹大考一等，时为侍讲学士。省钦颇有诗才，又喜欢舞文弄墨，虽不像前些年赴四川学政写得那么多，途中也写了近二十首。如《闻命典试浙江恭纪》，“督亢陂外五乘轺，此去东南意久要。岱顶夜升沧海日，胥山秋挂曲江潮”[51]，发散着一种抑制不住的得意，却没见提及正考官王杰。一般说来，两人应是同船南下的，约一个月的旅途中竟不见有任何互动。吴氏兄弟已傍上炙手可热的新贵和珅，感觉必然很好；而王杰应是心存鄙夷，给他个不理不睬。

乡试结束，王杰即返回京师，在路过淮安时得到老友淮关监督寅著接待，席间与同年赵翼、陈凤举意外相逢。赵翼赋诗相赠，兹引其一：

> 主知特达冠朝簪，关陕巍科继德涵。香案身依天咫尺，雅轮手挽运东南。千秋遭际真无两，一等文章肯第三？莫怪经过不相迓，年来怕遇贵人谈。[52]

此时的赵翼家居已久，当年的争竞计较早已飘逝大半，老友相聚，对王杰发出由衷赞叹。德涵，即明代陕西状元康海，以文章称名海内，论者常将王杰与之相提并论。

吴省钦事先已得到皇上给假，回家乡南汇省亲，“鹿鸣宴罢醉离披，插遍茱萸鬓改丝。东浦非遥忙觅路，西湖虽好懒寻诗……”[53]十一月初，吴省钦至京，奏复恩命，乾隆帝在其名字一侧朱笔批阅：“学问好，中省皆可。”折上有吏部贴黄：“已放湖北学政。”[54]还记得王杰主试江西时的副主考曹仁虎吗？与吴省钦为上海同乡，早两年中进士，但在皇上那里印象一般，批谕较差。这也决定着二人的仕途，后来曹仁虎一直抑于下僚，中年即抑郁离世，吴省钦则行情见涨。

二、书法之才

武英殿为清宫编纂刊刻图书的地方，皇上选配总裁，不光要求学养醇厚，通常会考虑其在书画方面的造诣。前任总裁董诰即以擅长绘画得乾隆帝嘉赏，董诰入为军机大臣，命王杰接替他掌管武英殿校勘处，有一笔端严秀劲的书法，应是其被选中的原因之一。

依照今日之书协的标准，那时的官员（除却一些满蒙武职）几乎个个可称书法家。与王杰同登一甲的赵翼能写至少两种书体，而同时在朝的刘墉、纪昀、朱珪等人，也都有一笔好字。四库全书馆开张，陆续招聘了数千人担任缮写，录用的第一个标准便是书写能力，原典俱在，也是不服不行哦。

王杰是书法家中的大家。

清代文献中提到王杰，多会提到他的书法之才：说他八岁“能书匾额大字”，说他“作字与为人端正”，说他“因书法见知”被尹继善聘为幕僚，说他“书法为世所重”，也有的提到乾隆帝对其廷试答卷“熟视之若素识”……而较少有人关注到王杰已将写字融入日常生活中，不管寒冬酷暑，也不论升上高位后有多么忙，晨起的第一件事就是练字，坚持每天至少练写一百个字。王杰兼擅众体，除较多出现的楷书、行书外，对篆、隶、章草亦各有妙悟。今天仍可见到他留下来的大量书法作品，有匾额对联、题诗、书信，也有一些是他对前代书家如孙过庭、苏轼的临摹，皆见一丝不苟。

多年之后王杰已然仙逝，翰林院还流传着他的传说，其书法也成为大家追寻的宝物。翰林陈用光见到王鼎藏有一幅，艳羡不已，以诗代柬，希望以当世名画与之交换，《以所藏万锕冈上遴梅花乞王定九前辈鼎易韩城师所书宋名臣言行横幅》：

韩城夫子峻风节，立朝乃似宋广平。应人求书不造次，偶然落笔皆典型。以字作花身作干，比公于梅同一清。沙堤筑马气突兀，蚕尾回礫神晶莹。晚出门下惜未请，欲宝遗墨无溪藤。翰林群从藏一幅，我昨见之眼增明。巧偷豪夺夫何敢，以石易马东坡曾。从来书画同一理，皆于胸次窥峥嵘。魏公沂公公代兴，观所著录知性情。忆从朝士诵轶事，棱棱铁骨真孤撑。得书得画皆有悟，嗜好彼此非渭泾。后夜我家虹贯屋，今夕君梦逋仙凭。以有易无各卷送，百年佳话传蓬瀛。敬援成例诗代柬，知君不作王晋卿。[55]

诗中说王杰绝不轻易“应人求书”，只要写就是佳作，是符合事实的。而“韩城夫子峻风节”“棱棱铁骨真孤撑”等句，也写出翰林晚辈对王杰的深长敬爱。王鼎为嘉庆元年（1796）进士，又是王杰同乡孙辈，以品行学识深得其器重，赠字给他自然很正常。陈用光出身于江西一个科举世家，嘉庆六年进士，王杰为殿试读卷官之一，是以称“韩城师”，深以没有机会请得老师墨宝为憾，便提出用所藏万上遴的梅花图，交换王杰所书宋代名臣言行。诗中赞美王杰清操如梅，胸次峥嵘，倾注着追怀之情。

王鼎同意与之交换了吗？未见记载。

三、参奏陆费墀

为编纂《四库全书》，乾隆帝曾一再谕令各地督抚搜罗遗书，严旨之下，各省纷纷设立征集总局，大量古本源源送至京师，存储于武英殿校勘处。征书之初，弘历就承诺将来会物归原主，并要求经手者认真登记造册，以确保及时归还；而对于督抚采购的图书，还有大小臣工捐献的秘本，则由朝廷收藏。至于存于何处，大臣提出的有文渊阁、翰林院等。四十二年八月，乾隆帝再一次谈到此事，强调各省藏书家所呈书籍，于办毕后即行发还；在京大臣等呈进的所有书籍，也一律还付本人；各督抚选购呈进的书籍，则汇交至武英殿，另行陈设收贮。这是一项极为烦琐的事情，做到和做好的前提，是严格细心的管理，需要认真地分类登记和定期清查盘点。

王杰接掌武英殿校勘处之初，专向前任总裁董诰请教急需办理和注意的事项。董诰告知：近几年因为抓紧编纂《四库荟要》，没能及时清查各地呈送的图书底本，现在《四库荟要》已竣工，应赶紧进行清点。其实皇上在三月间已有旨意：

> 向来各馆应进书籍俱系按卯稽查，惟四库馆所办之书向无查核。全书卷帙浩繁，不可不设法稽考。该馆总裁福隆安、英廉、金简俱无阅书之事，即着专司考核督催，以期迅速蒇事。[56]

皇上有谕，福隆安等敢不听从？乃因此类清理极为麻烦，又因《四库全书》正在抄录核校过程中，底本散在各个环节，福隆安等三人又各有要职，手头都有一摊子或几摊子事，大概觉得无从下手，也就不了了之。

王杰做事从来认真，决心要加以清理，从纂修分校中选派翰林王尔烈、项家达、戴均元、谷际岐四人，按经史子集分工，一面清点，一面暂管发书收书。时馆中传闻底本遗失甚多，说经办人为了掩盖，让誊录设法购买捐补。王杰询问负责此事的总纂陆费墀，这老兄显然不太配合，支支吾吾，也不拿出管理的档册。他只好再去向另外两位总纂纪昀、陆赐熊询问，拿到“送书印档及历年各种册籍”，查明各省分一百三十批缴进图书三千一百余种，而现在钤盖翰林院印的成部书只有一千四百余种。王杰令人再三核实，将正在缮写、审核、校对流程中的底本逐一登记，剔除那些例不用印的丛书和库本，仍短少四五百种。

这种情况与经管者的不认真相关，也有个别经手人员趁机窃取、偷换。乾隆帝在开馆时就下旨：各地所进书籍先由翰林院盖印，派总纂和纂修加以审核，造册登记，然后移送武英殿抄录，办完后仍发还藏书之家，不得有丝毫损失。王杰梳理了登记、收贮、发抄、审校的全流程，发现诸多不合情理处，而要害还在于底本的遗失。事已至此，王杰不得不参奏总提调陆费墀，曰：

该提调陆费墀系开馆以来经手之人，乃办理毫无章程，贻误至此，若不严加根究、勒限追缴，功课必至迟误。续添提调编修刘种之虽接办在后，而扶同朦混，咎亦难辞，相应一并参奏。[57]

乾隆帝时在南巡返程中，接到此奏已是三月十六日，阅后即传谕将陆费墀解职查办。谕曰：《四库全书》卷帙浩繁，人员冗杂，瞻顾私情自所难免，然以国家办此大事，又必须彻底澄清；而陆费墀为提调数年，事出一手，假借大学士于敏中的声势，朕并非不知，是以久未擢升；这次王杰参奏其遗失各书底本四五百种，所办甚是，交与英廉、胡季堂、金简等秉公审讯。

此事涉及甚广，不独负责此事的陆费墀和刘种之，四库馆相关总裁、武英殿总裁都会跟着吃挂落。王杰不会想不到，但职责所在，也出于对趁机侵占古本行径的义愤，毅然上疏弹劾。他的着眼点仍在于如何解决问题，同日所上还有两折：一是“重派校阅”，将现存无印书籍审核一遍，淘汰重复，交翰林院钤印移送；二是增加提调收掌人员，分清责任，避免管理上的漏洞。朱批皆予采纳。

就在阅批王杰此奏的前两天，三月十四日，乾隆帝行至石门镇驻跸，有旨将彭元瑞调任江苏学政，命王杰接任浙江学政。为什么要做这样的调整，不得而知，只知道皇上是在视察浙江后做出的决定，且在次日再次传谕：

王杰已简放浙江学政，本年系庚子正科乡试，所有科举录遗事务未便稽迟。王杰接奉谕旨，着即驰驿前赴浙江任事。[58]

驰驿，即使用驿站车马人役。由此也证明通常的学政赴任，是不得乘用驿站车马和入住驿馆的。特命驰驿，理由是很快就要举行乡试，事务紧急繁重，也体现了皇上对王杰的一份关爱。

两个月后，大学士英廉等人呈上一份审办报告，对王杰原参之事一一做了说明，关键词则是虽有缺失和损坏，但远不到四百余种，只有三十八种。乾隆帝令陆费墀官复原职，但要对丢失的书购觅赔补。至于帮办提调刘种之和原总裁董诰，均不再处分。

王杰离开了四库馆副总裁、武英殿总裁的职位，而当年的四个季度，却一次不落地出现在差错名单上，少者记过一次，多则二三次，想系原来审过文稿的延迟作用吧。汇录一起，王杰共被察议过七次，每次罚俸半年。就在次年四月的户部处罚文件中，还特地写道：“应将吏部侍郎·今授浙江学政王（杰）等罚俸之案注册，应扣俸银，行文吏部等衙门，于造送领俸册内声明坐扣。”[59]拢共做了不到一年半的四库馆副总裁，被罚了三年半的俸，且不说付出的心血辛劳，家中度日也不免受到影响，好在是离开了。看来乾隆帝还是心疼他的，再次让他到浙江督学，以较优厚的养廉银，弥补俸禄被扣之缺。

对于陆费墀一事，王杰并未提出异议。

【第八章】

枢机大员

乾隆帝是在四十五年正月十二日起驾南巡的，这是他的第五次南巡，理由仍是“省方观民”，视察河工和海塘。行至江苏地方，内阁大学士、云贵总督李侍尧贪污案发，钦命和珅与刑部侍郎喀宁阿前往查办。侍尧是皇上心目中标标特出的封疆大吏，历任两广总督、湖广总督、刑部尚书等，三十八年擢为武英殿大学士，也曾短暂进入军机处，精强练达，居然被揭发索贿受贿，不由得龙颜大怒。和珅虽已是御前大臣，而资历尚浅，现在机会来了，既可扳倒一位枢阁大员，除去一个上升的障碍，又可显示自己的铁面无私和办案能力，遂踊跃前往。

这是一个震惊朝野的钦办大案，也是皇帝新宠查办老臣（或曰旧宠）的特殊案件，是一个雷声大雨点小、虎头蛇尾的半截子案件。其中的故事甚多，几个凑热闹、蹭热度的遭到皇上痛斥，而和珅却借此又上一层，还没有从昆明返回，就晋升户部尚书。两个月后，乾隆帝将和珅之子指为十公主额驸，赐名丰绅殷德。刚过三十岁的和珅身兼镶蓝旗满洲都统、九门提督、领侍卫内大臣、理藩院尚书等，还是四库馆正总裁。大约觉得实在是资望不够，皇上暂时没让这个小亲家进入内阁，可明摆着是指日可待的事。

第一节　又是提学浙江

对于早已进入其视野的王杰，乾隆帝采用另一种培养路数，让他继续在不同位置上历练。人们常指称翰林亲近天颜，其实大都遥不可及，太多的老翰林如吴嗣富等都是清苦一生，得以出头者，先要做日讲起居注官，入南书房，而出任浙江、江苏学政更是重要的台阶……王杰已经是第三次督学浙江了，后面的两次皆有些应急补救的意思，而他安静任职，将岁试、科试等一应事宜办理得稳稳妥妥。

浙江巡抚还是王亶望，而王杰与这位本家仍相处淡然。

一、颂圣之作

乾隆帝酷爱写诗，也爱出题让臣子联句或唱和，朝中从不缺文曲星，谀辞如潮，一浪高过一浪。由是带引出一种风尚，不少人花费心思撰作，希冀被皇上偶然瞥见，留下好印象。

王杰毕生读书，精擅古文字，能诗文，虽不太喜欢诗赋撰述，却也写了不少颂圣和应制唱和的东西。他不是一个喜欢拍马屁的人，但也不是一个反潮流者。就在乾隆四十五年春天，王杰在接奉三任浙江学政的旨意后驰驿赴任，途中专门赶往皇上驻跸的行宫，得到召见，作《圣驾五巡江南恭纪》，颂八章，前有长序，曰：

> 臣闻泰元行健，斗车枢运于九鸿；离照升光，日驭还周于八表。是以圣王展义，覆育无私；哲后巡方，敷裒有庆。名山显位，油云集爱戴之忱；镜海澄河，检玉廛诹咨之策……

接下来历数皇上君临天下四十五年之功德，历数南巡对治理黄河和钱塘江海塘的意义，也说到自己——

> 臣幸际圣时，备员禁近。金銮簪笔，钦巍荡而难名；玉烛延晖，喜升恒之有庆。辨斗牛之光气，屡惭冰鉴以衡文；搜吴越之英才，又奉丝纶而视学。驱驰行在，觐咫尺之天颜；敬效拜扬，美形容于圣德。愿附壤击衢谣之义，莫罄管窥蠡测之诚，谨拜手稽首而献颂……[1]

后面为八节四言颂诗，堆砌辞藻，略无新意，恕不引录了。弘历曾多次夸奖王杰的人品、学问，尤其是书法，但未见夸奖其文字。赞颂诗文实非他所擅长，可也不能不写，不是吗？

这一年的八月十三日，为弘历的七十大寿，京师自会有一番热闹，不在现场的王杰也写了一首长诗《皇上七旬万寿恭纪》，五言排律一百二十韵：

圣寿增周甲，升恒又亿年。胪欢雷殷地，睹盛日中天。
神武羲轩匹，精勤虞舜肩。谟承列圣后，绩迈百王前。
五举时巡典，三开饮至宴……

比起上一篇"恭纪"，此诗明快了不少，但限于主题，仍是不折不扣的颂诗。其中说到金川之役，"炮震碉寻裂，弓强札迭穿。功才成下濑，捷已到甘泉"；说到纂修《四库全书》，"名山蒐逸典，太史发藏编。写以银钩灿，装成玉躞妍"；也赞美了皇上南巡期间的简朴之风，"进奉裁群吏，征求戢从员。哗嚣惩枉费，华饰杜增缘"。此话不虚，乾隆帝在杭州时，确曾对接驾的踵事增华表达了严重不满[2]，王杰的赞颂则是发自肺腑的。

若说书写此类文字，王杰算不得高手，同时在朝的纪昀、刘墉以及吴省钦兄弟都比他强，而更擅长的应属彭元瑞。元瑞在弘历六十寿辰时"次《圣教序》为赞以进"，对《御制全韵诗》"重次周兴嗣《千字文》为跋"，曾得到皇上手诏奖谕。现在机会又来了，刚调任江苏学政的彭元瑞自然不会放过，呈上一篇《古稀天子颂》，分为九节，引杜诗"人生七十古来稀"巧言夸饰，皇上阅后满心喜悦，认为"用意新而遣词雅"，赐以御用文房等件，命镌刻"五福五代古稀天子宝"，并亲撰《古稀说》。弘历亦擅文章，说"正寿之庆，群臣例当进献辞赋"，而将彭作读了数遍，有些话不得不加以说明：

古人有言："颂不忘规。"兹元瑞之九颂，徒见其颂，而未见其规。在元瑞为得半而失半，然使予观其颂，洋洋自满，遂以为诚若此，则不但失半，又且失全，予何肯如是？夫由斯不自歉然，若有所不足之意充之：以是为敬天之本，必益凛旦明，无敢或逾也；以是为法祖之规，必思继前烈，而慎聪听也；以是勤民，庶无始终之变耳；以是典学为实学；以是奋武非黩武；以是筹边非凿空；以是制作非虚饰。若夫用人行政，旰食宵衣，孰不以是为慎修思永之枢机乎？如是而观元瑞之九颂，方且益深予临深履薄之戒，则其颂也，即规也。

这位大皇帝读书甚多，又有什么道理不知道呢？他发现了彭元瑞的一味颂扬而毫无规谏，指责他的“失半”，也说到自己若洋洋自满便会“失全”，却又笔触一转，声称将以颂为规，在颂声盈耳中体悟临深履薄之戒。弘历还说：

天赐古稀于予，而予设弗以敬承之，弗励慎终如始之志，以竭力敬天法祖、勤政爱民，古云“适百里者半九十里”，栗栗危惧，诚恐耄荒而有所陨越，将孤天恩，予又何敢如是！然则元瑞九颂，有裨于予者大焉。故为之说如右。群臣献辞赋者甚夥，大约不出于元瑞之九颂，予将以是说概之，则所为有颂而鲜规者，亦毕视之为进规，而非啻颂矣。〔3〕

王杰之作，应在“群臣献辞赋者”之列，皇上会翻翻，不一定能耐下心来读完。弘历所说的大约不出彭元瑞的“九颂”路数，也包括王杰，试想谁会在这个时候“进规”呢？

此类颂圣之作，带有乾隆朝文化的时代烙印，是翰林官员展示忠诚和才华的良机，却非王杰的长项。诚实笃正的品性，限制了王杰的想象，好在他素不以此为登龙术，也不愿与他人争胜，一切表意尽心而已。

二、事出反常

乾隆帝第五次南巡，在浙江主办接驾事务的是巡抚王亶望，已升为内阁大学士的闽浙总督三宝也留下来迎驾，孰料皇上对于那些奢华设施大为不满，对二人公开申饬。有道是过犹不及，但官场人都知道，宁可以过奢被责斥，却不可不及。果然，乾隆帝对王亶望的批评虽严厉，仍视为故臣之子，亲笔为乃母邓氏题写了匾额，复赏以宫缎、貂皮等物，备极荣宠。在皇上心目中，王亶望不光能干，还像其父王师一样的清廉。

交好运的太阳似乎照耀在王亶望头上。岂知就在皇上离杭回銮的前两天，乃母突然去世，依照朝廷规制必须立刻离职守丧，钦命由广东巡抚李质颖接任。业已解职的王亶望请军机大臣代奏：

> 海塘工程紧要，奉旨督办，今已丁母忧，自应解任回籍。但世受国恩，荷蒙重任，恳恩于治丧百日后，自备资斧，在塘专办工程，稍尽犬马之忱。

此时阿桂在南河查验新修的大坝，和珅赴云南办理李侍尧案，所托之人，应是次枢福隆安。乾隆帝闻知颇为感动，特命亶望驰驿回籍治丧，待百日之后，再赶回来办理海塘工程。皇上表示深切挂念沿海百姓的生计，不惜耗费巨额资金建筑石塘，必须做到工程坚固持久，以使浙民得到实惠，而王亶望恳请专心督办，于工程应更为有益。他特别强调："此非王亶望有恋缺之心，亦非朕开在任守制之例，实属伊具有天良，能以公事为急。大臣居心，自应如此。君臣之间，均可以令天下人共晓。"并指示海塘工程由王亶望专管，新任巡抚李质颖到浙江后不必过问此事，省得彼此掣肘。〔4〕

此事有些反常了，事出反常必有妖。

清朝素来标榜"以孝治国"，恪守丁忧之制，汉族官员遇到父母、祖父母之丧，必须回籍守丧。二十九年九月，御史秦黉参奏六部堂官擅留丁忧人员，乾隆帝曾传谕：今后除非朕特旨令某人留任外，内而部院堂官、外而督抚等均不得随意请留。王亶望之事有所不同，首先是已解职，再就是回籍治丧一百天（满蒙大员守丧百日，即为期满），然后专办海塘工程。当初王亶望提出请求，还真把皇上感动得不轻，可冷静下来，也觉得不那么对劲儿。

新抚李质颖抵任后，虽说皇上已给二人划分过管理权限，矛盾仍难以避免。李质颖为热河人，汉军旗出身，乾隆二年进士，庶吉士散馆后为编修，历盐政、道员、布政使而至安徽巡抚、广东巡抚，一度还署理过两广总督，可知颇得皇上赏识。当年岁末，李质颖应召进京，陛见时讲起在海塘工程上与王亶望的分歧，还说其家属仍住在杭州。皇上很震惊，谕曰：

> 王亶望实丁忧之人，朕因一时不得其人，是以令其驰驿回籍治丧事毕，即至浙办理塘工，原为公务起见。其家属自应即回本籍守制，以尽私情。乃据李质颖奏，伊家属仍住杭州，安然聚处，朕闻之为之心动。王亶望并非无力令眷属回籍之人，似此忘亲越礼，实于大节有亏。为大臣者如此，何以表率属员，维持风教？从前伊父王师品行甚正，无负读书，不应有此等忘亲越礼之子。养心殿暖阁恭悬皇祖圣训，有“孝为百行之首，不孝之人断不可用”。朕每日敬仰，天语煌煌，实为万世准则。王亶望着革职，仍留塘工自备资斧，效力赎罪。若再不知自咎，心怀怨望，不肯实心自效，图赎前愆，朕必重治其罪矣！[5]

他命大学士阿桂同李质颖一起前往杭州，会同闽浙总督富勒浑，将李、王治理海塘的分歧实地查勘，据实复奏；责备富勒浑于此等不孝行径，为何不早日参奏；同时质问大学士三宝知否王亶望家属在杭之事。三宝回称确实知道，但不觉得是什么问题，也被斥责。

王亶望应有些郁闷了：担任浙江巡抚数年来，一直挖空心思地打造廉政形象，捐出兼任盐政的养廉银，多次为海塘工程捐资，也得到了一些夸奖；岂知皇上变脸极快，得知其孝行有缺，立刻将之革职，并派枢阁大员阿桂前来查办。阿桂抵浙未久，就查出杭嘉湖道王燧种种不法之事，还有原嘉兴知府陈虞盛，都曾借着办理南巡事务侵贪，陈虞盛已死，王燧被革职抄家，押解进京。

对于王亶望来说，更糟糕的事情还在后面：甘肃爆发回民叛乱，朝廷先后派和珅、阿桂赶赴督战，又起用李侍尧署陕甘总督，而甘肃布政使王廷赞上奏，表示要上缴积存的四万两廉俸银以资兵饷。又是一个“事出反常”，引发乾隆帝一连串疑问：王廷赞仅任藩司，养廉银有限，何以家计如此充裕？甘肃土地瘠薄，布政使何以被称为美缺？若说内有营私贪黩之事，何以王廷赞在任多年，并无声名不好之处？一连串的问号代表着一连串疑点，弘历由此联想到廷赞的前任王亶望，谕曰：

即从前王亶望在甘肃藩司任内，亦未必竟敢勒索属员，以肥己橐。但王亶望于捐办浙省海塘工程案内，竟捐银至五十万两之多。伊在浙未久，其坐拥厚赀，当即在甘省任内所得。因思甘肃收捐监粮，其中必有私收折色、多得平余情弊。且闻向来监粮系各州县分收，而近来则全归省城，但即使多收折色平余，则在部报捐者亦未尝不收盈余，若甘省所收平余较多，则捐监者自不乐从，何又纷纷向甘肃远省捐监，并称较部捐便宜？其故实不可解！若云该省监粮实系收纳本色，而本色又如何多得盈余？其中情节，朕总未能深悉。着传谕阿桂、李侍尧即将王廷赞因何家道充裕？是否即于捐监一事有染指情弊？或另有巧取之处，着即严密访查，据实复奏，不可稍涉瞻徇。〔6〕

古代的帝王很容易受骗，即使是明君也难免，究其原因，或在于其认为没人敢骗他，可历史上从不缺少王亶望一类弄巧玩火的“聪明人”。岂知皇上一旦起疑，很快就会将所有反常之举汇拢在一块儿，并下令挖出根子。

三、反贪风暴骤起

根子要从甘肃的捐监一事谈起。所谓捐监，即以捐纳银两或粮米取得国子监监生的资格，吏部和国子监皆给予执照，进而通过考职，可以担任州判、县丞、主簿等。因其大开以钱买官之门，对于士子科举、官员选拔体制均形成冲击，乾隆帝即位不久就下诏停止，而后来由于赈灾、用兵等又局地恢复。三十九年三月，陕甘总督勒尔谨奏称甘肃常平仓粮谷缺额较大，虽连年拨款采买，仓储仍未补足，请求恢复开捐监谷的旧例。户部表示同意，但提出以前存在的折色（将应捐粮米折成银子）等弊端应予严禁，并令各州县将收粮数目，按月造表上报，道府官员再亲临盘查结报。皇上予以批准，又不太放心，觉得有几分书呆子气的布政使尹嘉铨难以约束，命在甘肃任职多年、以能干著称的王亶望去接替他。虽说由富庶的浙江调任贫瘠的甘肃，但皇上亲自选调，自也就是重用。弘历命王亶望“来京陛见”，“当面为训示，交令妥办”；并严切传谕勒尔谨，“于王亶望到任后务率同实心查办，剔除诸弊，如仍有滥收折色，致缺仓储，及滥索科派等弊，一经发觉，惟勒尔谨是问”[7]。皇上把话说到这个份上，应该是引起足够警惕了，但是，不管总督勒尔谨还是布政使王亶望，都曾信誓旦旦地表忠心，也都是想干什么就干什么。这就是乾隆中晚期的官场形态，颂声盈耳，而自行其是，贪腐滋蔓。

王亶望的确是一位能员，也属胆大妄为之辈，上任后即命各州县开收捐粮，见推行不力，便擅自改捐“折色银两”，早把皇上的告诫丢在脑后。可本来是要解决仓谷匮乏的，没有粮米入仓怎么办？有办法，那就是虚报发生旱灾，撒谎要放粮赈灾，即全都发给灾民了。抵任半年后，王亶望奏报收到捐监一万九千多名，所捐豆麦八十二万多石。乾隆帝认为“其情理多有不可解处”，提出四点疑问：

甘肃向来民生艰窘，怎么会有近两万人捐监？如果是外省商民跑到那里报捐，可京城现有捐监之例，为何舍近而求远？其不可解者一也。

甘肃地瘠民贫，本地人民食用之粮尚且不够，怎么会有这么多余粮供人采买？如果说是商贾从他省运来，而沿途脚价高昂，商人的算盘最精，岂肯为此重费捐纳？其不可解者二也。

半年收捐来的监粮就有八十余万石，一年应有一百六十余万，年复一年，积聚日多，势必要增添仓库收贮，若发生霉烂怎么办？其不可解者三也。

甘肃官方说每年春要向贫户出借种子和口粮，花费甚多，既然如此，为何不让米谷留于民间，听其自为流转呢？若说存粮的多系富户，借粮者皆属贫民，贫富未必相通，也可多方劝谕富户减价平粜，以利贫民，何必多此一层折腾呢？其不可解者四也。

此处所说的四条“不可解”，其实皆属于“事出反常”之处，命勒尔谨一一详细核查，据实复奏。勒尔谨与王亶望早有准备，很快就回奏：西域收复后商路开通，安西、肃州为边陲门户，路远物稀，获利倍增，甘肃报捐监生的多系外省商民，以卖货之银，“就近买粮捐监，较赴京实为捷便，是以倍形踊跃”；甘省虽称地瘠民贫，但连年收成丰稔，殷实之家积粮日多，可供捐监者采买，并非运自他处；所收捐监粮原因仓储不足，一旦充足即会奏明停止，不用担心霉烂；至于先收粮再于春耕时借给贫民，乃因劝谕富人减价很难，而由捐生出钱买粮上捐，各方都乐意，“虽敛粟归官，实复散之于民，均称利便”[8]。回答得滴水不漏，皇上也就罢了。而实际上，捐银大多进了各级官员的腰包，王亶望所得最多，三年后升任浙江巡抚去也。

四十六年夏，乾隆帝亲自发动以“甘肃冒赈案”为名的反贪行动，勒尔谨、王廷赞、王亶望等先后被革职逮捕，解送京师，处以死刑，甘肃通省各级主官几乎无一漏网，处死者达五十多人，另有四十多人被流放。此案一环套着一环，一波大过一波，记述者很多，兹不详述。[9]

四、疏密之分

王杰的第三个浙江学政任期，基本上处于政坛狂飙之中。先是王亶望被革职拿问，接着闽浙总督富勒浑、浙江巡抚李质颖被解职，然后总督巡抚一肩挑的陈辉祖又出意外。而王杰安处风暴眼中，巡考归省，即于学署安静读书。乾隆帝深知其书生本色，从不以鹰犬视之，不要求他打探和密奏地方事务；王杰也自外于地方上的官场纷争，不仅不与督抚等大员建立个人关系，而且尽量减少交往。目前能看到他与陈辉祖联衔上奏的一个折子，呈报仁和县监生卓天柱收藏违禁诗文，系其先人卓长龄所作，又因家族矛盾被举报。四库开馆后此类文字狱兴起，严重毒害了社会风习，演为报私仇的一种利器。陈辉祖对此一向积极性很高，借以表忠心，王杰作为学政也不得不列名。皇上即命陈辉祖审明定罪，不让王杰陷入此类事情。

贪腐时代的一个显性标志，应是官二代盈朝，扫除了一个王亶望，调来的陈辉祖亦然。乃父陈大受为雍正十一年进士，乾隆元年翰詹大考一等第一名，自此进入皇上视野。陈大受做事认真清廉，历任侍郎、巡抚、总督、吏部尚书，至军机大臣、协办大学士，以积劳成疾逝于两广总督任上，年未五十，令乾隆帝深为痛惜。正是借了父亲的余荫，陈辉祖虽连个举人也没考中，却在官场一路飞升，三十七岁成为广西巡抚，四十岁以湖北巡抚兼署湖广总督，再经河南巡抚、东河总督、南河总督等职的历练，深得皇上信任。王亶望革职、富勒浑与李质颖降调，弘历便将闵浙重地交到陈辉祖手里。孰知其与乃父的淳朴亲民相去甚远，讲排场摆架子，动辄将各州县官员叫到省城。这些官员不敢回任，白天往巡抚衙门点卯，晚上就喝酒赌钱或看戏，搞得政坛乌七八糟，在汪辉祖看来连王亶望都不如。

对这位督抚大人，王杰避之唯恐不远。处理完必要的公务，他的生活就是习字与读书，每天早起坚持写一百个大字，然后静静地开卷阅读，或与幕友讨论学问。他也喜欢与门人或晚辈学人聊天，讲论学问，也帮他们就具体问题拿拿主意。汪辉祖至此仍未得到任职的机会，王杰因族中晚辈王士昕新任龙游知县，便推荐其去做幕僚。汪辉祖与士昕常驻省城，不时来看望老师，他将萧县节孝贞烈之事汇编一册，请求老师题写匾额，王杰欣然应允。

汪辉祖精于审理刑事案件。四十六年正月十三日，龙游民间举行迎花灯活动，因为争道，县民卢标被余某踢倒，小腹受伤，经典史验伤并记录后，责成余某为卢标请医治疗，半个月后复原。孰知卢标在二月初二的文昌神会上饮酒过量，次日突发高烧身亡，卢家认为与上次的踢伤事件相关，将余某告到县衙。知县王士昕和汪辉祖时在省城，由邻县何知县代审，判定余某踢人致死，而置请医治病、喝酒醉归等情不顾。王士昕、汪辉祖回到龙游后提出复审，但何知县坚持原判，请求上司派员来开棺验尸，可尸体已腐烂，无法取证。何知县的后台是按察使李封，他劝说王士昕不要再坚持，被拒绝后将其改调归安县，余某被判处绞刑。汪辉祖对浙江吏治失望至极，打算到江苏做事，王杰严肃地批评了他，说王士昕与知府支持他的判断，为此不惜与按察使抗争了大半年，于情于理都不能逃避。汪辉祖听老师的话留下来，至晚年将此事记入自己的年谱，感慨良深。

当年二月末，赵翼出游杭州，王杰在学署以便饭款待，相叙甚欢。赵翼乘兴挥毫，作《浙游晤王惺园少宰留饮试院即赠》："荡节频临浙水边，声名官职两巍然。才收东箭无遗美，官与西湖有宿缘。翦韭一樽欣此夕，踏花三骑记当年。红云袍笏青山屐，公作天仙我地仙。"诗人感慨万端，二十年前的三鼎甲（即"踏花三骑"）联袂入朝，而今自己辞官归乡，王杰则成为吏部侍郎，声名甚佳，三任浙江学政，真是霄壤之别。也要感谢他的细心，将王杰的和作收入自家集子里，遂得以传留，曰：

> 胜日嘤鸣芳树边，开尊一笑共皤然。会当别久添豪兴，话到情深淡世缘。君以著书消永日，我因将母记行年。晓眠有味真堪傲，局蹐羞侪紫府仙。〔10〕

王杰是真诚和谦虚的，在他看来，赵翼的无官一身轻，尤其是著述宏富，才是更值得骄傲的。而"话到情深淡世缘"一句，也颇能显露出其性格特征：看似淡泊，实则情深；正因情深，愈加淡泊。这句诗，也可用以形容王杰与一些清正官员的交往。大学士阿桂正在杭州查案，王杰在朝时与之熟悉，素所敬重，却也是存于内心，交往极少。阿桂对赵翼也盛情相邀，王杰并未参加。

就在这个春天，王杰还写了一首长诗，连带着也有一个故事：他偶然购买了一件宋代所制铁炉，"黄金花错翔鹓鸿"，时老朋友梁同书（山舟）退隐杭州，见而叹赏，说起家中有一耶溪铜砚恰可与之相配，并很快就让仆人送来相赠。铜砚阔口圆腹，造作古雅，王杰感其情谊，作诗以谢之，有句曰：

> 我闻古人作钟律，炼以铜液神明通。燥湿寒暑弗变节，风雨暴露焉能攻。介然有常具贞质，宛如志士扬清风……[11]

由物及人，由古董的鼓铸锻炼，自然转换到人之品格的陶冶，高度赞扬梁山舟的淡泊名利。

此时浙江的反贪正如连台本大戏：王亶望很快陷入灭顶之灾，被抄出白银三百余万两、黄金超过一千两，另有玉器字画等物；负责办案的闽浙总督兼浙江巡抚陈辉祖见财心动，竟然趁机窃取偷换，以银抵金；没想到皇上心细如发，很快发现问题，下令将其革职逮治，一年后处以死刑。王杰置身事外，所有这些都与之无关。

第二节　执掌都察院

王杰第三次到浙江督学，并非正常的轮换，而是一种临时调整。次年九月换届前，传旨命王杰和彭元瑞皆留任，却也未能任满，不到一年就先后命二人回京，由宗人府府丞窦光鼎接任浙江学政。窦光鼎也是一位资深翰林，乾隆七年中进士，学问甚好而性情耿直，是以在官场屡屡受挫，到浙江不久便与当局发生冲突。

一、妻妾与子嗣

在王杰与赵翼唱和的那首七律中，有一句“我因将母记行年”（将母，即奉养母亲），可知他仍是将母亲和家眷接到任所。此年乃母已八十二岁高龄，身体依然硬朗，经得起近两千里的车船颠簸。发妻程氏与他同岁，当初丈夫久试不第，外出游历谋事，她带着儿女留在老家，备历苦辛；王杰做官之初薪俸微薄，一大家子住在京师，自也拮据异常。程氏是一位坚韧善良的女性，默默支撑着繁重的家务，数十年间与丈夫恩爱不渝。

王杰有四个儿子、九个孙子，堪称子孙兴旺。关于其子的记载非常少，仅可依据《韩城王氏宗谱》，略加勾勒：

长子埰时，乾隆十一年八月生，性格活跃，喜交际，不爱读书，宗谱有“诰授奉政大夫，钦赐员外郎”之说，不详何据？朱珪所作王杰墓志则称主事衔，应以朱说为准。埰时似乎不断地丧妻和娶妻，先后有五任妻子，三个儿子。

次子埒时，乾隆十六年八月生，国学生，谱称“天姿颖迈，磊落负奇气，工诗并古文词，善锺王书法”，但屡试不中，抑郁而终，也有三个儿子。

三子堉时，乾隆二十二年九月生，以恩荫入仕，历任兵部员外郎、郎中、御史至广西右江兵备道，有二子。

四子埂时，乾隆四十八年十一月生〔12〕，廪贡生，宝鸡县教谕，有一子。

王杰的前三个儿子为程夫人所生，皆长大成人，娶妻生子，应不会随父亲居住杭州。而老四埂时出于妾室姚氏，降生时乃父刚从浙江回京不久。据《韩城王氏宗谱》，王杰有两位如夫人，一姓黄，一姓姚，皆生于乾隆三十年，推测应娶于三任浙江学政期间。一下子纳两个小妾，年龄相差约四十岁，也证明王杰生活中有丰富多彩的一面，惜乎记载匮乏，无以有更多了解。

二、总宪的感愧

四十七年四月十三日，乾隆帝御门听政，宣布工部尚书罗源汉年迈致仕，由刘墉补授；其都察院左都御史一职，由王杰接任；王杰原任的吏部左侍郎，以彭元瑞调补；彭的户部右侍郎空缺，由曹文埴调补；文埴所遗兵部右侍郎，以纪昀补授；纪晓岚空出的内阁学士，以李绶补授。哈，在这一点上古今中外都差不多，腾出一个位置，便会带来一连串的升迁，皆大欢喜哦。

五月中旬，王杰接到内阁转发的上谕，即拜折谢恩：

> 窃臣一介寒微，材识疏浅，蒙皇上天恩拔置词垣，依光禁近，屡典校衡之任，洊登卿贰之阶，未报涓埃，日增悚惕。今复仰荷圣恩，补授今职。伏念南省为纪纲之地，秉宪有纠察之司，臣何人斯忝居重任？恭闻宠命，惊惧弥深。惟有奋勉实心，倍加敬谨，以冀仰酬高厚鸿慈于万一。[13]

此类谢恩折已然格式化、套路化，能于陈词套语中显现出一己之真诚，实大不易。王杰的感戴之情发自肺腑，对皇上的新委任深感责任重大，郑重表态会奋勉任事，也会懂得敬畏和谨慎。

清代的都察院，沿承明代官制，主要负责监察、弹劾朝廷各部院和各级官员，主要有两项职能：一是做天子耳目，允许风闻奏事；二是参与每年的秋决和重大案件会审。都察院有满汉左都御史各一名，从一品，共掌院务，下设经历司、十五道监察御史、六科给事中，并设巡视五城御史和兵马司指挥，管理京师治安。从设置上说，这是一个威权、强权部院，触角无处不在，有巡盐御史、巡漕御史、巡江御史、巡仓御史、督理茶马御史等；要害部门如军机处、内务府，敏感地方如奉天、蒙古都有专门的监察御史；而祭祀、朝会、经筵、临雍、科举等，也都专派科道官纠察。都察院衙门旧址在西城的刑部街，还负责受理各地的上访呈控，是一个可以击鼓鸣冤的地方。

这一年的二月九日，也是趁皇上御门听政，礼部尚书德保面奏：河南光州民人萧万载在都察院呈控，诉武生祝万青在宗祠聚众念经，“煽惑居民”，还存有违法牌匾对联，其父萧芳告到州里，竟被知州指为诬告，掌责监禁，并不查究违法之事。乾隆帝对此类举报颇觉厌烦，指出挟嫌讦控之风不可长，“如此吹求字句，天下何人得自解免？朕岂肯为此已甚乎！此案所控情节，看来竟属险诈诬罔，断不可因此拖累无辜，致长刁风”，命将萧某迅速解往河南审办。征集遗书以来，各种文字狱愈演愈烈，愈演愈荒唐，弘历终于有所醒悟，传谕将此案“通谕各省督抚知之，不可长诬告刁风”。[14]

为等待窦光鼎来接任，王杰未能马上返京，六月六日还因收到皇上所赏明代《端石兰亭图帖》上折谢恩。窦光鼎于六月二十五日抵达杭州，王杰办理移交后即行起程，回到京师的时间应在八月初。离杭之前，汪辉祖赶来为恩师送行，谈到谒选以及对官场的失望，王杰对他说："君子行其素位，应选则选，天欲成子，必有好上司，可勿过虑。"〔15〕行其素位，出于《礼记·中庸》，意即安于所处的地位，踏踏实实做好应做之事，不要思虑太多。王杰的一生就是这样做的，也的确遇到了不少好上司，汪辉祖就没有这么幸运了。

在王杰离开京师的两年多时间里，和珅已成为皇上身边最为得用之人：四十五年正月驰赴云南查办李侍尧贪腐案，四十六年四月驰赴甘肃军营办理军务，四十七年四月率同刘墉等人前往山东查办巡抚国泰贪腐案。山东的案件起于御史钱沣的参奏，称国泰和布政使于易简等"贪纵营私，遇有题升调补，勒索属员贿赂，以致历城等州县仓库亏空，请旨严办"。监察地方大员为都察院职责所在，皇上却令和珅主持查办，左都御史刘墉以及钱沣虽也同往，却是形同随员。

为什么要让户部尚书和珅带队？

应出于皇上得悉此案后的慎重思考。倒不在于弘历对国泰一向欣赏有加，而因甘肃刚发生通省贪腐的大案，接着又是浙江巡抚、闽浙总督等大员倒下，再出大贪案实在不像个盛世的样子。弘历并不掩饰自己的顾虑，对和珅细细交代，也在谕旨中一再表露："此事业经举发，不得不办。然上年甘省一案甫经严办示惩，而东省又复如此，朕实不忍似甘省之复兴大狱"〔16〕；"朕实不忍似甘肃之复兴大狱，盖东省各州县被上司抑勒需索，原与甘省之上下通同一气、公然冒赈殃民者有间。此朕不为已甚之心，和珅等自能遵照妥办也"〔17〕。和珅心领神会，粗粗一审，便将主犯国泰、于易简押解进京，钦赐自尽，此案快速了结。八月，有旨表彰宣力年久之内外大臣，和珅加太子太保。

国泰贪污受贿案之后，朝廷在一段时间内未再侦办大案。并非官场积习一朝廓清，而在于皇上有了话，近侍大臣也包括都察院上上下下都有了数，不再举发参奏以免圣上心烦。王杰在左都御史的位置上总共待了不到十个月，没有处理任何重要案件，就因丁忧而离任。

三、再兼四库馆副总裁

四十七年八月四日，王杰在避暑山庄受到皇上的召见。他应是在抵京后稍做安顿，即行赶赴热河的，皇上正值木兰秋狝，当日还接见了土尔扈特台吉阿拉克巴等人，并在卷阿胜境赐宴。乾隆帝对王杰的到来显然很开心，谈话细节虽无记载，但有一点很明确，命他再次兼任四库馆副总裁，并要他自己转告军机大臣。由此也可以推测，此乃皇上召见王杰时的一项临时动议。

《纂修四库全书档案》中收录了有关此事的两份文件。其一为《军机大臣奏谨拟写王杰仍充四库馆总裁谕旨进呈片》：

> 据王杰告称：面奉谕旨，令仍充四库馆总裁。臣等谨拟写谕旨进呈。谨奏。〔18〕

行文略觉古怪，其间应有和珅的影子，对王杰的转述旨意不太舒服，并特为指出是“总裁”。而军机处首枢阿桂深知王杰的为人，当日即转发上谕，《谕内阁王杰着仍充四库馆副总裁》：

> 乾隆四十七年八月初四日内阁奉上谕：王杰着仍充四库馆副总裁。钦此。〔19〕

在一些谕旨和奏折中，四库馆的总裁、副总裁常统称为总裁；而实际运行时仍然界限分明，总裁就是总裁，副总裁就是副总裁。阿桂是总裁，可能并不太觉得比副总裁高到哪里去；和珅也是总裁，正因实在不具备资格，对这一名分很在意也很敏感；而王杰不会假传圣旨，刻意减去那个“副”字——明眼人谁都知道，真正有水平并盯着审稿的，主要是几位副总裁。

再次兼任四库馆副总裁，王杰未再受到记过罚俸处分。核查《纂修四库全书档案》，对总纂、总校和纂修官的错讹仍在统计中，而总裁官均不在名单上。这是因为全书的编纂工作已经完成，剩下的只是缮写和校对，总裁官已无繁重的审稿任务，而只是进行统筹和把关。当年十一月，为盛京文溯阁陈设的《四库全书》全部竣工，皇六子永瑢领衔上奏，王杰的名字列于户部尚书梁国治之后。

此时钦命藏于避暑山庄的“文津阁本”正陆续送审，而应浙江江苏官员的请求，乾隆帝命再缮写三份《四库全书》，分藏于扬州大观堂文汇阁、镇江金山寺文宗阁、杭州圣因寺行宫文澜阁，是为“南三阁”。四库馆的规模仍在扩大，而总裁官却没有了早期的那种辛苦，也没了几乎无可遁逃的记过和罚俸，让王杰再任副总裁，更多是出于皇上的美意。

第三节　在故乡守制

根据今天所能得见的档案文献资料，王杰在中进士当年即接母亲和家眷至京城，但无法确定是他回老家迎接，还是哥哥或他人送来；其后的二十余年间，王杰没有返回过韩城。究其原因，一则宦程奔波，不断地到外省督学和主试；更为主要的应与经济上的拮据相关，所谓近乡情怯，常怯在囊中羞涩，无法在众多族人和亲戚那里维持基本的面子。

四十八年五月十三日，王杰的母亲吴太夫人在京病逝，按规定必须离任还乡服丧，即守制。当年九月初，王杰扶柩归里，开始在韩城为母亲守孝。

一、慈母病逝

吴太夫人享年八十四岁，在那个时代实属高龄。这是一位早年操劳、中年艰辛、晚年幸福的女性，丈夫病逝时她已年过半百，贫居乡间，孰料七载之后儿子竟一举高中状元。作为三兄弟中的老小，王杰极具孝心，入仕当年即将母亲迎养于京师，其后往福建、浙江提督学政，均奉母而行。

乾隆帝一向关注近臣的品行，对王杰的纯孝多有耳闻，一次召见时询问乃母年岁，御书“南陔承庆”匾额赐之。李元度《国朝先正事略》与阮元《王文端公年谱》记载此事，均欠具体时间，推测应在王杰自浙江返京之初，很可能出于当年八月在避暑山庄的召见。南陔，《诗经·小雅》篇名，后世用为奉养和孝敬双亲之典。弘历事母至孝，所题四字是说吴老夫人有福气，也是对王杰的表彰称扬。

慈母辞世，王杰即行离职，并于当年九月扶柩归里。他有一封写给留京幕友的信，提到归途的艰难情形：

> 杰一路扶榇，托庇平安。惟杠夫疲乏，不可复用，只可于介休另雇人夫。然二十日程已行至月余，其费用之繁更不待言矣！

介休位于山西省中南部，距韩城尚有三百余里，在京所雇抬棺杠夫已经吃不消了，不得不换人。由此带来的时间的延长、花销的增大，都让王杰感到压力，可又能怎么样呢？只有咬牙支撑。

而更大的压力在于返乡之初，信中写道：

> 二十余年未至家园，酬应之苦，实不可支。现在经营窀穸之事尚无头绪，称家之义固不模糊，而乡曲所见，骤难共喻。兼以戚里多贫，不无希冀，更觉支撑匪易。倘或身拥厚资，其苦更不知何如也！[20]

这封信末署十一月初八日，应是在王杰扶柩返乡之初，写来极为真切。五十九岁的他居官后未曾回过老家，能感受到浓浓的亲情，更能感觉到巨大的压力。亲戚和族人都知道他是一个高官，却不知他的手头拮据，日子过得很不轻松。这种情形自然有些难堪，好在王杰为人本色，从来不吹不装，实话实说，过了一阵子大家也就理解了。王杰是清醒的，设想到即使身拥厚资也难过亲情关，甚至为自己的清贫而庆幸。

由此信也可知，王杰的儿孙有的回韩城守丧，有的仍然留京。其小儿子堜时才十个月，第二个孙子王驹刚出生，皆在襁褓之中，应是都留在京师。至于他与一大家子人如何返回韩城？归乡后如何操办丧事？囊中羞涩的他如何度日？王杰未做记述，不屑于卖惨，也导致今天的无从描述。门生阮元在为恩师撰作年谱时，也是一笔带过，曰：

九月，公奉吴太夫人丧回籍守制，谨谢客。而亲知一二时往来相慰问，常谓人曰："吾官总宪且一年，赖主上圣明，海内乂安，朝廷无事，无所建白，然终自愧居言官无补于国家。"〔21〕

这段话也是有虚有实："主上圣明，朝廷无事"云云，王杰自然是不得不如此表述；而身居总宪之位，看着和珅之流扶摇而上，未能上疏建言，其心中也实在有几分"自愧"。

二、服丧的日子

回到阔别二十余年的故乡韩城，王杰要为父母举办合葬，按照礼制的规定，为母亲守孝三年（实际以二十七个月期满）。丧事当由大哥王浚主持，作为小弟的他官职虽高，丧仪上也只能是排在两个哥哥后面。王浚为武举人，二哥王澈为附贡生，二人都是县中乡饮大宾，知名士绅，会与弟弟合力将丧事操办得很周到。

回到故乡的王杰住在哪里？

笔者曾三次前往韩城老街踏访，王氏宗祠已破败倾颓，而王家老宅仍在，院落连环，占地颇广，无人知晓哪里是王杰出生的地方。王杰在父亲逝后分得一所房子，或即家中老宅，推想规模不会太大。举家迁往京城后，此院曾经出租，后来他在信中叮嘱哥哥收回，不知这次返乡是否住在老院。由于身在守制期间，王杰基本处于闭门谢客的状态，仅与个别亲厚者往来。今天能知道有同郡蒲城人王梦祖，王杰未第时的亲密文友，适在某大户家教读，有时会带着十五六岁的爱孙王鼎赶来与老友见面。

田家英先生的小莽苍苍斋收藏了一封王杰的书信，写于其回京后，透露出丁忧期间的一些信息，弥足珍贵，照录如下：

家居两载，凡百叨爱，惟有心铭，难以言述。接到手书，寄帽顶十元已收到，承示黄先生银已付清，并将陈村地价还清，俱已祗悉。又云九月将会银五六百金，如已会到，乞亲家先将樊亲家及亲家处代借之项利银还清，余者尽多尽少还其本银。坡底魏老爹回家，又会银三百六十两来，亦择紧要者还之。儿辈在家，务祈教导，想至戚相关，无事谆嘱也。弟到京后一切安善，眷属亦平安。专此布复，并候近祉暨阖潭清吉。姻弟杰顿首。[22]

主要内容全是借债和还债，可知王杰居乡期间也是没少告贷，有的是为了置办地产，也有的为度日所急需。信中提到的“会银”，应是一种集资方式。丁忧之员没有薪俸，而他素无积蓄，家中人口又多，不免捉襟见肘，只好辗转委托亲戚借钱。是以一到京师，马上就要凑钱还账，也只能够先还利息。

至于收信人之姓名，信中称之为“亲家”，自称“姻弟”，应为儿女亲家。查《韩城王氏宗谱》，王杰几个年长的子女多与本县人结亲，皆有可能。而据其《庭柯篇·序》，可知王杰与师贞充同窗交善，结为儿女亲家（三子堉时娶贞充次女），贞充富而好施，所有借贷购地等情应是他帮助张罗，是以师贞充的可能性较大。至于“樊亲家”，应是王杰兄弟行的姻亲。此信正文的前后，都有添写的文字，曰：

明春魏老爹来京，伊所带盘费亦可会在家中还账。（前）

十四亩地对面之地，务乞与樊亲家相商买得为感，但不必急耳。（后）

说的还是还账和买地。为什么要买地？推想王杰对时政不无忧虑，而在老家又无田产，是以咬牙借资购置，为自己与子孙留一条后路。

三、兵部尚书

四十九年三月初一日，第六次南巡的乾隆帝行至长江，先行祭祀江神，而后驻跸金山寺行宫，一连两日。弘历很喜爱此处景物，数年前特命兴建文宗阁，以存贮《四库全书》一部。就在金山寺行宫，皇上传谕“调镶蓝旗满洲都统和珅，为正白旗满洲都统”。都统即一旗之主，但满洲八旗自与蒙古八旗、汉军八旗地位有别；而同为满洲旗分，镶蓝属下五旗，正白在上三旗，重要性亦大不同。譬如皇宫的警卫，就是交给上三旗官兵负责。

南巡中的弘历一路处理政务，批复各部院和封疆大吏的章奏，也及时做一些人事调整。三月初二日，有旨以兵部尚书周煌改任左都御史。周煌为乾隆二年进士，庶吉士散馆后授编修，曾以翰林院侍讲学士出使琉球国，奉旨册封中山王，回朝后奏上《琉球国志略》，在王杰中进士那年已是内阁学士兼礼部侍郎。乾隆帝对他很信任，先擢为工部尚书，转兵部尚书，兼上书房总师傅，因众皇子编辑《明臣奏议》体例不当且多错讹，三位总师傅被交部严议，自此便有些失宠，这项调整也是一个证明。两日后，有旨命王杰接任兵部尚书，谕曰：

> 兵部尚书员缺，着王杰补授。仍着在籍守制，俟服满来京供职。王杰未到以前，所有兵部尚书事务，即着刘墉兼署。[23]

通常说来，丁忧是官员的一道坎，服满之后原来的位置已有人占上，不得不重新排队，等待岗位。在乡丁忧期间被擢升者，实在是少之又少，而王杰偏偏就赶上了。兵部满尚书为福隆安，傅恒次子，娶了乾隆帝的女儿和嘉公主，贵宠异常，长期担任此职。兵部汉尚书多由文人担任，不无轮岗的意思，并不要求具有丰富的军事知识和战争经历，但毕竟职位关键，皆出于皇上的特别信任。

如此喜讯，自会有人飞速函告远在韩城的王杰，皇上的谕旨也很快送达，家乡人自然又是一阵轰动。王杰是在三月下旬闻知此事的，既兴奋，也有些不知如何是好：坦然受之，无所表示，当然不妥；如果等到八月的皇上万寿节赴京贺寿兼谢恩，又不免引起物议。思来想去，他决定先派人赶往江南呈递谢恩折，奏明等母亲下葬后，即驰赴山东，在德州地方迎驾，向皇上叩谢逾格之恩。

四、迎驾谢恩

在服丧期间竟被超升至重要位置上，王杰颇为欣慰，而更多的却是犯难，甚至感觉压力很大，不知如何表达对皇上的感戴之情，不知如何做才算得体。他写给京邸管家的信中说：

遵旨自应俟服满来京，但尚有年余，竟尔安居，固觉不妥。若俟万寿来京，又恐滋物议。似不如赴行在谢恩之为逾也。[24]

谕旨中明确要他“在籍守制”，等到服丧结束再来京供职，并安排刘墉代行其职。可守丧还要有一年多时间，若真的如此照做，就显得不懂事了。思来想去，王杰决定趁皇上南巡返京之机，提前赶往山东，在运河边恭迎圣驾，当面表达谢忱。

那是一个风行进贡的时代，朝中与外地大员逢年过节要向皇上献呈贡品，以示忠诚。而随着弘历的表彰夸赞，随着和珅等人的推波助澜，贡献之风愈刮愈烈，名目繁多，成为王杰之类清正之员的一个梦魇。王杰打算前去迎驾，首先要准备一份“面贡”，在家乡无处寻觅，只能托人在京中购买，这也是该信的主要内容：

杰俟事竣后驰赴德州以南行在谢恩，庶觉少安。此去似当携

> 带贡物，或四九，或三九，已将微悃。家园无从寻觅，不得不恳求毅堂先生矣。册页挂对之类似不宜用，挂屏桌屏犹可，铜玉瓷之外，如宋板书、砚台、洋漆、雕漆等盒皆可备用，然亦不必以多为贵也。

信中提到的“毅堂先生”，考索即汤雄业。汤氏为常州大族，诗书传家，乾隆七年还出过一个探花。雄业出生于乾隆十五年，以贡生加捐知州，分发广西任职，升任云南临安府知府，历仕至广西布政使。[25]此人明练稳健，颇得乾隆帝欣赏：四十四年来京引见，谕曰“此人似可出息，着看”，旋署道员；五十五年陪伴安南国王阮光平晋京，再蒙召见，御批“竟可”，即擢布政使。[26]他与王杰是怎样结识的？此时为何逗留京城？均不得而知。王杰在其他信中也曾多次提及，显示出雄业品格高尚，二人交谊颇深。

而所谓四九、三九，乃指贡品以九件为一组，要达到三四组才说得过去。他希望能在四月之前备齐，由家人带着贡品前往德州的指定地点会合。但购置贡品需要花钱，家人到德州需要盘缠，王杰恰恰没钱，只能辗转借贷，为此不惜支付高额利息（一分二厘）。我们知道王杰为母亲治丧，早已是东挪西借了，怎么还呢？这封信中也有所透露，那就是打算卖掉在京的宅院，换一个小点儿的居住。

闰三月十九日，吴太夫人与王廷诏合葬于人和砦后茔。王杰于三日后起身，经过河南焦作的清华镇一路东行，前往迎接南巡返回的銮驾。他在另一封信中对此行略做记述：

> 闰月十九日先慈窀穸事竣，于二十二日即驰赴山左行在谢恩，即蒙召见，略问沿途雨水情形，即令回家终制。并奉有恩旨，俾杰不留遗憾，且免物议。所进微物，择其价之至廉者赏收四件。圣人体物之心，无微不至，感激涕零，不知何以仰酬高厚也！[27]

查《清高宗实录》卷一二〇四，王杰应是在德州南的石屯汛运河码头迎驾，时间则是四月十三日。对面见君王之类殊荣，他在信中记录甚简，毫无渲染，仍可读出皇上对他的关爱体贴。至于他精心（也是竭力）准备的贡品，乾隆帝仅拣了四件价值低廉的收下，其余退回。这也是弘历接收臣子贡物的基本模式，拒斥贵重，亦不求数量，在意的是那份敬爱之情。

对于王杰，乾隆帝最满意的也在于其发自深心的敬爱，那种真纯和忠诚。朱珪对这次召见也有记述，恰可作为补充：

> 甲辰，（王杰）即家擢兵部尚书，趋赴行在谢恩，高宗曰：“汝来甚好，君臣之情当如是。然汝儒者，朕不欲夺汝情，归终制可也。”公感泣。时珪扈驾，相遇于行帐，叹曰：“上待公不薄哉！”[28]

可知皇上对王杰赶来谢恩很高兴，认为君臣之情就应该如同一家人那样。所谓“夺情”，即命服丧之臣提前回朝任职，一般要在发生战争或特别需要的情况下。这番话或也能反证弘历动过此念，复又想到王杰是一个理学家，极重孝道，还是允许他回去守制。皇恩浩荡，又体察入微，感动得王杰涕泣不已。朱珪时为扈驾的内阁学士，闻之感慨攸深，也为自己的亲家高兴。

何以报答皇上的知遇之恩？王杰曾为筹备此次“面贡”挖空心思，不惜借贷和求人，也只能是一些挂屏、砚台、漆盒之类，而皇上也知道他的境况，对所贡物件大多退还。这些未收的贡件，似不宜留待下次再贡[29]，只好请相关店铺打折售卖。在一封信中，王杰又提到汤雄业，曰：“毅堂相爱有同手足，但毅堂景况与我略同，所嘱售卖挂屏等物，原为伊代垫之项甚多，此中实抱不安，聊藉此所售之物少补其阙。若尽以五数见付，则垫项仍归无着，是只知有己而不知有人矣。或必以相让，留其一半，或三数，或二数皆可，此亦足感盛怀。”所言针对京中来函而发，虽不甚明悉，大体可知汤雄业颇为谦让，而王杰深感其情，兼能体察其经济上的压力，殷殷叮嘱管家多为友人考虑。

此时和珅已炙手可热，在办贡上出手阔绰，进单上动辄是“玉无量寿佛成龛”“无量寿佛七塔龛成座”“珐琅五供成分”“珐琅七珍成分”，乾隆帝基本上照单全收。这次王杰赶赴行在谢恩，和珅是必然要遇见的，也见到一些随扈的同僚，除了朱珪，还有时任军机大臣的梁国治、董诰等人。他在前信中还写了这样一件事：

> 日内与梁、董二公商议，年余内意欲将《御制诗四集》敬缮一部，即乞曹大人将原进三集大小比一样子。年兄在京，可以烦众年兄者以愚意恳之，可出资者不妨出资，愚亦不惜此费。家中尚有旧锦一匹可以装裱。梁公曾许先将刻就者付抄，以此作余在家年余区区之诚。可否能办？乞年兄再酌之，不必一定要办也。[30]

乾隆帝的《御制诗四集》，收录自三十七年至四十八年的诗作九千余首，正是由梁国治和董诰负责编纂，此时正在陆续交武英殿刊刻的过程中。王杰希望将之敬录一部，以表达自己的心意，得到二人的支持。而此事涉及甚多，原件是肯定不能拿出，梁国治答应会尽快提供已刊部分，已经是很够意思了。信中提到的曹大人，可能是户部侍郎曹文埴，也可能是右庶子曹仁虎，与王杰皆有交集。在后来的一封信中，可知王杰得到了一份“清单”，应即今天所说的目录，但也透露出有些复杂[31]。究竟后事如何？尚没见留下什么线索。所能知道的是，后来就由王杰主要承担起为皇上誊录诗稿之事。

第四节　进入军机处

“军机处”三字，在本书中已出现很多次了。自从雍正帝在西北用兵之际设立这个机构，内阁的作用就渐渐弱化，而以军机处作为办理军政大事的中枢，号称枢垣。军机大臣被称为枢臣，排在第一位的则称首枢。这是一个没有衙署、没有编制、没有专职大员的“三无机构”，乾隆帝继位后曾将之取消，但不久即恢复，而且更相依赖。缘于此，个别没能进入军机处的内阁大学士，可能就意味着过气了。

在乾隆朝，军机大臣通常有六七位，而受到特别倚赖、持久信任的并不多。和珅是一个特例：二十六岁进入军机处，一直宠眷不衰，渐至次枢、首枢。比较起来，王杰被擢为军机大臣，那可是晚了整整十年。

一、编书的大司马

乾隆五十年（1785）元日，新岁的第一天，弘历以登基五十年国庆，颁发恩诏，以“繁禧茂祉，集于朕躬。五世元孙，一堂衍庆”，宣布举办千叟宴，并命各地督抚查明有五世同堂者，上报军机处汇奏。很快四川奏报达州民人张子翼“现年百岁，五世同堂”，皇上亲制诗章，御书匾额“颐龄衍庆”以赐，并要求礼部议奏建坊及赏给银两缎匹之事。接着有江西龙泉县民古朝爵“现年百岁，五世同堂”，又有云南阿弥州民王国言“现年一百三岁”，四世同堂，都予以旌表和赏赐。初六日，紫禁城举行千叟宴，乾隆帝御乾清宫，大宴来自全国的三千九百余名臣民，然后邀集亲王大臣赋诗联句，兴致勃勃……此年王杰已然六十一岁，达到了赴宴官员的年龄指标，但由于在家乡守丧，未能参与这场盛大的国宴。

当年秋，王杰服丧期满，回到京师。乾隆帝仍在一年一度的木兰秋狝中，王杰立刻赶往避暑山庄，晋见皇上，得旨即行回京上任，谕曰：

> 王杰前已补授兵部尚书，现在服阕，前来行在陛见，已令其即行回京办事。伊系新任，且在外城居住，所有兵部印钥仍着刘墉带管。俟福长安回京接任后，再行交卸。[32]

刘墉时为协办大学士、吏部尚书，此前多次兼管兵部印务。去年任命王杰为兵部尚书时，因其尚在丁忧期，也是命他在王杰到任之前兼署兵部事务。而今王杰已上任，仍命刘墉兼管兵部的印信和钥匙，不免有一点奇怪。

更觉奇怪的是：乾隆帝明明知道王杰乃一介书生，为何要授予兵部尚书的职务？查阅《清史稿·部院大臣年表》，你会发现由出身翰林者升任兵部尚书的，绝非王杰一人，仅以乾隆朝而论，在他之前如蔡新、嵇璜、周煌，之后如彭元瑞、孙士毅等，都曾任过此职。兵部尚书本来职司极重，“掌厘治戎政，检核军实，以整邦枢”[33]，而在设立军机处后，如果没担任军机大臣，就只是管理一些常规事务。因此，乾隆帝也有意将一些文学侍从之臣放到这一位置上，使之较多地了解军务之事，以开阔其视野，为未来进入枢阁历练和储备人才。

兵部满尚书时为庆桂，尹继善第四子，虽未经科举，却颇有乃父清谨练达之风。庆桂以荫生入仕，历户部员外郎、军机章京、翰林学士，后多次赴边疆，任塔尔巴哈台参赞大臣时识破巴布克阴谋，受到皇上赞誉，曰：“尹继善之子能如此，朕又得一能事大臣矣！”能与恩公之子合作，对于王杰自然是一件愉快的事。而和珅已隐隐具有操弄朝政的能力，常对廉能之臣暗中排挤，如庆桂十五年前就是军机大臣，还朝后只是担任兵部尚书，并不断被外派署职。因南疆出现异动，庆桂受命携带钦差大臣印信驰往甘肃，暂署陕甘总督，“俟事竣后，授为乌什参赞大臣”。王杰回京时，庆桂应是正在准备西行，不知二人是否相见。

如果从回京就职算起，王杰任兵部尚书一共一年四个月，又是一个过场，以升任内阁大学士离职。今天能读到他参与署名的几份奏折，两件为例行推升和中级武员调配之事，另一件较有意思，即参奏直隶总督不及时报销军费。时任直督为山东单县人刘峨，一个从基层一步步干上来的能员，精明练达自是不消说的，历任均有廉正名声。两年前调兵镇压甘肃回民起事时，直隶境内往返过兵发生了不少费用，属于布政使管理，而各州县驿站等往往虚报，几经驳回，又迟迟未能再报，就这样拖了下来。刘峨承认督办不力，表示愿意与布政使等先赔上兵部借支的银两，并督催各属尽快据实上报。

回京的第二个月，王杰接替老臣嵇璜任三通馆总裁，排在刘墉之后。这是乾隆三十二年开设的一个修书馆，负责纂修《续通典》《续通志》诸书，以大学士、尚书等担任正副总裁。当年十二月，御史左周奏请清查《四库全书》

的总字数，以及各省捐交的书籍目录和数量。乾隆帝认为所奏甚是，派刘墉、福长安、王杰、胡季堂等大员“将该馆字数、书籍，逐细详查办理具奏”。这样的事由一两个人总负责足矣，可皇上就是喜爱用“齐抓共管”的方式，臣下也习惯了，接下来会有所分工。

五十一年十一月九日，三通馆首席总裁刘墉领衔上奏，说《皇朝通典》《皇朝通志》两书各一百二十卷于去年底编成，并陆续上呈皇上御览，但审核过程中仍发现不少问题，有的需要相关部院核查卷宗，不能按期完竣，请求推迟到明年八月。乾隆帝批曰：

> 知道了。着该总裁等督同承办各员上紧核辑，无致再有稽延。倘明年八月底仍不能完竣，惟该总裁等是问。[34]

其时四海安宁，颂歌盈耳，对于皇上来说，盛世修文才是王杰等人的主要工作。至于兵部尚书一职，该处理的公务却也不容出错。

二、经筵讲官

五十年十一月，有旨“以兵部尚书王杰充经筵讲官”[35]。与之同时，吴省钦被任命为顺天府府尹。

皇上似乎有意让身边的文学侍臣交替升迁，“瞻之在前，忽焉在后”，譬如曹文埴、彭元瑞，数年来一直挨在王杰后面，现在文埴做了户部尚书，元瑞做了礼部尚书，又列于前面。从来没见王杰显示出升官的急切焦灼，自己升了毫无骄矜之色，别人升迁也视为理所当然。这个时候的他，把较多精力花在准备经筵所用的讲章上，那可是丝毫马虎不得的。

经筵，乃专为帝王设立的讲席，内容主要是经史。其说来源甚久，至宋代渐渐定型，大儒程颐曰：“天下重任，惟宰相与经筵；天下治乱系宰相，君德成就在经筵。”[36]可证经筵在朝廷制度中之尊崇。进入清代，沿承明朝之例不设宰相，经筵之制似与国家治乱所关更巨。康熙帝亲政后，特别重视经筵，不光自己认真倾听，谕令“自大学士九卿詹事科道皆侍班”[37]，即也来听讲圣贤之书和治国的道理。每次的讲题慎选经史中词句，阐释论说不离国家大政，时也紧密联系时局。在康熙帝的引领督策下，皇子皇孙多刻苦读书，博览典籍，极大地提升了大清皇室的人文素养。

雍正帝即位时已四十五岁，饱读诗书，不再举行日讲，仍在三年服满后开设经筵，每年仲春、中秋择吉举行。乾隆帝也延续这一模式，在登基第三年二月举行经筵大典。他自负学养深厚，首次经筵大典即开创新例：直讲官讲述之后，由自己宣示“御论”。所谓御论，是皇上根据讲题阐发的论点，弘历于此极为郑重，所论大多出于亲笔。于是皇帝由听讲变成了授课，经筵讲官的阐解成了垫场，主讲人变成了皇帝，御论成为最重要的环节。皇上弘宣御论之时，大学士率讲官以及九卿以下在场官员群跪敬聆，然后还要由内阁首辅或资深大学士出列，讲一通“亲承圣训，曷胜诚服”云云。

举行经筵乃朝廷大事，作为朝廷嘉礼之一，仪节简洁庄重，据《清会典事例·经筵典礼》：

> 是日，满汉讲官俱补服，袍用蟒袖，及侍班内阁满汉大学士，六部满汉尚书、侍郎，都察院、通政使司、大理寺、詹事府满汉堂官各一员，各具补服至文华殿丹墀两旁序立；侍仪满汉给事中各一员，满汉御史各一员，补服于两旁稍后立，起居注官四员，补服立于西阶下……[38]

这是迎候皇上大驾的场面。而皇上则身着常服而来，跟从侍卫也不多，以示谦逊亲切。

由于每年五月至九月要举行木兰秋狝，乾隆帝较早就撤销了仲秋经筵，使一年两次减为一次。而四十九年春第六次南巡、五十年春登基半个世纪大庆，都挤掉了当年的经筵。五十一年二月初六日，经筵大典再次举行，乾隆帝先期遣官告祭奉先殿、传心殿，出御文华殿。直讲官照例为四人，满员汉员各两人，至讲案前行一跪三叩礼，尔后归班。先是德保和彭元瑞进讲，题目是《论语》“仁者安仁，知者利仁”一句。讲毕，皇上发表一番御论。接着上场的是玉鼎柱和王杰，进讲《书经》“正德利用，厚生惟和”一句。讲毕，又是乾隆帝宣示御论，曰：

> 六府三事，皆养民之政。而惟修惟和，则各有其序，有由己、有不能由己者焉。何言之？五行之相克相生，皆一定之理。泄其过，补其不足，皆可以由有养民之责者之修之也。若夫三事之正民之德、利民之用、厚民之生，虽由于养民者之和之，而和岂易言哉！正德在于利用，利用在于厚生，厚生何在乎？在乎使有菽粟如水火。耕九余三，或可由善政以致之；而时若雨旸，绥丰锡屡，不可由人力以致之也。故惟修可以由己，而惟和不能由己，必在阴阳之和，雨旸以时。则此和岂易致哉？亦惟祈年慎德，饥溺在怀，而尤重于察民隐、不讳灾，或庶几其致和。此劝歌勿坏之意乎？〔39〕

应该说阐解得很扼要也很精彩，其所强调的“养民”“厚生”，要求各级官府行“善政”“察民隐，不讳灾”，皆体现了博大的家国情怀。

王杰那天讲了些什么？是否杂有老陕口音？他与另一位出身宗室的讲官玉鼎柱如何分工？皆不得而知。仅知最后由大学士阿桂、嵇璜出班，赞誉皇上“德全仁智，治洽中和”，“亲承圣训，不胜钦服”，诸臣再一次排列整齐行二跪六叩礼。礼成，皇上在文渊阁赐茶后还宫，接下来在东庑的本仁殿赐宴，就是这些个大臣自嗨了。

三、一次隐指和珅的弹劾

乾隆帝再开仲春经筵时，和珅已是内阁协办大学士，尚无资格在皇上发布御论后出班称颂，却也厕身侍班大员之中。和珅还兼着吏部尚书、四库等馆总裁等一串要职，并因甘肃平定变乱赐一等男爵，虽不宜形容为如日中天，却是一颗贼亮的星。正所谓一人得道，鸡犬升天，连他的家中仆人也跟着抖擞起来，高门大院，鲜衣怒马，引得路人侧目。此种事传播最快，枢阁大臣岂有不知？王杰等人岂有不知？但没有谁愿去招惹这个红得发紫的家伙，倒也不是怕他，而是忌讳惹得皇上不高兴。

大清王朝的腐败程度，此时已不亚于明朝中晚期。而前明有海瑞、杨继盛、沈炼等人冒死上疏，或弹劾权奸，或指斥皇帝之失，清朝几乎没有。科道官职在监察纠劾，也往往只说一些不痛不痒的事情，塞责了事。可偶尔也会出现意外，比如在五十一年夏月，陕西道御史曹锡宝就上了一道折子，参奏和珅的家仆刘全“服用奢侈，器具完美，苟非侵冒主财，克扣欺隐，或借主人名目招摇撞骗，焉能如此”。因未见此折流传，不清楚曹锡宝上折的准确时间，由六月十五日皇上的批谕，可知应在当月中旬，而一幕时政剧在此前就已拉开帷幕。

曹锡宝，上海人，乾隆二十二年进士，上折之前应是心里没太有底，先将折稿给同乡吴省钦观看，行文措辞也留有较大余地。他对吴省钦与和珅的密切关系会一无所知吗？推想应不会，一是性格有些迂，二是希望同乡好友出出主意。不知道吴省钦当时的表现，大约会提点修改意见，以为延缓之计；见诸记载的，是他立刻驰赴热河，向随扈木兰的和珅密报此事。而和珅立刻令刘全撤除室内豪奢装饰，并将超过规格的车马等物，一律隐藏起来，很快料理得停停妥妥。这之后，曹锡宝的奏折到了。

对于反贪腐，乾隆帝一直采取高压态势，零容忍，不管是皇亲国戚、内外重臣，也不管立过多大功、曾经印象多么好，一旦查有实据，均予惩处。拆阅此折，弘历不免吃惊，立刻将和珅唤来问询。而和珅已有准备，回奏刘全系其世仆，因家人众多，本宅住不下，令其在兴化寺街居住，平日派在崇文门税关管事。他又说刘全一向安分朴实，未听说敢在外面招摇滋事，也可能因自己出外较多，无人管教，渐渐开始惹是生非，请求派员严查重处。乾隆帝听后略觉放心，命留守京师的王大臣会同都察院堂官传唤曹锡宝，令其就所参之事逐条指实，如果有以上情节即从严审办，据实具奏。皇上对曹锡宝此举也有不少疑问：是否他和亲友过关时被勒索？是否其寻求免税未得挟嫌报复？锡宝与和珅之家人是否熟识？又从何处得知此类详情？要求一一问明。上谕还说和珅称刘全“因有家务，已于十三日起身前来热河，现在未到”，这样查办起来更容易，也不致闻风掩饰，命“签派番役，严行访察”，“不可因和珅稍存回护”。[40]

对于和珅家奴被揭参，乾隆帝深知剑锋所指乃其主子，第二天又发谕旨，其中写了这么一段：“或竟系纪昀因上年海昇殴死伊妻吴雅民一案，和珅前往验出真伤，心怀仇恨，嗾令曹锡宝参奏，以为报复之计乎？此乃朕揣度之意，若不出此，则曹锡宝之奏何由而来？着留京王大臣详悉访查询问，务得实在情节。”纪昀时为左都御史，又因一桩旧案与和珅有碴儿，被怀疑为幕后推手。皇上说是自己揣度，应是掩盖和珅的提示和拨弄，实际上更可能是和珅琢磨出来的。谕旨一再强调：既不会因一条虚言治和珅的罪，更不是要为和珅开脱，要求留京王大臣等“不可误会朕旨，将曹锡宝加以词色，有意吹求，使原告转成被告”；同时说刘全已到热河，和珅曾当面讯问，供称从不敢招摇滋事与交结官员，也素未闻知曹御史名姓，他是何时进宅，目睹所居房屋宽敞、器具完美的？

到了此时，曹锡宝真的已成被告，在京师被一班王大臣集体或轮番谈话，供称：

> 我与和珅家人刘秃子向来从未认识，即伊在崇文门管理税务，我亦并不知道。伊于额税之外，有无擅自加增及别项情弊亦未有人说过。我因闻刘秃子住屋服用甚是完美，于路过清化寺街时留心察看，见其房屋甚是高大。我想刘秃子不过家奴，焉有多赀造此华屋，恐有借主人名目招摇撞勒之事；又伏读谕旨以大臣中受家人之累者不少，仰体皇上保全臣下、先示训诫之意，惟恐和珅扈从出外日多，不能稽查管束，将来转因家人受累，是以即行具奏。[41]

王大臣等追问此奏是否与纪昀相关，曹锡宝回称与和珅素无嫌怨，并非有心借端参劾；而御史奏事从不报告都察院长官，纪昀并不知道此事。因谕旨中牵涉到自个儿，都察院左都御史纪昀不得不加以说明："至臣纪昀，上年检验吴雅氏一案，未能检出真伤，经和珅等复检得实，仰蒙皇上格外天恩，不加严谴，至今时深感激愧悚，何敢稍萌私意，唆令御史参奏！且御史封奏事件，向例从不告知堂官，实在无从知道。前日曹锡宝所奏一折蒙皇上发交阅看，始知其详，实无嘱令曹锡宝参奏之事。"呵呵，这才是真实的纪晓岚，才是真实的都察院堂官，在属下参奏宠臣时，首先做的是撇清自己。

遵照严旨，众大臣反复追问曹氏的消息来源，锡宝说："我实因目睹刘秃子住屋华美，若非侵冒主财或招摇撞勒，安能如此富厚？"这是被逼问急了的反诘，令那些个揣着明白装糊涂的王公大臣汗颜，如实记下，奏报上去。其实皇上在谕旨中已讲到这一点，"至天下各处关榷，不免皆有羡余，况全儿代伊主办理税务多年，稍有积蓄，盖造房屋数十间，亦属人情之常。现在内外旗员大臣中，如阿桂、福隆安、福康安、德保、丰绅济伦、金简、李质颖、伊龄阿、承安等，或久居显要，或洊历封疆，或曾任盐榷，或家本充饶，其管事家人住屋如全儿者，谅亦不少"，命绵恩从步军统领衙门派一员司官，带着曹锡宝先至刘全家，查看住屋有多少，再至阿桂等大臣的管家住处一一察看，"若阿桂等各家管事家人住房，有比全儿多且大者，则当诘询曹锡宝，何以转不参劾之故"。[42]乾隆帝一生英明自持，当然不愿做和珅的传声筒，但要说没有受到其影响，没有被其诡辩带入一个思维定式，谁信呢？

留京王大臣遵照施行，派人带着曹锡宝挨家去看，并要他亲自记录统计，亲口讲出：

> 我同派出官员先至刘全儿家看视，复至各大臣家人住宅周历，查看刘全儿住房计五十一间，系其自置；又伊子印儿住房一所计三十七间，询明系伊主赏给之屋。此外各家家人现住房屋亦俱系二三十间，惟福隆安家人乐九住房四十七间、伊龄阿家人王四住房四十五间、李质颖家人张老住房六十五间，俱系自置，其房屋

高大亦与刘全儿住宅相仿。……今亲往查看，始见其房屋与齐民相等，且与各大臣家人住宅亦不相悬殊；即其器具服用，亦并无过于靡丽之处。我未察虚实，遽行具奏，实属一时冒昧。[43]

曹锡宝虽然认错，可他所提供的那份大臣家人住宅数量清单，明眼人也能看出并不正常。和珅年轻时家境贫寒，升用仅十年多一点，就将三十七间的宅院赏与管家刘全之子，刘全还自建了更大的院子，正常吗？而非要拉上的阿桂出将入相，管家之宅也不过二三十间。

乾隆帝口口声声说只要有真实证据，就会将和珅治罪，可谁都明白皇上对此人的宠信，举朝默然。曹锡宝被传唤到避暑山庄，皇上亲自询问，和颜悦色，要他实话实说，拿出些真材实料。哈，就算是个书呆子，老曹也不敢再造次了，一脸诚恳地奏称：只是希望和珅能尽早约束家仆，防微杜渐，以免将来受到牵连。皇上又问那么多大员的管家都有宅院，为何你只参刘全？锡宝连声承认自己冒昧。乾隆帝的非凡想象力又开始混搭，说今年为乡试之年，锡宝不过是想以此折引起注意，得到一个出考差的机会。吏部提议对曹锡宝“应照参奏不实，降二级调用”，皇上加恩从宽，改为革职留任。[44]

惹出那么大动静，对曹锡宝的处分堪称甚轻，为何？应在于皇上对之素有好感，对吴省钦告密之事或也有些风闻。除了上述官方记载，此事也见诸笔记野史，如《郎潜纪闻初笔》卷九：

和珅在政府时，上海曹剑亭侍御上书论劾，同朝多咋舌者。侍御至热河待罪，纯皇帝召入，谕之曰：“尔读书人不读《易》与？君不密则失臣，臣不密则失身。”侍御叩头流涕而出。[45]

所述也有一定的可信性。乾隆帝并非一个昏庸之主，对吴省钦告密之事颇为怀疑，是以后来一直不做大用。

这是和珅的一次政坛危机，若非吴省钦先期密告，很难说是一个什么结果；而他在极短时间内消弭掩饰，在皇上那儿应对得体，化危为机，敲山震虎，竟然取得了一次完胜。至于王杰，应对曹锡宝充满同情，对吴省钦极为蔑视，却也选择了沉默，未曾发声。

四、军机大臣

回到京师不久，王杰就拥有了“在紫禁城内骑马”的资格，也是一份特殊恩典，只不知他的骑术如何。这段时间，王杰必须抓紧筹款还债，在家乡和京城都有不少欠债，而那些个民间拆借通常是高利贷，拖延不得的。兵部尚书秩在从一品，所得有正俸、恩俸加上禄米、禄缎等项；所兼经筵讲官，应也有一份报酬；而在四库馆、三通馆之类兼职都有一些纸墨、饭食银，虽不会太多，也能积攒下来一些；更大一项应是其书法方面的收益，求字者甚多，有一些是要付钱的。即便如此，即便王杰素来简朴，还账仍会是一个较长的过程，日子仍然紧巴巴的。

四月二十八日，有旨“命兵部尚书王杰为尚书房总师傅”〔46〕。尚书房，又作上书房，即皇子在宫中读书的地方，位于乾清门之内南庑东侧。原本皇子到了读书之年（通常为五岁），父皇会为之选配一汉一满（蒙）两位师傅，教其识字和阅读经史，以及满族传统的“清语骑射”，称为师傅。二十二年十月，弘历对此做了调整，即每个皇子专派一位师傅，另外选派四位总师傅。总师傅地位之尊崇，在于已拥有帝师的名分，虽未明确储君是哪个皇子，可谁都知道，皇太子必然在其中。在王杰之前三年，刘墉已是尚书房总师傅了，但彭元瑞、纪昀还不是。

十二月十三日，有旨“命兵部尚书王杰在军机处行走”〔47〕，正式进入乾隆帝的核心班底——当然，决策者唯皇上一人，各位枢臣参赞机务，同时也是大秘、文书和办事员。

此时的大清，有以文治武功自诩、自外于世界格局的“古稀天子”弘历，有长袖善舞、巧言令色的聚敛之臣和珅，国事已大不堪，官场已大不堪：

甘肃冒赈案，一个省的各级主官几乎全部涉贪；浙江贪赃盗窃案，竟然是总督大人见财起意，以银抵金；山东受贿案，又是巡抚与布政使带头的窝案，以至于乾隆帝表示不忍心再兴大狱。有谁能否定弘历的英武聪察呢？谁能说他对下情一无所知呢？而盛世和圣君的光环，满朝文武（包括和珅，也包括阿桂、王杰等人）的颂扬，为这位千古一帝的洞察力罩了一个圈，使之难以了解全国的真实情形。

政治腐败必然导致社会动荡。兹以王杰进入军机处的五十一年十二月，略举几例——

初二日，福建提督任承恩奏报，漳州南靖县狮头山等地有匪徒聚集山中，屡屡出来行劫伤人。

初三日，因湖北孝感发生活埋抢粮饥民二十余人的大案，命军机大臣提讯孝感知县秦朴，并传旨将相关吏役解京质证。

初六日，以杀害伊阳知县一案已过去半年，要犯王进城等人仍未拿获，首犯段文经等具有秘密会社背景，命直隶与河南、陕西官员加紧追查。

同日，镶白旗革职云骑尉莽喀在逃多年，因生计艰难，复行投回，得旨不许归旗。

十九日，杭州将军宝琳奏报驻防满洲兵丁“生齿日繁，艰于生理”，请求将库银二万两投资盐业，以每月所得利息发放补贴，获得批准……

福建有啸聚山林、四处抢劫的土匪，湖北有入户抢粮的饥民、捆绑活埋饥民的富户，直隶有戕官暴动的会党，就连从龙入关的满族人也生存艰难，有的私自逃旗，有的设法赚取利息……哪里还有什么盛世的和谐安定？

小动乱常会酿成大动荡。乾隆帝深知此中凶险，为之心绪烦乱，严旨追索逃亡的会党头目段文经，甚至找术士占验其藏匿之地。而与此同时，林爽文在台湾彰化举事，杀死彰化知县俞峻，攻占县城，一时声势浩大。本月二十七日闽浙总督常青的急奏递到，称已命水师提督黄仕简领兵两千名进剿，增派副将、参将、都司等带兵分路夹攻，亲率督标驻扎泉州，与陆路提督任承恩居中调度，并委派金门镇总兵罗英笈赴厦门，饬沿海州县严加防范。乾隆帝认为黄仕简抵台后，很快就会扑灭变乱，责备常青“纷纷调遣，迹涉张皇，转至内地民人心生疑骇”[48]。

话虽这么说，乾隆帝对于台湾事变仍是高度重视，军机处也随之进入战时状态。

五、赐第小石桥

我们不知道王杰到京之初住在哪里，但可以推想：虽然顶着一个状元的虚名，可俸禄无多，又是老母妻儿一大家子，必无银两租用大宅子，应也会经历一次次搬迁。按规定内城是满蒙勋贵的居住地，多数汉族官员居住在外城，通常在宣武门外，前往办公地要走很长的路，遇有早朝或各种典仪，更是夜半即起，披星戴月，冲风冒雪。“长安居，大不易”。而最不易的就是有一个宽绰安定、上朝较近的住所，其也是许多穷翰林，也包括中高级官员的梦。

约在乾隆四十年，已做过两任学政、位至卿贰的王杰，买下已故工部尚书阎循琦位于宣武门东、虎坊桥西的旧宅。此宅较为宽敞，据说乃明朝张居正旧居，内有“子午泉”一眼，每至子时午时水就变得清冽。《京师坊巷志稿》：“查他山《别谭都谏瑄》诗：‘宣武门东旧宅，虎坊桥畔凭栏。可惜手栽红杏，花开又让人看。’似皆桥西赁宅。阎恭定循琦扩而大之。继居者王韩城、赵副宪。”嘉道间此宅主人，为王杰的得意门生叶继雯。陈用光有诗记及此事，“相公旧第亦前缘，廉让风高愿执鞭”，附注：“宅为王文端旧居，有子午泉。”[49]嘉庆二十四年状元、大文人陈沆作有句“韩城有宅西南隅，旧庄恰好谋新畬”，自注：“新居为先生座主王韩城相国之第。”陈沆显然很尊敬王杰这位老师的老师，认为继雯入住此宅为一件美事，也透露出此院约有房屋三十间（“屋三十间堂台橱，人与书各分区区”）[50]，王杰在这里大约住了十年。南城外是臣子集中居住的地方，纪晓岚、彭元瑞所居都很近，每逢早朝或入直，要走较远的路，也要经过重重城门，严冬酷暑，很不容易。

正因为如此，清廷很早就有了对汉族要员“赐第”之举。皇上为召见咨询之便，也为了显示优待荣宠，对一些近侍大臣在内城赏赐宅第。如康熙帝就曾将西安门外官房，赏赐给南书房侍臣张英、高士奇各一所，而自雍正帝开始，赏赐对象基本上是枢阁重臣。昭梿《啸亭续录·赐宅》：

> 定制，汉员皆侨寓南城外，地势湫隘，凡赁屋时，皆高其值，京官咸以为苦。又聚集一方，人情诿诿，势所不免。列圣咸知其弊，故汉阁臣多有赐第内城者，如张文和赐第护国寺胡同，蒋文肃赐第李公桥，裘文达赐第石虎胡同，刘文定赐第阜成门大街，刘文正赐第东四牌楼，汪文端赐第汪家胡同，梁文定赐第拜斗殿，董太保赐第新街口，皆一时之荣遇也。[51]

文中所提到的张廷玉、蒋廷锡赐第，发生在雍正朝；而裘曰修、刘统勋、汪由敦等人之宅，则为乾隆帝所赐。清代大学士与部院九卿大员薪俸不高，皇上所赏宅第少说在二十间以上，通常四五十间，多达七八十间，较大改变了生活居住的环境，有的还给千余两银子的搬迁费，可真是无微不至，令受赏臣子心存感激。

进入军机处的当月，五十一年十二月二十二日，乾隆帝赐予王杰住宅两处。王杰当即上折谢恩，曰：

> 本月二十二日，蒙皇上恩赏臣内城住房、海淀住房各一所，闻命之下，感悚难名。臣以驽钝仰荷生成，勉图效于班行，敢弛勤于夙夜？何期赐宅，获遂依光。问夜趋朝，不隔严城之钥；鸣珂入直，近闻上苑之钟。恩晖叨被于门闾，臣职凛思于进退。所有微臣感激下忱，理合缮折，恭谢天恩。[52]

王杰结束丁忧回京仅一年多，经济上仍然非常紧张，借的钱还须努力偿付，赐第之事可谓及时雨。乾隆帝应是知晓他的困窘，命他兼三通馆总裁、经筵讲官、尚书房总师傅，也是意在多予一些薪酬和补贴。

为什么会一下子赏给两处宅邸？皆因皇上常在圆明园居住与处理政务，近侍臣等常要入园值班，是以就近赏与房屋，如著名的澄怀园，位于绮春园西墙外，就是专为南书房词臣所设的值庐，上书房师傅也会居住于此，俗称“翰林花园”。枢阁大臣的待遇要更高一些，各予独立院落，供当值时居住，一般只有妾室及少数家人随同照料，推想不会太大。至于妻子子女，则居住在内城，那才是正宅，房间也要多出不少。

由于缺少记载，笔者很久都不知道钦赐给王杰的宅第之具体位置。在韩城踏访期间，有幸看到一份王杰所写序文，落款为“壬子夏五月书于小石桥寓之葆淳轩王杰”[53]。此壬子为乾隆五十七年，自然就是书于赐第。小石桥胡同在德胜门内迤东，距钟楼甚近，故王杰谢恩折中称早朝路上“近闻上苑之钟”，情景真切。

【第九章】

东阁大学士

清朝入关之后，旧有的议政王大臣制度进一步弱化，设立六部等部院，委任满汉尚书侍郎，却迟迟没有设立内阁。究其原因，应在于君权相权的平衡问题，即便明太祖撤销了宰相，以内阁大学士为辅臣，仍会影响皇帝的尊威，是以清廷与满洲王公颇有疑忌。顺治十五年七月，颁旨将内三院改为内阁，而福临刚一驾崩，索尼、鳌拜等辅政大臣即改了回去。康熙帝亲政后恢复内阁，并将翰林院定为独立衙门，但大学士仅为五品。雍正八年以内阁大学士为正一品。乾隆十三年决定内阁设满汉大学士各二人，协办大学士各一二人，遂为定制。

有了军机处之后，多数内阁大学士既分管部院，又身兼军机大臣；那些个以侍郎入参枢务的，自然就显得矮了一小截。

第一节　意外入阁

出将入相，是许多官场中人梦寐以求的事，为之焦灼抑郁，为之摧眉折腰，为之钻窟窿打洞，甚至为之伤天害理。吴省钦就是一个例子，最后却落得个两手空空。王杰似乎是一个特例，梳理其仕宦生涯，看不到他在任何时候有刻意的谋求。而幸运的是始终得到乾隆帝的赏识：丁忧在乡，居然被晋升为兵部尚书；而在进入军机处仅一个月多几天，又有旨将他擢为东阁大学士。

比较一下：乾隆帝的宠臣和珅入军机处八年成为协办大学士，又两年才去掉“协办”二字；而刘墉以吏部尚书协办大学士已是第三个年头，本来也在皇上考量之中，没想到竟换成了王杰——一个全未做此设想的人。

一、刘墉的小聪明？

对乾隆帝来说，五十二年（1787）的元旦过得并不开心：台湾的变乱继续呈扩大之势，闽浙总督琅玕、湖广总督常青、两广总督孙士毅纷纷奏报，几乎没有什么让皇上欣慰的消息；直隶与山东、河南等地奉旨追缉秘密宗教头目段文经等人，也是旷日持久，毫无结果。弘历登基已超过半个世纪，啥样的局面未曾经历过？是以虽也焦灼烦乱，该做的事情仍按部就班，大宴小集，联句赋诗，斋戒祭祀，一样都不能少。

正月十八日，乾隆帝发布的谕旨中，以前两道较为重要：

一、将十三岁的十公主“加恩晋封为固伦公主”；

二、以王杰为内阁大学士。

十公主为弘历最小的女儿，七年前指定和珅之子丰绅殷德为额驸，此时年已及笄，故降旨礼部拟订指婚礼仪。谕曰：“兹公主年已十三岁，朕之幼女，生质端庄，天性敏慧，温和笃厚，朕优爱之。”后又补充一道旨意，固伦额驸丰绅殷德“服色与贝子同”，“戴红宝石帽顶三眼翎，金黄带，紫扯手”。[1]清朝体制，皇后之女称固伦公主，品级如亲王；夫婿称固伦额驸，品级同贝子。弘历的小女儿虽出于惇妃汪氏，而自幼十分受宠爱，故有逾格之封。似此虽是皇帝家事，与朝政亦关联甚多，也再一次显示了和珅地位之巩固，群臣并不觉得意外。

至于王杰的入阁，应是出乎不少人的预想。乾隆帝本来考虑的是刘墉，却被其过于急切和动心机惹毛了，请看谕旨：

向来大学士缺出，多按资格，以协办大学士补授。刘墉在尚书中资分较深，且协办有年，本应实授。惟是上年在热河时及回銮后，曾与军机大臣等论及嵇璜年老，若求回籍，不忍不从，及曹文埴现有老亲，若求回籍养亲，亦不忍不从，而皆惜之。此不过寻常议论耳。然见嵇璜精力尚未就衰，在汉大臣中最为老成，且欲留以相伴。又部院诸臣一时乏人，曹文埴亦属能事，故胥迟之。意军机大臣自不敢以议论之言即行宣露，事隔多时，嵇璜等亦并未有所陈请。昨冬召见刘墉，偶曾与之闲论及此，乃次日曹文埴于召见时，即有告养之奏。朕询之军机大臣，俱称并未向嵇璜等说及，同称系刘墉在懋勤殿所言者。朕召见诸臣，君臣之间原如家人父子，且以刘墉系刘统勋之子，内廷行走之人，非不可与闻者，是以向其论及。乃刘墉即以告之嵇璜等，其意不过欲嵇璜闻知请告，刘墉即可觊觎补授大学士。似此言语不谨，此时岂可即以刘墉实授，以遂其躁进之私耶？[2]

此一段话涉及朝廷的顶层人事运作，提到了三个人：第一个是刘墉，说内阁大学士一旦出现空缺，通常由协办大学士递补，而刘墉在现任尚书中比较资深，又做了几年的协办大学士，理应予以实授；又说起大学士嵇璜年岁已高，户部尚书曹文埴双亲年迈，若二人请求回籍，都不忍心拒绝。此乃乾隆帝与军机大臣议论过的话，应是指阿桂、和珅等人，也包括新任的王杰；也曾对刘墉讲起，次日就发生曹文埴请辞之事。皇上平日会与近臣谈到人事动向，看似闲聊，实则是严禁泄露的。此事一暴露，所有知情者都被追问，而问题出在刘墉身上，“同称系刘墉在懋勤殿所言者”。于是就有了这道谕旨，刘墉的小伎俩被公之于众，晋升之事自然成为泡影，替换他的是王杰。谕曰：

现在尚书中王杰资俸亦深，在内廷行走有年。且现在大学士，军机处已有满洲二人，亦不可无一汉大学士，王杰着补授大学士。所有兵部尚书员缺，着彭元瑞调补，其礼部尚书着纪昀补授。德保、纪昀俱属中材，王杰着管理礼部事务，以资经理。[3]

弘历深谙驭下之道，对于大臣从来都是这样，骂归骂，用归用。不久前刚痛骂过纪昀，仍将他升任礼部尚书；既经擢升，又说他与满尚书德保缺乏大才干，要王杰管理礼部。三日后，有旨批准曹文埴回籍“终养”，即侍奉老母，为其送终，加太子太保衔。至于刘墉，骂过一顿，仍旧做他的吏部尚书、协办大学士。

这件事有几分蹊跷，其中很可能是和珅使的坏。此次内阁的调整，本不在于嵇璜年老，而是因梁国治突然去世。准许曹文埴的回籍养亲，可知他并非皇上认可的人选。刘墉即使动过一些心眼儿，也与这次补授大学士无关，为什么被翻腾出来点名指责？想来还是与阻断其上升势头相关，主导者应该是和珅。刘墉处事圆滑又不无锋芒，任吏部尚书已然五年，其中有两年与和珅搭档，虽不敢去招惹这个皇上跟前的大红人，必也有一些不协调之处，是以和珅就给他下了个绊子。至于王杰，本来就是皇上看好的人，平日什么也不掺和，跟谁也不密切，和珅倒还没看出能有啥威胁，未加反对。

呵呵，宠臣最害怕的是失宠，最忌讳的是出现竞争者，是以整日睁大眼睛，处处严防死守，可也有看走眼的时候。任用王杰，在皇上心中应早有预案，和珅以为他比刘墉好摆布，确是走了眼。

二、天地会

台湾的林爽文起义，有着天地会的深厚背景。

天地会是在明末抗击清军入侵的过程中产生的，又称洪门，也衍生出添弟会、三点会、八卦会等数十种名称，今天已很难理清端绪，传说纷纭，或曰“洪门五祖”追随史可法抗清，又以郑成功属下将领陈永华（化名陈近南）为领袖，流传甚广的还有陈近南曾居襄阳城南白鹤洞，号为白鹤道人之说。随着郑氏政权的消亡和收复台湾，加上清廷的严禁，天地会遭到严酷打压，一度销声匿迹。而在乾隆中期，天地会与其他一些秘密会社又活跃起来，福建僧人郑洪二化名万云龙，以“反清复明”为口号，于三十三年、三十五年两次密谋举事，皆被官军挫败；五十一年十一月的林爽文之变，正是由知府孙景燧取缔天地会，逮捕其首领引发。

林爽文出生于福建漳州，十七岁时随父亲到台湾，因其叔伯为天地会头目，不久后即入会，很快成为北路首领。其叔伯被抓捕，林爽文率部劫营，并于十一月二十九日攻陷彰化，杀孙景燧，竖旗造反，得到王作、李同、庄大田等率众响应，杀死淡水同知，攻下新竹，一时声势浩大。若非台湾镇总兵率部死守诸罗，很可能造成全台陷落。闽浙总督常青闻讯，急调水陆官军赴台镇压，首要是保卫府城台南与重要港口。乾隆帝斥责其惊慌，谕曰："总以镇静内地为要。看尔等俱属张皇失措，为此朕却牵念，台湾常有此等事，此次何至汝等如是张皇畏惧？"[4]在皇上看来，台湾乱民都是一些乌合之众，根本不需要提督前往，派出一个能干的总兵，多带些枪炮，也就足够了。

与以往的台湾事变不同，天地会在民众中已具有很大的影响力，再加上福建移民的地缘因素，导致此次战事完全出乎乾隆帝的想象。台湾岛从北到南烽烟滚滚：最先是中部重镇彰化失陷，知县、知府被杀；接下来北部的淡水厅和新竹城被残破，同知等人死难；仅过十余日，南部凤山的会党在庄大田带领下攻克县城，知县自刎；台南府城在大年三十被数路义军攻打，总兵柴大纪则被困在诸罗。最先抵达的增援部队是澎湖驻军，因人数较少，作用不大。福建水师提督黄仕简受命率部赴援，于十二月十五日自厦门起航，几次在海面被狂风阻回，居然用了约二十天才赶到，复被义军的气势吓住，基本上是龟缩在台南府城，只派零星部队出击。福建提督任承恩及所部两天后出发，正月初六日始在临近彰化的鹿仔港登岸，也是按兵不动。乾隆帝先是祈祷海上风浪平息，得知二提督抵台后又盼望捷报，等得心急火燎也不见奏报，降谕严斥：

> 至黄仕简、任承恩于正月初四、初六前后抵台，迄今已一月有余，何以尚未据奏报剿贼消息？该提督等系专阃大员，抵台湾已久，即待厚集兵力，克期进攻，亦应将贼匪情形随时奏报，乃至今总无消息，所办何事！黄仕简、任承恩着传旨严行申饬。看来黄仕简、任承恩全不谙事理轻重缓急，且彼此俱系提督，不相统摄，竟有互相观望之意，于剿捕事宜不能得力。[5]

常青闻变后急派水陆两提督领兵赴台，乾隆帝曾加责斥，一则认为他不够镇静，小小闹腾不值得大动作；二则两个级别相同、互不统辖的将领，容易发生矛盾和推诿。黄、任二人各带所部，一南一北，在皇上看来本应分进合击，救援诸罗，打通府城与彰化的联络，孰知一个比一个胆怯，被皇上好一通训斥。

由于存在一个台湾问题，清廷不仅特设福州将军，也令闽浙总督驻扎福州，而除了通常的福建提督外，又增设福建水师提督。水陆两提督皆为功臣之后，也都曾入宫做过侍卫。水师提督黄仕简乃海澄公黄梧（当年为收复台湾立过大功）之曾孙，于雍正八年袭公爵，乾隆二十八年掌领福建水师，四十七年渡台镇压漳泉籍移民械斗有功，四十八年曾短期任御前侍卫，扈驾南巡，然后返回本任。此年仕简已六十五岁，几度重病，已无当年之锐气，勉力统兵抵达台南，将重点放在守城上，并不断请求增兵。陆路提督任承恩是山西大同人，乃父任举武进士出身，以重庆镇总兵于金川之役中屡建大功，战死沙场，乾隆帝亲为其撰写祭文和碑文，祀昭忠祠。待承恩成年后选为三等侍卫，历任福建陆路提标游击，历参将、副将，四十九年擢为提督。任承恩率兵登岸后驻扎鹿仔港，周边的义军时加滋扰，也不敢轻举妄动。

因知黄仕简在大病之后，皇上还有几分体谅，而对任承恩更为不满，斥责他连消息都搞不准，毫无积极举措，“彰化县城久经守备陈邦光收复，而该提督折内，何以尚称令柴大纪前往收复彰化等处？任承恩由鹿仔港登岸，系在北路，即当知会黄仕简分路夹攻，办理方中窾要，乃迄今月余尚无进兵确信。看来伊二人竟各不相下，心存观望。此即朕于起事时不欲令任承恩去之意，今竟不出所料”[6]。阅读实录，常会看到乾隆帝夸奖或批评臣下，夸奖赞誉较少，批评训斥甚至辱骂甚多，而一旦引发皇上反感，开起了训斥模式，往往会愈演愈烈。

两提督危矣！

三、会试正考官

五十二年三月初六日，亦即参试举子领卷入闱之前两天，有旨“以礼部左侍郎蓝应元为会试知贡举，大学士王杰为正考官，刑部左侍郎姜晟、内阁学士瑞保为副考官”〔7〕。按照《钦定科场条例》：当日早晨，乾清门侍卫捧旨前至午门，交内阁大学士当场拆封，同监察御史宣旨唱名。除上述四人外，所有在名单上的内外帘官，各自携带朝服行李前往听宣，尔后不得逗留，不得再回家，即日进入贡院。

朝廷对会试主考的选择极慎重，王杰此前曾两任乡试考官，两任会试副考官，一任武会试副考官，这是他第一次担任会试的正考官。本届礼部会试照例由四人组成领导班子，捋一捋其他三人的来历，也很有意思：

所谓知贡举，即总管考场事务，督察收卷、弥封、誊录、对读等环节，但不负责阅卷录取之事。蓝应元为福建漳浦人，乾隆二十五年进士，选庶吉士，一年后散馆授予翰林院检讨，王杰则以修撰入馆读书；而三十二年应元丁忧还乡，正值王杰任福建学政期间，存在着交往的可能。但二人均不喜东拉西扯，搞关系走捷径，应为君子之交。这次会试，一掌外帘，一主内帘，配合得很默契。

副考官姜晟，精强明练，走的是另外一个路数：三十一年进士二甲前列，未入庶常馆，直接分到刑部，“素称能员”，很快升为郎中，两次京察皆在一等，升江西按察使，仅数月即擢为刑部侍郎。而就在担任副考官几日后，皇上命姜晟接任湖北巡抚，待会试出榜后，即至御前请训，前赴新任。

另一位副考官瑞保，为乾隆四十年乙未科进士，选庶吉士，散馆后授检讨。王杰为该科副考官，与之有师生关系。瑞保参与了《四库全书》的编纂，在翰詹大考中列二等，升侍读学士，半年后再升内阁学士兼礼部侍郎，也属于皇上高看一等的人。

本届会试又当大挑举人之年。这也是乾隆帝登基后的制度创新，即每隔六年，由礼部将历经三科未能考中进士的举人分省造册，注明年岁，先交吏部分批验看，再奏派王大臣共同挑选，列在一等者试用知县，二等为教职，称为大挑。三月十六日，副都御史刘权之奏称上届大挑，于十日之前就预行派出主事王大臣，时间较久，容易发生弊端，建议于前一日奏派，并令王大臣等闻命后即至朝房集中住宿。皇上认为所奏有理，命军机大臣会同吏部妥议具奏。经军机处议奏，主事王大臣可于前一日奏派；但朝房在午门之外，乃官员人等出入必经之处，请派满汉御史各二员，负责监视稽察，并令步军统领衙门会同五城御史，一体严密访查。看似郑重其事，其实也是朝政腐朽的一种表征，即制度的琐屑细密和层层加码。最后由乾隆帝钦定：大挑在午门内举行，所有奉派王大臣俱在内阁住宿，并添派护军统领一员负责稽查。二十一日，又决定在会试发榜前举行大挑，以免外省举子在京守候过久，使之得以尽早回乡。

四月十日，礼部发榜，本科有一百三十七人上榜，会元为顾钰，江苏无锡人。蓝应元上奏，称本年参加会试的举子“九十岁以上者七名，八十岁以上者三十七名，七十岁以上者九名”，皆考完三场，未能中试，建议给予恩典。弘历一向将这些庞眉皓首的老年举子视为“升平人瑞”，除去经过大挑已有官职者，降旨加恩赏给九十九岁的李宏道翰林院编修衔，其余八十岁以上者俱赏给翰林院检讨衔，七十岁以上者俱赏给国子监学正衔，以示嘉惠耆儒之意。

会试之后还有殿试，考策论一篇，本届的试题核心在于邪教问题。近些年各地秘密教会频发，鼓动民众反对官府和朝廷，台湾的林爽文起事，更引发乾隆帝的警惕，本年殿试即以此为题，曰：

> 昔先王设奇邪之禁，严左道之诛，立法綦详，诚以邪说诬民，易于荧惑，非豫遏其萌，恐为世道人心之患也。我国家化泽涵濡，士大夫读书明理，自不为异论所移。至乡里愚氓或诱于罪福之说，奸黠匪徒或借为箕敛之术，自捍法网者间亦有之。如概从禁绝，则祈报蜡社，皆将为胥吏需索之端；若虑其滋扰，不为区画，又恐日累月积，久且草蔓。今将为杜渐防微，清源正本，使人人知礼义之维，而谩妄之言不能蛊其视听，其何道之从焉？[8]

真应该让那些对科举制一概抹杀的人读读，这样的策论题，既切合时政，面对的是现实中重大问题，又坦言朝廷决策的两难处境，要求试子提出解决之道。

本届殿试以大学士阿桂、嵇璜，卿贰阿肃、胡高望、刘墉、纪昀、彭元瑞、李绶为读卷官。会试第一名顾钰仅列于三甲，应是没有考好，顶着一个“会元”的名号，也是巨大压力；且策论不易，就像前面引录的文字，光靠有才情或读死书，是难以得到高分的。而到了朝考阶段，顾钰的状态又有所回升，选为庶吉士。

四、薄惩与薄奖

就在王杰进入贡院内帘封闭阅卷期间，三月十七日，军机处奏请核查《诸史同异录》，并传询相关人员，一下子就成为一个严重事件。次日，有旨命盛京将军、热河总管将文溯阁、文津阁所藏《四库全书》内《诸史同异录》抽出销毁。第三天，乾隆帝传谕内阁：

> 四库全书处进呈续缮三分书，李清所撰《诸史同异录》书内，称我朝世祖章皇帝与明崇祯四事相同，妄诞不经，阅之殊堪骇异。李清系明季职官，当明社沦亡，不能捐躯殉节，在本朝食毛践土，已阅多年，乃敢妄逞臆说，任意比拟。设其人尚在，必当立正刑诛，用彰宪典。今其身既幸逃显戮，其所著书籍悖妄之处，自应搜查销毁，以杜邪说而正人心。乃从前查办遗书时，该省及办理四库全书之皇子、大臣等未经掣毁，今续三分全书，犹复一例缮录，方经朕摘览而得，甚属非是。因检阅文渊、文源两阁所贮书内已删去此条，查系从前复校官·编修许烺初阅时签出拟删，是以未经缮入。但此等悖妄之书，一无可采，既据复校官签出拟删，该总纂、总校等即应详加查阅，奏明销毁，何以仅从删节，仍留其底本？其承办续三分书之侍读恭泰、编修吴裕德虽系提调兼司总校，但率任书手误写，均难辞咎。所有办四库全书之皇子、大臣，

> 及总纂纪昀、孙士毅、陆锡熊，总校陆费墀、恭泰、吴裕德，从前复校许烺，俱着交部分别严加议处。至议叙举人之监生朱文鼎，系专司校对之人，岂竟无目者，乃并未校出，其咎更重。朱文鼎本因校书特赐举人，着即斥革，以示惩儆。所有四阁陈设之本及续办三分书内，俱着掣出销毁，其《总目提要》亦着一体查删。[9]

摘览而得，是说通过阅读摘录发现此事。谁提供的摘抄？最大的可能就是和珅，十七日那份奏报应出自其手。阿桂行伍出身且素来不喜搞事，不向上打小报告，而和珅则对此乐此不疲，为此深受皇上喜欢。和珅担任《四库全书》总裁较晚，又没有阅书任务，便组织一批人专门核查总裁们看过的书，特别愿意找出一些差错。“北四阁”成书入贮后，乾隆帝仍不放心，和珅留心于此，果然有了新发现。

在编纂过程中，乾隆帝对总纂纪昀等人一直较为包容，说他们阅书太多，又负责撰写提要，发现一般错讹只处分下面的分纂、协纂和上面的总裁、副总裁，却不给总纂算账。而这一次问题出在篇目的选择上，已有人提醒仍不删除，便在劫难逃。五月十七日，吏部就《诸史同异录》发布经皇上审改的处分决定：总纂纪昀、孙士毅、陆锡熊革职留任，总校陆费墀革职留任；总裁、副总裁降两级或一级。因他人大多有加级（如阿桂有军功加三十七级、寻常加六级），如数抵销即可，王杰没有加级，实实在在被降了两级。降级会直接减少薪俸，但已算薄惩了。

当年的木兰秋狝，王杰以大学士、军机大臣随扈，而主要承担的一项要事，便是校勘收藏于避暑山庄文津阁的《四库全书》。这可是一件极为繁累的活儿，要分工校阅，发现错讹要挖补，有的须整页更换，人手不够，又紧急从武英殿调来一批熟练的工匠，并带来换页用的红格纸。辛苦了一个半月。七月初四日，有旨对参加人员进行奖励：和珅、王杰、福长安、董诰等各赏纱一匹、葛布一匹。

呵呵，赏赐虽薄，谢恩可是少不了的。

第二节　平定台湾变乱

王杰刚刚进入军机处，就遇上台湾的大动乱，其在福建四年多的经历，巡考各州县对地理民情的熟悉，还真的派上了用场，没少为皇上提供情况和建议。

台湾地方历来不平静，动辄发生戕官暴动，然增调的官军一到，很快就被扑灭。因此当林爽文起事之初，乾隆帝并不是太重视，将“幺麽小丑”放在嘴边，认为压根儿用不着派两名提督赴台，而后来始知叛军势大，不断调兵遣将，历时一年多才告平复。

一、增兵与换将

弘历是一个自视极高、擅于自我标榜的皇帝，晚年号称“十全武功”，也将这次的台湾平叛列入其中。而其主导的任何一次战争，都不外乎在京遥制、频频换将的模式，包括剿平林爽文之役。《孙子兵法·九变篇》“将在外，君命有所不受”，意谓将领远征在外，应根据具体情况及时调整作战方针，不必事先请示并完全遵从君王的指令。乾隆帝大约是中了“运筹于帷幄之中，决胜于千里之外”的毒，不管战场在天南海北，不管离京师多么遥远，皆是亲自掌控，时时督战，动不动就临阵换将……

其时台湾全岛仅设一总兵官，“统辖镇标中营，兼辖台湾北路、台湾水师二协，台湾城守及台湾南路等营”，总兵力一万余名，分散于府城、四个县城与港口要塞等处。一旦出现大的变乱，就会显出兵力不足。闽浙总督常青接到台湾道与总兵联名告急，知事态紧急，即派水陆提督各带劲兵两三千赴援。岂知海上风浪太大，加上舰船老旧，几次出海都不成功，待二十多天后分别赶到，整个台湾岛已乱成一锅粥。福建巡抚徐嗣曾闻讯，又紧急调派闽安协副将徐鼎士率领一千五百兵丁赴台，并通报广东、浙江两省各于附近水师营内挑选二三千名战兵，以备征发。

移居台湾的闽南人数量甚多，再分为漳州人、泉州人、兴化人，跟随林爽文起事的多属福建漳州籍，而其他二地以及广东潮汕移民较少参与，后来则组织乡勇，支援官军，成为抗击暴乱的重要力量。彰化失陷，鹿仔港守备陈邦光带领属下弁兵，在乡勇支持下攻复彰化县城，擒获叛军副元帅高文麟等人。南部叛军于十二月三十日攻打府城时，也有大批乡勇协同官军作战，在总兵柴大纪督率下分路剿杀，保障城池不失。这里应补充说明：清朝统治台湾后，因经常发生动乱，担心乱民抢夺城市固守，规定不得以砖石修砌城墙，只是以竹木编成篱笆墙，很容易被攻破或焚毁。此时又提出这一问题，得旨于平定叛乱后统筹兴筑。二提督抵台后分别据守府城和鹿仔港，也因城池不坚忧心忡忡，千方百计予以加固，全不顾剿匪之事。乾隆帝急怒攻心，以六百里加急督催二人“亲率将弁，实力会剿，迅速办竣”；见无成效，命李侍尧接任闽浙总督，原总督常青携带将军印信赴台督战。福建陆路提督任承恩感觉到压力，派兵分路至马鸣山一带阻击，谁知半道遭遇叛军，慌忙施放枪炮，敌人趁天黑撤走，官军反而折损一名千总。水师提督黄仕简也转奏：总兵柴大纪正月二十一日在部竹生擒伪将军廖东一名，二十二日于田洋拿获伪军师侯辰一名，击毙甚多；总兵郝壮猷二十一日派员在西园庄三路夹攻，击毙叛军三百余名，焚毁房屋数百间。皇上要的是一举敉平叛乱，对他们不能亲自带兵进剿，胡乱拼凑一些战绩的做法很不满意，斥曰：“朕于军务从来赏罚严明，其奋勇出力者必优加甄录，而畏葸退缩者亦必重治示惩。黄仕简、任承恩等宁未闻知？岂可自蹈重愆，以致百身莫赎乎？”〔10〕语气中已见杀意。

四天后，乾隆帝接到黄仕简、任承恩发来的六百里急报，以为有了重大战绩，拆阅竟系复奏谕旨，也都表示要“镇定持重”，令皇上大为光火。乾隆帝将希望寄托在常青身上，要求他到台湾后全面掌管军务，“亲督官兵，调度指挥”，“于临阵打仗时，相度事机”，如果必须增添兵力，即咨李侍尧再拨二三千名，飞速赶往台湾。谕旨还命常青抵台之后，即将黄仕简、任承恩摘去花翎，如查明二人确实有逗留观望的情况，据实参奏，同时传旨将之解任，由柴大纪暂署水师提督，郝壮猷暂署陆路提督。“暂署”即临时代理，常出现于战时，既及时弥补空缺，也为能否称职、是否正式任命留有余地。柴大纪已率兵收复诸罗，而乾隆帝对他的使用仍不无疑虑，传谕：“其陆路提督员缺，前因柴大纪保守郡城尚为出力，本欲将伊擢用。但柴大纪于林爽文等滋事之先，不能豫为防范，以致逆匪蔓延，本即有罪。且台湾原设兵额一万余名，该镇督率守城之兵不过一千余名，此外兵丁现作何用，并未据柴大纪奏及，实有应得之咎。即将来事竣时，若查明果能如前奋勇自效，亦仅可以将功抵罪，不当复邀优擢。所有福建陆路提督员缺，即着蓝元枚调补。”[11]孰知常青还未至台，被看好的海坛镇总兵郝壮猷又出了问题。

三月初四日，参将瑚图里禀报在山猪毛被叛军拦截，郝壮猷随即派兵前往接应，行至硫黄溪突然遭到围截，官兵四处溃散，叛军乘势攻打军营，并猛攻凤山县城东门。郝壮猷急收拢兵力，将城外官兵移入城内防御，而叛军越聚越多，于初八日攻破南门，郝壮猷与残部逃至府城。乾隆帝闻讯大怒，即命常青在台南府城传集众将弁，宣布曾有旨擢升郝壮猷为提督，现在弃城逃回，不能不按军法从事，将之在军前正法。海坛镇位于距台甚近的海坛岛上，士卒骁勇，赴台后曾收复凤山县城，至此得而复失，所部两千余人溃散，随郝壮猷逃至府城者甚少，加上后来回营者也只有七百余名，其余约三分之二不知下落。总兵郝壮猷被诛杀，逃兵更不敢返回，成为一个重大隐患。乾隆帝也多次问及此事，命常青在事定后严查为首之人，从重办理。他表示按照兵法，溃兵“俱应概予骈诛”（即一律处死），但念人数众多，主要责任在于领兵将弁，只需查明为首者数人正法，其余免死。但若是参加了叛军，甚至随同抗拒官兵，则决不轻饶。

收复诸罗后，在二月、三月、四月都遭到叛军的多次攻袭，柴大纪督率所部官兵与乡勇一起出城迎击，“接仗数次，共枪炮打死贼匪数千名，生擒正法者五十余名，割献首级、夺获器械甚多”。林爽文部下张慎徽假装成支持官军的乡勇，将与林爽文不和的先锋吴聪捆绑，带领三十八名骁勇同伙，恳求在军前效力，希图作为内应。柴大纪见其形迹可疑，密令尽行擒获，审出实情，随即尽行正法。乾隆帝闻报大为赞扬，命柴大纪署任福建陆路提督。

常青抵达台南府城，发现局势严峻，急请福建、广东、浙江火速增援，奏请皇上派遣有作战经验的宫中侍卫和章京，也希望能将任承恩留下来暂时带兵。乾隆帝选派乌什哈达等八名“曾经行阵之侍卫章京”，立即起程，昼夜星驰赶赴台湾；命福州将军恒瑞挑选一千名满洲八旗兵，亲身统领，前往台湾会剿；命福建再拨绿营兵二千名增援，抵达后由蓝元枚指挥；又命广东等省再调兵丁四千名，至厦门集结，由李侍尧统一安排渡海赴战；至于任承恩，则不许留台，重申必须解京治罪。

二、福康安赴台

自五十二年正月始，乾隆帝的关注重点、整个军机处的工作重心，都集中于遥远的台湾。

总督常青是在三月携带将军印信登岛的，督办一切军务。这是一员忠诚的军中老将，又有几分平庸，台湾发生变乱，皇上很快意识到其能力不足以管理福建、浙江加上台湾的复杂地域，降旨李侍尧接掌闽浙，命他赴台督战。常青抵台后积极部署，侦知叛军打算侵犯府城，预先于冲要地方派兵埋伏，并亲率官兵乡勇出城迎击，“将弁用命，义民争先奋勇协剿，接仗数次，共枪炮打死贼匪二千余人，生擒正法者五十余名”，叛军狼狈败走。乾隆帝闻讯大喜，谕曰：“常青年逾七旬，尚能如此勇往督战，朕心深为嘉奖。伊系年老之人，宣力海疆，无亲子在旁侍奉，殊堪系念，着将伊子刑部笔帖式喜明赏给三等侍卫，驰驿前往台湾省亲。”〔12〕官军的有力反击，也促使叛军阵营大分化，泉州籍头领庄锡舍带着手下二千余人前来投顺，率部杀敌自效，还召集许多泉州籍乡勇，协同官军作战。漳、泉两地在台客民的旧仇再次引燃，对朝廷是一个好消息，乾隆帝命常青赏给庄锡舍守备一职，予其属下奋勇出力者千总、把总等衔，以示激励。

进入夏季，局势又变得危殆：常青奏报叛军人数众多，台南府城十里之外的村庄已被他们盘踞，六月初八日趁雨直扑清军大营，击退后过几日再次分路来攻，鹿耳门海面上也出现叛军的舰只；驻扎鹿仔港的福建水师提督蓝元枚奏称四面受敌，彰化与淡水交界之处敌情严重，官兵不敷调用，急奏请增兵五千；柴大纪则奏四月十六日有叛军万余来攻诸罗，此后隔几天就来袭扰，虽经亲自带兵出击，可仍不见退走。弘历对柴大纪深有好感，命参赞军务，本想将之实授福建陆路提督，复觉台湾离不了此人，宣称在战事结束后，将令柴大纪以提督管台湾镇总兵事务。至于常青，皇上虽答应其增兵要求，也察觉到他的惊惶，听说清军大营距南部叛首庄大田的据点只有五里，而不敢前往攻剿，更是大为不满。常青奏称叛军营垒周围都是水田、深沟或甘蔗田，道路被有意弄得很窄，皇上在批谕中反问：

> 道路既经削小，官军人马难行，则贼匪行走自亦不易，乃数月以来贼人四出侵犯，动称万数，是皆由何道而行乎？而官兵辄以道窄沙淤为辞，岂贼能行而官军即不能行，有是理乎？[13]

弘历又在考虑换将了。进入名单的有阿桂，但也是年逾七十，不忍心让他远涉重洋；有和珅，一是其腰腿旧疾时常发作，二是自己也离不开他；还有猛将海兰察，又怕常青、李侍尧驾驭不了；最后确定的是协办大学士、陕甘总督福康安，命其火速来热河陛见，面授机宜。而在福康安未到之前，正黄旗领侍卫内大臣海兰察、管理健锐营大臣普尔普、护军统领舒亮已受命带领六十名巴图鲁侍卫章京，分拨先行起程。海兰察为鄂温克族，有勇有谋，屡建奇功，普尔普、舒亮也是久经战阵，看来皇上真的是发狠了。

福康安乃傅恒第三子，孝贤皇后的亲侄子，自幼被接入宫中教养，弘历待之如同亲子。此人性格勇毅果决，十三岁为三等侍卫，十五岁擢二等侍卫，次年升一等侍卫，十七岁任户部右侍郎、镶蓝旗蒙古副都统。金川之役，福康安身先士卒，敢于冒雨夜战，连克敌碉，以战功绘像紫光阁。后历任都统、将军，二十六岁为云贵总督，二十七岁为四川总督兼成都将军，三十岁任兵部尚书、总管内务府大臣。甘肃爆发回民变乱，福康安受命为参赞大臣、陕甘总督，协助将军阿桂平叛，晋封嘉勇侯，升任协办大学士。此次领命赴台，福康安一路赶行，途中两次胃病发作，也不改行程，于九月十六日赶到厦门。正值台风季节，渡海极不顺利，多次登船被阻回，而他确有大将风范，勇武周详，即使是在厦门和大担岛候风期间，也是积极在当地招揽人才，购置适于岛上作战的军器，如火弹及厚背利刃砍刀，以利攻击叛军营盘之用。

进入秋季，叛军对诸罗的攻势更猛。常青派出总兵魏大斌、蔡攀龙带兵接应，而一路上被围追堵截，士卒大量失散，也未能改变被动局面。乾隆帝觉得难以固守，降旨令柴大纪斟酌，如实在支撑不住，不妨率领官兵以及乡勇撤出。柴大纪回奏称县城的防守久经布置，比较周密，且县城内外居民甚多，不忍将数万生灵丢弃不管，决意坚守待援。皇上览奏极为感动，当即封他为一等义勇伯，并命浙江巡抚琅玕赏给其家属白银一万两。为了表彰诸罗乡勇对官军的支持，传谕将诸罗县改为嘉义县。

十一月初一日，福康安、海兰察等率领一百多名巴图鲁侍卫，以及三千名福建绿营兵，乘坐兵船百余艘抵达鹿仔港。这也说明清军水师的舰船甚小，只可容纳三五十人，一遇风浪就无法开行，几次增援都因海风太大迟滞，甚至发生船毁人亡的惨剧。

三、勇者无敌

福康安率军登陆之后，亲率少量部队外出侦察，至八卦山一带发现山梁上有叛军设卡竖旗，即麾兵冲杀，海兰察带领二十几名侍卫直击敌卡，格杀数人并擒获活口，余者溃散，官兵士气为之一振。

十一月初六日，福康安带兵前往嘉义，与普吉保所部会合。他将新旧兵丁和乡勇分为五队，自带一队，其余命海兰察、鄂辉、普尔普、穆克登阿、普吉保及巴图鲁侍卫章京等分队带领，搜剿前行，互为援应。八日黎明在仑仔顶地方受阻，大量叛军一齐拥出，官军枪箭齐发，福康安、海兰察等带领侍卫率先冲入敌阵，叛军退入竹林与蔗田内，不断出来袭击。福康安早有布置，派兵截住其后路，然后分兵逐庄攻打，并遣乡勇焚砍竹围蔗田及各处草寮，迅速打通道路，以海兰察为前锋直趋嘉义，自率后队逐村清剿。进至牛稠山地方，叛军万余在山梁和溪畔屯扎，三面喊杀而来，岂知海兰察夷然不惧，率领巴图鲁侍卫直扑过去，穿越溪涧，抢上山梁。叛军从未见过如此凶悍之敌，纷纷逃窜，当日下午官军入城。

嘉义终于解围，柴大纪出城迎接大帅福康安。按照军营规矩，下属参见主官须执礼谦恭，甚至为之牵马而行；而柴大纪自以为守城功高，已被升职封爵，多少有几分骄矜。福康安心生反感，却假意邀他并辔而入，大纪欣然接受，犯了大忌。叛军逃入山中，福康安分兵搜剿，同时奏报柴大纪人品诡诈，不可倚任。官军很快攻克叛军的根据地大里杙、集集埔等处，林爽文逃往内山，忽东忽西，久未拿获。乾隆帝降谕督催，埋怨福康安行动迟缓，说本以为很快能捉住叛首，已做好了在元宵节庆祝的方案，却是迟迟没有消息。其实福康安一直用心加紧搜捕，威逼当地的番社协助官军，也选派侍卫与精干兵弁化装入山，终于在五十三年正月初四，将林爽文及其亲信数人抓获，关入木笼押送京师；接下来挥师向南，攻剿庄大田部众，并于二月五日在台岛最南端将其抓获。因庄氏身带伤病，审问后即行凌迟处死。

从福康安、海兰察登岛到抓获林爽文，只用了三个月，证明乾隆帝关于速战速决的决定是对的。不管是黄仕简、任承恩，还是后来的常青等人，都被叛军（包括乱民和被裹挟的平民）那漫山遍野的气势吓住，龟缩不前，一个劲地请求增援。福康安登陆时叛军更形嚣张，而福康安身先士卒，亲率数十侍卫直扑敌阵，叛军即告逃奔。对失误军机者的追究随即开始，乾隆帝已命将黄、任二提督革职逮讯，将弃城逃命的总兵郝壮猷正法，还要追究福州将军恒瑞的责任，被福康安代为解释，骂几句也就罢了。而对于皇上赞不绝口的柴大纪，福康安却说其夸大战功，为人巧诈。

这是一桩历史公案，颇有人认为福康安狭隘且贪功，而乾隆帝在当时也表示不满，认为他包庇畏怯的表兄恒瑞，对柴大纪不够公正。后来听到柴大纪的负面消息多了，传谕调查，得到不少罪状：一是废弛营伍，纵容兵丁在两岸之间做生意，军中人员缺编，兵器不全；二是贪赃索贿，卖官鬻爵，收受海口船只陋规和生日节礼；三是事变时不亲自带兵扑灭，收复嘉义县城时也不追剿，贻误军机；四是将良民当作叛匪，大批杀害，发现真相后巧加掩盖。逮至京师后，乾隆帝仍想留其性命，却因柴大纪一直不服，龙颜大怒，传谕即行处斩。

平定台湾，乾隆帝命选五十功臣，图像紫光阁，并亲自为前二十人题写像赞。这幅图卷虽经流落海外，而值得庆幸的是今日仍存，先是御笔“靖瀛炳绩”四个大字，卷首有《御制平定台湾功臣像赞序》，功臣仍按官职排列，依次为：阿桂、和珅、王杰、福康安、海兰察……〔14〕皇上为王杰题写的赞词为：

> 典学七闽，肃正士风。台湾民俗，颇悉心中。山海险夷，参画具通。有佐樽俎，图貌纪功。〔15〕

当弘历为台湾战事牵挂焦灼时，王杰是经常陪伴在侧的，不光处理前线军报、撰拟谕旨，也尽自己对福建和台湾的所知，提供一些意见。军机处进入战时状态，应以阿桂、和珅为主，但王杰也为之付出很多辛苦。

第三节　尚书房事件

尚书房，又名上书房，乃康熙帝为子嗣读书所设，其址多经迁移，雍正元年定于乾清宫南庑东首，邻近皇帝办理朝政的养心殿，以便亲自监督。曾有康熙帝见皇子读书不刻苦，打师傅屁股的记述。推想皇上，也是急了，如普通家长一样的望子成才啊。

进入乾隆朝，大约是觉得“上”字不可轻用，多称作“尚书房”；又传谕设四位总师傅，在读阿哥各专派师傅一员。总师傅多为兼职，不像师傅要经常授课，但需每月至书房数次，督察教学等事。乾隆曾赋诗《每御乾清宫辄闻尚书房诸皇子诵读声欣然会心兼忆旧况》，传递出对皇子皇孙学习成长的殷切期待。

一、天子之怒

五十四年（1789）二月的最后一天，乾隆帝从圆明园回至紫禁城，接下来的几天里，要前往历代帝王庙和大高殿行礼，然后是御乾清门听政，至先农坛行耕耤礼。此一年弘历已七十九岁高龄，仍更衣下田，躬耕三推始登上观耕台，命众皇子与王大臣等扶犁播种。次日为三月初六，临近会试考期，有旨“以兵部右侍郎伊龄阿、户部右侍郎汪承霈为会试知贡举，大学士王杰为正考官，礼部右侍郎铁保、工部右侍郎管干珍为副考官”[16]。乃因明年为乾隆帝八旬万寿，特开恩科，正科提前一年举行。

比起上一届礼部会试的主试班子，知贡举与副考官都换了，未换的是王杰这个主考官——没有别的原因，由他主考皇上放心。

弘历本打算初八日巡幸盘山，因有雨雪，决定推迟到初十起驾。大约是得了些空闲，他让人拿过尚书房师傅当值门单来看，发现“自三十日至初六日，所有皇子皇孙之师傅，竟全行未到”，遂勃然大怒，立马叫来小儿子永璘，当着军机大臣及刘墉等人询问，然后颁发谕旨，曰：

> 如系阿哥等不到书房，以致师傅各自散去，则其咎在阿哥，自当立加惩责。今据皇十七子奏称“阿哥等每日俱到书房，师傅

> 们往往有不到者，曾经阿哥们面嘱其入直，伊等连日仍未进内”等语，皇子等年齿俱长，学问已成，或可无须按日督课。至皇孙、皇曾孙、皇元孙等正在年幼勤学之时，岂可少有间断？师傅等俱由朕特派之人，自应各矢勤慎，即或本衙门有应办之事，亦当以书房为重。况现在师傅内多系阁学翰林，事务清简，并无不能兼顾者，何得旷职误功，懈弛若此？皇子为皇孙辈之父叔行，与师傅等胥有主宾之谊，师傅等如此怠玩，不能训其子侄，皇子等即当正词劝谕；如劝之不听，亦应奏闻。乃竟听伊等任意旷职，皇子等亦不能无咎。至书房设有总师傅，并不专司训课，其责专在稽查，与总谙达之与众谙达等无异。师傅内有怠惰不到者，总师傅自应随时纠劾，方为无忝厥职。今该师傅等竟相率不到至七日之久，无一人入书房，其过甚大，而总师傅复置若罔闻，又安用伊等为耶！此而不严加惩创，又复何以示儆？〔17〕

乾隆帝已默立皇十五子永琰为储，为何不问永琰而问永璘？此处正可见其处事之周密：永琰为储君，自不宜做此等告御状得罪大佬之事；而这个永璘天生有几分二杆子，什么话都敢说，涉及谁都敢说，问他最能得到实情。

乾隆帝五世同堂，此时的尚书房不光有皇子、皇孙，还有皇曾孙、皇元孙，可谓济济一堂。尚书房规矩极严，每天寅时学生先到，温习满汉课文；师傅则在卯时赶到，申时才可以下班。皇子等每年只有元旦和本人生日才可放假，其他时日必须坚持来读书，偶尔离开时要征得师傅的同意。而师傅的出入，也要告知内左门管门太监登记，以备核查。早在乾隆二十年正月，一日午后弘历闲行至尚书房，没听到皇子的读书声，发现半数以上的师傅不在，检查功课也不满意，下旨将嵩寿、蔡新、奉宽、程景伊等一律罚俸三年。后来皇八子永璇私自从圆明园回城，皇四子永城清晨参加祀典后未回尚书房学习，弘历得知后均严厉训斥，复命永璇将训诫之谕抄录下来，悬挂于尚书房，是以皇子皇孙皆长了记性，不敢随便离开。而处罚尚书房众师傅之事已过去三十五年，早被忘得干干净净，因皇上平日住圆明园，师傅便会有些偷懒。令弘历没想到的是，居然连续七天，一个师傅也没有来，一个总师傅也不来检查，立即大发脾气。

二、惩处之严

乾隆帝是一位管理大师，极擅于区别责任，发现问题的当日，已在谕旨中分出过错等级，做出初步惩戒：

> 嵇璜年已衰迈，王杰兼军机处行走，情尚可原，着从宽交部议处；刘墉、胡高望、谢墉、吉梦熊、茅元铭、钱棨、钱樾、严福、程昌期、秦承业、邵玉清、万承风，俱着交部严加议处；至阿肃、达椿身系满洲，且现为内阁学士，毫无所事，其咎更重，均着革职，仍各责四十板，留在尚书房效力行走，以赎前愆而观后效。[18]

见皇上震怒，军机大臣急忙传宣相关责任人。最惨的是阿肃和达椿，因为出身满洲，被摘取顶戴，当众各责四十板。这是一种笞刑，即褪掉裤子用小竹板打屁股，极疼痛，也极具侮辱性。谢墉等众师傅跪在旁边观看，一个个伏地叩头，口称身为师傅，旷职偷懒，罪过与阿肃等一样，却仅给以“交部严议”，既是皇上天恩，又觉得实在无地自容……而阿肃、达椿也在挨打后挣扎着跪起谢恩，说是“身系满洲，获罪尤重，荷蒙厚恩仅予革职责处，仍令在书房效力赎罪”[19]。跪看责处的还有总师傅嵇璜和刘墉，也是满面的惶惧羞惭。

王杰因在前一天奉旨入闱，不在现场。

三月八日，王杰正在贡院内帘准备阅卷事宜，乾隆帝对尚书房事件气还未消，可能又是和珅点了眼药，一股子火主要集中在刘墉身上，谕曰：

> 昨因尚书房阿哥等师傅自二月三十至本月初六七日之久，无

一人入书房，殊出情理之外，已降旨将总师傅嵇璜、王杰交部议处，刘墉、胡高望交部严加议处矣。刘墉系大学士刘统勋之子，朕念伊父宣力年久，特加恩擢用。其在府道任内颇觉黾勉，及为学政即不肯认真，逮授湖南巡抚声名亦属平常，因内用尚书。其办理部务，更复一味模棱，朕尚曲赐优容，未加谴责。伊自当感激朕恩，亟思愧奋，益矢勤慎。今阿哥师傅等不到书房至七日之久，刘墉身为总师傅，又非如嵇璜年老、王杰兼军机处行走者比，乃竟亦置若罔闻。似此事事辜负溺职，于国家则为不忠，于伊父则为不孝，其过甚大，岂可复邀宽宥！且伊系大员，亦不必再俟部议，刘墉着降为侍郎衔，仍在总师傅上行走，不必复兼南书房，以观其能愧悔奋勉否？〔20〕

弘历对尚书房总师傅的选派很慎重，所挑拣的都属学问渊博、人品端正的大员，级别也由早先的侍郎升格为尚书或大学士。前些年随着纂修《四库全书》兴起一阵编书热，弘历让皇子永瑢、永璇、永瑆任总裁，又让尚书房总师傅德保、曹秀先、周煌带领众皇子编一部《明臣奏议》，成稿后因不满意，命三人离开尚书房，而以嵇璜、刘墉为总师傅，数年后又加上王杰，还是三人。嵇璜资历最深，此时已年逾八十，体弱多病，皇上网开一面。其次便是刘墉，出语极不客气，对其仕宦经历评价不高，说是看在乃父的分上，斥责他不忠不孝，撸掉了其协办大学士、南书房行走，直降为侍郎衔。

至于嵇璜和王杰，乾隆帝也认为具有不可推卸的责任，将二人的总师傅免掉，传谕："师傅等之任意懈弛，皆由总师傅不能稽查督饬所致。嵇璜年力衰迈，王杰兼军机处、南书房行走，既不能随时查察，即不必复兼此虚名总师傅之职，着改派阿桂、李绶为总师傅，以专责成。"同时撤出师傅中长期患病的王懿修，命另荐人品端方、学问优长之员。资深翰林谢墉曾经吏部提议革职，弘历觉得其学问很好，从宽留在尚书房效力，这次则新账老账一起算，"降为编修，革职留任，不必复在尚书房行走，着在武英殿修书处效力赎罪”。既然是交部议处，那就是要走程序的，可皇上性急，尚书房事急，先就相关人事定了几条。

数日后，吏部提交了处分意见，得旨：“嵇璜、王杰着改为降三级从宽留任，胡高望、吉梦熊、茅元铭、钱棨、钱樾、严福、程昌期、秦承业、邵玉清、万承风俱着改为革职从宽留任。”[21]胡高望系王杰同榜之榜眼，亦受皇上器重，时为内阁学士，虽然留在了尚书房师傅的位置上，可要“八年无过，方准开复”。

帝王也有与常人一样的冲动。乾隆帝发现尚书房的总师傅、师傅等失职，不认真施教与督查，一怒之下各予重处，可过些天也就有些后悔，开始采取一些补救措施：

四月初二，赏给刘墉一个内阁学士。

初四，以达椿补授翰林院侍读学士、阿肃补授光禄寺少卿；同日加恩给予茅元铭等半俸，八年后再支给全俸。

初五，加恩给予胡高望、吉梦熊二人半俸。

三、搜落卷的小风波

尚书房事件突发之际，王杰因担任礼部会试正考官，提前入闱，不在皇上问询追责的现场。从处分来看，王杰也属于最轻的，只是降级留任。庆幸之余，被直降三级也带来一个极为现实的问题，那就是俸禄的大幅减少。好在他素来节俭惯了，尚无大碍。

本届礼部会试，像上一届一样，又有一批高龄考生，“九十岁以上者四名，八十岁以上者三十一名，七十岁以上者五名”，也都是考完三场，未能得中，皇上也照旧予以赏衔和加赏宫缎等物。而本年乾隆帝的一个特殊举措，是准许四川总督李世杰之孙李再瀛（会试未中）一体参加殿试。李世杰起于衙役，读书不多而办事精干，勇于担当，清正廉洁，被视为总督中得力之人，故加恩于乃孙。

由于有一个好爷爷，会试落榜的李再瀛获准参加殿试，得中三甲进士。这是一项无差额考试，重在排名次，只要不出意外，所有与试者都是进士。早在去年十一月，乾隆帝就下旨：在明年会试发榜之后，将取中者复考一次，也就是增加一个复试环节。复试之题不求难度，绝多贡士应付裕如，只有一个叫单可虹的诗句平仄不调，错误较多。皇上命军机大臣再加严试，答卷平平，却也找不到作弊的依据；调阅其朱墨原卷，则是“字句平妥，尚系堪以取中之卷，与复试之诗前后如出两手”。负责复试者应是和珅，有心搞事，把一个考生吓得乱了方寸，又给其戴上个疑似作弊的帽子。乾隆帝谕曰：“本应拿交刑部彻底根究，朕向来不为已甚，姑念此次甫经举行复试，单可虹尚系初犯，着即全行斥革，从宽免其究办。”[22]说是不再追究，而取消此人的资格，也就认定了主考官的把关不严。

王杰入仕已近三十载，乡试、会试的正副考官都担任过多次，可谓经验丰富。而每一次入闱阅卷，他都是战战兢兢、如履薄冰，生怕阅卷不细，漏掉了人才。搜落卷，是阅卷后的一个规定环节，即把未取试卷再读一遍，避免有所遗漏。未想到本科会试，偏偏在这个环节上出了麻烦。那是在殿试之前，乾隆帝召见副主考、礼部右侍郎铁保，询问闱内阅卷的情况。铁保出身满洲正黄旗，二十一岁中进士，诗书兼擅，为人耿介明爽，深得阿桂爱重，弘历对之也很信任，论为有大臣风范。铁保对皇上说取中各卷内，有一些未经同考官推荐，是正副考官在搜落卷时发现较优，交同考官补荐，才有幸未被埋没。乾隆帝大不以为然，当即发布长篇训谕：

乡会试设有正副考官及同考各官，原恐一二人衡鉴未能允当，是以必待复加甄阅，以昭慎重。且使彼此互相防范，难以舞弊徇私。既云落卷，则同考官初阅时，自必以其文不佳，或词句中实有疵颣，是以未荐。迨经正副考官搜出后，同考官亦应将其所以不荐之故签出相商，或疵颣尚小，瑕不掩瑜，方可取录。何得一经正副考官搜出取中，即为补用荐条？似此随同阿附，与外省督抚保题卓荐，业经定有其人，始发交两司补详者何异？不特相率为伪，甚至通同一气，徇情作弊，何不可为！殊非公明甄录之道。况如此办理，即设正副考官足矣，又安用同考官为耶？向来同考官阅卷时，于指出疵颣处所仅自登记，不准于卷上批写，所以正副考官搜出取中后，得以授意同考各官，将其从前批坏之语掣去，补用荐条，遂尔泯然无迹。此系历来场中之弊，朕今始知。嗣后应令同考官于阅卷时，即将诗文优劣，所以荐与不荐之故均在卷内注明。其正副考官于原中暨搜出取中者，亦应将取中之故批注卷上，俱交磨勘官秉公覆阅具奏，候朕亲定，庶得中者知其公，不中者亦无可怨。盖人之衡鉴，原不能毫厘无爽，然于可上可下之卷，一时不能鉴别，尚属事之所有，若以佳者为劣，及以劣者为佳，非任意屈抑，即属有意营私，是非颠倒。一经磨勘，或科道执其卷以纠参，情弊显然。如弊在同考官，则应治同考官之罪；如弊在正副考官，则应治正副考官之罪。不得仍前随意附和，徒滋外间横议。

铁保想向皇上表达的，应是本届会试在王杰带领下，做得非常认真，非常尽心，没想到被劈头盖脸一通猛批。尤其是听他说会试第二名系王杰搜出，第三名系自己搜出，弘历更是大光其火，质问：

同考官共有十八人，学问岂尽平庸？其所取之卷，又岂尽不如王杰、铁保所搜之卷？乃必以正副考官二人所搜之卷拔置前茅，若曰无弊，其谁信之！朕临御五十余年，办理庶务，无不兼听并观，折衷至当，从不胶执己见。乃王杰、铁保于抡材大典，不能虚衷商搉，惟以师心自用，无怪士子等之退有后言也。朕若另派大臣，将已中在后各卷通行复阅，互相比勘，此内同考官荐中之卷，恐未必竟无胜于第二第三名者。若有较胜之卷而列置在后，朕亦无难治王杰、铁保以不公之罪。但此乃立例之始，朕从来不为已甚，是以不加深究。总之落卷不搜，则权在同考官，弊窦易生，自应准正副考官将落卷复行搜阅，以免遗珠；但搜中之卷亦止准列于五十名以后，不得滥厕前列。所有此次搜中之第二第三名，俱着改列五十名以后，并将此旨恭录刊刻，悬贴于各直省闱场内外，俾考官等触目警心，而应试士子等亦得传观，咸喻朕抡别真材、鉴空衡平之至意。将此通谕知之。〔23〕

弘历的话说得很重，锋芒直指正考官王杰，指责其师心自用，甚至上升到有意作弊的程度。这当然是冤枉的！而从其训谕中，又可测知一定有人在皇上那里进谗，谁？只能是和珅。这位宠臣还在私下里兼任“政坛狙击手”，如果说前些年他的目标是阿桂、刘墉等，而今已轮到王杰了。

没有看到弘历问询王杰，也没有看到王杰的回应，君臣之间应会说到此事，但未见任何官私记述。这是一场小风波，也是一场大风暴，很可能对当事人造成灭顶之灾，可有意思的是就此没了下文。见于记载的，是和珅成为本届殿试的八名读卷官之一，此前的他从未有过这份荣誉。

第四节　弘历的八旬万寿

乾隆五十五年（1790）二月初八日，乾隆帝起驾出京，先往东陵、西陵谒祭，尔后巡幸山东。随驾皇子有永瑆、永琰、永璘，大臣中自然少不了和珅，阿桂、嵇璜受命留守京师，同样留下来的还有王杰。

皇驾起程的这一天，接陕甘总督勒保奏称“甘肃固原州监生陈彝十世同居，一门男妇大小一百三十余人”，真不知怎么算的，有些不可思议。凡曰“盛世”，必定会滋生无数吉祥瑞应，乾隆帝很喜欢听，当即“特制诗章，并书扁额以赐”〔24〕。诗中却也流露一些质疑之意：“弗以多辞欣俗厚，肯称祥即信时嘉。载咨大小长民吏，崇实相将漫瑞夸。”呵呵，姑妄言之，姑妄听之，不是吗？

三月初四，乾隆帝驾至泰安，谒岱庙，次日登临岱顶，带领皇子与王大臣到碧霞宫瞻礼。圣驾巡幸，山东及邻省士子闻讯赶来，迎銮献赋，圣心愉悦，举行了一次考试，赏给考取一等的杜堮、程拱宇举人资格，准其参加会试。可恩科在次日就要查验入闱，二人无论如何也来不及赶往，只能等待下一科了。

一、恩科会试正考官

该年岁在庚戌，本为通常的会试年，即正科，为了庆祝弘历的“八旬万寿”（用“大寿”是不够分量的），将正科移前一年，于此年举行恩科。读书士子多得了一次应试机会，自然欢忻感激，而皇上要的就是这个。

照例是在三月初六，有旨宣布当年主持会试的官员，曰：

> 以礼部右侍郎铁保、刑部左侍郎姜晟为会试知贡举；大学士王杰为正考官，吏部右侍郎朱珪、工部左侍郎邹奕孝为副考官。[25]

一开始笔者也怕自己看错，揉眼定睛，没错，竟然还是王杰主考！而那位当场被皇上训斥的铁保，则成为知贡举。一年前曾被责骂的正副主考官，再次联袂登场，一主外帘，一主内帘，这是怎么一回事？

或因年事渐高而虑事难免复杂，或与身边有一个极擅揣摩与挑事的和珅相关，晚年的弘历很容易情绪失控，急躁愤怒之际，说话做事都容易过头。而数十年治国理政和识人用人的经历，又使他能很快察觉，有所悔悟，及时做出补救。四年前发生的曹锡宝弹劾案，皇上在倾向和珅的同时，也适当保护了锡宝，尤其是那句“臣不密则失身”的忠告，证明其并不糊涂。而不久前的尚书房事件，弘历在盛怒之下将刘墉等降职革职，将王杰降级，还下旨打了两位满洲阁学的屁股，几日后又做了一些弥补。皇帝是不会认错的，能做到这一步，已然算是明君了。

去年的搜落卷事件，出于和珅的耳边风，所谓“惟以师心自用，无怪士子等之退有后言也”，应也出诸和珅之口。做此推论，在于数年后和珅在皇上那里指责主考官窦光鼎舞弊，说法与此同出一辙。乾隆帝开始时深信不疑，以故对铁保、王杰措辞严厉，不留情面。一旦冷静下来，他会梳理老臣王杰的所作所为，相信自己没有看错人；而稍加了解和调卷比对，也会发现王杰与铁保的裁定无误，不免心存歉疚。王杰已连续两届担任会试主考官，皇上又钦命其第三次主持恩科的会试，命铁保知贡举，一是彰显对二人的信赖，同时也用这样的方式表示歉意。

弘历八旬万寿恩科，能参加就是一份荣耀。安徽庐州府教授李略，拿了一封该学训导陈尚志签署的公文，说是偶患风寒，来不及报督抚，直接赴礼部投递，申请参加会试。常青时已回京任礼部尚书，奏称教职赴京会试，例应经督抚批准，拿着批文到礼部办理，李略擅离职守，实属违例。乾隆帝正在巡幸途中，传谕不准李略参加会试，并将他与训导陈尚志革职。可怜这位李教授心气太高，操作太急切，不仅自己竹篮子打水，连带同僚也跟着丢了官帽。

至于那一道每届都有的风景线——老年举子参试团，本科更是大幅扩编，“九十岁以上者四名，八十岁以上者七十三名，七十岁以上者二十四名”，也是考满三场，也是一个没录取。好在他们要的不是这个，而是皇上的特别恩典。果然，乾隆帝闻知后一如既往的开心，宣称“本年届朕八旬特开万寿恩科，各省举子年老应试者至一百余人之多，庞眉皓首，踊跃观光，洵为升平盛事”，还加大了奖赏力度，如段三连等人去年已来过，也一体赏给宫缎三匹。[26]

本科会元为朱文翰，安徽歙县人。发榜之后，全部取中之朱、墨试卷按十卷一包，外封钤印，解送礼部进行磨勘，在天安门外朝房重加核检。负责审核会试第一名试卷的是太仆寺少卿戈源，奏称：朱文翰卷内有“寸衷鼉没孤行”之语，“鼉没”二字虽出于《尔雅·释诂》，并不常见，“恐士子好异，相率效尤，不但文体非宜，且易暗藏关节”，请嗣后杜绝征引《五经》之外的诡僻之字。[27]戈源与纪昀同乡兼同年，十八岁中进士，风节自励，所议也不无道理，得旨允行。而王杰在关中书院读书时就以古文辞为优，未觉得有啥不妥。

四月二十日，有旨以阿桂、和珅、彭元瑞、金士松、铁保、沈初、姜晟、玉保为殿试读卷官，接旨后立刻前往文华殿值庐，拟议策问题目。殿试又称大廷献策、发问策士，题目甚长，有五百字左右，通常关乎时政要务，再细分为三四个问题。今年以乾隆帝八旬万寿为头等大事，考生自会猜题押题，但涉及的知识难度并不小，如下面这一段：

> 朕课晴问雨，为民亟三时；布闿敷酡，为民谋四蠲。自乾隆五十年以前，蠲贷已二千万万，积岁有加焉。本年以大庆普蠲天下钱粮，三年而遍，冀裕盈宁而广和乐，民力其有纾欤？奉行其尽善欤？多士自田间来，盍说陈之。善为政者，安民必先察吏。尧典重乎允厘，舜歌戒其丛脞，其要在先事后食，勿欺而已；周官太宰受其会，正其治，听其政事，岁月日皆有期会，能详之欤？三载考绩，三考黜陟幽明，又有十二年之巡狩大明黜陟，立法之意，可征诸说经家欤？唐考流外官四等，宋考百官三等，皆以勤为上，能列其目欤？城隍修理为二十七最之一，窃盗十一而得十为中考，能举其故事欤？官箴、百官箴之所规，政经之所尚，断章可取欤？戒石本有全辞，节镌公庭，何时所颁欤？朕耄念殷勤，出则秉烛待章，居则宵衣鲜寐，以尽负扆之职，盂水方圆之谓何？何犹有延玩庇饰者？率作兴事，慎宪省成，法犹未尽良欤？[28]

读此一段，则知戈源对朱文翰使用“鼍没”二字的挑剔，实在有些过虑了；亦知古代的科举考试，绝不可以妄议与轻视。以此题考试今日之大学文史专业的博导，大概没有几个能及格的。策问以皇上的口吻拟题，的确也是由皇上钦定的，弘历自幼饱读诗书，也很喜欢找一些诡僻字词，为难一下应试者。

二、办贡的焦虑

刚进入五十五年正月，乾隆帝就以庆贺八旬万寿之事诏告天下，大霈恩泽，普加升赏，也要求各督抚查明百岁高龄和五世同堂者具奏，分别给予旌表和赏赐。各地纷纷报来，否则真不知道清代中国竟有这么多的百岁老人。同一天，弘历还专发谕旨："将乾隆五十五年各直省应征钱粮，通行蠲免。"[29]数日后，他又想到朝廷虽免去当年赋税，而绅衿富户若仍向佃户收租子，贫民不得沾恩，命地方官出示晓谕，命酌情减收，真是皇恩浩荡。

五月初十日，弘历自圆明园启銮，赴热河举行木兰秋狝。而王杰则奉命先期前往，乃至于离家匆忙，一些事情没来得及安排。其中最主要的是皇上八旬万寿的贡品还未准备，若等返京再办会来不及，是以王杰很焦灼，与家中信函往复，写的都与贡品相关。其一写给家中管事门客，曰：

> 日前匆匆起身，贡件俱未得料理。今除家中所有之盒，再约得几件。年兄可令朱升到汇墨斋商量，或有现成者，或画样赶做，务于四月半前赶得方好，此事不得不有费清心也。

年兄，既可称乡会试同年，亦可称自己的门生。王杰虽不宽裕，家中也常有几位门客，其中有同年，也有门生，通常为未获任职或仕途失意者，在府中教子嗣读书，也协助办理一些事务。收信人"戴年兄"显然深得倚信，而查乾隆辛巳科戴姓有二人，却不知是谁，也不能确定就是二人之一。

几日后王杰又有一信，说的还是办贡的事：

> 前接廿二日札，匆匆未及细复，大概于廿一日书内言之矣。围屏只十幅，似乎不全，且中心太短，恐写起不甚好看，不知各当铺内及厂中尚能再购觅否？令儿子向对门当铺托其遍找，再烦汇墨斋

在厂中找之，并令朱锦在打磨厂及东四牌楼、西四牌楼各器铺找之。大概公中已有大围屏，此屏宜小，而做手光泽者为佳，即或坑屏亦可。若寄来屏心尺寸，实不好看。安南、缅甸封爵二诗既写小盒，大镶玉盒写何诗，不记忆已定否？《寿民诗》写单盒当可，若再求配对，恐不可得。《五福五代堂诗》，亦难有对者。至《对玉兰花》诸诗篇中有回禄字面，亦似难进。“赋得”诗究觉太闲，于此时不相宜，留作年底用，此时究以寿意为佳耳。家中玉版六块，已将“五福五代堂”写就寄去，可即付汇墨斋发镌。八块者大贡用，此件正日用也。石鼓百金不肯做，即加一二十金亦可。

为了办贡，真真是煞费苦心！此信第二页，页眉有“前闻彭大人云：厂中有紫檀一块，长一丈四五寸，宽二尺余，厚五寸。若不雕花纹，做素屏架似不可得。乞探听此物在何处，能商量赶办否？若非紫檀，即花梨、铁梨皆可”。彭大人应是彭元瑞，时任吏部尚书，也在为贡件操心，并向王杰提供一些信息。

与之同时，王杰也给在京的妻子写了信，有这样一段：

旧观音像，中间不用揭裱，恐其伤损原来神气，惟换外面包手可耳。家中有旧人集锦大册二本，曾经黄左田看过，尚有可用者（即拟古人姓名夹黄签），今再烦其多挑数幅，送汇墨斋裱好，且不用粘连，候临时再粘，底面用楠木足矣。刻下接到廿二日来札，归来甚晚，不及详复。插屏山水二幅大概尚妥，惟诗堂略小，嘱其将山头略收小写，便觉好看。石鼓百四十金太觉贵了，百金肯做即做，如其不肯再作商量，另到别处去做。汇墨斋此番大有勒掯之意，围屏十幅似不好看，彼亲口对我说十二幅，或是本家藏起两扇，十扇便不成用矣。[30]

所有的费心和焦灼，也都与手头拮据相关。王杰只能选择书画插屏之类，即便如此，也是勉力筹备，不得不精打细算，为此信函往复，操碎了心。

三、贺寿盛典

举凡帝王都会有几分自恋，可也较少有人达到乾隆帝的高度，越到晚年越是如此。弘历有着一般君主难以企及的傲骄资本，他的文治武功，他的在位时长，他的诗歌数量，乃至他的高龄遐寿与五世同堂，还要加上他那份坦然自信。正因为如此，弘历对自己的八旬万寿极为重视，提前三年就开始布置乡会试的恩科，还专门镌刻了一个玺印“八徵耄念之宝”。

为筹办八旬万寿，乾隆帝组建了一个顶级班子，“总办庆典”，领头的是内阁首辅兼首席军机大臣阿桂，第二个为和珅，军机处的第二把手，而谁都知道和珅才是主事的。以下有工部尚书兼军机大臣福长安、刑部尚书胡季堂、户部尚书兼都统金简、左都御史李绶、总管内务府大臣伊龄阿，王杰并不在其列。各项准备工作也迅速布置和实施，京师街巷道旁遍设景点，踵事增华，乃至于皇上看见时“心觉不安”，特发谕旨要求务必简朴，却又大谈康熙的六十万寿、圣母皇太后的万寿庆典如何隆重，并说已经完工的不便裁撤，以后“将一应彩饰量为减省”。弘历命将此谕通告中外，提倡崇实黜华，各级官员实在没有几个糊涂蛋，各种名目的祝寿活动有增无减。

弘历的生日在八月十三日。提前一天，他从圆明园乘十六人抬的礼舆还宫，皇子皇孙、亲王贝勒、文武大臣与蒙古王公、回部王公伯克、安南国王及陪臣、朝鲜等国使臣，还有金川土司、台湾地区少数民族首领等层层环跪于舆前，嵩呼万岁。此行排列全副骑驾仪仗，最前为四只导象，接下来是庞大的乐队，大小铜角、金钲龙鼓、立瓜卧瓜、五色旗纛，奏响“万寿衢歌”。从圆明园前大门到紫禁城西华门全长三十里，以西直门为界，分为城内城外两段，搭建了无数的过街牌楼、亭台楼阁、各式戏台和寿棚，也不乏西洋样式。和珅最知如何搔到皇上痒处，也极具统筹能力，命朝廷各部院、八旗各旗分、各省乃至各地织造、海关、盐政分段包干，从而激发出强大的竞争意识和荣誉感，各出机杼，精彩纷呈。

当天，乾隆帝亲至大高殿寿皇殿行礼，分遣大员告祭天、地、太庙、社稷与大内的奉先殿，然后在重华宫张乐开宴。他发布了两道谕旨，都是奖励为庆典出钱出力的商人：一是缓收浙江商人本年应交的十二万两柴塘生息银，命从下一年起分三年缴完；二是以两淮盐商承办景点有功，将洪箴远、郑旅吉等二十五名总商的现在职衔顶戴，各加一级。

第二天是八旬万寿庆节的正日子，乾隆帝御太和殿，接受众臣与安南国王、各国使臣等朝贺，在宁寿宫赐宴。原内阁大学士蔡新时年八十四岁，致仕多年，专程从福建漳浦赶来祝寿。弘历在筵宴时看其精神矍铄，心情喜悦，赏给人参一斤，命回程时沿途各地方官准备船只肩舆，妥善照料。

庆寿典礼原拟三天，结果延长至五天。弘历于十六日返回圆明园，途中再次观看街道两旁的新建景观，越看越觉得满意，谕曰：

> 兹朕于十二日进宫受贺，十六日礼成出御园，往来阅视道傍点景彩饰，虽未免尚多华赡，而规置安顿之处，均属整齐妥协。不惟外藩君长暨诸国贡使人等目睹升平景象，鼓舞欢欣；即工匠人众以至附近铺户，俱可藉此稍沾利益。且西直门外添盖之铺面，皆资商贾贸易开张，民间日用交易甚便，而外省所输经费较之三十六年有减无增，所办点缀较三十六年更为完好。是此次举行庆典，既足以抒臣民爱戴之忱，而经理得宜，皆由该管大臣等详定章程，留心稽察，俾臻妥善。[31]

这是皇上对本次庆寿大典的小结，办得漂亮，命将总办大员阿桂、和珅等人，以及在事出力各员交部议叙。

一场世纪盛典终于结束了。

阅读《清高宗实录》，你会发现大清帝国已是危机四伏，祸患丛生。约与弘历庆寿同时，黄河在王平庄发生漫溢，淹没宿州、灵璧等地；广东水师在崖州外海遇上四艘海盗船，发炮轰击，不仅没能击中，反被对方杀死一名参将；而在黑龙江，也有一名流犯杀死主人一家五口，跑得不知去向……从南到北处处民生凋敝，乱象滋生，哪里有什么“豫大丰亨，侈然自足”？

当年十一月初十日，王杰加太子太保宫衔。[32]

四、“以谤为规”

国事已然不堪，和珅辈倚恃皇上宠信，把持朝政，上下其手，王杰虽在高位而心情抑郁。但他对乾隆帝感戴殊深，不愿拂逆其意；且生性持重，再加以精晓《易经》，知道还未到拨乱反正的火候，只能是隐忍不发。

当年十一月，乾隆帝那股子庆寿的喜悦尚未消散，刚结束丁忧回任的内阁学士尹壮图上了一道奏折，直指流行的议罪银一事：

> 近有严罚示惩，而反邻宽纵者，如督抚自蹈愆尤，不即罢斥，罚银数万，以充公用，因有督抚等自请认罚若干万两者。在桀骜之督抚，借口以快饕餮之私；即清廉自矢者，不得不望属员佽助，日后遇有亏空营私重案，不容不曲为庇护。是罚项虽严，不惟无以动其愧惧之心，且潜生其玩易之念。请永停罚银之例，将罚项改记大过若干次，如才具平常者，或即罢斥，或量予京职，毋许再膺外任。[33]

在乾清门听政时，乾隆帝就此专发谕旨，辩称各地督抚的养廉银丰厚，因个别人尸位素餐，故予以罚银，令其自掏腰包赎罪，实不过偶尔行之，并非定例。上谕说尹壮图担心引发弊端，奏请将议罪银永远停止，也算有见地，却不知朕自有权衡，或重或轻，一秉大公，并非封疆大吏获罪后都能以罚银幸免；也令尹壮图指实参奏，将所指之督抚何人，逢迎上司者何人，借端勒派、致有亏空库项者何人，一一如实写出名字来。

尹壮图复奏，以自己由故乡云南返京途中的所见所闻，大胆说了点实话：

> 各督抚声名狼籍，吏治废弛。臣经过地方，体察官吏贤否。商民半皆蹙额兴叹。各省风气，大抵皆然。请旨简派满洲大臣同臣往各省密查亏空。[34]

读了这段话，弘历更是大受刺激，诘问“竟似居今之世，民不堪命矣”？并立刻开始评功摆好：“朕临御五十五年，子惠元元恩施优渥，普免天下钱粮四次，普免各省漕粮二次，为数何啻万万！偶遇水旱偏灾，不惜千百万帑金，初助抚恤，赈贷兼施，蔀屋穷檐，共沾实惠，凡身被恩膏者，无不家喻户晓。小民等具有天良，方将感戴之不暇，何至蹙额兴叹，相聚怨咨？”[35]对于尹壮图提出简派满洲大臣与他一起往各省盘查亏空，弘历认为朝廷无此政体，也非短时间可以查清，并再次严令尹壮图将哪个省有亏空，什么人在兴叹，某缺亏空若干系闻自何人，逐一指实复奏。

所谓议罪银，通常限于督抚之类大员犯了罪错，皇上命其自行议罪，便主动拿出些银两，经批准予以抵罪。当然这只限于失职失察等一般性错误，若像王亶望、国泰那样贪渎，仍是难逃诛戮。有人说此系和珅于乾隆四十五年创设，实则早有其例，和珅不过是大力推行而已。他在那一年升任户部尚书，在内务府开设了一个专门账户，让犯错官员把钱交入，登记造册，以提供皇上作为特殊开销。据称这次举办八旬万寿大典，就没有动用国库的银两，全系内务府所存议罪银开支。

乾隆帝宠信和珅，当日和后世的传闻甚多，乃至扯到一个死去的爱妃与和珅长得很像云云，实则在于他的精明练达。此人相貌堂堂，能言善辩，有着超强的协调统筹和贯彻能力，善于因势利导，也善于别出心裁。尹壮图请派满大臣与他一起盘查各省亏空，皇上略知那些个银库粮库禁不住核查，即加拒绝；而和珅则建议答应此请，如此这般，让人陪着他去查好了。于是，君臣二人联手做了一个局：派户部侍郎庆成与尹壮图一起出京，先从大同府库查起，同时以五百里飞递告知山西巡抚书麟，要他到大同听候查办。先到山西，乃因尹壮图奏折中曾提到：书麟在督抚中较优，但也不免让属下资助。

庆成是皇上新近看好的，数月前由乾清门侍卫超升户部侍郎，主管户部的和珅应也有提携之力。谕旨称：派庆成驰驿前往山西，自应按品支予路费；而尹壮图属于自请盘查之员，本不应一起由驿道行走，但恐其自备车马未免迟缓，是以只提供驿马，不给路费。就在尹壮图与庆成等离京的当天，乾隆帝又发布长篇谕旨，仍对“商民半皆蹙额兴叹”之说耿耿于怀，仍是大讲皇祖、皇考和朕普免天下赋税之德政，仍是谴责尹壮图尚不如乡曲小民知恩，最后说：

> 今已令侍郎庆成带伊前往所指书麟管理之山西省，切实盘查。若果有仓库亏缺，即当追问亏缺之由，严加究办。倘有代完巡抚罚项情弊，朕必将书麟及资助之属员从重治罪。若所盘仓库毫无亏缺，则是尹壮图以捕风捉影之谈，为沽誉邀名之举，不但诬地方官以贪污之罪，并将天下亿兆民人感戴真诚全为泯没，而朕五十五年以来子惠元元之实政实心，几等于暴敛横征之世。试令尹壮图清夜扪心，亦何忍为此耶？着将朕办理庶务之苦心，及尹壮图莠言乱政之处，通谕知之。[36]

这哪里还是办案，哪里还算得上密查？分明就是一次游省示众。可怜尹壮图自掏路费，自出饭钱，途中忍受庆成等人的讥嘲，在山西遭到当地官员吏役的冷落，备受煎熬。读书人常会有几分自信和执拗，而绝多并不愚钝，也容易学乖。尹壮图刚到大同就学乖了，上奏称已会同书麟将库存钱粮各项逐一清查，丝毫无短少，检讨原先陈奏不实，恳请立即回京治罪；还说因在严冬昼夜赶程，诚恐得病，不能平安回京受朝廷处治，反而违背为臣之体。低声下气，近乎恳求。而皇上并未解气（或者说和珅并未解恨），以其原折内涉及书麟个人以及山东等省，要求自太原查完藩库回京的庆成带着他返回，继续究诘书麟有否令属下资助，然后再往直隶和山东“切实盘验”。圣恩浩荡，思及尹壮图一介穷儒，所带盘费不会多，传谕如不够用，庆成可将自领路费酌量分与一些。而接书麟奏报，庆成及所带司员人等进入山西境后，并不支领廪给。

至此，本来不乏血气之勇的尹壮图已成为一个笑话，一道奇异的盛世景观，原来的豪壮也化为怯懦，自称倾心帖服，恳求回京待罪。而皇上坚持不许返回，命他继续查下去，还在其奏折中挑剔错讹，讽刺其学问陋劣，“即如节次奏折，桀骜讹为杰骜，孟浪讹为梦浪，今日折内之眼同又讹为衍同，别字不一而足”。不仅如此，在庆成奏报尹壮图已经知错后，谕旨中还在教庆成如何施压：

> 庆成带同尹壮图盘查各省，伊若向庆成言及“天气寒冷，驰驿远行，不能即时回京，皆因我冒昧陈奏，致相拖累，深抱不安”等语，庆成即应答以“汝此语即属昧良。奉差行役，乃臣下职分当然，虽赴汤蹈火尚且不辞，何况查办事件！设使奉旨带尔赴伊犁等处，我亦安心前往。若以驰驿道路，即已畏怯不前，何以出兵赴敌耶？”如此明白晓谕，看其如何回复，即行详悉奏闻。[37]

当年密谕，读来令人莞尔。之后，庆成等人又带着尹壮图从山东到达江苏，形同犯人，还要他问询督抚等大员有无贪污受贿，议罪银是怎么缴的，真是太折磨人、太过分了！尹壮图至此壮图荡尽，斯文扫地，一遍遍在奏折中赞誉皇上圣明，述说官场廉洁、库藏丰盈，述说在元旦经过扬州等地，“溢巷摩肩，携豚沽酒，童叟怡然自乐”。他承认行为荒谬，也说到自己不孝，老母年逾七旬，留在云南原籍，即来京任职。又让弘历抓住一条，谴责他“不但无君，而且无亲，人伦尽丧”，下令革职，要庆成将之押解回京，交刑部治罪。[38]

五十六年二月，尹壮图回到京师，大学士九卿受命会同审讯，尹壮图俯首认罪，遂依照挟诈欺公、妄生异议之律条，问拟斩决。大概是觉得定得太重，这些大员又表示：“尹壮图如此乖谬不敬，忠孝两亏，实堪共愤，自应按律问拟，即不立置典刑，亦当发遣伊犁，以示惩儆。”这不是某一个人的意见，而是奉旨集议的结果，表达气愤的同时也为之缓颊。弘历再一次长篇大论，谴责尹壮图热衷干进、恋职忘亲、莠言惑众：

> 朕孜孜求治，兢惕为怀。从前彭元瑞呈进《古稀颂》，赞扬鸿业，朕因作《古稀说》，有“以颂为规”之语。今尹壮图逞臆妄言，亦不妨以谤为规，不值加之重罪也。尹壮图着加恩免其治罪，以内阁侍读用，仍带革职留任，八年无过，方准开复。〔39〕

阅读这段历史，不管是十年前的“以颂为规”，还是此次的“以谤为规”，都有着丰富的内涵。晚年弘历越来越听不得不同意见，拒谏饰非，好在偏激之余，尚未完全失去理智，也要凸显境界之高和心胸宽阔，在处理时未走极端。尹壮图逃得生天，辗转得了一个礼部主事，一年后复被开缺，命回乡尽孝。

就尹壮图一事，乾隆帝发了太多的谕旨，讲了太多的道理，读来令人齿冷。朝中大佬咸付缄默，未见阿桂、王杰等正臣出面谏止，不敢说，说了也没有用。据说纪昀曾想为之说情，皇上闻知勃然小怒，斥曰：朕以尔文学优长，故使领四库全书，实不过以倡优蓄之，尔何妄谈国是！

1. 嘉庆帝颙琰在做皇子时所作诗章，王杰曾任尚书房总师傅，是以有帝师之称。
2. 朱珪，乾隆十二年进士，曾为皇十五子颙琰的师傅，为官清正，嘉庆间仕至内阁大学士。与王杰为儿女亲家（王杰小女金儿嫁与朱珪长子锡经），感情深笃。
3. 毓庆宫，颙琰在成为皇太子后搬入，整个禅让期间皆在此居住。

1

2

3

1

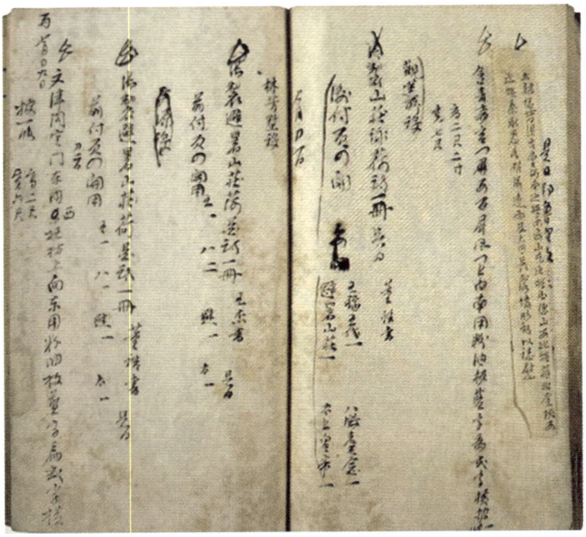

2

3

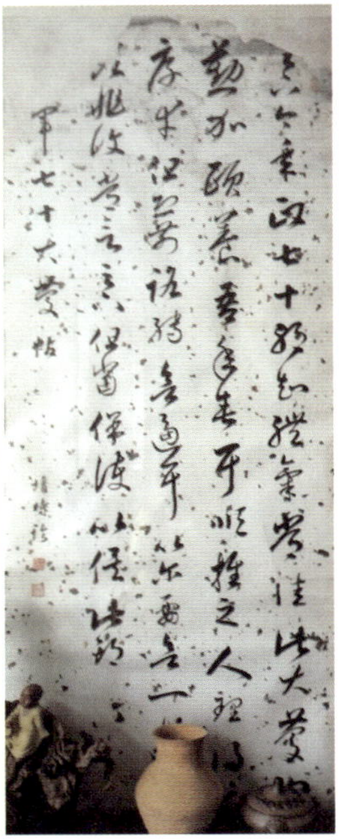

4

5

1. 2.《太上皇日记》，应是内务府对各类奉旨制作的记录。

3. 嘉庆四年太上皇弘历的元旦开笔，意识与笔触均见飘忽。

4. 王杰次子堉时所临王羲之《七十帖》。堉时在四兄弟中天分较高，而王杰坚持不许他参加科举，嘉庆四年八月病故。

5. 太上皇帝“归政仍训政”玺印。

1. 2. 嘉庆四年九月写给乌鲁木齐都统富俊，言及长媳和次子病逝之事。

3. 4. 约于嘉庆五年正月写与一位外地官员（或为其门生），直接批驳了“俗悍民刁”的说法，其中说到自己“廿一二岁即佐幕”，甚可注意。

5. 颙琰写于嘉庆六年的《毓庆宫述事》。

1

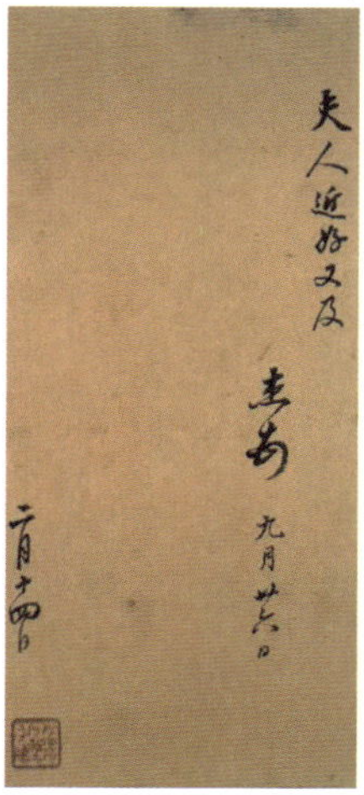

2

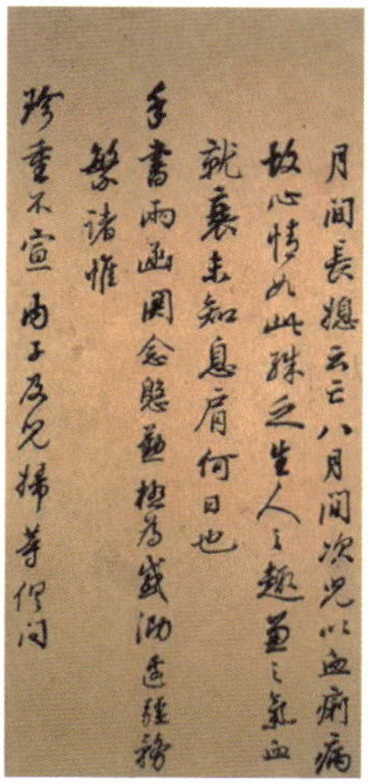

3

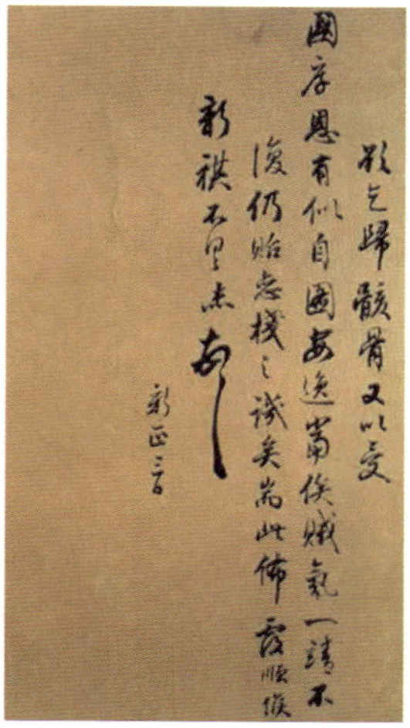

4

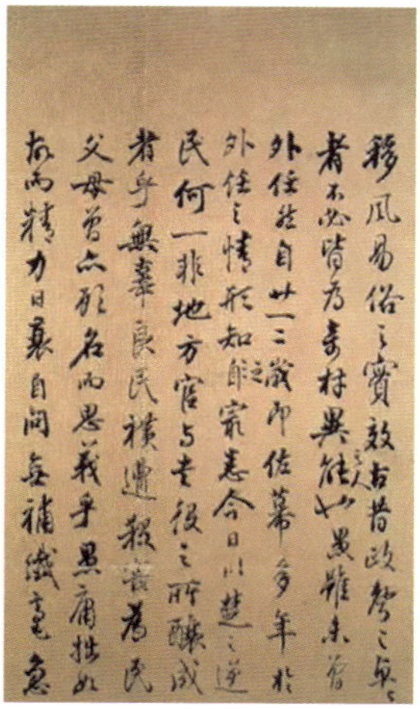

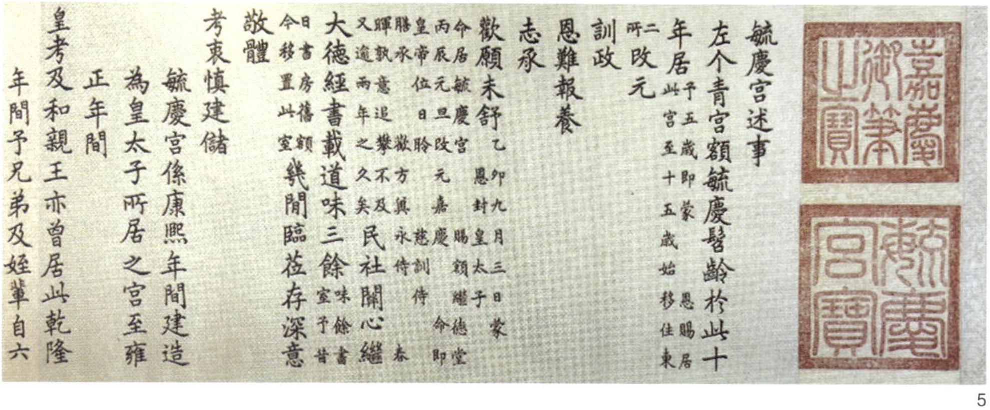

5

1

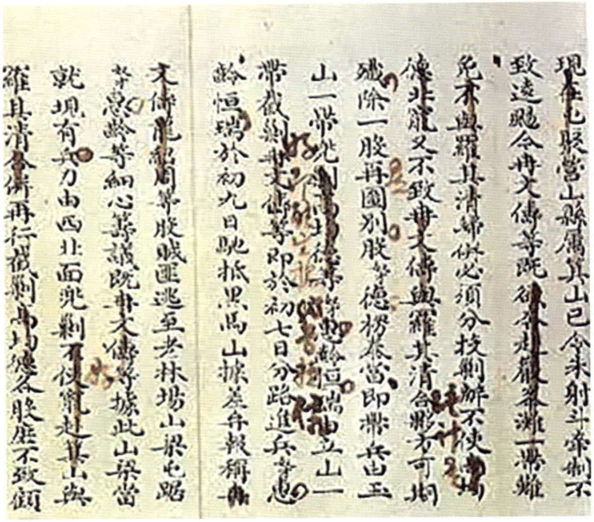

2

1. 进剿白莲教军布防图。

2. 嘉庆帝在惠龄奏折上的朱批，凡教军驻地、行动与教首名字皆被涂抹，可见心中愤恨。

1

1. 曹振镛（道光间为内阁首辅）在嘉庆八年闰二月的赠诗和亲书折扇，自称门下晚生。

2. 王杰返乡前夕，翰林同仁举行盛大的饯别宴会，赋诗送别者一百余人，后由江藩编为《赐杖集》和《祖帐集》。

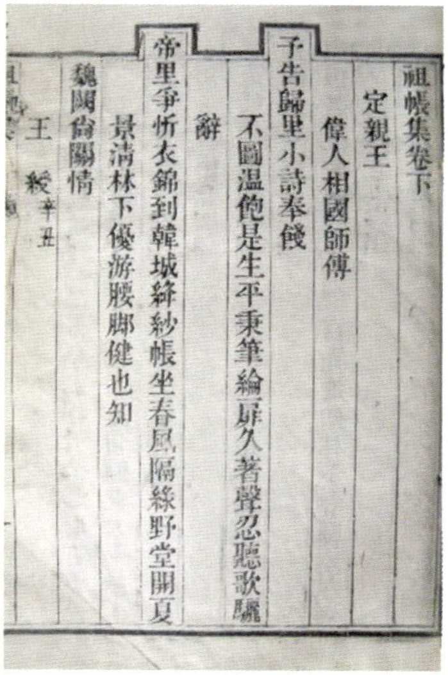

祖帳集卷下

定親王

偉人相國師傅

子告歸里小詩奉餞

不圖温飽是生平秉筆綸扉久著聲忽聽歌驪

辭

帝里爭忻衣錦到韓城絳紗帳坐春風隔綠野堂開夏

景清林下優游腰腳健也知

魏闕尙關情

王　綬　辛丑

2

嘉庆帝为王杰八十寿辰御笔亲题的匾额和祝寿诗，由陕西巡抚方维甸送至韩城。

1. 王杰返乡后租住的小楼，原为明末兵部左侍郎解经傅兄弟的宅第。
2. 刘凤诰，王杰门生，乾隆五十四年己酉科探花，王杰在京辞世时居住于其宅中。

1

2

35680

葆淳閣續集

韓城 王杰 偉人

讀書劄記

虞書

堯典

帝曰予聞是並其濬哲文明溫恭允塞之德皆已聞

之蓋聖人在下自有一段光華不可掩處聖人觀

人亦自別有一副見地相契合處不然豈僅以四

岳等稱其孝而即將以天下重大之事授之亦豈

遽以二女下降以觀厥型者哉此等處皆不可以

1

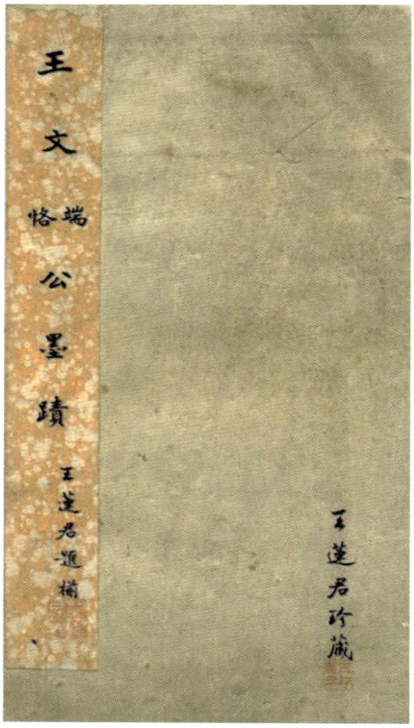

2

1. 王杰《葆淳阁续集》，逝后由乃孙王笃编纂，卷末有同乡晚辈、道光朝内阁大学士王鼎重编之《文端公行谊》。

2. 后人将王杰与王鼎的书法汇编为一册。

【第十章】

有形无形之象

自乾隆五十六年（1791）至弘历禅让，五年之间，表面上的最大威胁是廓尔喀入侵西藏，清廷调兵遣将，历时一年多才得以收复失地；潜藏未发、形迹已显的是遍及各地的秘密宗教，乾隆帝深知其害，动辄杀头流放，也未能遏制住其势头；而尚未引起注意的则是英使马戛尔尼的到访，清朝君臣的心思多用在跪与不跪的表面文章上，全然未想到去了解对方，甚至连其精心挑选的礼物也是粗粗一望，失去了一个与世界对话的机会。至于那弥漫政坛的贪腐，也在隐显涨落之间，皇上愤懑之下会抓一批，杀一批，下手不可谓不狠，却不见有根本改变。

王杰既处于国家机器的中枢，又常在决策圈之外，而安之若素。任职之余，他终生读书治学，着力最勤的是读《易》，留下的唯一研究著作为《惺园易说》。有形无形之象，乃韩康伯《周易注解》中对“幽明”的阐释，以之比拟乾隆末年已萌未萌的种种乱象，应是贴切的。

第一节　西藏事务

进入乾隆五十六年，八旬万寿的余绪不绝如缕，各地督抚仍在持续上报百岁老人与“年跻九袠，五世同堂”之家，各项纪录不断被刷新：甘肃平凉出了一位一百零一岁的老人陈世道，陕西大荔发现一百零三岁的寿妇胡冯氏，三水县民赵邦杰则是“十世同居”。乾隆帝晚年喜欢听这类高龄遐寿的消息，一律给予旌表。

陕甘一体，两位长寿老人都算得上王杰的同乡，自也会闻之欣然。正月初八日，乾隆帝传谕：“命大学士王杰、为尚书房总师傅。”[1]自五十四年三月与嵇璜同时被撤换，过去了将近两年，王杰重新担任此职，一年半之后又有窦光鼎入选。对于皇子皇孙的教育，弘历总是格外上心。

一、纪昀打过来的横炮

古今中外的官场都是错综复杂的。王杰快速晋升为枢阁大员，不仅引起和珅的警惕，时不时在暗中上点儿眼药，捣点儿小乱，也引发一些翰林同僚的嫌忌。同年进士赵翼因曾为状元变成探花耿耿于怀，后来始知王杰的好，写诗示愧并称扬其美德。比他早三科的纪昀也是一个，对于才华并非特别出众、官职反在自己之上的王杰，似乎带有一股子不服气。当然不会只有此二人，如文笔极佳、身段也灵活的彭元瑞，还有那个脑瓜子更灵活、缺少底线的吴省钦，应也在其列。

五十六年正月，纪昀劾奏王杰在编书过程中曾有勒派之举。现在已看不到他的奏折，乾隆帝阅后很重视，特地召见纪昀问明经过，又令军机大臣详加询问。据记载：

> 遵旨将纪昀前奏王杰曾经派人办书勒派之事，询问纪昀。据称：乾隆五十三年五月我在热河时，王杰奏续修《礼部科场条例》，其书不过一千四百余页，而原奏议叙书吏有二十名之多，计每人写书不过七十余页，较各馆议叙实为太优。又原奏仅有书吏自备资斧办理纸张、饭食、版片、工料之语，并未奏明派令出银。王杰令书吏二十名每人出银一百五十两并七八十两不等，存贮部库，以为修书之用。现有支销账目可凭，前召见时曾经奏及，此事是实。〔2〕

此事已过去将近两年，纪昀是在翻一件旧账。那时其职务是礼部尚书，因皇上翻阅文津阁《四库全书》发现问题，命他带领相关责任人“罚往热河看书”，自费修订、挖补书中错讹。其中所提到的《礼部科场条例》，通例每隔十五年左右要增补修订一次，皆称“续修”，由礼部负责。王杰作为管理礼部的内阁大学士，大约是见纪昀忙于《四库全书》的修订，常被皇上斥责处罚，便主动担起此事，未想到老纪反而不高兴，记恨在心，终于发作出来。

纪昀为何在这个时间点重提旧事，不得而知。奉旨对他进行询问的是谁？档案中并未写明，推测就是和珅——乾隆帝通常把此类事情交他查办。纪昀对王杰的指责有两条：一是对参与续修人员待遇太优，总共一千四百多页，竟提名二十名书吏得到奖励；二是收费太多，已让他们自费修书，又要每人再交一些银子，存于礼部银库作为修书之用。记得乾隆帝曾说纪昀"糊涂"，此处也可见出互相抵牾，真搞不清他是想说王杰向着那些书吏，还是勒索他们？

军机处的奏折看似就事论事，实则也能读出一点倾向性，那就是王杰做得不妥当。不能确定是在此前还是此后，乾隆帝召见了王杰，亲加询问，虽不清楚王杰是怎样回答的，却知皇上全然消除了疑虑。两日后又有一份军机处奏件，引用纪昀再次被质询时的回答：

> 王杰派令书吏出银一事，我一时愚昧之见，原以其既奏令自备资斧，即不应更令出资交官，与原奏不符，是以与之争论。今蒙皇上指示，王杰派令书吏出银，乃系从严，并非从宽，始悟从前过于拘泥。至此项银实系缴出，贮库办公，我原未言其有所沾染。今蒙指示，王杰并未携回家中私用，仰见圣鉴高明，至公至允，我不胜愧惶之至。〔3〕

题奏者为"军机大臣等"，不再是和珅一人。这次仍称"询问"，实际上是传达上谕，告知皇上赞同王杰的做法，且指出王杰并未有私人侵占。纪昀连忙说自己只是看法不同，从来没说过王杰占了便宜，也知道此项银子已经缴库，作为办公之用。

一场风波就这样过去了。

当时朝廷钦命修书之项颇多，同时在办的还有十余种，不断发现种种差错，校对疏漏为多，也有书吏有意的钻空子，偷奸耍滑。即以《四库全书》为例，"北四书"都曾不得不大规模复核，挖补甚至重抄。有鉴于此，王杰在主持续修《科场条例》时，为了加强责任意识，要求参与者交出一笔银子，存于礼部库房，以备罚款所需。而另一方面，乾隆中后期兴学读书之风甚盛，科举的路已然拥塞不堪，参加朝廷修书成为一条捷径，王杰提出的“议叙”即升职或录用，也是在帮助一些优秀人才。通过以上两折的记述，可知纪昀与王杰曾就此事有过争执，见王杰不听，便具本上奏。而二人在皇上那里的分量是不同的，就在命军机大臣询问纪昀的前一天，已有旨将他与刘墉对调，改任左都御史。

二、廓尔喀再次入侵

乾隆五十六年六月，与西藏接壤的廓尔喀发兵越界，占据边境城镇聂拉木，并掠走达赖喇嘛派往谈判的丹津班珠尔等人，引起藏区的极大惊恐。

这是廓尔喀在三年内的再次入侵，二者也直接关联。廓尔喀，本为尼泊尔王朝的一个部落，族人英勇善战，夺取政权后改称廓尔喀国。三年前，廓尔喀借口藏盐中掺土以及税额增高，派兵越界占领后藏的济咙和聂拉木等地，驻藏大臣庆麟发兵堵御。乾隆帝命成都将军鄂辉、四川提督成德率部赴援，又派熟悉藏情的理藩院侍郎巴忠为钦差大臣，赶往办理西藏事务，是为第一次廓尔喀之役。此一役也，几位大员对廓尔喀心怀畏惧，消极避战，想的都是尽早议和，结果大批官军千辛万苦由四川赶往后藏，糜饷百万两，居然未交一兵。巴忠等奏报廓尔喀大小头人十余名在营门环跪诉冤，请求归诚，乾隆帝信以为真，命勘明边界、收取廓尔喀永不滋事的具结后撤军。实际上是巴忠私派藏官与廓尔喀勾兑，承诺每年缴予元宝三百个（合银九千六百两），始得换取对方撤出。

其后的两年，藏方并未如约缴银，加上班禅之弟因争财产怂恿廓尔喀入侵，廓军再次发难，侵占边镇，并悍然杀向后藏首府日喀则。驻藏大臣保泰、帮办大臣雅满泰等急忙部署防堵，赶往班禅驻锡的扎什伦布寺，却并不率兵奔赴边境。乾隆帝闻报即联想到上次不应议和，一面指令四川总督鄂辉紧急赴援，一面严令保泰不可轻易让达赖、班禅转移。岂知谕旨未到，保泰已经护送班禅离开扎什伦布寺，守卫寺院的一百五十名蒙古兵也被悉数带走。该寺顿时人心惶惶，留守喇嘛在吉祥天母前占卜，结果是“不打仗好”，导致僧兵无心抵抗，僧众也纷纷逃走。当月下旬，廓尔喀兵攻入扎什伦布寺，毁坏已故班禅的灵骨塔，饱掠而去。廓军也乘胜攻打日喀则官寨，驻守的绿营兵总共只有一百二十名，且被保泰调走了四十名，形势危急，幸赖都司徐南鹏镇定指挥，击毙一廓尔喀头领和数十兵丁，来犯者畏惧退走。

接到廓尔喀再度入侵的消息时，乾隆帝正在避暑山庄，谕令将此奏交正黄旗护军统领巴忠阅看——两年前就是他办理西藏事务并主持和谈，少不得要承担责任的。巴忠在第二天找到军机大臣，承认办事错谬，请求往西藏效力赎罪，被皇上驳回，当夜跳河自尽。而四川总督鄂辉、成都将军成德也有重大失职，此时率兵四千多赴藏，仍是一路磨磨蹭蹭，迟迟不能赶至后藏。驻藏大臣保泰出生于蒙古名将之家——父亲纳穆扎勒曾任靖逆将军，哥哥保宁为伊犁将军——却被吓破了胆，不断奏报各种不利消息，还打算将达赖喇嘛转移到泰宁，因达赖执意不从，才免遭另一场浩劫。乾隆帝闻知后恼怒至极，降旨将他革职枷号，后来越想越气愤，命鄂辉到后将之当着达赖、班禅的面重责四十大板，再用重枷在当地永远枷号。

蕞尔小国廓尔喀两次纵兵入侵，乾隆帝开始时认为不过是经济纠纷，小打小闹，派鄂辉与成德提兵赶往镇抚。得知廓军竟然打到日喀则，大肆劫掠班禅驻锡的扎什伦布寺，弘历始决意大加惩创。此时的军机大臣有六人，阿桂照例留守京师，庆桂丁忧，和珅、王杰、董诰、福长安随侍。皇上命将相关奏件和谕旨抄寄阿桂和福康安阅看，要求二人就此谈谈看法，提出解决方案，并说万一事态蔓延，必须动兵时，将派遣福康安前往办理。经过多年前的甘肃教变，弘历深知和珅是不会带兵的，不久后即命福康安为将军、海兰察为参赞，并挑选一批侍卫跟随前往。至于鄂辉和成德的表现，也使皇上失望，皆降为副都统，命在前线效力赎罪。

三、大将军福康安

大战在即，军机处再一次进入战时状态，昼夜值班，听取上谕，拟写谕旨，签署发往各地的字寄，当然也包括为皇上出主意，提供各种数据，及时了解西藏事态，以及征调各路将士的进止与粮饷保障……凡此种种，都在乾隆帝掌控之下，而军机处就像一个总参谋部。王杰在军机大臣中排在第三位，是一个干活的人。

此年福康安虽只有三十七岁，却已是久经战阵的名帅，以协办大学士任两广总督，接奉谕旨后由广州驰赴京师，承皇上面授机宜，即带领巴图鲁侍卫章京与京营劲兵踏上征程。他与领侍卫内大臣海兰察是老搭档了，自己率部先行，海兰察则留下来等待从黑龙江调拨的索伦马队。进军路线确定走青海一路，陕甘总督勒保奉旨赶至西宁，与青海办事大臣奎舒一起负责征集马匹、粮草，安设沿途台站。对于许多官员来说，战争是博取功名的最好机会。甘肃布政使景安随勒保到西宁经办军需，与当地的蒙古章京一路妥善预备，待福康安率部抵达，即随军抵达西藏。此人为和珅的同族孙辈，也因此进入乾隆帝的视野。和珅给弟弟和琳设计得更周密：由内阁学士改为兵部侍郎，再兼副都统，然后驰驿前往办理西藏事务，并督察沿途台站与粮饷军火的转运，一举而成为川藏军政要员。

比较起来，福康安要纯粹得多，一心想的是如何在隆冬季节带兵入藏，以便来年春天收复失地和克敌制胜。西宁至西藏三千七百余里，道路虽不如由川入藏之险，也要经过无数的雪山冰河，加上高寒空旷，行走甚艰。奎舒将实情告知勒保，“称青海口外俱系草地，时值隆冬，冰雪甚大，炊爨维艰，牧饲缺乏”[4]。乾隆帝得知后，要求福康安轻装简从，速抵西藏，尽早奏报当地实情。而福康安果然不负委任，十二月一日从西宁出发，决意走近路直趋藏区。勒保、奎舒以及青海扎萨克郡王索诺木多尔济等为过兵准备得比较充分，在福康安未到之前，已将驼马、账房、口粮、柴薪等项备好，并安设台站，每站都有当地蒙古人坐台协助，或担任向导，提供了极大帮助。而大军在途中仍遇到极大困难：在黄河源头星宿海地域，处处河流结冰，方向莫辨，人马倾侧倒滑，行进维艰；而在翻越巴颜喀拉时，高原反应强烈，将士头晕气短，两腿浮肿。就这样，福康安率部在正月初二行抵青藏交接的多伦巴图尔，鄂辉已派人带着车马在此迎候，又用十八天赶到拉萨，四千六百里风雪兼程，只用了三十九天。海兰察所带侍卫和黑龙江马队，也在此后陆续抵达。

五十七年（1792）二月，福康安率部驰抵后藏。成都将军成德已收复边境要地聂拉木官寨，廓军虽败而拒不退回，不断在周边滋扰，另一路的擦木、济咙、宗喀等地仍被入侵者占据。得知各路清军陆续赶到，廓尔喀国王拉特纳巴都尔觉察到事态危急，遣使送信，大讲入侵的种种理由，请求罢兵，被福康安断然拒绝。其实廓军已做好战争准备，赶着在侵占之地砌卡筑墙，兴造石碉，意图长期据有。闰四月，福康安不待大军全部到齐，即与海兰察分率劲旅直趋绒辖等地。第一个要隘是擦木，两边高山夹峙，前面阻以山梁，仅一线可通，廓军修建了碉寨，据险死守。清军悍然强攻，歼敌二百余人，首战告捷。接下来清军与守敌在马噶尔、辖尔甲等山梁恶战，黑龙江马队施展威力，在海兰察与御前侍卫台斐英阿督率下奋勇冲向敌阵，格杀廓军大小头领及土兵约三百人，生擒数十人。海兰察的马腿受伤，换马再战，率亲卫直趋敌营，极大地激励了士气。扫清障碍后，大军进围济咙官寨，廓军拼死抵抗，血战至夜晚方得攻克，斩敌六百四十七名，擒获一百八十九名，清军大胜。至五月中旬，福康安已率部收回全部失地，廓军仓皇退回本土。

四、“十全大武扬”

清廷调集一万五千大军赴后藏作战，后勤军需的运送至关重要。乾隆帝决心严惩入侵者之时，已着手部署由川入藏的运输通道：协办大学士、吏部尚书孙士毅当过四川总督，受命前去署任川督，办理粮饷等事；又派兵部侍郎和琳前往，沿途察看台站过兵与运饷情形，后任命为驻藏大臣。二人皆精悍周详，勇于任事。孙士毅将四川事务稍做安顿，即沿路催查，并移驻前藏的察木多督办；和琳负责藏区的军火转运等项，也是亲临各台站一一察看，设定限期，疏通拥塞，安抚藏族高层人士，富有责任感和担当意识。所有这些，都为福康安与前线将士的作战提供了保障。

此役的第二阶段在廓尔喀境内展开。清军收复济咙后，急行八十里进入廓尔喀界，抵达水流湍急的热索河。河上有一座著名的铁索桥，廓军将铁索上木板尽行拆掉，据险扼守，自以为是天堑。孰知福康安密令头等侍卫哲森保领兵至上游编筏潜渡，翻越大山，绕至守军后方突然发起猛攻。趁敌人慌乱之机，清军迅速铺上木板冲过桥去，廓军惊慌溃败。五月十七日，清军渡桥后数路并进，追击逃敌，沿途陡崖乱石，道路逼仄，往往连扎营的地方都找不到，福康安、海兰察等与士卒一同露宿崖下，不辞辛苦。五日后抵达廓军重镇协布鲁克玛，清军数路猛攻，连克敌垒，六战六捷，接连攻克东觉岭、雅尔赛拉等城，杀敌数千。部队在雍鸦一带稍事修整，巩固后路，等待军需物资。廓尔喀国王派人携乞降书来营，说什么“今蒙文殊菩萨大皇帝差大将军前来，如同天上星宿一样救度众生”，又说抢劫扎什伦布寺乃班禅亲弟沙玛尔巴的挑唆，现在此人已死，我们实在抵挡不住朝廷大军，乞求施恩允降等。福康安檄告拉特纳巴都尔，措辞严厉：

> 来禀一味支吾搪塞，借为缓兵之计，而将侵犯边圉、大肆劫掠之罪全诿他人。总之尔负恩反复，自外生成，罪恶贯盈，擢发难数。本大将军奉命督师进讨，兵力精强，屡次大捷，从此乘胜直捣巢穴，务将廓尔喀痛加歼戮，噍类无遗！[5]

他还说如果拉特纳巴都尔等亲来军门请罪，将酌情奏明大皇帝，或能获得赦免。见福康安把话说到这个份上，廓方也就破釜沉舟，殊死一拼了。

七月初二，清军分左右两路自雍鸦南下，强攻杀过帕朗古河后，山势一变而为东西走向，地形更加险恶，处处皆需仰攻，双方在甲尔古拉、集木集等地恶战。此地距廓尔喀都城阳布仅数十里，而福康安在连胜后有些轻敌，督催士卒冒雨仰攻，浴血进击数十里，陷入敌军埋伏，不得已且战且退。敌军人数远超清军，分路从高处扑下，有一支欲抄后路，悍不畏死，福康安亲率轻骑往来冲杀，格毙敌酋十余人，歼灭六百多人，己方也损失惨重，御前侍卫台斐英阿、二等侍卫英赍、索伦佐领棍德依等阵亡。幸得海兰察前来接应，御前侍卫额勒登保扼守桥头，鏖战两日一夜，始杀退廓军。此一战也使廓尔喀丧胆，于七月二十七日再遣大头人请降，交出所抢扎什伦布寺法器珍宝，以及沙玛尔巴的骨殖等，并表示完全接受大将军提出的条件。其时已近八月，眼看着就会大雪封山，入廓清军约五千人，而敌人远远超出，福康安审时度势，决定受降。

八月初八日，廓尔喀国王遣大头人携带降表进京，进贡乐工一部，驯象五只，另有番马、番轿、孔雀、珍珠等物。乾隆帝准其乞降，说京城的大象已足够陈列仪仗之用，命福康安传旨赏给达赖喇嘛、班禅额尔德尼各一只，其余三只缓程送京。谕旨命福康安勘察藏廓边界，拟定“善后章程”一百余款，以图长治久安。后经朝廷删改归纳为二十九条，即《钦定藏内善后章程》，以“金瓶掣签”确定达赖喇嘛的转世灵童，驻藏大臣的职权大大提升。皇上还亲自撰作一篇《十全记》，开篇即曰：“昨准廓尔喀归降，命凯旋班师，诗有‘十全大武扬’之句。”他将之作为“十大武功”的最后一役，并历数此前的大战事，令和琳以汉、满、蒙、藏四种文字刻成，立于拉萨布达拉宫前圣祖御碑之旁。〔6〕

征讨廓尔喀大捷，乾隆帝钦定十五功臣绘像紫光阁，初拟以阿桂排第一，福康安第二，阿桂坚让福康安第一，自己第二，列在第三的是和珅，第四为王杰，以下才是孙士毅、海兰察等，和琳列在第十位，战死沙场的台斐英阿与阿满泰则在其后。大约也是觉得不甚公平，乾隆帝于不久后再定“后十五功臣”，皆是军中将领，至于那些冲杀在前的士卒，注定是没有份的。

第二节　乾隆帝的反省

过了八十岁以后，乾隆皇帝似乎呈现出一种复杂多面的状态，一半儿糊涂一半儿醒：自诩自恋发展到无以复加的地步，在朝廷事务和军国大事上常会显出任性与偏执；而另一方面，君临天下五六十年的经验教训淘洗出他的聪察敏锐、审慎周详，使之能够辩证地看待和处理问题，在跑偏后予以回调。譬如征讨廓尔喀，弘历震怒时下旨诛灭其国，而后来则接受廓尔喀方投降，并加以册封。决策急转弯的过程，与这位大皇帝的反思反省相关联。

一、秘密帮会的蔓延

乾隆朝晚期，一些秘密帮会潜行于民间，而影响较大的，南有天地会，北有八卦教，屡经打压而难以禁绝。五十一年七月，八卦教头目、大名府衙役段文经要劫出在押的教首之子刘洪，带人杀死道台，事发后数省大追查，竟不知所踪，显然是得到了教众的掩藏；数月后林爽文在台湾聚众起事，也是因官府抓捕了天地会的头领，遂聚众发难。通过一些案例，乾隆帝对“会党”的能量更为忌惮，严旨督催，在全国范围内加大追缉力度，以图将之消灭在萌芽中。而一旦抓获入会之人，大都是流放边远地区，如新疆、黑龙江、广西等地，使其失去传播的环境。即便如此，仍无法堵住秘密会社的蔓延。

五十六年夏天，陕西渭南人刘世俊到县衙举报，说族叔刘照魁从远道回家，骑着大马，还带有不少银两，担心是偷盗或抢劫来的。知县立刻派人将刘照魁拘传到案，没想到竟然审出一个惊天大案。刘照魁承认自己已入八卦教，上年二月自山东起身，由库车、阿克苏至喀什噶尔，找到了震卦掌教王子重，传递家信等物。王子重将刘照魁封为“东震至行开路真人”，令他前往山东，与其侄王腊元儿兴复原教，并要他代传口信，许给流放于叶尔羌的屈进河等六人封号。刘照魁在新疆还遇到天地会流犯詹清真，托他携带家信，声称送到广东后必有重谢。乾隆帝在热河接到陕西巡抚秦承恩奏报，即命将刘照魁解送行在，[7]同时令喀什参赞大臣明亮迅速将王子重解京，将屈进河等审明后就地正法，并说如发现其他人以八卦教之名授徒，即在当地正法。上谕对明亮等驻新疆大员严词斥责，说他们任由邪教流传，形同木偶。[8]

刘照魁一经刑讯即全盘招供，随身所带的一批未及传递的信函，也成为破案线索。秦承恩飞咨相关省份按名抓捕，一时间各地八卦教徒纷纷落网。河南巡抚穆和蔺根据屈进河等转托的信件，派员缉拿时发现收信人已死，仍穷追不舍，陆续拿获孙贻恭、杜三元、赵成等人。山东巡抚惠龄密令登州府搜捕段文经的徒弟，并派臬司陆有仁赶往单县等处查拿王子重之母王袁氏与王腊元儿等人。广西巡抚陈用敷命按察使善泰急往养利州，查拿流配该州的单县籍八卦教犯人刘书芳（刘照魁的师傅），以及同案犯杨八等十一人。广东巡抚郭世勋派员在德庆抓获八卦教徒步文斌，刘照魁曾遵刘书芳之命前往探访，并拜步文斌为义父……如果要为刘照魁画一个路线图，差不多转悠了大半个中国。

内地至新疆通常经由甘肃的嘉峪关，没有路票不许出口。刘照魁被押解至热河后，乾隆帝命军机大臣严加审讯，问他是如何出关的，供称到甘肃后得知需要在肃州起票，就假认作王子重的亲戚，在衙门领取路票。弘历以放纵失职，命将肃州知州涂跃龙革职拿问，其实刘照魁在审讯中常信口胡说，后又称是由店家转托衙役代为办理的。而勒保讯问涂跃龙，又说是上年六月有高登科、刘照魁等四人前往安西打工，由店户王谦益具保，方才发给路票。乾隆帝认为涂跃龙推卸责任，下令解京与刘照魁对质。

新疆、广西、广东，也包括黑龙江等边远地域，都是流配秘密会社首领和骨干的地方，当局有意识将这些人远远分开，发给回族或军户为奴，却没有断绝他们之间的联络，也未能吓阻其继续发展教徒。两广总督福康安亲自提讯步文斌，交代出在配所勾诱军犯传徒习教的细节，刘书芳在广西配所也曾传教收徒。乾隆帝本已命福康安将步刘二人正法，又发现他们与王子重往来递信、讨求封号等情，传谕押解进京。此时八卦教的核心人物为王子重，其父王中乃震卦掌教，被杀后由他接任，在流放地仍竭力遥控各地信徒，继续传教，内地徒众也不断向其提供银两，包括资助他的母亲。

各地案犯陆续解京，由军机大臣主持审讯，严刑逼供，并要求他们互相对质。据刘照魁交代，他父亲早亡，六岁时母亲改嫁，只得外出乞讨，八岁跟人学变戏法，自此混迹江湖，也是一个苦命之人，是以在广西遇上刘书芳，稍加煽惑，就加入了八卦教，并为之奔走传信。这是一个偶然发现的教案，在朝廷严旨督查之下，各地顺藤摸瓜，抓了不少教徒，也暴露出该教潜行于民间，难以剿除的事实。通过各地案犯的供词，可知除了坤卦未经立教，其余七卦都各有掌教，传教授徒，并有着顽强的生命力，历劫再生。为什么？应与官场腐败导致的社会黑暗、民不聊生相关，不少人只能到秘密会社中寻找安慰。乾隆帝很警惕，屡次下旨穷追不已，却没有去思考形成这一现象的原因，所以也不可能解决问题。

二、乾隆石经

五十六年十一月二十一日，乾隆帝在西苑瀛台检阅冰技之后，传谕内阁，命开设石经馆，将“十三经”全部镌刻在石碑上，列于国子监内的辟雍，谕曰：

> 自汉唐宋以来，皆有石经之刻，所以考定圣贤经传，使文字异同归于一是，嘉惠艺林，昭垂奕祀，甚盛典也。但历年久远，碑多残缺。即间有片石流传，如开成绍兴年间所刊今尚存贮西安、杭州等府学者，亦均非全经完本。我朝文治光昌，崇儒重道，朕临御五十余年稽古表章，孜孜不倦。前曾特命所司，创建辟雍，

以光文教，并重排石鼓文，寿诸贞珉，而“十三经”虽有武英殿刊本，未经勒石。因思从前蒋衡所进手书“十三经”，曾命内廷翰林，详核舛讹，藏弆懋勤殿有年，允宜刊之石版，列于太学，用垂永久。着派和珅、王杰为总裁，董诰、刘墉、金简、彭元瑞为副总裁，并派金士松、沈初、阮元、瑚图礼、那彦成随同校勘。[9]

此时正当廓尔喀侵入后藏、劫掠扎什伦布寺，乾隆帝调兵选将、部署讨伐之际，连日在西苑瀛台观看京营的冰技，也与此相关。怎么一下子想到要开馆刻经，而且是全文镌刻十三部儒家经典？这也正是弘历的风格，文韬武略，文治武功，在他从来都是同时并举，小小一个廓尔喀，怎会影响大皇帝的正常规划呢！

文中所提到的蒋衡，字湘帆，号江南拙叟、拙老人等，江苏金坛人，少年习书，尤精小楷，后纵游天下，博览晋唐以来各家碑帖，有感于常见错讹残缺，发奋以楷体恭抄“十三经”，历十二年始成。其间他曾遇到两次做官的机会，皆因写经放弃。乾隆二年蒋衡抄成此书，在友人资助下装订为300册50函，后江南河道总督高斌将之呈献朝廷。皇上命翰林官员核校，认为实属精品，即收藏于大内的懋勤殿，忽忽半个世纪过去，终于派上了大用场。试想，“十三经”虽有刻本，但卷帙浩繁，一般读书士子根本买不起，而刻于碑上，排列于辟雍，国学生皆可随时观看诵读，同时还可以鉴赏和学习书法，岂不妙哉！

此事之创意与王杰相关。当年二月，皇上命他领衔主持纂辑《石渠宝笈续编》，著录乾隆十年后内府收藏的书画精品，以贮存处所分为乾清宫、养心殿、三希堂、重华宫、御书房等部，参加者有董诰、金士松、沈初、彭元瑞、阮元等人。应是在这一编纂过程中，王杰提出蒋衡手抄“十三经”的重要价值，建议刻石立于太学，嘉惠众学子。[10]乾隆帝欣然采纳，遂命开馆兴办，以王杰为总裁，却又在他前面加了个和珅。凡有名利之处，总少不了这个第一宠臣；而刻经工程浩大，经费需求甚巨，除了将蒋衡抄本与各本详加校勘、制订总体规划，还要采集和运输石料、选择刻字匠人，组织人员复核等等，有了和珅也会诸事方便。皇上极为重视，不要说四位副总裁董诰、刘墉、金简、彭元瑞，即以负责校勘的金士松、沈初、阮元等人，皆一时之选，也大都参加了纂辑《石渠宝笈续编》的工作。后来又增加了翰林院侍读学士刘凤诰、祭酒汪廷珍、侍讲邵晋涵担任校勘，皆为王杰所赏识，在经学上均有深厚造诣。

石经馆开办之后，王杰很用心，其弟子门客也都跃跃欲试。可前有素喜揽权弄事的和珅，后有文采富丽且爱逞才的彭元瑞，他与副总裁董诰、刘墉等仅参阅部分文稿，并不多加过问。其间就凡例问题与老彭有些不一致，也只是将相关意见提供参酌。五十九年七月，刻经之事即将完竣，乾隆帝专发谕旨，只提和珅与彭元瑞二人，说校订厘正皆彭元瑞专司其事，恩加太子少保衔，并赏大缎二匹。三个月后石经刻成，弘历亲为题序，略曰：

> 此经为蒋衡手书，献于乾隆庚申者，其间不无少舛讹，爰命内翰详核，以束之懋勤殿之高阁，至于今五十有余年，亦既忘之矣。昨岁命续集《石渠宝笈》之书，司事者以此经请，乃憬然而悟曰："有是哉？是岂可与寻常墨迹相提并论，以为几暇遣玩之具哉？是宜刊之石版，列于辟雍，以为千秋万世崇文重道之规。"

明确说刻经之缘起，与主持《石渠宝笈续编》的王杰相关。在结尾处，弘历又谈到儒家经典的传承，谈到对儒学的倾慕：

> 举辟雍以五十年，勒石经又越六载，凡所以待其时而逢其会。八十老人复得成斯大功者，何莫非赖昊天之鸿贶乎！昔著《知过论》，以为其不可已者，仍酌行之，斯之谓矣。盖凡物有其成，必有其坏，所谓石鼓、石经者皆是也。然向不云乎，经者常也，道也，天不变道亦不变。依圣人之门墙，示万世之楷则，孰谓沧桑幻化，能移我夫子不朽之道也哉？[11]

虽不免自我夸耀，而那份学术情怀，仍足以感人。

石刻“十三经”是一个大工程，共镌成巨碑一百八十九块，另有御制序言一块，列于辟雍的圜桥。比纂修《四库全书》虽说要简单得多，至少不存在政治问题，但各本之间的校勘考订也很不容易。石经馆之事皆由“和珅等”题奏，王杰、董诰诸人在“等”字号里，并不一一列名。而刻成之后，也是和珅提议：说士子所读经书一般为坊本，至多为明国子监本，错讹甚多，石经馆将考校修订之处逐条摘出，编为六册，拟名“考文提要”，请颁行天下，令以后在科举考试中遵行。这个幺蛾子又是和珅出的，跟着起哄架秧子的是彭元瑞，乾隆帝头脑还算清醒，意识到会给士子带来很多繁难，不予批准。

三、京师大旱引发的反思

五十七年的春节，乾隆帝最为挂心的是两件事：一是讨伐廓尔喀的大军何时能进入西藏，再就是北方数省已持续很久的干旱何时结束。

正月初二日，弘历在谕旨中提到直隶与山东、河南地域的旱情，自上年夏秋开始，一直没有下过透雨，造成大面积歉收，命地方官酌加救济。进入二月，旱情并未缓解，他派员到黑龙潭和玉泉山祭祀龙王，几日后又亲自往玉泉山龙神祠祈雨。三月份，弘历巡幸五台山途经长城岭，见乌云密布，急谕留京办事王大臣，问询京城一带是否下雨。而抵达台怀后至菩萨顶殊相寺拈香，本来天气晴朗，突然飘洒雨雪，乾隆帝大喜，再次询问京师有未降雨。不久接到奏报，直隶阜平一带二十三日得雨三寸，京师在二十四日也有微雨飘洒，都没有透雨。

自五台山返回途中，乾隆帝仍牵挂着旱情，曾到河神庙、帝尧庙行礼，并传旨截留漕米六十万石，一半留于直隶以备顺德、广平、大名三府接济之需；另一半运至河南，以备安阳等府接济之需。回到圆明园的第二天，弘历就亲自到黑龙潭祈雨，又命礼部设坛祷雨，可过了立夏仍未得大雨，麦苗生长大受影响。河南巡抚穆和蔺奏报彰德、怀庆等地始终未有透雨，麦收已属无望，民生艰难，呈请缓征赋税。四月中旬，直隶与山东、河南、山西等地下了雨，也都不够深透，乾隆帝且喜且忧，反复提醒督抚大员遇到透雨及时奏报，其实也是急昏了头——封疆大吏都知道皇上的忧急，来场小雨尚且飞奏，何况大雨？

一年一度的麦收时节来到了，数省歉收，请求赈济，皇上皆予照准，并再次到玉泉山龙神祠祈雨。御史曹锡龄又上一折，提议推迟处决死罪犯人，搞得皇上很烦，斥责了几句。过了几天，弘历又觉得有些道理，命以后凡遇祈雨的前一日与当日，刑部不得进呈立决之本。老皇帝还发现设坛祈雨时，天上起了阴云，常又被风吹散，觉得也应该祭祀风神，命内务府筹备祭物，派皇十五子永琰前往风神庙敬谨致祭。

闰四月十六日，乾隆帝御圆明园勤政殿听政，就北方亢旱发布长篇谕旨，说盼雨心切，望云瞻礼，斋祷祭祀，屡降恩旨赈济，以冀感召上天，却不见效用，内心极为焦灼。皇上晓谕军机大臣，令深刻反思近些年的行政和刑狱，以下几条，便是他想到的自身原因——

近年来因台湾海盗猖狂，曾谕令督抚拿获盗犯后，不分首从一律正法，从重示惩。本来是期望戢暴安良，而多地督抚皆如此施行，恐怕其中不无冤枉。如近日长麟奏报拿获海盗黄泳林帮伙，其在洋面行劫客船，将船主、水手等十二人掷入海中淹死，凶恶已极，审明后押赴海口处死，不得谓之过当；而梁肯堂奏报犯人瞿套儿越狱被抓获，即行正法，办理得就有些过分，该犯只是一个窃贼，问拟绞监候，何至于决不待时？弘历认为外省的用刑失当，可能就是京师缺雨的原因，传谕今后除台湾地方外，附近海洋与内地凡遇命案盗案，都要细心研讯，按照律例办理，不得有意从严。

当月二十八日，又是十余天过去了，京师旱情未解，乾隆帝焦虑日增，夜不能寐，再就此事发布谕旨。他有晨起阅读前朝实录的习惯，当日读康熙二十一年六月卷，亦因天气炎旱，九卿科道等奏请清理庶狱，并请皇上亲自祈雨。弘历说自己不待九卿奏请，早经降旨恤刑，并预先部署截漕、缓征、平粜、煮赈等事，也曾到黑龙潭、觉生寺拈香祈祷，令皇子等分别到各处行礼，凡是能做的无不备至。他也想到亲自致祭，追忆三十三年前京师亢旱，自己于十一日举行大雩礼，亲行步祷，旋降大雨。但那年仅四旬有余，本年已是春秋八十有二，步履未免稍艰，万一足力不支，反而不足以显示敬重。乾隆帝虽未行大雩礼，但在设坛祈祷、分遣皇子等行礼时，必每日早起，于宫中天地神位前焚香默祷，偶然望见云气聚集，则必向空中叩祝，堪称诚敬。谕旨曰：

（朕）夙夜焦思，抚躬自省，或缘政治有所缺失，以致未能感迓祥和。但自古政治之失，无如女谒、宦寺、权臣、外戚诸大端，现在宫中妃嫔四五人皆已年老，且不能备位，至于女乐，自即位以来即不用。其余给使女子，合之皇子皇孙等乳妪使婢，统计不满二百人，为从来宫闱所未有。至本朝阉寺只供洒扫之役，从不敢干与政事。近因约束更严，稍有微愆即加斥责，而伊等亦自觉愚蠢，即寻常使令尚形竭蹶，岂复能营私舞弊，是以愿充太监者日少，当差竟致乏人。若云权臣专政，则更无其事，朕乾纲独揽，太阿从不下移。况现在内外大臣俱朕亲加擢用，不特不敢如前明之严嵩辈盗窃威柄，朋比为奸，即本朝康熙年间明珠、徐乾学等私相交结，少通馈遗，雍正年间及朕乾隆十年以前鄂尔泰、张廷玉等素知谨慎，尚不免稍存门户之见，此时诸臣中亦无一略似彼二人者。以言外戚，则观音保为孝圣宪皇后之侄，在散秩大臣上行走十有余年，甫得简用副都统，爵位亦不为崇。若傅恒、福康安之晋封公爵，俱因底定金川及剿平台湾等处逆匪，懋著劳绩，用示酬庸，并非因傅恒、福康安为孝贤皇后之弟侄，特加恩宠。即明瑞、奎林、明亮皆皇后之侄，俱以躬列戎行，为国家宣力，而明瑞又系殁于王事。此等得力大臣，岂必因身系外戚转弃而不用乎？其余如兴修工作等事，朕早自以为过，然俱动用内府帑余，从无丝毫累及闾阎，并或以工代赈，俾小民均资利益。且近十余

年来，亦未尝复举大工……[12]

一段话如唠家常，披露衷曲，读来令人感动，亦觉得有几分好笑。能说弘历虚伪吗？绝不，这位大皇帝从不虚伪，从来都是想什么说什么，一派真诚。问题在于其思维已然僵化，所谓的“抚躬自省”便找不准路头。譬如弘历所倚信的和珅，揽权聚敛已是路人皆知，他却说朝中没有像明朝严嵩那样的权臣，说自己乾纲独断，威权从不下移，如此反省，又有什么意义呢？

乾隆帝也提到进剿廓尔喀一事，做了一番辩解，尔后说：

> 朕反复推求，终莫能得致旱之故。但甘泽未施，总由朕躬不能感格，岂此自省无缺之一念，即不免为满盈之累，遂致恒旸示儆耶？此意，朕每日召见军机大臣未尝不再三垂问，即大学士九卿间日召对时均殷殷面询，令其据实直陈，而诸臣等佥称并无缺失。大臣等俱受朕深恩，于此等关系民瘼重务，经朕虚怀访询，岂忍复事讳饰。第天恩未降，究由人事未孚，是以本日于御门听政毕，复召见皇子、皇孙及大学士九卿等交相咨儆，务求致旱之由，益加省惕。皇子等皆当北郊大祭斋居，并派皇孙、大臣等分诣黑龙潭、觉生寺斋宿吁祷，仍令皇子等轮日前往拈香。此时将届夏至，若能速霈恩膏，赶紧播种，大田秋收尚属可望。着大学士九卿等传集科道，公同咨议，如果确有所见，即据实合词陈奏，以副朕遇灾戒惧侧身修省之意。

研究者多将此谕称为“罪己诏”，有那么点儿意思，可他分明说没有发现自己错在哪里，谈不上自省，自也没有“罪己”。乾隆晚期的秕政很多，如拒谏，如大臣进贡和议罪银，如捐纳，如文字狱，如禁毁图书，如闭关锁国又不修边防，如对秘密会社普通信众的残酷杀戮……老皇帝身边其实不乏正直和忠诚的老臣，像阿桂、王杰、董诰等，他们都是明白人，也都对皇上的秉性知之甚深，是以仅做分内之事，其余的概付缄默。

第三节　浸润之谮

乾隆朝晚期，具体说是自五十一年之后，延续到禅让期间，王杰的心情并不好。表面上的他似乎颇为风光，接连升任军机大臣和内阁大学士，深得皇上信任，两次绘像紫光阁；实际上处境险恶，常常被宠臣和珅进谗加害，若非品行端正，早就着了道儿；即便如此，也在明里暗里吃了不少亏。高处不胜寒。王杰对乾隆帝感戴终生，也真诚希望吏治清明，生民安乐，许多时候却又无能为力，心情常感到压抑。他不止一次想到要退休，想回乡过几天安静日子，曾对弟子门客讲起，可生恐皇上生气，不敢贸然提出。

“浸润之谮，肤受之愬”，见于《论语·颜渊》，是说谗言的潜移默化作用和巨大危害。乾隆帝以明察秋毫自恃，随意在他那里说人坏话很难奏效，而和珅最擅因风吹火，借力打力，于不知不觉间留下印象，从而达到进谗的目的。当日朝廷上杰出之士，多遭到过和珅的倾陷，而能够坚定且有分寸地予以回击的，王杰应是唯一一人。

一、若濡有愠

正史野史中都记载了一些王杰与和珅斗争的逸闻趣事，多数属实，少数应是编造，却非两人交往之全部。他们同在枢阁十余载，同为天子近臣，常要联名上奏，一起接受皇上召见咨询，也一起办理军国大事，自然不会总是在打嘴仗斗心眼儿。朱珪记述得较委婉：“（王杰）在军机相位，和而不同，耿直清介，正色直言，可谓有守矣。”[13]说的就是他如何处理与和珅的关系。而在桐城派大家姚鼐笔下，更觉具体和真切：

公（王杰）为人廉静质直，诚于奉职。其居位与和珅同列，公以大体接之，不为壮頄悻悻之事。遇所当执，终不与和珅附。公素行无疵瑕，纯皇帝知公深，和珅虽厌公，亦不能去也。[14]

说王杰性格坦诚平正，做事认真勤恳，一向顾大局、识大体，并不将对和珅的不满带到脸上；但遇到应该坚持的，也绝不随声附和。因为他的德行无缺，赢得皇上数十年的了解与信任，和珅也是无可奈何。

壮頄，出自《易·夬卦》“九三”爻辞：

壮于頄，有凶。君子夬夬独行，遇雨若濡，有愠，无咎。

《周易译注》的解为：强盛在脸部颧骨上，怒形于色，必有凶险。君子应当刚毅地独自前行，与小人周旋以待时决除，尽管遇到下雨被打湿了身体，甚至受人嫌疑，招人愠怒，但终究能制裁小人而不遭咎害。[15]

读《易》是王杰的终生功课，所著《惺园易说》对此的解析颇有所不同：

三居众阳之中，独与上应，是为独行遇雨之象。若濡有愠，言独己若为所濡，在己亦不能无愠。究之，事过而心迹自明，所谓其要无咎也。[16]

“若濡有愠”四字，通常是断开的，王杰则将之合为一句，释为如果自己被雨水沾湿，心中必会为之不快；引申义应是：假如自己被泼污水，理应予以回击，以彰显真相。夬卦象征决断，为“五阳共决一阴”之象，与和珅在枢阁时的情形相合。王杰和而不同，遇事则敢于亮明自己的态度，正出自对于古代哲理的体悟，以及对儒家之道的持守。

凌扬藻《蠡勺编》以“若濡有愠”为题，引录王杰释文，而后写道：“盖公拜东阁大学士，与和珅同列，公以大体接之，不为壮頄悻悻之事，而遇所当执，终不与附。致政时睿皇帝制诗送之，有‘直道一身立廊庙，清风两袖返韩城’之句，亦足以见公生平矣！”[17]对王杰的高尚品格，表达了由衷的敬佩。

二、书生的底线

若濡有愠，事实上也涉及维护尊严，是乃书生之底线。

王杰平易和蔼，通常待人温煦亲切，但性格刚直不阿，素来厌憎善于逢迎、行事诡诈的和珅，尤其憎恶他的贪婪纳贿。和珅生性有几分浅薄，得势后常以开玩笑的方式狎辱同僚，一些人不愿也不敢得罪他，只得隐忍，王杰总是当即反驳，不留一丝情面。礼亲王昭梿记述了这样一个场景：

> 公（王杰）高不逾中人，白须数茎，和蔼近情，而时露刚坚之气。其入军机时，和相势方熏赫，梁文定公国治为其揶揄若童稚。公绝不与之交，除议政外，默然独坐，距和相位甚远，和相就与之言，亦漫应之。一日，和相执公手笑曰："何其柔荑若尔？"公正色曰："王杰手虽好，但不会要钱耳！"和赧然退。〔18〕

简简几笔，写出大清军机处的严重不和谐，亦画出和珅的得意轻狂与王杰的强硬回击。内阁大学士兼军机大臣，是官场所谓"真宰相"，大多数很注意操守，私下里一般不与督抚等地方大员交结，以免物议。自乾隆帝以雷霆之势打击鄂尔泰、张廷玉的朋党纷争，内阁首辅如傅恒、刘统勋、高晋、阿桂，皆勤劳职事，不立门户，只有和珅为贪欲所驱使，大开贿赂之门。遇有和珅试图夹带私货、安插私人之事，阿桂等还有些顾虑，还要留一点余地，王杰则直接出语讥讽，其也只有满面羞惭的份儿。

多数军机大臣都讨厌和珅，生恐中了他的阴招，不愿意与之同庐当值，和珅也能感觉到大家的冷脸，于是各找办公之地。御史钱沣看出其间蹊跷，也深知个中缘由，曾专为此上奏：

> 我朝设立军机处，大臣与其职者皆萃止其中，庸以集思广益，仰赞高深。地一则势无所分，居同则情可共见，即各司咨事画稿，

> 亦有定所。近日惟阿桂每日入止军机处，和珅或止内右门内直庐，或止隆宗门外近造办处直庐，王杰、董诰则止于南书房，福长安则止于造办处。每日召对，联行而入，退即各还所处。虽亦有时暂至军机处，而事过辄起。各司咨事画稿，趋步多歧。皇上乾行之健，离照之明，大小臣工戴德怀刑，浃于肌髓，决不至因此遂启朋党角立之渐。然世宗宪皇帝以来，及皇上御极之久，军机大臣萃止无涣，未尝纤介有他。由前律后，不应听起轻更。[19]

此一段堪称纪实，一一载明几位军机大臣的办公处所：阿桂在隆宗门内的军机处直庐，即军机大臣办公的地方；和珅在内右门内直庐，或者在隆宗门外造办处；王杰与董诰在南书房；福长安则在造办处。他们在皇上召见时一起进入，完事后即分开，弄得一班章京拿着文件跑来跑去，分别送阅和签字。

钱沣进一步分析：和珅经常占用的内右门内直庐，贴近皇上的寝宫，本是为预备养心殿带领引见设置的，为的是优礼大臣，免得与各官露天站立，若是一个军机大臣于拂晓前入内，随从军机司员进进出出，时间一长，便会与内监勾连，容易出事；南书房为皇上在政务之余谈论文史书画之地，大臣应该在散值后再进入；至于隆宗门外直庐和造办处，各色人等来往办差，难以保密，也不够郑重。虽说是持论直率，可谁都能看得出，其矛头所指主要在于和珅，军机大臣分止各处，应也是和珅带的头。乾隆帝随即予以训诫，命钱沣稽察军机处。权臣和宠臣都是吃不得亏的，和珅衔恨在心，表面上却加以重用，“凡遇劳苦事多委之”，两年后钱沣病故。

和珅也不会放过倾陷王杰的机会。有一则记载，说和珅打听到王杰在家乡房产很多，至有“三王府、四王府”之称，遂添油加醋，私下里奏与皇上。乾隆帝闻之不免惊讶，对一向视为清廉的王杰顿生疑窦，密令陕西巡抚速往韩城察访，实地调查王杰在老家的宅第财产，查清所谓王府究竟是怎么回事。巡抚急急赶往韩城，见王杰老宅多年失修，湫隘如同寒门，至于三王四王之说，原是当地另一王姓之老三老四，邻人就其姓开玩笑而已。巡抚以实密奏，乾隆感慨系之，予以赏赐。该书写道：

> 一日，上谓文端曰："卿为宰相，而家宅太陋。"命赏内库银三千两修之。文端悚然不知所由。[20]

文端，乃王杰逝后的谥号，一个"端"字，真真恰切允当，与和珅的行为不端形成鲜明对比。天下没有不透风的墙，王杰事后必能知晓和珅的小动作，当会对他更加厌恶。而王杰退仕还乡时，并无合适的住宅，可知所谓赏银三千两修缮宅第之事，大半应属乌有。

五十九年十二月，湖广总督毕沅呈进贡品到京，其中八枚宫灯，上面抄录了御制灯词。弘历一看是自己不久前所作，曾交给王杰抄录，预备来年上元灯节发布，为何已经在外间传播，还制成了宫灯？皇上本想询问毕沅得自何处，因距离甚远，往返需要时间，和珅便积极揽下此事。他首先查询为毕沅呈送贡品来京的差弁，据称系举人刘在田在京代办的；随即传询刘在田，说是拔贡方楷给的底稿；再追问方楷，承认平日在彭元瑞府上代笔，"因彭元瑞令其缮写，私行录稿，转给刘在田，图其酬谢"[21]。

王杰长期为皇上整理誊录御制诗文，历来做事谨密，既不会借以张扬夸耀，也绝不泄露于外人，与此事完全不搭界。乾隆帝闻知后心中更觉踏实，和珅则再一次大失所望。

《郎潜纪闻初笔》有"王文端公欲用药杀和珅"一文，说是和珅患有疑难病症，听说礼部官员陈渼精擅岐黄之术，要他来为自己诊治。陈渼向老师王杰求教该如何做，王杰说："此奸臣，尔必以药杀之，否则毋见我。"陈渼为浙江石门人，乾隆四十九年进士，此年王杰在家乡丁忧，推测应是其督学时的门生。作者认为王杰不太可能做这样诡诈的事，又说："和珅当日以上公懿戚，手掌丝纶，久领朝班，非无小廉曲谨……公一时忠愤激发，疾恶若仇，容或偶为此语。揆其心术，仍不失为磊落光明。"[22]和珅长期为腰腿病痛折磨，有自撰长诗为证。此处说其寻医诊病应是有的，所传递出的王杰对权臣之痛恨，也有几分真实。

三、待诸生如家人父子

王杰桃李满天下。浙江门生汪辉祖曾说恩师对待学生如同家人父子，另一位门生阮元也说过类似的话，见《王文端公年谱》：

> 浙故人文地，公历任来校士惟明惟慎，尤尽心以律身持己相砥砺。试士日必面谕诸生，劝勉殷切，如家人父子。浙中人士官大僚知名者每言及，多感叹悦服，谓所以成就之者在德器，不徒以文字，知己感慕不忘也。[23]

阮元后来也在浙江督学，深知老师在两浙的德政。其实又何止是在浙江，就其一生，王杰对门生、幕友都极为亲切，暇时一起聊天和探讨学问，也讲解做人做事的道理。

王杰的老师孙景烈、恩公陈宏谋待他就是如此，故本人视为平常，从来不做记述，仅能在弟子们的零星记载中发现一些片段。仍以汪辉祖为例。五十五年四月，王杰主持会试完毕，阅汪辉祖来信，立即作复：

> ……且感年兄莅宁远三年，俭约持躬，诚信亲民，此平日之所深信者。至力辞繁剧，常怀敛抑，尤为卓见。国家取士，畀以百里重寄，原藉以爱养斯民，非为居官者一身一家计也。此理不明，遂至百计图维，如程子所谓日志于尊荣者，其弊何可胜言！年兄以此自待，以此训子，以此化导朋友，其积德更无涯涘。[24]

时辉祖正在僻远凋敝的宁远任知县，以雷霆手段打击不法吏役和社会游棍，治理大见成效，深得民心。而其高傲耿介的个性，也得罪了按察使，虽有前后巡抚保护，仍被革职。王杰获悉后致信抚慰：

以年兄之才之守，仅为邑令，方以未得大究其用为惜。君子立身自有本末，区区衔名，何足轻重？至于严谴之说，果有其事，是真无天道矣！甘心罢职而不肯为私人，此等见识尤为坚卓。年兄气谊学问，愚每为知好者称道之，无不谓当于古人中求之者，世誉之不足慕，益可知矣……来书又云息足杜门，安贫自守，益征定见不摇。贫无不可对人者，惟不贫足患耳。[25]

如果说他以前对汪辉祖颇多指教和批评，此时则为之鸣不平，同时予以心理上的支持。而后面的“安贫自守”“不贫足患”两句，既是对门生的夸奖，也是其夫子自道。话虽这么说，虽也同意汪辉祖不再佐幕，王杰深知其品行能力，还是鼓励他出来做事。王杰在朝廷身居要职，但从不以私事托付地方官员，为帮助遭受到不公的才学卓著的弟子，破例向新任巡抚长麟推荐他主持书院。长麟也是王杰的得意门生，与汪辉祖同年，到任后力邀其参与海塘工程。因二人地位太过悬殊，王杰在信中反复劝勉汪辉祖接受长麟的美意，不宜坚拒。而因长麟很快升任两广总督，书院之事也就不了了之。

另一个门生、大学问家凌廷堪也在晚年追忆与恩师王杰的交往，描绘了一个场景：

乾隆癸丑，廷堪从座主韩城公于滦阳，公下直之余，恒谈论至夜分，往往谓廷堪曰：“顾亭林云：三代以上，人人皆知天文。‘七月流火’，农夫之辞也；‘三星在天’，妇人之语也；‘月离于毕’，戍卒之作也；‘龙尾伏晨’，儿童之谣也。后世文人学士有问之而茫然者，此亦儒者之所耻也。”语次辄举象纬之名以授廷堪，而未甚究心也。及寓公京邸，公季子更叔承家学，复相指示，遂与旌德江国屏共学焉。乃取《灵台仪象志》《协纪辨方书》及《明史》《五礼通考》互为比勘，昼则索之以图，夜则证之于天，阅日四旬，大纲粗得……[26]

说的是他在王杰府上做门客时的情形。滦阳，即承德。五十八年五月十五日，凌廷堪随座师王杰自圆明园起身，十九日到承德，至八月二十日随驾返京，在那里待了三个多月。师生一起观测天象，讨论秘籍，常是不知不觉已至深夜。

凌氏自幼家贫失学，好读书，终得在乾隆五十五年考中进士，年已三十四岁。该科为弘历八十大寿恩科，由王杰主持礼部会试，是以廷堪称之为座师。而取中后的试卷复核阶段，不知什么原因，凌的卷子被找出瑕疵，罚停殿试一科。又过了三年，终于通过殿试，列于第三甲，“归班铨选”，即等待职位空出后再安排。与王杰过从较密的汪辉祖，就在中进士后经过漫长等待，才得到一个知县的位置。凌廷堪主动向吏部呈请改为教职，但也要等待，生活穷困，王杰就邀他到府中做幕僚。凌廷堪的情况与早年的王杰颇为相似，而王杰的热心相助，真诚相待，又与尹继善、陈宏谋当年待他相似。中华道统与文脉的传承，正在其间。

四、七十大寿

乾隆五十九年（1794）十月二十七日，是王杰的七十岁寿辰。

出身寒门、一生寒素的王杰，似乎完全没有做寿的习惯和兴趣，既不喜自寿，也不喜别人来贺寿。至于妻儿家人是否给他简单过个生日，一家子吃顿寿面，也不清楚，因为他从不在诗文中提及，找不到任何记载。十年前的六十大寿，王杰在故乡韩城丁母忧，依礼制杜绝宴会，当然也不会给自个儿庆寿。而等王杰到了七十岁，朝廷中第一个想起来的好像是乾隆帝，御笔亲书匾额“赞元锡嘏”，寿联“胪名芸馆魁多士，耆福台阶引大年”，表彰其巍科第一、赞襄朝政之功，并派御前侍卫送来钦赐的“梵锡无量寿佛、镶玉如意、珊瑚朝珠、上用红绒结顶冠、皮里褂、蟒袍、镶宝石黄文带、大小荷包、小刀、饭菜果酒十六件”[27]，这也是乾隆帝相待亲贵大臣的一贯之道，尹继善、陈宏谋等都有过同样的荣宠。《葆淳阁集》中收录了王杰的部分奏折，其中不乏接到赏赐后的谢恩折，如《谢赐黑狐端罩折》《谢赐貂皮荷包等物折》等等，却未见为这次生日受赏赐谢恩，也没有诗文记述。想来也不奇怪：一则他身任枢阁，可以当面向皇上叩谢；二是其做人一贯低调，不愿显摆皇上的宠遇，也不愿形诸文字，收入文集中。

其时王杰以内阁大学士管理礼部，尚书为德明和纪昀，侍郎为铁保、刘权之、多永武、刘跃云，多为翰林老同事。他们对王杰很敬重，希望制作一个寿屏表示祝贺，被王杰婉言谢绝。还记得三年前纪昀那次横炮吧，似乎并未影响二人的交谊，老纪亲自秉笔，写了一篇贺寿文，敦促王杰接受同仁的贺屏，文笔精妙，亦庄亦谐，值得一读。文曰：

> 乾隆五十有九年十月二十七日，为东阁大学士韩城王公生辰，年登七秩，淑配齐眉，士大夫推为盛事。公方总理礼曹，礼曹同官拟制屏以祝，公秉心谦挹，再四固辞。河间纪昀曰：此非公所得辞也。《记》有之曰："天降时雨，山川出云"，言圣君有作，则名世应运而出也。《诗》有之曰："维岳降神，生甫及申"，言良佐硕辅，皆河岳英灵之所钟，非偶然也。《书》有之曰："天寿平格，保乂有殷"，言大臣以德召福，承天之祐，身与国家同其庆也……

乾隆朝文星灿烂，纪昀即其一，所润色定稿的《钦定四库全书告成恭进表》，曾令乾隆帝赞叹不已。此文也显现出大手笔，不独征引宏博、文采斐然，构思亦巧妙周密，在为王杰贺寿之际，时时不忘以称颂圣德为主轴。且唯恐不够，接下来笔锋一转，专注于赞美皇上——

> 钦惟我皇上法天行健，无逸永年，康强逢吉，协乎鸿范。自御极以至今日，斟元陈枢，久道化成，四瀛谧宁，八纮职贡，十全骏烈，荣镜宇宙。而五代五福之堂、八徵耄念之宝，建极敛福，申锡无疆。凡黼座之旁，仰瞻穆穆之光者，尤咸庆绵算延洪，为

摄提合雒以来所未尝有。……盖乾枢斡运，元气鸿洞，而后五星二十八宿得随以长旋；坤维贞固，真精凝结，而后五岳四渎得托以长流长峙；圣人御宇，醱化浃洽，而后野多黄耇，朝有耆英。

措辞古雅，但值得静心细读，也不难读懂。老纪文笔通达条畅，回环呼应，意思也很明白：有弘历这样的英明天子，才会有王杰等一批（不是一个两个哦）贤臣。兜了这么一圈再回到寿星王杰，以开玩笑的方式，对他拒收同仁的贺屏提出驳议：

公值此时，登此位，得此寿，且祥和之验著于家庭，与夫人同得此寿，实朝廷之化征，国家之人瑞，非公一人一家事也。同官是举，正为朝廷庆，为国家庆耳，非为公一人一家庆，公何辞焉？……方今老成响用，耆旧骈肩，朝班之内以七旬、八旬称觞者岁所恒有，其相率而祝嘏，公亦未尝不与，公固以庆化徵、庆人瑞为当举也。而公之生辰，此区区数幅之笺，非有金玉锦绣之值足以为公清介累，公使得伸其庆，于礼亦未为不宜，诸同官其敬制以献，知公之虚怀，必不河汉吾言也。[28]

一个生日贺屏被老纪上升到政治高度，又特特排除掉经济上的沾染，在王杰就不得不笑纳了。从中也可以看到，王杰的洁身自好和谦逊已是众所周知，甚至到了不近人情的地步，令纪昀等人满含敬意。

凌廷堪尚未得到职缺，此际客居杭州，作《寄祝座主韩城公七十寿》五言排律四首，有句：

浩瀚河渭流，巀嶭华岳峙。持舆气磅薄，往往真儒起。我师西北秀，当代大君子。……和以接群物，严以待小人。立言平且易，随地皆可循。读书求实际，不在高崖垠。[29]

倾慕爱戴之情跃然纸上，比较起来，比纪文更觉真诚亲切。他说是故乡的名山大川涵养了王杰，称老师为“真儒”“大君子”，记述老师待人和蔼，语言平易，读书求真求实，不矜不装，从不故作高深。所谓“严以待小人”，应指势焰熏灼的和珅，又不独其一人。

第四节　大风起兮

乾隆帝精晓文史，情感真挚，登基第八年第一次东巡，拜谒祖陵之际，突然想到汉高祖刘邦回乡时所作《大风歌》，兴笔写下十章《盛京筵燕舞辞》，数日后又创作了著名的《盛京赋》，缕述先祖创业之艰辛，感慨追慕，激情澎湃。那时的他年富力强，心胸开阔，富有进取精神，不到二十年即将清朝的强盛推向顶端；而骄矜自雄、喜谀好猜也随之日增，即便阿桂、王杰等清正老臣也不敢轻易劝谏，用人行政日渐浮靡。

“大风起兮云飞扬”，是刘邦《大风歌》之首句，喻写打天下之风云激荡，其底色则是秦政的沦亡。乾隆末年，大清的衰败之迹已然随处显露，大风起于四方，正如《红楼梦》所说的：架子虽未甚倒，内囊却也尽上来了。

一、马戛尔尼的伏脉

五十八年（1793）六月下旬，英国特使马戛尔尼乘坐装备六十门炮的“狮子号”抵达大沽口外，天津道乔人杰、副将王文雄奉命接待，赠以牛羊鸡鸭等物以示欢迎，著名的“马戛尔尼访华”就此正式开场。书写乾嘉历史，这是一个必须讲述的事件。学界对此事研究甚多，有专著也有论文，马戛尔尼本人及随员的记录也有译介，兹不赘述，仅对事前事后的一些“伏脉”略做解析——

伏脉之一，应是英国对打开清朝的贸易壁垒，更多进入这一庞大市场的强烈愿望。五年前，英国就曾派遣一个使团赴华，因路程实在遥远艰辛，特使凯斯卡特于中途病故，不得不取消。原东印度公司监督委员会主席邓达斯出任外相后，即行邀请马戛尔尼率领使团前往中国。此公曾任驻俄公使、加勒比总督等，擅长外交，所挑选的使团成员除外交官和军人外，还有天文学家、医生、画家、技师、乐师；而礼品多达六百箱，包括先进的天文地理仪器、枪械火炮、新式军舰模型，意图很明显，要以英国的发达水平和强大国力诱惑和震慑清廷，迫使其就范。马戛尔尼认真研究了将要访问的国家，知道那是一个封闭的东方古老大国，知道清廷对外部世界很不了解，也以为已找到撬开国门的路径，煞费苦心地做了准备，并要主持东印度公司的培林爵士传递了出访信息，信心满满。

伏脉之二，与培林信函的译文相关，误导了乾隆帝。据《掌故丛编》由英文原函翻译，略为：

> 闻得天朝大皇帝八旬大万寿，本国未曾着人进京叩祝万寿，我国王心中十分不安。我国王称恳想求天朝大皇帝施恩通好，凡有本国的人来广与天朝的人贸易，均各相好，但望生理愈大，饷货丰盈。今本国王命本国官员公举辅国大臣吗嘎尔呢，差往天津。倘邀天朝大皇帝赏见此人，我国王即十分欢喜，包管英吉利国人与天朝国人永远相好。此人即日扬帆前往天津，带有进贡贵重物件，内有大件品物，路上难行，由水路到京，不致损坏，并冀早日到京。另有差船护送同行，总求大人先代我国王奏明天朝大皇帝，施恩准此船到天津或就近地方湾泊。我惟有虔叩天地保佑天朝大人福寿绵长。
>
> 英吉利国，一千七百九十二年四月二十七日[30]

依照清廷的规定，这封信函送交署两广总督的广东巡抚郭世勋转呈。

有人认为是郭世勋组织人翻译的，怕也未必，以洋商蔡世文等找人译出的可能性较大。郭世勋出身汉军正红旗，由吏部笔帖士渐升至地方大员，有“办事结实”之誉，不太像是一个玩花活的人。他奏报此事，既有译文，也附有拉丁文原件，绝非有意欺隐。其实此类翻译已成为套路，尽量表达洋大人原意，再友情添加一些恭顺之词，以符合天朝体制，否则怕是在广州就给拦截了。果然，乾隆帝阅读后很开心，即行传谕经过地方各督抚，一路大开绿灯。

伏脉之三，即礼仪之争。马戛尔尼的名分是大使还是贡使？其所敬呈的是国礼还是贡品？觐见乾隆帝时是双膝下跪还是只跪一条腿？中外都存在分歧。由于先有了郭世勋转呈的那封信，清朝君臣理所当然地将马戛尔尼视为贡使，将其乘坐的船只车辆插上“贡使”的旗子，英国人并非不知，却为能顺利见到大清皇帝隐忍未发；钦派接引的长芦盐政征瑞和直隶总督梁肯堂，很理解皇上的心思，接待工作郑重精细，致力于说服英使遵从天朝礼仪，觐见时三跪九叩。乾隆帝早就耳闻西洋国俗只是免冠鞠躬，无叩首之礼，事先特地传谕梁肯堂等，曰：

> 若该贡使等于进谒时，行叩见之礼，该督等固不必辞却；倘伊等不行此礼，亦只可顺其国俗，不必加之勉强。[31]

根据这道上谕，可知弘历一开始并未对叩首做硬性规定，表示应尊重英国的习俗，不必勉强。而梁肯堂、征瑞等仍在努力说服英使，传递的信息则有些混乱：先称宣旨时使臣“免冠竦立”，又说筵宴时使臣等免冠叩首，还提到使臣以不知天朝礼节为愧，正在征瑞教导下抓紧练习。不知是谁奏称洋人不愿下跪是因为以布条绑腿，跪拜时起立较难，皇上特地嘱咐叩见时可暂时解开，行礼后再扎起来。最后经过协调，马戛尔尼在觐见时仍是单膝跪地，乾隆帝虽不开心，也没有发作。而在二十余年后阿美士德率团来访，已经到了圆明园，却因不肯跪拜等发生冲突，被嘉庆帝一怒之下驱逐回国。

伏脉之四，即马戛尔尼此行的真正目的，是英国对华的一揽子要求。八月二十九日，回到京城的乾隆帝对英国国王颁发敕谕，表彰其遣使远涉重洋的贺寿之诚，驳回其派使节驻京的请求，也说到此次呈献的各种物品已收下，但天朝无所不有，不贵奇巧，本无须英国置办物件。马戛尔尼接领敕书后，发现大事还未办，清廷已经要打发使团回转了，遂向和珅提交了一份有关对华贸易的问题清单，略为：

一允许英国商船在舟山、宁波、天津等处登岸营业；

二允许英商像俄国人那样在京设立一个货栈；

三请于舟山划出一小岛归英商使用，以便英国商船停泊和存放货物；

四请在广州附近同样办理，听英商自由往来；

五予以自澳门运往广州的英国商货免税，或从宽减税；

六请提供标准的税率文本，不再另外征收。[32]

三天后，马戛尔尼与他的属下被安排离京，“和珅等大学士至城门送行”。不能确定王杰是否参与了这项重大的“外事活动”，相关记载未见提及他的名字，大约是没去。和珅对马戛尔尼等礼数周到，却是只字不提英使的“六条”，实则已命专差将皇上的敕书送往英舰。对英方借贸易实施的侵占掠夺之心，乾隆帝从不缺少应有的警惕，使团的所有请求皆被驳回。[33]

在接受和观摩英方礼物时，不管是乾隆帝，还是相关大臣都表现出一种漠不关心、可有可无之态，令英使很是纳闷和郁结，但这其实乃表象，君臣对英国内心颇为忌惮。英国使团离京后，弘历即发布训谕，命沿海岛屿预为防备，并严防内地汉奸与之勾结。皇上还下令在使团经停之处军队列营，铠仗鲜明，军伍严整，以让对方知道厉害。这些都被马戛尔尼使团看在眼里，也早就看清了大清帝国的破敝与沦落，如果说鸦片战争的远脉此时已然伏下，应不过分。

二、吉林参务案的要害

五十九年正月初九日，乾隆帝收到吉林副都统秀林的奏报，揭露吉林参局长期亏空达十四余万两，违规派发参票，逼敛民间银两，立即传旨将吉林将军恒秀解职，命内阁大学士福康安、刑部尚书胡季堂等驰往审讯；同时传谕秀林将账目查封，控制相关人员，以备福康安等到后速加审办。恰好吉林协领永保等人押运贡参来京，军机大臣随即对他们进行讯问，交代出官参不足，刨夫（即挖参人）入山前须借支款项，每年都有垫支，越积越多的实情。皇上传谕必予严查，一桩钦办大案随即拉开序幕。

若说起清廷与东北大地的关联，人们会想起白山黑水、兴京盛京，想起康熙帝和乾隆帝的多次东巡祭祖，而实际上与皇帝和宗室重臣之日常生活更为密切的，是人参、貂皮和东珠，尤以具有滋补功效的人参最受青睐。朝廷在盛京、吉林、宁古塔设立官参局，从发票、刨挖、蒸晾、收贮、运送实行一条龙管控。产参山林常年封禁，必须凭票采挖，也就有刨丁、把头、揽头等名色。因为利润优厚，各地客商云集吉林等地，开设商号和店铺，与官参局有竞争也有勾兑。拣选上好的野山参供奉朝廷，也是盛京将军、吉林将军的重要职责之一。闻知官参局出了问题，乾隆帝大怒，一上来就用重拳，管事协领诺穆三、托蒙阿被抄家，却也没抄出什么值钱物件，二人名下只有一些出租房屋，别无田产。老皇帝哪里肯信，认为一定是得到风声转移了，命秀林留心访查，并要福康安等抵达后质询恒秀：摊派参票给民户系何人提出？又为何会采纳？

此时福康安以大学士兼四川总督，因带领大小金川的土司首领朝觐暂时留京。为什么要他前往吉林查案？主要的理由是其曾担任过吉林将军，而现任吉林将军与他是表亲，恐怕也是一个原因。廓尔喀之役建立大功之后，叫他去办理此案，有点儿像是架在火上烤，只不知是弘历自个儿的主意，还是出自和珅的建议？福康安岂有不知，抵达后拿出一副公事公办的架势，严厉询问恒秀，并请旨将其革职。恒秀出身宗室，也是官场老油子，见势不好，连忙认罪并吐露实情：多年来参苗资源已枯竭，参局入不敷出，银库亏空已久，近两年吉林城又连遭火灾，挖参人损失惨重，已很少有人愿领参票，而每年贡参的数额有增无减，不得已只能强行摊派。福康安等人心知恒秀说的大都是实情，且本人并无贪赃行为，在拟罪之时，提议予以杖徒，押解回京，交宗人府办理；而将主要责任人诺穆三定为斩监候、托蒙阿发遣新疆，并责令其限期上缴三万两银子，可予以减等处罚。乾隆帝对此大为不满，指出：

> 恒秀身为将军，到任后明知参局亏短缘由，并未据实参奏，复私派无干民户，其罪实无可诿。试思各省地方官如有亏短库项，私行摊派累及百姓者，应得何罪？福康安等岂不知之！

上谕说福康安与恒秀为姑表弟兄，有心包庇，希图含混了事，而随同办案的胡季堂、松筠也随声附和，联衔入奏，颇为失望；表示本应将福康安治罪，念其出征廓尔喀不辞艰险，功绩卓著，姑且从宽，将福康安、胡季堂、松筠三人严行申饬。

弘历声称很明白其中的猫腻，本来可以派和珅再查，如果和珅也有心遮掩，也可以将案卷调京亲自审理。他也指责军机大臣皆有心徇庇，降旨处分：

> 此案昨经福康安等奏到，经朕看出，详细指斥，即令军机大臣缮写饬谕。而军机大臣亦复意存瞻顾，迁延观望，并未即日拟旨进呈。现距归政之期尚有二年，朕一日临御，即一日倍加兢业，岂容大臣等颟顸从事！阿桂、和珅、王杰、福长安、董诰俱着交部议处。

其中提到“归政”二字，即在位满六十年将举行禅让，乃是他本人一直念叨的，可越是临近，老皇帝越有一点点儿敏感，总觉得臣下的表现有些微妙。一个不算大的派发参票案，先是钦派内阁大学士、刑部尚书等前往审办，复对军机处所有大员做出处分，在乾隆帝不过是敲打兼立威而已。王杰与此案毫无关联，因身任军机大臣，也只能跟着受过。

至于此案主犯诺穆三，被处以斩监候，恒秀得了个绞监候，历任吉林将军和副都统都被处分，革职或降调。处分归处分，参源减少、盘剥过多、刨丁流失、价格高昂等问题如何解决？福康安等人拟定了一个《吉林参务章程》，核心在于招徕刨夫，少放参票，增加补贴，鼓励商人捐助等。至于已有的亏空，如刨夫前些年的欠款，则全行豁免，而以诺穆三、托蒙阿等人家产抵补，不足部分令历任将军副都统等分别按任职年数赔偿。皇上批准减免刨夫的积欠，却有所不解："吉林刨挖人参，向来刨夫等出山时，于定例交官之外，所得余参准其同行变卖，俾资糊口。是该夫丁等已可藉沾余润，何至动辄需借，逋负累累？"不能不说，老皇帝与底层百姓的疾苦，实在是隔膜太深了。

人参越来越少，而皇室勋贵对人参的迷信依赖，已有些走火入魔，影响所及，参价一路飙升。《红楼梦》中写贾瑞病笃，其父求贾母给点人参救命，王熙凤以一包须末打发，而此时莫说整棵野山参，即便须末也要二十两银子一斤。吉林参务亏空案的曝光，显现的是一个产业的衰微，根源则在于朝廷的挥霍滥用，在于采挖无度导致的资源枯竭，从业者难以为生。而更为严重的是，山林封禁政策，使大东北数千里地方人烟稀疏，发展缓慢，加上边备空虚，为后来的大块国土流失埋下祸根。

三、苗民再起

苗，为我国的古老民族之一，传说其祖先为战神蚩尤的部众，生活在中原地带，惟后世渐渐南迁，选择深幽险峻之处结寨居住，应有一部痛史在焉。至清朝，苗人主要散居于湖南、贵州、广西诸省毗邻的山区，又分为红苗、黑苗等，连绵三千里，统称苗疆。雍正间云贵总督鄂尔泰曾在奏折中叙及："苗疆四围几三千余里，千三百余寨，古州踞其中，群寨环其外。左有清江可北达楚，右有都江可南通粤，蟠据梗隔，遂成化外。"[34]他列举群苗久在化外的种种积弊，认为苗患甚于土司，建议改土归流。雍正帝下旨用兵，剿抚并行，数年间将各苗寨次第荡平，其血腥杀戮，又成为苗族历史上痛彻心髓的一页。

乾隆六十年春节前后，借着节日活动为掩护，几位苗族头领——松桃厅大营寨百户石柳邓、永绥厅黄瓜寨寨长石三保、凤凰厅鸭保寨副百户吴陇登多次秘密集会，歃血为盟，又约上一身苗家武功的百户吴八月，商定了共同举事的日期。吴八月草拟了文告和口号，以“火炭鸡毛信”分送各处首领。所涉各寨分属湖南和贵州，先要分别演练，未想被一个叫石老三的苗百户发现，跑去向官府报告。松桃都司孙清元亲率三百官兵赶来清剿，却没估计到事态的严重性，被冲杀得七零八落。

两天后的正月十八日，乃石柳邓等人约定的起事之期，乾州、凤凰、永绥等地苗民揭竿而起。石柳邓号称“统兵元帅”，聚集苗兵最多，先杀回大寨营，攻占大营汛，进而包围了松桃厅城，一时声势浩大。

距此最近的总兵府位于镇筸，士卒以强悍敢战闻名，被誉为绿营六十六镇之首。总兵明安图出身宫廷侍卫，曾从征金川，历经战阵，闻知贵州松桃苗变，即率五百余部卒前往省界堵御，途中猝遇苗军漫山遍野冲杀而来。明安图率部且战且退，先进入鸭酉寨，血战至夜半，本人多处被创，见该寨已被攻破，只好突围而出。永绥驻守官兵在副将伊萨纳、同知彭凤尧带领下急忙赶来救援，也被团团围困。明安图平日待士兵不错，事到危难，部下拼死保护，亲兵中有兄弟三人，两人先后战死，剩下的一个仍坚持背他下山。山道狭窄，苗民的箭镝与矛锋多喂毒，又有火枪鸟铳，明安图、伊萨纳等先后战死，所带官军大多被歼。苗众进逼永绥厅城，昼夜攻打。同时堵截官军救援和粮饷的通道，闻讯驰援的云南鹤丽镇游击永舒、四川阜和协都司班第皆不敌而死。另一路苗军也很勇猛，在吴八月率领下一举攻克乾州城，同知宋如椿自尽，巡检江瑶被杀。这场苗变，从一开始就极为惨烈，一批文武官员死于苗军之手，其中有二品总兵，加上一千多名以骁勇著称的绿营兵，苗疆大振，朝廷大震。

二月初四日，乾隆帝接到湖广提督刘君辅的奏报，称先接到总兵明安图咨文，说是贵州松桃厅有苗人聚众闹事，恐怕会窜入湖南境内，现带兵前往堵截；又接游击田起龙等人禀报，称湖南凤凰厅黄瓜寨石三保纠众抢劫，正在竭力保护永绥厅城；并说正率领标下战兵六百名赶往，同时檄调就近各处驻军增援凤凰。老皇帝并未意识到苗疆发生了大事，责斥刘君辅举措张皇，强调对民族关系必须审慎，同时表达了对底层苗众的怜悯，以为责在官府。当日稍晚，湖广总督福宁和湖南巡抚姜晟的紧急奏章飞骑递到。福宁一边急急赶往凤凰，一边上奏朝廷，基本是转述刘君辅所说，没有太多新内容。仅过一天，又接福宁急奏：乾州被围，仓库遭抢劫，同知宋如椿、巡检江瑶俱已殉难，镇筸总兵被困，声称正调兵会剿。尽管还不知明安图等已被戕杀，老皇帝已失去冷静平和，口风也起了变化："必须痛加剿除，以儆凶顽而彰国宪。"〔35〕

弘历又开始调兵遣将，并再次将统兵之权交给福康安，要其选调道府干员，路过贵州时再带上些勇健官兵，迅速前往。他也寄希望于已在凤凰厅的福宁，令其率领地方文武剿捕乱苗，最好能迅速解决，就不用福康安劳师远征了。新任湖广总督毕沅已至湖北，也受命速赴荆州等地驻扎，"筹办粮饷军火"。乾隆帝仔细查看姜晟报来的苗疆地图，见出事之地为三省交界处，与四川的秀山县毗邻，那里的苗寨也不少，即命新任四川总督和琳前往料理，并要求前任川督孙士毅留下帮助筹办军需等项。老皇帝心目中的统军主帅是福康安，副帅则是和琳，让他倍感欣慰的是：和琳正在由西藏回京的途中，行至打箭炉一带，闻知湘、贵出事，立即折向秀山；福康安也奏称正在奔赴松桃的路上，并已做了一系列部署。至此，动乱苗区方圆一百余里的地方，已有两位大学士（福康安、孙士毅），五位总督（福康安、孙士毅、和琳、福宁、毕沅），加上相邻各省的提督、总兵，可谓大员云集！

二月中旬，福康安率部赶到铜仁。丰富的战场经历，使他养成了审慎周全的作风，而骨子里的悍厉刚勇依然无改，甫一抵达，立刻实施攻剿，与龟缩在镇城内的福宁形成鲜明对比。苗变发生地区本有清军密集驻防，然变乱一起，明安图等轻举妄动，所部损折殆尽，各处驻军不免惶恐，基本是缩在城镇和营汛，只求自保。而苗军气势大增，城外架云梯，掷火球，百计进攻；城里也有内应投毒放火，制造骚乱。福康安久历戎行，对军队的腐败和将士的怯懦很清楚，选中了三员将领，皆曾与他一起参加金川等大战，又都有在紫禁城任侍卫或护军的经历——

德楞泰，蒙古正黄旗人，以蓝翎长随军征大小金川，远征石峰堡、台湾和廓尔喀，战功累累，时任副都统、正红旗护军统领，奉旨率十二名巴图鲁侍卫经河南驰赴湖南。

额勒登保，满洲正黄旗人，从马甲（即骁骑营兵）做起，战功累累，时任护军统领、正蓝旗满洲副都统，在德楞泰等动身十日后奔赴苗疆，也是带领十二名巴图鲁侍卫。他虽年龄比福康安大好几岁，但长期作为其部下，跟着东征西伐，忠心耿耿。

花连布，蒙古镶黄旗人，曾做过八旗健锐营前锋，积战功升为参将、副将、总兵。事发时花连布正在回京述职途中，闻命即行折返，抵达铜仁，向福康安报到。

此时苗众正到处攻城截道，正大营位于贵州边界，靠近湖南的凤凰厅，被成千上万苗众轮番攻击袭扰。总兵珠隆阿还算忠勇，敢于领兵出营厮杀，格毙数百人，无奈苗民越杀越多，只得撤回固守。贵州提督彭廷栋领兵赶来增援，苗众稍退，但很快又蜂拥而来，营中拼命抵抗，总算没有陷落。廷栋等急向福宁求救，可那里也处于苗众的四面包围之中。十九日深夜，福康安分兵为两路，自带主力，以花连布为偏师，包抄前行。至盘塘坳地方，见苗寨丛集，木栅石垒挡道，即令开炮轰击和抛掷火弹，士兵见人即杀，哪里管什么“良苗”“凶苗”。天亮后，对面山梁鸣锣吹号，四面皆有苗民赶来对拒，绿营兵枪炮齐发，各据地形飞攀而上，奋力强攻。苗众起事以来，见惯了官军的惊惶怯战，从未见过这种强横霸蛮的气势，抵挡不住，慌忙四处逃散。花连布乘胜率精兵直趋正大营，一路斩关进击，兵锋甚锐，直抵围城。彭廷栋闻听救兵到达，由城内领兵杀出，攻城苗众四散而去，正大营之围立解。此役首战告捷，还缴获了一大批苗军粮饷。福康安继续挥师北上，杀向松桃。此一路苗寨密布，山高水急，所有道路均被阻断，处于山间的嗅脑城与松桃厅城一样，也被苗军围困。官军步步为营，稳健推进，先解嗅脑之围，终于抵达松桃厅城，多日的长围立解。

朝廷陆续调集数万大军，分驻三省，以福康安总统军务。苗疆气候无定，地形复杂，山路曲折陡峭，加上到处都是邃密的岩洞，易守难攻。而官军一入山坳，便无所谓前锋中军，皆置身于随时被袭击的危险之中。在福康安督率之下，诸将分道进剿，雨战，夜袭，包抄，火攻，各将领常常要独自对敌，裹创进击。见前线捷报频传，乾隆帝心情大好，谕令大加封赏。而此际的苗疆百姓，正承受着痛剿之痛。苗疆的情形是错综的，并不全以民族划分：有揭竿奋起、殊死反抗的苗民，以及支持苗变、为之通风报信的汉人；也有向当局密报，甚至组织起来自保山寨，并与叛苗血拼的苗民。朝廷曾大加奖助所谓“良苗”，福康安也力图有所区分，而一旦打起仗来，刀光剑影之中，区分极难。这是一次残酷扫荡，大军所向，例先发炮轰击，还特别针对苗寨的木质结构，加量配备类似后世燃烧弹的火弹，数百年苗寨焚于一炬，寨中妇孺老幼在所难免。来自前线的捷报，每以“焚大寨二十六”“纵火焚之”“毁大寨五十六”“焚巴沟等寨二十”称之，读来让人悲哀。苗民多选险峻处为栖息地，同姓为群，一代代生聚，始建成祖祖辈辈栖依的家园，形成独特的文化遗产。试想当地能有多少古老苗寨？经此一番浩劫，又有几个能保留下来？

其实湘黔苗变的大多数人是被裹挟的，而官军兵锋所向，可就管不了这些了。满洲统治者曾有过屠城和杀降的记录，乾隆爷此时也是毫不手软，一开始就下旨对拿获的苗汉俘虏速行正法。此后的平苗之役，杀俘杀降，成为家常便饭。对于躲到岩洞中的苗民，官兵用火烧烟熏，死伤相枕藉。苗民再没有后退余地，被迫以死相拼，打到后来，真是惨烈无比。

三月，清军攻克苗军据点土空寨，解除永绥城之围。四月，接连攻下苗军老营黄瓜寨和苏麻寨，石三保、吴半生等被迫转移。五月，老皇帝认为苗疆之变指日可平，以福建沿海出现洋盗，闽浙总督伍拉纳贪渎革职，调福康安前往接任。可能又是和珅做了手脚，想在大功告成之际把福康安调走，让亲弟和琳独享胜利成果。但官军在大乌草河遭遇顽强抵抗，苗众沿岸布防，高度戒备，官军欲在哪儿越渡，苗众就拥向哪里拼命阻击，搭建的木桥一次次被毁。官军攻势受挫，两个多月一筹莫展，福康安也被拴住。

盛夏的苗疆是可怕的。大部队受阻于水流湍急的大乌草河，溽暑熏蒸，瘴疠之气在山谷间弥漫，军中将士病倒与死亡相继。福康安每日深入营伍，勘察敌情，寻找渡河之策。多次强渡不利，费尽千辛万苦，终于在上游水浅处，派奇兵悄悄渡河，抄袭苗军后路，守军大溃，福帅麾师越河进击。官军乘胜深入众山之中，毁卡焚寨，追拿苗变首领，昼夜不休。苗军各路首领推举吴八月为吴王，自称平西王吴三桂之后，明确打出反清的旗号，但大势已去。十月，福康安率众于夜半进军，冒着漫天大雪，铲平石三保的鸭保寨，三保仅带少数人脱逃。十一月，大兵攻克卧盘寨，吴陇登密降，并诱擒吴八月等人以献。十二月，清军接连强攻大小天星寨、爆木寨，抢占高斗山梁，擒杀头领廖老慕、陇老西等。而反叛苗众散而复聚，石柳邓和吴八月之子吴廷礼、吴廷义在山中与官兵兜圈子，又突然杀回鸭保寨。

禅让大典在即，苗疆之战仍在绞杀缠斗之中，乾隆帝无可奈何，不再提调动福康安之事。

四、又一次官场大地震

乾隆六十年（1795）三月，一向较低的台湾粮价持续大涨，民不聊生，导致出现大规模骚乱，彰化同知朱慧昌、游击曾绍龙等被杀。福建巡抚浦霖时在漳州，闽浙总督伍拉纳闻讯赶往厦门部署调兵，只有福州将军魁伦驻留省城。魁伦，满洲正黄旗人，世袭轻车都尉，历任参将、总兵，貌似爽直，实则心机颇密，权欲熏心，也不太将伍拉纳放在眼里。伍拉纳出身觉罗，岂能容忍，便放出口风要弹劾他。岂知自己正忙于应对台湾事变，魁伦已抢先下手，借密奏台湾军务，揭露省城米粮昂贵、各州县仓储大半亏缺等情。

乾隆帝于四月初收阅此折，命福建布政使伊辙布解任来京，调浙江布政使田凤仪前往接替。布政使为从二品大员，掌管一省之行政，举凡税赋、仓储等皆由其负总责，换人是彻查仓库亏空的重要步骤。田凤仪曾任刑部主事、员外郎，外放后做过知府和按察使，办事明练，留给皇上的印象上佳，是以选派他前往接手，果然很快就发现重大线索。乾隆帝觉察到福建仓库亏空的严重性，断然采取了一系列组织手段：命伍拉纳渡海赴台，将浦霖解职，选调贵州巡抚姚棻为福建巡抚；不久后干脆将伍拉纳革职，命两广总督长麟前往署职并审案，原福建巡抚浦霖、布政使伊辙布、按察使钱受椿、福州知府德泰都被革职查办。

五月初二日，田凤仪赶到福州任所，开始逐年查验仓库账本底册，核对实贮，发现福建藩库的积欠已达二百五十万两以上；仓储更是一个庞大黑洞，全省普遍存在短缺和挪移弄假。福州知府邓廷辑不敢继续隐瞒，承认“府城两厅两县亏缺五万三千余石”，后查出库项短缺“七万八千余两”。除漳州等极少的州府，各地仓储都有大量亏短。清查大网在全省迅速撒开，台湾道杨廷理、福州知府邓廷辑、泉州知府张大本及十余名属员第一批就被拿下，一百多名道、府、州、县主官几无幸免，被革职抄家和审讯，佐贰吏役、幕友长随也难逃罪责，人人自危。

主持办案的长麟为王杰门生，廉正干练，中进士仅十年即位至卿贰，历官山东、江苏巡抚，两年前升两广总督。乾隆帝选中他的同时也一再提出警告，称其与伍拉纳为觉罗近支，不可徇私枉法。长麟抵达后，即对浦霖和伊辙布进行审讯，先问藩库存银挪用之事，伊辙布供认其中四万两是替前库吏周经垫交欠款，又扯出一件案中案。伍拉纳被从台湾押回，先在福州接受讯问，继而奉旨解赴京师。弘历对长麟渐渐不满，斥责他姑息好名，先命返回广州，后又传谕留闽，可留则留也，署理督篆的已是魁伦，长麟的角色由主审变为帮办。好在清代大员几乎都有起落无定的经历，对上谕逆来顺受，喜怒不形于色。客观论列，谕旨所指未必不是长麟的性格缺陷，其与伍拉纳为觉罗近支也是事实，然仅凭揣测便加责斥，用人而疑，疑人又要用，已非盛年气象。

新任福建巡抚姚棻，安徽桐城人，与王杰、孙士毅同年进士，宦程跋涉却比二人艰辛许多，从甘肃知县做起，也在福建做过知府和道员。姚棻接旨后即密奏库项亏缺的复杂性，还说抵任后将会同总督和水陆提镇查捕海盗，皇上深以为然。哪知魁伦已在整他的黑材料，上了一道满文密折，揭发姚棻任汀漳道时亏缺二万余两之多。当时姚棻还在赴任途中，接奉谕旨命他就此“据实检举”（今日之“坦白交代”是也），遂将有关情况详悉奏明。乾隆帝并不全信，将之解任，新巡抚又成待罪之身，由办案大员一变而为被审疑犯。长麟详细奏明对姚棻的质询过程，所有疑点都曾反复究问，姚棻的回答皆能原原本本，坦荡恳切。看到这里，皇上也明白了实情，但既已解任，没有彻底查清问题之前，只能先挂起来。于是前任巡抚倒了，新任巡抚被挂起来了，降为帮办的长麟再署总督，本署督篆的魁伦改署巡抚——说到底，皇上还是觉得魁伦并非总督的材料。

查出福建藩库巨亏和通省存在的仓储短缺，以及由于懒政怠政、挪移掩盖引发的社会动荡，乾隆帝杀心已起。一省之军政钱粮混乱到这种程度，有不作为、乱作为的问题，也因主要官员的贪赃枉法、徇私舞弊生成。伍拉纳头脑简单，性情残暴，在台湾和福建动辄大开杀戒，一年前因贩私拒捕擅请王命，要将一批平民就地正法，被皇上降谕禁止。而就是这个伍拉纳，要说平日并不算甚贪，却收受了十五万两盐务陋规，在皇上眼里更属无可赦免。陋规，是清朝官员收入的一个灰色地带，几乎存在于各级官府和各个领域，以盐政尤甚。去年六月查办两淮盐政巴宁阿一案，究出该盐政衙门收取饭食杂费，每日达一百二十两之多，乾隆帝命将日费供应一律裁革，所有收受盐商的供应银如数退赔。谕旨是针对两淮盐务所发，其他地方虽未经明谕，但也不能例外。

从追查结果看，福建盐规也属于日费供应，当道者有收与不收之别。前任总督李侍尧、福康安、富纲、常青等均未收，当然不是总商不送，而是遭到拒绝。伍拉纳则来者不拒，任职不到六年半，已收取十五万两，远超过常例，在两淮盐规被裁革后仍不停止。与他一样不客气的是浦霖，本来巡抚无此先例，却也破格索要了二万两。

一些研究者常说乾隆帝晚年宽纵，放任和珅等弄权营私，而通过此案，通过一道道峻急严苛的谕旨，也能看到一个有底线、眼里不揉沙子、毫不妥协的帝王，以及一个执行力很强、坚定高效的军机处。长麟在办案过程中的确有将就了结的念头，是皇上的严词督催，案件才得以水落石出。

十月初九日，有旨将伍拉纳和浦霖即行正法。乾隆帝在谕旨的最后颇有反思，意识到晚年流于宽纵，切切自责：

> 此皆因朕数年来率从宽典，以致竟有如此婪赃害民之督抚，朕当先自责己。嗣后各督抚等益当各矢天良，倍加儆惕，倘不知洁己奉公，再有废弛婪索等事，伍拉纳、浦霖即其前车之鉴，毋谓不教不诫也！〔36〕

布政使伊辙布死于再次解京途中，逃过显戮，乾隆帝有些怀疑，长麟等不得不派员调查，的确是病死。对于原按察使钱受椿，皇上的痛恨又超过他人，先命锁拿进京，拟亲加廷讯，交部从重治罪〔37〕；接下来觉得钱受椿“职分尚小，不足以加之廷鞫”，命押回福州正法，要求督抚亲自监视行刑，砍头前先“刑夹二次，重责四十板”，在省官员必须到现场观看〔38〕；过了十天有余，见报来钱受椿家资甚巨，又命将其解京审讯〔39〕。魁伦等刚将钱受椿解送赴京，接新旨再派员狂奔截回，待第三道旨意抵达，老钱已是身堕黄泉了。

其他牵涉案中的道、府、州、县官员，贪赃数额超过一万两的秦为干、李廷彩被斩决，李堂等八名被绞死，后又查出两名处绞，革职遣发者更以数十计。其中也不无冤枉或夸大，从广东高调押回的德泰，大约就没审出什么有价值的口供，未见到相关档案。六年后，伊犁将军保宁以人才难得奏请起用，始知也被流遣新疆。

五、次子塄时的科举路

王杰与妻子程氏同龄，十九岁成亲，伉俪情深，相携走过六十余年。他有一个数十口之家，吃穿花费，基本上仰赖他一人，平日不能不紧巴巴地过活。几乎所有的相关文献记载，王杰存世的多数信函，都会提到其寒素与拮据，即便是在进入枢阁乃至成为内阁首辅之后，仍无大的改变。

朱珪称赞王杰“持文柄者十二次，人不敢干以私”。持文柄，指的是担任乡会试的主考官（含副考官），而无人敢有请托之事，则在于他的廉正之名。人生在世，最难逃避的就是人情网、关系网，王杰也有亲朋故旧，生活中也有欠下情分的时候，但绝不会在科场上有任何含糊。正是由于这样，乾隆帝才会让他连任三届会试正考官，在明清科举史上应是绝无仅有的。

朝中大吏，谁不知培养自己的子嗣？谁不知只有子孙出息才能延续家族的兴旺？阅读《清史稿》，你会发现有那么多的官二代、三代、N 代，满蒙大员如此，汉族显宦亦如此。并非他们的子孙个个优秀，甚至也不能说他们搞了什么猫腻，想帮总是会有办法的。王杰长期担任管理礼部的内阁大学士，膝下四子竟连一个举人都没有，更不要说进士。据称乾隆帝曾关注过此事，多次询问，明显带有施恩之意，而王杰总是以“不才”辞谢。《清稗类钞·正直类》提供了另外一种说法：

> 王文端公杰与和珅同朝，和而介。其子某工文艺，善书，恒为父代笔。高宗知之，以问王，辄以“不才”对。每届秋闱，先期谓众曰：“谁荐中吾子者，吾即劾之。”子无奈回陕，欲应本省乡试。时陕抚某，门下士也，函致信，亦以是嘱之。收卷时，中丞视其文可中，乃袖置己室，不发誊录。盖其子豪于饮，故不令仕，且惧其不免为和所陷也。[40]

身体康健时，王杰的所有奏折均亲笔书写，不假他人之手。而晚年得病卧床时，便由儿子代为誊写，执笔者是次子埁时。和而介，以为随和而独立，略近于和而不同，并非野史所形容的敌对状态。乾隆帝的信息应来自和珅，而和珅则有借此结好之意，这也是王杰格外警惕的地方，赶紧表示儿子缺乏才能，予以谢绝。

查王杰在世时，历任陕西巡抚中应无其门生。如果说此事不虚，那位陕抚应是秦承恩，与王杰同年进士（二甲第十一名），同入庶常馆，同留在翰林院，乾隆五十四年至嘉庆四年在任，时间相合。综合目前所能看到的材料，那个较有才学、坚决要求回家乡应试的王杰之子，应该就是老二埁时，时间则在乾隆六十年。侍讲学士罗修源为陕西乡试正考官，刑部主事朱文翰为副考官，皆为王杰门生。[41]此年埁时已四十五岁，如果通过乡试，接下来的禅让恩科极易得中，而王杰不为所动。

多年前，王杰曾在一封信中向哥哥说起“因三、八等不肯用功，今岁立意不请先生”，三、八为大排行，指的就是自家的老大、老二，颇为二子不爱读书伤感。后来埁时进入国子监学习，逐渐显露才华，也渴望由科举进入仕途。王笃所作乃父小传或有溢美之处，援引王鼎的称赞（“鸢飞鱼跃之心，海阔天空之度”）应属实，凌廷堪曾记与江藩诸人听埥时讲论天文星象，深为敬佩，也可证其学养富厚。王杰不许其子借自己的影响力走科场捷径，应是真实的；而说他坚决不许埁时参加乡试，曾觉得不一定靠谱。及读王笃《亡兄莲屏明府墓志铭》，则知完全属实。王笃说他的哥哥王鹭在嘉庆二十四年中举后，三叔埥时从广东写信来，提到二哥埁时参加乡试的经历，曰：

> （鹭）己卯领乡荐，先叔新斋公在粤东闻报，寄谕勉之曰：“乾隆乙卯秋试，尔父文已取中第十四，填榜时始易他卷。今汝名次适符其数，可知非偶然者。然尔从兹当力图上进，庶使尔父生平抑郁之气可以发抒矣！”公泣而识之，不敢忘。[42]

说的正是塝时在乾隆六十年参加乡试之事，说他本已定为第十四名举人，张榜前被撤换。乡试的阅卷过程是糊名的，在填榜之际方得揭晓，巡抚秦承恩参与其事，秉承王杰之意将塝时之卷抽出，改易他卷。

王杰为什么要这样做?

想来不外乎两方面的原因：一则不愿意他在科举路上挡了那些农家子弟的路；二则出于对儿子性格的了解，知子莫若父，担心和珅会借此做文章，拉拢利诱，使之走上邪道。

【第十一章】

“归政仍训政”

乾隆六十年，乃弘历在位的最后一年，此后的他举行内禅，又做了三年零四天的太上皇帝，而宫中的《时宪书》（年历）仍标以乾隆年号，为乾隆六十一年、六十二年等。这是应继位之君颙琰的强烈吁求刻印的，限于宫中园中及王公大臣使用，也是禅让期间权力运行的一个侧影，昭示着老皇帝威权之强大和惯性的存在。

在内禅之前数十年，弘历常要说到“归政”，几乎是年年都要讲，并早早就建成了退养的宫室。而临近交班，不知是其心理上起了微妙变化，还是和珅等宠臣吹风，弘历开始表示不会对朝政完全放手，并让军机处拟订了一个朝政运行模式。而在禅让的当月，他又提出“训政”一说，将自己的继续掌权提升至道德和制度层面，并命人镌刻了一枚私玺，玺文即“归政仍训政”。

第一节 禅而不让

“禅让”一词起源古远，人们常举的例子是尧将部落首领的位子交给舜，赞扬那种让位于贤能之辈、不贪权恋栈的美德。后世又衍生出“内禅”，即皇帝将大位传于子嗣，意思可就差远了，但不恋栈的内涵仍在。做到这一点也不容易，绝大多数帝王都是不死不让的，是以新君的登基，同时也是前帝的大丧，悲欣之间，搞得一些大臣很难拿捏好面部的表情。乾隆帝早就宣布了举行禅让的愿望，对一应事体做了先期设计，常以此自矜自夸。

不管外禅还是内禅，其核心都是一个“让”，让位的让，而弘历则是禅而不让，或者说仅让出部分次要权力。本来要玩一个高位潇洒，却因此蒙受众多讥议，被指为贪婪皇权。这是后人的说法，当日并无一人敢说一个不字。至于完全交权是否对国家有利，那是另外一个问题，似也未必。

一、储位之设

储君的选择，实乃一个王朝的头等大事。有鉴于康熙帝晚年诸子争立、兄弟阋墙的惨痛教训，雍正帝胤禛创立了秘密建储制度，弘历决意遵照施行，也希望册立皇后所生嫡子。乾隆元年七月初二日，弘历在乾清宫西暖阁召见总理事务王大臣等，宣谕已选定皇储，并当着众人书写密缄，命总管太监置放于乾清宫“正大光明”匾额后。皇上写了什么，跪伏在侧的大臣们自然看不见，但也不难猜测：其时虽有了三个皇子，出于皇后富察氏的仅皇二子永琏。谁知两年后永琏竟以寒疾不治，弘历极为痛殇，却也未打消立嫡的初衷。过了几年，富察氏又得一子，即皇七子，取名永琮，寄望甚殷，孰料仅活了两年，就因出痘早殇。此事发生在乾隆十二年小除夕，富察氏悲痛欲绝，乾隆帝也伤感不已，特降谕旨，讲述“默定”永琮为皇储的过程，并反思自己所坚持的建储标准：

> 嫡嗣再殇，推求其故，得非本朝自世祖章皇帝以至朕躬，皆未有以元后正嫡绍承大统者，岂心有所不愿？亦遭遇使然耳？似此竟成家法，乃朕立意私庆，必欲以嫡子承统，行先人所未曾行之事，邀先人所不能获之福，此乃朕之过耶？[1]

句句皆是痛语，记述时撕裂肝肠。比他更为哀痛的是孝贤皇后，不到三个月即奄奄病逝。乾隆帝与富察氏伉俪情深，作《述悲赋》，长歌当哭，乃其诗作中难得的佳篇。

三十八年十一月，乾隆帝再次秘密建储，以皇十五子永琰为皇太子，亲笔书名，藏于“正大光明”匾额之后，另于随身小匣存贮副本，以备届时勘对。弘历对此子并不十分满意，虽已郑重书旨建储，并按程序密写分藏，心中总有些不踏实。毕竟永琰尚在少年，心性未定，吉凶未卜，将来能否担当祖宗家业，未知的成分很多。立储之后不久，为一年一度的郊天大祀，诸皇子皆陪祀在列，乾隆帝登临祭坛，焚香礼天，以所定储君之名默默告天：所定之子若能继承大清基业，祈望上苍眷佑；假若其不堪托付，则请求速夺其性命，以免贻误国家之重任。时永琰与诸皇子随同行礼，但见父皇神情庄严，却不知有此一段祝祷。

转眼到了禅让前的最后一年。苗疆的战事正酣，军书飞奏，谕旨急传，王杰与一众枢臣又进入战时值班。本年会试是为禅让大典提前举办的恩科，老皇帝对剿平苗变显得很有信心，钦定军机大臣和珅、王杰、董诰等为殿试读卷官。和珅宠眷不衰，所有的好事都不会少，其亲信吴省钦也排在读卷官之末。

三月十八日，乾隆帝在安佑宫进行了一次家庭谈话，为未来的安排吹吹风。他对着一众皇子皇孙，回忆起继位之初的那次默祷，明确了举行禅让的时间表，也对众多的子孙后辈做出安排。安佑宫位于圆明园西北隅，乾隆七年建成，规制类似太庙，安放康熙帝、雍正帝牌位，为该园最重要的礼制建筑。在皇祖、皇父灵位前，乾隆帝郑重宣布明年归政，不无自豪地要创造皇位更替的典范。他没有说明由谁来继位，也没提及训政一节，大约想的仍是把权力全都交出，倒是眼前的一大群皇子皇孙，使之不得不有所思谋。一个最现实的情况是：一旦自己成为太上皇，子皇帝继位，依照朝廷章服仪制，其他皇子皇孙等便会自动降格，要搬出皇宫，所有待遇皆随之改变。弘历不愿在有生之年看到这种状况，特谕：“明年归政后，所有诸皇子、皇孙以及曾孙、元孙仍在尚书房读书，应用冠服缰辔等项，俱着仍照现在之例，不必更改。”老皇帝对健康信心满满，表示还希望活过九十岁，看到第六代。“朕年登九秩，即可得六世来孙，亦当视元孙一例，岂不更为千古未有之吉祥盛事！”〔2〕

在我国的信史中，享国在位六十余年、年近九秩、五世同堂的皇帝，仅弘历一人。乾隆帝口含天宪，语出律随，命将此谕“交尚书房敬谨存记”，宣称后世若有享国绵长，举行归政典礼，为太上皇者，其皇子皇孙等亦如此例。

二、“躬亲指教”

六十年九月初三日，乾隆帝在圆明园勤政殿宣示恩命，立皇十五子永琰为皇太子，改名颙琰，以明年为嘉庆元年。谕旨很长，主要是回顾其归政的心路历程，以及选择和确定储君的种种曲折，最后讲到的是禅让期间与嗣皇帝的“分工”，曰：

> 归政后，凡遇军国大事及用人行政诸大端，岂能置之不问？仍当躬亲指教，嗣皇帝朝夕敬聆训谕，将来知所禀承，不致错失，岂非国家天下之大庆！至郊坛宗社诸祀，朕年开九秩，于登降跪拜仪节，恐精力稍有未充，不足以将诚敬，自应嗣皇帝亲诣行礼。部院衙门并各省具题章疏，及引见文武官员寻常事件，俱由嗣皇帝披阅，奏知朕办理，为朕分劳。[3]

哪里还是什么归政？哪里还有什么恋位不恋位？分明仍是乾隆帝位的自然延伸，只是增加了一个助手，名曰嗣皇帝。这就是乾隆帝经过深思熟虑的归政方略，与此前的说法有了很大不同，抓住最高权力不放，却也将朝廷事务的常规化管理，主要交给了颙琰。

此际的东西方世界，有两件事可堪注意：曾经的欧洲大国波兰被瓜分净尽，傀儡国王斯坦尼斯瓦夫二世于当月羞愧退位；而已经宣布归政的乾隆帝，则在抓紧禅让期间的顶层政治设计。十八日，军机大臣等奉旨议奏“丙辰举行传位大典”以及配套制度，颁发至京师各部院并各直省，主要内容关乎太上皇帝和嗣皇帝，大略为——

丙辰年嗣皇帝登极，颁发传位诏书一道，首先钤用“太上皇帝之宝”，次用“皇帝之宝”。

太上皇帝仍然称朕，所颁谕旨称为敕旨。

由起居注馆派员分别记录太上皇帝起居注和嗣皇帝起居注。

题奏行文，凡遇“天”“祖”等字高四格抬写，“太上皇帝”高三格抬写，“帝”高二格抬写。

太上皇帝生日称万万寿，嗣皇帝生日称万寿。

遇大祀，由嗣皇帝亲诣行礼。

遇有经筵、耕耤、大阅、传胪等各项典礼，届期奏请嗣皇帝循例举行。

遇太上皇帝、嗣皇帝生辰及掖辇巡幸地方，内外大臣恭递庆贺请安折，俱缮备二份呈递；其随奏事件请安折，俱照常缮备一份，呈嗣皇帝批阅。

外廷筵宴，奏请嗣皇帝恭奉太上皇帝御座，嗣皇帝侍坐，一切仪注临时具奏。

各部院衙门题本、改签、放缺、奏派等各项差使，俱奏报嗣皇帝批阅；各部院衙门及各省题奏事件，俱照常式恭缮“皇上睿鉴”字样，后书嘉庆年号。

御门听政，由嗣皇帝示期遵办。

乡会试、殿试、朝考、散馆及一切考试题目，奏请嗣皇帝命题考试。

陛见文武大员及新授道员、知府以上，俱折恭请太上皇帝恩训、嗣皇帝恩训。

对乾隆帝的归政方略，军机处从贯彻落实着眼，进行了细化。而一旦细化，便知老皇帝的思虑甚为周全，军国大事的决策权和大臣的任用权虽未放手，朝政的日常运行则交给了嗣皇帝，如是再过渡几年，即可放心交班了。弘历对江山社稷那强烈的担当和掌控意识，虽年迈而未稍减。在这一点上，乾隆帝很瞧不起那位刚六十岁就急匆匆举行禅让，把一大堆麻烦推给儿子的宋徽宗。

三、宁寿宫与养心殿

过了六十大寿之后，乾隆帝就开始考虑禅让后住的地方，谕令在皇宫东区兴建宁寿宫，为将来优游颐养之所，又将圆明园内的长春园指定为归政后所居。四十四年八月，宁寿宫正式竣工，乾隆帝看后非常满意，厚赏在事大臣等，再一次表示该宫作为“将来归政后颐养之所”。可知在相当长的时间内，弘历是希望归政后退居赋闲，静享清福，那才像个禅让的样子，也可以静享清福。

宁寿宫在紫禁城东路，文华殿侧后，是一组规制宏丽、装饰精美、花园雅洁、配套设施齐全的宫室。该宫也是前朝后寝，成为紫禁城中最为富丽堂皇的地方：首先是皇极门，门前有九龙壁，门内玉树琪花；向里经宁寿门，便是仿乾清宫建造的皇极殿，上皇原拟在此接受百官朝贺；再向后经宁寿宫，便到了寝宫区域，有费工六年、精心营造的“乾隆花园”，有读书的处所“寻沿书屋”，有观赏戏曲的畅音阁大戏楼，核心建筑则是乐寿堂，前为养性殿，后则颐和轩。如果说乾清宫和养心殿都还是前明旧物，这里则是全新设计和打造，处处呈现着乾隆中期的鼎盛气象。

自雍正朝开始，皇帝在紫禁城处理政务之所是养心殿，弘历继位后亦如此。该殿自成独立院落，养心门前有专用御厨，出遵义门向东穿过窄巷入月华门，即为乾清宫，向南出内右门为乾清门广场，军机处即在内右门西侧。养心殿西暖阁悬挂雍正帝御书“勤政亲贤”匾额，辅以对联“惟以一人治天下，岂为天下奉一人”。如果说紫禁城为大清天下的中心，养心殿当为中心之中心。当初弘历精心兴建宁寿宫，就是在为搬离养心殿做准备，而临近禅让之际，突然又有了改变。

颙琰立为皇太子后，受命移居毓庆宫，却要等到父皇于冬至斋戒后，再遵旨迁居。于是，皇太子继续住在东五所，与众皇子不同的是多了十名侍卫。此一安排或因维修工程未完，其实也兼有考察之义，乾隆帝通过各项典礼去检验，亦于日常细微处留心观察，看其成为太子后的种种表现。所幸皇储心智成熟，沉静谦和，处处表现得中规中矩。当年十一月十八日，距改元还有不到一个半月，有旨命颙琰迁入毓庆宫。

毓庆宫位于乾清宫之东，在斋宫和奉先殿之间，前后四进，正殿呈“工”字形，有穿廊连接前后殿，乾隆帝所题“继德堂”匾额悬于后殿正中。毓庆宫系康熙帝为太子允礽特建，结构精致，装饰亦考究。弘历做皇子时曾在此居住五年许，颙琰五岁时也曾与其他皇子皇孙一起居住于此，允称吉祥。

至此始令皇太子移入毓庆宫，还有一个不言而明的用意：归政后不会再做搬迁。果然，丙辰元旦改元，太上皇帝仍居住于养心殿。未见子皇帝恳切慰留，未见宠臣和珅之流进言劝说，全都用不着，就是太上皇帝改变了主意，而且说得振振有词，合情合理。举行授受大典之后，不知是怎么想的，上皇于当天下午前往宁寿宫，在花园殿宇盘桓流连，至乐寿堂，题写了这样一首诗：

> 丙申预作菟裘计，堂拟绍兴早勒铭。
> 日往月来忽廿岁，居今归政得耆龄。
> 付忧与子讵忘付，宁寿斯身敢即宁？
> 惇史百王相较量，独承厚眷赖苍灵。[4]

意思是：自己在二十年前就做好了禅让的准备，也为归闲娱老建好宫苑，今日终于归政，却还不敢忘记责任，不能把一切忧患压到子皇帝肩头，去宁寿宫享受安宁。

“菟裘”一词，出于《左传·隐公十一年》，后代称告老退隐之地，诗中指宁寿宫。诗间小注说得更清楚：“丙申葺宁寿宫，为倦勤后娱老之所，名此堂曰‘乐寿’，盖因宋高宗内禅后有‘乐寿老人’之号，见董其昌《论古帖》，是年有诗以名予志。幸荷昊苍眷佑，今岁丙辰元日已符归政初愿。自揣精力强健如常，子皇帝初登大宝，用人理政尚当时加训诲，何忍即移居宁寿宫，效宋高之自图安逸耶？”上皇一言九鼎，又提升到这般崇高境界，复谁胆敢再加议论？而富丽堂皇的宁寿宫建筑群，上皇不用，又谁敢搬入？同理，圆明园的长春园、避暑山庄的澹泊诚敬殿，上皇也是照旧使用，并不因归政迁出。

不搬离养心殿，太上皇帝曾说过是住惯了，“予即位以来，居养心殿六十余载，最为安吉。今既训政如常，自当仍居养心殿，诸事咸宜也”[5]。

为什么说“诸事咸宜”？据他自己解释，因为还要训政，若居住偏于一隅的宁寿宫，皇帝前往聆听训诲，大臣觐见请旨议事，都要跑很远的路，不搬就没有这些问题。上皇还表示，如果九十大寿后精力稍觉不济，即当迁居宁寿宫，“以享大年闲静之乐”。

第二节　微妙的盛典

因为弘历要举行禅让，由是产生了一系列的盛典，如授受大典、新帝的登基大典、册立皇后之典等等；也是因为要进行皇位的内禅，所有这些典仪都显出几分微妙，显得敏感和复杂。在超过六十年的漫漫岁月里，大清帝国只有一个中心，而今却像是有了两个，至少是多了一个副中心。臣子虽还是那一帮老臣，表面上固然任职如常，内心则不会不起一些变化。包括第一宠臣和珅，应是多数典礼上的重要人物，是活跃角色，心中必也不停地盘算着未来。

作为管理礼部事务的内阁大学士，所有的典礼都少不了王杰的参与，更准确地说，是他与礼部等官员主要承担着策划、筹备与实施的全过程，谢天谢地，总算一切顺利，没出什么乱子。

一、授受之典

嘉庆元年元日，是紫禁城双喜降临的一天，既要举行禅让的授受典礼，又要举办新帝的登基大典。一切都依照事先拟定的程序进行：当天中夜时分，老皇帝即起床，往宫中各佛堂祭拜祝祷，然后到西弘德殿用膳；接下来率皇太子往奉先殿和堂子，祭告列祖列宗；太和殿、太和门直至午门外盛陈卤簿，殿前平台摆设雅乐，禅让大典在太和殿隆重举行。

整个典礼似乎有几分沉闷。阿桂、和珅、王杰等枢阁大臣肃立于殿檐之下，满蒙王公及众臣分文武两班，由殿门排向陛阶之下，各藩属国使臣也挨次站立。臣子们应能理解老皇帝的复杂心境，一切肃穆平静，人人表情凝重，不见欢欣喜悦。禅让大典简短郑重：皇太子由礼部官员引领往养心殿，迎接父皇法驾到中和殿，然后从后门进入太和殿，皇帝升座，皇太子一侧侍立；静鞭响起，“丹陛大乐作，奏庆平之章”，颙琰被引至宝座前跪拜，而后起身肃立；大学士跪读表文，颙琰挨近御座跪下，从父皇手中郑重接过“皇帝之宝”玉玺，小心翼翼，转交给右边侍立的大学士，放至御座右边的几案上；此时的颙琰已是当朝天子，举止却益发谨小慎微，由大学士导引重回拜位，率王公大臣和文武百官再行三跪九叩大礼。至此，大典完成，“中和韶乐作，奏《和平之章》，太上皇帝还宫”。而颙琰在送回父皇后更换礼服，御太和殿行登基典礼，再次鸣鞭奏乐，宣表官宣读表文，接受王公大臣及外藩各国使臣行九叩礼。礼部和鸿胪寺官员登上天安门楼，恭宣太上皇帝传位诏书。该诏延续了乾隆帝喜欢的铺张文风，枚数文治武功与嘉惠苍生，夸耀才智英明，顺便也夸了几句皇太子秉性谦冲。

宝玺是皇权的象征。至高无上的“皇帝之宝”已经授予新天子，如何体现太上皇帝的尊威？弘历早有安排。平定回疆之后，和阗良玉源源运京，乾隆帝亲加挑选，“其玉色与五朝册宝相符者，均编为‘庙字号’，俟后有举行册宝入庙之事，概用此玉，以昭画一；其玉色较白而未能一律者，另编为‘喜字号’，将来朕归政后嗣位皇子，崇上尊称，即将此玉成造册宝”〔6〕。细味此一段文字，喜字号玉色洁白，比庙字号品质更为优良。数月前册立皇太子时，老皇帝就曾专发上谕：

> 朕归政后，应用喜字第一号玉宝，镌刻“太上皇帝之宝”，玉册即将御制“十全老人之宝说”镌刻，作为太上皇帝宝册。〔7〕

据此，军机处拟定了新的用宝制度，从嘉庆元年起颁发诏书，首先钤用“太上皇帝之宝”，然后再用“皇帝之宝”。

二、皇极殿开千叟宴

禅让的第四天，宁寿宫就派上了用场，太上皇帝由嗣皇帝陪侍出御该宫皇极殿，隆重举行千叟宴。所谓千叟宴，乃形容与宴老者众多，并不限于千人之额。康熙五十二年举办首届千叟宴，在畅春园三次大摆筵席，每次都在两千人左右，与宴者总共超过六千六百人。乾隆帝仿效祖父，在继位五十年时于乾清宫设宴，年满六十岁以上者三千人与宴。此次再开盛宴，弘历已是八十六岁高龄，又值禅让传位之后，能不隆重其事！

举行千叟宴之日，一向清寂的宁寿宫热闹非凡。太上皇帝赐亲王、贝子、蒙古王公、台吉及大臣官员年六十岁以上，普通兵民七十岁以上者三千人与宴，朝鲜、安南、暹罗等国及回部贡使，躬逢其盛，亦参与了皇极殿的宴集；还有全国各地赶来的五千余人，实在是坐不下了，命有司赏赐寿杖、如意、银牌等物，也是一份难得的荣宠。据内务府《御茶膳房》档案记载，大宴共设八百桌，按照事先拟定的次序，由殿内、外廊、平台、丹陛两侧，一直排列到宁寿门外花园。待太上皇和嗣皇帝出场，顿时鼓乐齐鸣，众人跪迎，嵩呼万岁，怎不让老皇帝心潮澎湃！

千叟宴的主打菜是火锅，既是满族人传统的饮食习俗，也适合超大型宴会的备料和配送，更显得一派热气腾腾。大宴具有很强的礼仪色彩，进茶，进酒，进馔，次序井然，穿梭于各桌间服务的是宫中侍卫，个个衣甲鲜明，人人仪态恭谨。一品大臣和九十岁以上老人依次被引领到御座前，太上皇亲递卮酒，举杯共饮；又命皇子、皇孙、皇曾孙轮桌敬酒。整个宴会洋溢着祥和喜庆，出席之人各有赏赐，官员除外，兵民满七十岁者赏十两重养老银牌一面，满七十五岁者赐十五两重银牌，满八十岁者赐二十两重银牌，八二五岁者赐二十五两重银牌，九十岁以上赐三十两重银牌。其中有一位福建进士郭钟岳，曾在乾隆帝南巡时受到赏赐，时年一百零四岁，特旨邀来与宴。高寿民人如一百零六岁的熊国沛、一百岁的邱成龙，敕谕赏给六品顶戴；还有一批九十岁以上老民，皆赏给七品顶戴。王杰的大哥王濬已逝，二哥王澈时年八十岁，也从家乡赶到京师，参加了这次盛宴，获赏银牌、缎匹、鸠杖等物。王杰做事谨慎低调，大约不会邀请哥哥来京，应是王澈自己动的念头，地方官也会予以推助。

银牌上有如意祥云、福山寿海图案，正面镌铸“太上皇帝御赐养老”，背面刻“丙辰年皇极殿千叟宴”，不仅本身具有非凡的纪念意义，持有者还可在当地衙门领取一定资费，怎不让这些老者开心？

太上皇帝也显得很开心，即兴赋诗一首：

归禅人应词罢妍，新正肇庆合开筵。
便因皇极初临日，重举乾清旧宴年。
教孝教忠惟一笃，曰今曰昨又旬延。
敬天勤政仍勖子，敢谓从兹即歇肩？〔8〕

弘历最擅长以政事入诗，夹叙夹议，从皇帝做到太上皇帝，仍是诗兴盎然。子皇帝颙琰当然能读懂老爹的诗，那就是皇位可让，大权暂且不交。

两天后，京师突然奇寒无比，连不少树木都被冻死，那数千名外地来京的老人怎么度过？有没有悲惨事件发生？史页无载。王杰的二哥似乎也病了，就在弟弟家中住下来，一住便是一年多，次年八月病逝。《葆淳阁集》对此事没有记述，而《韩城王氏宗谱》于第七世王澈小传中写道：“嘉庆元年曾赴千叟宴，蒙恩赐银牌、大缎、鸠杖、绸纱、荷包”，“公卒于嘉庆二年八月十六日子时，因弟杰赞襄黄扉，上推恩赏给广储司库银二百两，经营殡事”〔9〕。由此可推测王澈并未回乡，而原因应在于患病，否则便不会得到圣上（不能确定是太上皇还是嗣皇帝）赏给治丧银两。王杰的大哥是在家乡去世的，就没有这份待遇。

举办千叟宴半个月后，朝鲜进贺使李秉模至圆明园行礼，和珅宣读太上皇帝谕旨：

朕虽然归政，大事还是我办。你们回国，问国王平安，道路辽远，不必差人来谢恩。[10]

朝鲜使臣记录下这些文字，却没记录和珅还说了些什么，应是什么也没说。有了这段最高指示，原也无须多说了。

三、册立皇后之正使

正月初四日，即与举办千叟宴同日，在太和殿举行了另一场重要典礼：皇太子妃喜塔腊氏被册立为皇后。

喜塔腊氏，满洲正白旗副都统、内务府总管额尔经额之女，乾隆三十九年被册为永琰的嫡福晋，二十余年间伉俪情深，育有二女一子，子绵宁即后来的道光帝。去年九月颙琰被册立为皇太子，喜塔腊氏成为皇太子妃，军机大臣议奏皇太子应行仪制，其中也有关乎太子妃的条款：班次在诸皇子福晋之前，站立在内廷主位前，出行帷车用金黄色，饭费增加一倍。总之，一切都与普通的皇子福晋大大不同了。喜塔腊氏淑慎温婉，丝毫未见傲骄之相，与夫君一样的敬谨内敛，堪称贤内助。

册立中宫本来是皇帝的事，由于禅让时期的特殊性，便由上皇发布敕旨，成了"上奉太上皇帝命"册立当朝皇后。王杰为册立典礼的正使，多永武为副使，持节，捧册宝，册立嫡妃喜塔腊氏为皇后，宣读敕旨，曰：

太上皇帝命皇帝御太和殿，宣敕册立嗣皇后，册封贵妃、妃、嫔如仪。皇帝钦奉太上皇帝敕曰：抚临万国，先占家吉之贞；表率六宫，宜正坤元之位。遵睢麟之王化，仪辅孚邦；布穜稑于天宫，职崇修壸。尔皇太子妃喜塔腊氏祥传渭涘，淑著河洲，珩璜习虞汭之容，褕翟谨周门之则。分荣少海，方宠命之司承；佐治内朝，尚徽音之克嗣。庆际十全之岁，肃肃鸡鸣；欢承五福之堂，莘莘螽羽。兹以皇帝嗣位初元，是用立尔为皇后，锡以金册金宝。[11]

短短一段敕旨中，于开首、中间和结尾三次提到奉太上皇帝之命，可谓周慎，不知是否出于王杰的手笔？

册立中宫仪，为礼制中嘉礼之一，各朝均极为郑重，先期要至奉先殿告祭，要祭告天地和太庙，当日则百官序立，宣制授宝，仪节隆重繁复。康熙十六年册立孝昭仁皇后，还补行了大婚礼中的纳采等项。嗣皇帝颙琰在册立中宫的当日，因正值太上皇帝在宁寿宫大办千叟宴，两头奔忙，主要照顾的是父皇的大宴，看看差不多了才遵父命离席，匆匆赶到太和殿册立皇后。百官大都在宴饮中，现场仅有王杰与礼部等少数官员，程序上大为省减。而仪式结束后，还要将皇后送至坤宁宫，“正使持节前行，副使随行，由中阶下，奉册宝置各亭内，礼部官前导，校尉舁亭，亭前张黄盖，列御仗，由中路行，自太和门出”〔12〕，经协和中门、景运门一路前往。正在行进中，适遇太上皇帝宴讫回养心殿，帝后二人连忙奔趋銮驾前，敬谨行礼。

同日还册封了三位妃嫔：由礼部尚书德明为正使、礼部右侍郎周兴岱为副使，册封侧妃钮祜禄氏为贵妃；由礼部尚书纪昀为正使、内阁学士扎郎阿为副使，册封刘佳氏为諴妃；由礼部左侍郎铁保为正使、内阁学士那彦成为副使，册封侯佳氏为莹嫔。待典仪完成之后，新帝新后率妃嫔一起到养心殿叩见上皇。〔13〕

第三节　苗疆之殇

在一年之前，乾隆帝以为大军一到，苗疆之乱就会迅速敉平，绝对想不到竟会拖到禅让之后。嘉庆元年到了，福康安与数万将士仍在湘贵川的崇山峻岭间艰难作战。苗变首领剿除难尽，各地的苗民反清活动此起彼伏，刚解围的永绥厅又被袭扰围困，而石三保、石柳邓等会聚平陇，又形成新的抗清基地。官军的敌人不仅是悍不畏死的苗众，还有弥漫在山谷溪涧的瘴疠之气，将士丧亡相继，军队士气大受影响。乾隆帝虽没有责备，福康安已深自不安，督兵昼夜进剿，同时请求再增加两万援军。

一、将星陨落

苗疆战事已进入第二阶段，苗众由大举攻袭变为躲避和滋扰，官军则由解除围困、打通道路转为深入清剿。倡议举事的几个苗族首领，吴半生被捕丧命，吴陇登投降，吴八月被出卖，只剩下两位石姓头领，率部辗转于深山之间，聚散不定。福康安得知二人在平陇，督兵分路急进，攻克石卡木城，进占军事要地廖家冲，乾州与平陇“远近在望”，正要一鼓作气发起攻击，忽然天降暴雨。这位大帅正在病中，仍严令前军不得稍停，不给残敌以喘息之机，全力冒雨破敌。

五月十二日，石三保在永绥与保靖交界的哄哄寨被捕。该寨是苗族和土蛮错居之地，所谓土蛮，即当地土司的遗民，在苗民起事后各寨组织自卫，不许叛苗进入。见清军大队逼近，石三保与石柳邓计议，认为两人都在平陇易遭受歼灭性打击，便自领少数亲信退守六都，形成呼应之势。三保为不暴露目标，随行人员很少，被土蛮龙子贵等诱至坳溪，突然见官军四面拥来，已是插翅难逃。他是苗变最重要的领袖之一，有威望和号召力，又善于使计，清军视之为心腹大患，捕获后立刻飞章报捷，并将之解往京师。

如此重大捷报，自是由驿路六百里急报。细心的湖广总督毕沅接到江陵驿递来报单，见报匣系和琳单衔奏进，大吃一惊，“正在揣疑，适接辰州禀报，据称福贝子猝染危疾，竟已不起”[14]，急向朝廷奏报。而和琳奏匣中，正是有关福康安在前线病逝的奏本：

> 福康安自前月下旬，曾向臣言，胸膈微觉胀闷，不思饮食……初三四等日，攻剿廖家冲、连峰坳等处，均与臣照常调度，亲临前敌，督兵打仗，并不露病。及至初五日以后，偶患泄泻，日夜

> 十余次及二十余次不等，稍觉头目眩晕。臣复力劝赶紧医治，福康安仍以不过偶染时气，军营又无良医，不肯服药。经臣及额勒登保、德楞泰等再三相劝，始服制就之藿香正气丸及六合定中丸数次。至初八九等日，泄泻稍止，但胸膈郁结，饮食不进。臣昼夜相伴，察看光景，见其面貌黑瘦，精神顿减，即一面飞札于铜仁、秀山等处飞调医生，到营诊视，一面即拟据实具奏。福康安闻知，向臣力阻，以为军行紧要，正当圣心宵旰操劳，万不敢以犬马微疴，上烦圣虑……十三日早晨，勒保因催攒粮运，在欙木营一带闻福康安调医治病，即赶至大营看视。臣等共同斟酌，复劝进煎剂，而福康安胸膈已经不受，神情变更，呼吸顿微，四肢厥逆。自知不起，紧握臣手，惟云受恩深重，此次出师未能及早竟事，仰舒垂廑，实属有辜委任，涕泣不能成声。谆嘱臣认真料理军务，早靖苗疆，勉酬圣慈高厚，并具折恭谢天恩。延至酉刻，竟尔溘逝，实出意料之外……[15]

素来身体强健、精力充沛的福康安，竟这样遽然辞世！年仅四十二岁的他，是当朝最重要的领兵统帅，乾隆帝倚为干城，凡有重大军务，必令其统领前往，所至皆不负使命。没想到竟然在小小的廖家冲，被瘴气夺去生命。

捷报与噩耗相携而至，乾隆帝正在前往避暑山庄的路上，闻讯不胜震悼。将星陨落，太上皇心中非常难过，对活捉石三保已毫无喜悦，乃至于解到京师后即令诛杀，连审讯都免了。五月二十八日，上皇和皇上对福康安之逝专发谕旨：《清仁宗实录》卷五所记甚简，只有“晋赠郡王衔”之类，想是颙琰亲政后命人删削，当日必非如此；而上皇则备极痛惜，“涕泗不能自已”，“心绪焦烦，不忍详晰批谕”，命和珅以家信描绘此情，寄予和琳。当天稍晚时分，上皇作《闻贝子大学士福康安在军营病故诗志悼惜》，有“自叹贤臣失，难禁悲泪收”句。[16]

在谕旨中，上皇历数福康安所建功勋，悼惜之情溢于言表，并决定追赠福康安为郡王，赏给内币一万两治丧，赏盖陀罗经被，赏建专祠，连同他的父亲和儿子，都加以追赠与恩赏。上皇还表示，等到福康安灵柩入城治丧时，一定要亲往祭奠。

二、再失重臣

当苗疆的变乱愈演愈烈时，乾隆帝部署三路围剿，四川酉阳方面由正要回京的孙士毅坐镇，署四川总督，等新督和琳到后再回京。孙士毅闻警驰赴秀山，督兵把守通往湘黔的山口，缉捕潜来联络煽动的苗人，很好地稳定了四川邻近地区。待和琳统兵进至松桃与福康安会师，孙士毅则受命料理后路，保障粮饷军火，并堵御苗兵向川境的游动。

这一年的孙士毅已然七十六岁，身任文渊阁大学士，兼礼部尚书，真正的高龄重臣。他与王杰为同榜进士，列于二甲第四名，亦在进呈考卷的前十名中，开始时却没被皇帝看上，未入翰林，“以知县归班待铨”。新科进士的首选是进庶常馆深造，其次分配各部院任职，较差的才是担任知县，又分为即任和待铨。待铨就是要等待空缺，往往一等就是好几年，王杰的门生汪辉祖就是例子。孙士毅较为幸运的是，乾隆帝在次年南巡时发现了他，“召试第一，授内阁中书，洊升侍读”〔17〕。此人精强练达，办事结实，居官也清廉，虽在官场栽过几个跟头，总能够迅速起复。征讨廓尔喀之役，孙士毅亲自带队督运，与福康安、和琳合议西藏善后，助成大功。大概因性格差异，他与同年王杰并不亲近，与和珅的关系倒较为热络。苗疆出现叛乱，福、和、孙再度合作，多少能看出和珅的政治运作之痕。

元年五月，苗变未定，白莲教又突然在湖北起事，迅速蔓延到四川酉阳等地。孙士毅受命与湖广总督福宁会剿，率兵急进，在大雨中夜袭教众大营，斩杀首领，追奔四十里。教众退据旗鼓寨，士毅麾军进逼，团团围定。而他已染上瘴疫，勉力支撑，福宁前来会商军务时一见大惊，劝他到后方治病，并急奏朝廷：

> 臣于六月初二日，亲赴红岩堡与孙士毅会商一切，见孙士毅脸面羸瘦异常，精神十分委顿……臣察看情形，实有难以支持之势，即商之孙士毅自应据实具奏。孙士毅再四阻止，并云自问尚可勉强支撑，若果将来病势沉重，不妨再行入告。臣复详问孙士毅，万一将来一时未能痊愈，此间军务重大，应令何人接管等因。据孙士毅云：如果不能痊愈，平块现有将军观成在彼防守后路，尚无紧要事件，即可嘱令观成前来接手办理。我即仍回平块，照料后路。倘观成一时不能脱身，则令诸神保防守龙山，嘱臣移驻红岩堡军营，两面夹攻……[18]

又是一个大臣在前线染病的场景，情形真切。对大清王朝而言，孙士毅真也近似诸葛亮的“鞠躬尽瘁，死而后已”了，患病如此，仍坚持在军中指挥，拒绝离开前线。仅仅半个月后，福宁又来到红岩堡大营，孙士毅已是一会儿清醒一会儿糊涂，见到他除流泪以外，连话也说不出。福宁派员飞告和琳，并将孙士毅送往平块救治。然瘴气之恶，在于救治无术，六月二十一日凌晨，孙士毅死于途中。

苗疆领军的三大员，至此只剩下川督和琳，得知消息后令观成前往接掌军务，同时飞奏朝廷。大任在肩，和琳不能从前线分身，亲自去为这位前辈知交送行，只有委派属下妥善盛殓，护送灵柩回京。对孙士毅的病逝，太上皇也是深为悲悯，追赠公爵称号，让其孙承袭伯爵，并命前往劳军的丰绅殷德就近迎接祭奠。老皇帝还特地提道：据军机大臣奏，孙士毅生前曾表示想要入旗，兹准其所请，待乃孙服满之后，允许入籍汉军旗。[19]转达孙士毅此一遗愿的，正是和珅。

三、和琳之死

福康安在军营病逝，和珅应不会有太多的悲痛，去掉一个强有力的竞争对手，且在苗疆大功垂成之际，由弟弟和琳独领军务，岂非天大之好事！而他在上皇跟前的表现，必也是痛心疾首。太上皇谕旨中，特别说明要“派固伦额驸丰绅殷德迎往奠醊”，这位固伦额驸正是和珅的儿子，一同前往的有福康安之子德麟，还带着和琳之子丰绅宜绵。这样的安排，既显示和大人与福康安两家之亲近，也见出运作搭配之苦心。按照乾隆朝的用人行政模式，丰绅殷德等人极可能是一批未来政治之星。试想，让哥几个集体去一趟前线，再东鳞西爪地弄几项军功，上皇和新帝必会留下深刻印象。

七月二十日，丰绅殷德等在沅州肃迎福康安的灵车，代表朝廷隆重赐奠，然后由德麟扶榇回京。老和家的两个第二代，则辗转前往湘西大营。丰绅殷德的身份是固伦额驸，又是当今皇上的妹夫，能来军营慰问，自是极大的鼓舞。和琳专折奏闻，先是例行的感激涕零之类套话，接下来便有点儿意思，写道：

> 兹丰绅殷德带同丰绅宜绵，于本月二十六日由河溪来至大营，并奉到恩赏亲佩荷包一个。奴才当即敬谨望阙跪领御赐，率领阖营文武恭请圣安。详询丰绅殷德，敬悉圣躬强固，精神颐养，行健如常。奴才积年依恋蚁私，藉以稍纾万一。[20]

语义含混，不知是说太上皇，还是说新登基的皇上？最后称“伏祈皇上睿鉴”，似乎是奏给新帝，当也一语双关，两个皇帝都有所兼顾。在这里，恩赏的亲佩荷包，应是嘉庆帝所赐；而所谓“圣躬强固”云云，分明指的是太上皇。

看来和琳大帐中也颇有文章高手，以下一段文字更妙：

> 又据丰绅殷德告称，前于途次曾经具折奏请留营，未得上蒙俞允，下怀惴惴靡宁。兹复向奴才再三言及，情愿在营勉力巴结，学习军务，恳为再行代奏。在奴才一门备承荣宠，丰绅殷德又当年力富强，即令随营奔走，亦属分所当为。第念刻下苗疆将次蒇功，即楚北教匪亦已剿捕过半，可毋须丰绅殷德在外耽搁，自应即令

> 回京趋侍左右。至丰绅宜绵自蒙恩赏给差使以来，并无丝毫出力之处，本应令其经历行阵，奋勉打仗，但现在已届军务将蒇之时，亦毋庸在营久住。应令丰绅殷德仍带同丰绅宜绵回京供职。

一番话绕来绕去，说到底，就是不想让侄子和儿子留在军营。丰绅殷德受命往湖南接灵和赐奠，理所当然会想到留军营效力，和珅或也想让儿子在大功告成之际摘摘桃子，以故令其途中即上疏，呈请留于军中。然和琳深知湘黔战场之险恶，光是疫疠之气就夺去许多将士的生命，坚决让子侄回京。两兄弟在湘西大营仅住了十二天，孙士毅的死，使和琳一天也不想让二人多待了。

清军的主要麻烦，已不再是散乱无序的苗军，他们虽有鸟枪火铳、毒箭长矛，却无法抵御朝廷的精兵；也不是湘黔苗疆险峻的地形，山高林密，峭壁悬崖，加上深邃隐曲的大小洞穴，这些均挡不住经历过金川、廓尔喀之役的大军。清军从将帅到士卒，杀气尚在，士气尚在，克敌制胜的意志和愿望尚在，而遇上的克星，则是峰峦沟壑间那如雾如烟的气体，即瘴疠之气。兴兵以来，不少官兵染上和死于疠疫，其来也悄无声息，一旦发作则迅猛异常，胸闷，咳嗽，泄泻，很快就不可救治。乾隆帝曾特赠药丸，一则数量有限，二则疗效一般。死神扑扇着黑色的翅膀，四月初二日，先攫取安笼镇总兵那丹珠，五月是福康安，六月是孙士毅，现在又轮到了和琳。

着急忙慌地送走侄子和儿子时，和琳已觉出苗头不对，几天后症状出现，像是偶然感冒，浑身无力。和琳何等精细，立刻怀疑自己“恐系时气所侵”，抓紧服药调养，似乎有所好转，又陡然转重。湖南巡抚姜晟恰好来商量苗疆善后事宜，将和琳临终情形驰奏朝廷：

> 乃自二十日以后，转变成痢，神气渐露委顿，并言胃脘及腋下均有气块，向上咳逆，饮食不进。遂又加紧医治，不能见效。及至二十六七等日，水粒不沾，气逆作痛，病势日重。延至三十日巳刻，竟至不起。臣当即会同额勒登保、德楞泰妥为含殓。[21]

又一颗将星陨落。和琳曾在福康安出兵廓尔喀时参赞军务，办理军需，后任驻藏大臣，彼时条件不可谓不恶劣，也挺了过来，没想到折在苗疆，死在变乱即将平定之际。

和琳比哥哥和珅小三岁，与四十二岁的福康安皆在盛年，皆被太上皇视为国家栋梁，视为留给嗣皇帝的辅国重臣，未想到数月间接踵而去。两人灵柩抵京，朝廷隆重举行合祭，太上皇帝坚持亲临致祭，并再次赋诗缅怀：

双忠烈柩返京都，违众议临赐奠殊。
左右手如失我已，恲懞恩尚赖天乎？
深怜未得成功见，细笇惟思善后谋。
永靖苗疆非易事，顾今皇帝听聪图。[22]

老皇帝命将二人配享太庙，入昭忠祠、贤良祠，复命为二人修建专祠，可谓备极哀荣。而赋诗悼惜之际，不忘教育已然当了皇帝的儿子，要求他好好采纳能臣的建议。而跟在身后的嗣皇帝颙琰，必也是频频点头。

第四节　白莲教狂潮

内阁大学士孙士毅之死，虽也由于感染瘴疠，距离苗疆很近，却是另一场战役——围剿新起的白莲教教军，与福康安、和琳的作战对象有所不同。

此时的清朝天灾人祸相连，官场的贪赃枉法、草菅人命甚于天灾，许多社会矛盾在酝酿积聚。苗疆之变尚未彻底平定，白莲教已在相邻的湖北揭竿而起，数省教众竞相响应。其中一支向湖南、四川方向游动，已接近苗乱之地，孙士毅与福宁率兵两面截杀，将教军围困在旗鼓寨一带深山中。士毅卒后，福宁与观成攻破敌营，一次竟残忍屠杀两千多降卒。杀降阻不断穷苦百姓的反抗之路，白莲教的叛乱已势不可遏。

一、襄阳城的除夕

自清代中期开始，地方官府报告的各种秘密会社，除天地会外，大多数都出于白莲教的分支。该教时隐时现，化身各种名目，以故弘历多年来一直将之视为心腹大患。就在苗疆事起之际，他还专发谕旨，严命继续加紧缉拿白莲教要犯刘之协，其实此人充其量起了些穿针引线、煽风点火的作用，算不得白莲教的大角色。刘之协是安徽太和人，读过点儿书，能说会道，曾在襄阳、樊城等地经商，参加了樊明德、刘松创立的混元教。该教于乾隆四十年起事失败，樊明德被杀，刘松被解送甘肃服苦役。刘之协赶往苦役地与刘松密会，改名三阳教，推举刘松为老教主，编造刘松之子为弥勒佛转世，加上什么明朝嫡派“牛八”等名目。襄阳人宋之清本有一伙子信徒，一起加入三阳教，并与刘之协一起前往拜见刘松。宋之清归来后大肆传教收徒，齐林、伍公美等入教，然后各自收徒传授，聚集徒众越来越多。

五十九年夏，襄阳的传教活动被官府侦知，宋之清、王应琥以及流放中的刘松、樊学鸣等一大批教首与骨干被捕，刘宋被凌迟处死，其余十九人斩首枭示。刘之协靠着教徒掩护，几次与前来抓捕的官兵擦身而过，吓得灵魂出窍。苗变突发，湖北等省官军多被调往湘黔，襄阳白莲教首领见当地防御空疏，密谋起事，多次与刘之协商量，均被推搪拒绝，后勉强答应下来，又以往河南联络教众为由匆匆离开。刘之协玩失踪，襄阳教众仍旧密谋暴动。有记载说齐林躲过了上次的大搜捕，潜伏下来，并秘密联络各省教首，筹划起事。

襄阳既是府城，又是湖北安襄郧荆道驻在地，地方官能觉察到危险的逼近，可就是得不到实情。乾隆六十年除夕夜，官府侦知十字街上有人分发石子与土，询问何意，谁也不说。襄阳知县张翱颇为精明，与衙内一位老书吏多年相交，约至内室深谈。老书吏感念上司真诚相待，告知发土是为了和酒盟誓，某日教众将攻城，劝他先把眷属送到城外安顿。张翱再三询问谁是头领，老吏绝口不吐，只说：事已至此，不必再问，我也入教了。张翱顿时变脸，喝令亲从严刑拷讯，始交代出襄阳大捕头齐林，承认自个儿就是齐林的军师，也参与了密谋。

见事情紧急，张翱连夜奔告新任襄阳知府胡齐仑，总算遇到了一个有决断的人。胡齐仑曾任京师西城兵马司副指挥，精悍强干，屡次拿获盗犯和逃兵，甚至主动到辖区外捉拿人犯，升湖北蕲州知州，本年再升为襄阳知府。胡齐仑与张翱一起去找道员王奉曾，三人深知各衙门中多有信教之人，驻防绿营兵也不可靠，各自召集亲从员弁，再加上三百名驻防回兵，立刻关闭城门，大肆搜捕。这是一步险棋，王奉曾素性懦弱，唯仗胡齐仑计事周密，行动又快又狠，抢在教众之前下了手。而白莲教襄阳教首齐林有些大意，教徒多在城外，城内仅数百人，各零散居住，被按名捉拿，几乎没有人躲过。

由除夕之夜直至正月初三，京师正举行授受大典，数千里之外的襄阳则是闭城大索，将一个盛大节日变得血雨腥风。胡齐仑等人深知处境险恶，一概不留活口，所有被捕教徒都被迅即杀害。齐林被杀后，头颅悬于城墙小北门，以儆效尤。

二、变乱蜂起

嘉庆元年的干支为丙辰，是乾隆帝特为举行内禅让选定的年份。有意思的是白莲教各路首领商定的起事日期，也是丙辰，而且具体到“辰年辰月辰日”，即嘉庆元年三月初十日。三辰谓日、月、星，“昭昭若三辰之丽于天，滔滔犹四渎之纪于地”，看来秘密会党中也有读书人啊。

襄阳城的成功抓捕与大屠戮，使官府松了口气，却不知并未起到吓阻作用。齐林为人慷慨有豪气，在教徒中威望很高。姚之富为齐林徒弟，足智多谋，被教众称作“老师傅”。而王聪儿十六岁嫁与齐林，不几年便成为丈夫的得力助手。齐林遇害后，王聪儿剪发立誓，素衣白马，与姚之富凝聚教众，决意要为夫报仇。襄阳成了白莲教各支派联络的中心，各地教众积极筹备，商定共同举大事。

最先的暴动发生在枝江、宜都一带。刚入正月，官府就侦知教徒打算闹事的信息，派人缉拿。首领张正谟等被迫提前起事，周边数县教徒纷纷响应，长乐、长阳、东湖、远安所在皆乱。可笑可悲的是当阳知县黄仁，平日追查白莲教甚严，闻知教民起事，紧急召集所属吏役捕快布置镇压，岂知这些人多数已入教，对黄仁早就切齿痛恨，将他拿下祭旗，教军大举拥入城门。当阳是教众占据的第一个县城，城中竖起元帅旗，制造大炮火药，囤积粮食，整顿兵马，准备迎击官军。时在嘉庆元年二月。

湖广总督毕沅急调大军前来，张正谟率教众抵抗，交战不利后退居灌湾脑。这里山高路险，附近教众纷纷来归，迅速聚集起一万多教军，设卡埋雷，与官军殊死厮杀。湖北巡抚惠龄督官军几次进剿，始终心存忌惮，不敢轻进。一波未平，施南府的来凤又闹将起来，杨子敖反于小坳，谭贵反于旗鼓寨，知县庄纫兰率兵前往堵拿，交手时不敌而死，教众乘胜占领来凤县城。几乎同时，郧阳、宜昌白莲教徒纷纷暴动，冲州劫府，渐成燎原之势。毕沅提出“分头扑灭，以速为贵”的建议，朝廷即命分片包干，督责各地官员合击，白莲教却是此起彼伏，“忽分忽合，忽南忽北”，总也不能扑灭。翻开《清仁宗实录》，常可见长长的谕旨，连日皆有，多数出自太上皇帝，措辞严厉激切，前线领兵大员则是各有苦衷。

三月初十日凌晨，姚之富、王聪儿率襄阳教众起事，屯集于黄龙垱，旗上大书“替夫报仇”。襄阳是白莲教的大本营，也是该教最早被残酷镇压之地，复仇情绪最为强烈。教军气势甚盛，先焚毁吕家驿，掠樊城城郊，接着直扑襄阳城。由于城高墙厚，城内官兵早有预备，教军内应已被肃清，攻势受挫。姚王还分兵一路挺进武昌，与当地教众会合，一举攻占孝感，杀死两名参将，省城赶紧戒严。

六月，弘历命回京述职的乌鲁木齐都统永保折向前线，总统湖北军务，形势略有转机。七月，毕沅克复被教军占据半年多的当阳县城。八月，福宁等剿平来凤教军，惠龄攻克灌湾脑，枝江之乱平定。九月，襄阳西路教军在叶家店大部被歼，东路亦接连失利，转入河南。可也就在这个月，四川教众大起，徐天德在达县亭子铺造反，王三槐、冷天禄等在东乡呼应，各聚党徒一万多人，贵州的清溪也有响应。教徒中有不少参加过金川之役的老兵，作战勇猛且奇招迭出，不断攻袭清军，先是小打小闹，后来竟然在夜间劫营。安溪镇总兵花连布、重庆镇总兵袁国璜乃镇压苗变的悍将，皆死于教军手中。

及至岁末，四川巴州又出了大乱子：罗其清、苟文明等打出反旗，附近数县一时并起，光是头领就有几十人。此地教众勇悍异常，围打巴州，攻占东乡，成都副都统佛住也被杀死。巴州属保宁府，与陕西相连，距湖北亦不远，三省教众很快连为一体，声势更显浩大，令朝廷震惊。嘉庆，是乾隆帝为儿子特选的年号，寓意甚美。可在这样一个元年，实在是无“嘉”可庆。

三、王聪儿

嘉庆二年（1797）夏天，湖北襄阳教军杀出重重围困，在四川东乡与白莲教各部大会合。在朝廷和领兵大员眼中，王聪儿、姚之富为白莲教最重要的首领，所率襄阳教军也最为强大，“尤为众恶渠魁”，“同教匪犯妄称为总教师，到处蜂起附和”〔23〕，是以对他们转移往川东颇为紧张，调动大批部队，尾追而至。

四川教军后来居上，以黄、白、蓝等旗色分号，多点开花，势头很猛，一上来就击毙袁国璜和兴安总兵何元卿。二人素称骁将，居然敌不住一帮子草民，官兵震恐。而白莲教缺少一个众望所归的领袖，也缺少统一的指挥协调，各路教军自成山头，自画区域，虽有一些协同行动，更多的则是单打独斗。襄阳教军转战川东，数万人拥挤在一处，吃住用度都要取之于当地百姓，很快便出现种种问题，不得不辗转杀回湖北。

湖北教军也开始分号，王聪儿、姚之富等统领襄阳黄号，高均德、张天轮统领襄阳白号，张汉潮统领襄阳蓝号。王聪儿作为总教师齐林遗孀，在教众中较有号召力。她虽然年轻貌美，却是悍勇善战，“每临阵，戴雉尾，衣红锦战袍，于马上运双刀，矫健如飞，所向无敌”〔24〕，是整个襄阳教军的一面旗帜。至于制订攻掠策略，则有心机缜密的姚之富，变诈迭出，搞得清军防不胜防。

八月初旬，襄阳教军首队两万余人挺进竹山和竹溪，逼近陕南，西安副都统丰绅布率满兵堵截。教军强力突击，虽未能冲过去，却在交战中格杀满洲悍将丰绅布，引起震恐。王廷诏为后队首领，率万余人奔袭宜城，失利败走，也吸引了官军主力。王聪儿率部直趋襄阳，分三路北进，每路相隔百余里，遇官军拼命阻击，转而攻击郧西，“旗帜蔽野，分五路以行”，攻势勇猛。清军精锐较多集结于此：明亮、德楞泰皆属身经百战的大将，经过数次厮杀，已熟知教军作战的路数；阿哈保本为头等侍卫，在苗疆以骁勇升副都统，率领木兰进哨弁兵赶到；惠伦为头等侍卫兼护军统领，受命率三千索伦兵参战，皆建功心切。德楞泰部署诸将分路迎击，双方反复绞杀整整一天，教军不敌败溃，惠伦却在长坪中枪身亡。这位公爵衔武大臣盛气初来，不太了解教军的悍勇，亲手射中一头目落马，飞骑赶前擒拿，忽被斜刺里突出一枪刺中。后来颇有几位清军猛将，都这般因大意而亡。

弘历将王聪儿所领黄号定为首逆，谕旨迭颁，要求明亮和德楞泰集中兵力，探明王、姚“现在何路，即专向此路并力围拿，肃清一路，再以次递剿”〔25〕。对四川教军各号人马，也明确责成，严令各路大员分别擒拿，“彼此各办各贼，不拘何路擒获贼首，即属该处带兵大员之功；何路任贼首纵逸，即系该处带兵大员之罪”〔26〕。又是几个月过去了，襄阳黄号不仅未被歼灭，连去向哪里也不甚清晰，朝廷降谕切责明亮，督令迅速擒获王姚等巨魁。

转眼又是元旦。嘉庆三年的元日，上皇仍是苦苦等待前线的捷报，“知予望捷衷均苦，翦逆同筹不尽谈”〔27〕，传递出对平定教变的内心焦灼，也写了子皇帝的理解和积极参与。而高均德所率一支襄阳教军，竟突然出现在陕西汉中，此地距湖北数百里之遥，大批教军怎么来的，诸大员全然不知。高均德率部猛力攻杀，见官兵在褒城拼命阻击，便向东北部的秦岭一带运动。

翻过秦岭就是重镇西安，驻军经多次抽调，导致西安城甚为空虚。陕西巡抚秦承恩急奏，明亮与德楞泰也不敢轻忽，急急率军赶往。初八日，上皇接明亮等章奏，大为恼怒，严旨训斥。老皇帝素喜遥控前线战事，节节布置，至晚年尤甚。岂知白莲教教众聚则为兵，散则为民，随处裹挟当地百姓，也随处有教民加入，战无常规，行无定踪，在第一线的将帅尚难判断，罔论数千里外的上皇。

至于说明亮和德楞泰缺少主见，倒是不差，此二人皆称猛将大将，又皆非帅才。上皇想到可能别有实情，谕曰：

> 看来姚之富、齐王氏、李全等大股贼匪，或已同高均德折窜汉中，而明亮等不敢据实具奏。若果如此，则正应趁此首逆等聚集陕境之时，速行围剿，犹可稍赎重愆。再高均德北窜过江，爱星阿在彼防守，不能截住，实属疏玩，着革去花翎，以观后效。勒保现在垫江、大竹一带剿办贼匪，接奉此旨后，着迅赴汉中督办一切，并查明明亮等发折时，如大股贼匪已渡汉江，而明亮等畏干重罪不奏，则欺罔之罪尤重，勒保竟当参奏。至豫省相距较远，景安当镇静防范，勿涉张皇也。[28]

弘历命革去明亮、德楞泰所有世职，又不能不用他们。得知在高均德部之后，“又有一股贼匪接踵过江，并有骑马女贼数百人”，上皇判定必是王聪儿率部已至陕西境内，督令各督抚和统兵大员截击围剿，严令不得让其进入河南地方。

各路军报也是真真假假，凌乱且互相矛盾。原理藩院尚书、副都统乌尔图纳逊奏报拿获白莲教奸细，供称王姚主力现在广元东北一带，王廷诏、李全、张汉潮、阮学名等教首不知下落。上皇又生担忧和疑惑，降旨迅速查明复奏。实则王聪儿已率部进入陕境，分路滋扰，只是势头减弱，已属强弩之末。而德楞泰、明亮正加紧追击，秦承恩与提督王文雄奔赴截剿，额勒登保也带兵前抵夔州，情势正在改变。只是上皇既担心西安之安危，又痛惜陕南富庶之地受掠，不再相信明亮的奏报，将其革职，命宜绵接替统兵，同时以防堵不力，将陕西提督柯藩革职留任，乌尔图纳逊则被一撸到底。

三月初六日，姚王所部教军趋向东南，意图重进湖北。德楞泰督兵紧紧咬住不放，昼夜缠斗追杀，连续一百余里，将教军大队冲得七零八落。赛冲阿、温春受命在漫川关堵截，终于在郧西三岔口围住襄阳黄号。清军各路云集，得知王聪儿、姚之富等俱在左侧山梁，德楞泰、明亮、赛冲阿、阿哈保等督率官兵四面围定，然后不顾枪炮滚石，蜂拥而上。教军且战且退，弃马奔至险峻山顶，清军亦下马攀登而上，悍不畏死。最后时刻，王聪儿率亲卫女兵十余人奋身跳下悬崖，姚之富也英勇跳崖，襄阳黄号被剿灭。

上皇得报欣喜，挥笔赋诗，并在诗间小注中详细叙述了作战经过：

> 齐王氏、姚之富大股贼匪由陕省山阳石河铺一带东窜，先经派令赛冲阿、温春等分带官兵在高坝店漫川关堵截，明亮、德楞泰督兵由黄陇铺、宽坪等处兜剿。贼匪分三路窜逸，德楞泰、明亮等亦分三路并进。贼众排列左右两山，分投抗拒；我兵抢上山梁，奋勇击杀，歼毙千余。贼匪力不能支，纷纷逃窜，德楞泰、明亮等乘胜追击。贼匪复分两股，欲窜往东北，俱被官兵截杀折回，向西南甘沟一路逃遁。该处路通楚北郧西地界，官兵昼夜追击一百七十余里，杀贼两千有余，贼势披靡，惟首逆尚在逃窜。德楞泰、明亮等带领满汉屯土官兵由郧西县上津堡一带兜剿，随剿随进逼至三岔河地方，擒获贼犯，询知齐王氏、姚之富俱在左首山梁。德楞泰、明亮、赛冲阿、阿哈保、温春、达音泰、阿穆勒塔、德宁等督率奋勇官兵将山梁四面围住，逆匪等犹滚石放枪，抵死抗拒，官兵一涌直上。齐王氏、姚之富二犯逃至险峻处所，弃马奔越。吉林、黑龙江官兵亦皆下马，同步兵上紧擒拿。齐王氏率妇女十余人投堕陡崖，姚之富亦向悬崖跳落，官兵飞驰擒捕。姚之富已经跌毙，齐王氏尚存余喘，均即脔割斩枭，传首示众。[29]

这段战场描述，录自德楞泰的奏折，虽不无粉饰自夸，追奔厮杀之场景应是真实的。可知清军仍有相当强的战斗力，而襄阳教军亦可谓抗争到最后一息。清军对姚王二人恨之入骨，寻到奄奄待毙的王聪儿，审明之后，即行凌迟酷刑，“脔割斩枭”，实在残忍至极。

仅此一战下来，官军杀戮教军就约有一万人，至第二天黎明才算“剿杀净尽”。所谓“骈诛”，即不分男女老幼，不加审讯辨别，一概格杀勿论。接此捷报时，上皇刚在广润祠祈雨完毕，正于一侧的鉴远堂小憩，览奏大快，挥笔成诗，对杀戮之惨烈毫无悯惜。

【第十二章】

嗣皇帝与二皇帝

禅让之后，皇太子颙琰继位为皇帝，史称嘉庆帝。而在当时，在太上皇帝颁发的谕旨中，称之为嗣皇帝、子皇帝、嗣子皇帝。各位王公大臣自然要称“皇上”，可每个人心里都明白，颙琰之上还有“上皇”，只有上皇才是决策者。《礼记·坊记》曰“天无二日，土无二王，家无二主，尊无二上”，讲出了帝制时代的权位大忌，弘历在内禅之前，就以一个“嗣”字，妥妥地避开了这个隐患。

上皇之下，理所当然就是皇上，各种朝会典仪也是如此设定，至于军政大事的运作，或者说权重，那可就不一定了。三年之间内战连接，先是苗众之叛，然后是白莲教暴起，军书旁午，阿桂、和珅、王杰等军机大臣日夜忙于值班拟旨，而上皇最为倚重的是和珅。至于嘉庆帝颙琰，则更像在皇位上“学习行走”，即实习生。正因为如此，和珅被称为二皇帝，传播甚广，就连藩国和外国使臣都有所听闻。嗣皇帝与宠臣和珅怎么相处？或者反过来说二皇帝怎么对待嗣皇帝？且莫说大位已定，且莫说疏不间亲，只要太上皇帝一日在世，就存在着变数，这也是阿桂、王杰等清正大臣最为担忧的。

第一节 储君的姿态

大清开国后，如顺治帝、康熙帝，皆属年幼登基，虽各有一段独特的经历，皆遇到过风险困厄，名分上却还是皇帝——正正经经的当朝天子。嘉庆改元，大廷授受，颙琰践祚却非御极，称帝又不能号令天下，上有一生英察、习惯于乾纲独断的太上皇帝，下有父皇的宠臣、位高权重的和珅，真的是很难很难，且存在被拿下的危险。可三年下来，颙琰堪称沉静稳健，勤政守礼，自觉地扮演储君的角色。

在朝鲜使臣的记载中，在《李朝实录》中，多将颙琰描绘成一个谨小慎微、窝窝囊囊的嗣皇帝，应是见其表象和道听途说，所议偏颇浅薄，既不了解清廷政治，也不了解颙琰。

一、父皇的影子

人性一旦与权位，尤其是皇位相挽接，就会复杂化，也常演为家庭悲剧，父子相残，兄弟阋墙，在中外历史上都曾一遍遍上演。以爱新觉罗家族论，努尔哈赤曾锢毙长子褚英，皇太极曾逼死庶母，康熙帝曾两废太子，雍正帝曾对亲兄弟和儿子弘时痛下杀手，乾隆帝也曾因孝贤皇后之丧责斥皇子永璜、永璋，皆有其深层原因。颙琰被皇父选中，正在于“仁孝端醇，克肩重器”[1]，知子莫若父，事实证明弘历没有看错。

内禅之后，因为年事已高，太上皇帝未再远途出巡，但每年五月至九月间，仍坚持举行木兰秋狝，巡幸避暑山庄。嗣皇帝颙琰自要侍奉在侧，陪同狩猎，陪同登看城检阅部伍，陪同接见蒙回等各部王公，陪同接见使臣，更多的是陪侍太上皇帝看戏饮宴……作为皇帝，他有着无数常规事务要处理：各部院和直省的题本，例行的职官考察升降，各种各样的案件，还有一拨又一拨的引见召见，只好穿插处理。有些时候必须请老爹的示下，又要选一个恰当时机。上皇喜欢在避暑山庄过生日，虽有和珅与管理内务府大臣等督办，作为嗣皇帝也要处处经心。

平日在京，太上皇帝主要居住在圆明园，嗣皇帝尽可能陪侍照料；又因御门听政与诸多仪式通常在宫内或城里举行，就造成了颙琰两头奔波的局面，极是辛苦。兹以嘉庆元年正月为例：

初九日，颙琰侍上皇幸圆明园。

十一日，颙琰进宫，以祈谷致斋三日，十三日于南郊斋宫斋宿，十四日诣天坛行礼，当天赶回圆明园，请太上皇帝安，躬晋祈谷大祀福酒，然后侍上皇在奉三无私殿赐皇子亲藩等宴，再侍上皇御山高水长赐王公大臣及外藩使臣等宴。

十五日、十六日两天，除往安佑宫等拈香行礼外，嗣皇帝要连续陪侍上皇赐宴，赐大学士、尚书等重臣宴集，“御正大光明殿赐朝正外藩等宴”，以及“观火戏”等。朝正外藩，指的是前来祝贺元旦的外藩使臣。本年京师奇寒，安南贡使阮光裕竟冻死于邸舍，其情可悯。颙琰命赏银三百两治丧，向伴送阮光裕来京的广西泗城知府朱礼询问详情，结果是啥也说不明白，人也是一副邋遢模样，查看其历年考语，皆属中下，遂命以原品休致。上皇很欣赏颙琰的决断，传谕将广西巡抚成林严行申饬，并要求各省督抚慎选伴送贡使官员。

十八日，颙琰进宫，次日先至交泰殿开宝（新一年的宝玺启用仪式），再往大高玄殿行礼，而后赶回圆明园请父皇安，陪侍饮宴和观看火戏。

二十七日，颙琰进宫，以祭社稷坛，斋戒三日……

由圆明园至紫禁城，以当日之行进速度，应在两个时辰左右。如此频繁奔走于两地之间，还要仪态庄重、服饰整齐，参与各种典礼，实在辛苦。禅让期间的太上皇帝更加喜欢热闹，更加喜爱饮宴观剧，颙琰不管多么劳累，只要有可能，都会恭谨地在一侧陪侍。朝鲜使臣李秉模这样描绘眼中的嗣皇帝：

> 状貌和平洒落，终日宴戏，初不游目，侍坐太上皇，上皇喜则亦喜，笑则亦笑。于此亦有可知者矣。[2]

谢谢这位使臣观察之细，以及记录之生动。这是颙琰在侍宴时的标准姿态和表情，也是最为得体的姿态表情，对父皇的敬重尊崇在其中，谦谨自尊亦在其中。至于他的孜孜国事、奔波勤苦，使臣自然看不到，肆口讥其“终日宴戏”。当日朝鲜留心“上国”朝政，有不少来使都致力于搜罗各种信息，常也失之片面。

禅让以后，大祀天地和一般祭祀多由嗣皇帝主持，而就在当年三月初旬，上皇决定带领颙琰恭谒东西两陵。这是嘉庆帝即位后第一次奉父皇出行，乘马掖辇，全如旧日。一路官员与将士接驾，士庶拥观，欢呼万岁。上皇很欣慰，记曰：“近年每逢巡幸，启跸时予仍策马，至途间乘舆，随从之皇子等俱骑马掖行，此恒例也。我朝家法肄武习劳，万年所当遵守。是以此次嗣皇帝仍乘骑侍行，一如旧例。予则以年近九旬，安舆尊养，礼亦宜然也。”[3]五月十八日，太上皇帝自圆明园启跸往热河，出行之始不再骑马，安坐舆车，嗣皇帝刚从北郊祭地赶回，毫不见疲惫之色，骑马在皇舆一侧护持而行，臣民欢呼之声不断腾起。时值盛夏，骄阳似火，颙琰坚持不用伞盖，恭谨扈从于父皇銮舆之侧。

上皇不由得想到宋孝宗雨中掖辇的场景，大为感动，命侍卫为嗣皇帝执伞遮阳，并亲笔记述：

> 木兰行围，正以肄武习劳，永遵家法。予廿年以前，即自启銮至热河途间七日，总皆乘马，今年子皇帝随行，自应一如往例。而子皇帝马上并不令用伞，可谓敬谨之至。予乃命侍卫执伞遮日，父慈子孝，各尽其道，亦家庭之盛轨也。[4]

弘历记录下自己的美好感受，也描述了一个很动人的场景。这也是禅让期间二帝关系的映像，颙琰的敬爱之心发自肺腑，上皇则为之喜悦欣慰。

禅让的三年，颙琰一直都保持着这样一种姿态，完全听从父皇的指示训诲，尽量多地与父皇待在一起，因政事离开，也以最快的速度回到父亲身边，就像上皇的一个影子。贵为天子的颙琰，从内心将自己视为储君，首先考虑的是父皇的健康、父皇的感受。

二、听政与施政

根据军机大臣事先所拟，嗣皇帝择期“御门听政”，是以在元年二月十三日，颙琰在乾清门举行第一次听政之仪。

御门听政，又称作“早朝”，是明朝处理政务的一项重要制度，万历间已有名无实。清朝将地点改为乾清门，时间仍在清晨，听取各部院监寺奏事，然后与内阁大臣商决定夺。康熙帝几乎每天早晨都要御乾清门听政，出巡途中或驻跸避暑山庄，亦不间断。雍正帝设立军机处，处理军政大事以召对密议为主，听政次数随之大为降低。乾隆帝对军机大臣的倚信超过乃父，而在京之时，每月通常仍有一次听政，于宫内多御乾清门，于圆明园则在勤政殿。进入乾隆六十年，老皇帝精力明显不如以前，听政典仪略有减少，一年之间仍御乾清门听政五次，御勤政殿听政三次。

在军机处所列禅让“应行遵办各事宜”中，有两项说的便是御门听政，以及日常政务的公文运转和报批程序：

一、各部院衙门题本改签、放缺、奏派各项差使，俱循例题奏，恭候嗣皇帝批阅遵行；其各衙门及各省题奏事件，俱照常式恭誊“皇上睿鉴”字样，后书嘉庆年号，按照向例呈进，不必缮备二分。

二、御门听政，嗣皇帝折本示期遵办。

第一条有两层意思：部院监寺等在京衙门的题本，所涉及中层官员人事任免和差派等，由嗣皇帝签批；较为重要的题奏或密折，虽循例标称“皇上睿鉴”，是必须先送给上皇看的。至于下一款所言“折本”，指部院进呈之题本尚未批阅，将本章折一角，交内阁阅看并提出意见，积累若干后，待御门听政时一并处理。

嗣皇帝第一次御门听政，极为谨慎，实录和起居注中均未见做出任何批复，大约颙琰也只是“听”而已。甫一结束，嗣皇帝即赶回圆明园向上皇问安，将听政时所有问题一一汇报，听从父皇的示下，所谓“训诲”和“训政”，应该就是这个样子。

禅让初政，上皇和皇上并存的局面不独给外藩，也给臣下带来不少困惑，题奏时挖空心思，其表述却动辄得咎。湖广总督毕沅曾任内阁中书和军机处章京，考取王杰前一科的状元，授修撰，于典章礼仪可称娴熟，奏报筹办前线粮饷等事，内称“仰副圣主宵旰勤求，上慰太上皇帝注盼捷音”，不能说不得体。岂知上皇阅后大为生气，严厉斥责，并强调指出：

> 本年传位大典，上年秋间即明降谕旨，颁示中外：一切军国事务仍行亲理，嗣皇帝敬聆训诲，随同学习；其外省题奏事件并经军机大臣等奏定款式，通行颁发。毕沅等并不遵照办理，是何意见？无论办理苗匪一事起自上年二月，一切军务机宜俱系朕酌筹指示，现在军营奏折亦无不逐加批阅，即自嘉庆元年以后，内而部院各衙门，外而督抚大吏等章奏事件，亦皆朕躬亲综揽，随时训示。岂因有授受之典即自遐自逸，置政事于不问乎！

弘历从来都是这样理直气壮，气势如虹，可真的不是毕沅的错。

通常意义上的“上皇”“太上皇”，是指上一任皇帝、退位的皇帝；而弘历意识中的太上皇帝，是在皇帝之上的皇帝，有了他，嗣皇帝只能是“敬聆训诲”，只能是“随同学习”。自己不按常理出牌，还要斥责训诫那些罔知所措的臣下。上皇像一个心理医生，接下来开始剖析毕沅的心态：

> 今毕沅等所奏之折，分别圣主及太上皇帝，试思“圣主睿鉴”等字样有何同异？而毕沅等故为此区别之见，有是理乎？揆之伊等意见，不过如年内礼部、太常寺具奏仪注等事，或递二分，或递一分，漫无定见。总是私心鄙见，以致种种错误。[5]

内阁中管理礼部的大学士是王杰，此一段谕旨，能读出上皇的不满，也可以读出多数枢阁与九卿等大员的惶惑。在禅让之初，负责制定礼仪和程序的部院都有几分迷惘，从年节贡品到章奏之表达，不便单一，不可有二；不宜含混，不能清晰，真是两下里为难。经上皇对毕沅的责骂，倒也一下子明白过来，诸般照旧，稍做调整，也就是了。

嘉庆元年三月初二日，嗣皇帝在圆明园的勤政亲贤殿听政。以后的听政也较少设在乾清门，较多在勤政殿，主要原因是为了方便，即向太上皇帝请旨的方便。

三、新帝发了一个飙

嘉庆元年十月初六日，公元1796年11月6日，沙俄女皇叶卡捷琳娜二世因中风去世，而刚刚三十六岁的颙琰在御门听政时突然发了一个飙，矛头直指刘墉等几位老臣，措辞严厉尖刻，一点儿不留情面。

事情起于当日的召见，吏部推选的浙江处州知府戴世仪，不知是紧张还是心虚，表现得手足无措，应对皇上垂询也是驴唇不对马嘴。嘉庆帝即位以来，召见引见官员乃常朝之大项，阅人渐多，已练就一双锐眼。在皇上跟前适度紧张，本不是什么大事，有时还显得忠厚老实，可这位戴兄在慌张中透着庸劣。再看其履历单，系捐纳出身，更让颙琰心中生嫌，认为不可担当一府之责。戴世仪退下后，颙琰问陪同在侧的吏部尚书刘墉印象如何，答以“尚可”。嗣皇帝素以谦谨宽缓示人，闻此勃然而怒，当场发作。实录里留下这样一段谕旨：

> 大学士缺出久逾匝月。现在各尚书内，若以资格而论，则刘墉、纪昀、彭元瑞三人俱较董诰为深。但刘墉向来不肯实心任事。即如本日召见新选知府戴世仪，人甚庸劣，断难胜方面之任，朕询之刘墉，对以尚可。是刘墉平日于铨政用人诸事全未留心，率以模棱之词塞责，不胜纶扉，即此可见。彭元瑞不自检束，屡次获愆，纪昀读书多而不明理，不过寻常供职，俱不胜大学士之任。董诰在军机处行走有年，供职懋勤殿，亦属勤勉，着加恩补授大学士。至王杰因患腿疾，久未入直，现在军机处汉大臣止有董诰一人，着左都御史沈初在军机处学习行走。朕于用人行政悉秉大公，考绩程材，无不权衡至当。刘墉、纪昀、彭元瑞皆当扪心内省，益加愧励！[6]

一段话包容甚多，信息量极大，涉及官员层级亦高：由一个四品知府的选任，联想到正在进行的内阁大学士补选；由对刘墉一人一事的不满，牵连到当朝的好几位大臣；再由内阁扩展到军机处的人事变更，扩展到对军机大臣董诰的擢升，以及左都御史沈初进入枢垣。也正是由于这番话，我们得知王杰此时因腿疾请假，暂不参与在军机处的值班，已是置身决策圈之外。

太上皇帝不是说过“大事还是我办”么？这样的顶级人事调整当然是大事，不属于子皇帝决断的范围。

两年前阅读及此，颇觉不太像子皇帝口气，也太不符合颙琰低调谦和的风格。再看《清史稿校注·董诰传》，有“高宗谓刘墉、纪昀、彭元瑞三人皆资深，墉遇事模棱，元瑞以不检获愆，昀读书多而不明理”一段[7]，虽不知何所依据，倒也有几分信真。今人著作如《清史编年》等，也将这些话列为乾隆帝所说。可此一番评说朝中大员，明确说出于谕旨，而非太上皇帝的敕旨；明确列入《清仁宗实录》和《嘉庆帝起居注》，而非《清高宗实录》。若指为上皇所说，也有些难以解释之处。

任何话语的出现都会有一个语境。此事的引发，在于中层官员的召见，这一类辛苦活上皇照例是不管的。在《嘉庆帝起居注》中，对之记叙略详：

> 初七日己卯，内阁奉谕旨：本日召见新选处州府知府戴世仪，本出捐纳，人甚庸劣，应对全不明晰，岂可胜方面之任？戴世仪着留部在员外上学习行走，以资造就（若好着该部堂官奏请外用）。所有浙江处州府知府员缺，着王绩著补授。[8]

荣晋新职，赴京接受皇上召见，是一种荣耀、一个机遇，但也是一道致命关卡。如这位戴世仪，巴结到这一层，白花花银子不知送出多少，眼见到手的一个肥肥的知府，说没就没了。颙琰还算宽仁，或也懂得人家的官是用银子买的，另给了一个员外郎的差事。若换了乃祖乃父，没准还要严旨追查，查得戴兄鸡飞蛋打。

接下来的一道谕旨，才说到刘墉等三人，认为刘墉一向不能实心任事，并以召见戴世仪为例：

即如本日召见新选知府戴世仪，人甚庸劣，断难胜方面之任，朕询之刘墉，对以（也）尚可。是刘墉平日于铨政用人诸事全未留心，率以模棱之词塞责，不胜纶扉，即此可见。彭元瑞不自检束，屡次获愆，纪昀读书多而不明理，不过寻常供职（人所不数上列者，尚觉不及刘墉），俱不胜大学士之任……朕于用人行政悉秉大公，考绩程材，无不权衡至当。刘墉、纪昀、彭元瑞皆当扪心内省，益加愧励（莫谓朕不知人也）！[9]

以上两处引文皆见稿本，括弧内文字为删改之处，真实度很高。问题在于，其出于嗣皇帝之口虽无可怀疑，但一定就是颙琰的真实想法么？

内阁大学士的补选，是上皇禅让后的一件痛事，亦一件难事。该年五月，弘历的第一爱将福康安卒于苗疆，六月下旬老臣孙士毅卒于四川。两人皆以内阁大学士兼任总督，接连故去，令太上皇帝极为震悼。内阁连出两缺，可是将身边大臣扒拉来扒拉去，觉得难有合适人选。颙琰说到的刘墉、纪昀、彭元瑞，都在上皇考虑斟量之列。而所指三人的各自缺陷，应也不无依据，又有一些过分：刘墉为名臣刘统勋之子，经历宦途沉浮，清操不染，而遇事有些态度含糊，也是格于时势，一生大节无亏；纪昀和彭元瑞都是文学巨匠，才华过人，做事也都认真勤勉。以上的品题评价必出自上皇，三人乃其多年器重的人才，纪与彭更以文笔才思深得所爱，而性格和做事等缺陷，也难逃圣主之法眼。在议论阁僚人选时，静听父皇纵论朝中精英，颙琰自是频频点头，谨记在心。此时见刘墉的确是模棱搪塞，不觉怒从心头起，一通责斥便尔涌出，由刘而纪而彭，虽以自己口中道出，大体仍是父皇的原版。实录将二事捏合为一，起居注则甚明了，这是两道谕旨，第一道将处州知府改换他人，第二道才是内阁的补选。颙琰与父皇同在圆明园，颁发谕旨前必先得到上皇的俞允，这也是禅让时期的一项政治规矩。

这个事件很有点代表性。太上皇帝以睿智聪察自视，乾纲独断，对臣下的点评一向直来直去；和珅深谙高层运作之道，处心积虑打击异己，安插亲信，善能递小话以影响上皇的判断；嗣皇帝则聆听上皇训诲，萧规曹随，在观点、语言和行动上保持高度一致。

由是我们知道，嗣皇帝直斥朝中大员，既是为召见现场情形所激，又是深思熟虑后的精准表述，有着深微的机心。至高无上的皇帝本是不需要有什么机心的，喜怒皆可形于色，但嗣皇帝不同，不管上皇在不在跟前都不行。嘉庆帝的恼怒看似自然流露，看似缘事所出，实则是一种选择性发飙，借发飙做政治表态，贯彻上皇有关人事安排的最高指示。和珅必闻之喜悦，哪知这个看似平庸、实际也有些平庸的嗣皇帝，偶尔也会演演戏的。

第二节　和相的身段

禅让的三年，和珅的权势与财富急剧膨胀。此一期间，阿桂、王杰皆因疾病多次休假，尤其是嘉庆二年阿桂病逝后，和珅兼领枢阁，已无人能与之抗衡。在大清沿承一百五十多年的政体结构中，上有英察善变、诛戮任性的弘历，有貌似谦冲、深藏不露的颙琰，身边有这样一批资历深厚、学识渊博的重臣，供和大人腾挪辗转的空间十分有限。但他毕竟是一个政坛奇才，还是能够有所施展，一点点进占地位。

倚信宠用和珅，给予其极大权力，历来被论为弘历晚年施政的短板之一，研究者提出许多靠谱或不靠谱的原因，而和珅的忠诚、聪明、精强勤勉，以及卓异的执行力，常常被忽略。正因为这些，弘历对于随侍身侧超过二十年的和珅，爱之深，知之深，受蒙蔽亦深。和珅的一些性格弱点、爱玩弄的小把戏、告刁状的喜好，弘历常洞若观火，提醒敲打，乃至嘲讽训斥；却看不到其品德缺陷和行为卑污，看不透那个贪婪的灵魂。王杰为之忧心忡忡，却也不会去贸然进言，深知说了没用，加上身患疾病，便时常请假。于此也可以理解他为何阻挠埗时中举，乃担心儿子成为和珅的小跟班也。王杰也想到要辞职还乡，但上皇还在，不忍提出，也不敢提出。

一、悲欣交集

自在位中期，乾隆帝就开始喜爱上如意，写了许多咏如意的诗作。王杰奉旨辑成一本诗歌专集《御制咏如意诗》，题目有《玉如意》《木根如意》《竹如意》《白玉如意》《檀玉如意》……和珅年节间敬献礼物的“进单”，多以“万寿吉祥如意”打头，其妻子与继母的进单也是如此。嘉庆帝后来痛批大臣呈进如意的恶习，说内府已没有地方收贮此类无用之物，而此时也是大写赞美如意的诗——父皇喜欢，敢不称颂？

“悲欣交集”，是弘一法师的绝笔，上推两百年以形容权臣和珅，也觉得贴切。禅让的三年，他的儿子娶了皇上最宠爱的女儿，为固伦额驸；弟弟晋封公爵，成为重要的统兵大帅和封疆大吏；自己也终于接任内阁首辅和首席军机大臣，荣膺一等忠襄公之封。秩在超品，各种财富滚滚而来，和珅看起来事事如意，实际也未必，不如意事已接踵而至：

嘉庆元年的七夕，和珅扈从上皇秋狝，于避暑山庄接到京中递来紧急家信，告以幼子得了急病。和珅妻妾成群，却只有一大一小两个儿子，小儿子刚一岁多，颖悟异常，自是无比珍爱。得知小儿病重，和珅心急如焚，随即派人驰送药方，岂知已在当日死去。和珅痛惜感伤，一连写了十余首悼亡诗，“襁褓即知爱字章，痴心望尔继书香”，夹注称：每逢幼子啼哭，乳母就抱他去看壁上字画，便会破涕为笑。而今皆成追忆。[10]

两个月后，又自苗疆传来弟弟和琳的死讯。两兄弟在父母死后相依为命，手足情深，正是他的一手操弄，使其由一个笔帖士致身卿贰。而和琳办事扎实，不避凶险，随征金川、出征廓尔喀、镇抚西藏、进剿苗疆，不管在什么位置上，均能不负使命。福康安逝后，和琳成为上皇最信赖的统兵大帅，也是哥哥在朝的强援，未想竟遽然辞世。和珅作《希斋弟督军苗疆受瘴而卒痛悼之余为挽词十五首言不成声泪随笔落聊长歌以当哭云》，第十四首：

看汝成人赡汝贫，子婚女嫁任劳频。

如何又为营丧葬，谁是将来送我人？[11]

和琳是一个清官，全无乃兄之贪鄙，府中贫窘，加以常年驱驰边地，儿女婚嫁都是哥哥和珅为之操办，没钱给钱，没房给房。写此诗时，和珅当不会想到自个儿在两年后的悲惨结局。

生活中绝大多数的人，包括位高权重的宠臣，遭遇灾难时都会产生无奈和无助感。改元之后，和府连遇丧亡，后继乏人，已呈衰败之相。二年冬月，和孝公主与丰绅殷德之子、和珅唯一的孙子又遭夭亡。他的身体状态也很不好，四十岁时已患腰腿之疾，夏秋间常会发作，“小筋离乱如弹丝，大筋决裂难手拊”，“有时愤恨不欲生”[12]。此际又复发作，痛楚难忍。而转过年来，结婚三十年、感情深笃的妻子竟然一病长辞。和珅悼念亡妻，“自知非金石，荣落讵委数”，不免对人生有一番感悟，只是没想到败落得如此之快。

读和珅的诗，你会发现他在灾难降临时也会发出真挚的感伤；会发现他还是一个不错的诗人，写景言情皆有佳句，尤其是悼亡数章，真情淋漓，痛泪挥洒，呈现出和珅的一个真实的另面。

二、狙击帝师朱珪

秘密建储的一个特点，在于不经宣布，皇储完全等同于普通皇子。而在颙琰被正式册立为皇太子后，也未配置一套太子官署，除在服色、侍卫等项上有所区别，基本与皇子生涯无大的改变，是以登基时满朝生疏。王杰两度担任上书房总师傅，职责以管理为主，平日也会授课，给永琰留下很好的印象。而一对一教永琰读书的师傅是朱珪，此时远在广东巡抚任上。

少年时，朱珪即与哥哥朱筠以文名著称，享誉京城，号为“朱氏两神童”，乾隆十三年进士，年仅十八岁，入庶常馆，散馆授编修，以学行兼优受到皇上关注，迁侍读学士。乾隆帝热衷于各类大型庆典，朱珪辞藻富丽，精心撰作进呈，常大得赞赏，也被称为“特达知”。对于王杰而言，朱珪为翰林前辈；在其考中状元、进入庶常馆深造时，朱珪已由翰林院出任地方，历按察使、布政使，署理山西巡抚。朱珪品性高洁，奉职勤慎，爱惜细民，但也有几分书呆子气，在任兴利除弊，戒绝往来馈赠，渐渐得罪了宦场中同僚，竟被以读书误事弹劾。乾隆帝也认为朱珪施政过于宽厚，不适于管理一省军政，将之调回京师任翰林学士，又让他在上书房行走，教授皇十五子永琰功课。其时永琰已被密立为储君，选择朱珪做师傅，体现了弘历对其学问人品的充分肯定。自此，上书房出现了一对朝夕相随的师徒，师傅尽心讲授，学生如饥似渴，相处虽只有三四年，却建立了很深的感情。课余游艺于诗赋书画，朱珪在永琰身上又看到少年时代的自己，倾心指点，切磋琢磨，使之大有进境。待朱珪再赴外任，两人仍是书信不断，互相牵挂。

四川总督孙士毅调任两江总督时，密折保奏朱珪接任川督，赞扬他操守好，办事好，“小用则小效，大用则大效”。乾隆帝虽未听从，却也将之擢为安徽巡抚。朱珪颇有几分畏怯，辞以“才识不能开展”，岂知皇上对他说，做巡抚“无所用才情”。圣上的话有些深奥，细思亦有大道理在焉。

既然要把皇位交给永琰，弘历自也会想到未来的辅弼之臣，帝师朱珪即其一。乾隆六十年四月，命朱珪为左都御史，数月后再升兵部尚书，署两广总督，应是大用的信号。果然，嘉庆元年六月初一日，有旨以朱珪补授两广总督。当月二十九日，福宁奏报孙士毅病重，太上皇帝即考虑宣召朱珪来京，有意以他补内阁大学士之缺。时上皇与皇上都在避暑山庄，弘历将此意告知嗣皇帝，命他以谕旨的名义发出：

> 癸卯，内阁奉谕旨：朱珪着来京另候简用。所有两广总督员缺，着吉庆补授，仍兼署广东巡抚事务。玉德着调补浙江巡抚，其山东巡抚员缺着伊江阿补授……[13]

虽未说朱珪回京后任何职，而意向甚明。

颙琰一向沉静审慎，可对老师即将入阁实在心中兴奋，谕旨寄发之后，仍是喜不自禁，回到寝宫赋诗一首，曰《畅远楼书怀》：

> 朗晴连日气清佳，凭眺楼头胜景排。
>
> 爽籁高翻乔木上，纤云净卷远天涯。
>
> 川原澄澈秋容绘，禾黍青葱农事谐。
>
> 更喜故人来粤海，七年系念畅衷怀。（朱石君先生蒙皇父敕旨召进京，另候简用。）[14]

他并非不知身边有人与和珅关系密切，只是觉得此事乃上皇钦定，朱珪为授业老师，一切水到渠成，孰料立马就出了状况。有一则记载称诗刚写完，就被送到上皇的案头，几乎酿成重大事端：

> 嘉庆元年，授受礼成，诏朱珪来京，将畀以阁务，仁宗贺以诗。属稿未竟，和珅取白高宗，曰："嗣皇帝欲市恩于师傅。"高宗色动，顾诰（董诰）曰："汝在军机、刑部久，是于律意云何？"诰叩头曰："圣主无过言。"高宗默然良久，曰："汝大臣也，善为朕辅导之。"乃以他事罢珪之召。[15]

此段文字未详出于何处，不会毫无依据，然经过野史笔记的渲染，多少有些戏剧化。纵然和珅敢于离间皇帝的父子关系，岂会当着董诰的面进行？上皇宠信和珅是实，头脑清晰也是实，选任朱珪本出于他的意思，岂能因子皇帝写几句诗勃然变色，竟打算动用律法？而如果和珅真的这样做了，后来政治清算时的二十大罪中，怎会少了这一条？

可一个基本的事实是，发出的谕旨又被收回。七月初九日，以黄河山东段决口，玉德须留驻防堵，不能赴浙江接任，吉庆也无法离开，命朱珪仍署理两广总督。之后，朱珪来京的日期被一次次"暂缓"，洋盗海盗大举北犯，"由粤洋乘风入闽"的情形被强调指出，这一切的幕后推手，只能是和珅。

七月十九日，朱珪奏报拿获海上盗犯何玉理等，本为大功一件，非但没有奖赏勉励，反而受到申饬：“该犯等在海面肆劫几及四年，直至本年四月始行拿获，可见该省洋盗并未敛戢，该督抚等平日所办竟属有名无实。除朱珪另行降旨申饬外，所有五十八年以后历任该省督抚及朱珪，均着交部严加议处。”[16]既说何玉理在洋行劫将近四年，又把罪名主要推在任总督仅一个多月的朱珪身上，实在匪夷所思。谕旨以嗣皇帝的名义发出，可知他并未在上皇前为老师辩解。已登上帝位的颙琰有着足够的深沉和耐心，发现父皇口风变了，也能猜知是谁在作梗，却不动声色，应之以静穆镇定。

不知和珅是怎么说的，一定是做了挑拨，上皇也听进去了。弘历对朱珪的良好印象未变，也希望他能够重回朝廷，却打消了让他入阁的念头。《清仁宗实录》中有这样一道上谕：

> 谕军机大臣等：前因朱珪在广东巡抚任内，地方事务尚为熟习，是以擢授两广总督。嗣孙士毅大学士缺出，因朱珪系读书人，品行端方，且资格较深，欲加恩将伊补授。乃近日粤洋艇匪充斥，且驶入闽洋肆劫，皆由朱珪不能始终奋勉，实力查拿，殊负委任！俟吉庆到粤，朱珪即行来京候旨。[17]

这一天为八月初五日，颙琰连日侍奉老爹在避暑山庄清音阁饮宴看戏，又有青海、乌梁海、土尔扈特诸部头领入觐，寻找空隙处理政务，发出的谕旨达六七道，多是遵奉上皇敕谕转发。太上皇明说曾打算将朱珪补授大学士，也就是说现在已无此考虑，而其失职在于广东洋面不靖，放任艇匪入闽浙海上劫掠。此事不见于《嘉庆帝起居注》，开头的“谕军机大臣等”，意思很明白，就是交给和珅办理。

八月十三日，是弘历的八十六岁寿辰，禅让后的第一个“万万寿圣节”，就是在避暑山庄度过的。仪式甚简，“太上皇帝御澹泊敬诚殿，皇帝率随驾皇子皇孙王公大臣官员蒙古王公额驸台吉及年班外藩等行庆贺礼”[18]，然后在众人簇拥下到清音阁观剧饮宴。在大洋彼岸，华盛顿正在思考国家政体与权力交接，四天后，这位美利坚合众国的缔造者发布告别词，决意不再参选下一任总统。而已经宣布归政的大清太上皇，则乾纲独断的心态未改，通过宠臣管理军政大事的模式不变，形成了禅让初政的运转方式。如果朱珪入阁，必然也要进入军机处，不管他如何低调逊避，也会出现各种复杂性。对于上皇与和珅的君臣执政模式，别说是颙琰的授业老师，即使是嗣皇帝本人也不容干扰。

和珅应不会想要与新帝为难，但也极不情愿颙琰身边有一个朱珪，纵然上皇多次声称让其回京，仍想方设法进行阻挠。一个众人都明白的现实就是：皇帝想做的事未必能做成，和大人想坏的事总是一发必中。八月二十三日，管理吏部事务的大学士和珅呈上对朱珪的处分意见，嗣皇帝态度平和，当即依拟传谕：

> 两广总督兼署广东巡抚、兵部尚书朱珪，于所属海洋盗匪未能实力查拿，遵旨议处，照例降调一疏，奉谕旨：朱珪着（于补官日）降二级从宽留任，（仍着带于新任）。[19]

括注的文字为稿本原有，复行圈去，可证已有了对朱珪的下一步安排。几天后，吉庆补授两广总督，安徽巡抚张诚基调任广东巡抚，而朱珪补授安徽巡抚，同时降了两级。收拾皇帝的老师，意味着打皇帝的脸，当事人的表现则可圈可点：朱珪恳切上折自责，谢恩后赴任去也，到安徽仍是兢兢业业做事；颙琰也没有暴跳如雷，没有找父皇诉辩，表现得若无其事，对和珅更见尊重信任；至于和珅，起初应不免忐忑，看到风平浪静，很快就心安理得了。所有的恣妄，就是这般慢慢养成的，也都是这般浑然不觉地走向毁灭。

三、皇后的丧事

颙琰与喜塔腊氏伉俪情深，继位之前，夫妻间应已商定尊崇父皇，唯命是从，同时认真做好分内的事情。嗣皇帝尽可能多地与上皇在一起，随时听从训诲；皇后尽量多待在紫禁城，照顾宫壶，包括那些个前朝嫔妃。二人都很年轻，侍奉太上皇帝百年之后，自然会轮到当家做主。而出乎意料的是：上皇仍复康健，喜塔腊氏竟突然化鹤而去。事情发生在嘉庆二年二月初七日，皇后在宫中竟然一病而逝。

其实那些天嗣皇帝一直住在宫中。正月二十八日上午，颙琰随父皇往西黄寺、昭显庙行礼。西黄寺在安定门外，有十余年前敕建的“清净化城塔”，以纪念跋山涉水来为乾隆帝祝寿，最后在此寺圆寂的六世班禅。弘历与六世班禅曾相谈甚欢，在其逝后亲临凭吊，常前来行香。上皇于祭扫后返回圆明园，嗣皇帝则因举行经筵和御门听政、祭祀社稷等留在宫中，得以与皇后团聚。喜塔腊氏是否已经病了，因未见记载，不得而知。以颙琰在社稷坛行礼后即前往圆明园，可推想当时尚未发现大病。岂知嗣皇帝刚到长春仙馆，便接到皇后病危的急报。

颙琰急匆匆赶回皇宫，喜塔腊氏已逝，且已移至吉安所。她得的是什么病？为何事先未见征兆？嗣皇帝极为意外，极是哀伤，悼诗有“举觞非酒浆，倾洒皆泪涕”句，语出痛肠。太上皇帝闻听很是惋惜，降敕旨命辍朝五日，皇帝和所有王公大臣、官员兵民人等俱素服七日，并派怡亲王永琅、总管内务府大臣盛住等总理丧仪，赐谥“孝淑皇后”。

考虑到上皇年高，不喜听“病”“死”之类不吉之语，若辍朝服丧，满朝黑白之色，必不惬意，嗣皇帝下旨对丧仪条款酌减或免除，尤其是父皇所居的圆明园，所有人员一律常服，谕曰：

> 第思朕日侍圣慈，一切禀承睿训。所有辍朝期内，各衙门章疏及引见等事，仍着照常呈递。王公大臣官员等虽有素服之例，但皇后册立甫及一年，母仪未久，且昕夕承欢，诸取吉祥，此七日内，圆明园值日奏事之王大臣等及引见人员俱着常服，惟不挂珠。此礼以义起，天下臣民等自当共喻朕崇奉皇父孝思，敬谨遵行，副朕专隆尊养至意。〔20〕

上述“昕夕承欢，诸取吉祥”“崇奉皇父”“专隆尊养”等文字，本是夫妻二人商定的禅让期间行为准则，现在皇后已逝，嗣皇帝克制着悲痛，仍是唯此为大。

喜塔腊氏的年纪应在三十五岁左右，做皇后仅一年多一点，诚属福大寿短。为了不影响父皇的心情，颙琰特地降低了皇后大丧的规格，也埋下了深长的哀思。治丧的七日之内，嗣皇帝每天都要往殡宫陪伴发妻，写了多篇情真意切的悼诗。此后的奉移梓宫、初祭大祭、年节祀日，他都会亲往或派皇子绵宁前往，平日则月月致祭，直至七年后昌陵建成，移入地宫。

事出突然，嗣皇帝离园时未及面禀父皇，接下来在皇宫办理丧事，一下子又用了十天，两段相加差不多二十天，实为禅让以来父子分离最长的时光。上皇时加垂询，关心焦灼之情，溢于言表。今存有两份和珅、福长安的奏折，其一记述上皇的关切询问，皆出于慈父情怀：

> 昨日奴才福长安于未刻回至圆明园，当同军机大臣进见，奏称：“皇帝遵奉敕旨，于十六日回园，即到长春仙馆，并以若照例请安，犹觉稍有未惬，拟于十七日在生秋亭恭请圣安，较为妥协。”太上皇以皇帝所想尤属周到，圣意甚悦，以为必应如此。又蒙垂询：“皇帝日内尚不至过悲否？”当即回奏：“皇帝以礼抑情，并不过于感怆。今日因阅看景安、秦承恩奏到扑灭淅川、光头山教匪二折，转深慰悦。”太上皇以皇帝极尽孝道，斟酌事理，思虑详密，又以国事为重，圣意尤为忻喜。理合奏闻，仰慰宸廑。谨奏。[21]

推测语气，应是和珅与福长安奏给嗣皇帝的，生动记录了太上皇帝的殷殷牵念，顺带写出嗣皇帝的谨慎克制。查阅实录和起居注，留宫治丧的七天，颙琰每天都大量批阅奏折，办理国务。如阅处景安、秦承恩剿办教军密折在初十日，自是由上皇阅后转来，嗣皇帝对获胜表达了欣悦之情，即加奖励。

另一折缺少日期，应略晚几天，也是和、福向嘉庆帝奏报太上皇帝的关切：

> 窃奴才福长安于召见军机大臣时方才赶到，随同进见，当将“此七日内，皇帝不过乾清宫中一路，如诣吉安所时，俱出入苍震门，不由花园门行走；在永思殿更换素服，凡随从人等俱在景山东门换服，于回宫时仍换常服，皇帝在宫时亦仍御常服。于十三日目送奉移后，皇帝回园时，不由出入贤良门行走，从西门竟至长春仙馆，于次日早晨方恭请圣安”，详晰面奏。太上皇以为皇帝心思周密，圣意甚慰，又恐皇帝过于哀悼，复蒙垂询，亦经奴才等具奏：“皇帝总以孝奉为务，甚能以义制情，并不过于伤感。”〔22〕

通过这些，可证嗣皇帝在皇后大丧之后，简省治丧程序，淡化悲伤色彩，就连出什么门，由哪里行走，何时请上皇安，都煞费苦心；而在子皇后逝世后，上皇对颙琰倍加关切，经常问起，唯恐其因悲伤身。

此折略长，系和、福向嗣皇帝奏报上皇召见情况，内容却是叙述皇上本人在治丧时的做法，兜兜转转，行文微妙且有趣。其时为皇后大丧的头七，嗣皇帝居住于大内，不光令丧事尽量从简，命在圆明园侍从父皇的各级官员人等不穿丧服，自己在皇宫也是处处注意，事事体现“崇奉皇父”的孝思。

有学者认为此折证明上皇对子皇帝的监视，应是求之过深，罔顾亲情。皇后之丧传递的是：嗣皇帝以父皇年高，低调为皇后治丧；太上皇帝则满怀关切怜惜，反复询问儿子的状况。不管是和珅，还是福长安，都极为维护上皇和皇上父慈子孝的温情，这也是二帝持久稳定的情感模式。这能说是布置监视吗？怕不能。和珅、福长安所奏，也丝毫未有意挑拨之处，父慈子孝，也是此二人的愿望和利益所在。

八十七岁的太上皇帝仍关注着进剿白莲教之事，命将最新战报进城面奏嗣皇帝：

> 因谕及：今日惠龄报到已擒获贼首刘起荣，其姚之富、张国富等即日亦可就获。一有捷报，即仍令奴才福长安进城面奏。特令奴才等先将以上情节奏慰圣怀。谨奏。

可知在圆明园与紫禁城之间往返奔走，为上皇和皇上传递信息的是户部尚书、军机大臣福长安。他是傅恒的第四个儿子，与三哥福康安自幼被乾隆帝养育宫中，深得喜爱，二十岁就成为军机大臣、户部右侍郎。和珅与之关系密切，是以来回传信的虽是福长安，上奏时总是二人联名。

第三节 “和记”枢阁

禅让期间，在朝廷呼风唤雨的仍是和珅。

在英国使团的相关记述中，相国和大人形象俊伟，谈吐风雅，处事机智圆融，其实此人殊无贵族气质，信奉斗争哲学，也为此活得很累：要在上皇跟前表现出最大的忠心和细心，也要在皇上面前显示忠顺和才具；要昼夜处置军国大事尤其是前线战况，又要负责朝廷的日常运行、关注京师治安与国家经济，顺便也不忘捞点儿好处；还要稳固自己在枢阁的地位，拱着前面的（阿桂），防着后面的（王杰、董诰等），堵着想进来的，管他是帝师朱珪还是刘墉、纪昀、彭元瑞，都在其列……

年龄永远是官场的优势。嘉庆二年秋阿桂以老病辞世，和珅终于成了内阁和军机处的双料老大，却也没有太多的美妙感觉，就连一向宠溺他的太上皇，竟也时而训斥几句。

一、军机处里的“金瓶梅讲座”

和珅幽默风趣，读书多又喜欢显摆，掌领军机后做法与阿桂大为不同，使这个一向肃穆的地方热闹起来。王笃《两竿竹室集》中有一则记载，说的就是和珅在军机处开讲《金瓶梅》被王杰当面嘲讽之事，写道：

> 蒲城家省厓相国谓予曰：昔文端公在军机与和珅同列，遇事

忿争，怒形于言，人多为公危，公亦以同事龃龉，非协恭之道，屡乞解罢枢务，而高宗不允。不得已数请病假，有至五月之久者，高宗知公深，不之责也，痊即仍入枢垣，故当时有“三进军机”之说。

文端公，即王笃的祖父王杰；而“蒲城家省厓相国”，乃道光朝东阁大学士、军机大臣王鼎，字省厓，陕西蒲城人。王鼎乃王杰在家乡的好友之孙，中进士后多蒙其奖掖，执晚辈礼，这个故事应得自王杰口述。文中对于当日军机处（即枢垣）的描述很真切：和珅恃宠骄纵，在朝廷内外呼风唤雨，王杰虽不买账，可也不愿成天吵吵嚷嚷，故多次上疏求退，不批准就请病假。乾隆末年至禅让前期，内阁首辅兼首席军机大臣阿桂常患病休假，次枢和珅主持枢阁机务，巴结讨好、依附趋奉者甚众，董诰、刘墉、纪昀等资深大员亦避其锋芒。此处说王杰虽“遇事忿争”“怒形于言”，心下仍不自安，请辞复请假，应是真实可信的。

接下来的话，也出自王鼎之口，说的是和珅在军机会食时开讲《金瓶梅》之事——

又言：一日诸公在军机会食，和相谈论风生，语近谐谑，文端厌之，起就别案，展纸作字。和言已，众粲然，公独若不闻者。和领之，顾问公曰：“适所谈之故事，王中堂知出于何书？”公曰：“不省也。”和曰：“出在《金瓶梅》上。”公艴然持笔，拍案厉声曰：“此等混账书，我从来不兴看的！”和惭而哂，曰：“天下岂皆正经书耶？”由是衔之益切矣。[23]

军机会食，指在直军机大臣一起共进工作餐。和珅是在乾隆四十一年春入军机的，年仅二十六岁。逾十年之后，王杰始以兵部尚书兼军机大臣，位次排在和珅之后。两人同在枢垣长达十二年，跨越乾嘉两朝，此事发生在什么时段？推测应在阿桂病重之际。军机处本为机要缜密之地，大员素来崖岸自高，不苟言笑，即便是封疆大吏来京也不与私下接触。而和珅管事后风格一变，历来肃静的军机处喧闹起来，入京外臣熙熙攘攘，王杰等正臣很不习惯。和珅与人相见喜欢开开玩笑，借以笼络人心，亦借调侃对方抬高自己，此时又公然在军机处大讲起《金瓶梅》来，毋怪王杰勃然作色。

此事乍看有点儿不可思议，实也不足为奇。不是说《金瓶梅》曾长期被禁毁吗，不是说顺康两朝颁布了禁毁淫词小说的律例吗？实则多为民间之禁，卫道者之禁，也有地方官府之禁，尚未见清帝下旨将该书明确列入禁毁名单。而另一个方面的证据是：康熙四十七年，内翻书房即将《金瓶梅》译成满文，刊刻印行。早期的翻书房多由皇帝交办译项，职司綦重，位于隆宗门内北房（即后来的军机直房），似也有理由推测康熙帝读过此书。《啸亭续录》卷一："有户曹郎中和素者，翻译绝精，其翻《西厢记》《金瓶梅》诸书，疏栉字句，咸中綮肯，人皆争诵焉。"〔24〕足以证明此书在满洲勋贵中之流行。和珅读的是满文版还是汉文版，根据现有资料难以认定，但通晓四种文字的他两个文本都能阅读。其在军机处吃饭时引为谈资，在别的场合也会谈到，应无疑议。

王鼎转述这段往事，王笃记下这次交锋，自是以大贪官和珅为反衬，塑造王杰的醇儒形象。王杰立身诚敬，风骨气节凛然，由此事也得以呈现。可也不得不说，王杰未经亲自阅读，仅据耳闻，就将《金瓶梅》斥为"混账书"，对文学的感觉还不如老和。其也反映了儒学正统人士对该书的评价，一种当时的主流观念，无他，仍是将《金瓶梅》目为淫书。

二、离开枢垣

对于常公开与之叫板、当面使之下不来台的王杰，和珅自是痛恨，可又找不到整治他的理由。王杰的品格行为无懈可击，兼以深得上皇信任，只能借着其身体不好做文章。嘉庆元年十月，王杰因腿脚之疾，请求辞去军机大臣、南书房、尚书房等职，有旨以其"自六月内染患腿疾，即赐医予假，令其加意调摄，乃至今将及四月，步履尚艰，骤难望其平复"〔25〕，将其在军机处及管理礼部事务之任一并解除，命董诰兼管礼部。此事由嗣皇帝颁发谕旨，和珅的运作亦清晰可见，否则休假养病即可，无须解职。而一旦正式解除职务，俸禄也就停发，使本不富裕的王杰更觉艰难。

转过年去，董诰以丁忧离职，上皇又让腿疾有所缓解的王杰复职。夏天的木兰秋狝，王杰也随驾前往避暑山庄。和珅已从上年丧子失弟的打击中迅速恢复（有些政治人物总这般具有超强的自制力），不到五十岁的他自信未来的路很长，上皇倚信日增，皇上也是处处给足面子。王杰仍被他视为政治对手，终于找到了报复倾陷的时机，且看闰六月二十四日发出的一份谕旨：

> 大学士王杰因腿疾不能入直，着不必在军机处行走，即回京供职。汉军机大臣只有沈初一人，外廷汉大臣内年老者多，即有尚能办事之人，于机务究未谙悉。吴熊光、戴衢亨在军机章京上行走有年，自为熟习，念其职分较小，着加恩各赏三品卿衔，照松筠台布之例，随同军机大臣学习行走。兵部右侍郎傅森亦着一体学习行走，庶可渐资造就。[26]

免去王杰的军机大臣一职，让他即刻回京，只能出于上皇的旨意，而和珅在背后使坏隐约可见。那时阿桂已有数年为病患折磨，秋狝多留守京师，和珅纵横枢阁，敢与之对抗的主要就是王杰。因上皇对王杰一直信任和欣赏，想要赶走他很难，可和珅总是擅于把握机会，而有这么一个夜晚，机会来了——

这件事的起因，为太上皇帝夜半欲召见军机大臣，结果一个也找不见。不知和珅是怎么说的，总之上皇将一腔怒气撒在王杰身上，责令他退出军机处，即刻返回京师。当夜军机大臣的缺直，也使上皇意外发现了一个人才。值班的军机章京吴熊光应对称旨，明练沉稳，上皇深为满意，即擢为军机大臣。《清史稿校注·吴熊光传》：

> 嘉庆二年，高宗幸热河，夜宣军机大臣，未至，命召军机章京，熊光入对称旨，欲擢任军机大臣。和珅称熊光官五品，不符体制，因荐学士戴衢亨，官四品，在军机久，用熊光不如用衢亨，诏同加三品卿衔入直。

终其一生，弘历都堪称爱惜人才，随时发现，大胆任用，由此事亦见一斑。吴熊光素受阿桂赏识，剿匪、治河、谳狱皆命随从。和珅对他深为嫌忌，提出其职仅为五品，一下子超升数级，与体制不符，推荐另一位军机章京戴衢亨。上皇想办的事情，岂容别人多嘴？倒也给了和珅一些面子，令吴、戴二人同加三品卿衔，入参机务。

和珅机关算尽，逐出一个年迈多病的王杰，又上来一个年轻干练的吴熊光，阻拦不住，只得再想办法。吴熊光只待了半年，就被逐出枢垣，对品调任直隶布政使，也没讲是何原因。而所荐戴衢亨快速上升，历内阁学士兼礼部侍郎，转吏部右侍郎，倒也未对和珅卖身投靠。让吴熊光离开，也得要上皇发话，和珅又用了什么招数，不得而知。

这次军机处的重大人事变动，和珅上下其手，用尽心机，与上皇有不一致之处，也敢于表达和坚持，最后由太上皇帝拍板决断，嗣皇帝基本上置身事外。其实颙琰对王杰有很深的敬重，对吴熊光、戴衢亨也颇多好感，却一律不加评述，谨遵父皇之敕，以谕旨予以发布。

三、上皇的训诫

历史上的贪臣也是杂色的。譬如和珅，首先是一个能臣，一个善于解决复杂问题的大臣，性格明爽，举止得体，反应敏捷，办事认真周严；又是一个佞臣，一个擅于攀附、热衷权力、喜欢整人弄事的聚敛之臣。乾隆帝之于和珅，算不上昏君与奸相的搭档，而主要是英主与能臣的关系，问题出现在乾隆晚期，在禅让大典后的几年则愈演愈烈。

今日所见的相关史料，大都经过嘉庆朝文臣的仔细过滤，满篇皆见和珅罪过与丑行，不见有任何功绩。试想，以乾隆帝之英武聪察、杀伐决断，内阁首辅兼首席军机大臣讷亲在朝时备受信任，一旦在金川失误军事，即断然诛杀于军前。乾隆帝身边侍从之官素知敬慎，和珅自也如此。其任军机大臣二十余年，入内阁约有十五年，有人说他“长期把持朝政”，否，除了乾隆帝本人，又谁能把持得住朝政呢？长期以来，枢阁皆由阿桂领衔，既得皇上之信重，也打心眼儿里瞧不上和珅，加上嵇璜、王杰等侧目而视，和大人过得并不轻松，更别说垄断朝纲了。

多数宠臣，应先是帝王认定的能臣，又都有几分佞臣嘴脸，擅长揣摩上意，排挤同列。和珅长于察言观色，长于揣摩逢迎，也勇于紧跟皇上，可满朝文武，哪个不如此呢？和珅之弄权，应在阿桂辞世、由他接掌军机处之后。史籍所记，说的也是这个时候：

> 嘉庆初元，珅势益张，外而封疆大吏、领兵大员，内而掌铨选、理财赋、决狱讼、主谏议、持文柄之大小臣工，顺其意则立荣显，稍露风采，折挫随之。太傅朱文正公，以德行文学受两朝知遇，剔历中外垂五十年，时以内禅礼成，例得进册，珅多方遏之。既上，珅又指摘之。纯皇帝谕曰：“师傅之职，陈善纳诲，体制宜尔，非汝所知也。”〔27〕

择机挑别人的毛病，搞些小动作，在和珅已习惯成自然。而整到当今皇帝的师傅头上，指责挑剔资深翰林的文字，便成为笑柄。嘲笑他的正是太上皇本人，简简数语，不无轻蔑。

乾隆帝一直信赖和珅，自不待言，也喜欢听他传播些小道消息、打些个小报告，但一旦话语不合意，轻者讥讽，重者批评教训，不假辞色。《郎潜纪闻二笔》记和珅曾举报海兰察收受贿赂：

> 超勇公海兰察不检细行，和珅与之龃龉。一日，于纯圣前讦

其在甘肃剿贼回京，收受皮张等物。纯圣谕云："海兰察能杀贼，皮张收以御寒，何必诘责。汝等既不能杀贼，亦岂能谢绝人情乎？"和珅语塞。[28]

海兰察是乾隆时一员战将，东征西伐，建大功甚多。此类大员在得胜后聚敛宝货，回京后赠人或自用，也属大清军队的一个传统，诸帝通常加以宽容。乾隆帝心中有数，对和珅之贪也不无耳闻，借此对他一番敲打。据后来和珅被审讯之供单，可知他没少收受福康安等大帅的东西，海兰察所送也有许多。一面笑欣欣接受他人馈赠，甚至张口索要，一面又要到皇上那儿点眼药，这就是和珅。

和珅在阿桂逝后掌管内阁和枢垣，当然出于太上皇的意思，必也得到嗣皇帝的积极响应。他志得意满，通告各督抚在奏报事件时，另将副本报送军机处；由军机处发出的字寄，也只署自己一人的名字。后一项被太上皇发现，立刻降谕责斥：

军机处寄信直省将军、督抚，向例于恭录谕旨前一行，用满汉居首大臣挂衔。嘉庆二年，阿文成公卒。九月，太上皇召见枢臣于万寿山，谕和珅曰："阿桂宣力年久，且有功，汝随同列衔，事尚可行。今阿桂身故，单挂汝衔，外省无知，必疑事皆由汝，甚至称汝师相，汝自揣称否？"词色甚厉。嗣后遂止写军机大臣，不列姓名，着为例。可见高宗之于和珅，不过使贪使诈，如古之俳优弄臣，远不逮文成诸公，真倚为股肱心腹也。[29]

所谓"使贪使诈"，意思是利用，怕是有点说过了。单衔发出军机大臣字寄，在和珅已早有其事，趁阿桂请假，和珅以单衔交发，上皇未加责备。待和珅成为首席军机大臣，再用单衔，便被训诫。在阿桂逝后很短一段时间，军机处字寄的署名便取消，改署"军机大臣字寄"。太上皇的训斥是严厉的，宠信和保护亦在其间。至于嗣皇帝，对和珅则非常亲切，对朝中重大人事通常不提意见，一经上皇决定，即颁谕确认，无丝毫耽误。

有乾隆帝，便会有和珅。他是一个时代的产物，一个夸耀强盛、奢靡贪腐时代的产物。像他这样的重臣，出现在乾隆中晚期最是自然。和珅如梦如幻的一生，其个人财富的暴涨与骤失，既是个人和家庭的悲剧，也是一种时代与体制的必然。而太上皇所想的，则是为和珅，还有福长安等人铺垫长远，使之成为嗣皇帝的左膀右臂。

四、官逼民反

嘉庆三年八月初九日，教首王三槐被捕的捷报传至京师。此人是四川教变的发起人之一，也是朝廷的心腹大患，有“王元帅”之号，与冷天禄等屯据川东北的安乐坪。经略勒保久攻不下，命刘清等人前往招抚，王三槐不知是计，随至清军大营谈判，落入陷阱。勒保飞奏朝廷，上皇大喜，降敕晋升勒保、和珅为公爵，福长安为侯爵，其中也提到王杰，说：“王杰现虽未在军机处行走，而军兴之时亦曾随同办理，俱着加恩从优议叙。”此旨出自上皇，由王杰谢恩折中“九秩康强”“十全巍荡”可以证实。[30]

王三槐被迅速押解进京，由军机大臣主持审讯。上皇也想会会这个大名鼎鼎的教首，而时已衰迈不堪，嗣皇帝婉言劝住老父，自己亲自主审。备经折磨的王三槐虽没了骁悍之气，倒也毫无惧色，待问及造反的因由，坦言是“官逼民反”。《清通鉴》卷一五五：

> 三槐被俘至京，廷讯时，言“官逼民反”。帝诘之曰：“四川一省，官皆不善耶？”对曰：“惟有刘青天一人。”刘青天者，川民以呼刘清也。帝深嘉许之，特谕：“朕闻刘清官声甚好，每率众御敌，贼以其廉吏，往往退避引去。如果始终奋勇，民情爱戴，着勒保据实保奏。”寻以清治绩战功奏上，晋秩同知直隶州。[31]

官逼民反，是白莲教扯旗造反的口号之一，极具号召力。颙琰闻之恻然，命暂停正法。王三槐被诱捕，四川教军头领没有把账记到刘清身上，大家明白毁约的是勒保。刘清尽管有些惭愧，仍坚持说服教军首领放下武器，教军也不以王三槐之故而加害，他仍可以随意出入敌营，见到教首罗其清等人放声大哭，其清等人也跟着大哭，双方都是一派赤诚。试想如果州县多有些这样的官员，动乱还会发生么？

第四节　正月的剧变

嘉庆四年（1799），太上皇帝仍是在大年初一子夜起床，至东暖阁举行“新年开笔”。他的这幅元旦祝词今存第一历史档案馆，依旧是朱、墨二色，依旧是写了三十多年的一成不变的套话。上皇的笔触极为潦草凌乱，甚至未能写完，却能见出一息尚存，对皇家仪节的郑重持守；亦可见其在迷蒙缭乱之中，昔日那种强大的自信已有几分飘忽。

果然，八十九岁的弘历在第二天即进入昏迷状态，再一天就撒手尘寰，大清朝廷随即发生剧变。

一、上皇驾崩

与许多老年人不同，弘历从不忌讳说老，也从不自言衰迈。他很喜欢在诗文中数说自己的年龄，从八十六岁到八十八岁，年年都说，反复地说，接下来便要夸口“精神强固”“犹日孜孜”，要显摆能够骑马、登山和狩猎。而等到他承认衰老，已到生命的最后时刻：“朕体气素强，从无疾病，上年冬腊偶感风寒，调理就愈，精力稍不如前。新岁正旦，犹御乾清宫受贺，日来饮食渐减，视听不能如常，老态顿增。”[32]新岁，指的是嘉庆四年，一段话出自遗诏，其实乃拟稿者所写，算不得上皇的话。

多年来，弘历都在元旦当日写诗志贺，并作《元旦试笔》两首，已然持续了四十多年。生命中的最后一个元旦，弘历感觉较为疲惫，减去“试笔”，仍然写了元旦诗：

乾隆六十又企四，初祉占丰滋味参。
八十九龄兹望九，乾爻三惕敢忘三。
虽云谢政仍训政，是不知惭实可惭。
试笔多言今可罢，高年静养荷旻覃。[33]

此时的他完全没有意识到死神的逼近，还操心着明年的九十大寿，同时也在反思省察。一个“参”字，既指纷纭繁杂，五味杂陈，又有领悟、琢磨和反省之解。上皇开始将归政称为谢政，对“归政仍训政”也不无自嘲，自谓“是不知惭实可惭”。据此或可推想，上皇应是有了新规划：不光是减去试笔诗，以后的人生方式也会调整，可能要以静养为主了。

在初二日，上皇照例早起，浮想联翩，牵挂的仍是三省的战事，挥笔写下《望捷》：

三年师旅开，实数不应猜。邪教轻由误，官军剿复该。
领兵数观望，残赤不胜灾。执讯迅获丑，都同逆首来。[34]

望捷，是禅让间上皇的诗文主题，先是盼望苗疆之捷，后来盼望湖北等三省之捷。前线也不断有捷报传来，小胜大胜，真真假假，却总是难以彻底平定。这是弘历写作的最后一首御制诗，对教变的兴起、将帅的推诿观望，以及生民离乱之悲惨都有一定反思。

写完《望捷》诗后，太医涂景云、沙惟一来为上皇请脉，认为脉象安舒平和，但有些气虚，提议服用参莲饮。孰知情况急转直下，据《万岁爷进药底簿》：

初二日卯初，进参麦饮一次，用人参一钱五分。
涂景云、沙惟一请得皇上圣脉安和，惟气弱脾虚，议用参莲饮：

人参一钱五分建莲三钱老米一钱水煎。

本日已初至初三日卯正一刻，陆续进参莲饮四次，用人参六钱。

涂景云、沙惟一、钱景请得太上皇圣脉散大，原系年老气虚，屡进参莲饮无效，于本日辰时驾崩。[35]

此为太上皇帝的治疗过程，没有抢救，也谈不上什么治疗，不管是参麦饮还是参莲饮，都非急救之药，更像一种补品。太医的诊断是正确的，即“年老气虚”；其做法也得当，那就是用人参等补气提神，未做无意义的折腾。

在这个举朝焦灼的时刻，王杰等老臣应是昼夜在乾清门广场守候，嗣皇帝则在养心殿寝宫陪护照看，父子俩长时间拉着手，次日清晨，这位孱弱的世纪强人停止了呼吸。颙琰做了一个孝子皇帝能做的一切，史载：

壬戌辰刻，太上皇帝崩。上至御榻前，捧足大恸，擗踊呼号，仆地良久。视小敛毕，先趋乾清宫，于西丹墀下跪迎大行太上皇帝吉輦，敬奉乾清宫西次间。上翦发成服，皇贵妃及妃嫔以下俱翦发成服。申刻，大行太上皇帝大敛，上痛哭失声，擗踊无数……自旦至晡哭不停声，竟日水浆不入口。王大臣等伏地环跪，恳上节哀。上悲痛不能自已，左右皆弗忍仰视。[36]

完全没有提及和珅。以常理推测，“伏地环跪，恳上节哀”的一班近臣中，有王杰，也必有和珅。和珅自会泪流满面、捶胸顿足，可后来公布的罪状，又说他在上皇病危时“谈笑自若”[37]。那时的他以为已将新帝彻底搞定，也许心底真的有几分轻松。

弘历是一个有福之君，无疾而终，弥留之际有嗣皇帝执手陪伴，极尽哀荣。若说遗恨，则是三省教乱尚未最后平定。颙琰发布诏书，称颂皇父的一世英明，感念其亲授大宝的盛德，慨叹不克举办“皇父九旬万寿”，同时也对办理大丧做出部署：

其军营总统诸将等，亦当仰体皇父简拔委任之恩、训诫督责

> 之意，振作自新，迅扫余孽，上慰在天之灵。尚属天良不昧，勉之。至一切丧仪，着派睿亲王淳颖、成亲王永瑆、仪郡王永璇，大学士和珅、王杰，尚书福长安、德明、庆桂，署尚书董诰、尚书彭元瑞，总管内务府大臣缊布、盛住总理。[38]

大丧当日，孝子皇帝应有些精神恍惚。一夜无眠和巨大的哀恸，以及尚未衔接好的角色转换，所发谕旨沿着旧日轨迹，任命和珅为治丧班子的核心人物，王杰则排在其后。

二、权臣的末日

君临天下的六十余年中，弘历驭下甚严，既不喜“名臣”之说，时常敲打张廷玉、尹继善、陈宏谋等人，不允许臣子沽名钓誉，也否认有“奸臣”“权臣”的存在，意思是自己圣明烛照，明察秋毫，身边绝不会有此等角色。而在很多人看来，最受倚信的和珅就是一个大奸臣，在最后几年也成为呼风唤雨的权臣。回视数千年的中外帝王史，会发现即便是圣明雄强之主，也会为权奸所迷惑，又不独弘历一人。

王杰，也包括阿桂等人，都对这种状况深感抑郁焦虑，更为担心的是和珅对嗣皇帝不利。洪亮吉《书文成阿桂公遗事》，记录下阿桂辞世前的情形：

> 公尝病卧直庐，吾友军机章京管君世铭入省之。公素所厚也，忽呼语曰：“我年八十，可死；位将相，恩遇无比，可死；子若孙皆以佐部务，无所不足，可死；忍死以待者，实欲俟皇上亲政。犬马之意，得一上达，如是死乃不恨。”[39]

由于长期任上书房总师傅，阿桂与颙琰也有师生之谊，而语中内涵又远非泛泛的师生情可比，其间有对国家前途命运的忧结，有对上皇老迈、和珅恃宠弄权的无奈，也有对嗣皇帝能否顺利亲政的担心。忍死以待，传递出一个忠贞老臣的心声，令人动容，也令人伤怀——阿桂未能等到颙琰亲政、扫除和珅的日子。

王杰等到了。

朝廷有完整的监察体系，设立言官，为的是及时纠劾权奸与贪酷之辈。但整体而言，清朝的科道官缺少风骨，缺少中晚明那些忠义死谏之士，习惯于谨小慎微，见风使舵。上皇崩逝，和珅被限制行动自由，"眼见他楼塌了"，御史广兴、王念孙即行上章弹劾。广兴为已故大学士高晋之子，曾在礼部任职，"敏于任事，背诵案牍如泻水，大学士王杰器其才"[40]，其实学问严谨、人品厚重的王念孙更为王杰器重。至于二人之举是否得到王杰指使，唐文基曾在书中表示难以确定，我的看法是否定的——那不是王杰的行事风格。而嘉庆帝以科道官弹劾为由，传谕将和珅、福长安革职逮问，查抄家产。朱珪尚在来京途中，颙琰应是咨询了王杰、刘墉等老臣的意见，闪电出手，不可一世的和珅转瞬间即成阶下囚，举朝错愕。

其实，不光和珅严重低估了嗣皇帝，王杰，还有阿桂也都没太看清。做皇子时，颙琰曾写过一篇《唐代宗论》，评价代宗杀李辅国事，时人多以之与诛杀和珅之举相联系。原文中有这样一段：

> 代宗虽为太子，亦如燕巢于幕，其不为辅国所诡者几希。及帝即位，若药正辅国之罪，肆诛市朝，一武夫力耳。[41]

太监出身的李辅国后来做了宰相，心狠手辣，唐代宗李豫做太子时极能忍耐和掩饰，即位后表面上仍加重用，私下里派刺客将其杀死。作为皇太子和嗣皇帝，颙琰应对处置和珅的做法也有几分相同，将痛恨深深藏于心底，耐心地等待时机。对代宗遣刺客暗杀之举，嘉庆帝颇不以为然，认为应该堂堂正正宣布其罪名，诛戮于市朝。

亲政后，嘉庆帝对军机处和内阁部院迅速做出调整，先将和珅禁闭于殡殿，再命两位皇兄（成亲王永瑆、仪郡王永璇）领衔，负责抓捕和抄检。和珅与福长安被押入刑部大牢，严禁家人探视；和珅之子丰绅殷德、和琳之子丰绅伊绵等俱革去职衔，交宗人府严加看管。福长安的儿子锡龄也被解除乾清门侍卫。

三、世纪大审判

上皇的崩逝与和珅的被逮治，适值18世纪结束19世纪行将到来之际，因而对和珅的审问，是一次名副其实的世纪大审判。

以案犯职级之高、案情之重、涉及内容之敏感，会审事宜理应由亲王来主持。今知会审和珅的有一个五人小组：弘历第八子、仪郡王永璇，喀尔喀亲王、固伦额驸、正白旗领侍卫内大臣拉旺多尔济，内阁首辅王杰，大学士刘墉，丁忧中的原大学士董诰，根据已开列的罪状逐条讯问。为何不以通常的三法司会审？推想应是和珅案关涉的朝廷机密太多，只宜小范围密审。即使如此，实施起来也有难度，因事发突然，一些王公大臣不免发蒙，有的得过和珅的帮助或好处，也有的曾与之来往密切，不免心神不定。据说刘墉、董诰都曾为和珅求过情。年高体弱的王杰则毫不犹豫，也不在意被人说落井下石，慨然担当起主审之责。据昭琏记述：

> 近日和珅相时，首相为阿文成公，遇事辄相梗轧。后阿公薨，乃引其戚苏公凌阿同相，遂肆无忌惮矣。阁中惟王伟人相公素与之忤，后珅会鞫时，首坐即韩城也。[42]

文中“王伟人相公”“韩城”都是指王杰，而所谓“首座”，即大案的主审官。昭琏出身宗室，后继承礼亲王之爵，熟知审判内情，所记值得重视。

审讯持续数日，细节不详，但依照惯例，对和珅虽不便用刑，但会昼夜熬审，根据收集的罪证逐项质讯。有一份清末流行的“和珅供单”，涉及各事与公布的罪状相合，有较大的真实性，兹略做引录：

> 一纸系奉旨诘问事件，凡两条：

一问和珅：现在查抄你家产所盖楠木房屋，僭侈逾制，并有多宝阁、后隔段样式，皆仿造宁寿宫安设。如此僭妄不法，是何居心？

一问和珅：昨将抄出你所藏珠宝进呈，珍珠手串有两百余串之多，大内所贮珠串尚只有六十余串，你家何多至两三倍？并有大珠一颗，较之御用冠顶苍龙教子大珠更大。又真宝石顶十余个，并非你应戴之物，何以收贮如许之多？而整块大宝石尤不计其数，且有极大为内府无者，岂不是你贪渎的证据么？

一纸系和珅供词，凡三条：

奴才城内原不该有楠木房子，多宝阁及隔段式样是奴才打发太监胡什图，到宁寿宫看的式样，仿照盖造的。至楠木都是奴才自己买的，玻璃柱子内陈设都是有的，总是奴才糊涂该死。又，珍珠手串，有福康安、海兰察、李侍尧给的。珠帽顶一个，也是海兰察给的，小些的给了丰绅殷德几个，其大些的有福康安给的。至大珠顶，是奴才用四千余两银子给佛宁额尔登布代买的，亦有福康安、海兰察给的。镶珠带头是穆腾额给的，蓝宝石带头系富纲给的。

又家中银子，有吏部郎中和精阿于奴才女人死时送过五百两，此外寅著、伊龄阿都送过，不记数目。其余送银的人甚多，自数百两至千余两不等，实在一时不能记忆。再肃亲王永锡袭爵时，彼时缊住有承重孙，永锡系缊住之侄，恐不能袭王，曾给过奴才前门外铺面房两所。彼时外间不平之人纷纷议论，此事奴才也知道。以上俱是有的。

因为王杰等人是奉旨讯问，故和珅在回答时一口一个奴才，且态度老实，有问必答，所问罪状皆承认，涉及的行贿者也一一交代。为什么会这样？想是因和珅得势时办案甚多，深知关键不在贪渎的数目，而在于认罪态度好，只有博得皇上的宽大，才有一线生路。

岂知颙琰早有必诛之心，遂将其罪状公诸于世，并要内外大臣共同议罪。一场全国性的大声讨随即展开。第一个表态的是直隶总督胡季堂，适在距京师不远的三河，接到兵部火票递到的谕旨，连夜草疏上奏，请求将和珅以大逆罪凌迟处死。胡季堂曾以兵部尚书兼管户部三库，与和珅打交道不会少，对其弄权贪婪早有认知，遂痛加斥责：

> 和珅起自寒微，洊膺宰执，受太上皇帝逾格恩施，实近臣中所罕有。和珅如在人类，何致丧尽天良，罔知君父大义！乃蠹国病民，几同川楚贼匪；贪渎放荡，真一无耻小人。[43]

胡总督还开启了一个检举与检讨杂糅的话语模式：说自己世受国恩，未能及早参奏权奸，深感愧惧，请皇上严议治罪。

大学士九卿与翰詹科道等定拟和珅罪名，请求将之照大逆律凌迟处死，将福长安即行正法。这也是一种常见的套路：审议时从重拟罪，给皇上留下施仁加恩的空间。正月十八日，嘉庆帝专发谕旨，特别说明和珅之罪大恶极，予以凌迟并不过分，但考虑到他担任过内阁首辅，加恩赐令自缢。与和珅走得较近的福长安被定为绞监候，大学士苏凌阿免职，他所引用吴省钦、吴省兰、李潢、李光云等先后被降职或罢免。曾经不可一世的和珅自此被钉在耻辱柱上，朝政为之一新。

随着上皇驾崩与和珅赐死，一个时代、大清王朝的盛世彻底成为过去。和珅是那个时代的骄子，也是那个时代的败类，最后以一己之躯，为之送行和献祭。

四、“朕不得已之苦衷”

在如何处置和珅上，除了遵旨审讯和众议拟罪之外，未见王杰有更多的举动，也未见本人对此留下只言片语。他的心态应是复杂的：既为和珅的倒台由衷喜悦，对新帝采取的果断措施坚决支持，毅然挑起主审的重担；又清楚和珅乃一势利小人，并非大奸巨恶，也没有篡国夺位之心。王公大臣会审时提议凌迟处死，实为皇上的加恩降格做引子，并非真的想那样做。

王杰也知颙琰的犹豫不决，知道固伦十公主，也包括董诰、刘墉、朱珪等人在为和珅求情，他未参加。此类事情多少有些沽名钓誉，且陷皇上于不仁不智，王杰义所不为也，相信皇上在最后自有决断，自有分寸。

其实，要不要处死和珅，让他怎么个死法，在嘉庆帝也是颇为审慎，曾密召直隶布政使吴熊光来宫，听取处置和珅的建议：

> （皇上）谕及人言和珅有歹心，熊光奏："和珅贪纵，罪不容诛，若谓有歹心，臣不敢附和。"上云："何以见得？"熊光奏："凡怀不轨者，必先收拾人心，和珅则满汉无一归附者，倘使伊中怀不轨，谁肯从之？"上云："如此办之，得无太急？"熊光奏云："和珅受纯皇帝逾格恩施，乃贪纵至此。若不速办，无识之徒观望夤缘，别滋事端。皇上办得速，是义之尽；收得速，是仁之至也。"〔44〕

所谓歹心，当指颠覆皇位，不知哪个在颙琰跟前提出，必欲给和珅戴一顶"大逆"的帽子。吴熊光被上皇破格提拔为军机大臣后遭到和珅排挤，此时则直言相谏，请求皇上恩赐和珅自缢，并迅速了结此案，打消群臣的观望和疑虑。

和珅当然是一个大贪官，虽没有去向国库伸手，没有截取军费和税收，也较少主动索取，但倚恃着皇上宠信和身居高位，政以贿成，聚集了巨量的家产，理应追究，也值得反思。和珅死后，监刑者向皇帝禀报其自缢场景，并将其写在衣带上的绝命诗进呈。颙琰读了那首著名的"衣带诗"，也发表了几句感慨，大意是此人还是有点儿才的，只是读书太少，不知道如何做一个道德君子。

在这之后，颙琰开始想起和珅的一些好处，想起他对父皇的多年侍奉之劳，或也能想起他为自己效过的力，心绪有些纷乱。外地将军督抚的奏本仍在接连送来，无一例外地吁请严惩，皇上的御批则出现一些变化，如批复山西巡抚伯麟奏折，曰：

> 已施恩赐令自尽矣。朕不得已之苦衷，天下臣民当共知耳。

接下来在湖广总督景安奏折后写道：

> 已赐令自尽矣，实出于不得已之苦衷也。

为国除害，扫除了一个贪官和佞臣，又有什么不得已的苦衷呢？颙琰在批阅江西巡抚张诚基奏本时略有流露：

> 朕若不除和珅，天下人只知有和珅，不知有朕，实出于万不得已。
>
> 是非公论自有定评，无庸置辩也。

说的是和珅的狂悖恣纵，然若说亲政后也会如此，鬼才相信。同日批复漕运总督梁肯堂奏本：

> 此人不除，天下人心不正，所以必行，后世自有公论。

说的是和珅败坏了朝政，乃至社会风气，很有些道理，却又不能深追，一旦刨根便到了父皇身上。又广东巡抚陈大文折御批：

> 天下至大，兆民至众，近年皆为和珅所蒙蔽，诸务废弛，若不速办，
>
> 几不可问矣！不得已之苦衷，惟上苍昭鉴耳。[45]

非也。天下和兆民都不是和珅能蒙蔽的，其所蒙蔽的主要是太上皇，有此一人做靠山，也就足矣。

对诛杀老和，颙琰显得有点底气不足，向着一班封疆大吏不停地分辩

解释，诉说苦衷。御批不再提及大逆之罪，反复强调的都是其贪纵。而贪官资产的数额，从来都是社会舆论的关注热点。和珅聪明一世，得意半生，处心积虑搜刮聚敛，最后是一命呜呼，巨大资产抄没入官。和中堂死后，一句谣谚随即在京师传开，道是“和珅跌倒，嘉庆吃饱”，或“和珅倒，嘉庆饱”，似乎诛杀抄检和珅之举意在财产，令嘉庆帝格外懊恼。

【第十三章】

内阁首辅

嘉庆帝亲政后，迅速调整了内阁：和珅被诛，其所援引的苏凌阿被逐，原来的王杰、刘墉、董诰保留，增选保宁、庆桂二人，而以王杰为首辅。这是一个非常显赫的位置，位极人臣，通常被称作宰相；也属于正常的推升，他在内阁原列第三，然后为次辅，和珅倒台后顺序最前；更是一种众望所归，他的正直与廉洁，他在和珅势焰嚣张时的独立品格，朝中没有几人能做到。颙琰做嗣皇帝时，与王杰并无太多接触，但内心怀有很深的敬意，是以在诛灭和珅后即请他掌领内阁，君臣相处亲切和谐。

第一节　嘉庆新政

太上皇帝的崩逝，意味着一个新时代的开始，世称“嘉庆新政”。

亲政第二天，颙琰就发布了一系列谕旨，多数与治丧相关，但有一条涉及三省战事。他说以前内地变乱如王伦、田五等，不过数月就被消灭，从未有像白莲教这样长达数年、花费数千万两之多，而至今仍未平定者；原因则在于带兵大臣与将领玩兵养寇，借以冒功升赏，营私自肥。他还说侍卫章京等千方百计请求上前线，而一旦自军营回来，即使原来的穷困之家，也顿时富裕，有的还托词回乡祭祖省墓，实际上是去置办田产。谕旨很长很严厉，最后说：

> 特此明白宣谕各路带兵大小各员，均当涤虑洗心，力图振奋，务于春令一律剿办完竣，绥靖地方。若仍蹈欺饰怠玩故辙，再逾此次定限，惟按军律从事！言出法随，勿谓幼主可欺也。[1]

话说得很重，也隐隐带几分杀气。大丧热孝中，嘉庆帝对敉平白莲教变乱，已觉一刻也不能等待。此日和珅已被剥夺军权，禁锢于殡殿，臣下不会有谁将四十岁的颙琰视为幼主，但所颁春天必须剿平教军之旨，实在难以完成。

一、总理上皇丧仪

颙琰亲政的第一件大事，是为太上皇帝治丧，组建了一个高规格的治丧委员会。其中有睿亲王淳颖、成亲王永瑆、仪郡王永璇，必须在殡殿昼夜守灵，主要操办者还是大学士与尚书等，而和珅在次日被革去军机大臣和九门提督，治丧之事由管理礼部的大学士王杰主持。

王杰对上皇感情深笃，不顾自己身体虚弱，为制定丧仪、办理丧事倾集心血，整个过程极为隆重肃穆——

上皇驾崩的当日，嘉庆帝截发辫成服，仪亲王等随之截发辫成服，皇贵妃以下皇室女眷皆剪发、摘耳环成服。成服，见于《礼记·奔丧》，即依据与逝者的亲属关系换上丧服；而男子截断发辫、女人剪断头发和摘掉耳环等首饰，则是满洲的丧俗。

遵照太上皇生前嘱咐，谥号不用“祖”而称“宗”，议定庙号为“高宗”。灵座前点灯上香，御前王大臣、侍卫等在乾清门内，八旗王公、内阁大学士等在乾清门外，部院大臣、八旗都统副都统等在景运门外，每日三次按班举哀行礼。

27 日之内皇上批谕用蓝笔，公文用蓝印，百日内不剃头，近派宗室二十七个月内、其他官员一年内不嫁娶，二十七个月内不得作乐和宴集。

初四，王杰等奏请依照惯例，皇上以日当月，守丧二十七日释服。颙琰坚持要守丧三年，命再议。

初六，以朝廷事务繁多，当年弘历为雍正帝服丧百日，请求不要超出此例。颙琰同意所请，决定缟素百日，然后仍穿素服满二十七个月。

初七，遣使往朝鲜报丧。

初八，颁布遗诰。内阁大学士捧着遗诰前往乾清宫，嘉庆帝立于檐下恭敬接受，进殿后安放于灵座前黄案上，行一跪三叩礼，起身自左门出，面西而立；大学士由右门入，至黄案前跪行三叩礼，奉遗诰由中门出，嘉庆帝跪等奉遗诰过，再起身回到守灵的上书房。大学士则手捧遗诰至乾清门外，授予礼部尚书，再由他捧至天安门外，安设于诰台上，王公百官与京师军民跪听宣读。那位从乾清宫灵座前捧出遗诰的大学士，就是总理丧仪的王杰，此时面色悲戚，老泪滴沥。

《清会典事例》用了整整三卷的篇幅记述太上皇帝大丧的复杂程序，此后还有奉移梓宫，即把太上皇帝灵柩从乾清宫移至观德殿，再送往东陵安葬；要举行殷奠礼、启奠礼、初祭礼、大祭礼、满月礼、清明礼、二周月礼……〔2〕

王杰一直受到弘历的欣赏信重，君恩如天，没齿难忘，感戴殊深。他对老皇帝的辞世虽有思想准备，一旦发生，仍是极为悲伤。据阮元《王文端公年谱》记述：

> 高宗纯皇帝升遐，上亲政，命总理丧仪，殚心竭诚，自梓宫在殡及祇送园陵，朝夕寤寐，悲伤哀慕，未尝顷刻忘。

我们知道多年来王杰身体多病，常时行走不便，治丧时则全力以赴，率领礼部等官员一丝不苟，将太上皇帝的丧事办理得庄重妥善，井然有序。

二月初九，有旨以庆桂为监修总裁官，命王杰、董诰、朱珪、那彦成为总裁官，布彦达赉、沈初、德明、纪昀、彭元瑞、丰绅济伦为副总裁官，开馆纂修《高宗纯皇帝实录》。王杰、董诰、纪昀、彭元瑞皆乾隆中晚期的老臣，兼文学侍从，数十年追陪；朱珪、沈初亦属上皇的特达之知；而庆桂为尹继善的儿子，那彦成是阿桂的孙子。这些人包括其家族都曾深受过前帝深恩，自然会认真办理，但因为避不开一个和珅，许多事情变得复杂夹缠，必须加以删削或改写，难以成稿，直到道光间才算最后完成，纂修官已换了不止一拨。实录为清朝的重要文献，却也存在着“不实”之处，雍正朝修《圣祖实录》、乾隆朝修《世宗实录》，都较多存在这种情况。

二、对战事积极建言

如果说举行父皇的大丧自有一套礼仪制度，自有大臣认真办理，而嘉庆帝最为牵挂、最不放心的，乃是湖北、四川、陕西正在进行的剿除白莲教之役。正月二十日，即在赐死和珅两天后，颙琰颁旨调整前线清军大营的统帅，曰：

> 教匪滋事以来今已三载，尚未荡平。揆厥所由，总因和珅压搁军报、诸事擅专，于军务每多掣肘，以致各路军营不敢以实入奏，观望迁延，日久不能蒇事。今和珅业经伏法，此后断无从中牵制之人，朕可力保。带兵大臣等自当咸知奋励，勉赎前愆。但恐势不相下，无所统属，各怀自私自利之心，易启争功诿过之弊。勒保初到川省时尚能振作，近来号令不行，惟以专剿冷添禄一股为词，稽延数月，迄未擒渠，其余各路军营更难兼顾，此即事权不一之明证。今特申明军纪。勒保着授为经略大臣，赐以印信，所有各路带兵大臣及总督宜绵、景安，巡抚倭什布、秦承恩、高杞等悉受节制。明亮、额勒登保素谙军旅，且办理川楚邪匪以来，明亮剿平孝感贼匪，额勒登保擒获首逆覃加耀，均曾著有劳绩，俱着实授副都统，授为参赞大臣。伊二人应否与勒保同在一路，抑或别领一军分布要路之处，着勒保酌量情形办理。其余将领，俱着勒保酌派具奏。同知刘清闻其平日官声尚好，着勒保奏明量予升擢，以从民望。〔3〕

这次调整，应是嘉庆帝与新的军机处商酌后的决策，是及时和恰当的。与上皇的处处遥制不同，谕旨给了勒保较重的事权，希望他“择扼要适中之地，居中调度，统摄各路”，对不遵军令者指名参奏，并予以便宜行事之权。勒保之弟永保本因获罪监禁，也被释放，加恩赏给蓝翎侍卫，命前往军营给哥哥“赍送经略印信，在领队侍卫上行走”。皇上的信赖重用，再加上额外施恩，怎不令勒保感激涕零！谕旨中也说近日收到不少对军务的条奏，命军机处“将各折发交勒保阅看，可行则行，可止则止”。

就在这之后，王杰上疏论川陕战事，实际上是对嘉庆帝的谕旨提出的补充。他认为官军迟迟不能剿灭教众，固然是“事权不一，赏罚不明”所致，还有更深层的原因，即灾民失去依靠，地方官不闻不问，只能成为教军的胁从，“兵力日单而贼焰日炽”。此奏题为《请旨恩抚兵民折》，要点有二，首先是“安良民以解从贼之心”，即大力安抚交战地方的百姓，关心民生，不使他们加入教军，奏曰：

> 臣闻逆首如王三槐、冉文俦者尚有十数处。三年之内，川楚秦豫四省为所杀伤当不下数十百万人，其幸存而不从贼者亦皆锋镝之余，骨肉伤残，惊魂未定，男不暇耕，女不暇织。若再计亩征输，甚者分外加派，胥吏因缘勒索，种种艰苦情形，固无由达于圣主之前也。仰乞皇上特颁恩旨，叙其害而悯其惨，俾小民抑郁之怀仰蒙日月之照，衷怀怨愤当可少释；并祈将被贼地方今岁钱粮悉予蠲免，专派廉能道府大员分投查访，不令地方官及胥吏等舞弊重征。不特受害良民顿邀拊畜之仁，即胁从之众闻此浩荡隆恩，亦必恋其亲属田园，不难回心易虑。有归来者，概勿穷治，而贼势或可渐孤矣。

从政近四十年，位至枢阁大员，王杰从未忘根本，始终关注着底层百姓，有一种悲悯情怀。官逼民反，曾使嘉庆帝闻之震惊，而王杰对这四个字的体会更真切，也对官员胥吏如何去“逼”略做解析。他所提出的解决路径也很现实，那就是免除赋税，努力安抚，与民休息。

其二是“抚官兵以励行间之气”，即爱惜和体恤在前线作战的士兵，奏曰：

> 至于各处征调之兵，三年于役，冒露风雨，载离寒暑。孰无

父母，能不怀思？究其所以未即成功者，实由将率（帅）有所依恃，怠玩因循，非尽士卒之不能用命也。亦乞我皇上体说以使民之道，颁发谕旨，曲加怜悯。其中有骄惰不逊者，令经略概行撤回，或就邻省更调，或于附近召募，酌增数万劲旅，申明军纪，鼓励戎行，庶几人有挟纩之欢，众有成城之志，当无不争先奋勇，以张挞伐之威矣。[4]

王杰显然不是速胜论者，所提出的关怀士卒、振作士气、招募新兵、训练部伍、增加数万劲旅，都非一朝一夕之事。

这是一份有关白莲教之役的重要奏章，清醒而且平实，切中时弊，又有些不合时宜，尤其是不合皇上的意。嘉庆帝亲政的第二天，即严旨要求当年春天平定教乱。任命勒保时虽未明确设限，那份焦灼急切谁都能看得出。身在禁近的王杰并非不知，或也正因为知晓，才在奏折中坦直上言：动乱的根子在官府的贪酷，解决问题也必须由朝廷下决心，从安民和治军开始。

白莲教起事的三年间，领兵将帅换了好几拨，在上皇身边协理军务的始终是和珅，叛乱愈演愈烈，动荡地域越来越大，王杰的家乡陕西南部也成为重灾区。现在权奸已除，嘉庆帝真诚希望早日敉平叛乱，王杰即上疏议政，盼望皇上能采纳自己的建议，以谕旨形式“遍行晓谕”，从而逐步走向正轨。未见到嘉庆帝的御批。根据后来发布的上谕，可知皇上对安民一条很赞同，尽管财政吃紧，仍陆续发布了一系列的减免措施；对于体恤怜悯前线士卒也认可，要求各营将领不得刻剥勒索；至于招募新兵，训练劲旅，似乎觉得太过漫长，远水不解近渴，未予接受。

三、军机处大换血

禅让期间，军机处基本为和珅所把持。在嘉庆二年夏被免去军机大臣后，王杰再没有进入枢垣。阮元《王文端公年谱·嘉庆三年戊午》，有“二月，奉旨仍在军机处行走”，误，应系于前一年的二月。证之于《清史稿·军机大臣年表一》，王杰并未再入军机。究其原因，主要在于其年高体弱、腿脚不便，而首枢和珅也是坚决不愿让他回来。

嘉庆帝亲政之始，即对军机处进行大换血：成亲王永瑆受命掌领军机，并兼任户部尚书，董诰、庆桂、傅森再入军机，原来的军机大臣沈初以年老免直，戴衢亨、那彦成留任。有道是“打虎亲兄弟，上阵父子兵”，颙琰贵为天子，仍受这种说法的影响，同时命仪亲王永璇总理吏部事务。岂知两位皇兄并无行政管理经验，又爱摆出一副王爷的派头，大事看不到，小事最上心，时而越过尚书侍郎，直接向郎中、主事下指示，搞得部属无所适从。颙琰闻说后，斥为和珅之余习，不到一个月就撤掉二人的总理部务之职。

永璇、永瑆分管部务的挫败，与其身份地位和经历相关。其实不光两个皇兄，嘉庆帝在开始时也喜欢一竿子插到底，喜欢动不动就骂人和换人。据朝鲜使臣闻见别单所记：

> 皇帝御极以后，锐意图治，早朝晏罢，屏退奸党，升庸名流，惩于和珅，权不下移。虽果断有余，而或临事生疑，下行群工之事，举朝惴栗，供职惟勤。而十一王永瑆总理庶务，恣行专擅，士论不韪，颇有漆室之忧。[5]

其写永瑆之行应得自传闻，有些夸大。而对颙琰的评价较为客观，既充分肯定其锐意进取，惩奸扬善，又指出他的专断、多疑和琐碎。所谓“下行群工之事”，也就是不信任部院大臣，直接向部院各司发号施令，与两个哥哥近似。那时的颙琰还喜欢带上少数随员，在夜里微行察访，搞得官员吏役人心惶惶。[6]

当年十月，嘉庆帝传谕：“本朝自设立军机处以来，向无诸王在军机处行走。正月初间，因军机处事务较繁，是以暂令成亲王永瑆入直办事。

但究与国家定制未符，成亲王永瑆着不必在军机处行走。”[7]意味着颙琰初政的一些应急举措再做调整，诸王彻底退至二线。嘉庆五年之后，军机处就以庆桂为首，由原来的六七人减为四五人，也有所年轻化。颙琰对庆桂很倚重。此后数年间，白莲教的叛乱此起彼伏，军机大臣昼夜轮值，事务繁杂，庆桂办理及时，又从无骄矜恣横习气，深孚人望。

应该说，军机处的地位此时有所削弱，嘉庆帝曾降旨整顿，并要都察院每天派一名科道官进行监察，而内阁的地位则出现回升。不仅内阁首辅王杰不兼军机大臣，大学士刘墉与之相同，而嘉庆帝的师傅朱珪回京后入南书房，管理三库，升任户部尚书、协办大学士、大学士，也没有进入军机处。可知此际朝廷的政务运转，正渐渐走向常态。

四、天教热血洒边尘

亲政的第三天，热孝大丧之中，诸务纷繁，嘉庆帝即降谕求言，遵旨上言者渐多，言之成理者多被采纳。几乎所有的帝王都会有求言求贤之举，而综论上书言事之人，实心为国者有之，疾恶如仇者有之，野心家、阴谋家有之，借以取媚希宠者有之，摭拾浮词、故作惊人之语者亦有之。颙琰皆加阅读，即便对一些谏章不喜欢，为广开言路，也能包容隐忍。直到有一天，成亲王永瑆转呈翰林编修洪亮吉的疏章，阅后实在是怒不可遏，终于大发作。

洪亮吉为著名的江南才子，写得一手好诗和好字，又能做严谨的考证，尤擅地理学方面的研究。他曾蹉跎科场很多年，终于在乾隆五十五年得中榜眼，授编修，时年已四十五岁。此公生性豪迈，喜欢诗酒狂放，尤喜纵论天下大事。嘉庆三年翰詹大考之题为《征邪教疏》，洪亮吉抨击内外弊政，洋洋数千言，盛传都下，却被列在三等第二名。他自知难为和珅所容，借弟弟去世请假归乡。太上皇崩逝后，亮吉闻知奔赴京师祭悼，参与纂修《清高宗实录》。他常对人说先帝对自己有两件大恩：一是庶吉士未散馆即任顺天乡试房考，接着授贵州学政，当时视为异数；二是任满还京，先任咸安宫学总裁，又奉旨在上书房行走。拿着这些前朝荣宠说事，既透露出其对政治的热衷，也抒发对仍为一介普通翰林、住在寺院里默默修史的不满。文人伎俩，常以退为进，洪亮吉又一次提出请假。此时的翰林院掌院学士为达椿，就是那位曾在上书房挨板子、翰詹大考列在四等的皇子师傅，颙琰亲政后升迁较快，生怕老洪别生事端，立马照准。亮吉心有不甘，毕竟有满腹经纶、一腔治世救世之热血，很快写成五千余言一疏，希图引起皇上的注意。

奏折写好了，如何能递至皇上案头，也是一个问题。

作为中下层翰林，洪亮吉没有上疏言事之资格，只能通过机构或朝中大员代递。经过反复思考斟量，他将谏草誊写三份，分别送到三个人府上，请求转呈至御前——

第一位是上书房总师傅、户部尚书朱珪，为洪亮吉会试时的座师，素以爱惜人才见称，与皇上关系亲近，对他的才学一向很欣赏，为其首选。可朱珪收下这篇奏本，大致阅读一过，即置于箧中，并没有为之代转。

第二位是左都御史刘权之，亦由翰林出身，嘉庆帝亲政后命掌督察百官的大权，甚为倚信。亮吉在四库馆时与之交善，将谏章送与一份，在信中特加注明已给了朱珪一份。刘权之也读了，虽未与朱珪沟通商量，也是扣留下来。

第三位才是当时掌领军机的永瑆。这位十一阿哥自幼工书，热衷于探讨书旨，领悟古人用笔之意。亮吉为当世大学问家，亦擅书法，永瑆对他应有较好印象，见有奏本求送，大约未加细读，不知道写了些什么，即为转呈御前。

朱、刘二人品行端正，心地善良，将此疏压下来，乃出于对洪亮吉的关爱和保护。没想到遇到了不小的麻烦，有旨令追缴，责备其有意偏袒包庇，要求做出解释。朱珪连忙上奏：

本年八月二十四日酉刻，有洪亮吉差人投书一封，拆阅之下，见其语言错乱，全无伦次，且中有荒诞悖谬、毫无影响之狂谈，未敢形诸章奏，拟于日内召见时面行奏闻。适奉旨询查，当将原书并诗二件封缴，听候查办。臣未及即时参奏，咎实难辞，相应请旨，将臣交部严加议处。[8]

详细交代卷入此事的过程，也述说读后的心理活动，很真实，加上表明了对洪氏言论的批判态度，也就只能这样了。

刘权之的复奏为：

本月二十四日，有编修洪亮吉到臣寓处投书一封。臣于灯下折看，见其中妄肆空谈，直同狂瞽，且并不知皇上亲政以来宵旰勤劳、整饬庶务之圣心。臣因系私书，字画潦草，原思约会朱珪各另缮一份，合词具奏。次日奉旨查询原书，命臣封缴。臣未及即时严参，实属糊涂疏忽，求皇上天恩，将臣交部严加议处，以为办事迟延者戒。[9]

讲述得详细明白，合乎情理。其中说到原奏书写潦草，打算重新誊录并与朱珪商量合奏一节，也属实情。接奉谕旨后，他与朱珪应是做了沟通，意思相近，也都自请“交部严加议处”。皇上心知肚明，念二人皆为亲近大臣，加恩“降三级留任”。

读了洪亮吉的奏折，嘉庆帝显然大受刺激，龙颜大怒，命将他立即拿入法司，追问主使之人。可哪里有什么别人主使，分明就是其一人所为，有些话道听途说、捕风捉影，也是多数文人之积习。会审拟定为死罪，皇上降谕遣发伊犁。

洪亮吉此举意在触动皇上，引起关注和重用，当然不是要激怒当今圣上。可皇上读后怒不可遏，其奏本中写了哪些犯忌的话呢？

谕旨中首先指出两条：其一，奏本说“先法宪皇帝之严明，后法仁皇帝之宽仁”，斥之为“以小臣妄测高深，意存轩轾，狂悖已极”，实属吹求过甚；其二，说“三四月以来视朝稍晏，恐有俳优近习，荧惑圣听”，才是真正使之恼怒之处。两条之中，嘉庆帝最生气的当是第二条，命军机大臣会同刑部审讯逼问，非要他交代有何证据，是谁提供的材料？洪亮吉供称“一时糊涂，信笔混写”，皇上哪里肯信，指令审问者挖根子，抓黑手。

洪亮吉招供的是真心话。

在他的奏本中，此两段根本不是写作重点，一则以引首，一则为收束，信笔所及，早忘了忌讳。这也是古今文人之通病，笔意所至，唯极而言之，语不惊人死不休，此时悔之晚矣。至于其奏章的主体，的确是有胆识、有文采，实乃上佳笔墨，兹略加摘引：

> 今天子求治之心急矣，天下望治之心亦孔迫矣，而机局尚未转者，推原其故，盖有数端。亮吉以为：励精图治，当一法祖宗初政之勤，而尚未尽法也；用人行政，当一改权臣当国之时，而尚未尽改也。风俗则日趋卑下，赏罚则仍不严明，言路则似通而未通，吏治则欲肃而未肃。〔10〕

针砭时弊，掷地有声，对颙琰亲政以来的朝政大端，提出直接和深刻犀利的批评。

接着，亮吉大谈先帝初政如何勤慎，指责当今不能发现和使用人才，集思广益，对和珅私党也失之宽纵，文字极是精彩，如：

> 盖人材至今日，销磨殆尽矣。以模棱为晓事，以软弱为良图，以钻营为进取之阶，以苟且为服官之计。由此道者，无不各得其所欲而去，衣钵相承，牢结而不可解。夫此模棱、软弱、钻营、苟且之人，国家无事，以之备班列可也；适有缓急，而欲望其奋身为国，不顾利害，不计夷险，不瞻徇情面，不顾惜身家，不可得也。

所说为当日朝中官员的基本状况，风气的形成与和珅有关，却不宜全推到伊一人身上，也不会随着和珅的消亡而消失。奏章举吴省兰、吴省钦兄弟为例，认为应对和珅亲信加以追究，而皇上所谓不问胁从，看似宽仁，实际上掩盖了问题，也导致官场的风气日下。他的措辞极为锋利：

> 十余年来，有尚书、侍郎甘为宰相屈膝者矣；有大学士、七卿之长，且年长以倍，而求拜门生，求为私人者矣；有交宰相之僮隶，并乐与抗礼者矣。太学三馆，风气所由出也，今则有昏夜乞怜，以求署祭酒者矣；有人前长跪，以求讲官者矣。翰林大考，国家所据以升黜词臣者也，今则有先走军机章京之门，求认师生，以探取御制诗韵者矣；行贿于门阑侍卫，以求传递代倩，藏卷而去，制就而入者矣……

如果说前面是说和珅弄权之时，后面则直击当今政坛，包括文坛，所论多为翰詹圈子的一些糗事。当举朝赞颂嘉庆帝扫除权奸、推行新政之时，这位老编修却指出：清代中期的社会积弊，并不因杀了一个和珅而有什么改变。

洪亮吉在疏章中涉及面很大，举凡用人行政、开通言路、整顿吏治皆有论辩；涉及人亦多，既抨击已死之和珅、福康安、孙士毅等，抨击和珅私党或亲信，又指斥当下一批领军大员。其所依据，除却已经公诸于世者，多出诸坊间传闻，讯问之时，难免无法确指，张口结舌。谕旨指出：不光“俳优近习”毫无根据，“此外所供各款，亦多出自臆度”，应是审问的实情。上次翰詹大考之后，洪亮吉有了一个心结，总要说他人作弊，对考列一等第一名的吴省兰攻击不休，也属于文人陋习。

洪亮吉成为钦犯，被关押在西华门外的都虞司，距大内甚近，易于向皇上奏报审讯结果。一时舆论汹汹，群议皆曰该杀，好友前来探视，对之痛哭拜别，也传递了各种不祥信号。至此方见出亮吉乃一条好汉，从容谈笑。成亲王永瑆受命主审，首先传达旨意：“亮吉读书人，体弱，毋许用刑。”[11]

洪亮吉大为意外，感动痛哭，伏地请罪，自后有问必答，承认很多地方都出于传闻臆测。会审合议，拟照大不敬律，斩立决。嘉庆帝以为论罪适当，加恩免死，说了一段很绕口的话：

> 朕方冀闻谠论，岂转以言语罪人！亦断不肯为诛戮言臣、自蔽耳目之庸主。今因伊言，惟自省于心，有则改之，无则加勉而已。洪亮吉平日耽酒狂纵，放荡礼法之外，儒风士品，扫地无余。其讪上无礼，虽非谏诤之臣可比，亦岂肯科以死罪，俾伊窃取直名，致无识者流妄谓朕诛戮言事之人乎！惟近日风气，往往好为议论，造作无根之谈，或见诸诗文，自负通品，此则人心士习所关，不可不示以惩戒。岂可以本朝极盛之时，而辄蹈明末声气陋习哉！〔12〕

一番话绕来绕去，似乎已占领道德高地，又像不那么理直气壮，命将洪亮吉发配伊犁。亮吉赋诗二首，诗有“暂离三木即身轻，忽缀元戎后队行”，“人笑冷官罹法网，天教热血洒边尘”之句，仍是书生意气，通脱潇洒。

洪亮吉的流放之路差不多走了五个月，元旦夜宿天山北麓阜康县的黑沟，二月十日抵达惠远城。时任伊犁将军为大学士保宁，蒙古正白旗人，在回疆殉节的靖逆将军纳穆札勒之子，由亲军袭三等公爵，从征金川时连克要隘，擢总兵，绘像紫光阁。保宁胆大心细，两任伊犁将军，皆能稳定一方，并与邻国友好相处。洪亮吉报到前，保宁即在奏折中表示：“该员如蹈故辙，即一面正法，一面入奏。”嘉庆帝批曰：“此等迂腐之人，不必与之计较。”〔13〕保宁的表态，被一些人演绎为有意加害，非也，这位将军是个厚道人，对待流放伊犁的官员包括洪亮吉都很友善，从不苛责和刁难，直到他在数月后离开。

作为乾隆五十五年的会试正考官，王杰与洪亮吉有师生之谊，而早在十余年前，已邀其作为幕友，相知很深。或也正因如此，洪亮吉虽敬仰王杰的清正品格，但清楚他不会替自己转呈奏议，便去找了朱珪等人。王杰一生行事谨严，与门生相处慈和坦诚，却不喜欢一些越位之举和过激言论。没有看到他对洪亮吉上书事件的评价，若说到同情惋惜，应是肯定的。

第二节　乾嘉学术

乾嘉时期人文昌盛，涌现了一批杰出的学者和文人，也留下了数量浩繁的钦定图书、官修图书以及个人著述。如果将弘历称作一个学者型皇帝，则其身边聚拢了不少学者型大臣，内阁、南书房、翰林院，也包括礼部等部院大员颇多才学卓异之士。乾隆帝不仅关注礼部会试，常对进呈十卷亲定甲乙，也要出题大考翰詹，出巡途中还会临时考选，不拘一格录取人才；又饱读经史诗文，热衷于编纂类书图典，以一部《四库全书》登峰造极，许多知名学者皆参与其事，可谓躬逢其盛。

谈到乾嘉学术，今人常忽视王杰的作用，应是一种疏漏。王杰一生读书，身在高位仍治学不辍，研读经典颇有心得，学以致用，是一位博览精思的大学者。仕宦的四十余年间，不管是担任学政、礼部堂官、庶常馆总教习、上书房总师傅，还是主持乡会试，参与或领衔编纂书籍，他都致力于选拔汲引优秀人才。王杰的日子一直较为拮据，却也尽力帮助一些贫困学人，礼聘他们在府中做幕友，来去自由，其中颇不乏为后世敬重的学术大家。

一、学人的圈子

“方以类聚，物以群分”，出自《周易·系辞上》，讲的是世间万物皆以类相从的道理，读书人尤其如此，以文会友，最爱结成一个个圈子。另有一句话，叫作“文人相轻”，通常也是指对圈子之外者，若属本圈，便要互相标榜。乾嘉间学术大家一时并出，如群星闪耀，却也很难脱出圈子的窠臼。

清朝入关以后，很忌讳汉族文人的讥议，对江南地域的结社风习也格外敏感，金圣叹之弃市，吴兆骞之远流，皆与之相关。至雍乾间更是迭兴文字狱，吹求严苛，诗人文士动辄得咎，不敢不处处小心，而宴集吟诵、唱和竞胜之习仍未断绝。以京师为例，一直有各种文人圈子存在，或以座师门生，或以某省某地，或以所治经史，时常相约聚集。各种美誉之称也很流行，如朱珪与哥哥朱筠并称“二朱”，与众多门生被称为“大兴二朱学派”；如上节写到的洪亮吉，既为朱筠弟子，又是“毗陵七子”之一；而据王昶忆写，那位曾紧跟和珅的吴省钦，在家乡松江也有一个往来密切的朋友圈，成员有六人。

王杰出身关中书院，受老师孙景烈影响很深，恪守“不通声气”的原则，素不喜呼朋引类，拉拉扯扯。庶常馆和翰林院有暇日结伴出游、流连诗酒的传统，王杰偶尔也参加一两次，但从不热衷，也很少留下与他人唱和的诗作。不是他写不出或没有写，而是不重视，不注意保存。恩公尹继善、陈宏谋为当世理学大家，王杰也是将感激敬重深藏心底，不见有贺寿、祝祷之类诗文。看起来有些不近人情，却正可见出其一空依傍的独立精神。

后来王杰经历渐广、职位渐高，多次担任乡试、会试的主考官，门生故吏遍天下，却是依然故我，不入任何圈子，也绝无开宗立派之兴趣。江浙人文积淀丰厚，王杰曾三任浙江学政，一主浙江乡试，蒙其奖掖提携的人才在官在学都很多，其中有真诚仰慕者，有希冀攀附者，皆处之淡然。由此也能理解洪亮吉的疏离，虽与王杰颇有渊源（为幕友和门生），然他的呼朋引类，议论风生，他那喜欢与人攀比、争强好胜的个性，与乃师相去甚远。而根据阮元、凌廷堪等人的记述，王杰在政务之余唯安静读书，与幕友门生谈论的也是读书，从不见陷入门派和意气之争。

江藩《汉学师承记·洪亮吉》记载了一件亲历之事：

> 明年，（洪亮吉）又充《石经》收掌详覆官。藩是时馆总裁王文端公第，君手定条例，属藩呈之，公是其说。彭文勤主其事，

以为不然，文端不能与之争也。后文勤自作凡例，文端命藩勘定，驳其秕谬者数十条。文勤大怒，谓藩与君互相标榜。嗟乎！直道之不行也久矣。[14]

说的是石经馆开馆时，王杰担任总裁官，洪亮吉负责文献档案的收存审核，拟了一份校勘条例，通过其门客江藩呈交王杰，得到一些肯定。而副总裁彭元瑞以为不合适，重新拟定了校勘凡例，提交给总裁王杰阅看。王杰让江藩阅读和提意见，江氏一下子指出数十条错误，惹得老彭大怒，指责他与洪亮吉互相标榜。在这段记述中，似能感觉到江藩（应也包括洪亮吉）对王杰的不满，未能力挺洪亮吉的条例，也没有支持江藩的驳议，含含糊糊，没有明确态度。

洪亮吉尚在庶常馆读书，能担任石经馆收掌详覆官，应有王杰的提携汲引。而他喧宾夺主，拟订“条例”，开列蒋衡写本“十三经”须加校勘订正之处：如“经注参错，宜正也”，“前后倒置，宜正也”，“脱文，宜补也”，“衍文，宜去也”，显然是下过一番考证功夫；其中也不乏重复错杂，如“又有因数字之脱而上下不贯者，宜补也”，“又有因一句之衍而文义不续者，宜削也”，与前“脱文”“衍文”条并列，涉于夹缠繁琐；而像“《汉石经》有急宜从者”，“《唐石经》有宜酌从者”，“两宋《石经》有可从可不从者”等各为一条，也显得虚浮咋呼。[15]由是也知老洪缺少编纂大书的经验，又喜欢炫才逞能，貌似严谨，实则苛细琐碎。王杰以鼓励为主，意在用其所长，将之转交具体主事的彭元瑞。而后者心胸较为狭窄，全盘否弃，引发了江藩等人的不满。

“乾隆石经”之事，在本书第十章已经写到，此事恰可作为补充。王杰作为总裁，挑选门生洪亮吉、阮元，幕友江藩等参与其事，想的是把事情做好。而乾隆帝在他之前又加了个第一总裁和珅，和珅对圣上力推副总裁彭元瑞主事，老彭当仁不让，王杰则选择逊让，不与争锋。江藩显然对恩公的“软弱”不满，慨叹直道难行，实则他与洪亮吉都容易走极端。试想，以彭元瑞之博学强记，与蒋士铨并称“江右两名士”，与纪昀并称“南北两才子”，所拟的一篇简短凡例，会有数十条错讹吗？江藩应是有意挑剔伏线，才会激怒老彭。此事彭元瑞有失风度，在读了江藩的批驳后大光其火，遂成一桩小小公案。

乾隆晚期，王杰与彭元瑞、纪昀、刘墉等同时在朝，三位来往互动较多，各有一帮文友和弟子追随，而王杰素来淡泊。通过这件事也可证明，即便是在学术话题上，王杰也持一种超然、兼容的态度，不偏激也不固执，不做意气之争，更不会出头偏袒门生幕友，有意识地避免圈子文化。

二、门客江藩

偏激，实乃古往今来不得志读书人的一个通病。

洪亮吉就是一个偏激之人。殿试得中一甲第二名，钦授翰林院编修，还能说不得志吗？可对自视极高的他本人而言，也真可称不得志：只有过短短一段春风得意的日子，担任乡试副考官，提督学政，可很快就发现苗头不对，辞职还乡；待嘉庆帝亲政，和珅被诛，急急返回京师，仍是一介编修，一腔经世济民的大才无处施展，情何以堪！历来做官与做事都要看机缘，可偏激的性格使之无法隐忍，也不愿意等待。他又拿出那个请假的招数，没想到一请即准，向来亲近的座师王杰、朱珪等皆未挽留，于是便剑走偏锋，上疏论证——实在是不愿意无声无息地离去也。而为了引起皇上的注意，他在疏章中竟然依据街谈巷议，明指颙琰贪恋女色，设若在乾隆朝，怕是真会掉脑袋的。

至于江藩，因为一生不得意，性格比洪亮吉还要偏激，时而会与别人发生摩擦。江藩，号郑堂，祖籍安徽旌德，自幼生长于扬州甘泉，为惠栋的再传弟子，也曾拜在朱筠门下，阮元称其“淹贯经史，博通群籍”，而科举不利，到了只是一个监生。此人性情豪放，能诗文，喜饮酒，还练过一点武功，面酣耳热之际常自诩超过唐宋八大家，更喜爱臧否人物。其性格与王杰似乎格格不入，可经阮元介绍，王杰爱其才学，怜其飘零，诚恳聘之为幕宾。江藩如闲云野鹤，来去随意，伊秉绶称“郑堂馆韩城王文端公邸第二十年”[16]，应有较大浮夸，而三至京师，都住在王杰府上，也是事实。后来缪荃孙撰《江藩传》，曰：

> 江藩，字子屏，江苏甘泉人。监生。少受业元和惠栋、吴县余萧客、江声，博综群经，尤熟于史事，性不喜唐宋文。每被酒，辄自言文无八家气，人目为狂，不屑也。幼蓄书万余卷，岁饥，尽以易米，作《书窠图》志感，一时耆宿题咏殆遍。曾恭撰《纯庙诗集注》，由大学士王杰进呈，恩赏《御制诗五集》。后谕召对圆明园，值林爽文陷台湾报至，遂辍，人惜其遇。[17]

所记江藩为乾隆帝《御制诗五集》做注一事，也明显存在错讹，且夸张的成分更大。弘历一生诗作宏富，陆续编纂刊行，其《御制诗四集》收录至乾隆四十八年的作品，而《御制诗五集》则是此后至六十年年底之作，也只能在此之后才会最后编成，与发生在五十一年年底的台湾林爽文事件压根儿扯不上关系。

王杰在南书房的日常事务之一，就是为乾隆帝整理誊录诗稿，也顺理成章地主持第五集的编印事宜。弘历素喜以经史典故入诗，亦随笔议论时政，记述军国大事，编纂时应酌加注解。这恰是江藩的长项，王杰请他做一些查找核订，应是有的，但不会太多，更不会将此事全交给他。《御制诗五集》卷首进呈表系王杰、孙士毅、董诰三人联衔，可知王杰虽主其事，却非独自承担，与孙、董二人会有分工，下面还会各有几名翰林官员做助手。兹事体大，容不得半点差错，参与各臣皆亲力亲为，江藩等人充其量是助手之一而已。

所谓“恩赏《御制诗五集》”，应是赏给王杰，而非江藩；“召对圆明园”云云，则大半出于虚夸。此时虽有内乱，而太上皇帝举重若轻，并未因此乱了方寸，若定了召见便不会取消。缪荃孙的记述乃摭拾前人之言，而源头应该是江藩酒后吹嘘，唇天齿地，辗转传播，便成了这个样子。缪荃孙为光绪二年进士、翰林院编修，民国初任清史馆总纂，一代大家，没想到也着了道儿。

即便是这样一个性情褊急、喝点酒就会吹大牛的江藩，因为确有些真才实学，王杰对之很看重，很礼遇，也很有可能曾对太上皇提及，便被夸大成召对圆明园。而由此折射出的一个饱学之士的失意，及其在酒精作用下的精神幻象，倒是真切的。

三、汉宋之间

正是做过王杰门客的江藩，日后写了两本至今影响很大的书：一是《汉学师承记》，主要是为乾嘉朴学的代表人物作传，也记述自己的师承和交游，写作时颇带感情色彩；另一本是《宋学渊源记》，专为清朝理学家作传，其中不少为前明遗民，至乾嘉间则几乎没有什么成名人物，潦草成书。江藩的做法看似一碗水端平，实则厚此薄彼，扬此抑彼，很快就有方东树写了一本《汉学商兑》，用激烈的言辞予以抨击。那是门派与圈子的意气之争，也是后话。

汉学与宋学的提法由来已久，江藩各成一书，有意对学者加以区分，而要点在于推重汉学。他为宋学家（即理学家）作传，为减其声势，声明将朝中大员排除在外，其中就有陈宏谋与王杰，说他们“以大儒为名臣，其政术之施于朝廷、达于伦物者具载史宬，无烦记录”〔18〕；又说自己乃草茅下士，担心见闻失实，故省去，专收那些“或处下位，或伏田间”者。这样的说法看似不无道理，实则违背学术史的撰述原则，怎么能以社会地位决定去取呢？因为是在朝大吏就降格收录，固属可笑；可反过来一律不收，也很荒唐。

而江藩的《汉学师承记》中，又非常在意传主的科名与职位，在意他们任职翰林院或做过内阁中书、军机处章京的经历。书中特别标明各人的科名与居官经历：如卢文弨为乾隆十七年壬申科探花，王鸣盛为十九年甲戌科榜眼，任大椿为三十四年己丑科传胪（二甲第一名），邵晋涵为三十六年辛卯恩科会元，金榜为三十七年壬辰科状元，胡长龄为五十四年己酉科状元、汪廷珍为该科榜眼，洪亮吉为五十五年庚戌恩科榜眼；他们以及朱筠、钱大昕、戴震等皆有过一段翰林经历，或终老翰苑，不少人参与了《四库全书》的编纂审校；而朱筠、卢文弨、钱大昕、洪亮吉皆曾提督学政，王昶仕至刑部侍郎，王鸣盛为内阁学士兼礼部侍郎，职位已属上层；纪昀更是官至协办大学士兼礼部尚书，附入的胡长龄仕至礼部尚书，汪廷珍仕至协办大学士，皆为当朝显宦。由此也可知，二书的收录原则是很不一致的。

对古代学者的分类颇有难度，尤其是一流学者，专深固然重要，更重要的应是广博和会通。《汉学师承记》卷七所收“程晋芳”，已经漆永祥指出曾对汉学多有抨击，附于“纪昀”后的翁方纲也有被“抓壮丁”之嫌。另如彭元瑞博闻强记，诗文俱佳，个人著述之外，又精于古代器物和书画的鉴定，主编或协纂《秘殿珠林》《石渠宝笈》《西清古鉴》《宁寿鉴古》等图籍，学识与成就超过江藩书中的不少人，乃因一事交恶，便视之若无，也显得格局狭窄。

至于纪昀本人，曾多次谈及汉学宋学之争，倡言“两无所偏好，亦两无所偏恶”[19]，却在《丙辰会试录序》中亮明了观点：

> ……至经义之中，又分二派：为汉儒之学者，沿溯六书，考求训诂，使古义复明于后世，是一家也；为宋儒之学者，辨别精微，折衷同异，使六经微旨不淆乱于群言，是又一家也。国家功令、《五经》传注用宋学，而《十三经注疏》亦列学官。良以制艺主于明义理，固当以宋学为宗；而以汉学补苴其所遗，纠绳其太过耳。如竟以订正字画、研寻音义、务旁征远引以炫博，而义理不求其尽合，毋乃于圣朝造士之法稍未深思乎！[20]

江藩与纪昀似无太多交往，为其作传，大段摘引的是纪氏为戴震《考工记图》所写序言。孰知纪昀反对将考据极端化，认为会影响士习与文风。受命主持嘉庆元年丙辰恩科会试时，他特别声明“臣等所录，惟以平正通达，不悖于理法为主；而一切支离涂饰、貌为古学者，概不录焉”，矛头所指正是汉学的流弊，以此作为端正文体的举措。

在《宋学渊源记》中，江藩把王杰列入理学大臣，即宋学一派，说来并无大错。出于纪昀门下的赵慎畛也认为王杰提倡理学，写道：“我朝宰辅中，以理学提倡者，朱文端、陈文恭其最也。逮于文襄以词章见长，彭文勤又从而恢张之，而理学绝响矣。及见韩城王宫傅，犹有理学模范。”〔21〕二人皆不知王杰在关中书院所攻为古文，《关学续编·西峰孙先生》：

> （孙景烈）成就关中人士甚重，各以其才，尝曰“吾门治古文之学者有韩城某某、雒南某某，治义理之学者则有临潼某某”云。〔22〕

韩城某某，即王杰。而雒南某某为薛宁廷，出身雒南望族，乾隆十五年从景烈读书，二十二年丁丑科二甲进士，选庶吉士，授编修，有诗文传世；临潼某某为王巡泰，十九年甲戌科三甲进士，曾在多地任知县，颇有政声，于吏部考功司主事任上辞职还乡。王、薛二人名位皆不尊显，但与王杰一样居官清廉，讲求操守。

王杰恪守师门教诲，杜绝声气之交，即便与同门也绝不互相鼓吹，遑论其他。而汉学名家如孙星衍、阮元、洪亮吉、凌廷堪等出于其门下，皆曾得到其关心爱护。嘉庆帝亲政后下诏举贤，王杰举荐了王念孙，乃朝中最早弹劾和珅的御史，也是一个被江藩遗漏的朴学大家。王杰酷嗜读书，探讨义理，加上阅历丰富，有很多深刻体悟，却也从未将之当成名山事业，所作亦不珍惜。他所秉持的是孔子的“为己”之学，至于汉宋之争，乃至于两大派内部的门户之争，皆不入法眼。

第三节　绞杀之痛

颙琰亲政之后，最大的问题仍是如何尽快扑灭白莲教变乱。他曾严旨要求各路清军迅速扑灭教众，曾一次次撤换前线将帅，也曾一次次立下最后期限，后来才慢慢意识到平叛之艰，不得不做打持久战的准备。

不管是苗疆还是白莲教之役，都是一次浩劫、一场绞杀。能带兵打仗的将帅在厮杀中损折近半，叛苗与教军首领几乎全数被杀，双方士兵在交锋时皆有大量死伤，而最惨的仍是黎民百姓，包括被战争裹挟进叛军中的人，也包括被战火焚毁家园的人。陕南与湖北、四川接壤，很快就被战火波及，后来更成为主战场之一，生民涂炭，王杰虽不在军机处，仍能得到各种信息，为之忧心如焚。

一、再上奏议

对于围剿白莲教军之役，尤其是大规模的屠戮和杀降，王杰一直有着不同的看法。禅让期间上皇急欲获胜，和珅掌控军机处，不是提建议的时候，他只能隐忍不说。颙琰亲政之初，命大臣将有关建议密封进呈，王杰即行上了一道奏折，已详本章第一节。

在军机处十余年的经历，使王杰对军中实情较为了解，海兰察、福康安等领军大将先后病逝，尤其是苗疆一役，军中精英折损过重，既缺少统军的元戎，又缺少冲锋陷阵的悍将，更缺少决死之精神。就在前折之后不久，王杰再上奏本，指出和珅已除，依附者失去内援，必然恐慌，急欲建功，而军事体制上所存在的问题，便成为严重障碍——

　　教匪之蔓延三载，以致正帑虚縻，其弊有二：

一由统领之有名无实也。夫勒保虽为统领，而统兵大员分位相埒，人人得以专折奏事，于是贼至则畏避不前，贼去则捏称得胜。即如前岁贼匪蹂躏陕省兴安一带，领兵大员有“匪已渡江五日，地方官并不禀报”之奏，此其畏避之情显而易见。又如陕省去岁三四月间贼匪扰至西安城南，离城不过数十里及百余里，杀伤数万人，剿贼官兵既不近贼，陕省抚臣一无设施，探知贼去已远，然后虚张声势，名为追贼实未见贼。近闻张汉潮蔓延商南、雒南等县，高均德屯据洋县，往来冲突，如入无人之境，不能堵御。秦省如此，川楚可知，实由统领不专、赏罚不行之所致也。

一由领兵大员专恃乡勇也。夫贼势固属猖獗，然领兵大员不即据实陈奏添兵，而惟恃乡勇，揆其用意，乡勇阵亡无需报部，乡勇人数可以虚捏。借乡勇以为前阵，既可免官兵之伤亡，又可为异日之开销，此所以耗费国帑而无可稽核也。

臣以为军务之紧要，莫急于去乡勇之名而为召募之实，盖就近召募有五利焉：

一者，被贼焚掠之民穷无无依，多半从贼，苟延性命，募而为兵即有口粮，则多一为兵之人，即少一从贼之人；

一者，隔省征调，则旷日持久，就近召募，则旬日可得；

一者，征调之兵远来，则筋力已疲，召募之人不须跋涉；

一者，隔省之兵水土不习，路径不谙，就近之人安其水土，悉其路径；

一者，乡勇势不能敌，则各自逃散，无从惩治，召募之兵退避，则有军法。

具此五利，何不令其增添数万召募之兵，一鼓而歼灭之！若谓兵多则费多，独不思一万兵食十月之粮，何如十万兵食一月之粮，其费相等，而功可早奏也。[23]

王杰曾任兵部尚书，时间虽不长，也下过功夫研读兵书。有此一番论议分析，谁敢说王杰不知兵？

清朝中叶军事体制的大弊之一，在于远程征调，不管是新疆、西藏、云南有事，都要从内地和东北调兵，千里万里之遥，往往错失军机，救援不及。这次白莲教起事，朝廷前后派遣宫中侍卫章京，征调京营与黑吉马队，仍是老套路。这些军队远远赶赴前线，路上费时很长，费用高昂，到后疲惫不堪，又不熟悉地形，没见过教军漫山遍野杀来的阵势，往往吃败仗。实际上，各地为阻击教军，多自发组织了一些乡勇，起到了不小的作用，而难以掌控的弊端也很明显。王杰提出的就地招募新兵，化勇为兵，加强管理和训练，具有很多利便。后来曾国藩组织乡勇抗击太平天国，在此基础上发展为湘军，走的就是这个路数。

此折被《清史稿 · 王杰传》引录，置于嘉庆二年之前，显然是错误的，根据文中所记内容，应是在四年春夏间。乃嘉庆帝阅读其《请恩准邪匪投首折》之后，问政于他，遂再次上议。对于这位忠清老臣的两次密奏，嘉庆帝很重视，但在征调与募兵上没做出大的改变。此事涉及国家兵制，更与领军大员的作战思想、管理模式相冲突，极为复杂，也就拖了下来。几十年后鸦片战争爆发，清军仍是远程征调，将陕甘兵、川兵等调往广东，将宁夏兵、黑吉马队调往浙江，结果是劳命伤财，败得个一塌糊涂。

二、换帅与追赃

嘉庆三年十月，湖北发生“胡齐仑军费冒滥案”，不少将领都在秘密账单上，颙琰隐忍未发，亲政后始大加究办。读了王杰的两道奏折，嘉庆帝对军中贪腐更增痛恨，遂对前线各营统领陆续做出调整，撤换与逮治相继。

正月二十七日，陕甘总督宜绵因追剿不力，“贼至则不敢向前，贼去则移营前往”，被皇上传谕解职。宜绵出身满洲正白旗，曾以军机章京从征金川，历陕西布政使、广东巡抚、喀什噶尔办事大臣、乌鲁木齐都统等职，乾隆六十年授陕甘总督。教变初起，宜绵不顾位高年迈，亲率部伍夜焚敌寨，规复东乡。颙琰念其功绩，本来赏与一个散秩大臣，可在召见时被其辩解激怒，又降为三等侍卫，命赴乌里雅苏台。

与宜绵同日被免的是陕西巡抚秦承恩，乃王杰同年进士，五十四年升任陕抚。教乱兴起后，承恩提兵随宜绵攻防，其间母亲去世，不许回家治丧。而他显然不是一个勇毅干练之员，在教军逼近西安时惊慌失措，王杰也不因同年为之遮掩。此时秦承恩先以“师久无功”被撤，复因东路失利革职逮治，论大辟，后遣戍伊犁。

忧急焦灼之际，嘉庆帝会听信被俘教首的只言片语，用以指责领军大员。如总统军务的四川总督惠龄，蒙古正白旗人，历西宁办事大臣、伊犁领队大臣、塔尔巴哈台参赞大臣，征讨廓尔喀时参赞军务，与教军作战也较为英勇。而在四川教首罗其清解京后，颙琰亲加审讯，问询各路官军情形，供称“惠龄一军较弱”，即于二月十七日解除惠龄兵权。

三月十二日，湖广总督景安被免。此人实属庸懦，教军送了个“迎送伯”雅号，也传到皇上那儿。加上他乃和珅同族晚辈，快速晋升沾了本家爷爷的光，此时想不被收拾也难，不久即以“恇怯畏贼，捏报邀功”的罪名，革去伯爵，发往伊犁。

眼看到了秋天，期望的大胜仍未能到来，颙琰不由得百感交集，赋诗遣怀：

> 皇考弃儿去，夏徂秋又来。仰天真可痛，临御愧无才。
> 蚁集荒山众，鸿栖中泽哀。良民染锋镝，沃壤尽蒿莱。
> 虽幸燕齐稔，难堪川陕灾。王师渐疲敝，羽檄漫交催。
> 予罪将谁诿？昊衷愿速回。敬祈销劫数，即日净邪埃。（教匪蔓延四年，川陕楚豫百姓被劫者无算，敬祈昊眷圣慈并加默佑，速为荡平，不胜额企之至。）[24]

其中有对父皇的深挚怀念，有对缺少才华的反省，更多的则是对数省动荡难平、生民涂炭的痛惜，情感真切。该诗主题，也令人联想起王杰的奏折。颙琰已意识到前线将士的疲敝，以及谕旨交催的无力，表示要自担罪责，祈祷上苍和慈父在天之灵保佑。而一旦到了具体实施时，仍是一味责斥军中将帅，不断予以革职审问。

七月十六日，命将经略大臣兼四川总督勒保解职拿问，罪名是“玩误固执”，钦派吏部尚书魁伦前往查办审讯，代理川督。勒保在军中威信很高，被逮后部下将士愤愤不平，居心险恶的魁伦不仅不据实上奏，还列出一大串罪名，将勒保拟为死罪。倒是嘉庆帝念其前功，改为斩监候。

接下来轮到主持陕西军务的都统明亮，为孝贤皇后之侄，颙琰的表兄。明亮久经战阵，居官亦廉洁，但沾染了一些军营油滑习气，也不善于协调关系，很快与新任陕抚永保发生冲突，互相攻讦，撕扯得一地鸡毛。副都御史广兴路过陕西，密奏明亮故意拖延，不将张汉潮部剿灭，也不支援孤军作战的永保。嘉庆帝很生气，特派军机大臣那彦成赴陕会审。结果是苦战得胜的明亮刚回大营，便被夺职逮治，定为斩监候。看到胡齐仑案的秘密账单后，颙琰以接受馈送罪，将永保流遣乌里雅苏台，荆州将军兴肇发往乌鲁木齐效力赎罪，古北口提督庆成则发配伊犁……

三、陕南密林中的军机大臣

调整后的军机处，原来的军机大臣只有戴衢亨、那彦成保留下来，而在一段时间内，颙琰对那彦成最为倚信。

那彦成，乃阿桂次子的次子，出身世代簪缨之府，因父亲阿必达去世较早，由母亲辛苦抚育成人。他自幼有大志向，既继承了家族的尚武精神，也知刻苦读书。乾隆五十四年会试，二十五岁的那彦成考中进士，因王杰为该科正考官，是以自称门生。此后的他任翰林编修，入直南书房，不数年便成为内阁学士兼礼部侍郎。阿桂病逝后，上皇亲选那彦成入军机处学习行走，和珅不敢阻拦，颙琰自是完全赞同。

嘉庆帝对年轻干练的那彦成很赏识，亲政之当月，即“调户部，兼翰林院掌院学士。擢工部尚书，兼都统、内务府大臣”[25]，接着又任为实录馆总裁、崇文门监督、总理工程处、教习庶吉士、管户部三库等。皇上还以那彦成三岁而孤，御书“励节教忠”匾额，旌表其母。圣恩之隆，与和珅当年的崛起颇有几分相像。

四年八月，那彦成受命前往陕南明亮大营督军。他勇于任事，但对战场毫无经历，又急于建功，赴陕途中即以听闻上奏，表示抵达后要对失误军机者军法从事。那彦成本想杀几位大将立威的，颙琰急忙传谕制止，告以人命至重，连经略大臣也无权先斩后奏。既然皇上不予尚方宝剑，那彦成抵任即弹劾明亮“奏报诬罔”，将之逮送京师。

那彦成接掌陕西军务，原以为稍加整顿进击，便会摧枯拉朽，及至亲自领兵搜山，才知晓战场之复杂凶险。整个冬天，他督率部下追剿残余教众，可川陕交界处的山林实在太大了，数万官兵乡勇进入密林，也只能如大海捞针，顾此失彼。那彦成毕竟出身翰林，在奏章中大作文学描述：“贼倚老林为巢窟，丛刺阻隘，枪箭难施，臣五内焦灼，愤不欲生。”表示要亲身入林搜剿。颙琰朱批称“实为辛苦万状，不忍披览”，不许他冒险深入。然久不见效，皇上也渐渐失去耐心，传旨：“上紧相机剿办，务于明年二三月内奏绩蒇功。”[26]再一次定了期限。

隆冬来了，官军仍在陕南老林中兜圈子，不断有些小的斩获，也不断被教军偷袭滋扰。那彦成很快有了作战经验，加以廉洁奉公、治军严格，士气大增，曾夜袭敌营，也曾连续数百里追击，从栈道入川击敌，斩获甚多。可就在这期间，关于他的负面消息不断发酵，京师议论纷纷，有的说他狂妄纵恣，有的说他外示精明、实则无能，还有告他纵令家人和随员惹事的。接皇上密旨询问，一意攻剿的那彦成始知人言可畏、大帅难为，急忙上疏辩解。嘉庆帝谕曰：

> 卿虽自矢忠贞，属下尚需严察，外省官吏闻军机大臣之名，

有不趋奉乎？一切慎勉，毋负汝祖家声，全朕用人颜面，尽心竭力速成大功，五等崇封，朕不惜也，勉之！[27]

皇上把话说到这个份上，简直像是恳求，那彦成读后感动，却也没能意识到其间的弦外之意。

颙琰已在几天前将明亮释放，命赴湖北军前效力。在皇帝看来，那彦成的指挥能力尚不如明亮，但还是希望他能速建大功。谕旨中讲到京师的议论，也说自己“不为摇惑”，而关键是尽快建功，言出肺腑，句句动情，最后写的是：“灯下密书，傍无一人。卿亦密存此折，回京面缴。”那彦成读后感激唏嘘，然说到立刻剿灭教军，绝非短时间内所能做到。

又过了四个多月，皇上的忍耐已超过极限，战事仍没有大的起色。颙琰召那彦成还京，面询剿匪之事。分别不过十个月，君臣二人恍若隔世，而皇上所说的那些自诩高明的军事方略，在刚经历一番炼狱的那彦成看来，简直幼稚可笑。他当然不敢嘲笑顶撞，但在回答时也有些直来直去。那彦成还是太年轻了！像永保、明亮等均立过大功，仍不免被逮治流放，似他先是轻敌误判，后来并无显著战绩，反倒喋喋不休，怎不令皇上大怒。

颙琰即命将其官职兼衔全部撤掉，赏给一个侍讲的小官，自此失宠。

第四节　辅政的分寸

自从明太祖朱元璋撤销中书省，废除丞相体制，而代之以内阁大学士，昔日的相权不复存在，阁员也成为真正意义上的辅臣。而人们在私下里仍以丞相、相国相敬称，如傅恒被称为春和相国，和珅被称为和相、师相。可知大学士称相国已成惯例，弘历虽不喜，也没加以制止。纪昀为王杰七十寿辰所写贺词，题中也有“王伟人相国”字样。王杰当时在内阁排第三，所管仅一个礼部，实际威望却远在兼领枢阁的和相之上。

和珅被扫除后，王杰排名第一，成为内阁首辅，持续主持内阁事务超过四年。不再担任军机大臣，意味着王杰已无须参与宫内园内的日常值班，算是由一线退至二线，职位也较多地带有荣誉与礼仪性质。王杰很好地把握履职的分寸，不越位，不缺位，清忠不易，尽心尽责，赢得了嘉庆帝的赞赏和同僚的敬重。

一、疾病牵缠

弘历晚年乃至禅让时期，枢阁趋向一体化，多数大学士同时也是军机大臣，内阁首辅兼任首席军机大臣，看似重视，实则较大地削弱了内阁的辅弼功能。颙琰主政后，经过短暂的调整尝试，很快使枢阁走向协调与平衡：曾被和珅推向极致的军机处职权有所弱化，用人也挑选清谨之员；而内阁由王杰主事，以下为刘墉、保宁、庆桂、董诰等，皆属忠正老臣，政事洞明，也都有较高声望。庆桂继承了乃父尹继善的勤勉宽和，已在军机处多次进出，此时担任首枢，一直做到嘉庆十七年。

进入晚年的王杰，身体不时出现一些状况：嘉庆元年夏天，左腿的风湿病发作，以至于难以正常值班，不断请假，并在十月上奏辞去南书房、尚书房、军机处和礼部事务，得到批准；经过治疗病情缓解，部分恢复工作，但仍未痊愈，以故发生嘉庆二年在避暑山庄的值班风波，也为此离开军机处。其中有和珅的操弄与借机拱火，但王杰身体欠佳，不能正常当值也是事实。

四年秋，王杰患脾泄，腹部胀满，难以进食，吃点东西就上吐下泻，加上摔了一跤，“左脚跌伤”。嘉庆帝即派贝勒德麟带领太医院使涂景云等人，前往王宅看望诊治。德麟为福康安之子，承袭贝勒，时以副都统兼护军统领，复命后皇上很关切，次日又命他带着精通医术之士赶来治疗。王杰很感动，扶病拟谢恩折，命儿子堉时赴宫门呈递。[28]过了二十多天，嘉庆帝见王杰仍未好转，又派公爵、工部左侍郎明安带领太医院使鲁维淳前往诊治。王杰再次上疏谢恩，说自己病久羸弱，吃药也不能速见成效，使得皇上牵挂，不断派人来诊治，而旷职多日，内心极为不安。堉时至宫门递折，带回皇上赏赐的半斤内库人参，希望王杰能尽快康复。

嘉庆五年（1800）正月，颙琰命大学士、九卿会同审讯由前线押解至京的明亮和永保。王杰领衔会审，因明亮已经加恩释放，以“金顶领催”返回军中效力，被审者只剩下永保一人。会审认为永保前已获罪，复经委以山西巡抚重任，而领兵作战时心存畏葸，行动迟缓，致使余匪远扬，加上收受毕沅、胡齐仑馈送军费八千两，同意陕甘总督松筠所拟斩监候。此类审讯原归军机大臣办理，此时则交给内阁，列于王杰之后的为庆桂、刘墉、董诰及各部尚书侍郎等官。

疾病牵缠，王杰的脾泄一直未愈，至夏天又转为赤痢，情势更为沉重，医生提出必须静养。王杰奏请解任调理，颙琰即予批准，经过几个月的调理，方才渐次康复。

二、“一洗前人陋习”

嘉庆六年（1801）二月，王杰主持审议对湖北军事设置的调整。此乃协办大学士、湖广总督书麟抵任后提出来的一揽子改革方案：将原湖广提督改为湖南提督，而增设湖北提督，驻扎襄阳；再命襄阳总兵移驻郧阳府，原来驻扎郧阳的副将则调往竹山县。书麟也是一位清谨正直的老臣，早年以领队大臣参加金川之役，“力战辄先登，克坚碉数十，功最”[29]，很快晋升为巡抚、总督，因不买和珅的账两次革职流遣，颙琰亲政后授吏部尚书、都统、协办大学士，调任湖广总督。王杰等认为书麟办事扎实，所提军政改革方案具有灼见，予以支持。

当年是一个考察年，又轮到了三年一度的“京察”，即对朝廷各部院官员的考绩。大学士位极人臣，按规定不属于考察范围，颙琰传谕，对于一直在伊犁将军任上的保宁、兼掌军机处的庆桂和军机大臣董诰，以及王杰、刘墉，“一体交部议叙”。皇上颇为倚信这批历仕两朝的老臣，王杰虽长时间因病请假，也未将之排除在外。四月公布辛酉恩科的殿试读卷官，又是以王杰领衔。

公务繁忙加上体弱多病，王杰仍不废阅读，并注意从书中寻觅安民治世之策。他读了赵翼的《廿二史札记》，由前朝荆楚之乱联想到三省白莲教之役历久难平，即致函询问请教。此信未见流传，只能从赵翼的作品中寻觅大概，诗曰：

> 千里郇笺到草堂，离怀时事两苍茫。公真与国同休戚，我已无人问在亡。身退敢思投笔奋，官高共仰运筹长。状元宰相荣华处，知为忧劳已澹忘。
>
> 五十年来几战攻，盖天塞地国威雄。长征曾过牦牛徼，近剿翻迟汗马功。台鼎地尊当局苦，江湖身远隐忧同。却惭纸上谈何益，不及行间两石弓。[30]

可知王杰写信问政，咨询平乱方略，而赵翼则以一个“忧”字，写出老友的与国休戚和自己的感同身受，抒发无尽的感慨。

夏六月，京师暴雨成灾。自初一到初十，倾盆大雨不分昼夜，城内城外墙倒屋塌，嘉庆帝所居的圆明园顿成泽国。颙琰赶紧下令疏通，并选派干员分路查看灾情，可四望皆大水茫茫，有的走到卢沟桥就被困住，有的找不到船只，总之是乱了套。好不容易雨停了几天，很快又是连日倾盆，不要说民居，就连宫殿也四处漏雨，皇宫前水深数尺。颙琰从圆明园回到紫禁城，各部堂官和司员几乎连立足之地都找不到。情况紧急，也迟迟不见直隶总督姜晟、永定河道王念孙的奏报，皇上忧急恼怒，下旨将二人革职。

王念孙系乾嘉朴学的代表人物之一，精通训诂与校勘，为人正直，任御史时曾上疏弹劾和珅，为这位权臣的塌台揭开序幕。嘉庆帝命大臣保奏人才，王杰举荐王念孙通晓水利，被提升为永定河道。此次暴雨成灾，京畿河道到处决口泛滥，王念孙以及属下同知等官先期没有预防，届时又不能及时报告灾情，悉被革职逮问。王杰作为保荐者，上疏自请处分，皇上未加追究。[31]持续的阴雨潮湿，也使王杰的腿疼和脾泄有所复发，赶紧服药治疗，总算得以控制。

当年为常规的乡试年。这次大雨，使得顺天贡院一片狼藉，本应在八月八日举行的秋闱，只好推迟到九月举行。顺天乡试一向容易发生事端，例由二品以上大员任正考官，并要求直隶和京籍官员回避。王杰已有很久没有主持乡试了，近年来由于身体欠佳，就连会试也未再主持，该科竟被定为顺天乡试的主考官。这样的安排是非常规的，当然是出于皇上钦定。为什么要这样做？科场策士引领学风，应是颙琰对匡正士习采取的措施。昭琏在《啸亭杂录》中写道：

> 今幸值右文之世，而近日学者多以割裂古书、剿袭成语以为博雅，而课士者复多取之，诚亦过矣。惟辛酉科王韩城掌北闱，一洗前人陋习，专以清醇为主，而落第者反謷訾不休，亦可笑矣。[32]

透露出一些事情，所说也很有道理。乾隆中晚期，由于编纂《四库全书》等一系列大型书籍皆强调校勘精审，不少布衣学者应召校书，有的被钦授举人，考中进士，受到士林艳羡，训诂考证之风大盛；接下来则一步步走向极端，“割裂古书、剿袭成语”，以琐屑细碎显示学养专深，科试也偏重于录取此类卷子。王杰主持辛酉科顺天乡试，提倡行文的清雅纯正，提倡学以致用，有着纠偏的意义。由此引起一些落榜者的指责，朝中也有人暗中支持，但王杰毅然而为，并不计较个人得失。

或因早年在科举上碰过太多的钉子、吃过太多的苦头，王杰历来主考时都不逞意使气，而是宽厚包容，战战兢兢，生恐埋没人才，阅卷极为认真。而科场阅卷可是一件辛苦活、良心活。后来位至闽浙总督的赵慎畛为本科房考，记述了与王杰一起阅批试卷的日子，曰：

> 戴紫垣师云：“凡人享大福泽者，遇事必谨慎细密，无纤毫厌倦意。”因指王惺庵、董蔗林两宰辅实之。蔗林阁师，畛未尝亲炙。

> 韩城公，畛尝同处月余。辛酉分校京兆，公主试，以七十八岁老人，每日阅卷自丑正起至申正止，公慎精细，虽极劣卷，批数字于上，亦端整不苟。昔人谓韩魏公与亲戚卑幼书，亦端严谨重，今犹及见其人。可信精神即人之福泽，凡精神不周至者，皆无福泽者也。[33]

赵慎畛为嘉庆元年进士，出于纪昀门下，也是讲究淹博的路数，可对王杰充满敬佩。此处引用戴紫垣的话，说凡是能成就大事业、享受大福分之人，做事都会谨慎细致，不带一丝厌倦，并以王杰、董诰为例。慎畛说在辛酉科阅卷的一个多月中，每天丑正（夜间两点钟）开始批阅，一直要到申正，即下午四点。如此高强度的工作，连年轻人都会吃不消，而七十八岁大病初愈的王杰，就这样一直钉在座位上，毫无懈怠之气。即便对那些很差的试卷，王杰也会端端正正地加上几句批语，指出欠缺在哪里。

割裂剿袭作为一种偏谬文风，还在于片面追求艰深晦涩，而影响到阅读的广度，造成知识的贫乏。该科的诗题为《百川赴巨海》，出于谢灵运《拟建安七子·陈思王》，取"天下归仁"之义，又与夏月的京师大水相连，可整个考场几乎无人知晓出处，只得胡乱支对。即将进呈前十卷时，王杰深深以此为憾，翰林院侍读学士高鹗（就是续补《红楼梦》后四十回的那位）在搜落卷时发现有个叫陈黻的答对了，急忙推荐，遂排于前列。[34]

三、请辞与慰留

王杰不媚权贵，不自吹嘘，不入圈子也不拉圈子，却也在朝中有着极高威望。与晚年王杰稍有接触的礼亲王昭琏，在书中对他有一段简洁描绘：

> 余登朝最晚，不及见诸先达，惟王文端公尚未去位。逾年公始致仕归，故时瞻其丰采。公高不逾中人，白须数茎，和蔼近情，而时露刚坚之气。[35]

寥寥几笔，便画出这位首辅大臣的形象。他的文人气质、平易慈和，以及那时而显露的坚毅之色，很是传神。以之与紫光阁绘像中的王杰像做比较，也显得契合。文字所勾勒的是致仕前的王杰，那时昭琏刚被授为散秩大臣，而刘墉、董诰、纪昀、彭元瑞等都在，皆未进入这位宗室高才的法眼。

昭琏的观察是准确的，不管到了怎样的高位，王杰身上都有一股子浩然正气，都没有忘记根本，一旦关乎底层民众和民生，他都会实话实说，直来直去。他有一个在外省做官的门生写信诉苦，大肆渲染当地民风刁悍，王杰回信直斥其非：

> 来书云彼处俗悍民刁，健讼成风，急难化导。以愚之意，且勿责民，而先责己。试思所属数郡之民为数几何？其中刁健者不过千百中之一二，其余者，皆三代之所以直道而行也。一官到任，书役先将民风刁健搀辞耸听，为先入之言，于是官与民未相谋面而先如寇仇，然后此等奸猾书役得以假其威势，而肆其贪虐。我辈在家亦百姓也，地方果有爱民之官，刁健者能施其伎乎？是当竣拒之，而告以爱民之实政，自有移风易俗之实效。古昔政声之卓卓者，不必皆奇材异能之人也。愚虽未曾外任，然自二十一二岁即佐幕，多年于外任之情形，知之最悉。今日川楚之逆民，何一非地方官及书役之所酿成者乎？无辜良民横遭杀害，为民父母曾亦顾名而思义乎？

通常来说，王杰给弟子门生的信都很温和，此函的措辞则有些激烈，形同教训。这里也正可见其性情，可见其无法容忍诋毁百姓、推卸责任的做法。当时官军与白莲教交战正酣，一些官员也是如此信口雌黄，王杰则指出被杀的多为无辜良民。

就在这封信中，王杰也透露出辞归之念，向弟子略吐心曲：

> 愚庸拙如故而精力日衰，自问无补纤毫，急欲乞归骸骨，又以

受国厚恩有似自图安逸，当俟贼氛一靖，不复仍贻恋栈之讥矣。[36]

该信大约写于嘉庆五年正月，既有对官场腐败的透彻了解和痛恨，也流露出一种无力感。为敉平持续数年的白莲教变乱，他曾积极出谋划策，而情况未见好转，根子则在官员吏役的贪酷已深入肌髓。失望已极的他想要回归故乡，一则教变未平，再则嘉庆帝对他很敬重，是以未便提出。

进入嘉庆六年，王杰似乎已摆脱沉疴新疾的纠缠，能够正常履职了。颙琰讲究规矩和程序，倚重王杰等老臣的道德品格与从政经验，内阁职权渐重，很多过去由军机处办理的事情，都交给内阁。比如前面写到的书麟奏请之事，过去归首席军机大臣拟议，此时则由内阁首辅王杰主持。而御门听政，在禅让期间仅处理各部院呈报的一般官员任免、刑事案件等，现在则提升了议政的层级，交由内阁操持和主导，朝政运转逐渐进入正规化。其间还发生过一个小事故：内阁学士纳清保由于过度紧张，奏报刑部题本时竟然忘了涉案人名，结结巴巴，皇上不免有些生气。王杰连忙上疏，表示把关不严，自请处分，客观上也起到对下属的保护作用。

十一月初八日，有旨："大学士王杰、庆桂、刘墉、董诰，着充会典馆正总裁；尚书刘权之、朱珪、纪昀、丰绅济伦、禄康、彭元瑞，着充会典馆副总裁。"[37]仍是由王杰领衔。

越是身处高位，王杰就越是履职恭谨，待人真诚谦和，为朝中群臣做出表率。嘉庆七年的五月端午，发生了一件事：王公大臣等照例向奏事处呈递膳牌[38]，还未到早上七点，一些部院堂官以为当日过节，皇上不会召见了，便纷纷离园回城，而王杰、刘墉、纪昀等老臣则规规矩矩等候"叫起儿"。嘉庆帝对擅自早退之人很生气，责其"纷纷早散，殊属疏懒"，"岂有不候膳牌发下，辄先行散归之理？伊等如此刻不能待，又何必来递膳牌耶"[39]，皆予交部议处。官场之懈怠由此可见，而几位老臣则敬谨如故。

两个月后，王杰再一次提出因病致仕还乡的请求，言辞恳切。颙琰为此特发谕旨：

> 大学士王杰，自乾隆辛巳年以廷对第一通籍供职词垣，入直南书房，洊升卿贰。皇考高宗纯皇帝知其持躬清介，植品端方，可资倚任，是以乡会试抡才大典及各省视学，叠次简畀持衡；未经协办大学士，即擢任纶扉，赞襄枢务。老成更事，扬历多年。平定台湾、廓尔喀大功告成，曾图形紫光阁，赐赞褒嘉。复命充上书房总师傅，朕在藩邸时曾资启沃。自亲政以来常时召对，恩礼有加，见其年近八旬，精神尚未衰减，眷畀方殷。

有点像是为老臣做总结的样子了，简述王杰的仕宦经历，文字间饱含敬意；而说到他曾任上书房总师傅，于自己有师生之谊，更见真挚感情。接下来，颙琰才谈到王杰的患病与请求退休，曰：

> 兹以夏间屡婴疾病，具折乞休。朕念老成宿望，未肯令其骤离左右，当经召见，再四慰留。王杰以年衰气弱，深恐恋职误公，坚词求退，情意恳诚。在王杰并非家有田园，思耽林泉之乐，而朕眷怀耆旧，缱绻弥深，岂忍恝然遽令归去！王杰着不必开大学士缺，毋庸票阅内阁本章，其各馆所纂书籍亦毋庸阅看，以便安心颐养。如调理即可就痊，自应照旧供职。倘一时未能即愈，自揣精力难胜，再行陈奏，另降谕旨。[40]

大臣请辞，皇帝慰留，历朝均不乏其例，其间也有真辞假辞、真留假留之别。颙琰深信王杰是真辞，是不愿贪恋官位、耽误朝廷事务，因而坚决求退；而他也是真留，诚心诚意地竭力挽留，要王杰不必阅看内阁折本，不必审读主持编纂的书籍，在职安心静养，等痊愈后再照旧供职。在清代历史上，颙琰的才华胸襟、治国能力都逊于乃父乃祖，而仁厚过之（逝后谥号为“仁宗”，很是允当）。读他的这份谕旨，既可见出王杰的品节风范，也能感受到颙琰的真诚亲切，如对家中前辈，如话桑麻，可谓体贴入微。谕旨中还特别提到“王杰并非家有田园，思耽林泉之乐”，也是一种很深的理解。

远在常州的赵翼闻知此事，即兴赋诗：

> 黄阁辞荣引疾坚，重臣那易谢班联？人忧朝缺三公论，帝识家无二顷田。归马辍留疏辅驾，养牛颁慰孔光年。君臣名分家人谊，闻者犹为感涕涟。[41]

王杰的清正高洁，谋国之忠与辞位之诚，令久居林下的赵翼深深钦敬；而嘉庆帝的尊重理解发自内心，对老臣的挽留极为恳切，也使赵翼感动叹羡。“君臣名分家人谊”，写得真是恰切！多年前乾隆帝就把王杰视为一家人，颙琰对王杰也是如此，或者说更是如此。

【第十四章】

归去来兮

此为本书的最后一章，将要述及王杰的辞官回乡，以及他的重返京师。归去来兮，出自陶渊明《归去来辞》，一般释为回去、归隐田园，今人多直译为“回去吧”，可我总觉得丢失了那个“来”字，也就消解了作者经历徘徊、踌躇、纠结再走向决断的繁复色泽。

以“归去来兮”为王杰的一生画上句号，或也别有一份确当：衰病缠身的他反复求去，与其说是故乡故人的吸引，不如说是避免耽误政务，也不愿留下一个“龙钟恋栈”的榜样（朝中这种高官颇多，口称鞠躬尽瘁，实际上多是贪恋那份尊荣和俸禄）；而一旦回到韩城，他又慢慢产生对皇上和朝廷的怀念，即“恋主”，而且越来越浓重强烈，于是束装就道，在次年冬月赶往京师……

第一节　在籍食俸

进入嘉庆七年，白莲教军所剩虽只有几股，而作战经验与手段更为丰富老辣，化整为零，昼伏夜出，以深山老林为藏身地，瞅准机会突然袭击，仍能造成较大恐慌。嘉庆帝一再严旨设限剿灭，经略额勒登保与各路将领百计攻剿，使教军大幅减员，活动空间也越来越小。五月，德楞泰在湖北剿灭襄阳教军，首领樊人杰、曾芝秀等死于官渡河激流中，王国贤一股被击溃。六月，勒保所部生擒四川白号刘朝选及襄阳黄号伍金元等首领。七月，四川教首苟文明在陕南老林被击毙。至此，三省之地已无大股教军。

连绵七年的白莲教变乱即将平定，王杰也觉得心中一块石头落了地，再次恳切提出退休的请求。嘉庆帝予以批准，命“在籍食俸”。这是一份礼遇，即与通常的致仕停薪不同，可以继续享受朝廷的一品本俸和禄米（不再有恩俸）；对一生拮据，又要养活一大家子人的王杰来说，则是实实在在的生活保障。

一、丧亡相继

亲友零落，在每一个人老年都会遇到，王杰自不能避免。嘉庆四年九月二十六日，他在回复富俊（时任乌鲁木齐都统）的信中写道：

> 今岁气运不佳：正月间长媳云亡，八月间次儿以血痢病故，心情如此，殊乏生人之趣。〔1〕

所说长媳，即长子壕时的第四个妻子陈氏，遗有一子仅六岁，令人悯恻。更让他悲伤的，则是次子塝时的病逝。和珅已诛，王杰不再担心儿子受其操弄，且塝时年纪仍不算太大，学问又多长进，似可放手一搏了，孰知竟一病不起。王笃在为父亲作传时，确切记载“公卒于八月二十六日巳时”，并引用了王鼎的话：“蒲城家定九相公尝谓‘鸢飞鱼跃之心，海阔天空之度’，二语足以概公生平矣！”〔2〕可知王鼎对塝时评价甚高，时论不无惋惜。

王杰做了内阁首辅之后，嘉庆帝对其子也予以适当安排：给予壕时“主事衔”，应只是一个衔名，没有实职；三子堉时则是兵部武选司员外郎。王杰晚年的奏章中多有“谨遣臣子兵部员外郎臣王堉时赍折恭递”字样，可知那时堉时已任此职。

五年正月十七日，王杰的妾室姚氏卒于京邸，年仅三十五岁，所生之子墺时尚未成年。〔3〕这对他又是一个突然打击，距塝时之死只有四五个月！

六年十二月，王杰的次女在京病逝。他很喜欢这个小女儿，做主嫁给了朱珪的长子赐经。朱赐经为举人，屡试不中，后以一品荫生选授刑部广西司员外郎，夫妻恩爱，不幸的是所生儿子皆早夭。此时爱女病亡，白发人送黑发人，王杰该有怎样的哀痛？丧亡相继，加以脾泄时轻时重，王杰心情黯淡，遂上疏恳请致仕。

辞官为一般年迈大臣所不取， 主要还因为在职的优厚待遇，除了每年的正俸、恩俸外，更多的则是以“饭食银”名目发放的补贴，以及各类兼职的收入。根据《王文庄日记》[4]，饭食银分为两个月一期的固定发放与不定期两种，尚书一级每年已有白银约九千两，属于一种变相的廉俸。而一旦致仕还乡，即便是皇上恩赐“在籍食俸”，应也仅仅是一份正俸——一百八十两银子、一百八十斛禄米，与在职者悬殊极大。可以推想，王杰的妻妾子嗣也不会希望他辞官，只是不敢阻拦或阻拦不住罢了。

二、两封短札

有关王杰晚年的记述，比早年稍多些，但也是过于简略。他本人从不在著述中自我夸耀，也不鼓励弟子门人做此类事情，是以寻觅甚难。所幸有几封王杰的书札流传，透露出一些信息。前辈史学大家陈垣先生曾对所见两通“无上下款，有日无年月”的短札详加考证，确定出自王杰之手，落款为“名心泐”。

据陈垣先生考释，两札皆系王杰写给汤金钊的，为的是请他代拟奏折。其一关乎嘉庆帝对陕西省再次缓征赋税，曰：

> 恳者，日内敝省蒙恩缓征之项，再予缓征，理合公词谢恩，烦年兄代作一折是荷。上谕一道，旧折底一件，并乞检收，廿二日来取。名心泐。二十日未刻。

意思是近日家乡再次奉到缓征田赋之旨，理应联名谢恩，请金钊代拟一折。年兄，一般指乡会试同年，古代考官常也用来称呼门生。王杰让人随信带去新颁谕旨，以及自己一份奏折的底稿——应是三年前那份《请旨恩抚兵民折》。如果说嘉庆帝不断降旨免税和缓征与王杰的上言有些关系，则王杰内心始终充满感念欣慰。

札中所说的上谕，颁于嘉庆七年五月十九日，乃是对陕西巡抚陆有仁奏章的批复。陆抚称自从剿办白莲教军七年来，陕省应征赋税已多次缓交，现在即将大功告成，百姓得以安心耕种，踊跃上缴钱粮，但由于历年积欠太多，若同时征收新赋和旧账，民力仍觉不足。嘉庆帝即加施恩，谕令陕省各府县一律再予缓征一年。对于此类恩典，该省官民通常会由著名缙绅与在籍大佬联名上谢恩疏，在京官员也要联衔感谢。陕籍京官以王杰地位最高，是以在上谕下达的第二天，他即安排拟写奏折之事。可陕籍官员并非少数，在翰林院也颇有人才，为什么要找一个出道未久的浙籍编修来写？

汤金钊（1772—1856），萧山人，乾隆五十九年得中浙江乡试解元，嘉庆四年己未科二甲第二名进士，庶吉士散馆后为编修。王杰主持该科的殿试阅卷，与金钊亦有师生之谊，也很看重他的人品才学。古代学校与科举历来重视师承，实际上常呈现颇为复杂的情态：如汤金钊在乡时以汪辉祖为师长，此时住在内阁学士戴均元府上，戴氏为其乡试副考官，自属座师与门生；而辉祖、均元为乾隆四十年乙未科同年，王杰乃该科会试副考官，是二人的座师。据金钊回忆：年轻时有一次为汪辉祖书写寿联，辉祖说他“字秀在骨，似韩城师，来者必发”[5]。韩城师即王杰。意即夸赞他的字秀劲流美，与王杰的书法神似，将来在官场必会发达。应该说，书法近似也是王杰请金钊书折的一个主要原因。

第二封信札，则与王杰的请求辞职有关，曰：

> 昨初三日具折乞休，仰蒙温谕慰留，感何可言！惟是半月以来，饮食仍未复旧，精神日觉衰惫，不得不乞恩允其所请。乞年兄即代作一四六折，于十二日来取。折中后半，将“依恋阙庭，解任之后并不预作归计，且军营蒇功在即，正幸乐观其成”意思叙入为妥。原折一件，初三日奉上谕一道，并乞检阅。此布不具，名心泐。

函中提到的“温谕慰留”，即前章写到的颙琰七年七月初三日之谕，要王杰在职静养，待痊愈后再履职。王杰读后很感动，可过了十余天身体仍未好转，自觉难以履职，遂请汤金钊拟折，再次上疏坚辞。老臣恋栈已成为一种通病，也给朝廷带来一种暮气。如嘉庆五年夏彭元瑞在紫禁城西华门内从马上摔下，当场昏厥；六年正月祭祀祈谷坛，朱珪与刘权之一起跌下甬道，摔成骨折，都与衰迈相关。而王杰的求退，在于已不能正常办理公务，也在于作为内阁首辅，要为群臣做一个该退就退、不滥权不恋栈的榜样。

两封短函的信息量很大：首先可知王杰仍在病中，乃至于拟稿书折之事，只能拜托他人，而以前的他总是亲自握管；其次是王杰请辞甚坚，又表达对皇上感戴殊深，对朝廷非常依恋，解任后并不急于离京；其三是对平定白莲教变乱极为关心，三省战事已近尾声，王杰仍予以极大关切。阅读时还能够想到，王杰将此事交给刚过三十岁的金钊，出于相待之亲切与信任，也有着提携培养之意。汤金钊道德品性与王杰相近，正色立朝，清正廉洁，道光间做到协办大学士兼吏部尚书。鸦片战争爆发后，林则徐被罢斥，汤金钊仍坚定支持和保举他，引发皇上及主和的穆彰阿等人不悦，借事连降四级调用。此乃后话。

汤金钊自会依照王杰的授意拟稿，并按期于七月十二日呈上代书之折。此折有副本存军机处，曰：

> 大学士王杰跪奏为再吁圣恩俯允告休事。
>
> 窃臣以年衰兼之病剧，误公滋惧，旷职难安，本月初三日具折陈情，恳恩解任。乃蒙我皇上优加体恤，温谕慰留，俾职事之就间，得息心以调养，宠真逾格，感实难名。伏念臣以一介寒微，备沐两朝恩眷，在犬马犹知恋主，圣时何忍归田？矧林泉素弗萦怀，愚悃已蒙垂烛。顾惟赐假又越浃旬，食不加增，方寸时形恍惚；身虽习静，精神日益衰颓。熟计公私，弥深怵惕。荷皇仁之曲庇，虽容因病而得间；而官守之虚悬，能勿省躬而负疚？臣屏营内返，激切靡宁，不得不重渎宸严，备陈下隐。伏乞垂慈格外，允予告休，冀得安养夫残年，实感矜全于末路。至臣身依禁近四十余年，今兹幸荷恩俞，岂即遽作归计？凯歌驰牍，伫闻捷而腾欢；圣寿称觥，喜随班而申祝。设届时而孱躯稍健，即发春而载道未迟……[6]

王杰要求表达的几层意思，均在其中：先说深感皇上慰留之情，实在不忍归田；再说身体不见好转，旷职日久，深为不安；最后说到对平叛告捷的渴盼，表示等待祝捷，因此不会马上离京。金钊诚大手笔也，全折恳切简洁，满含忠爱之情。

嘉庆帝即将离京举行木兰秋狝，阅后不再强行挽留，允许王杰致仕，“加太子太傅，在籍食俸，命俟来岁春融自定行期，奏闻候旨”[7]。颙琰极尽礼遇，因素知这位老臣家境清寒，特命归田后仍享受内阁大学士的一品俸禄，即“在籍食俸”。

三、赐杖

王杰恪守自己的承诺，在请辞获准后并未马上离京。他的行为从不带有表演性，不追求飘然而去的轰动效应，安静地在京城住下来，等待三省平定的捷报，也售卖一些家中物件，筹措还乡的资费。嘉庆帝从热河回銮后仍会不时召见，就政务做一点咨询，有时也就是见见面，聊聊天。

十一月的一天，王杰再次被召入宫。时已甚寒，颙琰传谕让他扶杖进入内右门，至养心殿陛见。虽说只是拄一拐棍，这在当日可是一种莫大的荣宠！亲家加老友朱珪时为内阁协办大学士、户部尚书，衷心为之高兴，赋诗二首，题为《韩城太傅奉恩谕扶杖入宫门，至养心殿召见，真异数也，为记其盛，志心慕焉》。朱珪在诗中说王杰“平生志不在温饱，立廷沂国标清风”，说他“两朝元老足矜式，廉耻节让端群工”，尤其赞誉他的衰年坚辞，也说自己将来也要学习这种“勇退”的精神。

感老友相待之诚，一向不喜唱酬的王杰即予奉和，其诗如人，低调平实，完全不涉及陛见时的情景，只是感激皇上恩许拄杖入宫，也感谢前面已有的加太傅衔和在籍食俸。他还说在皇上五旬圣寿时，如有可能，一定专程来京祝寿，“孱躯冀勉随群工”。

其实，王杰的请辞对老臣们触动很大，压力也大，使之不得不考虑自己的问题，也不得不有所回应。内阁大学士刘墉有《惺园相国予告将旋次石君前辈韵赋送》，写得比较委婉：

> 疏请归田臣步蹇，恩教策杖圣慈周。羡公遐举清于鹤，愧我勤趋拙似鸠。落落出尘心自逸，桓桓许国力还优。春风一看农桑乐，称庆遄来赞大猷。〔8〕

刘墉比王杰年长五岁，但身体轻健，双目炯炯，是以并无退休之意。而诗中称王杰的辞归是“遐举”，“落落出尘心自逸”，自诩“勤趋”，“桓桓许国力还优”，也不免令人失笑。

怀抱同样心态的是工部尚书、庶常馆总教习彭元瑞，作《送韩城太傅告归和大兴相国韵四首》，一上来就对朱珪的“勇退”说提出异议，曰：

> 我读戴记儒行崇，环堵之室一亩宫。去亦不得为勇退，留亦不得为匪躬。适留未是恋秣马，适去未是避弋鸿。陈力就列不能止，老农务穑随歉丰。臣身不系争进退，臣道何敢言污隆？方今神圣致平治，全定陇蜀河汉潼。江湖魏阙可自效，相与努力扬皇风。留者勿谓去者拙，去者勿谓留者工。旁观轩轾别有意，议论缪辖非其公。不如静待二三荣，其时且各行吾衷。〔9〕

元瑞不愧为文章圣手，以“去”“留”二字为索，以忠君尽职为核，不独韵节铿锵，且振振有词，道理上也显得理直气壮。

其二笔锋一转，称赞王杰的正直品格，也透露出不少信息：“买车卖宅自兹去，兼贷狐白貂裘丰”，可知王杰离京前卖掉了房子与貂狐等贵重衣物；“严气正性有不可，面赪鼻缩声隆隆”，“十年秉枢做宰相，广文先生仍旧风”，以调谑之笔为老友画像，记其清廉如乡塾老先生；“状元及第士素艳，自谓诗拙札不工”，写王杰的谦虚，其中意蕴亦可玩味。

在其三其四两首，元瑞忆写二人数十年的交情：“我先君立门外鹄，君先我奋云中鸿。辰朝同直西同退，小饮举觯大举丰。顺城米市不半里，驱车过从牵殷隆”；表达对王杰离去的不舍，“迩年衰病亦相似，以跛御跛两习公。有过奚为予药石？有疑奚为予折衷”；也表达了对老友乡居生活的美好祝愿，“归山幸有济胜具，遐或选胜登华橦”……

对于彭元瑞的诗，朱珪迅速做出回应：说是一时唱和者甚多，“同朝铿奇诗满册，老彭椽笔争雄风。吾虽技痒力不劲，欲罄情话难为工”，举重若轻，将关于“勇退”的不同看法引向诗歌雅集的争胜；并再次称赞王杰，“起家高甲洊台辅，正直謇謇励厥躬。力辞枢密介于石，屡告休沐翩如鸿”。朱珪为人仁厚温和，无意于回怼，只是写出王杰之高洁，包括其正色立朝，也包括其力辞军机和坚请致仕，又有几人能做到？

王杰也有所回应，耿直个性至此并无改变，对老友提出的话题不仅没有回避，多少还有些像是回怼，曰：

> ……池边蹲凤昔所鄙，恋栈转诮负恩隆。家在龙门山之阿，数程并不到关潼。上依阙廷次朝列，忍看杨柳折东风。留者勿慕知止足，何如皋契亮大工。知我为我写心曲，匪贪泉石忌在公。辅翼升平功尤巨，奚高勇退明臣衷。

“知止”，出于《礼记·大学》：“大学之道……在止于至善。知止而后有定，定而后能静。”王杰也不认可自己是“勇退”，而称作“知止”，对于那些恋栈之辈，尤其是自个儿恋栈反说别人负恩之辈，明确发出了一声冷哼。

老彭没有再吭声。

四、临行前的奏折

嘉庆八年春，白莲教的变乱已接近尾声，四川教军纷纷投降，陕南老林中虽仍残余小股教军，但在官军拉网式的搜剿之下，越来越难立足，持续八年的平叛之役胜利在望。

当年二月间，已确定离京日期的王杰上疏论政，说皇上亲政以来，宵旰勤劳，恩威并济，内外职官的状态有了很大改变，但历年积弊相沿，有的已积重难返，应该大加整顿。他提出两项急待改革的时弊，首先是各地普遍存在的亏空，曰：

> 各省亏空之弊起于乾隆四十年以后，州县有所营求，即有所馈送，往往以缺分之繁简，分贿赂之等差。此等赃私初非州县家财，直以国帑为夤缘之具，上司既甘其饵，明知之而不能问，且受其挟制，无可如何。间有初任人员天良未泯，小心畏咎，不肯接收，上司转为说合，懦者千方抑勒，强者百计调停，务使之虚出通关而后已。一县如此，通省皆然；一省如此，天下皆然。于是大县有亏空十余万者，一遇奏销，横征暴敛，挪新掩旧，小民困于追呼而莫之或恤，靡然从风，恬不为怪。至于名为设法弥补，而弥补无期，清查之数一次多于一次，完缴之银一限不如一限，辗转相蒙，年复一年，未知所极。窃谓嘉庆四年以前之州县，此时或迁他处，或经物故，原难责之现任补偿。然从前州县用度不节，因而侵挪仓库，今皇上饬纪整纲，大吏皆以廉洁相尚。岂从前上司专讲酬应，州县尽属从容，今兹上司各矢清廉，州县转形拮据耶？乃州县则任催罔应，上司亦一筹莫展，意或有苦乐不均，未之调剂欤？有贤否不分，因以观望欤？固宜广求整饬之法，以冀仓库渐归充实也。

乾隆朝晚期的几次大反贪，都与亏空相关，力度不可谓不大，而治标不治本，抓典型不挖根子，造成各级银库粮库的亏空越来越严重。

王杰指出根子在于官场的不正之风，在于跑官卖官，在于营求、馈送与包庇、蒙骗。他说此种情形已经很普遍，而一般性的清查和限期弥补已经无效，“清查之数一次多于一次，完缴之银一限不如一限，辗转相蒙，年复一年”。这种情形，近几年不是不想纠正，却未见成效，不少官员一筹莫展。王杰指出可能存在的一些深层原因，却也没有给出解决方案，建议“广求整饬之法”。

接下来论驿站之弊，也试图在管理体制上挖根源，认为与裁撤驿丞、划归所在州县相关。曰：

> 各省驿站，从前州县设立驿丞，专司驿递。凡有差使，各按品级，乘骑之外，加赠不过二三骑，多则驿丞不能派之民间也。照常给禀之外，一无使费，使臣及家人等亦知驿丞之位卑俸薄，无可诛求也。迨后裁归州县，百弊丛生，请先言其病民者：州县管驿可以调派里下，于是使臣乘骑之数日增一日，有增至数十倍者，任意随带多人，无可查询。由是管号、长随、办差、书役乘间需索，差使未到，火票飞驰，需车数辆及十余辆者，调至数十辆百余辆不等，骡马亦然。小民舍其农务，自备口粮草料，先期守候，苦不堪言。又虑告发也，则按亩均摊。甚而过往客商之车骡稽留卖放，无可告诉，无怪小民之含怨也。至于州县之耗帑，又有无可如何者，差使一过，自馆舍铺设以及酒筵种种靡费，并有夤缘馈送之事。随从家人，有所谓抄牌礼、过站礼、门包、管厨等项，名类甚繁。自数十金至数百金，多者更不可知，大抵视气焰之大小，以为应酬之多寡。其他如本省之上司，及邻省之大员，往来顿宿，亦需供应。其家人借势饱欲，不餍不止，而办差长随浮开冒领，本官亦无可稽核。凡此费用，州县之廉俸不能支，一皆取之库帑，而亏空之风又以成矣。议者谓驿站裁归州县，当时自为调剂邮政起见，每年一驿钱粮，自数百金至数千金，付之微员，既非慎重之道，抑且遇有紧要差使，及护送兵差之类，额马不足，必须借用民力，是以定议裁改。夫驿站未归州县以前，岂无紧要差使？岂无护送兵差之类？当其时要已另设台站，或调拨营马，或筹项购买，事竣各有报销，与驿站两不相关。若州县管驿，则平常供应即有不可数计者，然则亏空之弊大半因之。欲杜亏空，先清驿站，

当亦由渐转移之策也，况体恤民隐尤为急务乎！

清朝对驿站管理历来要求极严，规定亦细密严格，颇有一些官员因需索过甚，滋扰驿站受到处罚，而实际上超标准使用车马等很普遍。乾隆二十年十二月，经两江总督鄂容安上奏，兵部等衙门议准，“驿站钱粮，均改归州县经管”。[10]王杰认为原来的驿丞权力很有限，而改为州县管驿，便可以调动地方资源，灵活支取库银，征用和滥派当地百姓，加重农民负担，也使贪渎滥索之风愈演愈烈。他还判定此亦直接造成地方财政亏空的一大因素，故提出“欲杜亏空，先清驿站”的思路。

约在半年前，嘉庆帝曾因日食月食再次下诏求言，要求大学士九卿直陈政事。王杰虽已解任，仍竭尽赤诚，对皇上的求言诏做出响应。在奏折的最后，他谈到白莲教叛乱已基本平定，国家的全面治理应迅速提上日程，而以亏空和驿站最为紧要，说：

今当军务既竣，我皇上勤求治理，似无大于此二者。但以积重之势，不可不思至当之方，或追溯旧章，或博访众论，斟酌尽善，断自睿裁。从此仓库盈而邮政肃，天下幸甚！[11]

这是一个忠清老臣的心声，是他多年耳闻目睹、欲说又止的心结，也是他对皇上的临别赠言。其中虽不无谏诤，或者说揭了朝廷的一些疮疤，而由于王杰深谙进谏之道，客观周详，措辞婉转，颙琰览奏后评价甚高。

第二节　辞　阙

在委托汤金钊拟疏求退时，王杰特地要求言明并不急于离京归乡。在写给汪辉祖的信中，他也说因为皇上相待过于优崇，心中反倒惭愧不安，即便将来恩允退隐，也不忍心急于离京。华夏文明倡导对国家、君主要有忠爱之情，王杰一生纯粹沉静，坦诚精忠，以此报答乾隆帝的赏识倚任，也以此报答嘉庆帝的尊重信赖，愈是要离开，愈显得难以割舍。嘉庆帝也有着近同的感受，要他在京疗养一段，不必在天寒地冻时赶路，定下日期后再告知，并特地指示其在京期间的一切待遇不变。就这样，王杰又在京师住了半年有余，方才与皇上及同僚依依惜别，返回韩城。

谁说只有“伴君如伴虎”的战栗恐惧，谁说君臣之间不会产生深笃的情谊呢？

一、翰林院公饯

嘉庆八年正月末，王杰返乡之期大致确定，老友及门生安排的各种饯别活动随之开始。国家图书馆古籍部存有一部《祖帐集》，收录王杰辞归之际与京中友好的唱酬之作，为其三子堉时收藏，道光间由江藩编次付刻。祖帐，指在郊外为饯别而设的帐幕，也指送行的酒筵。王杰素来不喜欢此类应酬，而毕竟就要离开生活四十余年的帝京了，自也不免有所破例，参加了多次送别宴集，有公饯，也有私宅的小集。

闰二月十九日，翰林院设宴公饯。这是王杰曾长期任职的地方，座中前辈已少而晚近为多，能不感慨万千，遂即席赋诗二首，其一曰：

> 两朝恩遇岁华深，恋主方悬别禁林。免向池边鸣晓佩，更怀日下盍朋簪。夔龙事业中天运，燕许文章盛世音。柳色春旗分袂日，那堪离思动长吟！

明明是辞阙归乡，诗中强调的则是“两朝恩遇”，是“恋主”，是“夔龙事业”和“燕许文章”，是无尽的回忆与随之而来的伤怀，意绪繁乱，却也句句发自心底。其二曰：

> 望八悬车幸息机，巡檐携杖趁晴晖。蓬山画省层霄隔，旧侣

新知昨梦依。叙别愿回栖树鹤，惮行缓驾伏辕骓。他年祝嘏重相晤，拟缀朝绅傍紫微。[12]

人在京城，他的心已飞往家乡的山河，预设那归隐林下的闲云野鹤生涯了；而至尾联忽又一转，说将来会再回京师，以一介平民的身份与诸位相会。祝嘏，即祝福，隐含为皇上贺寿之意。

《祖帐集》上下两卷，分为“和韵”“送别”两大类。卷上乃和韵诗，以荣郡王永瑢《奉送伟人相国师傅予告归里》为首，以下以中进士的科次为序；卷下收送别诗，以定亲王永瑆《伟人相国师傅予告归里小诗奉饯》打头。两位亲王皆颙琰的兄长，诗题中都有“予告”二字，值得注意。予告之制起于汉代，一般指高官的带薪休假。《史记·高祖本纪》集解：“汉律，吏二千石有予告、赐告。予告者，在官有功最，法所当得者也。”清廷沿袭此制，在个别功绩卓著的枢阁大员退仕时给予加衔、在籍食俸的特殊待遇[13]，颙琰对王杰正是如此。

翰林院的公饯雅集，参加者主要是翰詹官员，有将近百人为王杰赋诗送别。其中有与他多年同朝的大员，如刘墉、纪昀、董诰、彭元瑞、朱珪、刘权之、戴衢亨等，更多的则是翰林院同仁。翰林向来注重科第年资，凡在自己之先者皆称前辈，王杰对朱珪、纪昀等即以前辈称之；而更多的则称他为前辈，自称门生，以及小门生（即门生的门生）。当今的学位制与在职攻读学位的弊端之一，应是师承关系的混乱，科举体制下也会发生类似的复杂状况。王杰四任学政，两任尚书房总师傅，三主乡试，五主会试，加上廷试读卷，堪称弟子门生众多。如两位亲王永瑢、永瑆，就在诗题中用了“相国师傅”，以契合王杰任总师傅的授受之谊；又如在懋勤殿行走的主事黄钺，为王杰所取士，于夹注中深情追忆往事；户部左侍郎兼翰林院掌院学士英和自称小门生，记述其伯父为王杰座主，王杰又是自己的廷试、朝考读卷官，有句“门墙两世往还亲”；一些新科庶吉士也参加了公饯并赋诗，任鄌祐尊称他为“太老夫子大人”，高廷魁则说“门生门下门生辈，敬对蓬山送远吟”，意思是徒曾孙辈了。

值得注意的还是几位老伙计的临别赠言。依照进士之科次，第一个是朱珪，诗中有句“温饱何心入梦寐，忠清所性永瞻依”。这位帝师深得圣眷而做人谦和，与王杰数十年挚交，知其甘于清素，知其忠贞，也知颙琰对这位老臣的情谊，着力于濡染其品性之高洁。接下来是刘墉，也说到王杰“正色朝端”，语稍泛泛。更觉浮泛的是彭元瑞，两首之中，扯了几句“文章事业”“状元宰相”，显得应付了事，却也不再提起“勇退”的话头。倒是与王杰曾有过一点过节的纪昀，在诗中动了些真情，说他是“白头疲病始抽簪”，第二首尤觉为知己者言：

> 归卧林丘竟息机，故乡山水悦清晖。遥知明月来相照，仍似孤云无所依。（公归无恒产，仍一贫士也。）此去定随鸥泛泛，重还伫望马骓骓。（公有还京恭祝万寿之约。）赠言临别吾真感，肯戒衰翁谨细微？〔14〕

相处四十年间，纪昀与王杰的仕宦轨迹颇多交合，如果说心高气傲的他曾有过一些误解和不服气，则愈是到后来，就愈是倾心感佩。纪昀特地注明王杰在韩城并无多大家业，仕至宰辅，归乡仍是一介贫士，也为其临别赠言深深感动。

二、顺贞门的刺客

翰林院公饯王杰的第二天，闰二月二十日一大早，嘉庆帝即从圆明园起驾回宫，其中的一件事就是召见老臣王杰。

此为颙琰亲政的第五个年头，大清衰迹已显，乱象四起：费尽九牛二虎之力才大致剿灭白莲教军，小股叛军仍潜藏山林中；而云南维西厅又生变乱，将近两年才得平定；东南沿海的洋盗海盗接踵为患，悍然攻打官军的大担、二担炮台；天地会在福建、广东不断地折腾，打出“顺天行道”的五色旗，称王封帅，聚集万余人……颙琰应算是一个勤政爱民之君，然性格上显得反复犹疑，观察过于深微，细节上的吹求较多。心情不佳，就容易发火。如上个月往东陵祭祖，前排一个请轿校尉（皇帝的轿夫）不慎趔趄，同列跟着乱了步子，御辇倾斜，幸得众人及时稳住。不知圣上的脑袋是否被磕碰，总之是怒不可遏，当即叫来兵部尚书丰绅济伦斥骂一通，宣布将之革职，同时革去博启图的銮仪使，换上丹巴多尔济。

与父皇弘历一样，嘉庆帝不太愿意待在千门万室、阴郁逼仄的紫禁城，而长期居住于水木清华的圆明园。这次回宫，主要是为了两日后到先农坛举行耕耤礼，皇帝要事先举行斋戒；再就是王杰要返回故乡韩城，定于此日进宫向皇帝辞行。经过数年的留心观察，尤其是禅让时期作为子皇帝的日常闻见，颙琰对不少朝中大臣，包括刘墉、董诰、纪昀、彭元瑞等文名甚盛的阁部大员，都有一些看法，而对王杰极为敬重。刘墉等虽然从心底瞧不起和珅，表面上仍会装出一些恭敬的样子，只有王杰庄重自持，时常与之针锋相对，也吃了和大人的不少明枪暗箭。颙琰亲政后，立即将王杰晋为内阁首辅，现在这位老臣即将离京还乡，心中很是不舍，几天前就惦记着此事，想要趁君臣相别之机好好聊聊。

清帝的出行，照例有一套严密的护驾措施，除却最前面的导引仪仗旗纛与外圈的护军，前后共有佩刀大臣十二名，然后是豹尾班侍卫三十人，各执刀枪剑戟，将皇帝乘坐的步辇围在中间。而贴近御辇的两侧，通常是由成年皇子或最受信任的亲王（兼领侍卫内大臣）骑马保护。如此戒备森严，加上提前清道与辇路旁的警卫，立国后未见发生过状况。可就在当日，行刺皇帝的人竟蓦然现身！

那是在銮驾开进紫禁城的神武门之后，随扈大臣与侍卫不免松懈，而当御辇欲入顺贞门之际，突然有一个人影闪出，手执利刃，直扑而来。事发仓促，扈从侍卫一片惊呼，接下来竟然是纷纷逃避。说话间刺客已近御辇，一侧的定亲王绵恩急忙抵挡，紧接着又有几名近侍冲前搏击，而御辇则急急进入内宫。闻知刺客已被扑倒绑牢，嘉庆帝命不要停顿，径直赶往养心殿。

七十九岁的老臣王杰，已然恭候多时了。

史籍从简，虽有许多君臣相见的记载，大都缺乏具体场景的描述，此次亦然。《清仁宗实录》中这样写道：

> 予告大学士王杰陛辞，上以高宗纯皇帝御前陈设玉鸠杖并亲书御制诗章联句赐之，仍加赏人参一斤，给馔赐饯，命驰驿回籍，经过地方二十里内官员护行。〔15〕

除非当事者的个人追记，一般正史中也只能是点到即止。在措辞简要的实录中，这段文字已不算少，显示出对一个休致老臣的备极荣宠！皇上为王杰送行的规格极高：赐予乾隆帝使用过的玉鸠杖，以纪念他追随先帝的君臣之谊；有足足一斤内府人参，让他回乡后滋补调养；尤其是颙琰亲自撰写的两首御制诗，对王杰一生品德给以崇高评价。

比起一生写作了四万余首诗的父皇，颙琰写诗不多，有境界韵致的更少，此二首则发自肺腑，既有对王杰高尚品格的敬重，有深笃的个人感情，又借以标榜儒者楷模，弘扬为臣与为人之正道，堪称佳作。为王杰作传，自也不可放过，兹全部迻录，一曰：

> 名冠朝班四十年，清标直节永贞坚。
> 枢庭久值宣纶绋，讲幄昔从授简编。
> 归里先参天上佛，杖乡共仰地行仙。
> 期颐福寿增康健，紫禁重来赴叟筵。〔16〕

弘历在位时，很反感“名相”“名臣”的说法，而在颙琰诗中，直言王杰为当世名臣，赞美其“清标直节”，还特地提到听他讲授经典的学习经历，敬之为师长。嘉庆帝还说皇曾祖和父皇都举行过千叟宴，自己也将在五十大寿时举办一次，真诚期待敬爱的老师健康长寿，能够再次参加千叟宴。

颙琰的第二首诗，乃写王杰长期主持文教和科试，克尽厥职，正直廉洁，文字更为亲切，敬意满满：

屡蒙恩旨掌文衡，艺苑群瞻桃李荣。
直道一身立廊庙，清风两袖返韩城。
先皇手泽常承福，东国灵参永卫生。
西望渭川云渺渺，鳞鸿时达慰离情。

王杰多次奉旨担任乡会试主考或副主考，桃李满天下，第一联所写即此。接下来的两句最为盛传，表彰王杰的忠直清正。人们不是常说“一身正气，两袖清风”吗？而古往今来，大臣能做到的实在不多，王杰则当之无愧！以下两联写赐赠之物，愿老师在家乡享林下之福，常来函以解惦念。颙琰的诗发自内心，满是真诚和敬重。至于钦派皇子绵宁（后来的道光皇帝）至京郊设宴饯行，一路由官方驿站提供吃住与车马，再命沿途官员照料护行，都出于嘉庆帝特旨，非一般致仕大臣所能比拟。

天子之重，也在于有一种庄敬凝重。颙琰在召见王杰时温煦和婉，只字不提入宫时突发的行刺事件，待其辞出后，方才唤过御前大臣询问，悉知详情：刺客已持利刃冲到御辇之侧，幸得定亲王绵恩奋力将之推开，身上多处被划伤；固伦额驸拉旺多尔济亲王、御前侍卫丹巴多尔济等向前搏斗，岂知行刺者极为凶悍，挥刀死拼，刺伤多人，只是架不住侍卫人多，很快被打翻拿下，捆得像粽子一般。丹巴多尔济新任銮仪使，表现得尤为英勇，身被三处刀伤，即命加封为贝勒。还有三名侍卫参加围捕，都得到奖赏。至于那些逃避躲闪之辈，少不得要被开革和追究。

王杰自养心殿辞出，在宫中遇见昭梿（大清宗室，不久后承袭礼亲王），得知皇上进宫时有人行刺，又急忙折回，再次求见。[17]嘉庆帝告知初步审讯得到的信息：刺客陈德，本为厨役，妻子死后生活困顿，想要行刺皇帝，希求以一死扬名天下。王杰认为一个厨子居然能进宫行刺，内情应不会这么简单，或有大奸巨恶在背后主使，必须严厉追查。颙琰深以为然。主审此案的亲王大臣与刑部官员岂想不到这一层？岂能相信这种糊弄鬼的说辞？

但日夜研审，酷刑用尽，陈德就是不肯吐口……

三、归　程

由于发生了行刺皇上的惊天大案，王杰颇为牵挂，本来是要在次日离京的，又留了下来。

对刺客陈德的审讯自是昼夜加紧进行，当天由军机大臣会同刑部官员严审至深夜，“次日又添派满汉大学士六部尚书会审，所供矢口不移；又命九卿科道一同会审，仍如前供”。刺客咬定是不愿意活了，想以刺杀皇上扬名天下。傻子才会相信这种说法！可不管怎样用刑，甚至将其两个未成年的儿子带至当面，痛加折磨，陈德就是不改口。当月二十四日，嘉庆帝传谕，简述了审讯过程以及主审大员“必欲穷究主使何人，同谋何人，有无党羽”，然后说：

> 八年以来，虽无仁政及民，然亦不敢妄行诛戮，既不妄杀，有何仇怨？举朝臣工，皆同朕之兄弟子侄，至亲骨肉，朕又何忍令凶犯扳扯？况实无疑忌之人乎？总之天下之人何所不有，譬如猘犬噬人，原无主使；鸱枭食母，岂有同谋！若一味刑求，反肆狂吠，所言之人如何存活？即不究问，终是疑团，所损者大矣！朕所惭惧者，风化不行，必有失德，始有此警予之事。当谨身修德，勤政爱民，自省己咎耳。[18]

说得实在是太好了！胸襟与境界均非一般庸主所可比拟，也避免了一场大株连与瓜蔓抄。颙琰之仁厚，在此案的审办上也有充分体现，除陈德父子处死外，命将所有受牵连之人即行开释。

三月初二日，是嘉庆帝御乾清门听政的日子，王杰再次进宫陛辞。次日颙琰由皇宫返回圆明园，王杰特地到神武门外与皇上见上一面，然后束装就道，踏上返乡的路。

十一日，直隶总督颜检上了一道奏折，说是接奉谕旨后，即命相关州县官员做好迎送，并记述了王杰于三月初七日行抵保定的情形，曰：

> 臣迎见之次，见其精神强固，步履尚健。沿途除例给马匹外，并不多用一匹，每日所用菜蔬食物俱系自备，亦不收受地方官馈送。臣再三以沿途照应悉出恩命，向其婉说，王杰因仰慕隆恩，至优极渥，不欲于恩赏夫马之外稍添浮费，实出本怀。〔19〕

驿站对高官的超标准接待，王杰一向视为官场大弊，曾将之作为亟须整改的秕政之一。此次皇上恩赐驰驿还乡，并命经行之地官员照料，这份恩典不能不接受；而他恪守本分，仅接受规定的车马夫役，一路上自备食物，并坚决拒绝各地官府的迎送酒宴。

颜检所不知道的是：王杰奉旨驰驿返乡，本可以全家同归，但他已先期自雇车马，让多数子嗣家人自行返乡，此行仅与妻子带少数家人照料，以省国家的驿站之费。这就是王杰，就是皇帝诗中盛赞的两袖清风，也是本书所说的清风之华。有人说其出于纯朴天性，不，“纯朴”一词不太适合评价久居官场之人，其所体现的是一种尊贵品格，只能出于高尚的道德节操与严苛自律，出于一生对儒家精神的持守。

三月二十七日，王杰回到家乡韩城，稍做安顿，即具折奏报安然归乡，并说途经之地雨水调匀，麦田茂盛，可望有一个好收成。颙琰批曰：“览奏俱悉。一路平安，实深欣慰。京中现望雨泽，未能霑足；川楚军务略有头绪，亦未全靖。特谕卿知。”〔20〕如果说王杰深知皇上压力太大，尽量说一些开心之事，颙琰对他则是实话实说，完全不加隐瞒。

此时的陕西巡抚为祖之望，四十三年进士，王杰的门生，一向对老师十分敬重。任湖北布政使时，祖之望曾因扣留秘密支领清单受到怀疑，卷入胡齐仑一案，后得到澄清，历刑部侍郎、湖南山东巡抚，调任陕西。接到韩城县禀报王杰已抵乡，他即派遣家人赶往问候，并向皇上做了奏报。称“王杰精神面貌甚为健旺”〔21〕。

第三节　故乡的亲情

韩城王氏族裔众多，仅王杰的祖父“家檀公”一支，就有三个儿子、八个孙子。待王杰告老还乡时，七个哥哥已无一在世，就连参加过禅让大典千叟宴的老六（他的嫡亲二哥）也已死去数年。一个农家子弟考中了状元，不独王氏一族，整个韩城都为之骄傲。而榜样的力量是无穷的，八兄弟中除王桂早卒无后，其他人共得男丁二十一人，大多数仍是读书应试，成为闻名乡里的书香门第。

在抵乡后的奏折中，王杰特地述说向亲族展示先皇鸠杖、御制诗章的情形，“欢洽家人，荣宣天赐。杖承先泽，冀延蒲柳之姿；笺捧宸章，顿焕蓬蒿之色。静念常邀秩俸，家园无异朝班；群居备述恩私，里老咸深顶祝……”[22]对于家乡出了一位状元宰相，对于王杰的清正立朝和荣归故里，不光是宗族戚友，多数的韩城人都会与有荣焉，这种荣誉感一直延续至今。

一、谢恩折

王杰返回韩城时，三省的平叛已近尾声，陕西遭受兵灾相比川楚要轻一些，而经过数年战火波及，也是百业凋敝，民不聊生。

几乎每一年，清廷都会宣布缓征一些州县的税赋钱粮。缓征并非免除，一年年积累下来，更是难以清偿。陕西巡抚祖之望受命进行清查，分类开单上报，嘉庆帝即对“被贼滋扰之宁陕、孝义、南郑”等三十七州县，全免嘉庆七年以前所有积欠；对“承办军需之咸阳、兴平、醴泉”等二十七州县，免除旧欠银粮的一半；对“沿边一带转运军火之肤施、安塞、甘泉”等二十三州县，也酌加减免。皇上隆恩，照例要有全省士绅百姓联名谢恩，排在最前面的为王杰，以下还有退仕在乡的左廷弼、安本立、彭万清等人。[23]

《葆淳阁集》收录了王杰的一些奏折，其中较多的是谢恩折，有的因为晋职或受赏赐，也有不少与家乡相关。如其请汤金钊拟写的那份，就是感谢嘉庆帝再次缓征陕省钱粮。退仕还乡后，身份一变而为士民代表，王杰更有义务在朝廷减税加赈时领头称谢。除此以外，他还以个人身份上疏谢恩，本年有：《奏为叩谢钦点蠲免陕西钱粮天恩事》，称“臣身栖乡曲，目睹舆情。益下之道大光，以畅群生之乐；丰亨之象有兆，定酿屡稔之祥”[24]；《奏为叩谢钦点蠲免陕西嘉庆七年积欠钱粮天恩事》，表示由于有了朝廷的德政，陕省经济将会很快恢复，“垦膏区于泰谷，千耦其耘；播嘉种于周原，万亿及秭”[25]。嘉庆九年有：《奏为甘肃被灾州县缓征钱粮接济籽种口粮谢恩事》，以陕甘一体，称赞皇上体恤民生，关注春耕；《奏为蒙恩赏赈梓里西安谢恩事》，当年春西安多地大旱，兼蝗虫成灾，有旨赈济，上疏谢恩；《奏为蒙恩赈恤陕西谢恩事》，是为当年秋嘉庆帝得知韩城、澄城二县因旱歉收，再命加赈，王杰深表感激，“臣枌乡戢影，葵悃依光，仰祥赉之便蕃，荷洪慈之稠叠。釜铭五熟，缅度矩以循心；稻刈重思，沐恩华而饱德……”[26]谢恩折当然全是赞美之词，骈四俪六，今天读起来颇为费劲，其中却也有着对灾情深重的反映，以及对救灾赈灾的吁请。

读王杰的奏折，尤其能有这方面的感受。

二、关注陕南的战事

围剿白莲教之役可谓旷日持久。

如果说战事在嘉庆七年末已进入尾声，楚川陕的大股教军已被歼灭，而进入嘉庆八年，三省交界的山林地带仍有零星小股藏匿。经略额勒登保督兵“分道排搜”，如同梳篦之法，务求擒斩净尽，早日奏捷。而教军残部皆为百战之余，矫健悍勇，制造了一种超长之矛，躲在密林中伺机而发，甘肃提督穆克登布就是这样被刺死的。此人为当时难得之骁将，以战功连连晋升，钦赐御前侍卫，没想到突然在密林中被袭杀。嘉庆帝严命抓获凶手熊老八，可山林邃密，官军哪知去向，只好以一具尸首假冒。而陕南山林方圆数百里，地形复杂，堪称残余教军的根据地，有旨命陕西提督杨遇春、固原总兵杨芳等“将南山内排搜数次，勿惮勤苦，以期早就廓清为要”[27]。毕竟教军只剩得零星残余，谕旨也说到要宣布战事结束，而前线所发六百里加急的红旗捷报，此时已在路上。

数日后为中元节，颙琰前往圆明园内的安佑宫行礼，接到经略额勒登保与德楞泰、勒保二参赞的喜折，“会奏剿捕余匪全竣，三省地方肃清”。这已是第二次前线报喜，去年年底就搞了一次，“只因大山老林，不无余孽窜匿偷生，复谕令经略参赞等遴派官兵四出穷搜，及今又阅八月，始能全境肃清”。其实君臣都知道尚未彻底肃清，一些教军残余躲藏在山林中，四川有，陕西南部更多些，时聚时散，出没不定，而其大势已去，难成气候，也是事实。

又是一年过去，所谓“残匪”依然出没不定，嘉庆帝为之焦虑，在王杰的奏折上写了一段朱批：“卿在家颐养，福履永绥，朕心甚慰。现今川中尚有二三百名余匪未灭，宵旰焦劳。卿若有所闻，即具密折奏闻。”王杰也时常关注和思考此事，遂提出建议，请求嘉庆帝恩准“余匪”投诚，奏曰：

> 臣之愚见，贼匪始图抢掠，继迫兵威，即有悔罪之人思欲投首，又恐兵役称为拿获，此亦事之所有。至前此屡蒙恩赦，现在余匪未知曾否俱邀宽宥，如尚未沐圣恩，在彼自知恶极，不得不势同走险；而我皇上如天之仁，固久欲其并生也。或者一面督兵围剿，一面再施宽大之诏，准其投首，随身无带兵器者令地方官照前释放。虽漏网之蠢顽，骤得幸免骈诛；而被害之闾阎，当可顿安耕作……[28]

其时军中盛行杀俘。凡捉获之人，教首多用凌迟、寸磔等酷刑，而查明加入教军在一年之上者，概予处死，是为骈诛，即挨个砍头。王杰深为悯恻，提出应为其开一条生路，将放下武器投降者从宽释放，即便会有一些漏网之鱼，也不要紧。颙琰朱批："所见甚是，即行谕知军营，亦可少助。但冥顽不灵之徒怙终不悛，奈何？"这种复杂心境，也只有对老臣才能流露一二。

接到朱批后，王杰再次上疏，认为朝廷在两年前就已宣布三省平叛大功告竣，虽至今还有些零星战斗，当地百姓也未能完全安定下来，个别教军仍在苟延残喘，然兴师太久历来不是好事，传播于众人之口也不妥当，提出"即或尚须留兵，而要不必复有用兵之名"。嘉庆帝大以为然，朱批：

> 所论甚是。留兵不过防余孽以期肃净，原无用兵之处。现今已报完全，只搜捕一二遗孽耳。〔29〕

接下来，颙琰提到王杰的八十大寿，曰："今冬八旬双庆，已令方维甸送庆寿诗额等件往韩城矣，惟愿宜绵福履，享期颐之大年，是朕之至愿也。"话头一变而亲切和煦，所说的"八旬双庆"，乃指王杰与夫人程氏皆已八十岁，在那时实不多见。

三、颙琰的贺寿礼

王杰返乡后的生活情况，目前能知道的细节很少，甚至难以确定他具体住在哪里。韩城老城区至今还保留着王家老宅，依然显得很气派的一大片青砖庭院，挨挨排排，一个门楼上有"孝悌忠信"匾额，询问却非王杰的退居之地。王氏迁韩后人丁颇兴旺，即以王家檀一支论列，廷诏为三个儿子中的老三，王杰则是老三家的老三，是以不太可能住在祖宅。廷诏去世后，三兄弟分家各爨，那是王杰偶尔会提起的一段困窘时期，推想分得的房产田亩不会多，有没有田地也不敢肯定，否则何至于度日艰难？

第七章曾提到一封王杰的家书，他在最后对两个哥哥叮嘱了几句话，应与在家乡的房产相关，曰："万字院，我要请一先生教书，所有当出房子教他秋间搬出，彼时打算赎出方好。”此信约写于乾隆四十四年末，其时王杰五十五岁，新任吏部左侍郎、武英殿总裁、国史馆副总裁，官运亨通，却已流露出退隐故乡的念头。所谓“万字院”，大约是王氏各支宅院的俗名之一，应非一种“卍”形大院落。推测王杰在离乡赴京时手头紧张，不得已将此院典当，现今略觉宽松，即欲赎回。如果此事办妥，五年后王杰送母亲棺椟回乡，应是居住在该院。丁忧期间，他又借钱置办了一些地产，同样是为了退仕做准备。毕竟有一大家子人，怎么能不留一条退步之路呢？

我们也不清楚王杰的四个儿子中，谁留在了京师？谁随父回到韩城？老大埭时已五十八岁，空有一个主事衔，没有实职，也就没有薪俸，应是难以留京；老二塝时已逝，其遗孀带着三个儿子，只能跟随返乡；老三堉时担任兵部员外郎，自会留京；老四塽时为国子监生，则不知是否留在京师读书？有一点应能肯定，王杰返乡时退回了皇上赏赐的府第——小石桥胡同的葆淳轩，也卖掉了城南的私宅，他的儿子即使留京，只能是另觅住处。

此类大臣赐第，在官员致仕或死亡后理应缴回，但皇上常加恩不收，乾隆朝这样的例子就很多：二十八年八月，大学士史贻直逝于任上，谕令“其京师所赏官房即着伊子居住”〔30〕；三十六年四月，大学士陈宏谋于因病辞归，奏称“所有前赏官房，理合恭缴”，得旨“不必缴还”〔31〕；四十一年三月，户部尚书王际华猝死，皇上悼惜之余，命将所居官房赏给其子居住。杜望《康乾时期汉大臣的“赐第”》〔32〕对此做了较深入的研究，五十四年内务府奉旨对钦赐官房做了一次排查，主要是针对那些本人已逝的赐第，结果竟是无一收回。以嘉庆帝对于王杰的感情，必也不会收回其所居官房，而王杰则会坚决上缴，尽管自己还有儿子（可能一个，也可能两个）留在京师。御制诗所赞的“清风两袖返韩城”，应也包括他的丝毫不沾公家便宜，此亦一例。

不管哪个儿子同时返乡，都会先于王杰夫妇抵达，待父母回到家乡时已安顿好住处。笔者在韩城踏访时，曾被当地几位长者引领至一所废弃院落，主体为一座三层小楼，据介绍乃晚明兵部左侍郎解经傅兄弟的宅第，而王杰返乡后即租住于此。进入后可见楼梯窄且陡峭，房间亦不宽绰，拾级而上，二楼的一间被指为王杰的主卧，大炕已然坍塌，果真居住此楼，以八十高龄每天爬上爬下，也不容易。解经傅为万历二十九年辛丑科进士，历任兵部主事、郎中、保定巡抚、兵部左侍郎；其兄解经邦为万历二十三年乙未科进士，历山西右布政、宣城巡抚，得旨以兵部侍郎经略辽东，以母病疏辞，被罢斥。两兄弟返乡后居住于此，因都曾做过兵部侍郎，此楼也被称作“将军楼”。睹物生情，笔者脑子里涌出一连串问题：为什么不住在自家的万字院？是全家一起住还是分开？哪里是王杰读书写字的地方？每年租金多少？冬天怎样取暖？我没有一一询问，情知由于记载缺失，没有谁能回答此类话题。

乃孙王笃曾有一段记述：刚到家乡时，家中三兄弟正值学龄（分别是十三岁、十二岁、七岁），寡母“以慈代严，朝夕训迪，不少假以辞色”；祖父对此很欣赏也很欣慰，认为这个儿媳明白事理，知道教子读书，后来果然出了一个进士。由此也可以推知，王杰归乡后仍是全家人住在一起的，否则老二家孤儿寡母，该如何生存？

嘉庆九年二月，王杰为友人赵竹窗所作《韵对典考补释》写了题词（该书不久后由西安忠信堂刊行），列于卷首。[33]竹窗为江西南丰人，出身望族，古诗文功底深厚，曾于乾隆四十八年赴京谒选，给王杰留下较好印象。后竹窗屡试不中，考取太医院医士，复纵游天下：乾隆五十五年，曾随时任广西左江道的汤雄业办理安南国王阮光平入觐事宜；嘉庆三年，随参赞大臣明亮在陕南追剿教军，以军功得六品文职；而数年后复归散淡，在陕西布政使成章府上坐馆。通过此文，也可知晓王杰返乡后也常患病，精晓医术的赵竹窗曾多次来韩城探望，为之诊治，兼论诗文，“吟啸之声，无时不彻左右”，给主人带来了不少快乐。

在嘉庆帝眼中，忠直清谨的王杰是一个完人，是大臣中的典范，时常惦念，嘘寒问暖。九年十月，王杰与夫人程氏都到了虚龄八十岁，颙琰早就惦记着此事，亲笔题写“福绥燕喜”匾额，加以赏赐等物，命陕西巡抚专程送往韩城，谕曰：

予告大学士王杰，本年十月内系伊八十生辰，九月即系伊妻八十生辰。着发去御书匾额一方、御制诗章一幅、无量寿佛一尊、镶玉如意一柄、蜜蜡朝珠一盘、珊瑚顶海龙冠一顶、银鼠皮蟒袍皮补服一袭、小卷八丝缎九匹、小卷宁绸九匹、春绸三匹、纺丝三匹、绫三匹，赏给王杰；并赏给王杰之妻无量寿佛一尊、镶玉如意一柄、小卷八丝缎九匹、小卷宁绸九匹、春绸三匹、纺丝三匹、绫三匹。交方维甸亲赍，前往王杰家内传旨赏给。〔34〕

皇上的贺寿之礼可谓隆重丰厚，加上皇家包装，满满当当的一车，先期运至西安，交由陕西巡抚收转。

比寿礼更难得的是皇上的御制诗，题名《予告大学士王杰八旬双寿诗以赐之》：

辉腾紫极耀韩城，海屋筹添鹤算赢。
地近西池增福禄，星明南斗璨晶莹。
两朝调鼎文思被，八帙齐眉寿域宏。
德业久敷俾戬谷，期颐双庆衍长庚。〔35〕

虽不出通常的贺寿路数，却也再次强调了王杰的“两朝调鼎”和“德业久敷”，这类美词，在皇帝也不是随便用的。

此时祖之望调往广东，布政使方维甸接任陕西巡抚。九月二十四日，方维甸专程赶到韩城。预先得到通报的王杰出郊迎接，同时出迎的有韩城知县等员，推想同州知府等也会赶来。大家一起至王杰家中，方维甸传宣皇上恩旨，“按件颁赏”，王杰率妻妾子嗣恭设香案，“望阙叩头祗领”。对于皇上的贺寿诗，王杰恭和二首，有句“重臣衔命出秦城，夹道趋瞻倍万嬴”，“欢传御赏近临城，日耀龙亭数更嬴”，记述此事在家乡引发的轰动；“恩闵衰嬴加喜事，恰臣同室得同庚”，“何期偕志吾生幸，窃被殊荣圣德宏”，[36]则是表达深切的感戴之情。在随后写成的谢恩折中，王杰再申心中的感念惭愧，并表示将于近期收拾行装，专程进京谢恩。

方巡抚回省后，奏报在韩城与王杰会晤情形，说他在当年六月间脾泄复发，至今并未痊愈，身体有些虚弱，但精神尚好，慢慢应能恢复。维甸为名臣之后，曾任军机章京、内阁学士，素来敬重王杰，自也会携带一份贺寿礼，却不知主人收也不收？

第四节　返京与长逝

孔子提倡“君臣父子”，要义为各尽其道，也应有对上下同心、社会和谐的期待。大臣与皇帝之间能产生深厚的感情么？历来多被人质疑，其实历朝历代都会有，王杰就是一个范例。他在朝四十余年，被乾隆帝视同家人，嘉庆帝对他的信赖敬重更是有目共睹，离京前多次挽留，离京时殷殷话别，离京后问候和垂询不断，皆出于至诚。真纯清谨，是两朝天子对王杰的共同评价，核心仍在“忠诚”二字。

王杰一生不善交际，不喜欢诗酒唱和，而极重情谊，对亲友门生如此，对皇上也是一样。接到颙琰的贺寿匾额与赏赐后，他深深为之感动，上折表达了赴京晋见皇上、当面谢恩兼贺岁的愿望，不久就真的在寒风中毅然登程。

一、君臣再相逢

嘉庆九年（1804）十月十五日，颙琰收到王杰的谢恩折，知他打算来京，即对方维甸发出谕旨：

> 予告大学士王杰接奉颁赏御制诗章等件，专折谢恩，折尾有“脂车计日”等语，览奏具见悃忱。但现在天气严寒，王杰年已八旬，冲寒北上，究非所宜。王杰接奉此旨，如业已俶装齐备，定期就道，即缓程行走，于年内到京亦无不可；如尚未料理行装，竟俟开春和暖之时来京申谢，亦足以展其诚悃。着王杰自行斟量，以副朕体恤至意。特赐哈密瓜一个，随旨发往。将此谕令知之。[37]

接到王杰要来的讯息，颙琰有些兴奋，也有些担心，更多的是体贴备至。兴奋的是十分渴念的老臣要来见面，又担心他在寒冬中远程跋涉，身体会吃不消。分别仅一年多，君臣二人皆已盼望着再次相见，可毕竟王杰年高体弱，皇上的建议是待明春再登程。

就在王杰的生日前夕，方维甸派员将谕旨及哈密瓜送到韩城。王杰再次上奏，表示已做好一切准备，拟于十一月十一日起身，缓程赴京。颙琰为其一念志诚所感动，朱批：“欣慰览之，诸务俱俟面谈。”显然也有许多话要对这位老臣诉说。韩城至北京约一千八百里，时值隆冬，路上之艰辛自不难想象。十二月初一日，王杰一行抵达保定，直隶总督颜检出郊迎接，随即飞奏会晤时情景：“见其精神步履均尚如旧，惟体气于久泻之后未免稍软，是以沿途缓程行走，约计初五六等日可以到京。”[38]颜检的奏折是在初二日发出的。保定距京师不到四百里，王杰走了五天，于初七日到达京师。其弟子黄钺有诗记之：

> 几杖来朝日，惊看木稼霏。（公于甲子十二月初七日抵京，是日木稼。）岂知天意在，竟为魏公归……[39]

木稼，谓冬雨导致的树木结冰，被指主大吏之丧亡。魏公即宋代的韩琦，薨时恰值树木结冰，王安石挽诗有“木稼曾闻达官怕，山颓今见哲人萎”句。此乃黄钺在恩师去世后的追述，以为当时已有不祥之兆。

对于王杰的来京，颙琰似乎更急切，在他抵达前一天即传谕：“予告大学士王杰谢恩来京，命乘肩舆至隆宗门外，扶杖进内，以备召对。”[40]肩舆，即轿子。臣子在紫禁城内骑马、乘轿，都要出于皇上的特许。王杰由东华门入宫，直至隆宗门，在内侍扶掖下进入养心殿，君臣重会，亲切交谈，快慰自可想象。

召见之后，颙琰时常派员到王杰在京的住所探望，“并赐鹿尾、野鸡等物，间日召见，款语流连”[41]。间日召见，是说隔一天或几天就要接见王杰一次。时值年末岁首，正朝廷诸务繁忙之际，嘉庆帝对于王杰真是特别眷注。召见之时，颙琰再次以诗相赠，题名《予告大学士王杰来京谢恩仍叠前韵赐之》：

西来紫气满都城，八帙仙翁数倍赢。趋禁仍随鹭侣列，杖朝争睹凤墀莹。愿卿永享修龄庆，勖我当思治业宏。眉寿无涯益康健，千春旋转乐同赓。[42]

此诗也有对王杰返京情形的记录：年已八旬的王杰似乎又回到往日的状态，一次次身穿朝服入宫，接受皇上召见，也与王公大臣一起参加节庆活动。他的满头白发，也成为紫禁城中的一道风景。

二、五老会

此次王杰回京，据朱珪诗间小注，其下榻之处可能是门生刘凤诰之宅，但也难以确定。凤诰号金门，江西省萍乡人，参加乾隆五十四年己酉科殿试时，答卷较迟缓，至黄昏尚未完成，监试大臣要收卷，在场的礼部尚书常青见他书法秀劲，命为点烛照明，后成为该科探花。乾隆帝颇看重其才华，称之为“江西大器”，很快擢为侍读学士，并担任石经馆校勘。王杰为己酉科正考官，又任石经馆总裁，凤诰既是门生，又是下属。至于二人交往的细节，为何不住儿子之宅而选中刘凤诰家？皆不得而知。

此时刘凤诰正搅在一件弹劾案中，遇到了不小的麻烦：由兵部左侍郎成书带头，弹劾新任兵部尚书刘权之“瞻徇门生，有心弊混”，以兵部左侍郎兼署吏部左侍郎的刘凤诰，与其他两位兵部侍郎德文、陈霞蔚联衔参劾，并且说大学士保宁与兵部满尚书缊布“不免扶同附和”。四个侍郎劾奏本部尚书和分管大学士，引起皇上的高度重视，谕令严查，结果发现与事实出入很大。就在数日前，成书、陈霞蔚被降四级调用，刘凤诰被降为内阁学士，所兼实录馆副总裁也被撤销，改为总纂官。王杰在朝时与刘权之相处亲切，并未为避嫌改变住所。

王杰进京的主题是谢恩，而与老友相会，应也是他的期望之一。闻说王杰来京，朝中故交亦欣然，朱珪预先就做出安排，拟于次年正月间举办“五老会”。彭元瑞已在一年前去世，所指五位老臣为：八十六岁的体仁阁大学士刘墉，八十二岁的礼部尚书纪昀，八十一岁的予告大学士王杰，八十岁的宗人府宗丞徐绩，七十五岁的协办大学士兼户部尚书朱珪。[43]岂知聚会还没举行，刘墉突然去世，王杰抵京才十余日，已痛失一位老友。

嘉庆十年正月初六日，朱珪在赐第知足斋设宴，与会的仍是五老，以七十八岁的吏部尚书德瑛代替逝去的刘墉。朱珪是颙琰的师傅，真正的帝师，而一生清廉，兼以老妻早已病亡，家中操持无人，一向惧怕请客之类，为老友来京破例开设家宴。除了王杰已经致仕，其他四人仍在高位，而一个个白发盈颠，相顾之际应是感慨系之。在朝大吏如董诰、刘权之皆与王杰交善，年资亦深，乃因年纪未过七旬，未在受邀之列。

朱珪赋诗《正月六日剪蔬煮茗约纪晓岚宗伯王惺园相公徐树峰宗丞德润斋冢宰小集知足斋作五老会再赋五诗》，首句皆有一个“老”字，其写王杰为：

> 韩城老宫傅，鸠杖来朝正。轻轩入紫禁，前席优桓荣……

记述王杰来朝，受到了皇上敬重优崇之事。诗中还有“五年再相见”之约，那时嘉庆帝颙琰已到了五旬万寿，已对王杰几次发出预邀，王杰也说要来为皇上贺寿。

三、安然长逝

正月初七，即五老相聚的次日，王杰再次应召进宫。颙琰告知明天将起驾去圆明园，二十日之后就会进城，届时再相见，并叮嘱他不必辛苦到园子那里去。岂知初八的夜间王杰即感不适，九日仍接待访客，于次日子时竟无疾而终。

朱珪对此甚觉突兀，作《哭王伟人宫师》，泪随笔下：

> 露泡电影幻何如，等是庄周栩栩过。昨日盟心尚樽酒，今朝泪眼欲滂沱。君恩三锡哀荣备，臣命终身报称那。久拟深谈性命理，公归倏忽少磋磨……门生海内知多少，终始刘郎报子云。（公终于刘金门侍郎宅。）

正是由于这首诗末的小注，使我们得知王杰病逝的处所——刘凤诰之宅。他至京后一直住在那里么？难以确定，凤诰的宅第位于何处亦需寻觅。

王杰去世的当日，嘉庆帝即传旨悼念，深表痛惜，谕曰：

> ……上年十月间，为伊夫妇八十同庚，特制诗章扁联，并赐以如意文绮等件，用迓福绥。嗣据王杰具奏谢恩，折内有“即日脂车诣阙”之语。朕惟虑其冲寒远涉，谕令自行酌量，缓程行走。旋于腊月初旬抵京，特令肩舆进朝，扶杖入对。察其精神尚健，赐诗志喜，并留俟春融后再行起程回籍。旬日以来，屡经召见，看其体气稍形疲软，叠经谕以在寓静摄。方冀春和增健，安愈言归，俾得颐养林泉，寿跻大耋，不料究以年高气弱，不胜严寒凛冽，遽尔溘逝，闻之深为悼惜！着加恩晋赠太子太师，入祀贤良祠，赏给陀罗经被，派荣郡王绵亿带领侍卫十员前往奠醊茶酒，并赏给广储司库银二千两经理丧事。所有应得恤典，着该部察例具奏。

其灵柩回籍时，着沿途地方官照料，妥为护送。[44]

真是备极哀荣。通常说来，皇帝较少会对一个退仕大臣的去世发布长谕，而读颙琰的谕旨，字里行间隐约可见自责之义，在他看来，王杰的辞世与在严寒中赶路相关联。

乾隆中晚期文星闪耀，至此已飘零殆尽。一年前彭元瑞病逝，一月前刘墉去世，此时王杰去世，仅过一个多月纪昀亦逝。盛世渐成追忆，先见将星急坠，现在是文星相携陨落，令人感伤。而稍做比较，就会发现同为两朝重臣，丧仪则略有差异：工部尚书彭元瑞之逝，赠予协办大学士衔，遣乾清门侍卫孟住带领侍卫十员前往致奠，赏银一千两治丧；大学士刘墉之逝，晋赠太子太保，入祀贤良祠，遣庆郡王永璘带领侍卫十员往奠茶酒，赏银一千两治丧，予祭葬；而稍后协办大学士礼部尚书纪昀病逝，遣散秩大臣德通带领侍卫十员祭奠，则是赏银五百两治丧，予祭葬。嘉庆帝对王杰的祭悼规格最高，赙银最厚，所予谥号“文端”，也较为尊贵。

皇上的心中也有一杆秤。

记载缺失，笔者不知道王杰来京时是否与老妻同行、哪个儿子随行照顾？也不知道在他逝后，如何返回韩城和料理丧事？但可以想象此事带给其家人的错愕与无助感，也可推想程氏等人的哀伤。朱珪悼诗有“送者车百两，三君独后归”[45]，述说王杰的灵柩离京时隆重的送行场面；而留下来继续陪伴遗属、帮助做一些事情的三位，在王杰门生中并非官场得意者，此时则抢先驻留（应有一些人也想留下），为老师遗骸的归里尽一点心意。

王杰的安然离世，也衍生了一段扶鸾赠言的传说。门生伊秉绶有诗《韩城王文端公》：

韩城夙夜盟忠贞，人如太华当秋清……何期谢病更趋朝，仓卒鞭鸾死犹谏。（师薨之五日，澄怀园诸老扶乩，公降坛大书曰：“某事实在公等。”）[46]

鞭鸾，即乘鸾，全句意谓老师乘鸾而去时，仍挂心着国家大事。秉绶与刘凤诰同榜，工书，兼擅绘画和治印。诗末小注，即记军机大臣等在澄怀园扶乩时，王杰殷切以国事嘱托，应是出于传闻。另一位门生黄钺则说："时有言公降乩，殊不可信。"〔47〕

出于可以理解的原因，为王杰长逝赋诗者远不如辞归时之多，但仍有不少深情悼念的诗篇，多数出自他的门生，也有老友和同年。七十九岁的赵翼在家乡听闻讣音，不胜感伤，作《王惺园相公挽诗》二首，有句"素风到老如寒士，公论同声说正人"〔48〕，可谓盖棺之论。

王杰逝世的当年十二月，夫人程氏病卒，二人合葬于韩城北柿谷坡上，墓地今已无存。两位妾室，姚氏在嘉庆五年正月先亡，黄氏则又生活了二十年，皆附葬于茔次。他的儿子只有老三堉时做官，以一品荫生授兵部员外郎。恩荫出于朝廷制度，王杰没有拒绝，也没有为之谋划设计，否则必不止于此。孙辈考中一个举人、一个进士，皆为老二埗时之子，皆在乃祖辞世多年后。闻知埗时的长子王鹭获乡试第十四名举人，堉时在广东盐运使任上所致函，说二哥当年也是这个名次，终于由侄儿争了一口气。堉时的信中看不到对父亲的不满，却有着对二哥的深切同情。

王鹭的科举路也是备尝艰辛，"七上春官，屡荐不售"，倒是其弟王笃于道光六年得中二甲进士，选庶吉士。陛见之时，大学士曹振镛特地介绍王笃为前朝内阁首辅王文端之孙，得到皇上的鼓励，"敢幸微名通帝座，特蒙温语及先臣"〔49〕，自是一种很高的荣誉。王笃后来辑集编纂了《葆淳阁续集》，并请东阁大学士兼军机大臣王鼎重编《文端公行谊》作为附录。王鼎是嘉道间著名的忠清大臣，以"本家孙鼎"的名义恭辑其事迹，特别提到王杰召集子嗣诵读先祖所立家规，并谆谆教导：

> 吾先人严谨节约如此。今幸霑国恩，予伊等不饥足矣。且吾亦无长物贻子孙，若不自检制，吾不能斤斤为豢养计，亦非吾所能庇也。〔50〕

看似一段质朴无华的家常话，却能见出王杰的人生境界，是他对子孙后代的真心告白，也饱含着醇厚丰沛的爱……

八年后，嘉庆十八年（1813）九月十五日，天理教教徒二百余人攻破紫禁城，与宫内护军和官兵厮杀两天一夜，举朝惊悚。这些教徒与内应虽被毙伤捕获，而带给嘉庆帝以巨大震动，发布了罪己诏。他认为“变起一时，祸积有日”，指出“因循怠玩”“悠忽为政”乃官场大弊，一番话直白痛切，有着深切的反思自省。这时候的颙琰应能想起老臣王杰，想起他在陈德行刺案发生后的提醒，也想起他的那些谏言……

接下来，天理教在河南滑县发生大暴动，知县强克捷以身殉职，亲属家人三十余名被杀，长媳徐氏“被活钉脔割”，极其惨烈。嘉庆帝“览奏挥泪不止”，赐谥忠烈，入祀昭忠祠。因强克捷为韩城人，谕旨特别提到王杰，曰：

> 至韩城县地方登仕籍者，有强克捷之忠良，前大学士王杰正色立朝，亦籍隶该县，士风醇茂，宜示优旌，着加恩赐祭一坛。仍将韩城县文武学额各增五名，永着为例，用示朕奖忠励俗之至意。

由强克捷想到王杰，由王杰的正色立朝想到韩城的士风醇茂，再由二人的家乡在兹，特命给韩城县学增加十个名额，颙琰的思绪飘忽而清晰，也可以说抓住了根本。

这是二人身后对家乡的贡献。嘉庆帝的这道谕旨被镌刻于石碑，立于芝川韩奕坡的太史公祠内。至于为什么不立在县学而到了这里，不得而知。韩奕坡，又名司马坡，去西安的古道由此穿过，亦是王杰等韩城学子赴省读书、参加乡试的必经之地。将此碑立于祠前，令后世学子走过长条石古道，走过“高山仰止”牌楼之际，能够阅知近世之楷模，也觉得很是契合。

注 释

引子：一封书

〔1〕〔清〕李赓芸：《稻香吟馆集》卷六，捡寻座主王文端朱文正二公所寄手札装成一册敬题于后，第一页，清道光刻本。

〔2〕〔清〕彭元瑞：《恩余堂辑稿》卷三，送韩城太傅告归和大兴相国韵四首，见《清代诗文集汇编》第374册，732—733页。

第一章 读书生涯

〔1〕《洪洞县志》卷十六，艺文志·记，见《中国方志丛书》第79册，1488—1489页。

〔2〕《洪洞县志》卷十七，艺文志·诗，见《中国方志丛书》第79册，1701—1702页。

〔3〕《韩城王氏宗谱》，一名《王氏统宗世谱》，王笃编于清道光十九年，其子福征随同校勘，笔者在韩城踏访期间，获得影印本。

〔4〕此序另见于王笃《两竿竹室集》卷一，记述较简，见《清代诗文集汇编》第571册，上海古籍出版社2011年版，10页。

〔5〕〔清〕孙景烈：《滋树堂文集》礼集，石门县主簿韩城濠滨王君墓志铭，131页，见《清代诗文集汇编》第307册。

〔6〕《清世宗实录》卷六十，雍正五年八月己酉。

〔7〕《清世宗实录》卷五一，雍正四年十二月己巳。

〔8〕〔清〕毕沅、傅应奎纂修：《韩城县志》，乾隆四十九年刊本，台北：成文出版社1976年影印版。

〔9〕出于王杰于乾隆三十八年六月所写奏折，详见本书第六章第二节。

〔10〕据《清世宗实录》，程于雍正七年十二月任职，半年后升任安徽巡抚；张于次年五月接任。

〔11〕〔清〕余丽元等纂修：《石门县志》卷六“名宦”，上海书店2011年版，194页。

〔12〕光绪《石门县志》卷十一“丛谈”，498页。

〔13〕光绪《石门县志》卷十一“丛谈”，502页。

〔14〕〔清〕王杰：《葆淳阁集》卷首，王文端公年谱，第一页，《清代诗文集汇编》第357册，255页。

〔15〕《葆淳阁集》卷首，年谱，第二页。

〔16〕乾隆四十九年修：《韩城县志》卷二“学校”，5—6页。

〔17〕《葆淳阁集》卷六，韩城古柏书院碑记，333—334页。

〔18〕〔清〕阮元：《王文端公年谱》，“乾隆七年壬戌，十八岁，补韩城县学生员。”

〔19〕《滋树堂文集》礼集，石门县主簿韩城濠滨王君墓志铭，131页。

〔20〕于辰与郭石渠为雍正五年同榜进士，一同选为庶吉士，散馆后又都留任翰林院检讨。据《清世宗实录》记载：考在二甲第三名的于辰较受重视，以编修担任日讲起居注官，而郭石渠考列三甲，离开翰林院到礼部任职，其争论或有意气在焉。

〔21〕〔清〕张洲：《皇清征仕郎翰林院检讨西峰孙先生行状》，《对雪亭文集》卷九，见《清代诗文集汇编》，361册、615页。

〔22〕《滋树堂文集》礼集，例封太孺人显妣刘太君行述，149页。

〔23〕《葆淳阁集》卷五，323页。

〔24〕《清高宗实录》卷九三“乾隆四年五月庚午”：“命刑部尚书尹继善、刑部左侍郎刘统勋教习庶吉士。”

〔25〕《滋树堂文集》智集，不系舟册跋。

〔26〕《冯少墟集》卷十二，关中书院语录。刘学智《关学思想史》第八章节引，西北大学出版社2015年版，326页。

〔27〕〔清〕李颙：《关中书院学程》，见《中国书院学规》，湖南大学出版社2000年版，257—258页。

〔28〕《滋树堂文集》仁集，陈榕门先生寿序，90页。

〔29〕《滋树堂文集》义集，复崔虞村先生书，104页。

〔30〕《滋树堂文集》义集，复陈榕门先生书，104页。

〔31〕《滋树堂文集》礼集，石门县主簿韩城濊滨王君墓志铭，131页。

〔32〕《宋元学案》卷一七，横渠学案上，中华书局1986年版。

〔33〕《张载集·张子语录·语录中》，中华书局1978年版，320页。

〔34〕《张载集·拾遗·近思录拾遗》，376页。

〔35〕转引自刘学智《关学思想史》第二章，西北大学出版社2015年版，70页。

〔36〕《宋史》卷四二七，道学一·张载，中华书局1976年版，12724页。

〔37〕《关学思想史》第二章，62页。

〔38〕程树德：《论语集释》卷二九《宪问中》，中华书局1990年版，1005页。

〔39〕檀作文译注：《颜氏家训·勉学》，中华书局2007年版，109页。

〔40〕《张载集·横渠易说·上经》，72页。

〔41〕张洲：《征仕郎翰林院检讨孙先生景烈行状》，见《碑传集》卷四十八，中华书局1993年版，1368页。

第二章　名臣的幕僚

〔1〕〔清〕袁枚：《随园诗话》卷九，二七，322页，见《袁枚全集》第四册，浙江古籍出版社2018年版。

〔2〕〔清〕袁枚：《文华殿大学士尹文端公继善神道碑》，见《碑传集》卷二七，第三册，893页，中华书局1993年版。

〔3〕《清高宗实录》卷四九五，乾隆二十年八月庚申。

〔4〕〔清〕袁枚：文华殿大学士尹文端公神道碑，《袁枚全集·小仓山房文集》第二册，41页。

〔5〕《清高宗实录》卷五，雍正十三年十月。

〔6〕《清高宗实录》卷九九，乾隆四年八月壬辰。

〔7〕《清高宗实录》卷一六一，乾隆七年二月。

〔8〕朱批奏折：尹继善，奏为遵旨确查安西提督永常参奏李绳武滥报屯田冒邀议叙一案实情事，乾隆七年八月十五日。档号：0401160016045。

〔9〕《清高宗实录》卷一八一，乾隆七年十二月。

〔10〕《清高宗实录》卷二九九，乾隆十二年九月乙巳。

〔11〕《清高宗实录》卷三一四，乾隆十三年五月丁酉，“尹继善现在常州秋审，刁民既望其来，即着尹继善前往苏州，一面弹压地方，务令宁帖，一面会同安宁查办此案。必当同心协力，秉公执法，速行归结。毋得沽名邀誉，违国家之宪典，博刁徒之感诵。况尹继善前于陛辞之时，朕曾以此严切诫谕，令其痛改积习。伊身为大臣，若以此等有关国体之事，犹复依违观望，纵恶长奸，卸其责于安宁，以为与己无涉。朕耳目所及，自有照察。不特刁徒不可幸免，即伊之首领恐亦难保也！”

〔12〕《清高宗实录》卷三二九，乾隆十三年十一月己巳。

〔13〕《清史稿》卷二一四，后妃·高宗孝贤纯皇后，中华书局1977年版，8916页。

〔14〕《清会典事例》卷四八二，丧礼·孝贤纯皇后大丧仪，中华书局1991年影印版。

〔15〕《清高宗实录》卷三一九，乾隆十三年七月辛亥。

〔16〕《清高宗实录》卷三二一，乾隆十三年闰七月。

〔17〕《清高宗实录》卷三二一，乾隆十三年闰七月己卯。

〔18〕《清高宗实录》卷三二九，乾隆十三年十一月甲戌。

〔19〕张燕瑾校注本：《西厢记》第一折，《仙吕·点绛唇》，人民文学出版社1995年版，7页。

〔20〕《碑传集》卷二七，乾隆朝宰辅中·尹继善，895页。

〔21〕〔清〕尹继善：《尹文端公诗集》卷二，题不系舟 有序，《清代诗文集汇编》第279册，486页。

〔22〕《滋树堂文集》智集，168页。

〔23〕〔清〕陈宏谋：《培远堂偶存稿》卷五，尹望山不系舟图跋，《清代诗文集汇编》第281册，560—561页。

〔24〕《清高宗实录》卷三九一，乾隆十六年闰五月。

〔25〕朱批奏折：翰林院编修吴嗣富、罗源汉奏报钦命典试广西事竣抵京日期并谢恩事，乾隆九年十一月二十一日。档号：0401120043033。

〔26〕朱批奏折：湖南学政吴嗣富奏请圣训事，乾隆十一年十一月。档号：0401010143036。

〔27〕此函今存故宫博物院，末有“新正三日”，笔者考证应写于嘉庆五年正月。

〔28〕《清高宗实录》卷四三一，乾隆十八年正月丙子。

〔29〕录副奏折：尹继善，奏复办理延安营兵丁聚众不法一案宽纵遵旨自行议处事，乾隆十八年五月二十日朱批。档号：030086025。

〔30〕寄信档：寄谕陕甘总督尹继善以奏报延安营兵闹事一案沽名钓誉再罚银两，乾隆十八年五月二十一日。档号：031281016。

〔31〕〔清〕朱珪：《东阁大学士文端王公墓志铭》，见《碑传集》卷二八，940页。

〔32〕《葆淳阁集》卷首，年谱，第三、四页。

〔33〕《清高宗实录》卷四〇四，乾隆十六年十二月丙午。

〔34〕《清会典事例》卷三八四，248页，“其考试盘费，官为资给”。

〔35〕录副奏折：永常，奏为学政吴嗣富差竣遵例查明居官情形事，乾隆十八年十一月初三日，档号030087084。

〔36〕朱批奏折：吴嗣富，奏为奉旨调补陕西学政现事竣回京事，档号0401120083107。该件无上奏时间，应在乾隆十八年末。

〔37〕《清会典事例》卷三八四，学校·拔贡事宜，250页。

〔38〕《清高宗实录》卷四〇四，乾隆十六年十二月丙午。

〔39〕《清高宗实录》卷四六〇，乾隆十九年四月壬辰。

〔40〕《滋树堂文集》礼集，石门县主簿韩城濂滨王君墓志铭。

〔41〕《葆淳阁集》卷首，年谱，第四页。

〔42〕民国《霞浦县志》卷三十六，民国十八年铅印本。

〔43〕《清高宗实录》卷五一三，乾隆二十一年五月壬午。

〔44〕《清高宗实录》卷五一四，乾隆二十一年六月己酉。

〔45〕《碑传集》卷二七，东阁大学士陈文恭公传，906—907页。

〔46〕《清世宗实录》卷二，康熙六十一年十二月癸亥。

〔47〕《滋树堂文集》卷一，送陈榕门先生移节湖南序，85—86页。

〔48〕杨伯峻：《论语译注》，子张篇第十九，中华书局1980年版，202页。

〔49〕《陈宏谋家书》之一，乾隆十九年六月赴陕前夕写与嗣子陈钟珂，广西师范大学出版社1997年版，205页。

〔50〕《陈宏谋家书》之一，乾隆十九年六月赴陕前夕写与嗣子陈钟珂，205页。

〔51〕《陈文恭公手札节要》卷中，寄鄂文端公书，第五页，清同治七年崇文书局刻本，天津图书馆藏。

〔52〕《陈文恭公手札节要》卷中，寄葛其恕书，第五页。

〔53〕《王文端公年谱》，第四—五页。

第三章　“西人魁榜西平后”

〔1〕弘历：《御制诗三集》卷十三，见《清代诗文集汇编》第322册，432页。

〔2〕《亲征平定朔漠方略》卷二七，康熙三十五年七月戊午。

〔3〕录副奏折：尹继善，奏陈防边事宜事，乾隆十八年六月十九日。档号：030461018。

〔4〕《清高宗实录》卷四八一，乾隆二十年正月乙未。

〔5〕该碑位于新疆昭苏县城西南60公里的格登山上，乾隆二十五年（1760）立，通高3.03米，宽0.98米，厚0.27米，青砂石材系由千余官兵从南疆叶城县运来，正面有“皇清”二字，碑文为乾隆帝亲撰，用满、汉、蒙、藏四种文字。清末左宗棠收复新疆，而该地仍被沙俄强占，曾纪泽、长顺等依据此碑，坚持抗争，终于收复部分失地。

〔6〕《清高宗实录》卷四六四，乾隆十九年五月壬午。

〔7〕《啸亭杂录》卷三，西域用兵始末，77—78页。

〔8〕《清会典事例》卷四一四，军礼·献俘，630页。

〔9〕《清高宗实录》卷四九六，乾隆二十年九月丁丑。

〔10〕弘历：《御制文初集》卷二十，见《清代诗文集汇编》第330册，176—177页。

〔11〕《清高宗实录》卷六〇七，乾隆二十五年二月壬寅。

〔12〕《清高宗实录》卷六〇八，乾隆二十五年三月丙午。

〔13〕章乃炜等：《清宫述闻》八，述内廷四·慈宁宫。

〔14〕《王文端公年谱》，第五页。

〔15〕徐珂：《清稗类钞》第10册，方伎类·陈文恭为王文端卜科甲，4597页。

〔16〕〔清〕张培仁：《静娱亭笔记》卷六，第三十八页，上海古籍出版社2002年版。

〔17〕《清高宗实录》卷六二九，乾隆二十六年正月乙丑。

〔18〕中国第一历史档案馆编：《乾隆朝上谕档》第三册，乾隆二十三年八月十二日，广西师范大学出版社2002年版，248页。

〔19〕《清高宗实录》卷五七四，乾隆二十三年十一月癸巳。

〔20〕《乾隆朝上谕档》第三册，乾隆二十五年七月十四日，473—474页。

〔21〕《乾隆朝上谕档》第三册，乾隆二十五年十二月初九日，533页。

〔22〕《清高宗实录》卷六三一，乾隆二十六年二月丁亥。

〔23〕《清高宗实录》卷六三一，乾隆二十六年三月丁酉。

〔24〕《乾隆朝上谕档》第三册，乾隆二十六年三月初七日，591页。

〔25〕《清高宗实录》卷六七二，乾隆二十七年十月辛丑。

〔26〕朱批奏折：熊学鹏，奏请将拟中前十名朱卷封固进呈事，乾隆二十六年三月初六日。档号：0401380076008。

〔27〕《乾隆朝上谕档》第三册，乾隆二十五年五月初八日，433页。

〔28〕〔清〕钱咏：《履园丛话》卷十三，鼎甲，346页，中华书局1997年版。

〔29〕《清高宗实录》卷六三五，乾隆二十六年四月庚寅。

〔30〕赵翼：《胪传纪恩四首》之二，见《赵翼全集》第五册，128页，凤凰出版社2009年版。

〔31〕倘失，意为偶然或奇怪地失去了。赵翼《外孙金皋京闱发解喜赋》自注："余廷试卷进呈第一，后改第三，大魁倘失，心常歉然……" 见《赵翼全集》第六册，957页。

〔32〕《瓯北集》卷三十八，七十自述，见《赵翼全集》第六册，720—724页。

〔33〕《清史稿校注》卷三四七，台北："商务印书馆"1999年版，9447页。

〔34〕《履园丛话》卷十三，鼎甲，中华书局1997年版，346页。

〔35〕《清高宗实录》卷二七七，乾隆十一年十月丙戌。

〔36〕〔清〕沈德潜：《清诗别裁集》卷首，中华书局1975年版。

〔37〕《乾隆朝上谕档》第三册，乾隆二十六年十一月初六日，765页。

〔38〕《清高宗实录》卷五七一，乾隆二十三年九月癸丑。

〔39〕《清高宗实录》卷六一八，乾隆二十五年八月己卯。

〔40〕参考张勉治《马背上的朝廷——巡幸与清朝统治的建构（1680—1785）》，江苏人民出版社2019年版。

〔41〕《清高宗实录》卷六五七，乾隆二十七年三月丙辰。

〔42〕此函由安徽收藏者曹勇提供扫描件。

第四章　提学福建

〔1〕邹爱莲：《从“元旦开笔”看清帝治世思想的变化》，《清史参考》2013年4月1日。

〔2〕《葆淳阁集》卷首，王文端公年谱，第六页。

〔3〕〔清〕钱大昕：《潜研堂诗集》卷六，见《清代诗文集汇编》第364册，550页。

〔4〕《随园诗话》卷三，二二，82—83页。

〔5〕转引自《钱大昕年谱长编》，乾隆二十七年，中华书局2020年版，91页。

〔6〕朱批奏折：钱大昕、王杰，奏为典试湖南事竣起程到京复命事，乾隆二十七年十月十八日。档号：0401130106001。

〔7〕《清会典事例》卷三三三，礼部・贡举，940—941页。

〔8〕此信有王应泰跋语，记其于同治八年在韩城处馆时得以阅读及提议刻石的过程，今韩城薛彦宏先生家藏有拓本，并慷慨拍照相赠。

〔9〕赵翼《彭芸楣尚书挽诗》“同试銮坡赋独工”注：“癸未散馆，公第一，余次之。”见《赵翼全集》第四册，435页。

〔10〕《乾隆朝上谕档》第三册，乾隆二十七年五月二十五日，891—892页。

〔11〕《乾隆朝上谕档》第三册，乾隆二十七年闰五月十七日，896页。

〔12〕《清高宗实录》卷六七〇，乾隆二十七年九月庚申。

〔13〕《陈文恭公手札节要》卷下，寄成德书，十页，同治七年崇文书局刻本，天津图书馆藏。

〔14〕《陈宏谋家书》之五，23页。

〔15〕袁枚：东阁大学士陈文恭公传，《小仓山房续文集》卷二十七，见《袁枚全集新编》第三册，532页。

〔16〕《清高宗实录》卷六八〇，乾隆二十八年二月己丑。

〔17〕录副奏折：尹继善、高晋、庄有恭，奏报六塘尾闾各工完竣事，乾隆二十八年七月初九日。档号：031002005。

〔18〕《清高宗实录》卷七〇八，乾隆二十九年四月庚寅。

〔19〕录副奏折：尹继善，奏请陛见事，乾隆二十九年二月初二日。档号：030111029。

〔20〕尹继善：奏为恭谢天恩事，乾隆二十九年三月初一日，见《宫中档乾隆朝奏折》第20册，702页。

〔21〕《陈宏谋家书》之十三，65页。

〔22〕录副奏折：纪昀，请通饬各省书坊经书遵例阙笔以昭敬谨由，乾隆二十八年九月初一日。档号：031170007。

〔23〕《清高宗实录》卷七三一，乾隆三十年闰二月乙丑。

〔24〕《清高宗实录》卷六九六，乾隆二十八年十月辛卯。

〔25〕〔清〕陈兆仑：《紫竹山房诗文集・诗集》卷十，340页，嘉庆刻本。

〔26〕朱批奏折：王杰，奏为恭请圣训事，乾隆二十九年十一月十五日。档号：0401130033008。

〔27〕朱批奏折：王杰，奏为续考汀州邵武二府龙岩一州生童情形事，乾隆三十年二月。档号：0401380065003。

〔28〕此信末署“十一月初八日”，推测应写于乾隆三十一年，收信人“调翁先生”暂未考出，有拓片存韩城。

〔29〕《葆淳阁集》卷六，重修建阳县学记，331—332页。

〔30〕录副奏折：王杰，奏为请定泉州府属武童拨府名数以杜争端事，乾隆三十年十月二十四日。档号：031189047。

〔31〕《葆淳阁集》卷一，269页。

〔32〕《清高宗实录》卷六八四，乾隆二十八年四月戊戌。

〔33〕《葆淳阁集》卷一，267—268页。

〔34〕朱批奏折：庄有恭，奏为奉旨加恩免罪补授福建巡抚谢恩事，乾隆三十一年八月十八日。档号：0401120120053。

〔35〕朱批奏折：庄有恭，奏为沥陈患病下忱请赏假调理事，乾隆三十一年十一月十二日。档号：0401120121018。

〔36〕朱批奏折：庄有恭，奏为请解任回籍调理以图后报事，乾隆三十二年六月初七日。档号：0401120125012。

〔37〕此事发生在庄有恭任江苏学政时，一个叫丁文彬的来献所著之书，有恭见其文辞荒唐，赶走了事。后来发展为文字狱，追究庄有恭失察之责，罚他上缴学政养廉银的十倍。事见《清史稿·庄有恭传》。

〔38〕以上两段引文，皆见《葆淳阁集》卷四，福建续志序，298—299页。

〔39〕《葆淳阁集》卷四，顺昌县志序，300页。

〔40〕《葆淳阁集》卷四，同安县志序，299—300页。

〔41〕〔清〕陈康祺：《郎潜纪闻四笔》卷五，王杰作书不旷日课，中华书局1990年版，82页。

第五章　皇上的栽培

〔1〕《清高宗实录》卷八三二，乾隆三十四年四月丁卯。

〔2〕《清高宗实录》卷八四二，乾隆三十四年九月壬辰。

〔3〕《清会典事例》卷七一七，兵部·武科·武会试，第8册，908页。

〔4〕以上引文见《清史稿》卷一〇八，选举三·武科，3172页。

〔5〕《清高宗实录》卷八四三，乾隆三十四年九月丁未。

〔6〕《满汉大臣列传》卷六三，王杰，见《清代传记丛刊》第37册，299页，台北：明文书局1985年版。

〔7〕《清高宗实录》卷八四九，乾隆三十四年十二月甲子。

〔8〕《清会典事例》卷一〇五五，起居注一·建置，第11册，561页。

〔9〕《清高宗实录》卷八五二，乾隆三十五年二月丙辰。

〔10〕《清高宗实录》卷八八二，乾隆三十六年四月戊寅。

〔11〕《清高宗实录》卷八八六，乾隆三十六年六月壬申。

〔12〕《清高宗实录》卷八八六，乾隆三十六年六月辛巳。

〔13〕《随园诗话》卷八，275页。

〔14〕《国朝耆献类征初编》卷二十，宰辅二十・陈宏谋，见《清代传记丛刊》第138册，337页。

〔15〕〔清〕彭启丰：光禄大夫经筵讲官太子太傅东阁大学士兼工部尚书陈文恭公宏谋墓志铭，见《碑传集》第三册，900页。

〔16〕弘历：《御制诗三集》卷九五，赐致仕大学士陈宏谋，见《清代诗文集汇编》第324册，217页。

〔17〕《尹文端公诗集》卷十，陈榕门相国予告归里……，见《清代诗文集汇编》第279册，658页。

〔18〕《清高宗实录》卷八八〇，乾隆三十六年三月乙卯。

〔19〕《随园诗话》卷八，七八，299页。

〔20〕《国朝耆献类征初编》卷二十，陈宏谋，见《清代传记丛刊》第138册，337页。

〔21〕《清高宗实录》卷八八二，乾隆三十六年四月壬申。

〔22〕弘历：《御制诗三集》卷九七，《清代诗文集汇编》324册，251页。

〔23〕《随园诗话》卷四："尹文端公年七十七而薨。薨时，满榻纷披，皆诗草也。病革，闻皇上有驾临之信，才略收拾。"112页。而据乾隆帝接到尹继善遗疏后所发谕旨，应未成行。

〔24〕陈钟珂：《先文恭公年谱》，见《北京图书馆藏珍本年谱丛刊》第96册，433—434页，北京图书馆出版社1998年版。

〔25〕弘历：《御制诗四集》卷五九，《清代诗文集汇编》326册，53—54页。

〔26〕徐世昌编纂：《清儒学案》卷五六，人民出版社2010年版，1673—1674页。

〔27〕《清高宗实录》卷八八七，乾隆三十六年六月乙酉。

〔28〕《清史稿》卷四八五，文苑二・曹仁虎，13381页。

〔29〕以上引文见《葆淳阁集》卷四，江西乡试录序，305—306页。

〔30〕《清高宗实录》卷八九二，乾隆三十六年己亥。

〔31〕朱批奏折：曹仁虎，奏为典试江西事竣业已到京事，乾隆三十六年九月。档号：0401380085006。

〔32〕曹仁虎：《雪后得王惺园阁学书即用前韵却寄》，见《湖海诗传》卷二五。

第六章　官场上的读书人

〔1〕朱批奏折：王杰，奏为恭谢天恩事，乾隆三十六年九月十九日。档号：0401120145088。

〔2〕朱批奏折：王杰，奏为接任情形事，乾隆三十六年十月二十二日。档号：0401380085025。

〔3〕《清高宗实录》卷八九七，乾隆三十六年十一月甲寅。

〔4〕《清高宗实录》卷八九六，乾隆三十六年十一月戊申。

〔5〕《清高宗实录》卷八九二，乾隆三十六年九月乙巳。

〔6〕朱批奏折：王杰，奏为贺土尔扈特台吉乌巴什等率众投诚事，乾隆三十六年十月二十四日。档号：0401140038013。

〔7〕朱批奏折：王杰，折片，无日期。档号：0401380086034。

〔8〕朱批奏折：王杰，奏为奏明岁试情形事，乾隆三十七年十二月十二日。档号：0401380086029。

〔9〕朱批奏折：王杰，奏为奏明岁案事竣情形事，乾隆三十八年四月二十八日。档号：0401380087001。

〔10〕《王文端公年谱》，第八页。

〔11〕王杰有短札致梁山舟，据信中内容推定，时间应在其首任浙江学政的第三年，见《昭代名人尺牍》。

〔12〕朱批奏折：王杰，奏为据实奏闻仰乞圣鉴事，乾隆三十八年六月二十四日。档号：0401010327059。

〔13〕录副奏折：三宝，奏报审拟刘景辂捏造家谱教诱吴虔益母子冒认王杰案事，乾隆三十八年六月二十五日。档号：031410004。

〔14〕《清高宗实录》卷九四七，乾隆三十八年十一月癸未。

〔15〕录副奏折：三宝，奏为查明学政幕友姓名籍贯事，乾隆三十九年五月十六日。档号：031172018。

〔16〕朱批奏折：三宝，奏为遵旨密陈前任学政王杰考语事，乾隆四十年二月二十一日。档号：0401120163011。

〔17〕《清高宗实录》卷九六六，乾隆三十九年九月壬子。

〔18〕《清高宗实录》卷九七三，乾隆三十九年十二月戊戌，“以内阁学士王杰，为刑部右侍郎”。

〔19〕《清高宗实录》卷九七八，乾隆四十年三月癸丑。

〔20〕录副奏折：舒赫德等，奏议孟邵具奏乡会试无须拨房取中及严禁经头舞弊事，乾隆四十年三月初一日。档号：031173005。

〔21〕录副奏折：素尔讷等，奏为议复孟邵条奏并请察议违例条奏之御史孟邵事，乾隆四十年三月初九日。档号：031173008。

〔22〕《清高宗实录》卷九八一，乾隆四十年四月丙午。

〔23〕《清高宗实录》卷九九八，乾隆四十年十二月丙辰。

〔24〕《清高宗实录》卷九八〇，乾隆四十年四月辛卯。

〔25〕《清高宗实录》卷九九〇，乾隆四十年九月甲寅。

〔26〕《清高宗实录》卷九九〇，乾隆四十年九月戊午。

〔27〕《清高宗实录》卷九九一，乾隆四十年九月癸亥。

〔28〕姚鼐《梁冲泉廉使嘱赋大理石屏灵璧石笔山各成一首》行间注：“乙未冬日，王伟人侍郎示观御赐唐寅《高林慈乌图》，宸翰题识，真墨宝也！”《荷塘诗集》卷八，58页，乾隆刻本。

〔29〕朱批奏折：萨载，奏为新任浙江学政曹文埴赴任途中于本省苏州得知父故按例回籍丁忧事，乾隆四十一年正月初十日。档号：0401120171048。

〔30〕朱批奏折：王杰，奏为到任接印日期并金华衢州二府岁试开考事，乾隆四十一年二月二十二日。档号：0401120171051。

〔31〕《清高宗实录》卷一〇〇〇，乾隆四十一年正月戊寅。

〔32〕朱批奏折：王杰，奏为荡平金川逆酋叩贺皇上天喜事，乾隆四十一年二月二十二日。档号：0401120172013。

〔33〕《葆淳阁集》卷四，双节堂赠言序，304—305页。

〔34〕朱批奏折：王杰，奏为恭请重刻御制诗三集以光文治以慰众望事，乾隆四十一年十一月二十四日。档号：0401380011041。

〔35〕《清高宗实录》卷七三一，乾隆三十年闰二月丁卯。

〔36〕录副奏折：王杰，奏报御制诗集刊刻完竣事，乾隆四十二年七月初六日。档号：031152042。

〔37〕钱大昕：《潜研堂文集》卷二五，《郭允伯金石史序》：“此书罕传，吾友汪子少山得故家藏

本，手录其副，王侍郎惺园将刻之浙中，属予题其端云。时乾隆丁酉正月望日。”

〔38〕依照《明清进士题名碑》，孙含中列名乾隆二十八年癸未科三甲，而据其墓碑“辛巳会试中式，癸未殿试赐进士出身，改翰林院庶吉士”；汪辉祖《病榻梦痕录》于二十六年，也说他“是岁会试中式，癸未殿试馆选”。应是因丁忧或疾病，孙含中未参加该科殿试。

〔39〕汪辉祖：《病榻梦痕录》，江西人民出版社2012年版，34页。

第七章　乾隆朝的“文治”

〔1〕《新唐书》卷五七，艺文志一，1422页，中华书局1975年版。

〔2〕《清高宗实录》卷一八九，乾隆八年四月辛亥。

〔3〕《清高宗实录》卷二八六，乾隆十二年三月丙申。

〔4〕谕内阁着直省督抚学政购访遗书，《纂修四库全书档案》，第1页，上海古籍出版社1997年版。

〔5〕朱批奏折：熊学鹏，奏为遵旨购访历代流传书籍情形及陈明现在办理章程事，乾隆三十七年十一月二十一日。档号：0401380007010。

〔6〕朱批奏折：朱筠，奏为遵旨购访历代流传书籍情形事，乾隆三十七年十一月二十五日。档号：0401380007013。

〔7〕朱批奏折：朱筠，奏为访求列代遗书谨陈管见事，乾隆三十七年十一月二十五日。档号：0401380007012。

〔8〕《清高宗实录》卷九二六，乾隆三十八年二月乙丑。

〔9〕《清高宗实录》卷一〇三五，乾隆四十二年六月甲寅。

〔10〕弘历：《御制诗四集》卷四三，见《清代诗文集汇编》第325册，509页。

〔11〕《清高宗实录》卷九九六，乾隆四十年十一月癸未。

〔12〕大学士刘统勋等奏议定校核《永乐大典》条例并请拨房添员等事折，《纂修四库全书档案》，58—60页。

〔13〕谕着刘统勋等为四库全书处正总裁张若淮等为副总裁，《纂修四库全书档案》，73页。

〔14〕《清高宗实录》卷九三四，乾隆三十八年五月己未。

〔15〕谕内阁着添派皇六子及蔡新充四库全书处正总裁，《纂修四库全书档案》，155页。

〔16〕《清高宗实录》卷九四一，乾隆三十八年八月甲辰。

〔17〕《清高宗实录》卷九七二，乾隆三十九年十二月戊子。

〔18〕韦谦恒：《传经堂诗钞》卷八，见《续修四库全书》第1444册，487页。

〔19〕寄谕各督抚查办违碍书籍即行具奏，《纂修四库全书档案》，239页。

〔20〕《钦定四库全书》第1042册，785页。

〔21〕王杰：奏为叩谢恩赏事，乾隆三十九年二月初六日，见《宫中档乾隆朝奏折》，966页。

〔22〕多罗质郡王永瑢等奏黄寿龄遗失《永乐大典》六册交部议处折，《纂修四库全书档案》，213页。

〔23〕谕着舒赫德查明遗失《永乐大典》实情并各省书籍毋许携往私家，《纂修四库全书档案》，216—217页。

〔24〕谕着杭州织造寅著亲往宁波询察天一阁房间书架具样呈览，《纂修四库全书档案》，212页。

〔25〕录副奏折：寅著，奏明看过天一阁情形事，乾隆三十九年九月初五日。档号：031129027。
〔26〕谕内阁着总裁大臣详议校录四库全书章程，《纂修四库全书档案》，163—164页。
〔27〕谕内阁圣祖集诗内错字未校出总裁王际华等着交部议处，《纂修四库全书档案》，199页。
〔28〕《清高宗实录》卷一〇二九，乾隆四十二年三月庚寅。
〔29〕谕内阁明人刘宗周等书只需删改无庸销毁，《纂修四库全书档案》，552—554页。
〔30〕《清高宗实录》卷一〇四二，乾隆四十二年十月己亥。
〔31〕该信件由安徽收藏者马勇提供图片。王仲愚为乾隆三十四年三甲进士，选庶吉士，散馆后任翰林院检讨，为四库全书馆提调官。映台，应作荫台，为王仲愚之号。
〔32〕军机大臣奏遵旨查明一至三月所进书籍错误次数请将阿哥总裁等交部察议片，《纂修四库全书档案》，811页。
〔33〕谕内阁严饬总裁等嗣后务宜悉心校勘毋再因循干咎，《纂修四库全书档案》，836页。
〔34〕军机大臣奏查明七至九月所进书籍错误次数请将总裁等交部察议片，《纂修四库全书档案》，929页。
〔35〕韦谦恒：武进程冢宰慎余堂落成招同钱萚石阁学陈枫崖光禄王惺园少宰褚筠心学士吴香亭太常董蔗林少司农看菊，《传经堂诗钞》卷八，219页。
〔36〕《清高宗实录》卷九六三，乾隆三十九年七月甲戌。
〔37〕《清高宗实录》卷一〇五三，乾隆四十三年三月己丑。
〔38〕谕内阁吴省兰等在四库馆校书得力着准与本科中式举人一体殿试，《纂修四库全书档案》，812页。
〔39〕多罗质郡王永瑢等奏请令张羲年在四库全书处纂修上行走折，《纂修四库全书档案》，276页。
〔40〕《清高宗实录》卷一〇五五，乾隆四十三年四月辛亥。
〔41〕录副奏折：于敏中、福康安，奏为会同审拟智天豹编造本朝万年书案事，乾隆四十四年四月二十九日。档号：039666019。
〔42〕《乾隆朝上谕档》第九册，乾隆四十四年四月二十九日，680—681页。
〔43〕此函当写于乾隆四十四年春，共8页，现存故宫博物院书画部。
〔44〕同前函。
〔45〕朱珪：《知足斋文集》卷五，太子太傅东阁大学士军机大臣予告在家食俸特赠太子太师谥文端王公墓志铭，商务印书馆1936年版，112—113页。
〔46〕朱锡经：《南崖府君年谱》卷上，二十九页，清嘉庆刻本，国家图书馆藏。
〔47〕朱珪：《知足斋诗集》卷六，寄東王伟人少宰。
〔48〕《四库总目・子部・天文算法类二》著录“吏部侍郎王杰家藏本”两种，为：《张邱建算经》三卷，〔唐〕张邱建撰；《缉古算经》一卷，〔唐〕王孝通撰。
〔49〕朱批奏折：王亶望、彭元瑞，奏为请裁浙省商籍学额以杜冒滥事，乾隆四十四年七月初六日。档号：0401380090020。
〔50〕《乾隆朝上谕档》第九册，乾隆四十四年七月二十三日，758页。
〔51〕《吴省钦集》1014页，复旦大学出版社2016年版。

〔52〕赵翼：同年王惺园少宰典浙江试事竣还朝相遇淮上话旧别后却寄，转引自《赵翼年谱长编》第三册，494页。

〔53〕吴省钦：假省先墓宿唐丈诵耘处，见《吴省钦集》，1019页。

〔54〕朱批奏折：吴省钦，奏报奉命佐试浙江事竣起程及到京等日期事，乾隆四十四年十一月初六日。档号：0401120184050。

〔55〕〔清〕陈用光：《太乙舟诗集》卷四，见《清代诗文集汇编》489册，369页。

〔56〕《乾隆朝上谕档》第九册，乾隆四十四年三月初六日，604页。

〔57〕朱批奏折：王杰，奏为参奏事，乾隆四十五年三月初九日。档号：0401380013015。

〔58〕《清高宗实录》卷一一〇二，乾隆四十五年三月甲午。

〔59〕户部为知照四库馆总裁等官分别议罚事至典籍厅移会，《纂修四库全书档案》，1348页。

第八章　枢机大员

〔1〕王杰：《葆淳阁集》卷一，273—275页。

〔2〕弘历：《御制驻浙江水营诗》："江南水营屋三间，已谓不当心踖踧。浙江水营倍过之，点缀亭台及花木。争强长此竟安穷，今驻明发只一宿。未曾预戒吾之过，实不思及预督。将求吾喜喜何曾，益觉怦怦增鞫恧。"见《清代诗文集汇编》第326册，212页。

〔3〕弘历：古稀说，《御制文二集》卷六，见《清代诗文集汇编》第330册，319—320页。

〔4〕《清高宗实录》卷一一〇二，乾隆四十五年三月壬辰。

〔5〕《清高宗实录》卷一一二一，乾隆四十五年十二月丁卯。

〔6〕寄谕阿桂等着将甘肃收捐监粮有无情弊即应否停止据实奏闻，乾隆四十六年五月十六日。《乾隆朝惩办贪污档案选编》第二册，1193页。

〔7〕《清高宗实录》卷九五七，乾隆三十九年四月庚子。

〔8〕《清高宗实录》卷九七一，乾隆三十九年十一月戊辰。

〔9〕参见《乾隆朝惩办贪污档案选编》第二册"甘肃捐监冒赈案"。

〔10〕两诗皆在赵翼《瓯北集》卷二七；又见赵兴勤《赵翼年谱长编》513—514页，台湾：花木兰文化出版社2013年版。

〔11〕韩城薛先生提供原诗拓片。

〔12〕据阮元《王文端公年谱》系于乾隆四十七年，而王笃所修《韩城王氏宗谱》称"生于乾隆四十八年十一月二十六日辰时"，应以后者为准。

〔13〕王杰：补授都察院左都御史谢恩折，《葆淳阁集》卷二一，497页。

〔14〕《清高宗实录》卷一一五一，乾隆四十七年二月辛卯。

〔15〕《病榻梦痕录》五十二年，56页。

〔16〕《清高宗实录》卷一一五四，乾隆四十七年四月壬申。

〔17〕《清高宗实录》卷一一五四，乾隆四十七年四月己卯。

〔18〕《纂修四库全书档案》，1607页。

〔19〕《纂修四库全书档案》，1607页。

〔20〕王杰此函书于乾隆四十八年十一月初八日，系李经国先生提供。

〔21〕《王文端公年谱》，第十一页。

〔22〕《小莽苍苍斋藏清代学者书札》，王杰致某亲家，人民文学出版社2013年版，125—126页。

〔23〕《清高宗实录》卷一二〇〇，乾隆四十九年三月己丑。

〔24〕此信为马忠文先生提供，写于乾隆四十九年三月二十六日，收信人为其门客，王杰离京后代管京邸家务。

〔25〕《汤氏家乘》卷三，光绪三十二年刻本，今存国家图书馆分馆。

〔26〕中国第一历史档案馆编：《清代官员履历档案全编》第2册，华东师大出版社1997年版，287页。

〔27〕此信写于乾隆四十九年四至五月间，即王杰由山东迎驾返乡之后，收信人仍是其京邸主管。原件见于西泠2021年春季拍卖会网页。

〔28〕见《碑传集》第三册，940页。

〔29〕臣子贡单皆留档，且乾隆帝记忆惊人，对臣下所贡也较为留心，若以拒收之物反复呈进，会有对付之嫌。

〔30〕此函见西泠2021年春季拍卖会网页，应写于乾隆四十九年四月中旬，即王杰在山东迎驾蒙召见之后。

〔31〕在同为西泠拍卖的一封书信中，王杰写道："汪、何两年兄处屡次借贷，自觉赧颜，虽不敢负伊，然无厌之求，亦当自忖，不可以此责人。年兄不肯相强，可谓爱我矣！抄书事亦相同，承示清单已祇悉矣。"可知其在京借贷并非易事，获得《御制诗四集》刊本也不太顺利。

〔32〕《清高宗实录》卷一二三八，乾隆五十年九月丁巳。

〔33〕《清史稿》卷一一四，职官一・兵部。

〔34〕录副奏折：刘墉、王杰、曹文埴：奏请展期办理皇朝通志、通典等事，乾隆五十一年十一月初九日。档号：031156030。

〔35〕《清高宗实录》卷一二四二，乾隆五十年十一月庚申。

〔36〕《二程集》卷六，伊川先生文一・奏疏。

〔37〕《清圣祖实录》卷一一一，康熙二十二年八月辛丑。

〔38〕《清会典事例》卷三〇八，礼部十九・经筵，629页。

〔39〕《清高宗实录》卷一二四八，乾隆五十一年二月庚辰。

〔40〕《清高宗实录》卷一二五六，乾隆五十一年六月丁亥。

〔41〕录副奏折：定亲王永琅等，奏为遵旨询问御史曹锡宝参奏和珅家人撞骗钱财事，乾隆五十一年六月十九日。档号：031434008。

〔42〕《清高宗实录》卷一二五六，乾隆五十一年六月庚寅。

〔43〕录副奏折：永琅等，奏为询明御史曹锡宝参奏不实请交部议处事，乾隆五十一年六月二十二日。档号：031434012。

〔44〕录副奏折：绰克托、刘墉等，奏为遵旨查议御史曹锡宝参奏和珅家人不实事，乾隆五十一年七月十五日。档号：031434017。

〔45〕〔清〕陈康祺：《郎潜纪闻初笔》卷九，曹剑亭劾和珅，中华书局1984年版，192页。

〔46〕《清高宗实录》卷一二五三，乾隆五十一年四月庚子。

〔47〕《清高宗实录》卷一二七〇，乾隆五十一年十二月壬子。

〔48〕《清高宗实录》卷一二七一，乾隆五十一年十二月丙寅。

〔49〕《太乙舟诗集》卷十，和叶云素移居诗，二首，见《清代诗文集汇编》489册，470—471页。

〔50〕〔清〕陈沆：《叶云素师移居虎坊桥长歌志贺》，见《京师坊巷志稿》，229页。

〔51〕〔清〕昭梿：《啸亭续录》卷一，见《啸亭杂录》，384页。

〔52〕《葆淳阁集》卷二一，谢赐住房折，499页。另：现存军机处录副奏折中有此折，列于乾隆五十一年，无具体日期。

〔53〕〔清〕王杰：《送温处士赴河阳军叙》，镌石，有拓片流传。

第九章　东阁大学士

〔1〕《乾隆朝上谕档》第十三册，乾隆五十二年正月十八日，683页。

〔2〕《清高宗实录》卷一二七三，乾隆五十二年正月丁亥。

〔3〕《乾隆朝上谕档》第十三册，乾隆五十二年正月十八日，683—684页。

〔4〕《清高宗实录》卷一二七一，乾隆五十一年十二月丁卯。

〔5〕《清高宗实录》卷一二七四，乾隆五十二年二月乙巳。

〔6〕《清高宗实录》卷一二七四，乾隆五十二年二月己酉。

〔7〕《清高宗实录》卷一二七六，乾隆五十二年三月甲戌。

〔8〕《清高宗实录》卷一二七九，乾隆五十二年四月戊午。

〔9〕谕内阁将《诸史同异录》从全书内掣出销毁并将总纂等交部议处，《纂修四库全书档案》，1992页。

〔10〕《清高宗实录》卷一二七五，乾隆五十二年二月乙卯。

〔11〕《清高宗实录》卷一二七七，乾隆五十二年三月己丑。

〔12〕《清高宗实录》卷一二七九，乾隆五十二年四月甲子。

〔13〕《清高宗实录》卷一二八五，乾隆五十二年七月癸巳。

〔14〕该图卷全长1060.5厘米，应是在1900年八国联军攻占北京期间被窃夺，2005年出现于保利春拍，得以从法国回流国内。

〔15〕亦见于《秘殿珠林石渠宝笈汇编·续编》第七册，北京出版社2004年版，3679页。

〔16〕《清高宗实录》卷一三二四，乾隆五十四年三月癸亥。

〔17〕《乾隆朝上谕档》第十四册，乾隆五十四年三月初七日，796页。

〔18〕《清高宗实录》卷一三二四，乾隆五十四年三月甲子。

〔19〕《乾隆朝上谕档》第十四册，乾隆五十四年三月初七日，797页。

〔20〕《乾隆朝上谕档》第十四册，乾隆五十四年三月初八日，798—799页。

〔21〕《清高宗实录》卷一三二四，乾隆五十四年三月庚午。

〔22〕《乾隆朝上谕档》第十四册，乾隆五十四年四月十二日，829页。

〔23〕《乾隆朝上谕档》第十四册，乾隆五十四年四月十八日，834—835页。

〔24〕《乾隆朝上谕档》第十五册，乾隆五十五年二月初八日，461页。

〔25〕《清高宗实录》卷一三五〇，乾隆五十五年三月丙戌。

〔26〕《乾隆朝上谕档》第十五册，乾隆五十五年四月十八日，609页。
〔27〕《清高宗实录》卷一三五三，乾隆五十五年四月己巳。
〔28〕《清高宗实录》卷一三五三，乾隆五十五年四月辛未。
〔29〕《乾隆朝上谕档》第十五册，乾隆五十五年正月初一日，398页。
〔30〕本节所引王杰信函为四封，为收藏者曹勇先生提供，皆写于乾隆五十五年夏，亦即弘历八旬万寿之前，收信人为其妻子程氏、门客戴年兄。
〔31〕《清高宗实录》卷一三六一，乾隆五十五年八月庚午。
〔32〕《乾隆朝上谕档》第十六册，乾隆五十五年十一月初十日，29页。
〔33〕《乾隆朝上谕档》第十六册，乾隆五十五年十一月十九日，38页。
〔34〕《清史稿》卷三二二，尹壮图，10799—10802页。
〔35〕《清高宗实录》卷一三六七，乾隆五十五年十一月丁酉。
〔36〕《乾隆朝上谕档》第十六册，乾隆五十五年十一月二十三日，44—46页。
〔37〕《清高宗实录》卷一三六八，乾隆五十五年十二月辛酉。
〔38〕《清高宗实录》卷一三七〇，乾隆五十六年正月乙酉。
〔39〕《乾隆朝上谕档》第十六册，乾隆五十六年二月初四日，146—147页。

第十章　有形无形之象

〔1〕《清高宗实录》卷一三七一，乾隆五十六年正月戊戌。
〔2〕军机大臣奏询问纪昀前奏王杰派人办书勒派之事片，乾隆五十六年正月三十日，见《纂修四库全书档案》，2228页。
〔3〕军机大臣等奏询问纪昀前奏王杰派令书吏出银一事情形片，乾隆五十六年二月初一日，见《纂修四库全书档案》，2229页。
〔4〕《清高宗实录》卷一三九一，乾隆五十六年十一月戊子。
〔5〕《清通鉴》卷一四九，4641页。
〔6〕廓尔喀之役大胜后，弘历于当年十月初三日作《十全记》，并以四种文字刻石立碑，见《御制文三集》卷八，622页。
〔7〕《乾隆朝上谕档》第十六册，乾隆五十六年七月十三日，354页。
〔8〕《乾隆朝上谕档》第十六册，乾隆五十六年七月十三日，355—356页。
〔9〕《乾隆帝起居注》第38册，223页，广西师范大学出版社2002年版。
〔10〕详见下引弘历之《石刻蒋衡书十三经于辟雍序》。
〔11〕弘历：《石刻蒋衡书十三经于辟雍序》，《清代诗文集汇编》第330册，630页。
〔12〕《乾隆朝上谕档》第十六册，乾隆五十七年闰四月二十八日，797—799页。
〔13〕朱珪：东阁大学士王文端公墓志铭，《碑传集》卷二八，941页。
〔14〕姚鼐：光禄大夫东阁大学士王文端公神道碑文并序，《碑传集》卷二八，943页。
〔15〕黄寿祺、张善文：《周易译注》卷六，夬卦第四十三，407页，中华书局2016年版。
〔16〕〔清〕王杰：《惺园易说》上，夬卦·九三。见《清代诗文集汇编》第357册，551页。
〔17〕〔清〕凌扬藻：《蠡勺编》卷三五，若濡有愠。岭南遗书本，364页。

〔18〕〔清〕昭梿：《啸亭杂录》卷四，王文端，102—103页。
〔19〕《清史稿》卷三二二，钱沣传，10797页。
〔20〕《清稗类钞》第一册，第宅类·三王府四王府，187页。
〔21〕《乾隆朝上谕档》第十八册，乾隆五十九年十二月十六日，382页。
〔22〕〔清〕陈康祺：《郎潜纪闻初笔》卷六，122页，中华书局1984年版。
〔23〕《王文端公年谱》，第十页。
〔24〕〔清〕王辉祖：《病榻梦痕录》五十五年，80页。
〔25〕〔清〕王辉祖：《病榻梦痕录》五十八年，96页。
〔26〕〔清〕凌廷堪：《校礼堂文集·县象赋》，见《凌廷堪全集》第三册，6—7页，黄山书社2009年版。
〔27〕《王文端公年谱》，第十三页。
〔28〕〔清〕纪昀：王伟人相国七十序，《纪晓岚文集》第一册，220—221页，河北教育出版社1991年版。
〔29〕〔清〕凌廷堪：《凌廷堪全集》第四册，124—125页。
〔30〕故宫博物院掌故部编：《掌故丛编》，615—616页，中华书局1990年版。
〔31〕《清高宗实录》卷一四三一，乾隆五十八年六月戊子。
〔32〕（美）何伟亚：《怀柔远人——马戛尔尼使华的中英礼仪冲突》第八章，社会科学文献出版社2002年版，195页。
〔33〕《乾隆朝上谕档》第十七册，560—561页。
〔34〕《清史稿校注》卷二九五，鄂尔泰传，第十一册，8805—8811页。
〔35〕《清高宗实录》卷一四七〇，乾隆六十年二月戊午。
〔36〕军机大臣奉旨着将伍拉纳浦霖即行处斩，乾隆六十年十月初九日，《乾隆朝惩办贪污档案选编》四，3538页。
〔37〕谕内阁着将伍拉纳浦霖从重定拟钱受椿锁拿解京其子嗣发往伊犁充当苦差，乾隆六十年十月初七日，《乾隆朝惩办贪污档案选编》四，3531页。
〔38〕寄谕魁伦等着将钱受椿刑夹重责后再传集在省官员监同正法并供出馈送各员永不叙用，乾隆六十年十月十四日，《乾隆朝惩办贪污档案选编》四，3558页。
〔39〕寄谕魁伦等着将钱受椿迅速解京并严查其本籍及任所寄匿财物，乾隆六十年十月二十五日，《乾隆朝惩办贪污档案选编》四，3573页。
〔40〕《清稗类钞》第七册，王文端不许其子应试，3035页。
〔41〕罗修源为乾隆四十年乙未科二甲进士，王杰为会试副考官；朱文翰为乾隆五十五年庚戌科二甲进士，王杰为会试主考官。
〔42〕〔清〕王笃：《两竿竹室集》卷二，38页。

第十一章 “归政仍训政”

〔1〕《清高宗实录》卷三〇五，乾隆十二年十二月乙酉。
〔2〕《清高宗实录》卷一四七五，乾隆六十年三月己巳。

〔3〕《清高宗实录》卷一四八六，乾隆六十年九月辛亥。
〔4〕弘历：《御制诗余集》卷一，乐寿堂用丙申旧作韵，见《清代诗文集汇编》第329册，461页。
〔5〕弘历：《御制诗余集》卷九，新正乐寿堂，《清代诗文集汇编》第329册，573页。
〔6〕《清高宗实录》卷一一六六，乾隆四十七年十月甲子。
〔7〕《清稗类钞》第一册，帝德类・高宗内禅，250页。
〔8〕弘历：《御制诗文集》卷一，丙辰年正月初四日，见《清代诗文集汇编》第329册，462页。
〔9〕《韩城王氏宗谱》，第七世，澈，第七一八页。
〔10〕《朝鲜李朝实录中的中国史料》下编，第12册，4912页。
〔11〕《清仁宗实录》卷一，嘉庆元年正月辛亥。
〔12〕《清会典事例》卷三〇三，礼部一四・册立，571页。
〔13〕《清史稿校注》卷九五，嘉礼一・册立中宫仪，2812页。
〔14〕录副奏折：毕沅，奏报福康安病逝事，嘉庆元年五月二十二日。档号：031468099。
〔15〕录副奏折：和琳，奏为福康安猝患时症溘逝折，嘉庆元年五月十四日。
〔16〕弘历：《御制诗余集》卷六，见《清代诗文集汇编》第329册，533—534页。
〔17〕《国朝耆献类征》卷三二，宰辅三十二・孙士毅，见《清代传记丛刊》第139册，575页。
〔18〕录副奏折：福宁，奏报孙士毅患病甚重情形事，嘉庆元年六月十七日。档号：031650053。
〔19〕《清高宗实录》卷一四九五，嘉庆元年七月辛亥。
〔20〕录副奏折：和琳，奏为丰绅殷德到营恭谢恩赐事，嘉庆元年七月二十八日。档号：031651027。
〔21〕《钦定平苗纪略》卷三二，姜晟奏和琳病逝折，嘉庆元年九月十一日批，见《四库未收书辑刊》第四辑第14册，519页。
〔22〕弘历：《御制诗余集》卷八，大学士赠郡王福康安、总督赠一等公和琳灵榇至京亲临赐奠即事成什，《清代诗文集汇编》第329册，566页。
〔23〕《钦定剿平三省邪匪方略》正编卷六七，第九页。
〔24〕《清通鉴》卷一五五，清仁宗嘉庆三年三月初六日，4820页。
〔25〕《清仁宗实录》卷二一，嘉庆二年八月丁未。
〔26〕《清仁宗实录》卷二二，嘉庆二年九月甲午。
〔27〕弘历：《御制诗余集》卷一七，戊午元旦，《清代诗文集汇编》第329册，678页。
〔28〕《清仁宗实录》卷二六，嘉庆三年正月癸酉。
〔29〕弘历：《御制诗余集》卷一八，鉴远堂得句，《清代诗文集汇编》第329册，692页。

第十二章　嗣皇帝与二皇帝

〔1〕《清仁宗实录》卷一，嘉庆元年正月戊申，太上皇帝传位诏书。
〔2〕《朝鲜李朝实录中的中国史料》下编，第12册，4918页。
〔3〕《御制诗余集》卷三，暮春携嗣子皇帝恭谒东西两陵是日启跸用成长句，《清代诗文集汇编》第329册，497页。
〔4〕《御制诗余集》卷五，启跸幸避暑山庄即事成句，《清代诗文集汇编》第329册，526页。
〔5〕《乾隆帝起居注》四二，六十一年正月二十日。

〔6〕《清仁宗实录》卷一〇，嘉庆元年十月己卯。

〔7〕《清史稿校注》卷三四七，董诰传，9449—9450页。

〔8〕《嘉庆帝起居注》一，嘉庆元年十月初七日，第341页。此为稿本，括号内黑体字复被抹去。

〔9〕皆出自《嘉庆帝起居注》一，元年十月初七日己卯，341—342页。

〔10〕和珅：《嘉乐堂诗集》，见《清代诗文集汇编》426册，672页。

〔11〕见《清代诗文集汇编》第426册，673页。

〔12〕和珅：病中作，见《清代诗文集汇编》第426册，668页。

〔13〕《嘉庆帝起居注》一，元年六月二十九日，227页。

〔14〕《清仁宗御制诗》卷五，畅远楼书怀，见《故宫珍本丛刊》第571册，151页。

〔15〕《清史稿校注》卷三四七，董诰传，9450页。

〔16〕《清仁宗实录》卷七，嘉庆元年七月壬戌。

〔17〕《清仁宗实录》卷八，嘉庆元年八月丁丑。

〔18〕《乾隆帝起居注》四二，乾隆六十一年八月十三日乙酉。

〔19〕《嘉庆帝起居注》一，嘉庆元年八月二十三日乙未。

〔20〕《清仁宗实录》卷一四，嘉庆二年二月戊寅。

〔21〕和珅等奏折：福长安进见太上皇面奏及垂询情形，嘉庆二年二月十一日，《和珅秘档》第八册，国家图书馆出版社2009年版，81—82页。

〔22〕和珅等奏折：进见太上皇面奏暨垂询事宜，《和珅秘档》八，90—91页。

〔23〕《两竿竹室集》卷二，104页。

〔24〕《啸亭杂录》之“续录”卷一，翻书房，中华书局1980年版，397页。

〔25〕《嘉庆帝起居注》一，嘉庆元年十月初七日己卯。

〔26〕《清仁宗实录》卷十九，嘉庆二年闰六月壬戌。

〔27〕〔清〕陈康祺：《郎潜纪闻二笔》卷六，董文恭不愧为社稷臣，中华书局1984年版，420页。

〔28〕〔清〕陈康祺：《郎潜纪闻二笔》卷八，和珅讦海兰察之短，中华书局1984年版，457页。

〔29〕〔清〕陈康祺：《郎潜纪闻二笔》卷三，谕旨前军机署名之例，中华书局1984年版，376页。

〔30〕《葆淳阁集》卷二四，谢首逆王三槐就擒恩予议叙折，530—531页。

〔31〕《清通鉴》卷一五五，第11册，4827—4828页。

〔32〕《乾隆帝起居注》第42册，乾隆六十四年正月初三日，543页。

〔33〕《御制诗余集》卷二十，己未元旦，《清代诗文集汇编》第329册，727页。

〔34〕《御制诗余集》卷二十，望捷，《清代诗文集汇编》第329册，727页。

〔35〕《万岁爷进药底簿》，封面题“乾隆六十三年十二月吉日立”，今存第一历史档案馆。

〔36〕《清仁宗实录》卷三七，嘉庆四年正月壬戌。

〔37〕李岳瑞：《春冰室野乘》卷上，和珅供词，“又太上皇帝病重时，奴才将宫中秘事向外廷人员叙说，谈笑自若，也是有的”。见于宋联奎辑《关中丛书》第八集，陕西通志馆1936年版，28页。

〔38〕《清仁宗实录》卷三七，嘉庆四年正月壬戌。

〔39〕《更生斋文》甲集卷四，见《洪亮吉集》第三册，中华书局2001年版，1028页。

〔40〕《清史稿校注》卷三六二，广兴，9603页。

〔41〕李春光纂：《清代名人轶事辑览》，190—191页。

〔42〕《啸亭杂录》卷十，权臣同列，316—317页。

〔43〕胡季堂奏折：请将和珅凌迟处死，嘉庆四年正月十五日。见于《和珅秘档》第八册，国家图书馆出版社2009年版，387—388页。

〔44〕《艺风堂杂钞》卷三，和致斋相国事辑，中华书局2010年版，155页。

〔45〕以上五条皆见于《和珅秘档》第八、第九册。

第十三章　章内阁首辅

〔1〕《清仁宗实录》卷三七，嘉庆四年正月癸亥。

〔2〕详见《清会典事例》卷四六一至四六三，礼部·丧礼·高宗纯皇帝大丧仪。

〔3〕《清仁宗实录》卷三八，嘉庆四年正月己卯。

〔4〕《葆淳阁集》卷二十四，531—532页。

〔5〕见于《朝鲜李朝实录中的中国史料》下编卷一二，4990—4991页。

〔6〕《清通鉴》卷一五六，嘉庆四年四月初七日，4855页。

〔7〕《清仁宗实录》卷五三，嘉庆四年十月丁未。

〔8〕录副奏折：朱珪，奏为洪亮吉投书事未及时参奏自请交部议处事，嘉庆四年八月二十六日。档号：031477049。

〔9〕录副奏折：刘权之，奏为办事迟延自请交部议处事，嘉庆四年八月二十六日。档号：031477048。

〔10〕《卷施阁文》甲集续卷，乞假将归留别成亲王极言时政疏，见《洪亮吉集》第一册，223—230页。

〔11〕《清史编年》卷七，第176页。

〔12〕《清仁宗实录》卷五〇，嘉庆四年八月癸丑。

〔13〕《洪亮吉集》第五册，洪北江先生年谱，2346页。

〔14〕漆永祥：《汉学师承记笺释》卷四，上海古籍出版社2006年版，453页。

〔15〕题名《上石经馆总裁书》，见《卷施阁文甲集》卷七，《洪亮吉集》第一册，160页。

〔16〕〔清〕伊秉绶：《留春草堂诗钞》卷七，赠江郑堂藩，见《续修四库全书》1475册，784页。

〔17〕《清代传记丛刊》第119册，267页。

〔18〕刘国宣：《宋学渊源记笺证》卷上，前叙，中国社会科学出版社2021年版，45页。

〔19〕《纪晓岚文集》第八卷，周易义象合纂序，154页。

〔20〕《纪晓岚文集》第八卷，丙辰会试录序，149页。

〔21〕〔清〕赵慎畛：《榆巢杂识》上卷，提倡理学，中华书局2001年版，107页。赵慎畛（1761—1825），嘉庆元年丙辰科二甲进士，选庶吉士，历编修、御史，道光五年逝于云贵总督任上。

〔22〕刘国宣：《宋学渊源记笺证》卷上，孙景烈，129页。

〔23〕《葆淳阁集》卷二四，请速蒇军务折，532—533页。

〔24〕颙琰：《御制诗初集》卷二六，立秋日遣闷八韵，见《故宫珍本丛刊》第572册，11页。

〔25〕《清史稿校注》卷三七四，那彦成。本节引文未出注者，均见该传。

〔26〕《清仁宗实录》卷五六，嘉庆四年十二月壬寅。

〔27〕《清仁宗实录》卷五八，嘉庆五年正月。

〔28〕《葆淳阁集》卷二四，谢赐医诊视折，533页。

〔29〕《清史稿》卷三四三，书麟，11125页。

〔30〕赵翼：同年王惺园相公见余廿二史札记有感于前朝荆楚流氛事手书远讯敬赋奉酬，《赵翼全集》第六册，863页。

〔31〕《葆淳阁集》卷二三，请议处折，516—517页。

〔32〕《啸亭杂录》卷十，文体，316页。

〔33〕〔清〕赵慎畛：《榆巢杂识》上卷，戴紫垣论享福泽，中华书局2001年版，128页。

〔34〕〔清〕陈康祺：《郎潜纪闻二笔》卷一，嘉庆辛酉科诗题，333页。

〔35〕《啸亭杂录》卷四，王文端，102页。

〔36〕此函现藏故宫博物院书画部，收信人应是王杰的门生，在外省任州县之职，姓名无考。

〔37〕录副奏折：着为大学士王杰、刘墉等充会典馆正总裁……谕旨，嘉庆六年十一月初八日。档号：035692139。

〔38〕一种写着姓名、职衔的薄木牌，宽一寸，长约一尺，上端分为不同颜色，宗室王公用红头牌，大臣用绿头牌。其牌通常在皇帝用膳时递呈，故名膳牌。

〔39〕《清仁宗实录》卷九八，嘉庆七年五月甲戌。

〔40〕《清仁宗实录》卷一百，嘉庆七年七月辛未。

〔41〕赵翼：闻惺园相公以老病乞休恩旨慰留感赋，《瓯北集》卷四四，见于《赵翼全集》第六册，895页。

第十四章　归去来兮

〔1〕王杰致富俊信函，现存故宫，写于嘉庆四年九月二十六日，阅后可知两家交往亲切。富俊（1749—1834），字松岩，蒙古正黄旗，翻译进士，乾隆六十年五月升内阁学士兼礼部侍郎，九月为镶白旗满洲副都统，十二月为兵部侍郎，此后历科布多参赞大臣、乌鲁木齐都统，嘉庆四年八月授喀什噶尔参赞大臣。

〔2〕《韩城王氏宗谱》第八世，杰公次子·埗时，第二十一—二十三页。

〔3〕据《韩城王氏宗谱》，第七世，廷诏公三子·杰，“庶妣姚氏卒于嘉庆五年正月十七日亥时，附葬公次”，第十二页。

〔4〕《王文庄日记》有稿本分藏国家图书馆与上海图书馆，著者王际华，字秋瑞，号白斋，乾隆十年探花，三十八年八月调户部尚书。户部饭银较优，每年加起来超过万两，而内阁首辅应不低于此数。

〔5〕〔清〕汤金钊：《寸心知室存稿》卷六，嘉庆十二年祭汪龙庄先生文，《清代诗文集汇编》第507册。

〔6〕录副奏折：王杰，奏请休致事，嘉庆七年七月十六日。档号：031485006。

〔7〕《清仁宗实录》卷一〇一，嘉庆七年七月甲申。

〔8〕《刘文清公遗集》卷十三，见《清代诗文集汇编》348册，81页。

〔9〕江藩编：《赐杖集》，第四—六页，国家图书馆分馆藏。

〔10〕《清会典事例》卷七〇三，兵部·邮政，第八册，752页。

〔11〕《满汉名臣传》续集，卷六三，王杰，3564—3565页。

〔12〕王杰：春日归田赋别词馆前辈暨同朝诸公，见《祖帐集》卷首，亦见《葆淳阁续集·葆淳阁集补遗》，陕西省图书馆藏。

〔13〕《清会典》卷一一，吏部·考功清吏司，“凡官年老告休者，则令致仕。大臣予告者，或加衔，或食俸，皆出特恩，以示优异焉”，98页。

〔14〕纪昀：嘉庆癸亥闰二月韩城相国予告归里赋诗留别即次原韵。另见《纪晓岚文集》第一册，河北教育出版社1991年版，565—566页。

〔15〕《清仁宗实录》卷一〇九，嘉庆八年闰二月乙酉。

〔16〕颙琰：《御制诗初集》卷四四，送原任大学士王杰归里，《清代诗文集汇编》第459册，628—629页。

〔17〕昭梿：《啸亭杂录》卷四，王文端，103页。

〔18〕《清仁宗实录》卷一〇九，嘉庆八年闰二月己丑。

〔19〕朱批奏折：颜检，奏为原任大学士王杰蒙恩准休驰驿回籍途经保定札知前途地方官妥为护送事，嘉庆八年三月十一日。档号：0401120264084。

〔20〕朱批奏折：王杰，奏报抵里日期事，嘉庆八年四月初一日。档号：0401130141021。

〔21〕朱批奏折：祖之望，奏为原任大学士王杰蒙恩驰驿还乡已经回抵原籍韩城事，嘉庆八年四月十五日。档号：0401120264051。

〔22〕朱批奏折：王杰，奏报抵里日期事，嘉庆八年四月初一日。档号：0401130141021。

〔23〕户科题本：方维甸，题为代奏陕省士民王杰等蒙恩蠲免民欠地耗银两谢恩事，嘉庆八年十月初三日。档号：0220718457007。

〔24〕朱批奏折：王杰，奏为叩谢钦点蠲免陕西钱粮天恩事，嘉庆八年七月初六日。档号：0401350035056。

〔25〕朱批奏折：王杰，奏为叩谢钦点蠲免陕西嘉庆七年积欠钱粮天恩事，嘉庆八年十一月初一日。档号：0401350036013。

〔26〕朱批奏折：王杰，奏为蒙恩赈恤陕西谢恩事，嘉庆九年十月二十九日。档号：0401020071032。

〔27〕《清仁宗实录》卷一一六，嘉庆八年七月己亥。

〔28〕王杰：请恩准邪匪投首折，《葆淳阁集》卷二二，515—516页。

〔29〕朱批奏折：王杰，奏为刍议川匪业已剿竣不必复有用兵之名事，嘉庆九年八月初八日。档号：0401130148035。

〔30〕《清高宗实录》卷六九三，乾隆二十八年八月丙午。

〔31〕《清高宗实录》卷八八二，乾隆三十六年四月壬申。

〔32〕载《紫禁城》2021年5月号，146—153页。

〔33〕末署“嘉庆甲子花朝之吉通家弟王杰撰”，今有光绪五年刻本。

〔34〕朱批奏折：方维甸，奏为大学士王杰及伊妻八十生辰亲赍御笔并钦赐各件赴韩城传旨事，嘉庆九年九月二十五日。档号：0401020143052。

〔35〕颙琰：《御制诗二集》卷七，《清代诗文集汇编》第460册，181页。

〔36〕王杰：恭和原韵二首，《赐杖集》卷首，第二一三页。

〔37〕朱批奏折：王杰，奏为奉到谕旨谢恩事，嘉庆九年十月二十九日。档号：0401130150001。

〔38〕朱批奏折：颜检，奏为大学士王杰进京谢恩途经保定事，嘉庆九年十二月初二日。档号：0401130156031。

〔39〕〔清〕黄钺：王文端公挽诗，《壹斋集》卷十九，见《清代诗文集汇编》第428册，364页。

〔40〕《清仁宗实录》卷一三八，嘉庆九年十二月辛酉。

〔41〕阮元：《王文端公年谱》，第十八页。

〔42〕颙琰：《御制诗二集》卷八，见《清代诗文集汇编》第460册，192—193页。

〔43〕〔清〕吴振棫：《养吉斋丛录》余录卷十，中华书局2005年版，452页。

〔44〕《清仁宗实录》卷一三九，嘉庆十年正月乙未。

〔45〕《知足斋诗续集》卷二，送王文端公丧至长新店吴编修裕德汪学士滋畹费掌科锡章留宿店中为经纪其家事感而赋之，见《清代诗文集汇编》第376册，603页。

〔46〕〔清〕伊秉绶：《留春草堂诗钞》卷五，见《清代诗文集汇编》第439册，148页。

〔47〕黄钺：王文端公挽诗小注，《壹斋集》卷十九，见《清代诗文集汇编》第428册，364页。

〔48〕赵翼：王惺园相公挽诗，《瓯北集》卷四七，见《清代诗文集汇编》第362册，969页。

〔49〕王笃：丙戌五月四日圆明园引见蒙恩授庶吉士恭纪，《两竿竹室集》卷三，十一页。

〔50〕王鼎：《文端公行谊附录》，在《葆淳阁续集》卷末。

附 录

韩城王氏世系简图

说 明：

一、韩城王氏并非同宗，王杰一族出于太原，先世居山西洪洞县，明清易代之际七世祖王进顺携家避乱于韩城，遂定居务农，“桑间十亩，勤俭传家”。

二、名字标黑者为王杰本支先辈；第八世、第九世仅列王杰子孙。

第一世 进顺

第二世 太节 太义 太连 **太辅**

第三世 **汝龙**

第四世 **养元** 养瑀

第五世 家保 **家檀** 家权 家全

第六世 廷诉 廷训 **廷诏**

第七世 楷 熉 桂 煜 鉴 瀚 浚 澈 杰

第八世 堜时 垿时 堉时 塽时

第九世 𬳶 𬳽 骘 骕 笃 馚 骞 駎 驯

王杰年表

王杰，字伟人，号惺园，别号畏堂、葆淳。七世祖王进顺于明清之交携家自洪洞迁至韩城，遂定居。父亲王廷诏曾任税课司大使、石门县主簿，母亲吴氏，生三子，杰为其季，“幼沉毅，不苟言笑”。

雍正三年乙巳（1725）一岁

十月二十七日寅时，生于韩城祖宅。时祖父王家檀已逝，父亲廷诏被迫休学务农，而心有不甘。

雍正六年戊申（1728）四岁

父亲王廷诏在两个哥哥的全力支持下，得以营田例（即响应朝廷号召营造水田）得任杭州中务税课司大使，举家赴浙江，大伯二伯的五个儿子随行至杭州读书。

雍正七年己酉（1729）五岁

廷诏延聘塾师在家中为众子侄授课，王杰随哥哥们入学。

雍正十年壬子（1732）八岁

读书颖悟，已显现书法才能，能书匾额大字。

乾隆七年壬戌（1742）十八岁

考补韩城县学生员，回家乡就读。

十一月十九日，尹继善因丁忧解任川陕总督。

乾隆八年癸亥（1743）十九岁

在县学读书。娶同县监生程普之女，夫妻同龄而程氏长一个月。

乾隆九年甲子（1744）二十岁

在学政岁试时考列高等，补廪膳生。

三月，陈宏谋接任陕西巡抚。

乾隆十一年丙寅（1746）二十二岁

在县学读书。八月二十七日，长子埰时生。曾短暂担任某官幕僚。

十一月，陈宏谋卸任调江西。

乾隆十二年丁卯（1747）二十三岁

遵父命入关中书院读书，以古文辞见长，深得山长孙景烈器重，终生视其为恩师；二哥王澈、堂兄王煜同在该书院求学。

乾隆十三年戊辰（1748）二十四岁

正月十八日，陈宏谋接任陕西巡抚。五月，朱珪中进士，选庶吉士。十一月，尹继善以协办大学士接任陕甘总督。

乾隆十六年辛未（1751）二十七岁

在关中书院读书。八月初七日，次子塄时生。是年可能进入尹继善幕府。尹于闰五月调两江总督，荐与陈宏谋；宏谋于十月改调河南，似未跟从。

闰五月，刘墉中二甲第二名进士，阅卷官本拟状元，乾隆帝担心有关节（其父刘统勋为刑部尚书），命与吴鸿对调。

乾隆十八年癸酉（1753）二十九岁

考选拔贡生，时任陕西学政为翰林院编修吴嗣富，巡抚为钟音。

二月，尹继善再任陕甘总督，十月以内迁卸任。

乾隆十九年甲戌（1754）三十岁

年初，赴京参加十二年一届的拔贡朝考，列于一等第一名（因属分批考试，此名次应为陕西省选拔贡生之首）。四月二十四日，礼部带领引见，以教职用，选授蓝田教谕。四月二十六日，父亲王廷诏去世，丁忧，未赴任。

闰四月，庄培因廷试得状元，纪昀、朱筠、钱大昕皆在同榜二甲。七月十七日，陈宏谋接任陕西巡抚。

乾隆二十一年丙子（1756）三十二岁

七月，丁忧期满，进入以江南河道总督兼署两江总督的尹继善之幕，司书记。

十月，尹继善实授两江总督，兼管河道事务。

乾隆二十二年丁丑（1757）三十三岁

六月，陈宏谋调任江苏巡抚，经尹继善推荐入幕。宏谋为理学大臣，王杰得闻性命躬行之说，终生受益。九月初五日，三子埔时生。

五月，彭元瑞中二甲第八名进士，选庶吉士。

乾隆二十四年己卯（1759）三十五岁

秋，赴西安参加乡试，中副榜；再回苏州陈宏谋幕府。

乾隆二十五年庚辰（1760）三十六岁

秋，再赴西安乡试，中举，列在第七名，一说为第六名。

乾隆二十六年辛巳（1761）三十七岁

弘历为庆贺母亲的七十大寿特开恩科，称“太后七旬万寿恩科”。

赴春闱，得中会试第十名，廷试一甲第一名（本列在进呈十卷的第三，乾隆帝阅卷后亲自改为第一，即状元）；授修撰，入庶常馆读书。当年年底，将母亲与妻儿迎至京师。

乾隆二十七年壬午（1762）三十八岁

春，致函老师孙景烈。六月，钦定为湖南乡试副考官（翰林院侍读钱大昕为正考官），赴长沙，以阅卷认真、录取公正广受好评；二人返京后的奏折上有朱批，对王杰多有期许。

乾隆二十八年癸未（1763）三十九岁

五月，通过庶常馆散馆考试，得一等第三名。

六月，陈宏谋调任吏部尚书，不久加太子太保衔。

乾隆二十九年甲申（1764）四十岁

十月，出任福建学政，以接替丁忧离职的纪昀。十一月二十五日离京赴任；行前上谢恩折，朱批“人竟似可用者”。

尹继善于当年四月擢文华殿大学士，仍兼两江总督。陈宏谋于七月初一日升任内阁协办大学士。

乾隆三十年乙酉（1765）四十一岁

在福建学政任上。接母亲与妻子至福州。

在乾隆帝第四次南巡后，尹继善不再兼任江督，回京入阁办事，兼军机大臣。

乾隆三十二年丁亥（1767）四十三岁

在福建学政任上。擢翰林院侍读，从五品。

三月十七日，陈宏谋升任东阁大学士，兼管吏部事务。

乾隆三十三年戊子（1768）四十四岁

在福建学政任上。六月，授詹事府右庶子，五品。十月，迁侍讲学士，从四品。十二月十六日，与新任福建学政阿肃交接后返京。

乾隆三十四年己丑（1769）四十五岁

正月二十七日，自福州回至京师，擢少詹事，正四品。九月十三日，钦命为武会试副考官，正考官为刑部右侍郎张若溎。九月二十八日，署日讲起居注官。

陈宏谋于七月间患病，屡次恳请退养，谕令安心调理，若明春复元即照旧任职，如加重则可乘船归乡。尹继善于十二月兼翰林院掌院学士。

乾隆三十五年庚寅（1770）四十六岁

二月初九日，担任日讲起居注官。

乾隆三十六年辛卯（1771）四十七岁

四月初八日，京察一等。四月二十日，升内阁学士兼礼部侍郎衔。六月初三日，兼庶常馆总教习。六月十二日，受命“在南书房行走”。六月十六日，钦定为江西乡试正考官，编修曹仁虎（同年进士）为副考官。九月初二日，有旨命担任浙江学政，由南昌直接赶往新任。十月二十日，抵达杭州任所。

陈宏谋辞职于二月间获准，离京前往尹府辞行，继善卧病在床，仍赋诗送行。四月二十一日，尹继善病逝。六月初三日，陈宏谋卒于山东韩庄舟次。

乾隆三十七年壬辰（1772）四十八岁

在浙江学政任上。迎养母亲与妻小于杭州学署。

乾隆三十八年癸巳（1773）四十九岁

春，四库全书馆正式设立，以刘统勋、刘纶、于敏中、福隆安、王际华、裘曰修为正总裁，英廉、庆桂、张若溎、曹秀先、李友棠为副总裁，纪昀、陆锡熊为总纂。

乾隆三十九年甲午（1774）五十岁

九月初二日，在王杰即将三年任满之际，有旨命回京后“即着署理工部右侍郎事务”。十二月十九日，调任刑部右侍郎。

乾隆四十年乙未（1775）五十一岁

三月初六日，钦定为会试副考官，正考官为兵部尚书嵇璜。五月，奉旨主试八旗教习；与之交往密切的汪辉祖、戴均元，曾举劾和珅家人的曹锡龄皆出于乙未科二甲。

十一月，和珅升御前侍卫、副都统。

乾隆四十一年丙申（1776）五十二岁

正月十八日，因李友棠丁母忧，前往接替他的曹文埴于途中父亲病亡，受命再任浙江学政。十二月二十四日，奏请自行选工刊刻《御制诗三集》，得到乾隆帝允准。

和珅崛起于政坛，一年之内连升为户部右侍郎、军机大臣、总管内务府大臣、国史馆副总裁等，赏一品朝冠，赐紫禁城骑马。

乾隆四十二年丁酉（1777）五十三岁

八月二十八日，有旨命回京后署理礼部侍郎，彭元瑞接任浙江学政。十月初八日，调任吏部右侍郎。十月二十二日兼任四库全书馆、三通馆副总裁。

和珅任户部左侍郎，兼署吏部右侍郎，兼步军统领。

乾隆四十三年戊戌（1778）五十四岁

三月初六日，钦定为会试副考官，正考官为大学士于敏中；乾嘉学派代表人物之一的章学诚即在本科二甲。

乾隆四十四年己亥（1779）五十五岁

二月初四日，转任吏部左侍郎。五月，奉旨添派阅看《大清一统志》。六月初十日，钦定为浙江乡试正考官，侍讲学士吴省钦为副考官。九月，小女金儿嫁与朱珪之子锡经。十二月初九日，兼任武英殿总裁。十二月十一日，兼国史馆副总裁。

乾隆四十五年庚子（1780）五十六岁

三月十四日，三任浙江学政。三月十六日，参奏武英殿提调陆费墀“遗失各书底本四五百种，……请勒限追缴”。

和珅之子丰绅殷德被乾隆帝指为十公主额驸；和珅升任御前大臣、镶蓝旗满洲都统、正白旗领侍卫内大臣，兼四库全书馆正总裁、理藩院尚书。

乾隆四十七年壬寅（1782）五十八岁

四月十三日，在浙江学政任上，授左都御史。约于七月底自浙江回京。八月初四日至避暑山庄，召对时乾隆帝询及其母年岁，御书“南陔承庆”匾额赐之，并命兼任四库全书馆副总裁。十一月，四子堜时出生。

七月九日，命续缮《四库全书》三分，分藏扬州大观堂之文汇阁、镇江金山寺之文宗阁、杭州圣因寺行宫之文澜阁，俾便江浙士子得以就近观摩誊录。二十一日，以文渊阁本告成，永瑢等恭上《进四库全书表文》，乾隆帝大喜，赐撰表之陆锡熊、吴省兰，以及改定润色的纪昀扇缎笔墨有差。

乾隆四十八年癸卯（1783）五十九岁

五月十三日，母亲吴太夫人在京病逝，以丁忧解职。九月扶榇回籍，路上走了约两个月，在乡守制。

乾隆四十九年甲辰（1784）六十岁

三月初四日，擢为兵部尚书，时乾隆帝正在南巡途中，“仍着在籍守制，俟服满来京供职”。闰三月二十二日，在妥善安葬母亲后，王杰动身赶往山东德州运河水次，以迎候南巡返京的銮驾，当面谢恩，受到召见后返乡继续服丧。

七月，和珅调任吏部尚书，升协办大学士，管理户部，并以平定回变封一等男爵。

乾隆五十年乙巳（1785）六十一岁

九月十一日，服丧期满回京，转赴避暑山庄谒见皇上，命回京办事。十月初二日，兼三通馆总裁。十一月十四日，充经筵讲官。十二月十七日，恩赐在紫禁城内骑马。

正月，纪昀补授左都御史。

乾隆五十一年丙午（1786）六十二岁

二月初六日，举行仲春经筵，担任直讲官，进讲《书经》“正德利用，厚生惟和”一句。四月二十七日，兼尚书房总师傅。五月二十五日，京察以“勤慎称职”获优奖，交部议叙。十二月十三日，擢为军机大臣。十二月二十二日，赏赐住房内城、海淀各一处。

正月，彭元瑞升礼部尚书。闰七月，和珅升任文华殿大学士，兼吏部尚书，并管理户部。

乾隆五十二年丁未（1787）六十三岁

正月十八日，补授内阁大学士，管理礼部事务。正月二十四日，钦命为东阁大学士，兼礼部尚书。三月初六日，担任会试正考官，副考官为刑部左侍郎姜晟、内阁学士瑞保；乾嘉大学问家孙星衍为本科榜眼。六月十一日，与阿桂同时出任庶常馆总教习。

王杰入阁后，彭元瑞调补兵部尚书，纪昀补授礼部尚书。

乾隆五十三年戊申（1788）六十四岁

三月，台湾林爽文变乱平定，以赞襄军务获赐图像紫光阁，御制赞曰："典学七闽，肃定士风。台湾民俗，颇悉心中。山海险夷，参画具通。有佐樽俎，图貌纪功。"

乾隆五十四年己酉（1789）六十五岁

二月十七日，京察届期，以"懋著勤劳，敬公称职"，与阿桂、嵇璜、和珅同获优叙，加一级。三月初六日，奉旨担任会试正考官，副考官为礼部右侍郎铁保、工部右侍郎管干珍；汪廷珍、刘凤诰、阮元、那彦成皆出该科。三月初七日，因皇上发现尚书房师傅连日"全行未到"，作为总师傅不能稽查纠劾，被交部议处，撤销总师傅之职，降三级。四月十八日，因搜阅落卷取中者较多，且有的排在前二、三名，引起弘历不满，命改列五十名之后。

乾隆五十五年庚戌（1790）六十六岁

三月初六日，受命为会试正考官，吏部右侍郎朱珪、工部左侍郎邹奕考为副考官；洪亮吉、黄钺出于该科。十一月初十日，加太子太保。

乾隆五十六年辛亥（1791）六十七岁

正月初八日，再兼尚书房总师傅。十一月二十一日，开设石经馆，有旨将蒋衡手书《十三经》刻石列于辟雍，派和珅、王杰为总裁，董诰、刘墉、金简、彭元瑞为副总裁；洪亮吉将一份校勘凡例交王杰，被具体管事的彭元瑞否定。

正月，以左都御史刘墉与礼部尚书纪昀职务对调。

乾隆五十七年壬子（1792）六十八岁

二月初四日，京察届期，与阿桂、嵇璜、和珅俱得优奖，交部议叙。九月初十日，以征剿廓尔喀大功告成，军机大臣"承旨书谕，夙夜宣勤"，与阿桂、和珅等一起获得议叙。

十月，以嵇璜、阿桂年迈任久，命和珅、彭元瑞兼翰林院掌院学士。

乾隆五十八年癸丑（1793）六十九岁

以反击廓尔喀之役大胜，再次获赐图像紫光阁，御制赞曰："司学闽疆，台湾事晓。海洋进退，颇知了了。短诗长纪，昼夜誊章。无暇赞策，人各用长。"四月二十日，受命与阿桂、纪昀、窦光鼎、金士松、刘权之、玉保、瑚图礼同为殿试读卷官；乾嘉学术大家凌廷堪即出于该科，曾随王杰赴热河。

乾隆五十九年甲寅（1794）七十岁

二月二十六日，乾隆帝以为军机大臣对福康安办理吉林参务案"意存瞻顾，迁延观望"，传谕将阿桂、和珅、王杰、福长安、董诰俱交部议处。八月二十日，因内阁票拟错误，与阿桂、和珅一起交部察议。十月，在其七十生辰前夕，乾隆帝御笔亲书"赞元锡嘏"匾额、"胪名荟馆魁多士，耆福台阶引大年"联句以赐，礼部尚书纪昀率同僚恭赠寿屏，并撰文祝贺。十二月十四日，因毕沅呈进贡品内有恭录御制诗八首，系弘历预作六十年上元灯词，发交王杰誊录，怀疑有所泄露，后查明系彭元瑞府中传出。十二月二十九日，受命作为正使（礼部左侍郎刘权之为副使），持节册封循嫔伊尔根觉罗氏为循妃。

乾隆六十年乙卯（1795）七十一岁

正月十八日，石柳邓号称"统兵元帅"，率乾州、凤凰、永绥等地苗民揭竿而起，攻占大营汛，进而包围松桃厅城，苗疆大乱。

二月初八日，京察届期，得旨军机大臣阿桂、和珅、王杰、福长安、董诰"或近日书谕不能称旨，或缮写事件率多错误"，此次毋庸议叙。四月十六日，与和珅、刘墉、董诰、纪昀、金士松、铁保、吴省钦同为殿试读卷官。

九月初三日，乾隆帝在圆明园勤政殿宣示恩命，立皇十五子永琰为皇太子，改名颙琰，以明年为嘉庆元年。十一月十八日，有旨命颙琰迁入毓庆宫。

嘉庆元年丙辰（1796）七十二岁

正月初一日，在太和殿举行禅让的授受典礼，以及新帝的登基大典。初四日，在宁寿宫举办千叟宴，王杰的二哥参加了宴会。王杰作为正使（礼部右侍郎多永武为副使），持节，赍册宝，册立颙琰嫡妃喜塔腊氏为皇后。四月，故乡老友之孙王鼎得中进士，列于二甲第三名。十月初七日，以足疾辞南书房、尚书房、军机处及所管礼部事务，允之。

正月间，官府侦知白莲教打算在枝江、宜都一带闹事，派人缉拿，首领张正谟等被迫提前起事，周边数县教徒纷纷响应，长乐、长阳、东湖、远安所在皆乱，占领当阳县城。三月初十日，乃白莲教各路首领商定的起事日期（辰年辰月辰日），姚之富、王聪儿率襄阳教众起事，气势甚盛，先焚毁吕家驿，掠樊城城郊，攻扑襄阳城不下，一举攻占孝感，杀死两名参将，省城戒严。

五月，命大学士和珅、工部尚书彭元瑞为庶常馆总教习。

嘉庆二年丁巳（1797）七十三岁

闰六月二十四日，随上皇木兰秋狝，因夜间召见不在，传谕解任军机大臣，命由热河回京供职。

三月，吏部尚书刘墉升任内阁大学士。

嘉庆三年戊午（1798）七十四岁

八月，因生擒四川白莲教教首王三槐，得旨虽已不在军机处，仍加优叙。

嘉庆四年己未（1799）七十五岁

正月初三日，上皇崩逝，奉派与睿亲王淳颖、成亲王永瑆、仪郡王永璇、和珅、福长安、德明、庆桂等总理一切丧仪。正月初八至十八日，以内阁首辅身份，主持对和珅的审判，恩赐和珅自缢。二月初九日，受命恭纂《高宗纯皇帝实录》，列于总裁官首位。二三月间，两次就围剿白莲教之役上奏，挖掘教变的深层原因并提出对策。四月二十日，钦定为殿试读卷官，列于八人之首。八月二十六日，次子埒时因血痢去世。秋，患脾泄，兼以“左脚跌伤”，嘉庆帝即派德麟带领太医院使涂景云等人，前往宅中看望诊治。

八月，洪亮吉上疏激怒嘉庆帝，下旨逮治追究，后被流放新疆，朱珪、刘权之也因收存未转呈受到责处。

嘉庆五年庚申（1800）七十六岁

正月，受命领衔会审由前线押解至京的永保等人。十七日，妾室姚氏卒于京邸，年仅三十五岁，所生之子埉时尚未成年。四月，脾泄复发，至夏天又转为赤痢，嘉庆帝命公明安率医官至宅邸探视，赐内库人参，并批准其解任调理的请求。九月，以病乞休，奉旨慰留，并许扶杖入内右门。

嘉庆六年辛酉（1801）七十七岁

二月十三日，京察届期，以谨慎称职交部议叙。四月二十日，受命为殿试读卷官，列于八人之首。六月，京师暴雨成灾，直隶总督姜晟、永定河道王念孙救灾不力被撤职，王杰作为念孙的举荐者自请处分。顺天乡试推迟至九月初六日举行，钦命为正考官，署兵部右侍郎初彭龄、少詹事那彦成为副考官，被赞为“一洗前人陋习”。十一月初八日，与庆桂、刘墉、董诰同兼会典馆总裁官。十二月，次女金儿在京病逝，女婿锡经中举后屡试不中，以一品荫生选授刑部广西司员外郎。

嘉庆七年壬戌（1802）七十八岁

七月初三日，嘉庆帝就王杰乞休事传谕内阁，允其在职休养，无须阅看内阁本章及各馆所纂书籍，病愈后照旧供职。七月十六日，再次提出请求，终得获准致仕，加太子太傅，在籍食俸。十一月某日，再次应召入宫，时已甚寒，有旨命扶杖陛见，老友朱珪为赋《韩城太傅奉恩谕扶杖入宫门，至养心殿召见，真异数也，为记其盛，志心慕焉》二首，一时和者甚众，收入《赐杖集》。

嘉庆八年癸亥（1803）七十九岁

二月，上疏论国事，就各省亏空之弊、驿站裁归州县之弊的形成做出分析，提出“欲杜亏空，先清驿站”，嘉庆帝嘉纳之。闰二月十九日，翰林院设宴公饯，王杰即席赋诗二首，和者百余人。闰二月二十日，入宫陛辞，御书诗章赐之，有“名冠朝班四十年，清标直节永贞坚”，“直道一身立廊庙，清风两袖返韩城”句，并赐以高宗御前陈设玉鸠杖、人参等物。此日銮驾入宫时在顺贞门遭遇刺客，王杰辞出后闻知，再次求见并陈说己见，本拟次日离京，为此推迟。三月初二日，再次进宫陛辞，次日銮驾返圆明园，特地到神武门外与皇上见上一面，然后束装就道。三月二十七日，回至家乡韩城。七月初六日，为朝廷蠲免陕西钱粮专折谢恩。十月初三日，领衔代表陕省士民为钦命蠲免民欠地耗银两联名谢恩。十一月初一日，为钦点蠲免陕西嘉庆七年积欠钱粮专折叩谢天恩。

九月，彭元瑞卒于工部尚书任上，追赠内阁协办大学士，赏银一千两治丧，予祭葬，谥文勤。

嘉庆九年甲子（1804）八十岁

八月初八日，上言“川匪业已剿竣不必复有用兵之名”，深得颙琰嘉赏。九月初十日，嘉庆帝亲笔题诗，御书“福绥燕喜”匾额，并赐寿佛如意等为王杰夫妇祝贺八十双寿。九月二十四日，陕西巡抚方维甸奉旨携带皇上所赐诗章、寿礼至韩城，一一代为颁赏。十一月十一日，起程进京谢恩，得旨命途中缓行。十二月初七日抵京，大寒，树木结冰，命乘肩舆至隆宗门外，扶杖进内，多次召对。

十二月二十五日，体仁阁大学士刘墉卒，赠太子太保，入祀贤良祠，赏银一千两治丧，予祭葬，谥文清。

嘉庆十年乙丑（1805）八十一岁

正月初六日，朱珪以“五老会”在赐第知足斋设宴，原拟五老为八十六岁的体仁阁大学士刘墉，八十二岁的礼部尚书纪昀，八十一岁的予告大学士王杰，八十岁的宗人府宗丞徐绩，七十五岁的协办大学士兼户部尚书朱珪，因刘墉突然去世，补请七十八岁的吏部尚书德瑛。正月初十日子时，在门生刘凤诰宅辞世，嘉庆帝派荣郡王绵亿带领侍卫十员前往祭奠，晋赠太子太师，入祀贤良祠，谥文端，并命沿途地方官在其灵柩回籍时妥为护送。十二月初三日，夫人程氏病卒，二人合葬于韩城北柿谷坡上高沙岸新茔，墓地今已无存。

一月二十五日，协办大学士户部尚书朱珪升任内阁大学士，礼部尚书纪昀升任协办大学士，加太子少保。二月十五日，纪昀卒于任上，赏银五百两治丧，予祭葬，谥文达。

嘉庆十九年甲戌（1814）

四月二十六日，嘉庆帝以先期抓捕谋反教首李文成并因此阖家被害的滑县知县强克捷为韩城人，复忆及同邑前大学士王杰正色立朝，颁谕将韩城县文武学额各增五名。

主要参考文献

朱批奏折（乾隆朝、嘉庆朝），中国第一历史档案馆藏。

军机处录副奏折（乾隆朝、嘉庆朝），中国第一历史档案馆藏。

《乾隆朝上谕档》，中国第一历史档案馆编，档案出版社 1997 年版。

《乾隆帝起居注》，中国第一历史档案馆编，广西师范大学出版社 2002 年版。

《清嘉庆三年太上皇起居注》，民国十九年朱希祖题序本。

《嘉庆朝上谕档》，中国第一历史档案馆编，广西师范大学出版社 2008 年版。

《嘉庆帝起居注》，中国第一历史档案馆编，广西师范大学出版社 2006 年版。

《纂修四库全书档案》，中国第一历史档案馆编，上海古籍出版社 1997 年版。

《乾隆朝惩办贪污档案选编》，中国第一历史档案馆编，中华书局 1994 年版。

《清实录》，中华书局 1986 年影印本。

《清通典》，上海商务印书馆 1935 年影印本。

《清会典事例》，中华书局 1991 年影印本。

《清文献通考》，上海商务印书馆 1936 年影印本。

《清朝续文献通考》，上海商务印书馆 1955 年影印本。

《清东华录全编》，学苑出版社 2000 年版。

《清代方略全书》，北京图书馆出版社 2006 年版。

《清会典图》，中华书局 1991 年版。

《清乾隆内府绘制京城全图》，紫禁城出版社 2009 年版。

《乾隆南巡图》，中国青年出版社 2020 年版。

《清史稿》，中华书局 1977 年版。

《清史稿校注》，台北："商务印书馆"1999 年版。

《清史列传》，中华书局 1987 年校点本。

《国朝耆献类征》，江苏广陵古籍刊印社 2007 年版。
《国朝先正事略》，岳麓书社 2008 年版。
《国史列传》（《满汉大臣列传》），台北：明文书局 1975 年版。
《清代传记丛刊》，台北：明文书局 1985 年版。
《清代七百名人传》，台北：文海出版社 1971 年版。
《清代人物传稿》，中华书局 1984 年版。
《碑传集》，中华书局 1993 年校点本。
《续碑传集》，中华书局校点本。

爱新觉罗·弘历:《御制诗初集》《御制诗二集》《御制诗三集》《御制诗四集》《御制诗余集》，见于《清代诗文集汇编》第 319—329 册；《御制文初集》《御制文二集》《御制文三集》《御制文余集》，见《清代诗文集汇编》第 330 册；《乐善堂全集》，见《清代诗文集汇编》第 331 册。上海古籍出版社 2011 年版。
爱新觉罗·颙琰：《味余书室全集》《味余书室随笔》，见《清代诗文集汇编》第 458 册；《御制诗初集》《御制诗二集》《御制诗三集》，见《清代诗文集汇编》第 459—462 册；《御制文初集》《御制文二集》《御制文余集》，见《清代诗文集汇编》第 463 册。

王杰等续修：《钦定学政全书》，清乾隆刻本，国家图书馆藏。
王杰等编：《钦定秘殿珠林石渠宝笈续编》，乾隆六十年刻本，国家图书馆藏。
王杰等辑：《西清续鉴》甲编，据乾隆宁寿宫写本影印，上海商务印书馆 1911 年版。
王杰等辑：《西清续鉴》乙编，北平古物陈列所 1931 年影印本。
《韩城王文端公诗翰册》石雪居士题签，岁寒堂藏，现藏故宫博物院。
王杰辑抄：《御制经筵诗》，现藏故宫博物院。
王杰辑抄：《御制砚诗》，现藏故宫博物院。
王杰手书：《御制咏如意诗卷》，现藏故宫博物院。
王杰手书：《御制戒得堂记》，现藏故宫博物院。
王杰手书：《御制热河文庙碑记》，现藏故宫博物院。
王杰手书：《御制仁周南徼》，现藏故宫博物院。
王杰临：《孙过庭景福殿赋》，现藏故宫博物院。

王杰：《葆淳阁集》，见《清代诗文集汇编》第357册，上海古籍出版社2011年版。

王杰：《葆淳阁续集》，王鼎编，道光二十年刻本，陕西省图书馆藏。

王杰：《赐杖集》，江藩编，广州正文堂刻本，国家图书馆藏。

王杰：《祖帐集》，江藩编，广州正文堂刻本，国家图书馆藏。

王笃：《两竿竹室集》，见《清代诗文集汇编》第 571 册。

王笃编：《韩城王氏宗谱》，道光十九年调鹤书堂序刻本。

《清代诗文集汇编》，上海古籍出版社 2011 年版。

《清代朱卷集成》，台北：成文出版有限公司 1992 年版。

《平苗纪略》，嘉庆内府刻本。

《清代前期苗民起义档案史料》，光明日报出版社 1987 年版。

《剿平三省邪匪方略》，台北：成文出版社 1970 年影印本。

《平定教匪纪略》，台北：成文出版社 1971 年影印本

《大清律例根源》，上海辞书出版社 2012 年版。

于敏中等：《日下旧闻考》，北京古籍出版社 1981 年版。

鄂尔泰、张廷玉：《国朝宫史》，北京古籍出版社 1987 年版

庆桂等：《国朝宫史续编》，北京古籍出版社 1994 年版。

吴长元：《宸垣识略》，北京古籍出版社 1983 年版。

《和珅秘档》，国家图书馆出版社 2009 年版。

乾隆甲辰《韩城县志》，见《中国方志丛书》第 547 号，台北：成文出版社 1976 年影印版。

嘉庆《韩城县续志》，见《中国地方志集成·陕西府县志辑》27，凤凰出版社 2007 年版。

乾隆《西安府志》，台北：成文出版社 1970 年版。

乾隆《同州府志》，国家图书馆藏本。

道光《重辑渭南县志》，光绪《新续渭南县志》，见《中国地方志集成·陕西府县志辑》13，凤凰出版社 2007 年版。

乾隆《福建续志》，福建总督杨廷璋主修，沈廷芳、吴嗣富总纂，共九十二卷，王杰作序，刊行于乾隆戊子（1768）。

民国《洪洞县志》，上海商务印书馆 1917 年版。

光绪《石门县志》，上海书店2011年版。
民国《霞浦县志》，台北：成文出版社1967年版。
民国《顺昌县志》，上海书店2012年版。
民国《同安县志》，台北：成文出版社1967年版。

尹继善：《尹文端公诗集》，袁枚序，道光刻本，福建图书馆藏。
陈宏谋：《学仕遗规》，武汉大学出版社2019年版。
《陈宏谋集》，广西师范大学出版社2015年版。
《陈宏谋家书》，郭志高、李达林整理，广西师范大学出版社1997年版。
孙景烈：《滋树堂文集》，道光十一年西麓山房刻本。
刘墉：《刘文清公遗集》，见《清代诗文集汇编》第348册，上海古籍出版社2011年版。
朱珪：《知足斋诗集》《知足斋诗续集》《知足斋文集》《知足斋进呈文稿》，见《清代诗文集汇编》第376册。
钱大昕：《潜研堂集》，上海古籍出版社1989年版。
《纪晓岚文集》，孙致中等编，河北教育出版社1991年版。
彭元瑞：《恩余堂辑稿》，见《清代诗文集汇编》第374册。
《赵翼全集》，曹光甫校点本，凤凰出版社2009年版。
《凌廷堪全集》，纪健生校点本，黄山书社2009年版。
沈初：《兰韵堂诗文集》，见《清代诗文集汇编》第367册。
韦谦恒：《传经堂诗钞》，乾隆刻本。
《吴省钦集》，孙大鹏等点校，复旦大学出版社2016年版。
昭梿：《啸亭杂录》，中华书局1980年版。
阮元：《揅经室集》，《续修四库全书》第1478、1479册，上海古籍出版社2002年版。
陈用光：《太乙舟诗集》《太乙舟文集》，见《清代诗文集汇编》第489册。
江藩：《汉学师承记》，漆永祥笺注，上海古籍出版社2006年版。
江藩：《宋学渊源记》，刘国宣笺证，中国社会科学出版社2021年版。
洪亮吉：《卷施阁集》《更生斋集》，见《清代诗文集汇编》第413—414册。
汪辉祖：《病榻梦痕录》，江西人民出版社2012年版。

朱锡经：《南崖府君年谱》，嘉庆刻本。
陈康祺：《郎潜纪闻初笔、二笔、三笔》，中华书局 1984 年版。
陈康祺：《郎潜纪闻四笔》，中华书局 1990 年版。
陆以湉：《冷庐杂识》，中华书局 1984 年版。
缪荃孙：《艺风堂杂钞》，中华书局 2010 年版。
梁章钜：《浪迹丛谈续谈三谈》，中华书局 1981 年版。
陈其元：《庸闲斋笔记》，中华书局 1989 年版。
吴振棫：《养吉斋丛录》，中华书局 2005 年版。
张五典：《荷塘诗集》，乾隆刻本。
小横香室主人：《清朝野史大观》，中央编译出版社 2009 年版。
徐珂：《清稗类钞》，中华书局 2010 年版。
凌扬藻：《蠡勺编》，中华书局 1985 年版。
梁启超：《中国近三百年学术史》，人民出版社 2008 年版。
孟森：《清史讲义》，中华书局 2010 年版。
戴逸、李文海：《清通鉴》，山西人民出版社 1999 年版。
李文海：《清史编年》，中国人民大学出版社 2001 年版。
南炳文、白新良：《清史纪事本末》，上海大学出版社 2006 年版。
龚书铎主编：《清代理学史》，广东教育出版社 2007 年版。
刘学智：《关学思想史》，西北大学出版社 2015 年版。
王美凤、张波、刘宗镐：《关学学术编年》，西北大学出版社 2015 年版。
［美］盖博坚：《皇帝的四库——乾隆晚期的学者与国家》，中国人民大学出版社 2019 年版。
［英］马戛尔尼：《1793 乾隆英使觐见记》，天津人民出版社 2006 年版。
［英］马戛尔尼：《马戛尔尼使团使华观感》，商务印书馆 2013 年版。
［美］费正清：《剑桥中国晚清史》，中国社会科学出版社 1993 年版。
［美］何伟亚：《怀柔远人——马戛尔尼使华的中英礼仪冲突》，社会科学文献出版社2002年版。
［美］何伟亚：《英国的课业：19 世纪中国的帝国主义教程》，社会科学文献出版社2007年版。
［法］佩雷菲特：《停滞的帝国——两个世界的撞击》，三联书店 2013 年版。

余英时：《论戴震与章学诚》，三联书店 2012 年版。
常建华：《乾隆事典》，紫禁城出版社 2010 年版。
杜家骥：《嘉庆事典》，紫禁城出版社 2010 年版。
郭成康：《乾隆正传》，中央编译出版社 2006 年版。
黄爱平：《朴学与清代社会》，河北人民出版社 2003 年版。
赵兴勤：《赵翼年谱长编》，新北市：花木兰文化出版社 2013 年版。
赵兴勤：《赵翼评传》，南京大学出版社 2011 年版。
陈锋：《清代军费研究》，武汉大学出版社 2013 年第二版。
刘凤强：《四库全书馆发微》，兰州大学出版社 2015 年版。
商衍鎏：《清代科举考试述录及有关著作》，百花文艺出版社 2004 年版。
李世愉：《中国科举生活漫话》，万卷出版公司 2012 年版。
李世愉：《清代科举制度考辩》，万卷出版公司 2012 年版。
唐瑞裕：《清代吏治探微》，台北：文史哲出版社 1991 年版。
艾永明：《清朝文官制度》，商务印书馆 2003 年版。
李经国：《钱大昕年谱长编》，中华书局 2020 年版。
张鉴等：《阮元年谱》，中华书局 1995 年版。
马忠文：《晚清日记书信考释》，凤凰出版社 2021 年版。
[美] 张勉治：《马背上的朝廷——巡幸与清朝统治的建构》，江苏人民出版社 2019年版。
高明峰：《江藩生平与学术研究》，中央编译出版社 2020 年版。

跋：典范的缺憾

在为本书查阅资料的过程中，发现和珅在军机处大讲《金瓶梅》、王杰愤而离席的记载，出身古典文学专业的我，即撰成一文，刊诸报端，并在一次金学年会上发表。《金瓶梅》是一部奇书，也是一部禁书，治其传播史者多称清廷一直予以严禁，而武英殿修书处在康熙朝就受命翻译印制了满文本，乾隆朝兼掌枢阁的“和相”公然开讲，或更能说明朝廷的真实态度；至于王杰无法容忍，对和珅直斥《金瓶梅》为“混账书”，宣称自己“从来不兴看的”，也是真性情的流露。看王杰当面愤怼宠臣固然痛快，而其未读文本即加苛评，似也嫌过分，以故我在文末忍不住调侃了一句。记得关宁读后颇有感慨，大意为：天呐，这样一个无趣的人，怎么与他相处呢？

此前我为王鼎作传时，关宁与韩琳担任责编，合作愉快，社里确定本书仍由二人负责，数年间三次陪我去韩城（由此也见出陕人社相待之诚，若是仅从经济收益上考量，那可就亏了）。关宁性格明爽，爱读书且思维敏锐，一句脱口而出的话，应也带有几缕担忧，引发了我的思索。王杰是一个无趣的人么？的确有那么点儿，梳理相关文字，可知其性格颇为古板：不与人开玩笑，不扎堆抱团，不喜欢进圈子和组圈子，几乎不参加文人最爱的诗酒唱和，不接受门生故吏为自己祝寿，也极少为他人祝寿——包括恩公尹继善和陈宏谋。不管是落魄江湖还是位居庙堂，不管是在朝当直还是在家闲坐，王杰都不苟言笑，端正安详中透出一股子坚执倔强，风标自落落。这是他的性情，也是他的修为，一生无改。而对此反感嫌弃的不止和珅一人，亦包括他的一些个翰林同事、一些上司和下属，就连多年老友纪昀、彭元瑞等偶然也会觉得不爽。这种个性当然不会“有趣”，可若说“无趣”，似也不尽妥帖。王杰一生酷爱读书，酷爱前贤碑帖和书法，喜欢天文历法与算学，喜欢夜间与三五门生幕友谈学问，有时也搞一点儿文玩小收藏，生活中并不乏情趣。乾隆帝晚年，钦定由他抄录整理御制诗草文稿，进而令其主纂《石渠宝笈续编》《西清续编》等，王杰得以饱览内府书画及文物收藏，更是有大乐趣在焉。

常见世人宣称淡泊名利，其实很难很难，凡在书中以此自诩者，按之绝多不符。王杰于科场得状元，职衔至首辅、太傅，而谦谨朴素如乡间老先生，真正做到了“怀文抱质，恬淡寡欲”。他的行为出于天然，视若平常，不仅从不自我标榜，甚至极少提到自己，当世与身后之名，在他应都是浮云。王杰曾出资印行前人遗著，却对己作不甚在意，不留心收存，所著《葆淳阁集》《葆淳阁续集》等，皆后人所编。他学问甚好，却也文如其人，并非才华横溢的类型，文集中多应制“恭和”“恭跋”之作，也有他在乾隆帝与皇太后万寿节、南巡以及武功告成时所作颂赞，有春帖子和谢恩折，写得认真且费劲，与彭元瑞、纪昀相比则仍隔一尘。彭、纪的应制诗构思精妙，辞采华美，常得弘历夸赞，至于倚信重用却远不如王杰，职位也排在后边。《管子·大匡》：“知子莫若父，知臣莫若君。”乾隆帝中晚年在用人上虽有大失误，多数情况下还是聪察和精细的。本书中记述了弘历父子对王杰的“特达之知”，记述了君臣之间那份牵挂惦念，也着重描写其乾乾翼翼、兢兢业业，以之与和珅的恃宠擅权相映照，可见庙堂之色泽繁复；而在乾隆末曹锡宝和尹壮图激切上疏、隐指权奸之际，在嘉庆帝亲政初洪亮吉上言议政、被逮入狱之时，所有重臣皆未见出手援助，其中也包括王杰。作为一个理学大臣，一个秉持张载“四为”的关学传人，这不能不说是一种缺憾，可也是时势使然。试想他又能怎样呢？即使挺身而出，又能起到什么作用呢？

前人描述王杰，用了一个语词曰“风度凝然”，颇为传神。沉静端谨，诚敬清忠，乃王杰的主要特征，是以不会去犯颜直谏，不会做火上浇油的事。然他并非软弱怕事的人，从不媚上欺下，不惧和珅之流的嚣妄气焰，不接受其拉拢利诱，不与之勾兑，敢于当面嘲讽斥责，保持了可贵的独立品格。

你再去看看同时那些个显耀的文星，如彭元瑞、纪昀、刘墉，虽也与和珅保持一定距离，却是绝对不敢招惹。

在别人眼中的王杰是幸运的，实际上确实如此，能得到两朝天子的信任尊重，古来有几人呢？而他在明里暗里也吃了不少亏，心中之郁结烦闷更难与外人道：弊政丛杂，百姓困穷，内乱继起，权奸当道，也包括乾隆帝的好大喜功、嘉庆帝的优柔苛细，都使之感到失望。王杰常也不得不随波逐流，也要精心置备贡品，精心结撰应制诗文，也学会了缄口不言，而仍能在艰难处境下恪守底线，正直做人，清谨任事，坦荡诚恳，由是获得了朝野的交口称赞。至于他与弘历、颙琰的深笃交谊，仕宦五十余年君恩无改，感激爱戴之情发自肺腑，也堪称一段佳话。

在清代历史上，王杰是一个清正忠谨的大臣，如果说他身上的缺憾带着那个时代的印痕，则其品格的典范意义，至今仍闪耀着道德的光华。

鸣　谢

本书的写作，首先要感谢多年好友、陕西人民出版社原社长惠西平老弟的约稿。他在主持社务时拟定了清代陕西籍清正大臣王杰、王鼎的选题，而我在写完《国之大臣——王鼎与嘉道两朝政治》后忙于别的写作，又是他不断提醒还欠着一部王杰传。予以鼓励支持的，还有知交、著名诗人薛保勤（时任陕西省委宣传部常务副部长），不仅热心帮助推荐联络，也曾亲自陪我去王杰故乡踏访；有郧书林、阎晓宏两位出版界领导，书林兄出席了在陕西师大举办的《国之大臣》研讨会，会后与我同赴韩城，而晓宏兄也希望这位家乡先贤的传记早日问世，推助多多；史学大家、西北大学名誉校长张岂之先生以九十四岁高龄通阅书稿，亲笔写了推荐意见；而我的老领导孙家正先生，也因对王杰的一世清谨充满敬意，应邀题写了书名。

撰稿过程中，文化部老领导、故宫博物院前院长郑欣淼先生，国家图书馆前馆长饶权（现文化和旅游部副部长），分馆陈红彦馆长与借阅部的肖刚、方自金处长和孙蕊，故宫博物院原领导朱诚如、副馆长任万平、数字与信息部的孙竞，国家博物馆党委书记单威，中国第一历史档案馆原馆长邹爱莲，陕西省图书馆借阅部各位，都在查阅文献上提供了较多方便。而我主要依赖的是原工作单位——文旅部清史纂修与研究中心的档案资料，崔建飞主任始终给予全力支持，穆蕾、赫晓琳、张鸿广、王立新、董娜、陈芳都热情相助，尤以晓琳与董娜付出的辛苦最多。我还要特别感谢浙江传媒学院的黄义枢教授，随时帮我远程检索、核查各种文集志书，可谓及时雨；而且举一反三，提供了一些新线索，并对书中错讹有所订正。

写作过程中，我发现了王杰书信的重要作用，留意寻觅。故宫和国博都藏有他的信札和书法作品，前辈大家陈垣先生曾对王杰两封短札做过令人信服的考证，义枢提示清人汪辉祖《病榻梦痕录》收录了乃师王杰的多封书信，而中国社科院近代史所马忠文研究员给予的启发和帮助最多。忠文兄还遍询在信札收藏圈的文友，先后有李俊、李经国、曹勇、楼望杰诸位慷慨将所藏所见王杰书信的图片转来，真的令人感动。韩城的薛彦宏先生一向留心家乡文物的收集，曾在我踏访时热情邀至家中，所藏有一幅王杰家书的拓片，后来又提供新发现的信札和诗稿拓片，均有价值。有了这些王杰写于不同时期的信札，我的认知也不断有所丰富和深入，这是应予特别强调的。

此书的问世，当然离不开出版方的辛勤付出，我要郑重感谢陕西新华出版传媒集团总编辑宋亚萍，陕西人民出版社社长赵小峰、副总编辑刘景巍、本书编辑关宁和韩琳；感谢特约编辑、陕西师范大学历史学院贾二强教授，他在《国之大臣》研讨会上曾为挑错，是以这次很希望请他把把关；特约校对刘童军先生认真负责，不仅对正文与注释统一体例，还纠正了不少错讹；也要感谢韩城市相关领导的支持，市委宣传部曾专门召集当地文史专家座谈，市档案局和博物馆则提供了所存史料，对我的写作有一定帮助。

至于书中仍存在的错误，自然只属于作者自己，敬请读者不吝指教。

卜 键

2021 年 11 月 21 日于京北两棠轩